2024

경찰승진 / 형사소송법

10개년 기출문제집

SD에듀
㈜시대고시기획

Always with you

사람의 인연은 길에서 우연하게 만나거나 함께 살아가는 것만을 의미하지는 않습니다.
책을 펴내는 출판사와 그 책을 읽는 독자의 만남도 소중한 인연입니다.
SD에듀는 항상 독자의 마음을 헤아리기 위해 노력하고 있습니다.
늘 독자와 함께하겠습니다.

머리말
PREFACE

경찰채용과 달리 경찰승진 준비에서 가장 어려운 부분은 본인의 실력이 어느 정도인지 가늠하기 어렵다는 데에 있습니다. 그렇기에 시험 일자가 다가올수록 계획적으로 준비가 되고 있는지 확인해야 할 필요성은 더욱 강조됩니다. 이러한 부분을 대비하기 위해 '경찰승진 형사소송법 10개년 기출문제집' 교재를 출간하게 되었습니다.

본서의 특징은 다음과 같습니다.

도서의 특징

01 2023년부터 2014년까지 10개년 기출문제를 수록하였습니다.

02 최신 개정법령 및 판례를 반영하였습니다.

03 자세하고 정확한 해설을 수록하였습니다.

04 실전 연습에 도움이 되도록 OMR 카드를 수록하였습니다.

시험일이 다가올수록 긴장감 때문에 시험준비를 할 수 없는 경우가 많습니다. 하지만 이루고자 하는 목표를 떠올리며 좀 더 힘내시길 바랍니다. 본서의 내용을 충분히 숙지하시면 분명히 좋은 결과가 있을 것입니다.

본 교재가 여러분들의 목표달성에 도움이 되길 바랍니다.

편저자 드림

경찰공무원 승진시험 과목

❖ 시험 공고는 변경될 수 있으므로, 시행처의 최신 공고를 반드시 확인하시기 바랍니다.

구분		일반 (수사경과 및 보안경과 포함)		정보통신		항공	
		과목	배점 비율(%)	과목	배점 비율(%)	과목	배점 비율(%)
경위	필수	형법 형사소송법 실무종합	35 35 30	형법 형사소송법	35 35	형법 형사소송법	35 35
	선택			정보통신기기론 컴퓨터일반 중 택1	30	항공법 항공역학 중 택1	30
경사	필수	형법 형사소송법 실무종합	35 35 30	형법 형사소송법	35 35	형법 형사소송법	35 35
	선택			정보통신기기론 컴퓨터일반 중 택1	30	항공기체 항공발동기 중 택1	30
경장	필수	형법 형사소송법 실무종합	35 35 30	형법 형사소송법	35 35	형법 형사소송법	35 35
	선택			정보통신기기론 컴퓨터일반 중 택1	30	항공기체 항공발동기 중 택1	30

※ 2020년 7월 1일부터 기존의 경장·경사 계급 승진시험에서 선택과목이 폐지되고 2021년부터 경찰실무 1, 2, 3 과목이 필수과목인 '실무종합'으로 통합되었습니다. 따라서 2021년부터 경위 이하 계급의 승진시험을 준비할 때에는 해당 과목들을 위주로 준비해야 합니다.

경찰 승진을 준비하며 공부했었던 것을 믿고 조금 방만하게 시험 준비를 하다 보니 수험기간 동안 많은 시행착오를 겪었습니다. 그래서 나름대로 다른 사람들이 써놓은 합격수기들을 보고 방법을 연구하며 마음을 다잡고 준비했습니다. 일단 어떤 공부를 하든지 머릿속에서 꺼내보는 연습이 중요한 것 같습니다. 어떤 과목이든 목차를 중요하게 생각하고 반복적으로 보며 머릿속에 자연스럽게 남을 수 있도록 했습니다. 물론 모든 시험에 적용되는 것은 아니겠지만 형법, 형사소송법, 실무종합은 그 목차가 잘 나누어져 있고, 최근 5개년의 기출문제들을 풀어보면 자주 나오는 주제어들이 있습니다. 이런 주제어들을 중심으로 하나의 과목에서도 중점적으로 봐야할 부분들을 체크해가며 시험 막바지에 꼭 한 번 더 볼 수 있도록 정리해나가려 노력했습니다.

형법은 출제경향을 보면 대부분 판례가 많이 출제되고 있습니다. 물론 조문의 내용도 숙지해가며 판례의 쟁점사항이 무엇인지 정확히 파악하려고 노력했습니다. 그리고 형법이 포함된 다른 시험의 문제들도 풀어보는 것이 도움이 되는 것 같습니다. 강의보다는 문제집 지문을 계속 반복하면서 내용을 외우는 방식을 선택했습니다. 단순히 문제집을 여러 권 풀어보는 것보다 자신에게 맞는 책을 집중적으로 공부한 것이 더 도움이 된 것 같습니다. 회독 수를 늘리면서 아는 내용은 지워가는 식으로 점점 내용을 줄이다보면 후반에는 더 빠르게 볼 수 있었습니다. 기출문제에서 나온 내용이 반복되기 때문에 최대한 많이 보는 데 초점을 맞추었고, 모의고사를 실제 시험처럼 시간을 정해놓고 풀면서 실력점검 겸 실전연습을 했습니다. 모의고사로 연습하면서 시간 분배를 어떻게 해야 할지 감을 잡으며, 문제를 푸는 속도도 올릴 수 있었습니다.

형사소송법은 조문을 최대한 많이 숙지하기 위해 반복해서 봤습니다. 절차법이라 형법에 비해서 양도 상대적으로 적고, 단기간에 정복할 수 있는 과목이기 때문에 기본서를 통해 학습하는 방법을 선택하였습니다. 기본서가 두꺼워서 회독이 어렵다는 의견도 많이 있지만, 요약서보다 더 이해도 쉽고 기억에도 오래 남는 편이기에 자신에게 맞는 기본서를 선택하여 단권화하는 습관을 들이게 되었습니다. 기본서와 함께 기출문제집 한 권을 반복해서 보는 것을 추천드립니다. 기출문제의 경우 강의를 듣는 것이 많은 도움이 되었습니다. 시험 막바지까지 공부하며 풀었던 모의고사를 계속 복습하는 방법으로 학습하였습니다. 틀린 문제들은 출력해서 반복적으로 보면서 공부하였으며, 이때 최신판례까지 놓치지 않고 준비하는 것이 중요하다고 생각합니다. 또한 실전에서는 시간분배를 잘하는 것이 높은 점수를 취득할 수 있는 비결인 것 같습니다.

실무종합은 그 범위가 매우 방대한 과목이고, 매년 법 개정이 자주 되는 과목이라 공부에 어려움을 겪었습니다. 특히 순경공채, 경찰간부후보생 시험 과목인 경찰학개론과 매우 유사하기 때문에 해당 시험의 기출문제들도 풀어보며 어떤 것들이 자주 출제되는지 최대한 파악해보려 노력했습니다. 모든 법을 정확히 알기엔 어려운 것 같아서 자주 나오는 법령 위주로 공부하며 준비했습니다.

※ 변경되는 시험 제도에 맞추어 기존 합격수기의 내용을 일부 수정하였습니다.

구성과 특징

▌10개년 기출문제 수록

경찰승진시험 형사소송법 10개년(2023~2014)을 수록하여 빈출지문과 출제경향을 파악할 수 있도록 하였습니다.

▌회독 체크

연도별 회독 체크를 통해 반복 학습할 수 있도록 구성하였습니다.

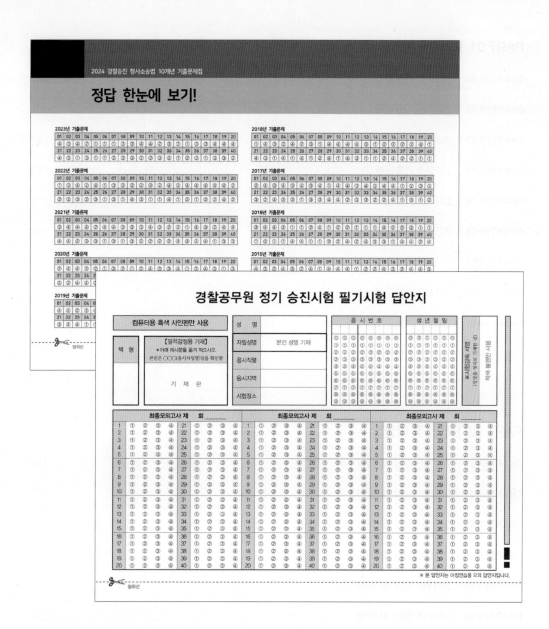

정답 한눈에 보기

간편하게 잘라 쓸 수 있는 정답표를 활용해보세요.

OMR 답안지

실제 시험에 대비할 수 있는 OMR 답안지를 통해 실전 감각을 기르고, 최종 실력을 점검해볼 수 있습니다.

차례

PART

1

기출문제편

※ 복수정답, 또는 개정법령 반영으로 인해 기출문제를 변형한 경우 문제 변형 표시를 하였습니다.

2023 기출문제

01

신속한 재판의 원칙에 대한 설명으로 가장 적절하지 않은 것은? (다툼이 있는 경우 판례에 의함)

① 구속사건에 대해서는 법원이 구속기간 내에 재판을 하면 되는 것이고 구속만기 25일을 앞두고 제1회 공판이 있었다 하여 헌법에 정한 신속한 재판을 받을 권리를 침해하였다 할 수 없다.

② 검사와 피고인 쌍방이 항소한 경우에 제1심 선고형기 경과 후 제2심 공판이 개정되었다고 해서 이를 위법이라 할 수 없고 신속한 재판을 받을 권리를 박탈한 것이라고 할 수 없다.

③ 신속한 재판을 받을 권리는 주로 피고인의 이익을 보호하기 위하여 인정된 기본권이지만 동시에 실체적 진실발견, 소송경제, 재판에 대한 국민의 신뢰와 형벌목적의 달성과 같은 공공의 이익에도 근거가 있기 때문에 어느 면에서는 이중적인 성격을 갖고 있다.

④ 형사소송법은 신속한 재판을 받을 권리와 관련하여 공판심리의 현저한 지연을 공소기각의 결정 사유로 명시하고 있다.

02

형사소송법의 법원(法源)에 대한 설명으로 가장 적절하지 않은 것은? (다툼이 있는 경우 판례에 의함)

① 헌법은 피고인과 피의자의 기본적 인권의 보장을 위하여 형사절차에 관한 규정을 두고 있으며, 이러한 헌법의 규정은 형사소송법의 법원이 된다.

② 실질적 의미의 형사소송법이란 그 실질적 내용이 형사절차를 규정한 법률를 말하며, 법원조직법, 소년법, 소송촉진 등에 관한 특례법을 예로 들 수 있다.

③ 헌법 제108조에 의하여 대법원은 소송에 관한 절차, 법원의 내부규율과 사무처리에 관한 규칙을 제정할 수 있으며, 형사절차의 기본적 구조나 피고인을 비롯한 소송관계자의 이해에 관한 사항을 제한 없이 규칙으로 제정할 수 있다.

④ 검찰사건사무규칙 제149조의 재기수사의 명령 관련 규정은 검찰청 내부의 사무처리지침에 불과한 것일 뿐 법규적 효력을 가진 것은 아니다.

03

형사소송법의 개정내용에 대한 설명으로 가장 적절하지 <u>않은</u> 것은?

① 체포·구속장소의 감찰결과 피의자가 적법한 절차에 의하지 아니하고 체포 또는 구속된 것이라고 의심할 만한 상당한 이유가 있는 경우에 검사는 즉시 체포 또는 구속된 자를 석방하거나 사건을 검찰에 송치할 것을 명하여야 하는데, 이 송치요구에 따라 사법경찰관으로부터 송치받은 사건에 관하여 검사는 동일성을 해치지 아니하는 범위 내에서 수사할 수 있다.

② 수사기관이 수사 중인 사건의 범죄 혐의를 밝히기 위한 목적으로 합리적인 근거 없이 별개의 사건을 부당하게 수사하여서는 아니 된다.

③ 수사기관은 다른 사건의 수사를 통해 확보된 증거 또는 자료를 내세워 관련 없는 사건에 대한 자백이나 진술을 강요하여서는 아니 된다.

④ 사법경찰관의 불송치결정에 대하여 형사소송법 제245조의7에 따라 해당 사법경찰관의 소속 관서의 장에게 이의신청을 할 수 있는 주체에는 고발인이 포함된다.

04

국민참여재판에 대한 설명으로 가장 적절하지 <u>않은</u> 것은?

① 국민의 형사재판 참여에 관한 법률 제5조 제1항에 따른 국민 참여재판의 대상사건이라도 피고인이 원하지 않거나 법원의 배제결정이 있는 경우에는 국민참여재판을 하지 아니한다.

② 경찰공무원은 자신과 관련 없는 사건에 대하여는 국민참여재판의 배심원으로 선정될 수 있다.

③ 국민참여재판의 배심원은 사건에 관하여 사실의 인정, 법령의 적용 및 형의 양정에 관한 의견을 제시할 권한이 있지만, 배심원의 평결과 의견은 법원을 기속하지 아니한다.

④ 배심원은 유·무죄에 관하여 전원의 의견이 일치하지 아니하는 때에는 평결을 하기 전에 심리에 관여한 판사의 의견을 들어야 하며, 이 경우 유·무죄의 평결은 다수결의 방법으로 한다.

05

진술거부권에 대한 설명으로 적절하지 <u>않은</u> 것을 모두 고른 것은? (다툼이 있는 경우 판례에 의함)

> ⊙ 수사기관이 피의자를 신문함에 있어서 피의자에게 미리 진술거부권을 고지하지 않은 때에는 그 피의자의 진술은 진술의 임의성이 인정되는 경우라도 증거능력이 부인되어야 한다.
> ⊙ 진술거부권이 보장되는 절차에서 진술거부권을 고지받을 권리는 진술거부권을 국민의 기본적 권리로 보장하고 있는 헌법 제12조 제2항에 의하여 바로 도출된다.
> ⊙ 형사소송법 제283조의2는 피고인은 진술하지 아니하거나 개개의 질문에 대하여 진술을 거부할 수 있다고 규정하고 있을 뿐이며, 진술의 내용을 불이익한진술에 제한하지 않고 있다.
> ⊙ 피고인이 증거서류의 진정성립을 묻는 검사의 질문에 대하여 진술거부권을 행사한 경우는 형사소송법 제314조의 '그 밖에 이에 준하는 사유로 인하여 진술할 수 없는 때'에 해당하지 아니한다.

① ㉡

② ㉠, ㉡

③ ㉡, ㉢

④ ㉢, ㉣

06

수사기관에 대한 설명으로 가장 적절하지 <u>않은</u> 것은?

① 검사가 사법경찰관과 동일한 범죄사실을 수사하게 된 경우에는 사법경찰관에게 사건을 송치할 것을 요구할 수 없다.

② 사법경찰관이 범죄를 수사하여 범죄의 혐의가 있다고 인정되는 경우에는 지체 없이 검사에게 사건을 송치하고 관계 서류와 증거물을 검사에게 송부하여야 한다.

③ 사법경찰관이 범죄를 수사하여 범죄의 혐의가 있다고 인정되는 경우가 아닌 때에는 그 이유를 명시한 서면과 함께 관계 서류와 증거물을 지체 없이 검사에게 송부하여야 하는데, 이 경우 검사는 사법경찰관이 사건을 검사에 송치하지 아니한 것이 위법 또는 부당한 때에는 그 이유를 문서로 명시하여 사법경찰관에게 재수사를 요청할 수 있다.

④ 삼림, 해사, 전매, 세무, 군수사기관, 그 밖에 특별한 사항에 관하여 사법경찰관리의 직무를 행할 특별사법경찰관리와 그 직무의 범위는 법률로 정하며, 특별사법경찰관은 모든 수사에 관하여 검사의 지휘를 받는다.

07

함정수사에 대한 설명으로 가장 적절한 것은? (다툼이 있는 경우 판례에 의함)

① 수사기관과 직접적인 관련을 맺지 아니한 상태에서 유인자가 피유인자를 상대로 단순히 수차례 반복적으로 범행을 부탁하였을 뿐 수사기관이 사술이나 계략 등을 사용하였다고 볼 수 없는 경우 설령 그로 인하여 피유인자의 범의가 유발되었다 하더라도 위법한 함정수사에는 해당하지 않는다.

② 본래 범의를 가지지 아니한 자에 대하여 수사기관이 사술이나 계략 등을 써서 범의를 유발케 하여 범죄인을 검거하는 함정수사에 기한 공소제기는 위법하지만, 형사소송법 제327조 제2호에 규정된 공소제기의 절차가 법률의 규정에 위반하여 무효인 때에 해당한다고 볼 수는 없다.

③ 수사기관이 사술 등을 써서 범행을 유발한 것이 아니라 이미 범행을 저지른 범인을 검거하기 위해 정보원을 이용하여 범인을 검거장소로 유인한 경우 이는 위법한 함정수사에 해당한다.

④ 아동·청소년의 성보호에 관한 법률은 동법 소정의 디지털성범죄에 대한 신분비공개수사를 허용하는 수사 특례규정을 마련하고 있지만, 다른 방법으로는 그 범죄의 실행을 저지하거나 범인의 체포 또는 증거의 수집이 어려운 경우라도 신분위장수사는 허용하지 않는다.

08

고소에 대한 설명으로 가장 적절한 것은? (다툼이 있는 경우 판례에 의함)

① 형사소송법 제236조의 대리인에 의한 고소의 경우, 대리권이 정당한 고소권자에 의하여 수여되었음이 실질적으로 증명되면 충분하고 그 방식에 특별한 제한은 없지만, 고소를 할 때 반드시 위임장을 제출하거나 '대리'라는 표시를 하여야 한다.

② 피해자가 경찰청 홈페이지에 '피고인을 철저히 조사해 달라'는 취지의 신고민원을 접수하는 형태로 피고인에 대한 조사를 촉구하는 의사표시를 한 것은 적법한 고소에 해당한다.

③ 수사기관이 고소권자를 증인 또는 피해자로서 신문한 경우에 그 진술에 범인의 처벌을 요구하는 의사표시가 포함되어 있고 그 의사표시가 조서에 기재되면 고소는 적법하게 이루어진 것이다.

④ 고소능력은 피해를 입은 사실을 이해하고 고소에 따른 사회 생활상의 이해관계를 알아차릴 수 있는 사실상의 의사능력으로 충분하지만, 민법상 행위능력이 없는 사람은 위와 같은 능력을 갖추었더라도 고소능력이 인정되지 않는다.

09

친고죄와 반의사불벌죄에 대한 설명으로 가장 적절하지 <u>않은</u> 것은? (다툼이 있는 경우 판례에 의함)

① 반의사불벌죄에 있어서 처벌불원의 의사표시의 부존재는 법원이 직권으로 조사·판단하여야 한다.

② 친고죄의 고소는 제1심 판결선고 전까지 취소할 수 있다.

③ 친고죄의 공범 중 공범자 1인에 대하여 제1심 판결이 선고된 후에 제1심 판결 선고 전의 다른 공범자에 대하여 고소를 취소할 수 있다.

④ 고소인이 민·형사상 아무런 이의를 제기하지 않는다는 합의서를 피고인에게 작성하여 준 것만으로는 고소가 적법하게 취소된 것으로 볼 수 없다.

10

수사절차에 대한 설명으로 가장 적절하지 <u>않은</u> 것은?

① 검사 또는 사법경찰관은 조사에 상당한 시간이 소요되는 경우에는 특별한 사정이 없으면 피의자 또는 사건관계인에게 조사 도중에 최소한 2시간마다 10분 이상의 휴식시간을 주어야 한다.

② 검사 또는 사법경찰관은 피의자가 조사장소에 도착한 시각, 조사를 시작하고 마친 시각, 그 밖에 조사과정의 진행경과를 확인하기 위하여 필요한 사항을 피의자신문조서에 기록하거나 별도의 서면에 기록한 후 수사기록에 편철하여야 한다.

③ 수사는 원칙적으로 임의수사에 의하고 강제수사는 법률에 규정된 경우에 한하여 허용된다.

④ 사법경찰관은 형사소송법 제197조의2 제1항에 따른 검사의 보완수사의 요구가 있는 때에는 정당한 이유가 없는 한 지체 없이 이를 이행하면 충분하고, 그 결과를 검사에게 통보할 의무는 없다.

11

긴급체포에 대한 설명으로 가장 적절하지 <u>않은</u> 것은? (다툼이 있는 경우 판례에 의함)

① 긴급체포의 요건을 갖추었는지 여부는 사후에 밝혀진 사정을 기초로 판단하는 것이 아니라 체포 당시의 상황을 기초로 판단하여야 하고, 이에 관한 검사나 사법경찰관 등 수사주체의 판단에는 상당한 재량의 여지가 있다.

② 검사는 사법경찰관의 긴급체포 승인 요청이 이유 없다고 인정하는 경우에는 지체 없이 사법경찰관에게 불승인 통보를 해야 하며, 이 경우 사법경찰관은 긴급체포된 피의자를 즉시 석방하고 그 석방 일시와 사유 등을 검사에게 통보해야 한다.

③ 피의자를 긴급체포하는 경우에 필요한 때에는 영장 없이 체포현장에서 압수·수색을 할 수 있고, 이에 따라 압수한 물건을 계속 압수할 필요가 있는 경우에는 지체 없이 압수·수색영장을 청구하여야 하며, 청구한 압수·수색영장을 발부받지 못한 때에는 압수한 물건을 즉시 반환하여야 한다.

④ 형사소송법 제208조(재구속의 제한)의 '구속되었다가 석방된 자'에는 긴급체포나 현행범으로 체포되었다가 사후영장발부 전에 석방된 경우도 포함된다.

12

체포절차에 대한 설명으로 가장 적절하지 <u>않은</u> 것은?

① 사법경찰관은 검사에게 신청하여 검사의 청구로 관할지방법원 판사의 체포영장을 발부받아 피의자를 체포할 수 있지만, 다액 50만 원 이하의 벌금, 구류 또는 과료에 해당하는 사건에 관하여는 피의자가 일정한 주거가 없는 경우 또는 정당한 이유없이 형사소송법 제200조의 규정에 의한 출석요구에 응하지 아니한 경우에 한한다.

② 사법경찰관이 체포영장을 집행함에는 피의자에게 이를 제시하는 것으로 충분하고, 신속히 지정된 법원 기타 장소에 인치하여야 한다.

③ 사법경찰관이 피의자를 체포한 때에는 변호인이 있는 경우에는 변호인에게, 변호인이 없는 경우에는 변호인선임권자 중 피의자가 지정한 자에게 지체 없이 서면으로 체포의 통지를 하여야 한다.

④ 사법경찰관리가 현행범인의 인도를 받은 때에는 체포자의 성명, 주거, 체포의 사유를 물어야 하고 필요한 때에는 체포자에 대하여 경찰관서에 동행함을 요구할 수 있다.

13

구속에 대한 설명으로 가장 적절하지 <u>않은</u> 것은? (다툼이 있는 경우 판례에 의함)

① 구속기간이 만료될 무렵에 종전 구속영장에 기재된 범죄사실과 다른 범죄사실로 피고인을 구속하였다는 사정만으로는 피고인에 대한 구속이 위법하다고 할 수 없다.

② 구속의 사유가 없거나 소멸된 때에는 법원은 직권 또는 검사, 피고인, 변호인과 형사소송법 제30조 제2항에 규정된 자의 청구에 의하여 결정으로 구속을 취소하여야 한다.

③ 구속영장 발부에 의하여 적법하게 구금된 피의자가 피의자신문을 위한 출석요구에 응하지 아니하면서 수사기관 조사실에 출석을 거부한다면 수사기관은 그 구속영장의 효력에 의하여 피의자를 조사실로 구인할 수 있으며, 이에 따른 피의자신문의 절차도 강제수사의 한 방법으로 진행되지 않을 수 없으므로 이 경우 피의자는 수사기관의 질문에 대하여 진술을 거부할 수 없다.

④ 법원은 상당한 이유가 있는 때에는 결정으로 구속된 피고인을 친족·보호단체 기타 적당한 자에게 부탁하거나 피고인의 주거를 제한하여 구속의 집행을 정지할 수 있으며, 이때 급속을 요하는 경우를 제외하고는 검사의 의견을 물어야 한다.

14

접견교통권에 대한 설명으로 가장 적절하지 <u>않은</u> 것은? (다툼이 있는 경우 판례에 의함)

① 변호인의 접견교통 상대방인 신체구속을 당한 사람이 그 변호인을 자신의 범죄행위에 공범으로 가담시키려고 하였다는 등의 사정만으로 그 변호인의 신체구속을 당한 사람과의 접견교통을 금지하는 것이 정당화될 수는 없다.

② 변호인이 되려는 의사를 표시한 자가 객관적으로 변호인이 될 가능성이 있다고 인정되는데도, 형사소송법 제34조에서 정한 '변호인 또는 변호인이 되려는 자'가 아니라고 보아 신체구속을 당한 피고인 또는 피의자와 접견하지 못하도록 제한하여서는 아니 된다.

③ 형사소송법 제34조가 규정한 변호인의 접견교통권은 법령에 의한 제한이 없더라도 수사기관의 처분은 물론 법원의 결정으로도 제한할 수 있다.

④ 피의자가 변호인의 참여를 원한다는 의사를 명백하게 표시하였음에도 수사기관이 정당한 사유 없이 변호인을 참여하게 하지 아니한 채 피의자를 신문하여 작성한 피의자신문조서의 증거 능력은 없다.

15

압수·수색에 대한 설명으로 가장 적절하지 <u>않은</u> 것은? (다툼이 있는 경우 판례에 의함)

① 형사소송법 제216조(영장에 의하지 아니한 강제처분)의 규정에 의하면 범행 중 또는 범행직후의 범죄 장소에서 긴급을 요하여 법원판사의 영장을 받을 수 없는 때에는 영장 없이 압수할 수 있으며, 이 경우에는 사후 48시간 이내에 영장을 받아야 한다.

② 형사소송법 제200조의3(긴급체포)에 따라 체포된 자가 소유하는 물건에 대하여 긴급히 압수할 필요가 있는 경우에 사법경찰관은 체포한 때부터 24시간 이내에 한하여 영장 없이 압수할 수 있다.

③ 수사기관이 압수·수색영장을 집행하면서 팩스로 영장 사본을 송신하기만 하고 영장 원본을 제시하거나 압수조서와 압수물 목록을 작성하여 피압수·수색 당사자에게 교부하지도 않은 채 피고인의 이메일을 압수했다면, 그 압수·수색은 위법하다.

④ 영장 발부의 사유로 된 범죄 혐의사실과 무관한 별개의 증거를 압수하였을 경우 이는 원칙적으로 유죄인정의 증거로 사용할 수 없으나, 압수·수색의 목적이 된 범죄나 이와 관련된 범죄의 경우에는 그 압수·수색의 결과를 유죄의 증거로 사용할 수 있다.

16

다음은 전자정보의 압수·수색에 대한 설명이다. 아래 ㉠부터 ㉣까지의 설명 중 옳고 그름의 표시(○, ×)가 바르게 된 것은? (다툼이 있는 경우 판례에 의함)

㉠ 피의자의 이메일 계정에 대한 접근권한에 갈음하여 발부받은 압수·수색영장의 효력은 대한민국의 사법관할권이 미치지 아니하는 해외 이메일서비스제공자의 해외 서버 및 그 해외서버에 소재하는 저장매체 속 피의자의 전자정보에 대하여까지 미치지는 않는다.

㉡ 수사기관 사무실 등으로 반출된 저장매체 또는 복제본에서 혐의사실 관련성에 대한 구분 없이 임의로 저장된 전자 정보를 문서로 출력하거나 파일로 복제하는 행위는 원칙적으로 영장주의 원칙에 반하는 위법한 압수가 된다.

㉢ 임의제출된 정보저장매체에서 압수의 대상이 되는 전자 정보의 범위를 넘어서는 전자정보에 대해 수사기관이 영장없이 압수·수색하여 취득한 증거는 위법수집증거에 해당하고, 사후에 법원으로부터 영장이 발부되었다거나 피고인이나 변호인이 이를 증거로 함에 동의하였다고 하여 그 위법성이 치유되는 것도 아니다.

㉣ 전자정보에 대한 압수·수색영장을 집행할 때에는 원칙적으로 영장 발부의 사유인 혐의사실과 관련된 부분만을 문서출력물로 수집하거나 수사기관이 휴대한 저장매체에 해당 파일을 복사하는 방식으로 이루어져야 하지만, 집행현장 사정상 이러한 방식에 의한 집행이 현저히 곤란한 부득이한 사정이 존재하는 경우에는 영장에의 기재 여부와 상관없이 저장매체 자체를 직접 혹은 하드카피나 이미징 등 형태로 수사기관 사무실 등 외부로 반출하여 해당 파일을 압수·수색할 수 있다.

① ㉠ (○) ㉡ (×) ㉢ (×) ㉣ (×)
② ㉠ (○) ㉡ (×) ㉢ (×) ㉣ (○)
③ ㉠ (×) ㉡ (○) ㉢ (○) ㉣ (○)
④ ㉠ (×) ㉡ (○) ㉢ (○) ㉣ (○)

17

전자정보의 압수·수색에 대한 설명으로 가장 적절하지 **않은** 것은? (다툼이 있는 경우 판례에 의함)

① 수사기관이 인터넷서비스이용자인 피의자를 상대로 피의자의 컴퓨터 등 정보처리장치 내에 저장되어 있는 이메일 등 전자정보를 압수·수색하는 것은 전자정보의 소유자 내지 소지자를 상대로 해당 전자정보를 압수·수색하는 대물적 강제처분으로 형사소송법의 해석상 허용된다.

② 전자정보에 대한 압수·수색이 종료되기 전에 혐의 사실과 관련된 전자정보를 적법하게 탐색하는 과정에서 별도의 범죄혐의와 관련된 전자정보를 우연히 발견한 경우, 수사기관은 더 이상의 추가 탐색을 중단하고 법원에서 그 별도의 범죄혐의에 대한 압수·수색영장을 발부받아야만 그 별도의 범죄혐의와 관련된 전자정보를 유죄의 증거로 인정할 수 있다.

③ 수사기관이 피의자 甲의 공직선거법위반 범행을 영장 범죄사실로 하여 발부받은 압수·수색영장의 집행 과정에서 乙, 丙 사이의 대화가 녹음된 녹음파일을 압수하여 乙, 丙의 공직선거법위반 혐의사실을 발견한 경우, 압수·수색영장에 기재된 피의자인 甲이 녹음파일에 의하여 의심되는 혐의사실과 무관한 이상, 별도의 압수·수색영장을 발부받지 않고 압수한 乙, 丙사이의 대화가 녹음된 녹음 파일은 乙, 丙의 공직선거법위반 혐의사실과 관련된 부분에 한정하여 증거능력이 있다.

④ 수사기관이 정보저장매체에 기억된 정보 중에서 키워드 또는 확장자 검색 등을 통해 범죄 혐의사실과 관련 있는 정보를 선별한 다음 정보저장매체와 동일하게 비트열 방식으로 복제하여 생성한 파일을 제출받아 압수하였다면 이로써 압수의 목적물에 대한 압수·수색 절차는 종료된 것이므로, 수사기관이 수사기관 사무실에서 위와 같이 압수된 파일을 탐색·복제·출력하는 과정에서도 피의자 등에게 참여의 기회를 보장하여야 하는 것은 아니다.

18

수사상 증거보전절차에 대한 설명으로 가장 적절하지 **않은** 것은? (다툼이 있는 경우 판례에 의함)

① 증거보전의 청구권자는 검사, 피고인, 피의자 또는 변호인이며, 형사입건되기 전의 자는 피의자가 아니므로 증거보전을 청구할 수 없다.

② 범죄의 수사에 없어서는 아니 될 사실을 안다고 명백히 인정되는 자가 형사소송법 제221조에 의한 출석 또는 진술을 거부한 경우에는 검사는 제1회 공판기일 전에 한하여 판사에게 그에 대한 증인신문을 청구할 수 있다.

③ 증거보전은 제1심 제1회 공판기일 전에 한하여 허용되는 것이므로 재심청구사건에서는 증거보전절차는 허용되지 아니한다.

④ 증거보전절차에서 피고인과 공동피고인이 뇌물을 주고 받은 사이로 필요적 공범관계에 있는 경우 검사는 판사에게 공동피고인을 증인으로 신문할 것을 청구할 수 없다.

19

검사와 사법경찰관의 상호협력과 일반적 수사준칙에 관한 규정에 따른 수사의 종결에 대한 설명으로 가장 적절하지 **않은** 것은?

① 사법경찰관은 사건을 수사한 경우에는 피의자중지, 참고인중지와 같은 수사중지결정을 할 수 있으며, 이 경우 7일 이내에 사건기록을 검사에게 송부해야 한다.

② 사법경찰관은 피의자중지 결정 후 그 내용을 고소인·고발인·피해자 또는 그 법정대리인(피해자가 사망한 경우에는 그 배우자·직계친족·형제자매를 포함한다)에게 통지해야 한다.

③ 사법경찰관으로부터 수사중지 결정의 통지를 받은 사람은 해당 사법경찰관이 소속된 바로 위 상급경찰관서의 장에게 이의를 제기할 수 있다.

④ 사법경찰관으로부터 수사중지 결정의 통지를 받은 사람은 해당 수사중지 결정이 법령에 위반되는 경우에 한하여 검사에게 형사소송법 제197조의3 제1항에 따른 신고를 할 수 있다.

20

공소제기 후의 수사에 대한 설명으로 가장 적절한 것은? (다툼이 있는 경우 판례에 의함)

① 검사가 공소제기 후 형사소송법 제215조에 따라 수소법원 이외의 지방법원 판사에게 청구하여 발부받은 영장에 의하여 압수·수색을 하였다면, 원칙적으로 유죄의 증거로 삼을 수 있다.

② 형사소송법 제215조는 검사가 압수·수색 영장을 청구할 수 있는 시기를 공소제기 전으로 명시적으로 한정하고 있다.

③ 제1심에서 피고인에 대하여 무죄판결이 선고되어 검사가 항소한 후 수사기관이 항소심 공판기일에 증인으로 신청하여 신문할 수 있는 사람을 특별한 사정 없이 미리 수사기관에 소환하여 작성한 진술조서는 피고인이 증거로 할 수 있음에 동의하지 않는 한 증거능력이 없지만, 참고인이 나중에 법정에 증인으로 출석하여 진술조서의 성립의 진정을 인정하고 피고인 측에 반대신문의 기회가 부여된 경우에는 그 진술조서를 증거로 할 수 있다.

④ 검사작성의 피고인에 대한 진술조서가 공소제기 후에 작성된 것이라는 이유만으로는 곧 그 증거능력이 없다고 할 수 없다.

21

공소제기의 효과에 대한 설명으로 가장 적절하지 <u>않은</u> 것은? (다툼이 있는 경우 판례에 의함)

① 공소제기에 의해 사건은 법원에 계속되고 공소시효의 진행이 정지되며 법원은 검사가 공소제기한 사건에 한하여 심판하여야 한다.

② 공소가 제기되면 동일사건에 대해 다시 공소를 제기할 수 없으므로 동일사건에 대하여 동일법원에 다시 공소가 제기된 경우에는 후소에 대하여 공소기각의 판결을 해야 한다.

③ 피고인에 대한 공소가 제기된 후에 진범이 발견되어도 그 공소제기의 효력은 진범에게 미치지 아니한다.

④ 공범의 1인에 대한 공소제기가 있어도 다른 공범자에 대하여는 그 효력이 미치지 않으며, 공범의 1인에 대한 공소시효 정지의 효과도 다른 공범자에 대하여는 미치지 아니한다.

22

변호인의 기록열람 등사권에 대한 설명으로 가장 적절하지 <u>않은</u> 것은?　문제 변형

① 공소제기 전 수사 중인 사건의 피의자 심문에 참여할 변호인은 지방법원 판사에게 제출된 구속영장 청구서 및 그에 첨부된 고소·고발장, 피의자의 진술을 기재한 서류와 피의자가 제출한 서류를 열람할 수 있다.

② 형사소송법상 변호인의 열람·등사권은 '소송계속 중'의 관계서류 또는 증거물에 국한되므로 수사단계에서 검사가 보관하고 있는 수사서류나 증거물에 대해서는 열람등사권이 인정되지 않는다. 변호인은 수사 중인 사건의 서류에 대하여 공공기관의 정보 공개에 관한 법률에 따라 수사기관을 상대로 정보공개를 청구할 수 있다.

③ 변호인이 공소제기 후 검사가 보관하고 있는 서류의 열람·등사를 신청하는 경우, 검사는 열람 등사를 허용하지 아니할 상당한 이유가 있다고 인정하는 때에는 그 서류뿐만 아니라 그 목록에 대해서도 열람 등사를 거부할 수 있다.

④ 변호인은 법원이 보관하고 있는 소송계속 중인 사건의 관계서류 또는 증거물을 열람하거나 복사할 수 있다.

23

소송관계인의 공판기일 출석에 대한 설명으로 가장 적절하지 <u>않은</u> 것은? (다툼이 있는 경우 판례에 의함)

① 즉결심판사건에서 피고인에게 구류를 선고하는 경우에는 피고인의 출석 없이 심판할 수 있다.

② 검사의 출석은 공판개정의 요건이나, 필요적 변호사건이 아닌 경우 변호인의 출석은 공판개정의 요건이 아니다.

③ 공소기각 또는 면소의 재판을 할 것이 명백한 사건에 관하여는 피고인의 출석을 요하지 아니한다.

④ 소송촉진 등에 관한 특례규칙 제19조 제2항의 규정에 의하면, 공시송달의 방법으로 소환한 피고인이 불출석하는 경우 다시 공판기일을 지정하고 공시송달의 방법으로 피고인을 재소환한 후 그 기일에도 피고인이 불출석하여야 비로소 피고인의 불출석 상태에서 재판절차를 진행할 수 있다.

24

공판기일의 절차에 대한 설명으로 가장 적절하지 <u>않은</u> 것은? (다툼이 있는 경우 판례에 의함)

① 법원은 피고인이 철회한 증인을 직권으로 신문하여 이를 채증할 수 있다.

② 원칙적으로 증거의 채부는 법원의 재량에 의하여 판단할 것이지만, 형사사건의 실체를 규명하는 데 가장 직접적이고 핵심적인 증거는 법정에서 증거조사를 하기 곤란하거나 부적절한 경우 또는 다른 증거에 비추어 굳이 추가 증거조사를 할 필요가 없다는 등 특별한 사정이 없는 한 공개된 법정에서 그 증거방법에 가장 적합한 방식으로 증거조사를 해야 한다.

③ 다른 증거나 증인의 진술에 비추어 굳이 추가 증거조사를 할 필요가 없다는 등 특별한 사정이 없고 소재탐지나 구인장 발부가 불가능한 사유가 존재하지 않더라도, 법원은 불출석한 핵심 증인에 대하여 소재탐지나 구인장 발부 없이 증인채택 결정을 취소할 수 있다.

④ 사실심 변론종결 후 검사나 피해자 등에 의해 피고인에게 불리한 새로운 양형조건에 관한 자료가 법원에 제출되었다면, 법원은 변론을 재개하여 그 양형자료에 대하여 피고인에게 의견진술기회를 주는 등 필요한 양형심리절차를 거침으로써 피고인의 방어권을 실질적으로 보장해야 한다.

25

증인 및 증인신문에 대한 설명으로 가장 적절한 것은? (다툼이 있는 경우 판례에 의함)

① 공무원이나 공무원이었던 자가 직무에 관하여 알게 된 사실에 관하여, 본인 또는 당해 공무소가 직무상 비밀에 속한 사항임을 신고한 때에는 그 소속 공무소 또는 감독관공서의 승낙 없이는 증인으로 신문하지 못한다.

② 공범인 공동피고인의 법정에서의 자백은 이에 대한 다른 피고인의 반대신문권이 보장되어 있어 증인으로 신문한 경우와 다를 바 없으므로 독립한 증거능력이 있지만, 피고인들 간에 이해관계가 상반되는 경우에는 독립한 증거능력을 인정할 수 없다.

③ 재판장이 신문 전에 증인에게 증언거부권을 고지하지 않은 채 신문하여 증인이 증언거부권을 행사하지 않고 허위의 진술을 한 경우, 그 증인이 증언거부권을 고지받지 못함으로 인하여 그 증언거부권을 행사하는 데 사실상 장애가 초래되었는지 여부를 불문하고 위증죄의 성립을 부정해야 한다.

④ 법원이 변호인이 없는 피고인을 일시 퇴정하게 하고 증인신문을 한 다음 피고인에게 실질적인 반대신문의 기회를 부여하지 아니한 채 증인신문이 이루어졌다면, 다음 공판기일에서 재판장이 증인신문 결과 등을 공판조서에 의하여 고지할 때 피고인이 '변경할 점과 이의할 점이 없다'고 진술하였다고 하더라도 그 증인신문조서는 증거능력이 없다.

26

공판절차에서 범죄피해자의 지위에 대한 설명으로 가장 적절하지 않은 것은?

① 법원은 범죄로 인한 피해자 또는 그 법정대리인(피해자가 사망한 경우에는 배우자·직계친족·형제자매를 포함)의 신청이 있는 때에는 신청인의 진술로 인하여 공판절차가 현저하게 지연될 우려가 있는 경우라 하더라도 최소 한 번 이상 그 피해자를 증인으로 신문하여야 한다.

② 범죄피해자의 신청에 의하여 그 피해자를 증인으로 신문하는 경우, 그 증인신문은 재판장이 정하는 신문방식에 의한다.

③ 법원은 동일한 범죄사실에 대하여 피해자 진술신청을 한 신청인이 여러 명인 경우에는 진술할 자의 수를 제한할 수 있다.

④ 법원은 직권 또는 피해자 등의 신청에 따라 피해자 등을 공판기일에 출석하게 하여 형사소송법 제294조의2 제2항에 정한 사항으로서 범죄사실의 인정에 해당하지 않는 사항에 관하여 증인신문에 의하지 아니하고 의견을 진술하게 할 수 있다.

27

엄격한 증명과 자유로운 증명에 대한 설명으로 가장 적절하지 <u>않은</u> 것은? (다툼이 있는 경우 판례에 의함)

① 범죄구성요건에 해당하는 사실을 증명하기 위한 근거가 되는 과학적인 연구결과는 엄격한 증명을 요한다.

② 증거조사를 거치지 아니하였고 피고인이 이를 증거로 사용함에 동의를 한 바도 없기 때문에 증거능력이 인정되지 않는 증거라도 구성요건 사실을 추인하게 하는 간접사실의 인정자료로는 허용된다.

③ 대한민국 영역 외에서 대한민국 국민에 대하여 범죄를 저지른 외국인에 대하여 우리나라 형법을 적용하여 처벌함에 있어 행위지의 법률에 의하여 범죄를 구성하는지는 엄격한 증명을 요한다.

④ 공모관계를 인정하기 위해서는 엄격한 증명이 요구되지만, 피고인이 범죄의 주관적 요소인 공모관계를 부인하는 경우에는 사물의 성질상 이와 상당한 관련성이 있는 간접사실 또는 정황사실을 증명하는 방법으로 이를 증명할 수밖에 없다.

28

증명책임에 대한 설명으로 가장 적절하지 <u>않은</u> 것은? (다툼이 있는 경우 판례에 의함)

① 성폭력범죄의 처벌 등에 관한 특례법 제7조 제1항에서 정하는 13세 미만의 미성년자에 대한 강간죄의 성립이 인정되려면, 피고인이 피해자가 13세 미만의 미성년자임을 알면서 그를 강간했다는 사실이 검사에 의하여 입증되어야 한다.

② 영장 발부의 사유로 된 범죄 혐의사실과 무관한 별개의 증거를 압수하였을 경우 수사기관이 그 별개의 증거를 피압수자 등에게 환부하고 후에 임의제출받아 다시 압수하였다면, 그 제출에 임의성이 있었다는 점에 관하여 검사가 합리적 의심을 배제할 수 있을 정도로 증명하지 못하는 경우 그 증거능력을 인정할 수 없다.

③ 민사재판에서의 입증책임분배의 원칙은 형사재판에도 동일하게 적용되므로, 피고인은 자신에게 유리한 사항을 입증할 책임을 진다.

④ 명예를 훼손한 행위가 형법 제310조의 규정에 따라서 위법성이 조각되기 위해서는 그것이 진실한 사실로서 오로지 공공의 이익에 관한 때에 해당된다는 점을 검사가 아닌 행위자가 증명하여야 한다.

29

위법수집증거에 대한 설명으로 가장 적절하지 않은 것은? (다툼이 있는 경우 판례에 의함)

① 수사기관이 甲으로부터 피고인의 범행에 대한 진술을 듣고, 추가적인 증거를 확보할 목적으로 구속 수감되어 있던 甲에게 그의 압수된 휴대전화를 제공하여 피고인과 통화하고 위 범행에 관한 통화 내용을 녹음하게 한 행위는 불법감청에 해당하므로, 그 녹음 자체는 물론 이를 근거로 작성된 녹취록 첨부 수사보고는 피고인의 증거동의에 상관없이 그 증거능력이 없다.

② 검사 작성의 피의자신문조서가 검사에 의하여 피의자에 대한 변호인의 접견이 부당하게 제한되고 있는 동안에 작성된 경우 그 피의자신문조서는 증거능력이 없다.

③ 수사기관으로부터 통신제한조치의 집행을 위탁받은 통신기관 등이 집행에 필요한 설비가 없는 때에는, 일단 수사기관의 위탁을 받은 이상, 그 통신기관이 수사기관에 설비제공을 요청하지 않고 통신제한조치허가서에 기재된 사항을 준수하지 아니한 채 통신제한조치를 집행하였다고 하더라도 이를 통하여 취득한 전기통신의 내용 등을 유죄의 증거로 사용할 수 있다.

④ 피고인이 범행 후 피해자에게 전화를 걸어오자 피해자가 증거를 수집하려고 그 전화내용을 녹음한 경우, 그 녹음테이프가 피고인 모르게 녹음된 것이라 하여 이를 위법하게 수집된 증거라고 할 수 없다.

30

위법수집증거배제법칙에 대한 설명으로 가장 적절하지 않은 것은? (다툼이 있는 경우 판례에 의함)

① 수사기관이 피고인 아닌 자를 상대로 적법한 절차에 따르지 아니하고 수집한 증거는 원칙적으로 피고인에 대한 유죄 인정의 증거로 삼을 수 없다.

② 형식적으로 보아 헌법과 형사소송법이 정한 절차에 따르지 아니하고 수집한 증거라고 한다면, 위반의 내용 및 정도 등을 고려하지 않고 일률적으로 그 증거의 증거능력을 부정하더라도, 헌법과 형사소송법이 형사소송 절차를 통하여 달성하려는 실체적 진실 규명을 통한 정당한 형벌권의 실현이라는 중요한 목표에 어긋난다고 할 수 없다.

③ 수사기관이 법원으로부터 영장 또는 감정처분허가장을 발부받지 아니한 채 피의자의 동의 없이 피의자의 신체로부터 혈액을 채취하고 사후에도 지체 없이 영장을 발부받지 아니한 채 혈액 중 알코올농도에 관한 감정을 의뢰하였다면, 그 감정의뢰회보 등은 피고인이나 변호인의 동의가 있더라도 유죄의 증거로 사용할 수 없다.

④ 적법한 절차에 따르지 아니하고 수집한 증거를 기초로 하여 획득한 2차적 증거의 경우, 절차에 따르지 아니한 증거수집과 2차적 증거 수집 사이 인과관계의 희석 또는 단절 여부를 중심으로 2차적 증거 수집과 관련된 모든 사정을 전체적·종합적으로 고려하여 예외적인 경우에는 유죄 인정의 증거로 사용할 수 있다.

31

자백의 임의성에 대한 설명으로 가장 적절하지 <u>않은</u> 것은? (다툼이 있는 경우 판례에 의함)

① 피고인이 수사기관에서 가혹행위 등으로 인하여 임의성 없는 자백을 하고 그 후 법정에서도 임의성 없는 심리상태가 계속되어 동일한 내용의 자백을 하였다면 그 법정에서의 자백도 임의성 없는 자백이라고 보아야 한다.

② 피고인이 자백의 임의성을 다투면서 그것이 허위자백이라고 다투는 경우, 검사가 그 임의성의 의문점을 없애는 증명을 해야 하는 것이 아니고, 피고인이 그 임의성을 의심할 만한 합리적이고 구체적인 사실을 증명해야 한다.

③ 피고인이 피의자신문조서에 기재된 피고인의 진술이 임의성 없는 허위자백이라고 다투는 경우, 법원은 구체적인 사건에 따라 피고인의 학력, 경력, 직업, 사회적 지위, 지능 정도, 진술의 내용, 피의자신문조서의 경우 그 조서의 형식 등 제반 사정을 참작하여 자유로운 심증으로 위 진술이 임의로 된 것인지 여부를 판단하면 된다.

④ 임의성 없는 자백은 피고인의 증거동의가 있는 경우에도 증거능력이 없다.

32

영상녹화물, 녹음테이프 또는 사진의 증거능력에 대한 설명으로 가장 적절하지 <u>않은</u> 것은? (다툼이 있는 경우 판례에 의함)

① 사인(私人)이 피고인 아닌 사람과의 대화내용을 녹음한 녹음테이프에 대해 법원이 그 진술 당시 진술자의 상태 등을 확인하기 위하여 작성한 검증조서는 법원의 검증 결과를 기재한 조서로서 형사소송법 제311조에 의하여 증거로 할 수 있다.

② 사인(私人)이 피고인 아닌 사람과의 대화내용을 녹음한 녹음테이프는 피고인의 증거동의가 없는 이상 그 증거능력을 부여하기 위해서는, 첫째 녹음테이프가 원본이거나 인위적 개작 없이 원본 내용 그대로 복사된 사본일 것, 둘째 형사소송법 제313조 제1항에 따라 공판준비나 공판기일에서 원진술자의 진술에 의하여 녹음테이프에 녹음된 각자의 진술내용이 자신이 진술한대로 녹음된 것이라는 점이 인정되어야 한다.

③ 검증조서에 첨부된 사진은 검증조서와 일체를 이루는 것이므로, 사법경찰관 작성의 검증조서 중 피고인 진술 기재부분 및 범행재연의 사진부분에 대하여 원진술자이며 행위자인 피고인이 그 진술 및 범행재연의 진정함을 인정하지 않는다고 하더라도 검증조서 전체의 증거능력이 인정된다.

④ 피고인 또는 피고인이 아닌 자의 진술을 내용으로 하는 영상녹화물은 공판준비 또는 공판기일에서 피고인 또는 피고인이 아닌 자가 진술함에 있어서 기억이 명백하지 아니한 사항에 관하여 기억을 환기시켜야 할 필요가 있다고 인정되는 때에 한하여 피고인 또는 피고인이 아닌 자에게 재생하여 시청하게 할 수 있다.

33

전문증거에 대한 설명으로 가장 적절하지 <u>않은</u> 것은? (다툼이 있는 경우 판례에 의함)

① 공판준비 또는 공판기일에 피고인이나 피고인 아닌 자의 진술을 기재한 조서와 법원 또는 법관의 검증의 결과를 기재한 조서는 당해 사건에서 당연히 증거로 할 수 있다.

② 피고인이 공판정에서 공소사실을 자백하여 법원이 간이공판절차로 심판할 것을 결정한 사건에서는 전문법칙이 그대로 적용된다.

③ 전문증거라도 공판준비 또는 공판기일에서의 피고인 또는 피고인이 아닌 자의 진술의 증명력을 다투기 위한 증거로는 사용할 수 있다.

④ 체포·구속인접견부는 형사소송법 제315조에 규정된 당연히 증거능력이 있는 서류로 볼 수 없다.

34

전문법칙에 대한 설명으로 가장 적절한 것은? (다툼이 있는 경우 판례에 의함)

① 성매매업소에 고용된 여성들이 성매매를 업으로 하면서 영업에 참고하기 위하여 성매매 상대방의 아이디와 전화번호 및 성매매 방법 등을 메모지에 적어두었다가 이를 메모리카드에 입력한 경우, 그 메모리카드의 내용은 형사소송법 제315조 제2호의 '업무상 필요로 작성한 통상문서'로서 당연히 그 증거능력이 인정된다.

② 검사가 피고인이 된 피의자의 진술을 기재한 조서는 적법한 절차와 방식에 따라 작성된 것으로서 피고인이 진술한 내용과 동일하게 기재되어 있음이 공판준비 또는 공판기일에서의 피고인의 진술에 의하여 인정되고, 그 조서에 기재된 진술이 특히 신빙할 수 있는 상태에서 행하여졌음이 증명된 때에 한하여 증거로 할 수 있다.

③ 당해 피고인과 공범관계가 있는 다른 피의자에 대한 사법경찰관 작성의 피의자신문조서는 그 피의자의 법정진술에 의하여 그 성립의 진정이 인정된다면 당해 피고인이 공판기일에서 그 조서의 내용을 부인하더라도 증거능력이 인정된다.

④ 어떤 진술이 기재된 서류가 그 진술의 진실성과 관계없는 간접사실에 대한 정황증거로 사용되더라도 그 진술이 결국 요증사실을 간접적으로나마 뒷받침하므로 예외 없이 전문법칙이 적용된다.

35

진술조서의 증거능력에 대한 설명으로 가장 적절하지 <u>않은</u> 것은? (다툼이 있는 경우 판례에 의함)

① 진술조서의 증거능력이 인정되려면 '적법한 절차와 방식에 따라 작성된 것'이어야 한다는 법리는 피고인이 아닌 자가 수사과정에서 작성한 진술서의 증거능력에 관하여도 적용된다.

② 수사기관의 피의자신문 시에 동석한 신뢰관계인이 피의자를 대신하여 진술한 부분이 조서에 기재되어 있다면, 피의자였던 피고인 또는 변호인이 공판준비 또는 공판기일에 그 내용을 인정할 때에 한하여 증거로 할 수 있다.

③ 수사기관에서 진술한 참고인이 법정에서 증언을 거부하여 피고인이 반대신문을 하지 못한 경우, 피고인이 증인의 증언거부 상황을 초래하였다는 등의 특별한 사정이 없는 한 증인이 정당하게 증언거부권을 행사하였는지 여부와 관계없이 수사기관에서 그 증인의 진술을 기재한 서류는 증거능력이 없다.

④ 수사기관이 진술자의 성명을 가명으로 기재하여 조서를 작성하였다고 하더라도 그 이유만으로 그 조서의 증거능력을 부정할 것은 아니다.

36

증거동의에 대한 설명으로 가장 적절하지 <u>않은</u> 것은? (다툼이 있는 경우 판례에 의함)

① 소유자, 소지자 또는 보관자가 아닌 피해자로부터 임의로 제출받은 물건을 영장 없이 압수한 경우 그 '압수물' 및 '압수물을 찍은 사진'에 대해 피고인이나 변호인이 증거동의를 하였다 하더라도 이를 유죄 인정의 증거로 사용할 수 없다.

② 피고인의 출정 없이 증거조사를 할 수 있는 경우에 피고인이 출정하지 아니한 때에는 피고인의 대리인 또는 변호인이 출정한 때를 제외하고 피고인이 증거로 함에 동의한 것으로 간주한다.

③ 수사기관이 참고인의 진술을 기재한 조서는 그 내용을 피고인이 부인하고 참고인의 법정출석 및 반대신문이 이루어지지 못하였다면 이를 주된 증거로 하여 공소사실을 인정할 수 없는 것이 원칙이지만 피고인이 이에 대해 증거동의한 경우에는 그렇지 아니하다.

④ 공판준비 또는 공판기일에서 이미 증언을 마친 증인을 검사가 소환한 후 피고인에게 유리한 증언내용을 추궁하여 이를 일방적으로 번복시키는 방식으로 작성한 진술조서는 피고인이 증거로 할 수 있음에 동의하지 아니하는 한 증거능력이 없다.

37

종국재판에 대한 설명으로 가장 적절하지 <u>않은</u> 것은? (다툼이 있는 경우 판례에 의함)

① 범죄 후 법령개폐로 형이 폐지된 경우에는 판결로써 공소기각의 선고를 하여야 한다.

② 공소취소에 의한 공소기각의 결정이 확정된 때에는 공소취소 후 그 범죄사실에 대한 다른 중요한 증거를 발견한 경우에 한하여 다시 공소를 제기할 수 있다.

③ 피고인에 대하여 유죄판결을 내리는 경우, 법률상 범죄의 성립을 조각하는 이유 또는 형의 가중, 감면의 이유되는 사실의 진술이 있은 때에는 판결 이유에 이에 대한 판단을 명시하여야 한다.

④ 판결의 범죄사실에 대한 증거를 설시함에 있어서는 어느 증거의 어느 부분에 의하여 어느 범죄사실을 인정한다고 구체적으로 설시하지 아니하고, 또 범죄사실에 배치되는 증거들에 관하여 이를 배척한다는 취지의 판단이나 이유를 설시하지 아니하여도 잘못이라 할 수 없다.

38

기판력에 대한 설명으로 가장 적절하지 <u>않은</u> 것은? (다툼이 있는 경우 판례에 의함)

① 가정폭력범죄의 처벌 등에 관한 특례법에 따른 보호처분을 받은 사건과 동일한 사건에 대하여 다시 공소제기가 된 경우 공소기각 판결을 하여야 한다.

② 과태료를 납부한 후에 다시 형사처벌을 하는 것은 일사부재리의 원칙에 반하는 것이 아니다.

③ 사기죄에 있어서 동일한 피해자에 대하여 수회에 걸쳐 기망행위를 하여 금원을 편취한 경우, 그 범의가 단일하고 범행방법이 동일하다면 사기죄의 포괄일죄만이 성립한다고 할 것이나, 포괄일죄의 중간에 별종의 범죄에 대한 확정판결이 끼어 있다면 그로 인해 사기죄의 포괄적 범죄는 둘로 나뉘는 것이다.

④ 판결의 기판력의 기준시점은 사실심리의 가능성이 있는 최후의 시점인 판결선고시이므로, 항소된 경우 그 시점은 항소심 판결선고시이다.

39

항소에 대한 설명으로 적절하지 <u>않은</u> 것은 모두 몇 개인가? (다툼이 있는 경우 판례에 의함)

⊙ 항소를 함에는 항소장을 항소법원에 제출하여야 한다.

⊙ 항소한 피고인이 교도소 또는 구치소에 있는 경우에는 원심법원에 대응한 검찰청 검사는 항소법원으로부터 그 사유를 통지받은 날부터 14일 이내에 피고인을 항소법원소재지의 교도소 또는 구치소로 이송하여야 한다.

⊙ 필요적 변호사건에서 항소법원이 국선변호인을 선정하고 피고인과 국선변호인에게 소송기록접수통지를 한 다음 피고인이 사선변호인을 선임함에 따라 국선변호인의 선정을 취소한 경우, 항소법원은 사선변호인에게 다시 소송기록접수 통지를 할 의무가 있다.

⊙ 항소법원이 피고인에게 소송기록 접수통지를 함에 있어 2회에 걸쳐 그 통지서를 송달한 경우, 항소이유서 제출기간의 기산일은 최후 송달의 효력이 발생한 날의 다음날부터이다.

① 1개   ② 2개

③ 3개   ④ 4개

40

약식절차에 대한 설명으로 가장 적절하지 <u>않은</u> 것은?

① 약식명령이 확정된 때에는 유죄의 확정판결과 동일한 효력을 가지고, 이에 대한 불복은 재심 또는 비상상고에 의한다.

② 위법수집증거배제법칙과 자백배제법칙은 물론 형사소송법 제312조 제3항 및 제313조를 제외한 형사소송법상 전문증거에 대한 규정도 약식절차에 모두 적용된다.

③ 약식절차에서 피고인은 정식재판청구권을 포기할 수 없다.

④ 약식명령에 불복하여 정식재판을 청구하는 경우 제1심 판결선고 전까지 정식재판청구를 취하할 수 있으며 정식재판을 취하한 자는 그 사건에 대하여 다시 정식재판을 청구하지 못한다.

01

다음은 형사소송의 이념에 대한 설명이다. 아래 ㉠부터 ㉣까지의 설명 중 옳고 그름의 표시(○, ×)가 바르게 된 것은? (다툼이 있는 경우 판례에 의함)

㉠ 헌법 제12조 제1항 후문이 규정하고 있는 적법절차란 법률이 정한 절차 및 그 실체적 내용이 모두 적정하여야 함을 말하고, 적정하다고 함은 공정하고 합리적이며 상당성이 있어 정의관념에 합치되는 것을 뜻한다.

㉡ 검사가 법원에 의하여 증인으로 채택된 수감자를 그 증언에 이르기까지 거의 매일 검사실로 하루 종일 소환하여 피고인측 변호인이 접근하는 것을 차단하고, 검찰에서의 진술을 번복하는 증언을 하지 않도록 회유·압박하는 한편, 때로는 검사실에서 그에게 편의를 제공하기도 한 행위만으로는 피고인의 공정한 재판을 받을 권리를 침해하였다고 할 수 없다.

㉢ 신속한 재판을 받을 권리는 주로 피고인의 이익을 보호하기 위하여 인정된 기본권이지만 동시에 실체적 진실발견, 소송경제, 재판에 대한 국민의 신뢰와 형벌목적의 달성과 같은 공공의 이익에도 근거가 있기 때문에 어느 면에서는 이중적인 성격을 갖고 있다.

㉣ 신속한 재판을 받을 권리와 관련하여 공판심리의 현저한 지연은 현행법상 명문으로 면소사유뿐만 아니라 공소기각사유로도 규정하고 있다.

---

① ㉠ (○) ㉡ (×) ㉢ (○) ㉣ (×)

② ㉠ (○) ㉡ (×) ㉢ (×) ㉣ (○)

③ ㉠ (×) ㉡ (×) ㉢ (○) ㉣ (○)

④ ㉠ (×) ㉡ (○) ㉢ (○) ㉣ (×)

02

국선변호인에 대한 설명으로 가장 적절하지 <u>않은</u> 것은? (다툼이 있는 경우 판례에 의함)

① 사형, 무기 또는 단기 3년 이상의 징역이나 금고에 해당하는 사건으로 기소된 피고인에게 변호인이 없는 때에는 법원은 직권으로 변호인을 선정하여야 한다.

② 국민참여재판에 관하여 변호인이 없는 때에는 법원은 직권으로 변호인을 선정하여야 한다.

③ 구속영장이 청구되어 심문할 피의자에게 변호인이 없어 지방법원판사가 직권으로 변호인을 선정한 경우 변호인의 선정은 피의자에 대한 구속영장 청구가 기각되어 효력이 소멸하더라도 제1심까지 효력이 있다.

④ 국선변호인선정청구를 기각한 결정은 판결 전의 소송절차이므로, 그 결정에 대하여 즉시항고를 할 수 있는 근거가 없는 이상 그 결정에 대하여는 재항고도 할 수 없다.

03

형사소송법 제197조의2(보완수사요구)에 대한 설명으로 가장 적절하지 <u>않은</u> 것은?

① 검사는 '송치사건의 공소제기 여부 결정 또는 공소의 유지에 관하여 필요한 경우' 또는 '사법경찰관이 신청한 영장의 청구여부 결정에 관하여 필요한 경우'에 사법경찰관에게 보완수사를 요구할 수 있다.

② 사법경찰관은 형사소송법 제197조의2 제1항에 따른 검사의 보완수사의 요구가 있는 때에는 정당한 이유가 없는 한 지체 없이 이를 이행하고, 그 결과를 검사에게 통보하여야 한다.

③ 형사소송법 제197조의2 제1항에 따른 보완수사의 요구를 받은 사법경찰관과 검사 사이에 형사소송법 제197조의2 제2항의 '정당한 이유의 유무'에 대하여 이견의 조정이 필요한 경우에 사법경찰관은 검사에 대하여 협의를 요청할 수 있다.

④ 형사소송법 제197조의2 제2항에 따른 '정당한 이유의 유무'에 대하여 이견이 있어 협의를 요청받은 검사는 이에 응하지 않을 수 있으며, 이 경우에는 해당 검사가 소속된 검찰청의 장과 해당 사법경찰관이 소속된 경찰관서의 장의 협의에 따른다.

04

검사와 사법경찰관의 상호협력과 일반적 수사준칙에 관한 규정상 심야조사 및 장시간 조사에 대한 설명으로 가장 적절하지 <u>않은</u> 것은?

① 검사 또는 사법경찰관은 조사, 신문, 면담 등 그 명칭을 불문하고 피의자나 사건관계인을 조사하는 경우에는 원칙적으로 대기시간, 휴식시간, 식사시간 등 모든 시간을 합산한 조사시간이 12시간을 초과하지 않도록 해야 한다.

② 검사 또는 사법경찰관은 피의자나 사건관계인에 대해 원칙적으로 오후 9시부터 오전 6시까지 사이에 심야조사를 해서는 안 되지만, 이미 작성된 조서의 열람을 위한 절차는 예외적으로 오후 9시부터 오전 6시까지 사이에 진행할 수 있다.

③ 검사 또는 사법경찰관은 피의자를 체포한 후 48시간 이내에 구속영장의 청구 또는 신청 여부를 판단하기 위해 불가피한 경우 오후 9시부터 오전 6시까지 사이에 심야조사를 할 수 있다.

④ 검사 또는 사법경찰관은 사건의 성질 등을 고려할 때 심야조사가 불가피하다고 판단되는 경우 등 법무부장관, 경찰청장 또는 해양경찰청장이 정하는 경우로서 검사 또는 사법경찰관의 소속 기관의 장이 지정하는 인권보호 책임자의 허가 등을 받은 때에는 오후 9시부터 오전 6시까지 사이에 심야조사를 할 수 있다.

05

경찰관 직무집행법상 불심검문에 대한 설명으로 적절하지 **않은** 것을 모두 고른 것은? (다툼이 있는 경우 판례에 의함)

> ㉠ 경찰관은 수상한 행동이나 그 밖의 주위 사정을 합리적으로 판단하여 볼 때 어떠한 죄를 범하였거나 범하려 하고 있다고 의심할만한 상당한 이유가 있는 사람을 정지시켜 질문할 수 있다.
>
> ㉡ 경찰관의 동행요구를 받은 사람은 이를 거절할 수 있으며, 경찰관은 동행요구에 응하여 동행한 사람을 6시간을 초과하여 경찰관서에 머물게 할 수 없다.
>
> ㉢ 불심검문을 하게 된 경위, 불심검문 당시의 현장상황과 검문을 하는 경찰관들의 복장, 불심검문 대상자가 공무원증 제시나 신분 확인을 요구하였는지 여부 등을 종합적으로 고려하여, 검문하는 사람이 경찰관이고 검문하는 이유가 범죄행위에 관한 것임을 불심검문 대상자가 충분히 알고 있었다고 하더라도 경찰관이 신분증을 제시하지 않은 이상 그 불심검문은 적법한 공무집행이라 할 수 없다.
>
> ㉣ 경찰관이 불심검문 대상자 해당 여부를 판단할 때에는 불심검문 당시의 구체적 상황은 물론 사전에 얻은 정보나 전문적 지식 등에 기초하여 객관적·합리적인 기준에 따라 판단하여야 하고, 반드시 불심검문 대상자에게 형사소송법상 체포나 구속에 이를 정도의 혐의가 있을 것을 요한다.

① ㉠, ㉡

② ㉠, ㉢

③ ㉡, ㉢

④ ㉢, ㉣

06

반의사불벌죄에 대한 설명으로 가장 적절한 것은? (다툼이 있는 경우 판례에 의함)

① 항소심에 이르러 비로소 반의사불벌죄가 아닌 죄에서 반의사불벌죄로 공소장이 변경되었더라도, 항소심에서 피해자가 밝힌 처벌불원의사를 받아들여 피고인에 대한 폭행죄의 공소를 기각하는 것은 형사소송법 제232조 제3항 및 제1항의 처벌을 희망하는 의사표시의 철회가능시기에 관한 법리오해의 위법이 있다.

② 반의사불벌죄에 있어서 피해자의 피고인 또는 피의자에 대한 처벌을 희망하지 않는다는 의사표시 또는 처벌을 희망하는 의사 표시의 철회는 미성년자인 피해자에게 의사능력이 있더라도 피해자가 단독으로 이를 할 수 없고, 법정대리인의 동의가 있거나 법정대리인의 대리가 필요하다.

③ 반의사불벌죄에 있어서의 '피해자의 명시한 의사'에 관하여도 친고죄의 고소불가분의 원칙에 관한 규정이 준용되므로 처벌을 희망하는 의사표시의 철회는 다른 공범자에 대하여도 효력이 미친다.

④ 피해자가 나이 어린 미성년자인 경우 그 법정대리인이 밝힌 처벌불원의 의사표시에 피해자 본인의 의사가 포함되어 있는지는 대상 사건의 유형 및 내용, 피해자의 나이, 합의의 실질적인 주체 및 내용, 합의 전후의 정황, 법정대리인 및 피해자의 태도 등을 종합적으로 고려하여 판단해야 하는 것인데, 해당 처벌불원의 의사표시의 존재 여부는 당사자가 항소이유로 주장하지 아니한 이상 항소심 법원이 이를 직권으로 조사·판단할 필요는 없다.

07

고소와 고발에 대한 설명으로 가장 적절하지 <u>않은</u> 것은? (다툼이 있는 경우 판례에 의함)

① 고소능력은 피해를 받은 사실을 이해하고 고소에 따른 사회생활상의 이해관계를 알아차릴 수 있는 사실상의 의사능력으로 충분하므로, 민법상의 행위능력이 없는 사람이라도 고소능력이 인정될 수 있다.

② 고소는 대리가 허용되지만, 고발은 대리가 허용되지 않는다.

③ 형사소송법 제225조 제1항이 규정하는 피해자의 법정대리인은 피해자 본인의 고소권이 소멸하더라도 고소권을 행사할 수 있으나, 피해자 본인의 명시한 의사에 반하여 이를 행사할 수는 없다.

④ 형사소송법 제230조 제1항 본문은 "친고죄에 대하여는 범인을 알게 된 날로부터 6월을 경과하면 고소하지 못한다."고 규정하고 있는바, 여기서 범인을 알게 된다 함은 통상인의 입장에서 보아 고소권자가 고소를 할 수 있을 정도로 범죄사실과 범인을 아는 것을 의미하고, 범죄사실을 안다는 것은 고소권자가 친고죄에 해당하는 범죄의 피해가 있었다는 사실관계에 관하여 확정적인 인식이 있음을 말한다.

08

피의자신문시 변호인 참여에 대한 설명으로 가장 적절하지 <u>않은</u> 것은? (다툼이 있는 경우 판례에 의함)

① 검사 또는 사법경찰관은 피의자 또는 그 변호인 법정대리인 배우자 직계친족 형제자매의 신청에 따라 변호인을 피의자와 접견하게 하거나 정당한 사유가 없는 한 피의자에 대한 신문에 참여하게 하여야 한다.

② 검사 또는 사법경찰관은 피의자신문에 참여한 변호인이 피의자의 옆자리 등 실질적인 조력을 할 수 있는 위치에 앉도록 해야 하고, 정당한 사유가 없으면 피의자에 대한 법적인 조언 상담을 보장해야 하며, 법적인 조언 상담을 위한 변호인의 메모를 허용해야 한다.

③ 변호인이 피의자신문을 방해하거나 수사기밀을 누설할 염려가 있음이 객관적으로 명백한 경우가 아니더라도, 수사기관이 피의자 신문을 하면서 변호인에 대하여 피의자로부터 떨어진 곳으로 옮겨 앉으라고 지시를 한 다음 이러한 지시에 따르지 않았음을 이유로 퇴실을 명하였다면, 이는 변호인의 피의자신문 참여권에 대한 정당한 제한이라 할 수 있다.

④ 피의자신문에 참여한 변호인은 검사 또는 사법경찰관의 신문 후 조서를 열람하고 별도의 서면으로 의견을 제출할 수 있으며, 검사 또는 사법경찰관은 해당 서면을 사건기록에 편철한다.

09

영장에 의한 체포에 대한 설명으로 가장 적절한 것은? (다툼이 있는 경우 판례에 의함)

① 수사기관이 영장에 의한 체포를 하고자 하는 경우, 검사는 관할지방법원 판사에게 체포영장을 청구할 수 있고, 사법경찰관리는 검사의 승인을 받아 관할지방법원 판사에게 체포영장을 청구할 수 있다.

② 체포한 피의자를 구속하고자 할 때에는 체포한 때부터 48시간 이내에 구속영장을 청구하여야 하고, 그 기간 내에 구속영장을 청구하지 아니하는 때에는 피의자를 즉시 석방하여야 한다.

③ 체포영장을 발부받은 후 피의자를 체포하지 아니한 경우 검사는 변호인이 있는 때에는 피의자의 변호인에게, 변호인이 없는 때에는 피의자 또는 피의자의 동거가족 중 피의자가 지정하는 자에게 지체없이 그 사유를 서면으로 통지해야 한다.

④ 경찰관들이 체포를 위한 실력행사에 나아가기 전에 체포영장을 제시하고 미란다 원칙을 고지할 여유가 있었음에도 애초부터 미란다 원칙을 체포 후에 고지할 생각으로 먼저 체포행위에 나선 경우라도 이러한 행위를 위법하다고 할 수 없다.

10

甲은 경찰관 P로부터 불심검문을 받고 운전면허증을 교부하였는데 P가 이를 곧바로 돌려주지 않고 신분조회를 위해 순찰차로 가는 것을 보자 화가 나 인근 주민들 여러 명이 있는 가운데 경찰관 P에게 큰 소리로 욕설을 하였다. 이에 P는 형사소송법 제200조의5에 따라 미란다 원칙을 고지한 후 甲을 모욕죄의 현행범으로 체포하였고, 그 과정에서 甲은 P에게 반항하면서 몸싸움을 하다가 가슴과 다리 부위에 타박상 등을 가하였다. 이에 대한 설명으로 가장 적절하지 <u>않은</u> 것은? (다툼이 있는 경우 판례에 의함)

① P가 甲을 체포할 당시 甲은 모욕 범행을 실행하고 있거나 실행하고 난 직후의 사람에 해당하므로 현행범인에 해당한다.

② 甲은 P의 불심검문에 응하여 운전면허증을 교부하였지만, 도망하거나 증거를 인멸할 염려가 있으므로 체포의 필요성이 인정된다.

③ 甲에 대한 체포는 현행범인 체포의 요건을 갖추지 못하였다.

④ 甲에 대한 체포는 형사소송법 제200조의3에서 규정하고 있는 긴급체포의 요건을 갖추지 못하였다.

11

긴급체포에 대한 설명으로 가장 적절한 것은? (다툼이 있는 경우 판례에 의함)

① 사법경찰관은 피의자를 긴급체포한 경우 즉시 긴급체포서를 작성해야 하나, 검사가 피의자를 긴급체포한 경우에는 긴급체포서를 작성할 필요가 없다.

② 긴급체포의 요건을 갖추었는지 여부는 사후에 밝혀진 사정과 체포 당시의 상황을 종합적으로 고려하여 판단하여야 한다.

③ 긴급체포되었지만 구속영장을 청구하지 아니하거나 구속영장을 발부받지 못하여 석방된 자는 영장 없이는 동일한 범죄사실에 관하여 다시 체포하지 못한다.

④ 사법경찰관이 긴급체포한 피의자에 대하여 구속영장을 신청하지 아니하고 석방한 경우에는 7일 이내에 검사에게 보고하여야 한다.

12

구속 전 피의자심문제도에 대한 설명으로 적절하지 <u>않은</u> 것을 모두 고른 것은?

> ⊙ 체포영장에 의한 체포·긴급체포 또는 현행범인의 체포에 의하여 체포된 피의자에 대하여 구속영장을 청구받은 판사는 구속의 사유를 판단하기 위하여 필요하다고 인정하는 때에는 피의자를 심문할 수 있다.
>
> ⓒ 구속 전 피의자심문시 피의자에게 변호인이 없는 때에는 지방법원판사는 직권으로 변호인을 선정하여야 한다.
>
> ⓒ 변호인은 구속영장이 청구된 피의자에 대한 심문 시작 전에 피의자와 접견할 수 있고, 피의자는 판사의 심문이 끝난 후에만 변호인에게 조력을 구할 수 있다.
>
> ⓔ 판사는 지정된 심문기일에 피의자를 심문할 수 없는 특별한 사정이 있는 경우에는 그 심문기일을 변경할 수 있으며, 법원은 변호인의 사정이나 그 밖의 사유로 변호인 선정결정이 취소되어 변호인이 없게 된 때에는 직권으로 변호인을 다시 선정할 수 있다.
>
> ⓜ 피의자심문을 하는 경우 법원이 구속영장 청구서·수사관계 서류 및 증거물을 접수한 날부터 구속영장을 발부하여 검찰청에 반환한 날까지의 기간은 사법경찰관이나 검사의 피의자 구속 기간에 산입하지 아니한다.

① ⊙, ⓒ   ② ⊙, ⓒ

③ ⓒ, ⓒ   ④ ⓒ, ⓔ, ⓜ

13

구속에 대한 설명으로 가장 적절하지 <u>않은</u> 것은? (다툼이 있는 경우 판례에 의함)

① 구속은 구금과 구인을 포함하며, 구인한 피고인을 법원에 인치한 경우에 구금할 필요가 없다고 인정한 때에는 그 인치한 때로부터 24시간 내에 석방하여야 한다.

② 구속영장 발부에 의하여 적법하게 구금된 피의자가 피의자신문을 위한 출석요구에 응하지 아니하면서 수사기관 조사실에 출석을 거부할 경우, 수사기관은 구속영장의 효력에 의하여 피의자를 조사실로 구인할 수 있다.

③ 구속영장을 소지하지 아니한 경우에 급속을 요하는 때에는 피의자에 대하여 피의사실의 요지와 구속영장이 발부되었음을 알리고 집행할 수 있으며, 이 경우 집행을 완료한 후에는 신속히 구속영장을 제시하여야 한다.

④ 구속기간이 만료될 무렵에 종전 구속영장에 기재된 범죄사실과 다른 범죄사실로 피의자를 구속하였다면, 피의자에 대한 구속은 예외없이 위법하다.

14

체포 구속적부심사에 대한 설명으로 가장 적절하지 <u>않은</u> 것은? (다툼이 있는 경우 판례에 의함)

① 체포 구속적부심사의 청구권자는 체포되거나 구속된 피의자 또는 그 변호인, 법정대리인, 배우자, 직계친족, 형제자매나 가족, 동거인 또는 고용주이다.

② 고소로 시작된 형사피의사건의 구속적부심절차에서 피구속자의 변호를 맡은 변호인에게는 수사기록 중 고소장과 피의자신문조서의 내용을 알 권리 및 그 서류들을 열람·등사할 권리가 인정된다.

③ 구속적부심사청구에 대하여 법원은 기각결정과 석방결정, 보증금납입조건부 석방결정을 할 수 있으며, 검사와 피의자는 이와 같은 법원의 결정에 대하여 항고할 수 없다.

④ 법원은 체포된 피의자에 대하여는 피의자의 출석을 보증할 만한 보증금의 납입을 조건으로 하여 결정으로 석방을 명할 수 없다.

15

압수 · 수색에 대한 설명으로 가장 적절한 것은? (다툼이 있는 경우 판례에 의함)

① 사법경찰관은 긴급체포된 자가 소유 · 소지 또는 보관하는 물건에 대하여 긴급히 압수할 필요가 있는 경우에는 체포한 때부터 48시간 이내에 한하여 영장 없이 압수 · 수색 또는 검증을 할 수 있다.

② 범행직후의 범죄장소에서 수사상 필요가 있는 때에는 긴급한 경우가 아니더라도 수사기관은 영장 없이 압수 · 수색 또는 검증을 할 수 있으나, 사후에 지체없이 영장을 받아야 한다.

③ 경찰관이 현행범인 체포 당시 피의자로부터 임의제출방식으로 압수한 휴대전화기에 대하여 작성한 압수조서 중 압수경위란에 피의자의 범행을 목격한 사람의 진술이 기재된 경우, 이는 형사소송법 제312조 제5항에서 정한 '피고인이 아닌 자가 수사과정에서 작성한 진술서'에 준하는 것으로 볼 수 있지만, 휴대전화기에 대한 임의제출절차가 적법하지 않다면 위 압수조서에 기재된 피의자의 범행을 목격한 사람의 진술 역시 피의자가 증거로 함에 동의하더라도 유죄를 인정하기 위한 증거로 사용할 수 없다.

④ 형사소송법 제218조를 위반하여 소유자, 소지자 또는 보관자가 아닌 자로부터 제출받은 물건을 영장없이 압수한 경우 그 '압수물' 및 '압수물을 찍은 사진'은 이를 유죄 인정의 증거로 사용할 수 없는 것이고, 헌법과 형사소송법이 선언한 영장주의의 중요성에 비추어 볼 때 피고인이나 변호인이 이를 증거로 함에 동의하였다고 하더라도 달리 볼 것은 아니다.

16

전자정보의 압수 · 수색에 대한 설명으로 가장 적절하지 <u>않은</u> 것은? (다툼이 있는 경우 판례에 의함)

① 수사기관이 인터넷서비스이용자인 피의자를 상대로 피의자의 컴퓨터 등 정보처리장치 내에 저장되어 있는 이메일 등 전자 정보를 압수 · 수색하는 것은 전자정보의 소유자 내지 소지자를 상대로 해당 전자정보를 압수 · 수색하는 대물적 강제처분으로 형사소송법의 해석상 허용된다.

② 수사기관 사무실 등으로 반출된 저장매체 또는 복제본에서 혐의 사실 관련성에 대한 구분 없이 임의로 저장된 전자정보를 문서로 출력하거나 파일로 복제하는 행위는 원칙적으로 영장주의 원칙에 반하는 위법한 압수이다.

③ 수사기관이 피의자 甲의 공직선거법위반 범행을 영장 범죄사실로 하여 발부받은 압수 · 수색영장의 집행 과정에서 乙, 丙 사이의 대화가 녹음된 녹음파일을 압수하여 乙, 丙의 공직선거법위반 혐의사실을 발견한 경우, 별도의 압수 · 수색영장을 발부받지 않고 압수한 乙, 丙 사이의 대화가 녹음된 녹음파일은 위법수집 증거로서 증거능력이 없다.

④ 수사기관이 정보저장매체에 기억된 정보 중에서 키워드 또는 확장자 검색 등을 통해 범죄 혐의사실과 관련 있는 정보를 선별한 다음 정보저장매체와 동일하게 비트열 방식으로 복제하여 생성한 파일('이미지 파일')을 제출받아 압수하였다면, 그 이후 수사기관 사무실에서 위와 같이 압수된 이미지 파일을 탐색 · 복제 · 출력하는 모든 과정에서도 피의자 등에게 참여의 기회를 보장하여야 한다.

17

다음은 통신비밀보호법에 대한 설명이다. 아래 ㉠부터 ㉣까지의 설명 중 옳고 그름의 표시(○, ×)가 바르게 된 것은? (다툼이 있는 경우 판례에 의함)

> ㉠ 사람의 목소리인 이상 상대방에게 의사를 전달하는 말이 아닌 단순한 비명소리나 탄식 등이라 할지라도 통신비밀보호법이 보호하는 타인 간의 '대화'에 해당한다.
>
> ㉡ 통신비밀보호법상 '전기통신의 감청'은 전기통신이 이루어지고 있는 상황에서 실시간으로 전기통신의 내용을 지득·채록하는 경우와 통신의 송·수신을 직접적으로 방해하는 경우뿐만 아니라 이미 수신이 완료된 전기통신에 관하여 남아 있는 기록이나 내용을 열어보는 등의 행위를 포함한다.
>
> ㉢ 통신제한조치허가서에 의하여 허가된 통신제한조치가 '전기통신 감청 및 우편물 검열'뿐인 경우 그 후 연장결정서에 당초 허가 내용에 없던 '대화녹음'이 기재되어 있다고 하더라도 이는 대화녹음의 적법한 근거가 되지 못한다.
>
> ㉣ 검사는 형의 집행을 위하여 필요한 경우 전기통신사업법에 의한 전기통신사업자에게 통신사실 확인자료의 열람이나 제출을 요청할 수 있고, 이 경우에는 관할 지방법원(보통군사 법원을 포함한다) 또는 지원의 허가를 받아야 한다.

① ㉠ (○) ㉡ (○) ㉢ (×) ㉣ (×)

② ㉠ (○) ㉡ (○) ㉢ (×) ㉣ (○)

③ ㉠ (×) ㉡ (×) ㉢ (×) ㉣ (○)

④ ㉠ (×) ㉡ (×) ㉢ (○) ㉣ (○)

18

증거보전절차에 대한 설명으로 가장 적절하지 <u>않은</u> 것은? (다툼이 있는 경우 판례에 의함)

① 검사, 피고인, 피의자 또는 변호인은 미리 증거를 보전하지 아니하면 그 증거를 사용하기 곤란한 사정이 있는 때에는 제1회 공판기일 전이라도 판사에게 압수, 수색, 검증, 증인신문 또는 감정을 청구할 수 있다.

② 압수에 관한 증거보전의 청구는 압수할 물건의 소재지를 관할하는 지방법원판사에게 하여야 한다.

③ 증거보전은 제1심 제1회 공판기일전에 한하여 허용되는 것이므로 재심청구사건에서는 증거보전절차가 허용되지 않는다.

④ 공동피고인과 피고인이 뇌물을 주고 받은 사이로 필요적 공범관계에 있는 경우, 검사는 수사단계에서 피고인에 대한 증거를 미리 보전하기 위해 필요한 경우라고 할지라도 판사에게 공동 피고인을 증인으로 신문할 것을 청구할 수는 없다.

19

사법경찰관의 수사종결에 대한 설명으로 가장 적절하지 않은 것은?

① 사법경찰관은 고소·고발 사건을 포함하여 범죄를 수사한 때에는 범죄의 혐의가 있다고 인정되는 경우에는 지체 없이 검사에게 사건을 송치하고, 관계 서류와 증거물을 검사에게 송부하여야 한다.

② 사법경찰관은 고소·고발 사건을 포함하여 범죄를 수사한 때에는 범죄의 혐의가 있다고 인정되는 경우를 제외한 그 밖의 경우에는 그 이유를 명시한 서면과 함께 관계 서류와 증거물을 지체 없이 검사에게 송부하여야 한다.

③ 사법경찰관은 고소·고발 사건을 포함하여 범죄를 수사한 때에는 범죄의 혐의가 있다고 인정되는 경우를 제외한 그 밖의 경우에는 그 이유를 명시한 서면과 함께 관계 서류와 증거물을 지체 없이 검사에게 송부하여야 하고, 그 송부한 날부터 7일 이내에 서면으로 고소인·고발인·피해자 또는 그 법정대리인(피해자가 사망한 경우에는 그 배우자·직계친족·형제자매를 포함한다)에게 사건을 검사에게 송치하지 아니하는 취지와 그 이유를 통지하여야 한다.

④ 사법경찰관으로부터 사건을 검사에게 송치하지 아니하는 취지와 그 이유를 통지받은 사람은 통지를 받은 날로부터 30일 이내에 해당 사법경찰관의 소속 관서의 장에게 이의를 신청하여야 한다.

20

재정신청에 대한 설명으로 가장 적절하지 않은 것은? (다툼이 있는 경우 판례에 의함)

① 법원은 재정신청의 기각결정 또는 재정신청의 취소가 있는 경우에는 결정으로 재정신청인에게 신청절차에 의하여 생긴 비용의 전부 또는 일부를 부담하게 할 수 있다.

② 구금 중인 고소인이 재정신청서를 재정신청이 허용되는 기간 내에 교도소장에게 제출하였다면, 재정신청서가 이 기간 내에 불기소처분을 한 검사가 소속한 지방검찰청 검사장 또는 지청장에게 도달하지 않았더라도 적법한 재정신청서의 제출이라고 할 수 있다.

③ 재정신청이 있으면 재정결정이 확정될 때까지 공소시효의 진행이 정지되고 공소제기결정이 있는 때에는 공소시효에 관하여 그 결정이 있는 날에 공소가 제기된 것으로 본다.

④ 형사소송법 제262조 제4항 후문은 재정신청 기각결정이 확정된 사건에 대하여는 다른 중요한 증거를 발견한 경우를 제외하고는 소추할 수 없다고 규정하고 있는데, 여기에서 '다른 중요한 증거를 발견한 경우'란 재정신청 기각결정 당시에 제출된 증거에 새로 발견된 증거를 추가하면 충분히 유죄의 확신을 가지게 될 정도의 증거가 있는 경우를 말한다.

21

공소시효에 대한 설명으로 가장 적절하지 <u>않은</u> 것은?
(다툼이 있는 경우 판례에 의함)

① 형사소송법 제253조 제2항은 "공범의 1인에 대한 전항의 시효정지는 다른 공범자에 대하여 효력이 미치고 당해 사건의 재판이 확정된 때로부터 진행한다."고 규정하는바, 여기서 말하는 '공범'에는 뇌물공여죄와 뇌물수수죄 사이와 같은 대향범 관계에 있는 자는 포함되지 않는다.

② 공범 중 1인에 대한 공소의 제기로 다른 공범자에 대한 공소시효의 진행이 정지되더라도 공소가 제기된 공범 중 1인에 대한 재판이 확정되면, 그 재판의 결과가 공소기각 또는 관할위반인 경우뿐만 아니라 유죄, 무죄, 면소인 경우에도 그 재판이 확정된 때로부터 다시 공소시효가 진행되지만, 약식명령이 확정된 때에는 그러하지 아니하다.

③ 공범의 1인으로 기소된 자가 범죄의 증명이 없다는 이유로 무죄의 확정판결을 선고받은 경우, 그에 대하여 제기된 공소로써는 진범에 대한 공소시효 정지의 효력이 없다.

④ 피고인과 공범관계에 있는 자가 같은 범죄사실로 공소제기가 된 후 대법원에서 상고기각됨으로써 유죄판결이 확정되었다면, 공범자인 피고인에 대하여도 그 공범관계에 있는 자가 공소제기된 때부터 그 재판이 확정된 때까지의 기간 동안은 공소시효의 진행이 정지된다.

22

증거조사에 대한 설명으로 가장 적절하지 <u>않은</u> 것은?
(다툼이 있는 경우 판례에 의함)

① 증거신청은 검사가 먼저 이를 한 후 다음에 피고인 또는 변호인이 이를 한다.

② 법원은 서류 또는 물건이 증거로 제출된 경우에 이에 관한 증거결정을 함에 있어서는 제출한 자로 하여금 그 서류 또는 물건을 상대방에게 제시하게 하여 상대방으로 하여금 그 서류 또는 물건의 증거능력 유무에 관한 의견을 진술하게 하여야 한다. 다만, 형사소송법 제318조의3의 규정에 의하여 동의가 있는 것으로 간주되는 경우에는 그러하지 아니하다.

③ 법원은 증거결정을 함에 있어서 필요하다고 인정할 때에는 그 증거에 대한 검사, 피고인 또는 변호인의 의견을 들어야 한다.

④ 법원이 필요하지 않다고 인정할 때에는 증거를 조사하지 않을 수 있는 것이므로, 법원이 검사의 증인신청을 받아들이지 않았다고 하더라도 이를 두고 위법하다고 할 수는 없다.

23

증언거부권에 대한 설명으로 가장 적절하지 <u>않은</u> 것은? (다툼이 있는 경우 판례에 의함)

① 증언거부권의 고지 제도는 증인에게 증언의무의 이행을 거절할 수 있는 권리의 존재를 확인시켜 침묵할 것인지 아니면 진술할 것인지에 관하여 심사숙고할 기회를 충분히 부여함으로써 침묵할 수 있는 권리를 보장하기 위한 것이다.

② 증언거부권의 대상으로 규정한 '공소제기를 당하거나 유죄판결을 받을 사실이 드러날 염려가 있는 증언'에는 자신이 범행을 한 사실뿐만 아니라 범행을 한 것으로 오인되어 유죄판결을 받을 우려가 있는 사실 등도 포함된다.

③ 형사소송법 제148조의 '형사소추'는 증인이 이미 저지른 범죄사실에 대한 것 이외에 증인의 증언에 의하여 비로소 범죄가 성립하는 경우도 포함하므로, 후자의 경우에도 그 증언은 증언거부권 고지의 대상이 된다.

④ 자신에 대한 유죄판결이 확정된 증인이 공범에 대한 피고사건에서 증언할 당시 앞으로 재심을 청구할 예정이라고 하여도, 이를 이유로 그 증인에게 형사소송법 제148조에 의한 증언거부권이 인정되지는 않는다.

24

증인신문에 대한 설명으로 가장 적절하지 <u>않은</u> 것은? (다툼이 있는 경우 판례에 의함)

① 재판장은 증인이 피고인의 면전에서 충분한 진술을 할 수 없다고 인정한 때에는 피고인을 퇴정하게 하고 증인신문을 진행함으로써 피고인의 직접적인 증인 대면을 제한할 수 있지만, 이러한 경우에도 피고인의 반대신문권을 배제하는 것은 허용되지 않는다.

② 증인에 대한 감치재판절차를 개시한 후 감치결정 전에 그 증인이 증언을 하거나 그 밖에 감치에 처하는 것이 상당하지 아니하다고 인정되는 때에는 법원은 불처벌결정을 하여야 하며, 이에 대하여는 불복할 수 있다.

③ 피고인이 신청한 증인에 대하여 재판장이 먼저 신문하였다고 하여 이를 잘못이라 할 수 없다.

④ 공판기일에서 증인을 채택하여 다음 공판기일에 증인신문을 하기로 피고인에게 고지하였는데 그 다음 공판기일에 증인은 출석하였으나 피고인이 정당한 사유 없이 출석하지 아니한 경우, 이미 출석하여 있는 증인에 대하여 공판기일 외의 신문으로서 증인신문을 하고 다음 공판기일에 그 증인신문조서에 대한 서증조사를 하는 것은 증거조사절차로서 적법하다.

25

간이공판절차에 대한 설명으로 가장 적절하지 <u>않은</u> 것은? (다툼이 있는 경우 판례에 의함)

① 간이공판절차의 결정의 요건인 '공소사실의 자백'이란 공소장 기재사실을 인정하고 나아가 위법성이나 책임조각사유가 되는 사실을 진술하지 아니하는 것으로 충분하고, 명시적으로 유죄를 자인하는 진술이 있어야 하는 것은 아니다.

② 피고인이 공소사실에 대하여 검사가 신문을 할 때에는 공소사실을 모두 사실과 다름없다고 진술하였으나 변호인이 신문을 할 때에는 범의나 공소사실을 부인하였다면 그 공소사실은 간이 공판절차에 의하여 심판할 대상이 아니다.

③ 간이공판절차에 따라 제1심법원이 제1심판결 명시의 증거들을 증거로 함에 피고인 또는 변호인의 이의가 없어 형사소송법 제318조의3의 규정에 따라 증거능력이 있다고 보고 상당하다고 인정하는 방법으로 증거조사를 하였더라도, 피고인이 항소심에 이르러 범행을 부인하였다면 제1심법원에서 증거로 할 수 있었던 증거는 항소법원에서 증거로 할 수 없다.

④ 간이공판절차의 증거조사에서 증거방법을 표시하고 증거조사 내용을 '증거조사함'이라고 표시하는 방법으로 하였다면, 이는 법원이 채택한 상당한 증거조사방법이라고 인정할 수 있다.

26

증거재판주의에 대한 설명으로 가장 적절하지 <u>않은</u> 것은? (다툼이 있는 경우 판례에 의함)

① 구성요건에 해당하는 사실은 엄격한 증명에 의하여 이를 인정하여야 하지만, 증거능력이 없는 증거는 구성요건 사실을 추인하게 하는 간접사실이나 구성요건 사실을 입증하는 직접증거의 증명력을 보강하는 보조사실의 인정자료로는 사용할 수 있다.

② 법원은 범죄의 구성요건이나 법률상 규정된 형의 가중·감면의 사유가 되는 경우를 제외하고는, 법률이 규정한 증거로서의 자격이나 증거조사방식에 구애됨이 없이 상당한 방법으로 조사하여 양형의 조건이 되는 사항을 인정할 수 있다.

③ 공연히 사실을 적시하여 사람의 명예를 훼손한 행위가 형법 제310조의 규정에 따라서 위법성이 조각되어 처벌대상이 되지 않기 위하여는 그것이 진실한 사실로서 오로지 공공의 이익에 관한 때에 해당된다는 점을 행위자가 증명하여야 하나, 그 증명은 유죄의 인정에 있어 요구되는 것과 같이 법관으로 하여금 의심할 여지가 없을 정도의 확신을 가지게 하는 증명력을 가진 엄격한 증거에 의하여야 하는 것은 아니다.

④ 탄핵증거는 범죄사실을 인정하는 증거가 아니므로 엄격한 증거조사를 거쳐야 할 필요가 없지만, 법정에서 이에 대한 탄핵증거로서의 증거조사는 필요하다.

27

위법수집증거배제법칙에 대한 설명으로 가장 적절하지 <u>않은</u> 것은? (다툼이 있는 경우 판례에 의함)

① 피의자가 변호인의 참여를 원한다는 의사를 명백하게 표시하였음에도 수사기관이 정당한 사유 없이 변호인을 참여하게 하지 아니한 채 피의자를 신문하여 작성한 피의자신문조서는 적법한 절차에 따르지 아니하고 수집한 증거에 해당하므로 이를 증거로 할 수 없다.

② 제1심 법정에서의 피고인의 자백이, 진술거부권을 고지받지 않은 상태에서 이루어진 수사기관에서의 최초 자백 이후 몇 시간 뒤 바로 수사기관의 진술거부권 고지가 이루어졌고 그 후 신문시마다 진술거부권 고지가 모두 적법하게 이루어졌을 뿐만 아니라 40여 일이 지난 후에 변호인의 충분한 조력을 받으면서 공개된 법정에서 임의로 이루어진 것인 경우, 피고인의 그 법정자백은 예외적으로 유죄 인정의 증거로 사용할 수 있다.

③ 검사가 형사사법공조절차를 거치지 아니한 채 과테말라공화국에 머무르는 우리나라 사람을 직접 만나 그를 참고인으로 조사하여 작성한 진술조서는 국제법상 마땅히 보장되어야 하는 외국의 영토주권을 침해하고 국제형사사법공조절차를 위반한 위법수집증거로서 그 증거능력이 부정되어야 한다.

④ 압수·수색은 영장 발부의 사유로 된 범죄 혐의사실과 관련된 증거에 한하여 할 수 있는 것이므로, 영장 발부의 사유로 된 범죄 혐의사실과 무관한 별개의 증거를 압수하였을 경우 이는 원칙적으로 유죄 인정의 증거로 사용할 수 없지만, 수사기관이 그 별개의 증거를 피압수자 등에게 환부하고 후에 이를 임의 제출받아 다시 압수하였다면 그 증거를 압수한 최초의 절차 위반행위와 최종적인 증거수집 사이의 인과관계가 단절되었다고 평가할 수 있는 사정이 될 수 있다.

28

자백배제법칙에 대한 설명으로 가장 적절하지 <u>않은</u> 것은? (다툼이 있는 경우 판례에 의함)

① 피고인이 경찰에서 가혹행위 등으로 인하여 임의성 없는 자백을 하고 그 후 검찰이나 법정에서도 임의성 없는 심리상태가 계속되어 동일한 내용의 자백을 하였다면, 검찰에서의 자백은 임의성 없는 자백이라고 보아야 하지만 공개된 법정에서의 자백은 그러하지 아니하다.

② 경찰에서 부당한 신체구속을 당하였다 하더라도 검사 앞에서의 진술에 임의성이 인정되는 경우, 그와 같은 부당한 신체구속이 있었다는 사유만으로 검사가 작성한 피의자신문조서의 증거능력이 상실된다고 할 수 없다.

③ 검사 작성의 피의자신문조서가 사건의 송치를 받은 당일에 작성된 경우, 그와 같은 조서의 작성시기만으로는 그 조서에 기재된 피의자의 자백진술이 임의성 없다고 의심하여 증거능력을 부정할 수 없다.

④ 일정한 증거가 발견되면 피의자가 자백하겠다고 한 약속이 검사의 강요나 위계에 의하여 이루어졌다던가 또는 불기소나 경한 죄의 소추 등 이익과 교환조건으로 된 것이라고 인정되지 아니한 경우, 이와 같은 자백의 약속하에 된 자백을 곧 임의성이 없는 자백이라고 단정할 수는 없다.

29

진술조서의 증거능력에 대한 설명으로 가장 적절하지 <u>않은</u> 것은? (다툼이 있는 경우 판례에 의함)

① 만약 동석한 사람이 피의자를 대신하여 진술한 부분이 조서에 기재되어 있다면 그 부분은 피의자의 진술을 기재한 것이 아니라 동석한 사람의 진술을 기재한 조서에 해당하므로 그 사람에 대한 진술조서로서의 증거능력을 취득하기 위한 요건을 충족하지 못하는 한 이를 유죄 인정의 증거로 사용할 수 없다.

② 검사가 피의자 아닌 자의 진술을 기재한 조서에 대하여 그 원진술자가 공판기일에서 그 조서의 내용과 다른 진술을 하거나 변호인 또는 피고인의 반대신문에 대하여 아무런 답변을 하지 아니하였다 하여 곧 증거능력 자체를 부정할 사유가 되지는 아니한다.

③ 원진술자가 법정에서 증인으로 나와 진술조서의 기재 내용을 열람하거나 고지받지 못한 채 단지 검사나 재판장의 신문에 대하여 수사기관에서 사실대로 진술하였다는 취지의 증언만을 하고 있을 뿐이라면, 그 진술조서는 증거능력을 인정할 수 없다.

④ 사법경찰관 작성의 피해자에 대한 진술조서가 피해자의 화상으로 인한 서명불능을 이유로 입회하고 있던 피해자의 동생에게 대신 읽어 주고 그 동생으로 하여금 서명날인하게 하는 방법으로 작성되었다면, 이는 형사소송법 제312조 제4항 소정의 형식적 요건을 구비한 서류로서 증거로 사용할 수 있다.

30

공소제기 후의 수사에 대한 설명으로 가장 적절하지 <u>않은</u> 것은? (다툼이 있는 경우 판례에 의함)

① 검사 작성의 피고인에 대한 진술조서가 공소제기 후에 작성된 것이라는 이유만으로는 곧 그 증거능력이 없다고 할 수 없다.

② 제1심에서 피고인에 대하여 무죄판결이 선고되어 검사가 항소한 후, 수사기관이 항소심 공판기일에 증인으로 신청하여 신문할 수 있는 사람을 특별한 사정없이 미리 수사기관에 소환하여 작성한 진술조서는 피고인이 증거로 할 수 있음에 동의하지 않는 한 증거능력이 없다.

③ 공판준비 또는 공판기일에서 이미 증언을 마친 증인을 검사가 소환한 후 피고인에게 유리한 증언 내용을 추궁하여 이를 일방적으로 번복시키는 방식으로 작성한 진술조서는 피고인이 증거로 할 수 있음에 동의하더라도 증거능력이 없다.

④ 검사 또는 사법경찰관이 피고인에 대한 구속영장을 집행하는 경우에 필요한 때에는 영장없이 구속현장에서 압수·수색·검증을 할 수 있다.

31

전문증거의 증거능력에 대한 설명으로 가장 적절하지 <u>않은</u> 것은? (다툼이 있는 경우 판례에 의함)

① 甲이 진술 당시 술에 취하여 횡설수설하였다는 것을 확인하기 위하여 제출된 甲의 진술이 녹음된 녹음테이프는 전문증거에 해당한다.

② 보험사기 사건에서 건강보험심사평가원이 수사기관의 의뢰에 따라 그 보내온 자료를 토대로 입원진료의 적정성에 대한 의견을 제시하는 내용의 '건강보험심사평가원의 입원진료 적정성 여부 등 검토의뢰에 대한 회신'은 형사소송법 제315조 제3호의 '기타 특히 신용할 만한 정황에 의하여 작성된 문서'에 해당하지 않는다.

③ 정보통신망을 통하여 공포심이나 불안감을 유발하는 글을 반복적으로 상대방에게 도달하게 하는 행위를 하였다는 공소사실에 대하여 휴대전화기에 저장된 문자정보가 그 증거가 되는 경우와 같이, 그 문자정보가 범행의 직접적인 수단이 될 뿐 경험자의 진술에 갈음하는 대체물에 해당하지 않는 경우에는 전문법칙이 적용될 여지가 없다.

④ 성폭력 피해아동이 어머니에게 진술한 내용을 어머니가 상담원에게 전한 후, 상담원이 그 내용을 검사 면전에서 진술하여 작성된 진술조서는 이른바 '재전문진술을 기재한 조서'로서, 피고인이 동의하지 않는 한 증거능력이 인정되지 않는다.

32

증거동의에 대한 설명으로 가장 적절하지 <u>않은</u> 것은? (다툼이 있는 경우 판례에 의함)

① 피고인이 출석한 공판기일에서 증거로 함에 부동의한다는 의견을 진술한 후 피고인이 출석하지 아니한 공판기일에 변호인만이 출석하여 종전 의견을 번복하여 증거로 함에 동의하였다면 그 변호인의 증거동의는 원칙적으로 효력이 있다.

② 수사기관이 甲으로부터 피고인의 폭력행위 등 처벌에 관한 법률 위반(단체 등의 구성·활동) 범행에 대한 진술을 듣고 추가적인 정보를 확보할 목적으로, 구속수감되어 있던 甲에게 그의 압수된 휴대전화를 제공하여 피고인과 통화하고 위 범행에 관한 통화내용을 녹음하게 한 경우, 그 녹음 자체는 물론 이를 근거로 작성된 녹취록 첨부 수사보고는 설령 피고인의 증거동의가 있는 경우에도 이를 유죄의 증거로 사용할 수 없다.

③ 필요적 변호사건에서 피고인과 변호인이 재판거부의 의사를 표시하고 재판장의 허가 없이 퇴정한 경우에는 증거동의가 있는 것으로 간주된다.

④ 피고인이 제1심 법정에서 경찰의 검증조서 가운데 범행 부분만 부동의하고 현장상황 부분에 대해서는 모두 증거로 함에 동의하였다면, 해당 검증조서 가운데 현장상황 부분만을 증거로 채용한 판결에 잘못이 없다.

33

형사소송법 제314조에 의한 증거능력의 인정요건에 대한 설명으로 가장 적절하지 <u>않은</u> 것은? (다툼이 있는 경우 판례에 의함)

① 형사소송법 제314조에서 말하는 '외국거주'라고 함은 진술을 요할 자가 외국에 있다는 것만으로는 부족하고, 가능하고 상당한 수단을 다하더라도 그 진술을 요할 자를 법정에 출석하게 할 수 없는 사정이 있어야 예외적으로 그 적용이 있다.

② 진술을 요할 자가 일정한 주거를 가지고 있더라도 법원의 소환에 계속 불응하고 구인하여도 구인장이 집행되지 아니하는 등 법정에서의 신문이 불가능한 상태의 경우에는 형사소송법 제314조 소정의 '진술할 수 없는 때'에 해당한다.

③ 증인의 주소지가 아닌 곳으로 소환장을 보내 송달불능이 되자 그 곳을 중심으로 한 소재탐지 끝에 소재불능회보를 받은 경우에는 형사소송법 제314조에서 말하는 원진술자가 공판정에서 진술할 수 없는 때라고 할 수 없다.

④ 수사기관에서 진술한 참고인이 법정에서 증언을 거부하여 피고인이 반대신문을 하지 못한 경우, 정당하게 증언거부권을 행사한 것이 아니라면 피고인이 증인의 증언거부 상황을 초래하였다는 등의 특별한 사정이 있더라도 형사소송법 제314조의 '그 밖에 이에 준하는 사유로 인하여 진술할 수 없는 때'에 해당하지 않는다.

34

자유심증주의에 대한 설명으로 가장 적절하지 <u>않은</u> 것은? (다툼이 있는 경우 판례에 의함)

① 조서의 내용에 대한 증명력은 전체적으로 고찰되어야 하므로, 진술조서의 기재 중 일부분을 믿고 다른 부분을 믿지 아니한다면 곧바로 부당하다고 평가되어야 한다.

② 검찰에서의 피고인의 자백이 법정진술과 다르다거나 피고인에게 지나치게 불리한 내용이라는 사유만으로는 그 자백의 신빙성이 의심스럽다고 할 수는 없다.

③ 유전자검사 결과 주사기에서 마약성분과 함께 피고인의 혈흔이 확인됨으로써 피고인이 필로폰을 투약한 사정이 적극적으로 증명되는 경우, 반증의 여지가 있는 소변 및 모발검사에서 마약 성분이 검출되지 않았다는 소극적 사정에 관한 증거만으로 이를 쉽사리 뒤집을 수 없다.

④ 동일한 사실관계에 관하여 이미 확정된 형사판결이 인정한 사실은 유력한 증거자료가 되므로, 그 형사재판의 사실판단을 채용하기 어렵다고 인정되는 특별한 사정이 없는 한 이와 배치되는 사실은 인정할 수 없다.

35

자백보강법칙에 대한 설명으로 가장 적절하지 <u>않은</u> 것은? (다툼이 있는 경우 판례에 의함)

① 형사소송법 제310조에서 말하는 피고인의 자백에는 공범인 공동피고인의 진술은 포함되지 않으며, 이러한 공동피고인의 진술에 대하여는 피고인의 반대신문권이 보장되어 있어 독립한 증거능력이 있다.

② 피고인의 습벽을 범죄구성요건으로 하며 포괄일죄인 상습범에 있어서는 이를 구성하는 각 행위에 관하여 개별적으로 보강증거를 요구하고 있는 것이 아니라 포괄적으로 보강증거를 요구한다.

③ 피고인이 범행을 자인하는 것을 들었다는 피고인 아닌 자의 진술내용은 형사소송법 제310조에서 말하는 피고인의 자백에는 포함되지 아니한다.

④ 직접증거가 아닌 간접증거나 정황증거도 보강증거가 될 수 있고, 자백과 보강증거가 서로 어울려서 전체로서 범죄사실을 인정할 수 있으면 유죄의 증거로 충분하다.

36

기판력에 대한 설명으로 가장 적절하지 <u>않은</u> 것은? (다툼이 있는 경우 판례에 의함)

① 경찰서장이 범칙행위에 대하여 통고처분을 한 경우, 통고처분에서 정한 범칙금 납부기간까지는 원칙적으로 경찰서장은 즉결심판을 청구할 수 없지만, 검사는 통고처분에서 정한 범칙금 납부기간이 지나지 않더라도 동일한 범칙행위에 대하여 공소를 제기할 수 있다고 보아야 한다.

② 소년법 제32조의 보호처분을 받은 사건과 동일한 사건에 대하여 다시 공소제기가 되었다면 면소판결을 할 것이 아니라 공소기각의 판결을 하여야 한다.

③ 피고인이 외국에서 형사처벌을 과하는 확정판결을 받았더라도 그 외국 판결은 우리나라 법원을 기속할 수 없고 우리나라에서는 기판력도 없어 일사부재리의 원칙이 적용되지 않는다.

④ 회사의 대표이사가 업무상 보관하던 회사 자금을 빼돌려 횡령한 다음 그 중 일부를 더 많은 장비 납품 등의 계약을 체결할 수 있도록 해달라는 취지의 묵시적 청탁과 함께 배임증재에 공여한 경우, 횡령의 점에 대하여 약식명령이 확정되었다고 하더라도 그 기판력이 배임증재의 점에는 미치지 아니한다.

37

불이익변경금지의 원칙에 대한 설명으로 가장 적절하지 <u>않은</u> 것은? (다툼이 있는 경우 판례에 의함)

① 불이익변경금지의 원칙은 피고인과 검사 쌍방이 상소한 결과 검사의 상소가 받아들여져 원심판결 전부가 파기됨으로써 피고인에 대한 형량 전체를 다시 정해야 하는 경우에는 적용되지 아니하는 것이며, 사건이 경합범에 해당한다고 하여 개개 범죄별로 불이익변경의 여부를 판단할 것은 아니다.

② 피고인만이 항소한 사건에서 제1심이 인정한 범죄사실의 일부가 제2심에서 무죄로 되었음에도 제2심이 제1심과 동일한 형을 선고한 것은 불이익변경금지의 원칙에 위배된다.

③ 항소심이 제1심에서 별개의 사건으로 따로 두 개의 형을 선고받고 항소한 피고인에 대하여 사건을 병합심리한 후 경합범으로 처단하면서 제1심의 각 형량보다 중한 형을 선고한 것은 불이익변경금지의 원칙에 어긋나지 아니한다.

④ 피고인의 상고에 의하여 상고심에서 원심판결을 파기하고, 사건을 항소심에 환송한 경우에는 환송 전 원심판결과의 관계에서도 불이익변경금지의 원칙이 적용되어 그 파기된 항소심판결보다 중한 형을 선고할 수 없다.

38

항소심의 절차에 대한 설명으로 가장 적절하지 <u>않은</u> 것은? (다툼이 있는 경우 판례에 의함)

① 피고인에게 소송기록접수통지가 되기 전에 변호인의 선임이 있는 때에는 변호인에게도 소송기록접수통지를 하여야 하고, 변호인의 항소이유서 제출기간은 변호인이 이 통지를 받은 날로부터 계산하여야 할 것이다.

② 필요적 변호사건에서 항소법원이 피고인과 국선변호인에게 소송기록접수통지를 하였으나 피고인과 국선변호인이 항소이유서를 제출하지 않고 있는 사이에 항소이유서 제출기간 내에 피고인이 사선변호인을 선임함에 따라 항소법원이 직권으로 기존 국선변호인 선정결정을 취소하였다면, 특별한 사정이 없는 한 새로 선임된 사선변호인에게 소송기록접수통지를 하여 그 변호인에게 항소이유서 작성·제출을 위한 기간을 보장해 주어야 한다.

③ 항소인 또는 변호인이 항소이유서에 추상적으로 제1심판결이 부당하다고만 기재함으로써 항소이유를 특정하여 구체적으로 명시하지 아니하였다고 하더라도 항소이유서가 법정의 기간 내에 적법하게 제출된 경우에는 이를 항소이유서가 법정의 기간 내에 제출되지 아니한 것과 같이 보아 형사소송법 제361조의4 제1항에 의하여 결정으로 항소를 기각할 수는 없다.

④ 이미 항소이유서를 제출하였더라도 항소이유를 추가·변경·철회할 수 있으므로, 항소이유서 제출기간의 경과를 기다리지 않고는 항소사건을 심판할 수 없다고 보아야 한다.

39

즉결심판절차에 대한 설명으로 가장 적절하지 <u>않은</u> 것은? (다툼이 있는 경우 판례에 의함)

① 즉결심판을 청구할 때에는 사전에 피고인에게 즉결심판의 절차를 이해하는 데 필요한 사항을 서면 또는 구두로 알려주어야 한다.

② 벌금 또는 과료를 선고하는 경우에는 피고인이 출석하지 아니하더라도 심판할 수 있다.

③ 지방법원, 지원 또는 시·군법원의 판사는 정식재판청구서를 받은 날부터 7일 이내에 경찰서장에게 정식재판청구서를 첨부한 사건기록과 증거물을 송부하고, 경찰서장은 지체없이 관할지방검찰청 또는 지청의 장에게 이를 송부하여야 하며, 그 검찰청 또는 지청의 장은 지체없이 관할법원에 이를 송부하여야 한다.

④ 즉결심판은 정식재판의 청구기간의 경과, 정식재판청구권의 포기 또는 그 청구의 취하에 의하여 확정판결과 동일한 효력이 생기지만, 정식재판청구를 기각하는 재판이 확정된 때에는 그러하지 아니하다.

40

甲이 공무원 乙에게 1,000만 원을 제공하였다는 뇌물 사건을 수사하던 검사는 甲의 직장동료인 丙으로부터 "甲이 '乙에게 뇌물을 주었다'고 내게 말했다."라는 참고인 진술을 확보하고 甲과 乙을 공동피고인으로 기소하였다. 그러나 공판정에 출석한 丙은 일체의 증언을 거부하였고, 일관되게 범행을 부인하던 甲이 심경의 변화를 일으켜 뇌물공여 혐의를 모두 자백하였으나, 乙은 뇌물을 받은 사실이 없다고 주장하며 혐의를 부인하고 있다. 이에 대한 설명으로 가장 적절하지 <u>않은</u> 것은? (다툼이 있는 경우 판례에 의함)

① 甲은 소송절차가 분리되면 乙에 대한 공소사실에 관하여 증인이 될 수 있다.

② 甲이 공판정에서 한 자백은 丙에 대한 참고인진술조서 가운데 "甲이 '乙에게 뇌물을 주었다.'고 내게 말했다."라는 진술내용으로 보강할 수 있다.

③ 甲이 공판정에서 한 자백은 乙의 혐의에 대해서 유죄 인정의 증거가 될 수 있다.

④ 변론분리 후 甲이 증언하는 과정에서 "뇌물을 제공받은 乙이 저에게 '귀하에게 받은 돈은 나라와 민족을 위해 필요한 곳에 쓰겠습니다.'라고 말했습니다."라고 진술한 경우, 乙의 위 진술 내용은 그 진술이 특히 신빙할 수 있는 상태 하에서 행하여졌음이 증명된 때에 한하여 이를 증거로 할 수 있다.

2021 기출문제

✔ 회독 CHECK 1 2 3

01

다음 중 형사소송의 이념과 구조에 대한 설명으로 가장 적절한 것은? (다툼이 있는 경우 판례에 의함)

① 형사소송법은 형사사법의 정의를 지향하고 있으며 형법에 비하여 도덕적·윤리적 성격이 강하다.

② "열 사람의 범인을 놓치는 한이 있더라도 한 사람의 죄 없는 사람을 벌하여서는 안 된다"라는 격언은 적극적 실체적 진실주의의 표현이다.

③ 현행 형사소송법에는 직권주의와 당사자주의 요소가 혼재되어 있다.

④ 형사소송법은 절차법으로서 실체법인 형법과는 목적·수단의 관계에 놓여 있는 순수한 합목적적 규범이다.

02

신속한 재판의 원칙에 대한 설명으로 가장 적절하지 <u>않은</u> 것은? (다툼이 있는 경우 판례에 의함)

① 형사소송법은 집중심리주의를 채택하여 심리에 2일 이상이 필요한 경우에는 부득이한 사정이 없는 한 매일 계속 개정하고, 매일 개정하지 못하는 경우에도 특별한 사정이 없는 한 전회의 공판기일부터 14일 이내로 다음 공판기일을 지정해야 한다고 규정하고 있다.

② 형사피고인은 헌법에 의해 신속한 재판을 받을 권리를 보장받고 있다.

③ 구속사건에 대해서는 법원이 구속기간 내에 재판을 하면 되는 것이고 구속 만기 25일을 앞두고 제1회 공판이 있었다면 헌법이 정한 신속한 재판을 받을 권리를 침해하였다고 할 수 없다.

④ 형사소송법에 따르면 검사는 수사의 신속한 종결을 위해 피의자가 체포 또는 구속된 날부터 30일 이내에 공소장을 제출하여야 한다.

03

적법절차원칙에 대한 설명으로 가장 적절하지 <u>않은</u> 것은? (다툼이 있는 경우 판례에 의함)

① 법관이 아닌 사회보호위원회가 치료감호의 종료여부를 결정하도록 한 구 사회보호법(1996.12.12. 법률 제5179호로 개정된 것) 제9조 제2항은 본 위원회의 결정에 대해 행정소송을 제기하여 법관에 의한 재판이 가능하다는 점 등을 고려할 때 재판청구권을 침해하거나 적법절차에 위배된다고 할 수 없다.

② 피고인의 구속기간은 법원이 피고인을 구속한 상태에서 재판할 수 있는 기간을 의미하는 것이지, 법원의 재판기간 내지 심리기간 자체를 제한하려는 규정이라고 할 수는 없으며, 구속기간을 엄격히 제한하고 있다 하더라도 공정한 재판을 받을 권리가 침해된다고 볼 수는 없다.

③ 형사소송법상 법원은 법률에 다른 규정이 없으면 누구든지 증인으로 신문할 수 있기 때문에 경찰 공무원의 증인적격을 인정하더라도 이를 적법절차의 원칙에 반한다고 할 수 없다.

④ 위법하게 수집한 증거는 위법수집의 영향이 차단되거나 소멸되었더라도 적법절차의 원칙에 따라 그 증거능력을 인정할 수 없다.

04

피고인이 형사절차에서 갖는 권리를 모두 고른 것은 몇 개인가?

> ㉠ 공소장 부본을 송달받을 권리
> ㉡ 재정(裁定)신청권
> ㉢ 진술거부권
> ㉣ 공판조서열람·등사권
> ㉤ 증거신청권
> ㉥ 감정유치청구권

① 1개 ② 2개
③ 3개 ④ 4개

05

진술거부권에 대한 설명으로 가장 적절하지 <u>않은</u> 것은? (다툼이 있는 경우 판례에 의함)

① 수사기관이 피의자를 신문함에 있어서 피의자에게 미리 진술거부권을 고지하지 않은 때에는 그 피의자의 진술은 위법하게 수집된 증거로서 진술의 임의성이 인정되는 경우라도 증거능력이 부인되어야 한다.

② 피의자 또는 피고인은 개개의 질문에 대해서만 진술을 거부할 수 있으나, 일체의 진술을 거부할 수 없다.

③ 공판절차를 갱신한 경우, 재판장은 피고인에게 진술거부권을 다시 고지하여야 한다.

④ 의사무능력자인 피고인, 피의자의 법정대리인 그리고 외국인도 진술거부권의 주체가 된다.

06

무죄추정의 원칙에 대한 설명으로 가장 적절하지 <u>않은</u> 것은? (다툼이 있는 경우 판례에 의함)

① 무죄추정을 통해 금지되는 불이익한 처분에는 형사절차상의 처분뿐만 아니라 그 밖의 기본권 제한과 같은 처분에 의한 불이익도 포함된다.

② 파기환송사건에 있어서 구속기간 갱신 및 구속으로 인하여 신체의 자유가 제한되는 것은 무죄추정의 원칙에 위배되지 아니한다.

③ 형사재판절차에서 유죄의 확정판결을 받기 전에 처분청이 징계 혐의사실을 인정하는 것은 무죄추정의 원칙에 위배되지 아니한다.

④ 공소장의 공소사실 첫머리에 피고인 특정에 필요한 사항으로서 피고인이 전에 받은 소년부송치 처분을 기재하였다면 이는 무죄추정의 원칙에 반한다.

07

변호인에 대한 설명으로 가장 적절하지 <u>않은</u> 것은? (다툼이 있는 경우 판례에 의함)

① 대법원 이외의 법원은 특별한 사정이 있으면 변호사가 아닌 자를 변호인으로 선임함을 허가할 수 있다.

② 변호인의 선임은 심급마다 변호인과 연명날인한 서면으로 제출하여야 하므로 변호인 선임서를 제출하지 아니한 채 상고이유서만을 제출하고 상고이유서 제출기간이 경과한 후에 변호인 선임서를 제출하였다면, 그 상고이유서는 적법·유효한 상고이유서가 될 수 없다.

③ 필요적 변호사건에서 판결만을 선고할 경우 변호인 없이 개정할 수 있다.

④ 변호인만이 가지고 있는 고유권으로는 접견교통권, 피의자신문 참여권, 피고인신문권, 서류·증거물의 열람·복사권 등이 있다.

08

피의자에 대한 설명으로 가장 적절하지 <u>않은</u> 것은? (다툼이 있는 경우 판례에 의함)

① 피의자는 수사의 개시부터 공소제기 전까지의 개념으로서 진범인가의 여부를 불문한다.

② 수사기관에 의한 진술거부권 고지대상이 되는 피의자의 지위는 수사기관이 조사대상자에 대한 범죄혐의가 있다고 보아 실질적으로 '수사를 개시하는 행위를 한 때'에 인정된다.

③ 형사소송법상 피의자의 권리와 피고인의 권리는 동일하다.

④ 형사소송법은 피의자의 지위를 강화하기 위해 진술거부권, 변호인의 조력을 받을 권리, 구속적부심사청구권, 압수·수색·검증에의 참여권 등을 보장하고 있다.

09

수사에 대한 설명으로 가장 적절하지 <u>않은</u> 것은? (다툼이 있는 경우 판례에 의함)

① 수사란 범죄의 혐의 유무를 명백히 하여 공소의 제기와 유지여부를 결정하기 위하여 범인을 발견·확보하고 증거를 수집·보전하는 수사기관의 활동을 말한다.

② 형사소송법은 범죄의 혐의가 있다고 사료하는 때에는 수사를 개시하여 사실을 밝혀야 할 수사기관의 직무상 의무를 규정하고 있다.

③ 수사절차는 공판절차와 같이 획일적인 절차에 따라 진행되므로, 수사기관의 수사활동은 탄력성, 기동성, 임기응변성, 광역성 등 합목적적인 활동이 필요하다.

④ 수사절차는 수사기관의 주관적 혐의가 객관화·구체화되어 나가는 과정이라고 할 수 있다.

10

수사에 대한 판례의 입장으로 가장 적절하지 <u>않은</u> 것은?

① 구속영장 발부에 의하여 적법하게 구금된 피의자가 피의자신문을 위한 출석요구에 응하지 아니하면서 수사기관 조사실에 출석을 거부한다면 수사기관은 그 구속영장의 효력에 의하여 피의자를 조사실로 구인할 수 있다고 보아야 한다. 다만 이러한 경우에도 그 피의자신문 절차는 형사소송법 제199조 제1항 본문, 제200조의 규정에 따른 임의수사의 한 방법으로 진행되어야 하므로, 피의자는 일체의 진술을 거부할 수 있다.

② 수사기관이 구 조세범 처벌법(2010.1.1. 법률 제9919호로 개정되기 전의 것) 제6조의 세무종사 공무원의 고발에 앞서 수사를 하고 피의자에 대한 구속영장을 발부받은 후 검찰의 요청에 따라 세무서장이 공소제기 전에 고발을 하더라도 조세범 처벌법 위반사건 피의자에 대한 공소제기의 절차가 무효라고 할 수는 없다.

③ 교도관이 재소자가 맡긴 비망록을 수사기관에 임의로 제출하였다면, 그 비망록의 증거사용에 대하여는 재소자의 사생활의 비밀 기타 인격적 법익이 침해되는 등의 특별한 사정이 없다 하더라도 그 재소자의 동의를 받아야 한다.

④ 일반사법경찰관이 출입국관리사무소장의 고발을 요하는 출입국 사범에 대하여 출입국관리사무소장의 고발이 있기 전에 한 수사는 특단의 사정이 없는 한 그 사유만으로 수사가 위법하다고 할 수 없다.

11

함정수사에 대한 설명으로 가장 적절하지 <u>않은</u> 것은? (다툼이 있는 경우 판례에 의함)

① 수사기관이 이미 범행을 저지른 범인을 검거하기 위해 정보원을 이용하여 범인을 검거장소로 유인한 것에 불과한 경우는 함정수사로 볼 수 없다.

② 수사기관이 피고인의 범죄사실을 인지하고도 피고인을 바로 체포하지 않고 추가 범행을 지켜보고 있다가 범죄사실이 많이 늘어난 뒤에야 피고인을 체포하였다는 사정만으로 피고인에 대한 수사와 공소제기가 위법하다거나 함정수사에 해당한다고 할 수 없다.

③ 유인자가 수사기관과 직접적인 관련을 맺지 아니한 상태에서 피유인자를 상대로 단순히 수차례 반복적으로 범행을 부탁하였을 뿐 수사기관이 사술이나 계략 등을 사용하였다고 볼 수 없는 경우는, 설령 그로 인하여 피유인자의 범의가 유발되었다 하더라도 위법한 함정수사에 해당하지 아니한다.

④ 노상에 정신을 잃고 쓰러져 있는 취객을 발견한 경찰관이 보건의료기관 또는 공공구호기관에 긴급구호를 요청하는 등 보호조치를 하지 않고, 취객의 그러한 상태를 이용하여 근처에서 감시하고 있다가 이른바 부축빼기 절도범을 체포한 경우는 경찰의 직분을 도외시한 범죄수사의 한계를 넘어선 위법한 함정수사에 해당한다.

12

국민참여재판에 대한 설명으로 가장 적절하지 <u>않은</u> 것은? (다툼이 있는 경우 판례에 의함)

① 국민참여재판에 변호인이 없는 때에는 법원은 직권으로 변호인을 선정하여야 한다.

② 법원은 국민참여재판에 대한 배제결정을 하기 전에 검사·피고인 또는 변호인의 의견을 들어야 한다.

③ 국민참여재판에 대해 검사, 피고인, 변호인의 신청이 있으면 법원은 통상절차로 회부하여야 하며, 그 회부에 대해서는 불복할 수 있다.

④ 국민참여재판의 배심원들은 배심원들 사이에 유·무죄에 관하여 전원의 의견이 일치하지 아니하는 때에는 평결을 하기 전에 심리에 관여한 판사의 의견을 들은 다음 다수결 방법으로 유·무죄의 평결을 한다.

13

형사소송법상 영장에 의한 체포제도에 대한 설명으로 가장 적절하지 <u>않은</u> 것은? (다툼이 있는 경우 판례에 의함)

① 다액 50만 원 이하의 벌금, 구류 또는 과료에 해당하는 사건에 관하여는 피의자가 일정한 주거가 없는 경우 또는 정당한 이유없이 수사기관의 출석요구에 응하지 아니한 경우에 한하여 체포할 수 있다.

② 형사소송법은 강제처분에 대한 사전적 구제제도로서 체포 전 피의자신문제도를 두고 있다.

③ 피의자를 체포한 후 그를 다시 구속하고자 할 때에는 체포한 때로부터 48시간 내에 구속영장을 청구해야 한다.

④ 사법경찰관리는 체포영장을 소지하지 아니한 경우에 급속을 요하는 때에는 피의자에 대하여 피의사실의 요지와 영장이 발부되었음을 알리고 집행할 수 있다. 이 경우 집행을 완료한 후에는 신속히 체포영장을 제시해야 한다.

14

고소와 고발에 대한 다음 설명으로 적절하지 <u>않은</u> 것은 모두 몇 개인가? (다툼이 있는 경우 판례에 의함)

> ⊙ 성폭력범죄의 처벌 등에 관한 특례법 제27조에 따라 성폭력범죄 피해자의 변호사는 피해자를 대리하여 피고인에 대한 처벌을 희망하는 의사표시를 철회하거나 처벌을 희망하지 않는 의사표시를 할 수 있다.
>
> ⓛ 세무공무원 등의 고발에 따른 조세범 처벌법 위반 사건에 대하여 검사가 불기소처분을 하였다가 나중에 공소를 제기하는 경우에는 세무공무원 등의 새로운 고발이 있어야 한다.
>
> ⓒ 조세범 처벌법상 수 개의 범칙사실 중 일부만을 범칙사건으로 하는 고발이 있는 경우에 고발장에 기재된 범칙사실과 동일성이 인정되지 않는 다른 범칙사실에 대해서는 고발의 효력이 미치지 않는다.
>
> ⓡ 피해자가 반의사불벌죄의 공범 중 1인에 대하여 처벌을 희망하는 의사표시를 철회한 경우, 그 철회의 효력은 다른 공범자에 대해서도 미친다.

① 1개   ② 2개

③ 3개   ④ 4개

15

경찰관 직무집행법상 불심검문에 대한 설명으로 적절하지 <u>않은</u> 것은 모두 몇 개인가? (다툼이 있는 경우 판례에 의함)

> ⊙ 불심검문 대상자에게 형사소송법상 체포나 구속에 이를 정도의 혐의가 없을지라도, 경찰관은 당시의 구체적 상황과 사전에 얻은 정보나 전문적 지식 등에 기초하여 객관적 합리적인 기준에 따라 불심검문 대상 여부를 판단한다.
> ⓛ 불심검문에 따른 동행요구는 형사소송법상 임의수사로서 임의동행의 한 종류로 취급하여야 한다.
> ⓒ 검문하는 사람이 경찰관이고 검문하는 이유가 범죄행위에 관한 것임을 검문받는 사람이 충분히 알고 있었다고 보이는 경우에는 경찰관이 신분증을 제시하지 않았다고 하여 그 불심검문이 위법한 공무집행이라고 할 수 없다.
> ⓔ 검문 중이던 경찰관들이, 자전거를 이용한 날치기 사건 범인과 흡사한 인상착의의 사람이 자전거를 타고 다가오는 것을 발견하고 정지를 요구하였으나 멈추지 않아, 앞을 가로막고 소속과 성명을 고지한 후 검문에 협조해 달라고 하였음에도 불응하고 그대로 전진하자, 따라가서 재차 앞을 막고 검문에 응하라고 요구한 경우, 이는 적법한 불심검문에 해당한다.
> ⓜ 경찰관은 임의동행에 앞서 당해인에 대해 진술거부권과 변호인의 조력을 받을 권리를 고지해야 한다.

① 2개
② 3개
③ 4개
④ 5개

16

고소에 대한 설명으로 가장 적절하지 <u>않은</u> 것은? (다툼이 있는 경우 판례에 의함)

① 민법상 행위능력이 없는 사람이라도 피해를 입은 사실을 이해하고 고소에 따른 사회생활상의 이해관계를 알아차릴 수 있는 사실상의 의사능력을 갖추었다면 고소능력이 인정된다.

② 구 성폭력범죄의 처벌 등에 관한 특례법(2013.4.5. 법률 제11729호로 개정) 시행일 이전에 저지른 친고죄인 성폭력범죄의 고소기간은 동법 제19조 제1항 본문(2013.4.5. 법률 제11729호로 개정되기 전의 것)에 따라서 '범인을 알게 된 날부터 1년'으로 본다.

③ 법인세는 사업연도를 과세기간으로 하는 것이므로 그 포탈범죄는 각 사업연도마다 1개의 범죄가 성립하는데, 일죄의 관계에 있는 범죄사실의 일부에 대한 공소제기 및 고발의 효력은 그 일죄의 전부에 대하여 미친다.

④ 구 컴퓨터프로그램 보호법 (2009.4.22. 법률 제9625호 저작권법 부칙 제2조로 폐지) 제48조는 프로그램의 저작권침해에 대해 프로그램저작권자 또는 프로그램 배타적 발행권자의 고소가 있어야 공소를 제기할 수 있다고 규정하고 있는데, 프로그램 저작권이 명의신탁된 경우 제3자의 침해행위에 대한 고소권자는 명의신탁자이다.

17

고소취소에 대한 설명으로 가장 적절하지 <u>않은</u> 것은?
(다툼이 있는 경우 판례에 의함)

① 고소의 취소는 수사기관 또는 법원에 대한 고소한
자의 의사표시로서 서면 또는 구술로 할 수 있다.

② 피해자가 제1심 법정에서 피고인에 대한 처벌희망
의사표시를 철회할 당시 나이가 14세 10개월이었
더라도 그 철회의 의사표시가 의사능력이 있는 상
태에서 행해졌다면 법정대리인의 동의가 없었더라
도 유효하다.

③ 피해자가 피고인을 고소한 사건에서, 법원으로부
터 증인으로 출석하라는 소환장을 받은 피해자가
자신에 대한 증인소환을 연기해 달라고 하거나 기
일변경신청을 하고 출석을 하지 않는 경우, 법원은
이를 피해자의 처벌불원의 의사표시로 볼 수 있다.

④ 피고인이 피해자로부터 합의서를 교부받아 피고인
이 피해자를 대리하여 처벌불원의사서를 수사기관
에 제출한 이상, 이후 피고인이 피해자에게 약속한
치료비 전액을 지급하지 아니한 경우에도 민사상
치료비에 관한 합의금지급채무가 남는 것은 별론으
로 하고 피해자는 처벌불원의사를 철회할 수 없다.

18

피의자신문에 대한 설명으로 가장 적절하지 <u>않은</u> 것
은? (다툼이 있는 경우 판례에 의함)

① 피의자가 불구속 상태에서 피의자신문을 받을 때
에도 변호인의 참여를 요구할 권리를 가진다.

② 피의자가 피의자신문조서를 열람한 후 이의를 제
기한 경우 이를 조서에 추가로 기재해야 하며, 이
의를 제기하였던 부분은 부당한 심증형성의 기초
가 되지 않도록 삭제하여야 한다.

③ 검사 또는 사법경찰관은 변호인의 신문참여 및 그
제한에 관한 사항을 피의자신문조서에 기재하여야
한다.

④ 검사 또는 사법경찰관은 피의자가 조사장소에 도
착한 시각, 조사를 시작하고 마친 시각, 그 밖에
조사과정의 진행경과를 확인하기 위하여 필요한
사항을 피의자신문조서에 기록하거나 별도의 서면
에 기록한 후 수사기록에 편철하여야 한다.

19

형사소송법 및 형사소송규칙상 신뢰관계에 있는 자의 동석에 대한 설명으로 가장 적절하지 <u>않은</u> 것은? (다툼이 있는 경우 판례에 의함)

① 법원은 범죄로 인한 피해자를 증인으로 신문하는 경우 증인의 연령, 심신의 상태, 그 밖의 사정을 고려하여 증인이 현저하게 불안 또는 긴장을 느낄 우려가 있다고 인정하는 때에는 직권 또는 피해자·법정대리인·검사의 신청에 따라 피해자와 신뢰관계에 있는 자를 동석하게 할 수 있다.

② 법원은 범죄로 인한 피해자가 13세 미만이거나 신체적 또는 정신적 장애로 사물을 변별하거나 의사를 결정할 능력이 미약한 경우에 재판에 지장을 초래할 우려가 있는 등 부득이한 경우가 아닌 한 피해자와 신뢰관계에 있는 자를 동석하게 하여야 한다.

③ 피해자와 신뢰관계에 있는 사람은 피해자의 배우자, 직계친족, 형제자매, 가족, 동거인, 고용주, 변호사, 그 밖에 피해자의 심리적 안정과 원활한 의사소통에 도움을 줄 수 있는 사람을 말한다.

④ 동석한 자는 법원·소송관계인의 신문 또는 증인의 진술을 방해하거나 그 진술의 내용에 부당한 영향을 미칠 수 있는 행위를 하여서는 아니 되며, 재판장은 동석한 자가 부당하게 재판의 진행을 방해하는 때에는 그 행위의 중지를 명할 수 있으나, 동석 자체를 중지시킬 수는 없다.

20

진술의 영상녹화제도에 대한 설명으로 가장 적절하지 <u>않은</u> 것은? (다툼이 있는 경우 판례에 의함)

① 피의자의 진술은 영상녹화할 수 있다. 이 경우 미리 영상녹화 사실을 알려주어야 하며, 조사의 개시부터 종료까지의 전 과정 및 객관적 상황을 영상녹화하여야 한다.

② 영상녹화가 완료된 때에는 피의자 또는 변호인 앞에서 지체 없이 그 원본을 봉인하고 피의자로 하여금 기명날인 또는 서명하게 하여야 한다.

③ 피의자가 아닌 자의 진술을 영상녹화하고자 할 때에는 미리 피의자가 아닌 자에게 영상녹화사실을 알려주고 동의를 받아야 한다.

④ 아동·청소년대상 성범죄 피해자 진술을 영상녹화하는 경우 피해자 또는 법정대리인이 거부하더라도 영상녹화를 하여야 한다. 다만, 가해자가 친권자 중 일방인 경우는 그러하지 아니하다.

21

임의수사에 대한 설명으로 가장 적절하지 <u>않은</u> 것은? (다툼이 있는 경우 판례에 의함)

① 임의수사의 경우에도 법률이 수사활동의 요건·절차를 규정하고 있다면, 그에 위반하여 수집한 증거는 위법수집증거로서 증거능력이 부정된다.

② 형사소송법상 임의수사가 원칙이고 강제수사는 법률에 특별한 규정이 있는 경우에 한하여 예외적으로 허용된다.

③ 수사기관은 피검사자의 동의를 얻은 경우에 거짓말탐지기를 사용할 수 있다. 다만, 그 검사결과를 공소사실의 존부를 인정하는 직접증거로는 사용할 수 없고, 진술의 신빙성 유무를 판단하는 정황증거로만 사용할 수 있다.

④ 상대방의 동의를 얻어 보호실 등 특정한 장소에 유치하는 승낙유치는 임의수사의 한 종류로 영장 없이 할 수 있다.

22

인터넷통신망을 통하여 흐르는 전기신호 형태의 패킷(packet)을 중간에 확보하여 그 내용을 지득하는 소위 패킷 감청에 대한 설명으로 가장 적절한 것은? (다툼이 있는 경우 판례에 의함)

① 패킷감청은 사건과 무관한 불특정 다수의 방대한 정보까지 수집되어 개인의 통신 및 사생활의 비밀과 자유를 침해하기 때문에 헌법불합치결정이 선고되었고, 현재 패킷감청에 의한 통신제한 조치는 허용되지 않는다.

② 사법경찰관은 통신비밀보호법에 따른 패킷감청을 집행하여 그 전기통신을 보관하고자 하는 때에는 집행종료일로부터 14일 이내에 보관 등이 필요한 전기통신을 선별하여 통신제한조치를 허가한 법원에 그 승인을 청구할 수 있다.

③ 법원이 패킷감청으로 취득한 자료의 보관을 위한 승인청구를 기각한 경우, 사법경찰관은 청구기각의 통지를 받은 날부터 7일 이내에 해당 전기통신을 폐기하고, 폐기결과보고서를 작성하여 7일 이내에 검사에게 송부하여야 한다.

④ 통신비밀보호법은 패킷감청으로 취득한 자료의 관리에 관한 절차(통신비밀보호법 제12조의2)의 위반에 대해서는 벌칙 조항을 두고 있지 않다.

23

통신비밀보호법상 통신제한조치에 대한 설명으로 가장 적절한 것은? (다툼이 있는 경우 판례에 의함)

① 전기통신의 감청은 전기통신이 이루어지고 있는 상황에서 실시간으로 전기통신의 내용을 지득·채록하는 경우와 통신의 송·수신을 직접적으로 방해하는 경우뿐만 아니라 이미 수신이 완료된 전기통신에 관하여 남아 있는 기록이나 내용을 열어보는 등의 행위도 포함한다.

② 사법경찰관이 통신비밀보호법 제8조에 따른 긴급통신제한조치를 할 경우에는 미리 검사의 지휘를 받아야 한다. 다만, 특히 급속을 요하여 미리 지휘를 받을 수 없는 사유가 있는 경우에는 긴급통신제한조치의 집행착수 후 지체없이 검사의 승인을 얻어야 한다.

③ 형법상 절도죄, 강도죄, 사기죄, 공갈죄는 통신비밀보호법상 범죄수사를 위한 통신제한조치가 가능한 범죄이다.

④ 불법감청에 의하여 녹음된 전화통화의 내용은 통신비밀보호법에 의하여 증거능력이 없으나 피고인이나 변호인이 이를 증거로 함에 동의한 때에는 예외적으로 증거능력이 인정된다.

24

현행범 체포에 대한 설명으로 가장 적절한 것은? (다툼이 있는 경우 판례에 의함)

① 현행범으로 체포하기 위하여는 행위의 가벌성, 범죄의 현행성·시간적 접착성, 범인·범죄의 명백성이 있으면 족하고, 도망 또는 증거인멸의 염려가 있어야 하는 것은 아니다.

② 신고를 받고 출동한 경찰관이 음주운전을 종료한 후 40분 이상이 경과한 시점에서 길가에 앉아 있던 피의자에게서 술냄새가 난다는 점만을 근거로 하여 피의자를 음주운전의 현행범으로 체포한 것은 적법한 공무집행이라고 볼 수 있다.

③ 현행범을 체포한 경찰관의 진술이라 하더라도 범행을 목격한 부분에 관하여는 여느 목격자의 진술과 다름없이 증거능력이 있다.

④ 수사기관이 일반인으로부터 체포된 현행범을 인도받고 현행범을 구속하고자 하는 경우 48시간 이내에 구속영장을 청구해야 하며, 그 48시간의 기산점은 일반인에 의한 체포시점으로 보아야 한다.

25

긴급체포에 대한 설명으로 가장 적절하지 <u>않은</u> 것은? (다툼이 있는 경우 판례에 의함)

① 수사기관은 긴급체포 후 구속영장을 발부받지 못하여 피의자를 석방한 경우, 그 피의자를 동일한 범죄사실로 다시 긴급체포할 수 없으나, 체포영장을 다시 발부받아 체포하는 것은 가능하다.

② 사법경찰관이 피의자를 긴급체포한 경우에는 즉시 긴급체포서를 작성하여야 할 뿐만 아니라 즉시 검사의 승인을 얻어야 한다.

③ 긴급체포의 요건을 갖추었는지 여부는 체포 당시의 상황을 기초로 판단하는 것이 아니라 사후에 밝혀진 사정을 기초로 판단하여야 한다.

④ 긴급체포된 피의자에 대하여 구속영장이 발부된 경우 그 구속 기간은 피의자를 체포한 날부터 기산한다.

26

구속의 집행정지와 취소에 대한 설명으로 가장 적절하지 <u>않은</u> 것은? (다툼이 있는 경우 판례에 의함)

① 법원은 형사소송법 제101조 제4항에 따라 구속영장의 집행이 정지된 국회의원이 소환을 받고도 정당한 사유 없이 출석하지 아니한 때에는 그 회기 중이라도 구속영장의 집행정지를 취소할 수 있다.

② 검사가 구속된 피의자를 석방한 때에는 지체 없이 구속영장을 발부한 법원에 그 사유를 서면으로 통지하여야 한다.

③ 구속의 사유가 없거나 소멸된 때에는 법원은 직권 또는 검사, 피고인, 변호인과 형사소송법 제30조 제2항에 규정된 자의 청구에 의하여 결정으로 구속을 취소하여야 한다.

④ 법원은 상당한 이유가 있는 때에는 결정으로 구속된 피고인을 친족·보호단체 기타 적당한 자에게 부탁하거나 피고인의 주거를 제한하여 구속의 집행을 정지할 수 있고, 이때 급속을 요하는 경우를 제외하고는 검사의 의견을 물어야 한다.

27

압수에 대한 설명으로 가장 적절하지 <u>않은</u> 것은? (다툼이 있는 경우 판례에 의함)

① 경찰관이 진료 목적으로 이미 채혈되어 있던 피고인의 혈액 중 일부를 주취운전 여부에 대한 감정을 목적으로 간호사로부터 임의로 제출받아 이를 압수한 경우 간호사가 혈액의 소지자 겸 보관자인 병원 또는 담당의사를 대리하여 혈액을 경찰관에게 임의로 제출할 수 있는 권한이 없었다고 볼 특별한 사정이 없는 이상, 이를 위법하다고 볼 수 없다.

② 피해자의 신고를 받고 현장에 출동한 경찰서 과학수사팀 소속경찰관이 피해자가 범인과 함께 술을 마신 테이블 위에 놓여 있던 맥주컵에서 지문 6점, 물컵에서 지문 8점, 맥주병에서 지문 2점을 각각 현장에서 직접 채취한 후, 지문채취 대상물을 적법한 절차에 의하지 않고 압수하였더라도 채취된 지문은 위법수집 증거라고 할 수 없다.

③ 현행범 체포현장이나 범죄장소에서도 소지자 등이 임의로 제출하는 물건은 영장 없이 압수할 수 있다. 이 경우 검사나 사법경찰관은 사후에 영장을 받아야 한다.

④ 소유자, 소지자 또는 보관자가 아닌 자로부터 제출받은 물건을 영장없이 압수한 경우 그 압수물 및 압수물을 찍은 사진은 유죄 인정의 증거로 사용할 수 없다.

28

압수·수색에 대한 설명으로 가장 적절하지 <u>않은</u> 것은? (다툼이 있는 경우 판례에 의함)

① 압수·수색영장의 유효기간 내에서 동일한 영장으로 동일한 장소에서 수회 압수·수색하는 것은 허용된다.

② 압수·수색영장의 집행 중에는 타인의 출입을 금지할 수 있고, 이를 위배한 자에게는 퇴거하게 하거나 집행종료시까지 간수자를 붙일 수 있다.

③ 압수·수색영장의 제시가 현실적으로 불가능한 경우, 영장을 제시하지 아니한 채 압수·수색을 하더라도 위법하다고 볼 수 없다.

④ 압수·수색영장의 집행은 주간에 하는 것이 원칙이고, 야간에 집행하기 위해서는 압수·수색영장에 야간집행을 할 수 있다는 기재가 있어야 하나, 도박 기타 풍속을 해하는 행위에 상용된다고 인정하는 장소에서 압수·수색영장을 집행함에는 그러한 제한을 받지 아니한다.

29

전자정보의 압수·수색에 대한 설명으로 가장 적절한 것은? (다툼이 있는 경우 판례에 의함)

① 전자정보에 대한 압수·수색이 종료되기 전에 혐의사실과 관련된 전자정보를 적법하게 탐색하는 과정에서 별도의 범죄혐의와 관련된 전자정보를 우연히 발견한 경우라면 따로 압수·수색영장을 발부받지 않고 그 전자정보를 적법하게 압수·수색할 수 있다.

② 전자정보가 담긴 저장매체를 수사기관 사무실 등으로 옮겨 복제·탐색·출력하는 경우에는 변호인의 참여기회를 보장할 필요는 없다.

③ 전자정보에 대한 압수·수색영장을 집행할 때에는 원칙적으로 영장발부의 사유인 혐의사실과 관련된 부분만을 문서 출력물로 수집하거나 수사기관이 휴대한 저장매체에 해당 파일을 복사하는 방법으로 이루어져야 한다.

④ 압수·수색영장에 저장매체 자체를 직접 또는 하드카피나 이미징 등 형태로 수사기관 사무실 등 외부로 반출하여 해당파일을 압수·수색할 수 있도록 기재되어 있지 않더라도, 수사기관이 전자 정보의 복사 또는 출력이 불가능하거나 현저히 곤란한 부득이한 사정이 있을 때에는 압수목적물인 저장매체 자체를 수사관서로 반출할 수 있다.

30

공소제기 후의 수사에 대한 설명으로 가장 적절하지 않은 것은? (다툼이 있는 경우 판례에 의함)

① 공소제기 후 수사기관에 의한 피고인의 구속은 허용되지 않는다.

② 검사가 공소제기 후에 피고인에 대해 작성한 진술조서는 항상 증거능력이 없다.

③ 검사 또는 사법경찰관이 피고인에 대한 구속영장을 집행하는 경우에 필요한 때에는 영장 없이 구속현장에서 압수·수색·검증을 할 수 있다.

④ 공소가 제기된 후에는 그 피고사건에 관하여 수사기관은 형사소송법 제215조에 의하여 압수·수색을 할 수 없다고 보아야 하며, 그럼에도 검사가 공소제기 후 형사소송법 제215조에 따라 수소법원 이외의 지방법원 판사에게 청구하여 발부받은 영장에 의하여 압수·수색을 하였다면, 그와 같이 수집된 증거는 기본적 인권 보장을 위해 마련된 적법한 절차에 따르지 않은 것으로서 원칙적으로 유죄의 증거로 삼을 수 없다.

31

사인(私人)에 의한 위법수집증거에 대한 설명으로 가장 적절한 것은? (다툼이 있는 경우 판례에 의함)

① 위법수집증거배제법칙은 국가기관의 기본권 침해와 위법한 수사활동을 규제하기 위한 원칙이므로, 사인이 타인의 기본권을 침해하는 방법으로 수집한 증거에 대해서는 항상 적용되지 않는다.

② 피고인이 범행 후 피해자에게 전화를 걸어오자 피해자가 증거를 수집하려고 그 전화내용을 녹음한 경우, 그 녹음테이프가 피고인 모르게 녹음된 것이라 하여 이를 위법하게 수집된 증거라고 할 수 없다.

③ 소송사기의 피해자가 제3자로부터 대가를 지급하고 취득한 업무일지는 그것이 제3자에 의해 절취된 것이라면 위법수집증거에 해당하며, 그로 인하여 피고인의 사생활 영역을 침해하는 결과가 초래된다면 공익의 실현을 위한 것이라도 사기죄에 대한 증거로 사용할 수 없다.

④ 제3자가 대화당사자 일방만의 동의를 받고 통화내용을 녹음한 경우, 그 통화내용은 다른 상대방의 동의가 없었다고 하더라도 증거능력이 인정된다.

32

증거에 대한 설명으로 가장 적절한 것은? (다툼이 있는 경우 판례에 의함)

① 간접증거가 개별적으로 완전한 증명력을 가지지 못한다면, 전체증거를 상호 관련하여 종합적으로 고찰하여 증명력이 있는 것으로 판단되더라도 그에 의하여 범죄사실을 인정할 수 없다.

② 살인죄와 같이 법정형이 무거운 범죄의 경우에도 직접증거 없이 간접증거만으로도 유죄를 인정할 수 있다.

③ 상해사건에서 피해자 진단서는 상해 사실자체에 대한 직접증거에 해당한다.

④ 증거능력이란 요증사실을 증명하는 증거의 힘, 증거의 실질적 가치를 말하며, 이는 법관의 자유심증에 의해 결정된다.

33

위법수집증거배제법칙에 대한 설명으로 가장 적절한 것은? (다툼이 있는 경우 판례에 의함)

① 위법수집증거배제법칙은 영미법상 판례에 의해 확립된 증거법칙으로, 우리나라 형사소송법 에는 명문의 규정이 없지만 일반적인 형사법의 대원칙으로 자리잡고 있다.

② 수사기관이 영장 또는 감정처분허가장을 발부받지 아니한 채 피의자의 동의 없이 피의자의 신체로부터 혈액을 채취하고 사후에도 지체 없이 영장을 발부받지 않았다면, 그 혈액 중 알코올 농도에 관한 감정의뢰회보는 원칙적으로 유죄의 증거로 사용할 수 없다.

③ 사법경찰관이 피의자를 긴급체포하는 현장에서 영장 없이 압수한 물건을 계속 압수할 필요가 있어 압수·수색영장을 청구하였으나 이를 발부받지 못하고도 즉시 반환하지 아니한 압수물은 이를 유죄 인정의 증거로 사용할 수 없지만, 피고인이나 변호인이 이를 증거로 함에 동의하였다면 유죄의 증거로 사용할 수 있다.

④ 비진술증거인 압수물은 압수절차가 위법하다 하더라도 그 물건자체의 성질, 형태에 변경을 가져오는 것은 아니어서 그 형태 등에 관한 증거가치에는 변함이 없으므로 증거능력이 인정된다.

34

전문법칙에 대한 설명으로 가장 적절하지 <u>않은</u> 것은? (다툼이 있는 경우 판례에 의함)

① 압수된 디지털 저장매체로부터 출력한 문건을 진술증거로 사용하는 경우, 그 기재 내용의 진실성에 관하여는 전문법칙이 적용되므로 형사소송법 제313조 제1항에 따라 그 작성자 또는 진술자의 진술에 의하여 그 성립의 진정함이 증명된 때에는 이를 증거로 사용할 수 있다.

② 검사 또는 사법경찰관이 검증의 결과를 기재한 조서는 적법한 절차와 방식에 따라 작성된 것으로서 공판준비 또는 공판기일에서의 작성자의 진술에 따라 그 성립의 진정함이 증명된 때에는 증거로 할 수 있다.

③ 대화 내용을 녹음한 파일 등 전자매체는 성질상 작성자나 진술자의 서명 또는 날인이 없을 뿐만 아니라, 녹음자의 의도나 특정한 기술에 의하여 내용이 편집·조작될 위험성이 있음을 고려하여, 대화 내용을 녹음한 원본이거나 원본으로부터 복사한 사본일 경우에는 복사과정에서 편집되는 등의 인위적 개작 없이 원본의 내용 그대로 복사된 사본임이 입증되어야 한다.

④ 피고인 또는 피고인 아닌 사람이 컴퓨터용디스크에 입력하여 기억된 문자정보 또는 그 출력물을 증거로 사용하는 경우 컴퓨터용디스크 자체를 물증으로 취급하여야 하므로 그 기재내용의 진실성에 관하여는 전문법칙이 적용되지 않는다.

35

탄핵증거에 대한 설명으로 가장 적절하지 <u>않은</u> 것은? (다툼이 있는 경우 판례에 의함)

① 탄핵증거의 제출에 있어서도 상대방에게 이에 대한 공격방어의 수단을 강구할 기회를 사전에 부여하여야 한다.

② 탄핵증거에 대해서는 유죄증거에 관한 소송법상의 엄격한 증거능력을 요하지 아니한다.

③ 검사가 유죄의 자료로 제출한 사법경찰관 작성의 피고인에 대한 피의자신문조서는 피고인이 그 내용을 부인하는 이상 증거능력이 없고, 그것이 임의로 작성된 것이라도 피고인의 법정에서의 진술을 탄핵하기 위한 반대증거로도 사용할 수 없다.

④ 탄핵증거는 진술의 증명력을 감쇄하기 위하여 인정되는 것이고 범죄사실 또는 그 간접사실의 인정의 증거로서는 허용되지 않는다.

36

증거동의에 대한 설명으로 가장 적절하지 <u>않은</u> 것은? (다툼이 있는 경우 판례에 의함)

① 검사와 피고인이 증거로 할 수 있음을 동의한 서류 또는 물건은 법원이 진정한 것으로 인정한 때에는 증거로 할 수 있다.

② 공판준비 또는 공판기일에서 피고인에게 유리한 증언을 한 증인을 수사기관이 법정 외에서 다시 참고인으로 조사하면서 그 증언을 번복하게 하여 작성한 참고인진술조서는 피고인이 동의하더라도 증거로 사용할 수 없다.

③ 피고인의 출정 없이 증거조사를 할 수 있는 경우에 피고인이 출정하지 아니한 때에는 피고인의 대리인 또는 변호인이 출정한 때를 제외하고 피고인이 증거로 함에 동의한 것으로 간주한다.

④ 경찰의 검증조서 중 일부에 대한 증거동의는 가능하다.

37

자백배제법칙에 대한 설명으로 가장 적절하지 않은 것은? (다툼이 있는 경우 판례에 의함)

① 일정한 증거가 발견되면 피의자가 자백하겠다고 한 약속이 검사의 강요나 위계에 의하여 이루어졌다던가 또는 불기소나 경한 죄의 소추 등 이익과 교환 조건으로 된 것으로 인정되지 않는다면 위와 같은 자백의 약속 하에 된 자백이라 하여 곧 임의성이 없는 자백이라고 단정할 수 없다.

② 피고인이 수사기관에서 가혹행위 등으로 인하여 임의성 없는 자백을 하고, 그 후 법정에서도 임의성 없는 심리상태가 계속되어 동일한 내용의 자백을 하였다면 법정에서의 자백도 임의성 없는 자백이라고 보아야 한다.

③ 진술의 임의성에 다툼이 있을 때에는 검사가 그 임의성의 의문점을 없애는 증명을 하여야 하며, 검사가 이를 증명하지 못하면 그 진술증거의 증거능력은 부정된다.

④ 검찰에서의 피고인의 자백이 임의성이 있어 그 증거능력이 부여된다면 자백의 진실성과 신빙성까지도 당연히 인정된다.

38

공소시효에 대한 설명으로 가장 적절하지 않은 것은? (다툼이 있는 경우 판례에 의함)

① 선거범죄가 당내경선운동에 관한 공직선거법 위반죄인 경우 그 선거범죄에 대한 공소시효의 기산일은 당내경선의 투표일이다.

② 공소제기 당시의 공소사실에 대한 법정형을 기준으로 하면 공소제기 당시 아직 공소시효가 완성되지 않았으나 변경된 공소사실에 대한 법정형을 기준으로 하면 공소제기 당시 이미 공소시효가 완성된 경우에는 공소시효의 완성을 이유로 면소판결을 선고하여야 한다.

③ 공소시효 정지사유인 '범인이 형사처분을 면할 목적으로 국외에 있는 경우'에는 범인이 국외에서 범죄를 저지르고 형사처분을 면할 목적으로 국외에서 체류를 계속하는 경우도 포함된다.

④ 공무원이 직무에 관하여 금전을 무이자로 차용한 경우에는 차용 당시에 금융이익 상당의 뇌물을 수수한 것으로 보아야 하므로, 뇌물수수죄에 대한 공소시효는 금전을 무이자로 차용한 때부터 기산한다.

39

약식절차에 대한 설명으로 가장 적절하지 <u>않은</u> 것은? (다툼이 있는 경우 판례에 의함)

① 약식명령으로 과할 수 있는 형은 벌금, 과료, 몰수에 한정된다.

② 약식명령의 청구는 공소의 제기와 동시에 서면으로 하여야 한다.

③ 약식명령에 대한 정식재판의 청구는 제1심판결이 확정되기 전까지 취하할 수 있다.

④ 약식명령에 대한 정식재판의 청구기간은 피고인에 대한 약식명령 고지일을 기준으로 하여 기산하여야 한다.

40

즉결심판에 대한 설명으로 가장 적절하지 <u>않은</u> 것은? (다툼이 있는 경우 판례에 의함)

① 즉결심판은 관할경찰서장이 관할법원에 이를 청구한다.

② 즉결심판청구서에는 피고인의 성명 기타 피고인을 특정할 수 있는 사항, 죄명, 범죄사실과 적용법조를 기재하여야 한다.

③ 즉결심판의 판결이 확정된 때에는 지체없이 즉결심판서 및 관계서류와 증거를 관할 지방검찰청의 장에게 송치해야 한다.

④ 즉결심판에 있어서는 자백배제법칙은 적용되나 자백보강법칙은 적용되지 아니한다.

01

형사소송법의 지도이념에 관한 설명 중 가장 적절하지 않은 것은? (다툼이 있는 경우 판례에 의함)

① 실체진실주의는 적법절차의 원칙과 신속한 재판의 원칙에 의하여 제약을 받는다.

② 기소편의주의와 자백보강법칙은 실체적 진실주의의 제도적 표현이다.

③ 형사재판의 증거법칙과 관련하여서는 소극적 진실주의가 헌법적으로 보장되어 있다.

④ 적법절차주의는 절차의 적법성뿐만 아니라 절차의 적정성까지 보장되어야 한다는 뜻으로 이해된다.

02

소송구조에 관한 설명 중 가장 적절한 것은?

① 규문주의란 소추기관과 재판기관이 분리되지 않고 재판기관이 스스로 절차를 개시하여 심리·재판하는 구조를 말하며, 이러한 구조하에서는 소추기관이 없으므로 피고인은 재판기관과 대등한 소송의 주체로서의 지위를 갖게 된다.

② 형사소송법 제298조 제2항이 규정하고 있는 법원의 공소장 변경요구제도는 당사자주의적 요소이다.

③ 피고인신문제도, 증인에 대한 교호신문절차, 공소장일본주의는 직권주의적 요소이다.

④ 우리 형사소송법은 검사의 공소제기를 명문으로 규정함으로써 국가소추주의에 의한 탄핵주의 소송구조를 채택하고 있다.

03

피내사자와 피의자에 관한 설명 중 가장 적절한 것은? (다툼이 있는 경우 판례에 의함)

① 수사 이전의 단계를 내사라 하며, 형사소송법은 피의자의 권리에 관한 규정 중 일부를 피내사자에게 준용하는 규정을 두는 방법으로 피내사자의 권리를 보호한다.

② 변호인과의 접견교통권은 피의자에게 인정되는 권리이므로, 임의동행 형식으로 연행된 피내사자에게는 그 지위가 피의자로 전환된 이후부터 변호인과의 접견교통권이 인정된다.

③ 검사가 검찰사건사무규칙에 따른 범죄인지 절차를 밟지 않은 상태에서 행한 피의자신문은 피내사자에 대한 신문이므로 그 이유만으로도 이미 위법한 수사에 해당하며, 따라서 당해 피의자 신문조서는 형사소송법이 정한 절차에 따라 작성되었다 하더라도 증거능력이 인정될 수 없다.

④ 미체포된 피의자에 대하여 구속영장을 청구받은 판사는 피의자가 죄를 범하였다고 의심할 만한 이유가 있는 경우에 구인을 위한 구속영장을 발부하여 피의자를 구인한 후 심문하여야 한다. 다만, 피의자가 도망하는 등의 사유로 심문할 수 없는 경우에는 그러하지 아니하다.

04

수사의 개시에 관한 설명 중 가장 적절한 것은? (다툼이 있는 경우 판례에 의함)

① 고발이란 범죄사실을 수사기관에 고하여 그 소추를 촉구하는 것으로서 범인을 지적하여야 하므로 고발에서 지정한 범인이 진범인이 아니라면 고발의 효력은 진범인에게 미치지 않는다.

② 변사자 검시를 통하여 범죄의 혐의를 인정한 때에는 이미 수사가 개시된 것으로 볼 수 있으므로 긴급을 요하는 경우라 하더라도 반드시 영장을 발부받은 후에 검증하여야 한다.

③ 불심검문 대상자 해당 여부를 판단할 때에는 불심검문 당시의 구체적 상황은 물론 사전에 얻은 정보나 전문적 지식 등에 기초하여 불심검문 대상자인지를 객관적·합리적인 기준에 따라 판단하여야 하나, 반드시 불심검문 대상자에게 형사소송법상 체포나 구속에 이를 정도의 혐의가 있을 것을 요한다고 할 수는 없다.

④ 경찰관 직무집행법 제3조 제4항은 경찰관이 불심검문을 하고자 할 때에는 자신의 신분을 표시하는 증표를 제시하여야 한다고 규정하고, 법 시행령 제5조는 위 법 소정의 신분을 표시하는 증표는 경찰관의 공무원증이라고 규정하고 있는바, 검문하는 사람이 경찰관이고 검문하는 이유가 범죄행위에 관한 것임을 피고인이 충분히 알고 있었다고 보이는 경우에도 경찰관의 공무원증을 제시하지 않았다면 그 불심검문은 위법한 공무집행이 된다.

05

고소에 관한 설명 중 가장 적절한 것은? (다툼이 있는 경우 판례에 의함)

① 피해자가 경찰청 인터넷 홈페이지에 '피고인을 철저히 조사해 달라'는 취지의 신고민원을 접수하는 형태로 피고인에 대한 조사를 촉구하는 의사표시를 한 것은 형사소송법 제237조 제1항에 따른 적법한 고소에 해당한다.

② 고소권자가 비친고죄로 고소한 사건이더라도 검사가 친고죄로 기소하였다면 공소장 변경절차를 거쳐 공소사실이 비친고죄로 변경되지 않는 한, 법원은 고소가 유효하게 존재하는지를 직권으로 조사·심리하여야 한다.

③ 절대적 친고죄의 공범 중 그 1인 또는 수인에 대한 고소는 다른 공범자에 대하여도 효력이 있으나, 취소는 그 취소의 상대방으로 지정된 피고소인에 대해서만 효력이 있다.

④ 친고죄에서 고소는 처벌조건이므로 고소가 있었는지 여부는 엄격한 증명의 대상이 된다.

06

영장주의에 관한 설명 중 가장 적절하지 <u>않은</u> 것은? (다툼이 있는 경우 판례에 의함)

① 법원이 직권으로 발부하는 영장은 집행기관에 대한 허가장의 성격을 가지나, 수사기관의 청구에 의하여 발부하는 영장은 수사기관에 대한 명령장으로서의 성질을 갖는 것으로 이해되고 있다.

② 교도소의 안전과 질서유지를 위하여 마약류 수형자에게 소변을 받아 제출하게 한 것은 응하지 않을 경우 불리한 처우를 받을 수 있다는 심리적 압박이 존재하리라는 것을 충분히 예상할 수 있는 점에 비추어 공권력의 행사에 해당하나, 영장 없이 실시되었다 하더라도 영장주의에 위배되지 않는다.

③ 법원이 피고인의 구속 또는 그 유지 여부의 필요성에 관하여 한 재판의 효력이 검사나 다른 기관의 이견이나 불복이 있다 하여 좌우되거나 제한받는다면 이는 헌법 제12조 제3항의 영장주의에 위배된다.

④ 수사기관이 영장에 의하지 아니하고 신용카드회사가 발행한 매출전표의 거래명의자에 관한 정보를 획득하였다면, 그와 같이 수집된 증거는 원칙적으로 '적법한 절차에 따르지 아니하고 수집한 증거'에 해당하여 특별한 사정이 없는 한 유죄의 증거로 삼을 수 없다.

07

영상녹화제도에 관한 설명 중 가장 적절한 것은? (다툼이 있는 경우 판례에 의함)

① 수사기관이 피의자의 진술을 영상녹화하려는 경우 피의자 또는 변호인에게 미리 영상녹화사실을 알려주어야 하며, 형사소송법 제244조의2 제1항에 따라 반드시 서면으로 사전동의를 받아야 한다.

② 피의자 진술에 대한 영상녹화가 완료된 이후 피의자 또는 변호인에게 영상녹화물을 재생하여 시청하게 하여야 하며, 그 내용에 대하여 이의를 진술하는 때에는 해당 내용을 삭제하고 그 진술을 영상녹화하여 첨부하여야 한다.

③ 피고인 또는 피고인이 아닌 자의 진술을 내용으로 하는 영상녹화물은 공판준비 또는 공판기일에 피고인 또는 피고인이 아닌 자가 진술함에 있어서 기억이 명백하지 아니한 사항에 관하여 기억을 환기시켜야 할 필요가 있다고 인정되는 때에 한하여 피고인 또는 피고인이 아닌 자에게 재생하여 시청하게 할 수 있다.

④ 수사기관이 참고인을 조사하는 과정에서 형사소송법 제221조 제1항에 따라 작성한 영상녹화물은, 다른 법률에서 달리 규정하고 있는 등의 특별한 사정이 없는 한, 원칙적으로 공소사실을 직접 증명할 수 있는 독립적인 증거로 사용될 수 있다.

08

피의자신문에 관한 설명 중 가장 적절하지 <u>않은</u> 것은? (다툼이 있는 경우 판례에 의함)

① 피고인이 피의자신문조서에 기재된 피고인 진술의 임의성을 다투면서 그것이 허위자백이라고 다투는 경우, 법원은 구체적인 사건에 따라 피고인의 학력, 경력, 직업, 사회적 지위, 지능 정도, 진술의 내용, 조서의 형식 등 제반 사정을 참작하여 자유로운 심증으로 위 진술이 임의로 된 것인지 여부를 판단할 수 있다.

② 수사기관은 피의자가 신체적 또는 정신적 장애로 사물을 변별하거나 의사를 결정·전달할 능력이 미약한 때에는 신뢰관계에 있는 자를 동석하게 하여야 하며, 이 때 신뢰관계인이 동석하지 않은 상태로 행한 진술은 임의성이 인정되더라도 유죄 인정의 증거로 사용할 수 없다.

③ 신문에 참여하고자 하는 변호인이 2인 이상인 때에는 피의자가 신문에 참여할 변호인 1인을 지정한다. 지정이 없는 경우에는 검사 또는 사법경찰관이 이를 지정할 수 있다.

④ 사법경찰관은 피의자가 조사장소에 도착한 시각, 조사를 시작하고 마친 시각, 그 밖에 조사과정의 진행경과를 확인하기 위하여 필요한 사항을 피의자신문조서에 기록하거나 별도의 서면에 기록한 후 수사기록에 편철하여야 한다.

09

다음 중 사후적 구제제도로 보기에 가장 적절하지 <u>않은</u> 것은?

① 구속 전 피의자심문제도
② 체포·구속적부심사제도
③ 강제처분에 대한 준항고
④ 형사보상제도

10

체포영장에 의한 체포에 관한 설명 중 가장 적절하지 <u>않은</u> 것은? (다툼이 있는 경우 판례에 의함)

① 체포 및 압수·수색현장에서 변호인의 체포영장 등사 요구를 거절한 것만으로는 변호인의 조력을 받을 권리를 원천적으로 침해한 행위라고 보기 어렵다.

② 체포한 피의자를 구속하고자 할 때에는 체포한 때부터 24시간 이내에 구속영장을 청구하여야 하고, 그 기간내에 구속영장을 청구하지 아니하는 때에는 피의자를 즉시 석방하여야 한다.

③ 경찰관들이 체포를 위한 실력행사에 나아가기 전에 체포영장을 제시하고 미란다 원칙을 고지할 여유가 있었음에도 애초부터 미란다 원칙을 체포 후에 고지할 생각으로 먼저 체포행위에 나선 행위는 적법한 공무집행이라고 보기 어렵다.

④ 체포의 사유가 없거나 소멸된 때에는 법원은 직권 또는 검사, 피의자, 변호인과 피의자의 변호인 선임권자의 청구에 의하여 결정으로 체포를 취소하여야 한다.

11

긴급체포에 관한 설명 중 가장 적절하지 <u>않은</u> 것은?
(다툼이 있는 경우 판례에 의함)

① 긴급체포된 자가 소유·소지 또는 보관하는 물건에 대하여 긴급히 압수할 필요가 있어 체포한 때부터 24시간 이내에 영장 없이 압수·수색 또는 검증을 하는 경우 체포현장이 아닌 장소에서도 긴급체포된 자가 소유·소지 또는 보관하는 물건을 대상으로 할 수 있다.

② 긴급체포의 경우에도 미란다 원칙의 고지는 체포를 위한 실력행사에 들어가기 이전에 미리 하여야 하는 것이 원칙이나, 달아나는 피의자를 쫓아가 붙들거나 폭력으로 대항하는 피의자를 실력으로 제압하는 경우에는 붙들거나 제압하는 과정에서 하거나, 그것이 여의치 않은 경우에는 일단 붙들거나 제압한 후에 지체없이 행하여야 한다.

③ 긴급체포 후 구속영장을 발부받지 못하여 석방한 경우 동일한 범죄사실로 다시 긴급체포할 수는 없으나 체포영장을 발부받아 다시 체포하는 것은 가능하다.

④ 긴급체포의 요건을 갖추었는지 여부는 체포 당시의 상황뿐만 아니라 사후에 밝혀진 사정을 종합적으로 고려하여 판단하여야 하며, 그 요건의 충족 여부에 관한 수사기관의 판단이 경험칙에 비추어 현저히 합리성을 잃은 경우에는 그 체포는 위법한 체포라 할 것이다.

12

현행범인의 체포에 관한 설명 중 가장 적절한 것은?
(다툼이 있는 경우 판례에 의함)

① 형사소송법 제211조가 현행범인으로 규정한 '범죄의 실행의 즉후인 자'라고 함은 범죄의 실행행위를 종료한 직후의 범인이라는 것이 객관적인 제3자의 입장에서 볼 때 명백한 경우를 일컫는 것이고, '범죄의 실행행위를 종료한 직후'라고 함은 범죄행위를 실행하여 끝마친 순간 또는 이에 아주 접착된 시간적 단계를 의미하는 것으로 해석된다.

② 다액 100만 원 이하의 벌금, 구류 또는 과료에 해당하는 죄의 현행범인에 대하여는 범인의 주거가 분명하지 아니한 때에 한하여 현행범인으로 체포할 수 있다.

③ 검사 또는 사법경찰관리가 아닌 자에 의하여 현행범인이 체포된 후 불필요한 지체 없이 검사 또는 사법경찰관리에게 인도된 경우라면 구속영장 청구기간인 48시간의 기산점은 체포시가 아니라 검사 등이 현행범인을 인도받은 때라고 할 것이다.

④ 현행범인은 누구든지 영장 없이 체포할 수 있으며, 현행범을 체포하는 자는 일반 사인이라 하더라도 영장 없이 타인의 주거에 들어갈 수 있다.

13

구속기간에 관한 설명 중 가장 적절하지 <u>않은</u> 것은?

① 기피신청으로 소송진행이 정지된 기간은 구속기간에 산입하지 아니한다.

② 공소장 변경으로 피고인의 불이익이 증가할 염려가 있다고 인정되어 공판절차가 정지된 기간은 구속기간에 산입하지 아니한다.

③ 구속기간의 말일이 공휴일 또는 토요일이면 구속기간에 산입하지 아니한다.

④ 구속 전 피의자심문을 위하여 법원이 구속영장청구서·수사 관계 서류 및 증거물을 접수한 날부터 구속영장을 발부하여 검찰청에 반환한 날까지의 기간은 구속기간에 산입하지 아니한다.

14

변호인의 조력을 받을 권리에 관한 설명 중 가장 적절하지 <u>않은</u> 것은? (다툼이 있는 경우 판례에 의함)

① 변호인의 조력을 받을 권리는 불구속 피의자·피고인 모두에게 포괄적으로 인정되는 권리이므로 신체 구속상태에 있지 아니한 자도 변호인의 조력을 받을 권리의 주체가 될 수 있다.

② 변호인이 되려는 의사를 표시한 자가 객관적으로 변호인이 될 가능성이 있다고 인정되는데도, 형사소송법 제34조에서 정한 '변호인 또는 변호인이 되려는 자'가 아니라고 보아 신체구속을 당한 피고인 또는 피의자와 접견하지 못하도록 제한하여서는 아니 된다.

③ 구치소장이 형의 집행 및 수용자의 처우에 관한 법률 및 그 시행규칙의 규정에 따라 변호인 접견실에 영상녹화, 음성수신, 확대기능 등이 없는 CCTV를 설치하여 미결수용자와 변호인 간의 접견을 관찰하였다 하더라도 이를 통해 대화내용을 알게 되는 것이 불가능하였다면 변호인의 조력을 받을 권리를 침해한 것이라고 할 수 없다.

④ 교도관이 변호인 접견이 종료된 뒤 변호인과 미결수용자가 지켜보는 가운데 미결수용자와 변호인 간에 주고받는 서류를 확인하여 그 제목을 소송관계처리부에 기재하여 등재한 행위는 이를 통해 내용에 대한 검열이 이루어질 수 없었다 하더라도 침해의 최소성 요건을 갖추지 못하였으므로 변호인의 조력을 받을 권리를 침해한다.

15

체포·구속적부심사에 관한 설명 중 가장 적절한 것은? (다툼이 있는 경우 판례에 의함)

① 법원 또는 합의부원, 검사, 변호인, 청구인이 구속된 피의자를 심문하고 그에 대한 피의자의 진술 등을 기재한 구속적부심문 조서는 특히 신용할 만한 정황에 의하여 작성된 문서라고 할 것이므로 특별한 사정이 없는 한, 피고인이 증거로 함에 부동의하더라도 형사소송법 제315조 제3호에 의하여 당연히 그 증거능력이 인정된다.

② 체포의 적부심사는 구속의 적부심사와 달리 국선변호인에 관한 규정이 준용되지 않으므로 체포된 피의자가 심신장애의 의심이 있는 경우에도 법원은 원칙적으로 국선변호인을 선정하지 않고 심사를 진행할 수 있다.

③ 형사소송법 제214조의2 제4항의 규정에 의한 체포·구속적부심사결정에 의하여 석방된 피의자는 법원의 출석요구를 받고 정당한 이유 없이 출석하지 아니하거나 주거의 제한 기타 법원이 정한 조건을 위반한 경우를 제외하고는 동일한 범죄사실에 관하여 재차 체포 또는 구속하지 못한다.

④ 법원은 체포된 피의자에 대하여 피의자의 출석을 보증할 만한 보증금의 납입을 조건으로 하여 결정으로 석방을 명할 수 있다.

16

구속의 집행정지 또는 구속의 실효에 관한 설명 중 가장 적절하지 <u>않은</u> 것은? (다툼이 있는 경우 판례에 의함)

① 헌법 제44조에 의하여 구속된 국회의원에 대한 석방요구가 있으면 당연히 구속영장의 집행이 정지된다.

② 피고인 또는 그 변호인은 구속집행정지를 청구할 권리가 있다. 청구를 받은 법원은 48시간 이내에 구속된 피고인을 심문하여야 하고, 그 청구가 이유 있다고 인정한 때에는 결정으로 구속의 집행정지를 명하여야 한다.

③ 무죄, 면소, 형의 면제, 형의 선고유예, 형의 집행유예, 공소기각 또는 벌금이나 과료를 과하는 판결이 선고된 때에는 구속영장은 판결 선고와 동시에 바로 효력을 잃는다.

④ 구속의 사유가 없거나 소멸된 때에는 법원은 직권 또는 검사, 피고인, 변호인과 변호인선임권자의 청구에 의하여 결정으로 구속을 취소하여야 한다.

17

전자정보의 압수·수색에 관한 설명 중 가장 적절한 것은? (다툼이 있는 경우 판례에 의함)

① 수사기관이 키워드 또는 확장자 검색 등을 통해 범죄 혐의사실과 관련 있는 정보를 선별한 다음 정보저장매체와 동일하게 비트열방식으로 복제하여 생성한 파일을 제출받아 압수하였다면 아직 압수의 목적물에 대한 압수·수색 절차는 종료된 것이 아니므로, 수사관서에서 압수된 이미지 파일을 탐색·복제·출력하는 과정에 피의자 등에게 참여 기회를 보장하여야 한다.

② 저장매체 자체를 직접 또는 하드카피나 이미징 등 형태로 수사기관 사무실 등 외부로 반출하여 해당 파일을 압수·수색할 수 있도록 영장에 기재되어 있지 않더라도 집행현장의 사정상 선별적 방식에 의한 집행이 불가능하거나 현저히 곤란한 부득이한 사정이 있는 때에는 저장매체 자체를 수사관서로 반출할 수 있다.

③ 압수물 목록은 피압수자 등이 압수처분에 대한 준항고를 하는 등 권리행사절차를 밟는 가장 기초적인 자료가 되므로 압수된 정보의 상세목록에는 정보의 파일 명세가 특정되어 있어야 하고 수사기관은 이를 서면으로 교부하여야 하며, 전자파일 형태로 복사해 주거나 이메일을 전송하는 등의 방식으로는 교부할 수 없다.

④ 증거로 제출된 전자문서 파일의 원본 동일성은 증거능력의 요건에 해당하므로 검사가 그 존재에 대하여 구체적으로 주장·증명해야 한다.

18

압수·수색에 관한 설명 중 가장 적절하지 <u>않은</u> 것은? (다툼이 있는 경우 판례에 의함)

① 검사가 공소제기 후 형사소송법 제215조에 따라 수소법원 이외의 지방법원 판사에게 청구하여 발부받은 영장에 의하여 압수·수색을 하였다면, 그와 같이 수집된 증거는 기본적 인권보장을 위해 마련된 적법한 절차에 따르지 않은 것으로서 원칙적으로 유죄의 증거로 삼을 수 없다.

② 수사기관이 압수·수색에 착수하면서 그 장소의 관리책임자에게 영장을 제시하였더라도, 물건을 소지하고 있는 다른 사람으로부터 이를 압수하고자 하는 때에는 그 사람에게 따로 영장을 제시하여야 한다.

③ 법관의 서명날인란에 서명만 있고 날인이 없는 압수·수색영장이라 하더라도 야간집행을 허가하는 판사의 수기와 날인, 영장 앞면과 별지 사이에 판사의 간인이 있어 법관의 진정한 의사에 따라 발부되었다는 점이 외관상 분명한 경우라면 그 영장은 적법하게 발부된 것으로 볼 수 있다.

④ 검사, 사법경찰관은 피의자 기타인의 유류한 물건이나 소유자, 소지자 또는 보관자가 임의로 제출한 물건을 영장없이 압수할 수 있다.

19

통신제한조치에 관한 설명 중 가장 적절하지 <u>않은</u> 것은? (다툼이 있는 경우 판례에 의함)

① 무전기와 같은 무선전화기를 이용한 통화는 통신비밀보호법상 '타인간의 대화'에 포함되므로 '전기통신'에는 해당하지 않는다.

② 이미 수신이 완료된 전기통신에 관하여 남아 있는 기록이나 내용을 열어보는 등의 행위는 전기통신의 감청에 해당하지 않는다.

③ 피고인이 범행 후 피해자에게 전화를 걸어오자 피해자가 증거를 수집하려고 그 전화내용을 녹음한 경우 그것이 피고인 모르게 녹음된 것이라 하여 이를 위법하게 수집된 증거라고 할 수 없다.

④ 제3자가 당사자 일방의 동의를 받고 통화내용을 녹음한 경우 통화 상대방의 동의가 없었다면 통신비밀보호법 위반에 해당한다.

20

수사상의 증거보전절차에 관한 설명 중 가장 적절하지 않은 것은?

① 피고인, 피의자 또는 변호인 뿐만 아니라 검사도 미리 증거를 보전하지 아니하면 그 증거를 사용하기 곤란한 사정이 있는 때에는 형사소송법 제184조에 따라 제1회 공판기일 전이라도 판사에게 압수, 수색, 검증, 증인신문 또는 감정을 청구할 수 있다. 이때 청구를 받은 판사는 그 처분에 관하여 법원 또는 재판장과 동일한 권한이 있다.

② 범죄의 수사에 없어서는 아니 될 사실을 안다고 명백히 인정되는 자가 형사소송법 제221조에 의한 출석 또는 진술을 거부한 경우에는 검사는 제1회 공판기일 전에 한하여 판사에게 그에 대한 증인신문을 청구할 수 있다.

③ 판사는 형사소송법 제221조의2에 의한 검사의 증인신문 청구에 따라 증인신문기일을 정한 때에는 피고인·피의자 또는 변호인에게 이를 통지하여 증인신문에 참여할 수 있도록 하여야 하며, 증인신문을 한 후에는 이에 관한 서류를 판사 소속 법원에 보관하여야 한다.

④ 증거보전 또는 증인신문을 청구하는 자는 그 사유를 서면으로 소명하여야 한다.

21

수사의 종결에 관한 설명 중 가장 적절하지 않은 것은? (다툼이 있는 경우 판례에 의함)　**문제 변형**

① 검사가 고소 또는 고발에 의하여 범죄를 수사할 때에는 고소 또는 고발을 수리한 날로부터 3월 이내에 수사를 완료하여 공소제기 여부를 결정하여야 한다.

② 검사가 불기소결정을 한 후에도 공소시효가 완성되기 전이면 언제라도 공소를 제기할 수 있으나, 세무공무원 등의 고발이 있어야 공소를 제기할 수 있는 조세범처벌법위반죄에 관하여 종전 세무공무원 등의 고발에 대한 불기소처분이 있었던 경우는 세무공무원 등의 새로운 고발이 있어야 공소를 제기할 수 있다.

③ 고소장의 기재만으로는 고소 사실이 불분명함에도 고소장 제출 후 고소인이 출석요구에 불응하거나 소재불명이 되어 고소 사실에 대한 진술을 청취할 수 없는 경우는 불기소결정 중 각하 사유에 해당한다.

④ 반의사불벌죄의 경우 처벌을 희망하지 아니하는 의사표시가 있거나 처벌을 희망하는 의사표시가 철회된 경우는 불기소결정 중 공소권 없음 사유에 해당한다.

22

불기소결정에 대한 불복에 관한 설명 중 가장 적절하지 <u>않은</u> 것은? (다툼이 있는 경우 판례에 의함)

① 검사의 불기소처분에 불복하는 고소인이나 고발인은 그 검사가 속한 지방검찰청 또는 지청을 거쳐 서면으로 관할 고등검찰청 검사장에게 항고할 수 있다.

② 고소권자로서 고소를 한 자는 검사로부터 공소를 제기하지 아니한다는 통지를 받은 때에는 그 검사 소속의 지방검찰청 소재지를 관할하는 고등법원에 그 당부에 관한 재정을 신청할 수 있으나, 검찰항고 전치주의가 적용되어 반드시 검찰항고를 먼저 거쳐야 한다.

③ 재정신청은 법원의 결정이 있을 때까지 취소할 수 있으나 취소한 자는 다시 재정신청을 할 수 없다.

④ 대통령에게 제출한 청원서를 대통령비서실로부터 이관받은 검사가 진정사건으로 내사 후 내사종결 처리한 경우 위 내사종결 처리는 고소 또는 고발사건에 대한 불기소처분이라고 볼 수 없어 재정 신청의 대상이 되지 아니한다.

23

공소시효에 관한 설명 중 가장 적절하지 <u>않은</u> 것은? (다툼이 있는 경우 판례에 의함)

① 공소시효는 범죄행위의 종료한 때로부터 진행하고, 공범에는 최종행위의 종료한 때로부터 전공범에 대한 시효기간을 기산한다.

② 형사소송법 제253조 제2항에서 말하는 공소시효 정지의 효력이 미치는 '공범'에는 뇌물공여죄와 뇌물수수죄 사이와 같은 대향범 관계에 있는 자는 포함되지 않는다.

③ 공범의 1인으로 기소된 피고인이 범죄의 증명이 없다는 이유로 무죄의 확정판결을 선고받은 경우에는 그를 공범이라고 할 수 없어 그에 대하여 제기된 공소로써는 진범에 대한 공소시효정지의 효력이 없다.

④ 1개의 행위가 변호사법위반죄와 사기죄에 해당하여 상상적 경합의 관계에 있는 경우 과형상 일죄로 처벌하므로 변호사법위반죄의 공소시효가 완성된 경우 사기죄 역시 공소시효가 완성된다.

24

변호인에 관한 설명 중 가장 적절하지 <u>않은</u> 것은? (다툼이 있는 경우 판례에 의함)

① 피고인 또는 피의자는 변호인을 선임할 수 있고 피고인 또는 피의자의 법정대리인, 배우자, 직계친족과 형제자매는 독립하여 변호인을 선임할 수 있다.

② 어느 피고인에 대한 유리한 변론이 다른 피고인에게는 불리한 결과를 초래하는 경우 공동피고인들 사이에 이해가 상반되므로 법원이 공동피고인들 중 어느 피고인이 선임한 법무법인의 담당 변호사를 다른 피고인을 위한 국선변호인으로 선정하는 것은 국선변호인의 조력을 받을 다른 피고인의 권리를 침해하는 것이다.

③ 피의자신문에 참여한 변호인은 신문 후 의견을 진술할 수 있고 신문 중이라도 부당한 신문방법에 대한 이의제기나 검사 또는 사법경찰관의 승인을 얻은 경우는 의견을 진술할 수 있다.

④ 필요적 변호사건에서 변호인 없이 개정하여 심리를 진행하고 판결한 것은 소송절차의 법령위반에 해당하므로 피고인이 무죄판결을 받은 경우라 하더라도 그와 같은 법령위반은 무죄판결에 영향을 미친다.

25

공판절차에 관한 설명 중 가장 적절하지 <u>않은</u> 것은? (다툼이 있는 경우 판례에 의함)

① 형사소송법은 피고인이 공판기일에 출석하지 아니한 때에는 특별한 규정이 없으면 개정하지 못한다고 규정하여, 원칙적으로 피고인의 출석은 공판의 개정요건이다.

② 재판장은 피고인에게 진술하지 아니하거나 개개의 질문에 대하여 진술을 거부할 수 있음을 고지하여야 한다.

③ 검사 또는 변호인은 피고인을 신문할 수 있으나, 재판장은 소송지휘권만을 가질 뿐 직접 피고인을 신문할 수 없다.

④ 법원은 검사, 피고인 또는 변호인이 신청한 증거를 조사하고, 직권으로 결정한 증거도 조사할 수 있다.

26

증인에 관한 설명 중 가장 적절하지 <u>않은</u> 것은? (다툼이 있는 경우 판례에 의함)

① 법원은 법률에 다른 규정이 없으면 누구든지 증인으로 신문할 수 있으므로, 당해 사건 피고인에 대한 피의자신문조서를 작성했던 경찰관도 원칙적으로 증인적격이 있다.

② 공범인 공동피고인은 당해 소송절차에서는 피고인의 지위에 있으므로 소송절차가 분리되더라도 다른 공동피고인에 대한 공소사실에 관하여 증인이 될 수 없다.

③ 법원은 소환장을 송달받은 증인이 정당한 사유 없이 출석하지 아니한 때에는 500만 원 이하의 과태료를 부과할 수 있다.

④ 자신에 대한 유죄판결이 확정된 증인이 공범에 대한 피고사건에서 증언할 당시 앞으로 재심을 청구할 예정이라고 하여도, 이를 이유로 증인에게 형사소송법 제148조에 의한 증언거부권이 인정되지는 않는다.

27

증명에 관한 설명 중 가장 적절하지 <u>않은</u> 것은? (다툼이 있는 경우 판례에 의함)

① 사실의 인정은 증거에 의하여야 하고 범죄사실의 인정은 합리적인 의심이 없는 정도의 증명에 이르러야 한다.

② 횡령한 재물의 가액이 특정경제범죄 가중처벌 등에 관한 법률의 적용 기준이 되는 하한 금액을 초과한다는 점은 엄격한 증거에 의하여 증명되어야 한다.

③ 공모공동정범에 있어서 공모나 모의는 범죄될 사실이라 할 것이므로 이를 인정하기 위하여는 엄격한 증명에 의하여야 한다.

④ 범죄사실의 증명은 논리와 경험칙에 합치되는 한 간접증거로도 할 수 있으나, 살인죄와 같이 법정형이 무거운 범죄의 경우에는 직접증거가 있어야만 범죄사실을 증명할 수 있다.

28

조서에 관한 아래 ㉠부터 ㉢까지의 설명 중 옳고 그름의 표시(○, ×)가 바르게 된 것은? (다툼이 있는 경우 판례에 의함)

㉠ 당해 피고인과 공범 관계에 있는 다른 피의자에 대한 사법경찰관 작성 피의자신문조서는 그 공범인 공동피고인의 법정 진술에 의하여 성립의 진정이 인정되는 등 형사소송법 제312조 제4항의 요건을 갖추었다면 당해 피고인이 공판기일에서 그 조서의 내용을 부인하더라도 증거능력이 인정된다.

㉡ 검사가 피의자나 피의자 아닌 자의 진술을 기재한 조서는 전체로서 완결성을 갖는 것이므로 원진술자는 조서 전체의 실질적 진정성립을 인정하거나 부인할 수는 있어도 조서 중 일부에 관하여만 실질적 진정성립을 인정할 수는 없다.

㉢ 당해 피고인과 공범관계가 있는 다른 피의자에 대한 검사 이외의 수사기관 작성 피의자신문조서는 당해 피고인이 조서의 내용을 부인하면 형사소송법 제314조의 요건을 모두 갖춘 경우라도 증거능력이 인정되지 아니한다.

㉣ 형사소송법 제312조 제3항에서 '그 내용을 인정할 때'라 함은 피의자신문조서의 기재 내용이 진술 내용대로 기재되어 있다는 의미이다.

① ㉠ (×) ㉡ (×) ㉢ (○) ㉣ (×)

② ㉠ (×) ㉡ (○) ㉢ (×) ㉣ (×)

③ ㉠ (×) ㉡ (×) ㉢ (○) ㉣ (○)

④ ㉠ (○) ㉡ (×) ㉢ (×) ㉣ (○)

29

전문증거에 관한 설명 중 가장 적절하지 않은 것은? (다툼이 있는 경우 판례에 의함)

① 조서말미에 피고인의 서명만이 있고, 그 날인(무인 포함)이나 간인이 없는 검사 작성의 피고인에 대한 피의자신문조서는 피고인이 법정에서 그 피의자신문조서의 임의성을 인정하였다고 하여도 증거능력이 없다.

② 사법경찰리 작성의 피해자에 대한 진술조서가 피해자의 화상으로 인한 서명불능이라는 이유로 입회하고 있던 동생에게 대신 읽어주고 그 동생으로 하여금 서명날인하게 한 서류인 경우, 그 진술조서는 형식적 요건을 결여한 서류로서 증거로 사용할 수 없다.

③ 정보통신망을 통하여 공포심이나 불안감을 유발하는 글을 반복적으로 상대방에게 도달하게 하는 행위를 하였다는 공소사실에 대하여 휴대전화기에 저장된 피고인이 보낸 문자정보는 피고인의 진술을 갈음하는 대체물로 형사소송법 제310조의2가 적용되는 전문증거에 해당한다.

④ 재전문진술이나 재전문진술을 기재한 조서는 형사소송법상 그 증거능력을 인정하는 규정을 두고 있지 아니하므로, 피고인이 증거로 하는 데 동의하지 아니하는 한 형사소송법 제310조의2의 규정에 의하여 이를 증거로 할 수 없다.

30

증거능력에 관한 설명 중 가장 적절한 것은? (다툼이 있는 경우 판례에 의함)

① 강도 현행범으로 체포된 피고인에게 진술거부권을 고지하지 아니한 채 강도범행에 대한 자백을 받았다면 그 이후 진술거부권을 고지받고 40여 일이 지난 후 공개된 법정에서 변호인의 조력을 받으며 임의로 이루어진 피고인의 자백이라도 위법한 자백에 기초하여 획득한 2차적 증거이므로 증거로 사용할 수 없다.

② 검사가 조사과정에서 피의자의 진술을 진술조서의 형식으로 작성한 경우 이는 피의자신문조서와 다르므로 피의자에게 진술거부권을 고지할 필요는 없고, 고지하지 않고 작성된 위 진술조서라도 증거능력이 있다.

③ 사법경찰관이 피의자신문조서를 작성하면서 피의자에게 진술거부권 등을 고지하고 행사여부를 질문하였다 하더라도 형사소송법 제244조의3 제2항에 규정된 방식인 자필 또는 사법경찰관이 피의자 답변을 작성한 부분에 피의자의 기명날인 또는 서명의 형식으로 답변이 기재되어 있지 아니하다면 그 피의자신문조서는 증거능력이 인정되지 않는다.

④ 수사기관이 구속 수감되어 있던 자에게 그의 압수된 휴대전화를 제공하여 피고인과 통화하게 하고 범행에 관한 통화 내용을 녹음하게 하였더라도 그 녹음 자체는 수사기관이 아닌 사인이 수집한 증거에 해당하므로 피고인이 증거로 함에 동의한 이상 증거능력이 인정된다.

31

증거동의에 관한 설명 중 가장 적절한 것은? (다툼이 있는 경우 판례에 의함)

① 수사기관이 긴급체포 시 압수한 물건에 관하여 형사소송법 제217조 제2항, 제3항의 규정에 의한 압수수색영장을 발부받지 않고 즉시 반환도 하지 않은 경우라도 피고인이나 변호인이 이를 증거로 함에 동의하였다면 위법성이 치유되므로 유죄의 증거로 사용할 수 있다.

② 공판기일에서 피고인에게 유리한 증언을 한 증인을 검사가 소환한 후 그 증언 내용을 추궁하여 이를 일방적으로 번복시키는 방식으로 작성한 조서는 공판중심주의를 형해화하는 것이므로 증거동의의 대상이 될 수 없다.

③ 피고인이나 그 변호인이 검사 작성의 당해 피고인에 대한 피의자 신문조서의 성립의 진정함을 인정하는 진술을 하였다 하더라도, 그 피의자신문조서에 대하여 증거조사가 완료되기 전에는 최초의 진술을 번복함으로써 그 피의자신문조서를 유죄인정의 자료로 사용할 수 없도록 할 수 있다.

④ 약식명령에 불복하여 정식재판을 청구한 피고인이 정식재판절차에서 2회 불출석하여 법원이 피고인의 출정 없이 증거조사를 하는 경우라도 피고인의 명시적인 동의 의사가 없는 이상 증거동의가 간주될 수 없다.

32

전문진술에 관한 설명 중 가장 적절하지 <u>않은</u> 것은? (다툼이 있는 경우 판례에 의함)

① 피고인을 피의자로 조사하였던 자는 공판기일에서 피고인의 진술을 그 내용으로 하는 진술을 할 수 있고 피고인의 원진술이 특히 신빙할 수 있는 상태하에서 행하여졌음이 증명된 경우에는 증거능력이 있다.

② 피고인 아닌 자의 공판기일에서의 진술이 피고인의 진술을 그 내용으로 하는 것인 때에는 형사소송법 제316조 제1항이 적용되므로, 피고인 아닌 자의 공판기일에서의 진술이 공동피고인의 진술을 그 내용으로 하는 것인 때에도 공동피고인 역시 피고인의 지위인 이상 형사소송법 제316조 제1항이 적용된다.

③ 형사소송법 제316조 제2항의 피고인 아닌 자에는 공소제기 전에 피고인 아닌 타인을 조사하였던 자도 포함되지만 원진술자가 법정에 출석하여 수사기관에서의 진술을 부인하는 이상 원진술자의 진술을 내용으로 하는 조사자의 증언은 증거능력이 없다.

④ 전문의 진술을 증거로 함에 있어서는 전문진술자가 원진술자로부터 진술을 들을 당시 원진술자가 증언능력에 준하는 능력을 갖춘 상태에 있어야 한다.

33

자백의 보강증거에 관한 설명 중 가장 적절하지 <u>않은</u> 것은? (다툼이 있는 경우 판례에 의함)

① 공동피고인의 자백은 원칙적으로 피고인의 자백에 대한 보강증거가 될 수 있으나 피고인들 간에 이해관계가 상반되는 경우에는 그 진실성을 담보할 수 없으므로 공동피고인의 자백이 피고인의 자백에 대한 보강증거가 될 수 없다.

② 뇌물공여의 상대방이 뇌물을 수수한 사실을 부인하면서도 그 일시경에 뇌물공여자를 만났던 사실 및 공무에 관한 청탁을 받기도 한 사실 자체는 시인하였다면, 이는 뇌물을 공여하였다는 뇌물공여자의 자백에 대한 보강증거가 될 수 있다.

③ 피고인의 자백을 내용으로 하는 피고인 아닌 자의 진술은 피고인의 자백에 대한 보강증거가 될 수 없다.

④ 전과에 관한 사실은 엄격한 의미에서의 범죄사실과는 구별되는 것으로서 피고인의 자백만으로서도 이를 인정할 수 있다.

34

증거신청 및 증거조사에 관한 설명 중 가장 적절하지 <u>않은</u> 것은? (다툼이 있는 경우 판례에 의함)

① 피고인 또는 변호인이 증거를 신청하였다 하더라도 그 채택여부는 법원의 재량으로서 법원은 불필요하다고 인정한 때에는 피고인이나 변호인이 신청한 증거를 조사하지 아니할 수 있다.

② 증거신청에 대한 법원의 증거결정에 관하여 이의신청을 하는 경우 그 이의신청은 증거결정에 법령의 위반이 있거나 상당하지 아니함 등을 사유로 하여 자유롭게 할 수 있다.

③ 증거신청에 따라 증거서류를 조사하는 때에는 원칙적으로 신청인이 이를 낭독하는 방법으로 하고 재판장이 필요하다고 인정하는 때에는 내용을 고지하는 방법으로 할 수 있다.

④ 증거신청에 따라 증거물을 조사하는 때에는 원칙적으로 신청인이 증거물을 제시하는 방법으로 한다.

35

공소기각 판결에 관한 설명 중 가장 적절하지 <u>않은</u> 것은? (다툼이 있는 경우 판례에 의함)

① 소년법 제32조의 보호처분을 받은 사건과 동일한 사건에 대하여 다시 공소제기가 되었다면 이는 공소제기 절차가 법률의 규정에 위반하여 무효인 때에 해당한다.

② 피해자의 명시한 의사에 반하여 죄를 논할 수 없는 사건에 대하여 처벌을 희망하지 아니하는 의사표시가 있거나 처벌을 희망하는 의사표시가 철회되었을 때는 공소기각 판결 사유에 해당한다.

③ 사기죄에서 피고인의 딸과 피해자의 아들이 혼인관계에 있음에도 고소권자의 적법한 고소가 없다면 이는 공소기각 판결 사유에 해당한다.

④ 공소가 제기된 사건에 대하여 다시 공소가 제기되었을 때는 공소기각 판결 사유에 해당한다.

36

재판확정의 효력에 관한 설명 중 가장 적절하지 <u>않은</u> 것은? (다툼이 있는 경우 판례에 의함)

① 상습범의 범죄사실들 사이에 동일한 습벽에 의한 상습범의 확정판결이 있는 경우, 확정판결 전후의 범행은 일죄성이 분단되므로 검사는 공소장 변경 절차에 의하여 확정판결 후의 범죄사실을 공소사실로 추가할 수 없고 별개의 독립된 범죄로 공소를 제기하여야 한다.

② 포괄일죄는 그 중간에 별종의 범죄에 대한 확정판결이 끼어 있어도 그 때문에 포괄적 범죄가 둘로 나뉘는 것은 아니다.

③ 피고인이 항소하였으나 법정기간 내에 항소이유서를 제출하지 아니하여 결정으로 항소가 기각된 경우에 판결의 확정력이 미치는 시간적 한계는 항소기각 결정시이다.

④ 상습범으로서 포괄적 일죄의 관계에 있는 여러 개의 범죄사실 중 일부에 대하여 유죄판결이 확정된 경우라면 상습범이 아닌 기본 구성요건의 범죄로 처단되는 데 그쳤더라도 그 확정판결의 기판력이 사실심판결 선고 전의 나머지 범죄에 미친다.

37

상소제기에 관한 설명 중 가장 적절하지 <u>않은</u> 것은? (다툼이 있는 경우 판례에 의함)

① 상소의 제기기간은 판결등본이 송달된 날부터 진행되며 항소와 상고의 제기기간은 7일이다.

② 교도소 또는 구치소에 있는 피고인이 상소의 제기기간 내에 상소장을 교도소장 또는 구치소장 또는 그 직무를 대리하는 자에게 제출한 때에는 상소의 제기기간 내에 상소한 것으로 간주한다.

③ 상소의 제기기간은 기간계산의 일반원칙에 따라 초일을 산입하지 아니하고, 기간의 말일이 공휴일 또는 토요일에 해당하는 날은 기간에 산입하지 아니한다.

④ 피고인의 배우자, 직계친족, 형제자매 또는 원심의 대리인이나 변호인은 피고인을 위하여 상소할 수 있으나 피고인의 명시한 의사에 반하여 하지 못한다.

38

불이익변경금지에 관한 설명 중 가장 적절하지 <u>않은</u> 것은? (다툼이 있는 경우 판례에 의함)

① 판결을 선고한 법원에서 당해 판결서의 명백한 오류를 판결서의 경정을 통하여 시정하는 것은 피고인에게 불리한 결과를 발생시키거나 상소권 행사에 영향을 미치는 것이 아니므로 불이익변경금지 원칙이 적용되지 아니한다.

② 검사만이 양형부당을 이유로 항소한 경우, 항소법원이 직권으로 심판하여 제1심의 양형보다 가벼운 형을 선고하는 것은 항소한 검사에게 불이익한 변경이므로 허용되지 아니한다.

③ 약식명령에 대하여 피고인이 정식재판을 청구한 경우 제1심 법원은 약식명령의 형보다 중한 형을 선고할 수 있다.

④ 재심의 경우에도 불이익변경의 금지가 적용되어 원판결의 형보다 중한 형을 선고하지 못한다.

39

재심에 관한 설명 중 가장 적절하지 <u>않은</u> 것은? (다툼이 있는 경우 판례에 의함)

① 유죄의 확정판결에 대하여 재심개시결정이 확정되어 법원이 그 사건에 대하여 다시 심판을 한 후 재심의 판결을 선고하고 그 재심판결이 확정된 때에는 종전의 확정판결은 당연히 효력을 상실한다.

② 유죄의 선고를 받은 자에 대하여 무죄 또는 면소를, 형의 선고를 받은 자에 대하여 형의 면제 또는 원판결이 인정한 죄보다 경한 죄를 인정할 명백한 증거가 새로 발견된 때는 재심의 이유가 된다.

③ 경합범 관계에 있는 수 개의 범죄사실을 유죄로 인정하여 한 개의 형을 선고한 불가분의 확정판결에서 그 중 일부의 범죄사실에 대하여만 재심청구의 이유가 있는 것으로 인정된 경우라도 재심 법원은 재심사유가 없는 범죄사실에 대하여 다시 심리하여 유죄인정을 파기할 수 있다.

④ 피고인이 재심을 청구한 경우 재심의 대상이 되는 판결확정 전 소송절차에서 제출할 수 있던 증거를 과실로 제출하지 못한 경우에 그 증거는 형사소송법 제420조 제5호의 '증거가 새로 발견된 때'에 해당하지 아니한다.

40

약식절차에 관한 설명 중 가장 적절하지 <u>않은</u> 것은? (다툼이 있는 경우 판례에 의함)

① 지방법원은 그 관할에 속한 사건에 대하여 검사의 청구가 있는 때에는 공판절차 없이 약식명령으로 피고인을 벌금, 과료 또는 몰수에 처할 수 있다.

② 검사는 약식명령을 청구하는 경우에 공소장일본주의상 공소장 등 약식명령 청구에 필요한 서류 외에 법관에게 예단을 생기게 할 수 있는 증거서류 및 증거물을 제출하여서는 아니 된다.

③ 약식명령의 청구가 있는 경우에 그 사건이 약식명령으로 할 수 없거나 약식명령으로 하는 것이 적당하지 아니하다고 인정한 때에는 공판절차에 의하여 심판하여야 한다.

④ 약식명령은 정식재판의 청구기간이 경과하거나 그 청구의 취하 또는 청구기각의 결정이 확정한 때에는 확정판결과 동일한 효력이 있다.

CHAPTER

05 2019 기출문제

✅ 회독 CHECK ☐1 ☐2 ☐3

01

적정절차의 원칙에 대한 설명으로 가장 적절하지 <u>않은</u> 것은? (다툼이 있는 경우 판례에 의함)

① 경찰관이 간호사로부터 진료 목적으로 이미 채혈되어 있던 피고인의 혈액 중 일부를 주취운전 여부에 대한 감정을 목적으로 임의로 제출받아 이를 압수한 경우, 당시 간호사가 혈액의 소지자 겸 보관자인 병원 또는 담당의사를 대리하여 혈액을 경찰관에게 임의로 제출할 수 있는 권한이 없었다고 볼 특별한 사정이 없는 이상, 그 압수절차가 피고인 또는 피고인의 가족의 동의 및 영장 없이 행하여졌다고 하더라도 적법절차를 위반하였다고 볼 수 없다.

② 검사가 법원의 증인으로 채택된 수감자를 그 증언에 이르기까지 거의 매일 검사실로 하루 종일 소환하여 피고인측 변호인이 접근하는 것을 차단하고, 검찰에서의 진술을 번복하는 증언을 하지 않도록 회유·협박하는 한편, 때로는 검사실에서 그에게 편의를 제공하기도 한 행위는 피고인의 공정한 재판을 받을 권리를 침해한다.

③ 헌법 제12조 제1항 후문이 규정하고 있는 적법절차란 법률이 정한 절차 및 그 실체적 내용이 모두 적정하여야 함을 말하는 것이다.

④ 범죄의 피의자로 입건된 사람들로 하여금 경찰공무원이나 검사의 신문을 받으면서 자신의 신원을 밝히지 않고 지문채취에 불응하는 경우 벌금, 과료, 구류의 형사처벌을 받도록 하고 있는 구 경범죄처벌법 제1조 제42호 조항은 적법절차의 원칙에 위배된다.

02

반의사불벌죄에 대한 설명으로 가장 적절하지 <u>않은</u> 것은? (다툼이 있는 경우 판례에 의함)

① 반의사불벌죄에 있어서 피해자의 피고인 또는 피의자에 대한 처벌을 희망하지 않는다는 의사표시 또는 처벌을 희망하는 의사표시의 철회는 형사소송절차에 있어서의 소송능력에 관한 일반원칙에 따라 의사능력이 있는 미성년자인 피해자가 단독으로 이를 할 수 있고, 거기에 법정대리인의 동의가 있어야 한다거나 법정대리인에 의해 대리되어야만 한다고 볼 것은 아니다.

② 반의사불벌죄에 있어서 처벌불원의 의사표시의 부존재는 법원이 직권으로 조사해야 하는 사항이므로 당사자가 항소이유로 주장하지 않았다고 하더라도 원심은 이를 직권으로 조사·판단하여야 한다.

③ 반의사불벌죄의 공범 중 1인에 대한 처벌을 희망하지 않는 의사표시는 다른 공범자에 대하여 효력이 없다.

④ 폭행죄는 피해자의 명시한 의사에 반하여 공소를 제기할 수 없는 반의사불벌죄로서 처벌불원의 의사표시는 의사능력이 있는 피해자가 단독으로 할 수 있는 것이고, 피해자가 사망한 후에는 그 상속인이 피해자를 대신하여 처벌불원의 의사표시를 할 수 있다.

03

고소의 취소에 대한 설명으로 가장 적절한 것은? (다툼이 있는 경우 판례에 의함)

① 항소심이 제1심의 공소기각 판결이 위법함을 이유로 제1심 판결을 파기하고 사건을 제1심으로 다시 환송한 경우, 이미 제1심 판결이 한번 선고되었던 이상 파기환송 후 다시 진행된 제1심 절차에서 고소취소는 허용되지 않는다.

② 항소심에서 공소장변경 또는 법원 직권에 의하여 비친고죄를 친고죄로 인정한 경우, 항소심에서의 고소취소는 친고죄에 대한 고소취소로서의 효력이 없다.

③ 고소는 대리인을 통해서 할 수 있지만, 고소의 취소는 대리가 허용되지 않는다.

④ 검사가 작성한 피해자에 대한 진술조서에 "법대로 처벌하여 주시기 바랍니다."라고 기재되어 있고, "더 할 말이 없나요?"라는 물음에 "젊은 사람들이니 한 번 기회를 주시면 감사하겠습니다."라고 조서에 기재되었다면 처벌의사를 철회한 것으로 볼 수 있다.

04

형사소송법상 피의자신문에 대한 설명으로 가장 적절하지 <u>않은</u> 것은? (다툼이 있는 경우 판례에 의함)

① 피의자의 진술을 영상녹화할 경우에는 미리 영상녹화사실을 알려주어야 하는데, 이 경우 피의자 또는 변호인의 동의를 얻어야 하는 것은 아니다.

② 수사기관이 변호인의 피의자신문 참여를 부당하게 제한하거나 중단시킨 경우에는 준항고를 통해 다툴 수 있다.

③ 검사 또는 사법경찰관은 피의자가 신체적 또는 정신적 장애로 사물을 변별하거나 의사를 결정 · 전달할 능력이 미약한 때에는 직권 또는 피의자 · 법정대리인의 신청에 따라 피의자와 신뢰관계에 있는 자를 동석하게 하여야 한다.

④ 장차 인지의 가능성이 전혀 없는 상태하에서 수사가 행해졌다는 등의 특별한 사정이 없는 한, 인지절차가 이루어지기 전에 수사를 하였다는 이유만으로 그 수사가 위법하다고 할 수 없고 그 수사과정에서 작성된 피의자신문조서나 진술조서 등의 증거능력도 이를 부인할 수 없다.

05

현행범인 및 준현행범인 체포에 대한 설명이다. 아래 ㉠부터 ㉣까지의 설명 중 옳고 그름의 표시(○, ×)가 바르게 된 것은? (다툼이 있는 경우 판례에 의함)

㉠ 음주운전을 종료한 후 40분 이상이 경과한 시점에서 길가에 앉아 있던 운전자를 술냄새가 난다는 점만을 근거로 음주운전의 현행범으로 체포한 경우 적법한 공무집행이다.

㉡ 피고인이 경찰관의 불심검문에 응하여 운전면허증을 교부한 후 경찰관에게 큰 소리로 욕설을 하였는데, 경찰관이 모욕죄의 현행범으로 체포하겠다고 고지한 후 피고인의 오른쪽 어깨를 붙잡자 반항하면서 경찰관에게 상해를 가한 사안에서, 경찰관뿐 아니라 인근 주민도 욕설을 직접 들었다는 점을 근거로 피고인을 현행범으로 체포한 경우 적법한 공무집행이다.

㉢ 교사가 교장실에 들어가 불과 약 5분 동안 식칼을 휘두르며 교장을 협박하는 등의 소란을 피운 후 40여 분 정도가 지나 경찰관들이 출동하여 교장실이 아닌 서무실에서 동행을 거부하는 그 교사를 현행범으로 체포한 경우 적법한 공무집행이다.

㉣ 순찰 중이던 경찰관이 교통사고를 낸 차량이 도주하였다는 무전연락을 받고 주변을 수색하다가 범퍼 등의 파손상태로 보아 사고차량으로 인정되는 차량에서 내리는 사람을 발견하여 준현행범으로 체포한 경우 적법한 공무집행이다.

---

① ㉠ (○)　㉡ (×)　㉢ (○)　㉣ (×)
② ㉠ (×)　㉡ (○)　㉢ (×)　㉣ (×)
③ ㉠ (×)　㉡ (×)　㉢ (○)　㉣ (○)
④ ㉠ (×)　㉡ (×)　㉢ (×)　㉣ (○)

06

구속 전 피의자심문에 대한 설명으로 가장 적절하지 <u>않은</u> 것은?

① 변호인은 구속영장이 청구된 피의자에 대한 심문 시작 전에 피의자와 접견할 수 있고, 피의자는 판사의 심문 도중에도 변호인에게 조력을 구할 수 있다.

② 피의자에 대한 심문절차는 원칙적으로 공개하나 국가의 안전보장 또는 안녕질서를 방해하거나 선량한 풍속을 해할 염려가 있을 때에는 법원의 결정으로 공개하지 아니할 수 있다.

③ 검사와 변호인은 판사의 심문이 끝난 후에 의견을 진술할 수 있다. 다만, 필요한 경우에는 심문 도중에도 판사의 허가를 얻어 의견을 진술할 수 있다.

④ 판사는 구속영장이 청구된 피의자를 심문하는 때에는 공범의 분리심문이나 그 밖에 수사상의 비밀보호를 위하여 필요한 조치를 하여야 하고, 법원 사무관등은 심문의 요지 등을 조서로 작성하여야 한다.

07

접견교통권에 대한 설명으로 가장 적절하지 <u>않은</u> 것은? (다툼이 있는 경우 판례에 의함)

① 임의동행의 형식으로 수사기관에 연행된 피의자 또는 피내사자에게는 변호인 또는 변호인이 되려는 자와의 접견교통권이 인정된다.

② 수사기관이 구금장소를 임의적으로 변경하여 접견교통을 어렵게 한 것은 접견교통권의 행사에 중대한 장애를 초래하는 것이므로 위법하다.

③ 신체구속을 당한 사람이 그 변호인을 자신의 범죄행위에 공범으로 가담시키려고 하였다는 사정만으로도 신체구속을 당한 사람과 그 변호인과의 접견교통권을 금지하는 것은 정당하다.

④ 수사기관의 접견불허처분이 없더라도, 변호인의 접견신청일로부터 상당한 기간이 경과하였거나 접견신청일이 경과하도록 접견이 이루어지지 않는 경우에는 실질적으로 접견불허가처분이 있는 것과 동일시된다.

08

체포 또는 구속에 대한 설명으로 가장 적절하지 <u>않은</u> 것은? (다툼이 있는 경우 판례에 의함)

① 법원이 구속 피고인에 대하여 집행유예의 판결을 선고하는 경우, 구속영장의 효력이 소멸하므로 판결의 확정 전이라도 피고인을 즉시 석방하여야 한다.

② 피의자가 죄를 범하였다고 의심할 만한 상당한 이유가 있고 정당한 이유없이 출석요구에 응하지 아니하거나 아니할 우려가 있는 때라고 하더라도 명백히 체포의 필요가 인정되지 아니하는 경우에는 체포영장의 청구를 받은 판사는 체포영장의 청구를 기각하여야 한다.

③ 피고인에 대하여 범죄사실의 요지, 구속의 이유와 변호인을 선임할 수 있음을 말하고 변명할 기회를 준 후가 아니면 구속할 수 없다. 다만, 피고인이 도망한 경우에는 그러하지 아니하다.

④ 법원의 피고인에 대한 구속기간에는 공소제기 전의 체포·구인·구금 기간도 산입한다.

09

구속에 대한 설명으로 가장 적절하지 <u>않은</u> 것은? (다툼이 있는 경우 판례에 의함)

① 구속적부심에서 법원이 구속된 피의자를 심문하고 그에 대한 피의자의 진술 등을 기재한 구속적부심문조서는 특별한 사정이 없는 한, 피고인이 증거로 함에 부동의한다면 증거능력이 인정되지 않는다.

② 지방법원판사의 영장기각 결정에 대해서는 검사의 준항고가 허용되지 않는다.

③ 검사 또는 사법경찰관에 의하여 구속되었다가 석방된 자는 다른 중요한 증거를 발견한 경우를 제외하고는 동일한 범죄사실에 관하여 재차 구속하지 못하며, 이 경우 1개의 목적을 위하여 동시 또는 수단결과의 관계에서 행하여진 행위는 동일한 범죄사실로 간주한다.

④ 현행범 체포된 피의자에 대하여 구속영장을 청구 받은 판사는 지체 없이 피의자를 심문하여야 하며, 이 경우 특별한 사정이 없는 한 구속영장이 청구된 날의 다음날까지 심문하여야 한다.

10

압수·수색에 대한 설명으로 가장 적절하지 <u>않은</u> 것은? (다툼이 있는 경우 판례에 의함)

① 압수·수색영장의 집행 중에는 타인의 출입을 금지할 수 있고, 이를 위배한 자에게는 퇴거하게 하거나 집행종료시까지 간수자를 붙일 수 있다.

② 압수·수색영장에 압수할 물건을 '압수장소에 보관 중인 물건'이라고 기재한 경우, 이를 '압수장소에 현존하는 물건'이라고 해석할 수 없다.

③ 우편물 통관검사절차에서 이루어지는 우편물의 개봉, 시료채취, 성분분석 등의 검사가 압수·수색영장 없이 진행되었다 하더라도 특별한 사정이 없는 한 위법하다고 볼 수 없다.

④ 기존에 발부받은 압수·수색영장으로 이미 집행을 마쳤더라도 영장의 유효기간이 도과하지 않았다면, 남은 유효기간 내에서는 동일한 영장으로 동일한 장소 또는 목적물에 대하여 다시 압수·수색을 할 수 있다.

11

영장에 의하지 아니한 압수·수색·검증에 대한 설명으로 가장 적절하지 <u>않은</u> 것은? (다툼이 있는 경우 판례에 의함)

① 주취운전이라는 범죄행위로 당해 음주운전자를 구속·체포하지 아니한 경우에도 필요하다면 주취운전 중 또는 주취운전 직후의 현장에 있던 차량열쇠는 형사소송법 제216조 제3항에 의하여 영장 없이 이를 압수할 수 있다.

② 사법경찰관이 형사소송법 제215조 제2항의 규정에 위반하여 영장 없이 물건을 압수한 경우에 추후 피의자로부터 그 압수물에 대한 임의제출동의서를 받았더라도 그 압수는 위법하다.

③ 음란물 유포의 범죄혐의를 이유로 압수·수색영장을 발부받은 사법경찰관이 피의자의 주거지를 수색하다가 대마를 발견하자 피의자를 마약류 관리에 관한 법률 위반죄의 현행범으로 체포하면서 대마를 압수하였다면, 다음날 피의자 석방 후에 사후압수·수색영장을 발부받지 않았더라도 압수는 위법하지 않다.

④ 긴급체포된 자가 소유하고 있는 물건에 대하여 긴급히 압수할 필요가 있는 경우에는 체포한 때부터 24시간 이내에 한하여 영장 없이 압수·수색 또는 검증을 할 수 있다.

12

압수물의 환부 및 가환부에 대한 설명으로 가장 적절하지 <u>않은</u> 것은? (다툼이 있는 경우 판례에 의함)

① 가환부한 장물에 대하여 별단의 선고가 없는 때에는 환부의 선고가 있는 것으로 간주한다.

② 증거에만 공할 목적으로 압수할 물건으로서 그 소유자 또는 소지자가 계속 사용하여야 할 물건은 사진촬영 기타 원형보존의 조치를 취하고 신속히 가환부하여야 한다.

③ 수사기관의 압수물의 환부에 관한 처분의 취소를 구하는 준항고는 소송 계속 중 준항고로써 달성하고자 하는 목적이 이미 이루어졌거나 시일의 경과 또는 그 밖의 사정으로 인하여 그 이익이 상실된 경우에는 부적법하게 된다.

④ 검사는 사본을 확보한 경우 등 압수를 계속할 필요가 없다고 인정되는 압수물 및 증거에 사용할 압수물에 대하여 공소제기전이라도 소유자, 소지자, 보관자 또는 제출인의 청구가 있는 때에는 환부 또는 가환부할 수 있다.

13

증거보전에 대한 설명으로 가장 적절하지 <u>않은</u> 것은? (다툼이 있는 경우 판례에 의함)

① 피고인뿐만 아니라 피의자도 미리 증거를 보전하지 아니하면 그 증거를 사용하기 곤란한 사정이 있는 때에는 제1회 공판기일 전이라도 판사에게 압수, 수색, 검증, 증인신문 또는 감정을 청구할 수 있다.

② 증거보전의 청구를 함에는 구술 또는 서면으로 그 사유를 소명하여야 한다.

③ 검사는 수사단계에서 피고인에 대한 증거를 미리 보전하기 위하여 필요한 경우에는 판사에게 공동피고인을 증인으로 신문할 것을 청구할 수 있다.

④ 형사입건 되기 전의 자는 피의자가 아니므로 증거보전을 청구할 수 없다.

14

재정신청에 대한 설명으로 가장 적절한 것은? (다툼이 있는 경우 판례에 의함)

① 법원은 재정신청 기각결정 또는 재정신청 취소가 있는 경우에는 결정으로 재정신청인에게 신청절차에 의하여 생긴 비용의 전부 또는 일부를 부담하게 하여야 한다.

② 검사가 공소시효 만료일 30일 전까지 공소를 제기하지 아니하는 경우에는 검찰항고를 거치지 않고 공소시효 만료일까지 재정신청서를 제출할 수 있다.

③ 법원이 재정신청서에 재정신청을 이유 있게 하는 사유가 기재되어 있지 않음에도 이를 간과한 채 형사소송법 제262조 제2항 제2호 소정의 공소제기 결정을 한 관계로 그에 따른 공소가 제기되어 본안사건의 절차가 개시된 후에는 다른 특별한 사정이 없는 한 이제 그 본안사건에서 그와 같은 잘못을 다툴 수 없다.

④ 재정신청사건의 관할법원은 불기소처분을 한 검사 소속의 지방 검찰청 소재지를 관할하는 지방법원 합의부이다.

15

공소제기 후 수사에 대한 설명으로 가장 적절하지 <u>않은</u> 것은? (다툼이 있는 경우 판례에 의함)

① 검사 작성의 피고인에 대한 진술조서가 공소제기 후에 작성된 것이라는 이유만으로는 곧 그 증거능력이 없다고 할 수 없다.

② 공소제기된 피고인의 구속상태를 계속 유지할 것인지 여부에 관한 판단은 전적으로 당해 수소법원의 전권에 속한다.

③ 검사 또는 사법경찰관이 피고인에 대한 구속영장을 집행하는 경우에 필요한 때에는 영장 없이 구속현장에서 압수·수색·검증을 할 수 있다.

④ 공소제기 후 증거물의 소유자인 제3자가 임의로 제출하는 피고 사건에 대한 그 증거물을 수사기관이 압수하는 것은 위법하다.

16

공소취소에 대한 설명으로 가장 적절하지 <u>않은</u> 것은?

① 공소취소는 이유를 기재한 서면으로 하여야 하지만, 공판정에서는 구술로도 할 수 있다.

② 공소가 취소된 사건에 대하여는 공소취소 후 그 범죄사실에 대한 다른 중요한 증거를 발견한 경우에 한하여 다시 공소를 제기할 수 있다.

③ 공소취소는 사실심인 항소심 판결 선고 전까지만 가능하다.

④ 공소가 취소된 경우 법원은 공소기각결정을 하여야 한다.

17

형사소송법상 공소시효에 대한 설명이다. 아래 ㉠부터 ㉢까지의 설명 중 옳고 그름의 표시(○, ×)가 바르게 된 것은? (다툼이 있는 경우 판례에 의함)

┌─────────────────────────────────────┐
㉠ 뇌물공여죄를 범한 자에 대한 공소의 제기로 대향범인 뇌물 수수죄를 범한 자에 대한 공소시효는 정지되지 않는다.

㉡ 공무원이 직무에 관하여 금전을 무이자로 차용한 경우에는 그 차용 당시에 금융이익 상당의 뇌물을 수수한 것으로 보아야 하므로 그 공소시효는 금전을 무이자로 차용한 때로부터 기산한다.

㉢ 공소장이 변경된 경우 공소시효의 기간은 변경된 공소사실의 법정형을 기준으로 하고, 완성여부는 당초 공소제기시를 기준으로 하는 것이 아니라 공소장변경시를 기준으로 한다.

㉣ 형사소송법 제253조 제3항의 '범인이 형사처분을 면할 목적으로 국외에 있는 경우'는 범인이 국내에서 범죄를 저지르고 형사처분을 면할 목적으로 국외로 도피한 경우에 한정되고, 범인이 국외에서 범죄를 저지르고 형사처분을 면할 목적으로 국외에서 체류를 계속하는 경우는 포함되지 않는다.
└─────────────────────────────────────┘

① ㉠ (×)　　㉡ (○)　　㉢ (×)　　㉣ (○)

② ㉠ (×)　　㉡ (×)　　㉢ (○)　　㉣ (○)

③ ㉠ (○)　　㉡ (○)　　㉢ (×)　　㉣ (×)

④ ㉠ (○)　　㉡ (×)　　㉢ (○)　　㉣ (×)

18

진술거부권에 대한 설명으로 가장 적절하지 <u>않은</u> 것은? (다툼이 있는 경우 판례에 의함)

① 조사대상자의 진술 내용이 단순히 제3자의 범죄에 관한 경우가 아니라 자신과 제3자에게 공동으로 관련된 범죄에 관한 것이거나 제3자의 피의사실뿐만 아니라 자신의 피의사실에 관한 것이기도 하여 실질이 피의자신문조서의 성격을 가지는 경우라면 수사기관은 진술을 듣기 전에 미리 진술거부권을 고지하여야 한다.

② 진술거부권은 현재 피의자나 피고인으로서 수사 또는 공판절차에 계속중인 자뿐만 아니라 장차 피의자나 피고인이 될 가능성이 있는 자에게도 보장되지만 행정절차나 국회에서의 조사 절차에 있어서는 보장되지 아니한다.

③ 법률이 범법자에게 자기의 범죄사실을 반드시 신고하도록 명시하고 그 미신고를 이유로 처벌하는 벌칙을 규정하는 것은 헌법상 보장된 국민의 기본권인 진술거부권을 침해하는 것이다.

④ 진술거부권의 행사가 피고인에게 보장된 방어권 행사의 범위를 넘어 객관적이고 명백한 증거가 있음에도 진실의 발견을 적극적으로 숨기거나 법원을 오도하려는 시도에 기인한 경우에는 가중적 양형의 조건으로 참작될 수 있다.

19

국선변호인에 대한 설명으로 가장 적절하지 <u>않은</u> 것은? (다툼이 있는 경우 판례에 의함)

① 형사소송법 제33조 제1항 제1호의 '피고인이 구속된 때'라고 함은 피고인이 별건으로 구속되어 있거나 다른 형사사건에서 유죄로 확정되어 수형중인 경우는 이에 해당하지 아니한다.

② 공판절차가 아닌 재심개시결정 전의 절차에서 재심청구인의 국선변호인선임청구를 기각한 것은 적법하다.

③ 피고인이 70세 이상인 때에 변호인이 없으면 법원은 직권으로 국선변호인을 선정하여야 한다.

④ 시각장애인인 피고인의 경우, 법원으로서는 피고인의 연령·지능·교육 정도를 비롯한 시각장애의 정도 등을 확인한 다음 권리보호를 위하여 필요하다고 인정하는 때에는 그 피고인의 명시적 의사에 반하더라도 국선변호인을 선정하여 방어권을 보장해 줄 필요가 있다.

20

소송행위에 대한 설명으로 가장 적절하지 <u>않은</u> 것은? (다툼이 있는 경우 판례에 의함)

① 세무공무원의 고발 없이 조세범칙사건의 공소가 제기된 후에 세무공무원이 고발한 경우에는 그 공소절차의 무효가 치유된다.

② 기피신청을 받은 법관이 본안의 소송절차를 정지해야 함에도 그대로 소송을 진행해서 이루어진 소송행위는 그 후 기피신청에 대한 기각결정이 확정되었더라도 무효이다.

③ 변호인선임신고서를 제출하지 아니한 변호인이 변호인 명의로 정식재판청구서만 제출하고, 형사소송법 제453조 제1항이 정하는 정식재판청구기간 경과 후에 비로소 변호인선임신고서를 제출한 경우, 변호인 명의로 제출한 정식재판청구서는 적법·유효한 정식재판청구로서의 효력이 없다.

④ 친고죄는 피해자의 고소가 있어야 공소를 제기할 수 있고 공소제기 이후 고소의 추완은 허용되지 아니하고, 이는 비친고죄로 기소되었다가 제1심 공판진행 중 친고죄로 공소장이 변경된 경우에도 동일하며, 어느 경우이든 법원은 검사의 공소제기절차가 법률의 규정에 위반하여 무효임을 이유로 공소기각 판결을 선고하여야 한다.

21

공소장변경에 대한 설명으로 가장 적절하지 <u>않은</u> 것은? (다툼이 있는 경우 판례에 의함)

① 검사는 법원의 허가를 얻어 공소장에 기재한 공소사실 또는 적용법조의 추가, 철회 또는 변경을 할 수 있다. 이 경우에 법원은 공소사실의 동일성을 해하지 아니하는 한도에서 허가하여야 한다.

② 검사가 공소장을 변경하고자 하는 때에는 그 취지를 기재한 공소장변경허가신청서를 법원에 제출하여야 하지만, 피고인이 재정하는 공판정에서 피고인에게 이익이 되거나 피고인이 동의 하는 경우 법원은 구술에 의한 공소장변경을 허가할 수 있다.

③ 검사가 구술로 공소장변경허가신청을 하면서 변경하려는 공소사실의 일부만 진술하고 나머지는 전자적 형태의 문서로 저장한 저장매체를 제출한 경우 그 신청의 효력은 전자적 형태의 문서 부분까지 미친다.

④ 검사가 포괄일죄의 일부의 범죄사실에 대하여 공소가 제기된 뒤에 항소심에서 나머지 부분을 추가하여 공소장변경을 신청한 경우 법원은 이를 허가하여야 한다.

22

형사소송법상 공판준비절차에 대한 설명으로 가장 적절하지 <u>않은</u> 것은?

① 공판준비기일에 신청하지 못한 증거라도 공판기일에 법원은 직권으로 증거조사를 할 수 있다.

② 법원은 공판준비기일이 지정된 사건에 관하여 변호인이 없는 때에는 직권으로 변호인을 선정하여야 한다.

③ 법원은 공판준비절차에서 공소사실 또는 적용법조의 추가·철회 또는 변경을 허가할 수 있다.

④ 법원은 쟁점 및 증거의 정리를 위하여 필요한 경우에도 제1회 공판기일 후에는 사건을 공판준비절차에 부칠 수 없다.

23

공판절차에서 피해자진술권에 대한 설명으로 가장 적절하지 <u>않은</u> 것은?

① 형사피해자의 진술권은 헌법과 형사소송법에 명문으로 규정되어 있다.

② 법원은 동일한 범죄사실에 대하여 피해자 진술신청을 한 자가 여러 명인 경우에는 진술할 자의 수를 제한할 수 있다.

③ 법원은 범죄로 인한 피해자를 증인으로 신문하는 경우 당해 피해자·법정대리인 또는 검사의 신청에 따라 피해자의 사생활의 비밀이나 신변보호를 위하여 필요하다고 인정하는 때에는 결정으로 심리를 공개하지 아니할 수 있다.

④ 신청인이 출석통지를 받고도 정당한 이유없이 출석하지 아니한 때에는 기일을 속행하여 다시 소환하여야 한다.

24

간이공판절차에 대한 설명으로 가장 적절하지 <u>않은</u> 것은? (다툼이 있는 경우 판례에 의함)

① 피고인이 공판정에서 공소사실에 대하여 자백한 때에는 법원은 그 공소사실에 한하여 간이공판절차에 의하여 심판할 것을 결정하여야 한다.

② 피고인이 법정에서 "공소사실은 모두 사실과 다름없다."라고 하면서 술에 만취되어 기억이 없다는 취지로 진술한 경우에는 간이공판절차에 의하여 심판할 대상에 해당하지 아니한다.

③ 간이공판절차의 결정의 요건인 공소사실의 자백이라 함은 공소장 기재사실을 인정하고 나아가 위법성이나 책임조각사유가 되는 사실을 진술하지 아니하는 것으로 충분하고 명시적으로 유죄를 자인하는 진술이 있어야 하는 것은 아니다.

④ 간이공판절차의 결정이 취소된 때에는 공판절차를 갱신하여야 한다. 단, 검사, 피고인 또는 변호인이 이의가 없는 때에는 그러하지 아니하다.

25

국민참여재판에 대한 설명으로 가장 적절하지 <u>않은</u> 것은? (다툼이 있는 경우 판례에 의함)

① 헌법과 법률이 정한 법관에 의한 재판을 받을 권리는 직업법관에 의한 재판을 주된 내용으로 하는 것으로, 국민참여재판을 받을 권리는 헌법 제27조 제1항에서 규정한 재판을 받을 권리의 보호범위에 속한다.

② 국민의 형사재판 참여에 관한 법률에 의하면 제1심 법원이 국민참여재판 대상사건을 피고인의 의사에 따라 국민참여재판으로 진행함에 있어 별도의 국민참여재판 개시결정을 할 필요는 없고, 그에 관한 이의가 있어 제1심 법원이 국민참여재판으로 진행하기로 하는 결정에 이른 경우 이는 판결 전의 소송절차에 관한 결정에 해당하며, 그에 대하여 특별히 즉시항고를 허용하는 규정이 없으므로 그 결정에 대하여는 항고할 수 없다.

③ 피고인이 공소장 부본을 송달받은 날부터 7일 이내에 의사확인서를 제출하지 아니한 경우에도 제1회 공판기일이 열리기 전까지는 국민참여재판 신청을 할 수 있고, 법원은 그 의사를 확인하여 국민참여재판으로 진행할 수 있다.

④ 국민의 형사재판 참여에 관한 법률은 제42조 제2항에서 '재판장은 배심원과 예비배심원에 대하여 배심원과 예비배심원의 권한·의무·재판절차, 그밖에 직무수행을 원활히 하는 데 필요한 사항을 설명하여야 한다.'라고 하여 재판장의 공판기일에서의 최초 설명의무를 규정하고 있는데, 원칙적으로 설명의 대상에 검사가 아직 공소장에 의하여 낭독하지 아니한 공소사실 등이 포함된다고 볼 수 없다.

26

위법수집증거배제법칙에 대한 설명으로 가장 적절하지 <u>않은</u> 것은? (다툼이 있는 경우 판례에 의함)

① 형사소송법 제219조가 준용하는 제118조는 '압수·수색영장은 처분을 받는 자에게 반드시 제시하여야 한다.'고 규정하고 있으므로, 피처분자가 현장에 없거나 현장에서 그를 발견할 수 없는 경우 등 영장제시가 현실적으로 불가능한 경우에도 영장을 제시하지 아니한 채 압수·수색을 하였다면 위법하다고 보아야 한다.

② 압수·수색영장의 집행과정에서 폭행 등의 피해를 당한 검사 등이 수사에 관여하였다는 이유만으로 그 검사 등이 작성한 참고인 진술조서 등의 증거능력이 부정될 수 없다.

③ 수사기관으로부터 집행을 위탁받은 통신기관 등이 통신제한조치의 집행에 필요한 설비가 없을 때에는 수사기관에 설비의 제공을 요청하여야 하고, 그러한 요청 없이 통신제한조치허가서에 기재된 사항을 준수하지 아니하고 통신제한조치를 집행하여 취득한 전기통신의 내용 등은 유죄의 증거로 사용할 수 없다.

④ 검찰관이 피고인을 뇌물수수 혐의로 기소한 후, 형사사법공조 절차를 거치지 아니한 채 외국에 현지 출장하여 그곳에서 뇌물공여자를 상대로 참고인 진술조서를 작성한 경우 그 진술조서는 위법수집증거에 해당하지 않는다.

27

증거능력에 대한 설명이다. 아래 ㉠부터 ㉢까지의 설명 중 옳고 그름의 표시(○, ×)가 바르게 된 것은? (다툼이 있는 경우 판례에 의함)

㉠ 디지털 녹음기에 녹음된 내용을 전자적 방법으로 테이프에 전사한 사본인 녹음테이프를 대상으로 법원이 검증절차를 진행하여, 녹음된 내용이 녹취록의 기재와 일치하고 그 음성이 진술자의 음성임을 확인하였다면 그것만으로 녹음테이프의 증거능력을 인정할 수 있다.

㉡ 법정에 출석한 증인이 형사소송법 제148조, 제149조 등에서 정한 바에 따라 정당하게 증언거부권을 행사하여 증언을 거부한 경우는 형사소송법 제314조의 '그 밖에 이에 준하는 사유로 인하여 진술할 수 없는 때'에 해당하지 아니한다.

㉢ 수사기관이 피의자를 신문함에 있어서 피의자에게 미리 진술거부권을 고지하지 않은 때에는 그 피의자의 진술은 위법하게 수집된 증거이나, 진술의 임의성이 인정되는 경우에는 증거능력이 인정된다.

㉣ 검사 작성의 피의자신문조서에 대한 실질적 진정성립을 증명할 수 있는 수단으로서 형사소송법 제312조 제2항에 규정된 '영상녹화물이나 그 밖의 객관적인 방법'이란 조사관 또는 조사 과정에 참여한 통역인 등의 증언도 이에 해당한다.

① ㉠ (○)　㉡ (○)　㉢ (×)　㉣ (×)
② ㉠ (×)　㉡ (×)　㉢ (○)　㉣ (○)
③ ㉠ (×)　㉡ (○)　㉢ (×)　㉣ (×)
④ ㉠ (○)　㉡ (×)　㉢ (○)　㉣ (○)

28

사법경찰관 작성 피의자신문조서의 증거능력에 대한 설명으로 가장 적절하지 <u>않은</u> 것은? (다툼이 있는 경우 판례에 의함)

① 검사 이외의 수사기관이 작성한 피의자신문조서는 적법한 절차와 방식에 따라 작성된 것으로서 공판준비 또는 공판기일에 그 피의자였던 피고인 또는 변호인이 그 내용을 인정할 때에 한하여 증거로 할 수 있다.

② 피고인이 제1심 제4회 공판기일부터 공소사실을 일관되게 부인하여 경찰 작성 피의자신문조서의 진술 내용을 인정하지 않는 경우, 제1심 제4회 공판기일에 피고인이 그 서증의 내용을 인정한 것으로 공판조서에 기재된 것은 착오 기재 등으로 보아 피의자 신문조서의 증거능력을 부정하여야 한다.

③ 미국 연방수사국(FBI) 수사관들에 의한 조사를 받는 과정에서 피고인이 작성하여 수사관들에게 제출한 진술서는 그 성립의 진정이 인정되는 이상 피고인이 그 내용을 부인하더라도 증거 능력이 있다.

④ 피의자가 변호인 참여를 원하는 의사를 표시하였는데도 수사기관이 정당한 사유 없이 변호인을 참여하게 하지 아니한 채 피의자를 신문하여 작성한 피의자신문조서는 증거능력이 없다.

29

형사소송법 제315조에 의하여 당연히 증거능력이 인정되는 것으로 가장 적절하지 <u>않은</u> 것은? (다툼이 있는 경우 판례에 의함)

① 보험사기 사건에서 건강보험심사평가원이 수사기관의 의뢰에 따라 수사기관이 보내온 자료를 토대로 입원진료의 적정성에 대한 의견을 제시하는 내용의 건강보험심사평가원의 입원진료 적정성 여부 등 검토의뢰에 대한 회신

② 일본 세관공무원 작성의 필로폰에 대한 범칙물건 감정서등본과 분석의뢰서 및 분석 회답서등본

③ 다른 피고인에 대한 형사사건의 공판조서 중 일부인 증인신문조서

④ 성매매업소에 고용된 여성들이 성매매를 업으로 하면서 영업에 참고하기 위하여 성매매 상대방의 아이디와 전화번호 및 성매매방법 등을 메모지에 적어두었다가 직접 메모리카드에 입력하거나 업주가 고용한 다른 여직원이 그 내용을 입력한 경우의 메모리 카드 내용

30

탄핵증거에 대한 설명으로 가장 적절하지 <u>않은</u> 것은? (다툼이 있는 경우 판례에 의함)

① 탄핵증거는 진술의 증명력을 감쇄하기 위하여 인정되는 것이고 범죄사실 또는 그 간접사실 인정의 증거로서는 허용되지 않는다.

② 검사가 탄핵증거로 신청한 체포·구속인접견부 사본은 피고인의 부인진술을 탄핵한다는 것이므로 결국 검사에게 입증책임이 있는 공소사실 자체를 입증하기 위한 것에 불과하므로 탄핵증거로 볼 수 없다.

③ 탄핵증거는 엄격한 증거조사를 거쳐야 할 필요가 없지만 법정에서 이에 대한 탄핵증거로서의 증거조사는 필요하다.

④ 탄핵증거의 제출에 있어서도 상대방에게 이에 대한 공격방어의 수단을 강구할 기회를 사전에 부여하여야 하지만, 증명력을 다투고자 하는 증거의 어느 부분에 의하여 진술의 어느 부분을 다투려고 한다는 것인지를 사전에 상대방에게 알려야 할 필요는 없다.

31

자백의 보강증거에 대한 설명으로 가장 적절하지 <u>않은</u> 것은? (다툼이 있는 경우 판례에 의함)

① 자백에 대한 보강증거는 범죄사실의 전부 또는 중요 부분을 인정할 수 있는 정도가 되지 아니하더라도 피고인의 자백이 가공적인 것이 아닌 진실한 것임을 인정할 수 있는 정도만 되면 족할 뿐만 아니라 직접증거가 아닌 간접증거나 정황증거도 보강증거가 될 수 있다.

② 피고인이 범행을 자인하는 것을 들었다는 피고인 아닌 자의 진술내용은 피고인의 자백에 대한 보강증거가 될 수 없다.

③ '피고인이 필로폰을 매수하면서 그 대금을 은행계좌로 송금한 사실'에 대한 압수수색검증영장 집행보고는 필로폰 매수행위와 실체적 경합범 관계에 있는 필로폰 투약행위에 대해서도 보강증거가 될 수 있다.

④ 피고인이 피해자의 재물을 절취하려다가 미수에 그쳤다는 내용의 공소사실을 자백한 경우 피고인을 현행범으로 체포한 피해자의 수사기관에서 한 진술과 현장사진이 첨부된 수사보고서는 피고인 자백의 진실성을 담보하기에 충분한 보강증거가 될 수 있다.

32

무죄판결에 대한 설명으로 가장 적절하지 <u>않은</u> 것은? (다툼이 있는 경우 판례에 의함)

① 피고사건이 범죄로 되지 아니하거나 범죄사실의 증명이 없는 때에는 판결로써 무죄를 선고하여야 한다.

② 헌법재판소의 위헌결정으로 인하여 형벌에 관한 법률 또는 법률조항이 소급하여 그 효력을 상실한 경우에는 당해 법조를 적용하여 기소한 사건은 범죄로 되지 아니하는 때에 해당하므로, 공소사실은 무죄라 할 것이다.

③ 무죄판결이 선고된 때에는 구속영장은 효력을 잃는다.

④ 국가는 무죄판결이 확정된 경우에도 당해 사건의 피고인이었던 자에 대하여 그 재판에 소요된 비용을 보상할 의무는 없다.

33

일사부재리 효력 또는 기판력에 대한 설명으로 가장 적절하지 <u>않은</u> 것은? (다툼이 있는 경우 판례에 의함)

① 범칙행위와 같은 시간과 장소에서 이루어진 행위라 하더라도 범칙행위의 동일성을 벗어난 형사범죄행위에 대하여는 범칙금의 납부에 따라 확정판결에 준하는 일사부재리의 효력이 미치지 아니한다.

② 검사의 불기소처분에는 확정재판에 있어서의 확정력과 같은 효력이 없어 일단 불기소처분을 한 후에도 공소시효가 완성되기 전이면 언제라도 공소를 제기할 수 있다.

③ 포괄일죄의 관계에 있는 범행일부에 관하여 약식명령이 확정되었다면 그 약식명령의 발령시를 기준으로 하여 그 전의 범행에 대하여는 면소의 판결을 해야 한다.

④ 상상적 경합 관계의 경우에 그 중 1죄에 대한 확정판결의 기판력은 다른 죄에 대하여 미치지 아니한다.

34

상소에 대한 설명으로 옳지 <u>않은</u> 것을 모두 고른 것은? (다툼이 있는 경우 판례에 의함)

> ㉠ 변호인은 피고인의 상소권이 소멸된 후에는 상소를 제기할 수 없는 것이고, 상소를 포기한 자는 형사소송법 제354조에 의하여 그 사건에 대하여 다시 상소를 할 수 없다.
>
> ㉡ 법정대리인이 있는 피고인이 상소의 포기 또는 취하를 함에는 법정대리인의 동의를 얻어야 한다. 단, 법정대리인의 사망 기타 사유로 인하여 그 동의를 얻을 수 없는 때에는 예외로 한다.
>
> ㉢ 변호인의 상소취하에 대한 피고인의 동의도 공판정에서 구술로써 할 수 있지만, 상소취하에 대한 피고인의 구술 동의가 명시적으로 이루어질 필요는 없다.
>
> ㉣ 피고인은 사형 또는 무기징역이나 무기금고가 선고된 판결에 대하여도 상소의 포기를 할 수 있다.
>
> ㉤ 검사는 공익의 대표자로서 법령의 정당한 적용을 청구할 임무를 가지므로 이의신청을 기각하는 등 반대 당사자에게 불이익한 재판에 대하여도 그것이 위법일 때에는 위법을 시정하기 위하여 상소로써 불복할 수 있고, 재판의 이유만을 다투기 위하여도 상소할 수 있다.

① ㉠, ㉡, ㉢
② ㉡, ㉢, ㉣
③ ㉢, ㉣, ㉤
④ ㉠, ㉡, ㉤

35

불이익변경금지원칙에 대한 설명으로 가장 적절하지 <u>않은</u> 것은? (다툼이 있는 경우 판례에 의함)

① 추징도 몰수에 대신하는 처분으로서 몰수와 마찬가지로 형에 준하여 평가하여야 할 것이므로 그에 관하여도 형사소송법 제368조의 불이익변경금지의 원칙이 적용된다.

② 법원이 유죄판결을 선고하면서 신상정보 제출의무 등의 고지를 누락한 경우, 상급심 법원에서 신상정보 제출의무 등을 새로 고지하는 것은 형을 피고인에게 불리하게 변경하는 경우에 해당한다.

③ 피고인만의 상고에 의하여 상고심에서 원심판결을 파기하고 사건을 항소심에 환송한 경우에 그 항소심에서는 환송 전 원심판결과의 관계에서도 불이익변경금지의 원칙이 적용되어 그 파기된 항소심 판결보다 중한 형을 선고할 수 없다.

④ 원심이 다른 형은 동일하게 선고하면서 위치추적 전자장치의 부착명령기간만을 제1심판결보다 장기의 기간으로 부과한 것은 부착명령 청구사건에 관하여 제1심판결의 형을 피고인에게 불이익하게 변경한 것이다.

36

재심에 대한 설명으로 가장 적절하지 <u>않은</u> 것은? (다툼이 있는 경우 판례에 의함)

① 유죄 확정판결 및 유죄판결에 대한 항소 또는 상고를 기각한 확정판결에 대하여는 재심을 청구할 수 있으나, 면소판결을 대상으로 한 재심청구는 부적법하다.

② 수사기관이 영장주의를 배제하는 위헌적 법령에 따라 영장 없는 체포·구금을 한 경우에도 불법체포·감금의 직무범죄가 인정되는 경우에 준하는 것으로 보아 형사소송법 제420조 제7호의 재심사유가 있다고 보아야 한다.

③ 제1심확정판결에 대한 재심청구사건의 판결이 있은 후에는 항소기각 판결에 대하여 다시 재심을 청구하지 못한다.

④ 재심청구인이 재심의 청구를 한 후 청구에 대한 결정이 확정되기 전에 사망한 경우라도 재심청구절차는 재심청구인의 사망으로 당연히 종료하게 되는 것은 아니다.

37

즉결심판에 대한 설명으로 가장 적절하지 <u>않은</u> 것은?

① 판사는 사건이 즉결심판을 할 수 없거나 즉결심판절차에 의하여 심판함이 적당하지 아니하다고 인정할 때에는 결정으로 즉결심판의 청구를 기각하여야 한다.

② 즉결심판절차에 의한 심리와 재판의 선고는 공개된 법정에서 행하되, 그 법정은 경찰관서(해양경찰관서를 포함한다)에 설치되어야 한다.

③ 판사는 즉결심판이 청구된 사건이 무죄·면소 또는 공소기각을 함이 명백하다고 인정할 때에는 이를 선고·고지할 수 있다.

④ 즉결심판으로 유죄를 선고할 때에는 형, 범죄사실과 적용법조를 명시하고 피고인은 7일 이내에 정식재판을 청구할 수 있다는 것을 고지하여야 한다.

38

형사소송법상 열람·등사에 대한 설명으로 가장 적절하지 <u>않은</u> 것은?

① 긴급체포 후 석방된 자 또는 그 변호인·법정대리인·배우자·직계친족·형제자매는 통지서 및 관련서류를 열람하거나 등사할 수 있다.

② 피고인에게 변호인이 있는 경우에 피고인은 검사에게 공소제기된 사건에 관한 서류 또는 물건의 목록과 공소사실의 인정 또는 양형에 영향을 미칠 수 있는 서류등의 열람·등사 또는 서면의 교부를 신청할 수 있다.

③ 누구든지 권리구제·학술연구 또는 공익적 목적으로 재판이 확정된 사건의 소송기록을 보관하고 있는 검찰청에 그 소송기록의 열람 또는 등사를 신청할 수 있다.

④ 검사, 피고인, 피의자 또는 변호인은 판사의 허가를 얻어 증거 보전절차의 처분에 관한 서류와 증거물을 열람 또는 등사할 수 있다.

39

다음 증거 중 피고인이 증거로 함에 동의한 경우 증거능력이 인정될 수 있는 것은? (다툼이 있는 경우 판례에 의함)

① 수사기관이 법원으로부터 영장 또는 감정처분허가장을 발부받지 아니한 채 피의자의 동의 없이 피의자의 신체로부터 혈액을 채취하고 사후적으로도 지체없이 이에 대한 영장을 발부받지 아니하고서 강제 채혈한 피의자의 혈액 중 알코올농도에 관한 감정이 이루어진 경우 '감정결과보고서'

② 사법경찰관이 피의자 소유의 쇠파이프를 피의자 주거지 앞 마당에서 발견하였으면서도 그 소유자, 소지자, 또는 보관자가 아닌 피해자로부터 임의로 제출받는 형식으로 압수한 '쇠파이프'

③ 강압수사로 인한 정신적 강압상태가 계속된 상태에서 작성된 것으로 의심되어 그 임의성을 의심할 만한 사정이 있는데도 검사가 그 임의성의 의문점을 없애는 증명을 하지 못하고, 법원의 직권조사 결과 임의성이 인정되지 아니하여 증거능력이 없는 참고인에 대한 '검찰진술조서'

④ 공판기일에서 피고인에게 유리한 증언을 한 증인을 검사가 소환한 후 피고인에게 유리한 그 증언내용을 추궁하여 이를 일방적으로 번복시키는 방식으로 작성한 '참고인 진술조서'

40

형사소송법에 대한 설명으로 가장 적절하지 <u>않은</u> 것은?

① 검사 또는 사법경찰관은 피의자가 사형·무기 또는 장기 3년 이상의 징역이나 금고에 해당하는 죄를 범하였다고 의심할 만한 상당한 이유가 있고, 증거를 인멸할 염려가 있는 경우에 긴급을 요하여 지방법원판사의 체포영장을 받을 수 없는 때에는 그 사유를 알리고 영장 없이 피의자를 체포할 수 있다.

② 장기 10년 이상의 징역 또는 금고에 해당하는 범죄는 10년의 경과로 공소시효가 완성된다.

③ 피고인이 사형, 무기 또는 단기 1년 이상의 징역이나 금고에 해당하는 사건으로 기소된 때 변호인이 없는 때에는 법원은 직권으로 변호인을 선정하여야 한다.

④ 피고인의 보석청구가 있어도 피고인이 사형, 무기 또는 장기 10년이 넘는 징역이나 금고에 해당하는 죄를 범한 경우는 필요적 보석 제외사유에 해당한다.

✔ 회독 CHECK ☐1☐ ☐2☐ ☐3☐

01

관할에 대한 설명 중 가장 적절하지 <u>않은</u> 것은? (다툼이 있는 경우 판례에 의함)

① 법원의 관할이 명확하지 아니한 때 검사는 관계있는 제1심법원에 공통되는 직근 상급법원에 관할지정을 신청할 수 있다.

② 사물관할을 달리하는 수개의 관련사건이 각각 법원합의부와 단독판사에 계속된 때에는 합의부는 결정으로 단독판사에 속한 사건을 병합하여 심리할 수 있다.

③ 토지관할을 달리하는 수개의 관련사건이 동일법원에 계속된 경우에 병합심리의 필요가 없는 때에는 법원은 결정으로 이를 분리하여 관할권 있는 다른 법원에 이송할 수 있다.

④ 항소심에서 공소장변경에 의하여 단독판사의 관할 사건이 합의부 관할사건으로 된 경우에 법원은 사건을 관할권이 있는 법원에 이송한다.

02

진술거부권에 대한 설명 중 가장 적절하지 <u>않은</u> 것은? (다툼이 있는 경우 판례에 의함)

① 수사기관에 의한 진술거부권 고지 대상이 되는 피의자의 지위는 수사기관이 조사대상자에 대한 범죄혐의를 인정하여 수사를 개시하는 행위를 한 때 인정되는 것으로 보아야 한다. 따라서 이러한 피의자 지위에 있지 아니한 자에 대하여는 진술거부권이 고지되지 아니하였더라도 진술의 증거능력을 부정할 것은 아니다.

② 변호인이 적극적으로 피고인 또는 피의자로 하여금 허위진술을 하도록 하는 것이 아니라 단순히 헌법상 권리인 진술거부권이 있음을 알려 주고 그 행사를 권고하는 것을 가리켜 변호사로서의 진실의무에 위배되는 것이라고는 할 수 없다.

③ 수사기관이 피의자를 신문함에 있어서 피의자에게 미리 진술 거부권을 고지하지 않은 때에는 그 피의자의 진술은 위법하게 수집된 증거로서 진술의 임의성이 인정되는 경우라도 증거능력이 부인되어야 한다.

④ 형사소송법 제301조(공판절차의 갱신)에 따라 공판절차를 갱신하는 경우 원칙적으로 피고인에게 진술거부권을 다시 고지하지 아니한다.

03

형사소송법상 국선변호인의 선정에 대한 설명 중 가장 적절하지 <u>않은</u> 것은? (다툼이 있는 경우 판례에 의함)

① 지방법원판사는 구속영장실질심사에서 심문할 피의자에게 변호인이 없는 때에는 직권으로 변호인을 선정하여야 하며, 이 경우 변호인의 선정은 피의자에 대한 구속영장 청구가 기각되어 효력이 소멸한 경우를 제외하고는 제1심까지 효력이 있다.

② 법원은 공판준비기일이 지정된 사건에 관하여 변호인이 없는 때에는 직권으로 변호인을 선정하여야 한다.

③ 법원은 피고인이 빈곤 그 밖의 사유로 변호인을 선임할 수 없는 경우에 직권으로 국선변호인을 선정하여야 한다.

④ 법원은 피고인의 연령·지능 및 교육 정도 등을 참작하여 권리보호를 위하여 필요하다고 인정하는 때에는 피고인의 명시적 의사에 반하지 아니하는 범위 안에서 변호인을 선정하여야 한다.

04

변호인에 대한 다음 설명 중 가장 적절하지 <u>않은</u> 것은? (다툼이 있는 경우 판례에 의함)

① 피고인 또는 피의자 수인 간에 이해가 상반되지 아니할 때에는 그 수인의 피고인 또는 피의자를 위하여 동일한 국선변호인을 선정할 수 있다.

② 필요적 변호사건에서 법원이 정당한 이유 없이 국선변호인을 선정하지 않고 있는 사이에 피고인 스스로 변호인을 선임하였으나 그때는 이미 피고인에 대한 항소이유서 제출기간이 도과해버린 경우에 법원은 사선변호인에게도 소송기록접수통지를 함으로써 그 사선 변호인이 통지받은 날로부터 기산하여 소정의 기간 내에 피고인을 위하여 항소이유서를 제출할 수 있는 기회를 주어야 한다.

③ 변호인의 구속된 피고인 또는 피의자와의 접견교통권은 신체 구속을 당한 피고인 또는 피의자의 인권보장과 방어준비를 위하여 필수불가결한 권리이므로, 국가정보원 사법경찰관이 경찰서유치장에 구금되어 있던 피의자에 대하여 의사의 진료를 받게 할 것을 신청한 변호인에게 국가정보원이 추천하는 의사의 참여를 요구한 것은 변호인의 수진권을 침해하는 위법한 처분이다.

④ 피의자신문에 참여한 변호인은 신문 후 의견을 진술할 수 있다. 다만, 신문 중이라도 부당한 신문방법에 대하여 이의를 제기할 수 있고, 검사 또는 사법경찰관의 승인을 얻어 의견을 진술할 수 있다.

05

경찰관직무집행법상 불심검문에 관한 설명 중 가장 적절하지 <u>않은</u> 것은? (다툼이 있는 경우 판례에 의함)

① 경찰관은 수상한 행동이나 그 밖의 주위 사정을 합리적으로 판단하여 볼 때 어떠한 죄를 범하였거나 범하려 하고 있다고 의심할 만한 상당한 이유가 있는 자를 정지시켜 질문할 수 있다.

② 경찰관이 불심검문 시 질문을 하거나 동행을 요구할 경우 자신의 신분을 표시하는 증표를 제시하면서 소속과 성명을 밝히고 질문이나 동행의 목적과 이유를 설명하여야 하며, 동행을 요구하는 경우에는 동행 장소를 밝혀야 한다.

③ 경찰관은 동행한 사람의 가족이나 친지 등에게 동행한 경찰관의 신분, 동행 장소, 동행 목적과 이유를 알리거나 본인으로 하여금 즉시 연락할 수 있는 기회를 주어야 하며, 변호인의 도움을 받을 권리가 있음을 알려야 한다.

④ 검문하는 사람이 경찰관이고 검문하는 이유가 범죄행위에 관한 것임을 피검문자가 충분히 알고 있었다고 보이는 경우라도 검문 시 경찰관이 신분증을 제시하지 않았다면 그 불심검문은 위법한 공무집행에 해당한다.

06

임의동행에 대한 설명 중 가장 적절하지 <u>않은</u> 것은? (다툼이 있는 경우 판례에 의함)

① 경찰관직무집행법상 보호조치 요건이 갖추어지지 않았음에도, 경찰관이 실제로는 범죄수사를 목적으로 피의자에 해당하는 사람을 피구호자로 삼아 그의 의사에 반하여 경찰관서에 데려간 행위는, 달리 현행범체포나 임의동행 등의 적법 요건을 갖추었다고 볼 사정이 없다면, 위법한 체포에 해당한다.

② 위법한 강제연행 상태에서 호흡측정 방법에 의한 음주측정을 한 다음, 강제연행 상태로부터 시간적·장소적으로 단절되었다고 볼 수 없는 상황에서 피의자가 호흡측정 결과를 탄핵하기 위하여 스스로 혈액채취 방법에 의한 측정을 할 것을 요구하여 혈액 채취가 이루어진 경우 그 사이에 위법한 체포 상태에 의한 영향이 완전하게 배제되고 피의자의 의사결정의 자유가 확실하게 보장되었다고 볼 만한 다른 사정이 개입되지 않은 이상 그러한 혈액채취에 의한 측정 결과를 유죄 인정의 증거로 쓸 수 없다. 그러나 이 경우에도 피고인이 이를 증거로 함에 동의하였다면, 혈액 채취에 의한 측정 결과는 유죄 인정의 증거로 사용할 수 있다.

③ 사법경찰관이 피고인을 수사관서까지 동행한 것이 임의성이 결여되어 사실상의 강제연행, 즉 불법체포에 해당하는 경우 불법체포로부터 6시간 상당이 경과한 후에 이루어진 긴급체포 또한 위법하다.

④ 임의동행의 경우 수사관이 동행에 앞서 피의자에게 동행을 거부할 수 있음을 알려주었거나 동행한 피의자가 언제든지 자유로이 동행과정에서 이탈 또는 동행장소로부터 퇴거할 수 있었음이 인정되는 등 오로지 피의자의 자발적인 의사에 의하여 수사관서 등에의 동행이 이루어졌음이 객관적인 사정에 의하여 명백하게 입증된 경우에 한하여, 그 적법성이 인정된다.

07

고소에 대한 설명으로 옳은 것을 모두 고른 것은? (다툼이 있는 경우 판례에 의함)

> ㄱ. 수사기관이 고소권자를 증인 또는 피해자로서 신문한 경우에 그 진술에 범인의 처벌을 요구하는 의사표시가 포함되어 있고 그 의사표시가 조서에 기재되면 이를 적법한 고소로 볼 수 있다.
> ㄴ. 반의사불벌죄에 있어서 처벌을 희망하는 의사표시의 철회는 제1심 판결선고 전까지 이를 할 수 있으나, 항소심에 이르러 비로소 반의사불벌죄가 아닌 죄에서 반의사불벌죄로 공소장이 변경된 경우에는 예외적으로 항소심에서도 처벌을 희망하는 의사표시를 철회할 수 있다.
> ㄷ. 친고죄에 대하여 고소할 자가 없는 경우에 이해관계인의 신청이 있으면 검사는 7일 이내에 고소할 수 있는 자를 지정하여야 한다.
> ㄹ. 친고죄에서 적법한 고소가 있었는지는 자유로운 증명의 대상이고, 일죄의 관계에 있는 범죄사실 일부에 대한 고소의 효력은 일죄 전부에 대하여 미친다.

① ㄱ, ㄴ   ② ㄱ, ㄷ
③ ㄱ, ㄹ   ④ ㄴ, ㄹ

08

피의자신문에 대한 설명 중 가장 적절하지 않은 것은? (다툼이 있는 경우 판례에 의함)

① 신문에 참여하고자 하는 변호인이 2인 이상인 때에는 피의자가 신문에 참여할 변호인 1인을 지정한다. 지정이 없는 경우에는 검사 또는 사법경찰관이 이를 지정하여야 한다.

② 검사 또는 사법경찰관이 피의자를 신문하면서 피의자와 신뢰관계에 있는 자를 동석하게 한 경우, 동석한 사람으로 하여금 피의자를 대신하여 진술하도록 하여서는 안 된다. 만약 동석한 사람이 피의자를 대신하여 진술한 부분이 조서에 기재되어 있다면 그 부분은 피의자의 진술을 기재한 것이 아니라 동석한 사람의 진술을 기재한 조서에 해당한다.

③ 피의자의 진술은 영상녹화할 수 있다. 이 경우 미리 영상녹화사실을 알려주어야 하며, 조사의 개시부터 종료까지의 전 과정 및 객관적 정황을 영상녹화하여야 한다.

④ 검사 또는 사법경찰관의 형사소송법 제243조의2에 따른 변호인의 참여 등에 관한 처분에 대하여 불복이 있으면 그 직무집행지의 관할법원 또는 검사의 소속검찰청에 대응한 법원에 그 처분의 취소 또는 변경을 청구할 수 있다.

09

형사소송법상 긴급체포에 대한 설명으로 가장 적절하지 **않은** 것은? (다툼이 있는 경우 판례에 의함)

① 긴급체포의 요건을 갖추었는지 여부는 사후에 밝혀진 사정을 기초로 판단하는 것이 아니라 체포 당시의 상황을 기초로 판단하여야 하고, 이에 관한 검사나 사법경찰관 등 수사주체의 판단에는 상당한 재량의 여지가 있다.

② 사법경찰관은 피의자를 긴급체포하는 경우에 필요한 때에는 영장 없이 타인의 주거나 타인이 간수하는 가옥, 건조물, 항공기, 선차 내에서 피의자 수사를 할 수 있다.

③ 사법경찰관은 긴급체포한 피의자에 대하여 구속영장을 신청하지 아니하고 석방한 경우에는 즉시 검사에게 보고하여야 한다.

④ 긴급체포된 자가 소유·소지 또는 보관하는 물건에 대하여 긴급히 압수할 필요가 있는 경우에는 체포한 때로부터 24시간 이내에 한하여 영장 없이 압수·수색할 수 있으며, 압수한 물건을 계속 압수할 필요가 있는 경우에는 지체없이 압수수색영장을 청구하여야 한다. 이 경우 압수수색영장의 청구는 압수 후 48시간 이내에 하여야 한다.

10

현행범인 체포에 대한 설명 중 가장 적절하지 **않은** 것은? (다툼이 있는 경우 판례에 의함)

① 현행범인은 누구든지 영장 없이 체포할 수 있는데, 현행범인으로 체포하기 위하여는 행위의 가벌성, 범죄의 현행성·시간적 접착성, 범인·범죄의 명백성 이외에 체포의 필요성 즉, 도망 또는 증거인멸의 염려가 있어야 한다.

② 경찰관이 현행범인 체포요건을 갖추지 못하였는데도, 실력으로 현행범인을 체포하려고 하였다면 적법한 공무집행이라고 할 수 없고, 현행범인 체포행위가 적법한 공무집행을 벗어나 불법인 것으로 볼 수밖에 없다면 현행범이 체포를 면하려고 반항하는 과정에서 경찰관에게 상해를 가한 것은 불법체포로 인한 신체에 대한 현재의 부당한 침해에서 벗어나기 위한 행위로서 정당방위에 해당하여 위법성이 조각된다.

③ 검사 또는 사법경찰관리 아닌 이가 현행범인을 체포한 경우 즉시 검사 등에게 인도해야 하는데, 여기서 '즉시'라고 함은 반드시 체포시점과 시간적으로 밀착된 시점이어야 하는 것은 아니고, '정당한 이유 없이 인도를 지연하거나 체포를 계속하는 등으로 불필요한 지체를 함이 없이'라는 뜻이다.

④ 검사 또는 사법경찰관리 아닌 이에 의하여 현행범인이 체포된 후 불필요한 지체없이 검사 등에게 인도된 경우, 구속영장 청구기간인 48시간의 기산점은 현행범인 체포시이다.

11

형사소송법상 구속 등에 대한 설명 중 가장 적절하지 <u>않은</u> 것은? (다툼이 있는 경우 판례에 의함)

① 구속은 구금과 구인을 포함하며, 구인한 피고인을 법원에 인치한 경우에 구금할 필요가 없다고 인정한 때에는 그 인치한 때로부터 24시간 내에 석방하여야 한다.

② 피고인에 대한 구속기간은 2개월로 한다. 그럼에도 특히 구속을 계속할 필요가 있는 경우에는 심급마다 2개월 단위로 2차에 한하여 결정으로 갱신할 수 있다. 다만, 상소심은 피고인 또는 변호인이 신청한 증거의 조사, 상소이유를 보충하는 서면의 제출 등으로 추가 심리가 필요한 부득이한 경우에는 3차에 한하여 갱신할 수 있다.

③ 구속기간의 연장을 허가하지 아니하는 지방법원 판사의 결정에 대하여는 형사소송법 제402조, 제403조가 정하는 항고의 방법으로 불복할 수 없고 형사소송법 제416조가 정하는 준항고의 대상이 되지도 않는다.

④ 검사 또는 사법경찰관에 의하여 구속되었다가 석방된 자는 다른 중요한 증거를 발견한 경우를 제외하고는 동일한 범죄사실에 관하여 재차 구속하지 못하며, 이 경우 1개의 목적을 위하여 동시 또는 수단결과의 관계에서 행하여진 행위는 별개의 범죄사실로 간주한다.

12

구속 전 피의자심문제도에 대한 다음의 설명 중 가장 적절하지 <u>않은</u> 것은? (다툼이 있는 경우 판례에 의함)

① 체포된 피의자 외의 피의자에 대한 심문기일은 관계인에 대한 심문기일의 통지 및 그 출석에 소요되는 시간 등을 고려하여 피의자가 법원에 인치된 때로부터 가능한 한 빠른 일시로 지정하여야 한다.

② 심문기일의 통지는 서면 이외에 구술·전화·모사전송·전자우편·휴대전화 문자전송 그 밖에 적당한 방법으로 신속하게 하여야 한다.

③ 변호인은 구속영장이 청구된 피의자에 대한 심문 시작 전에 피의자와 접견할 수 있고, 피의자는 판사의 심문 도중에도 변호인에게 조력을 구할 수 있다.

④ 판사는 구속 여부의 판단을 위하여 심문장소에 출석한 피해자 그 밖의 제3자를 심문하여야 한다.

13

구속 및 구속기간에 대한 설명으로 가장 적절한 것은? (다툼이 있는 경우 판례에 의함)

① 형사소송법 제88조는 '피고인을 구속한 때에는 즉시 공소사실의 요지와 변호인을 선임할 수 있음을 알려야 한다.'고 규정하고 있는바, 이를 위반하였다면 구속영장의 효력은 당연히 상실된다.

② 구속기간연장허가결정이 있는 경우에 그 연장기간은 형사소송법 제203조(검사의 구속기간)의 규정에 의한 구속기간 만료일부터 기산한다.

③ 피고인에게 구속의 사유가 없거나 소멸된 때에는 법원은 직권 또는 검사, 피고인, 변호인 등의 청구에 의하여 결정으로 구속을 취소하여야 한다.

④ 구속 중인 피고인에 대하여 감정유치장이 집행된 경우 피고인이 유치되어 있는 기간 구속은 그 집행이 정지되지 아니한다.

14

형사소송법 제184조에 의한 증거보전에 대한 설명 중 가장 적절하지 <u>않은</u> 것은? (다툼이 있는 경우 판례에 의함)

① 증거보전절차에서 작성된 증인신문조서 중 증인에 대한 반대 신문과정에서 피의자였던 피고인이 당사자로 참여하여 자신의 범행사실을 시인하는 전제하에 증인에게 반대신문한 내용이 기재되어 있는 경우, 그 조서 중 피의자 진술부분에 대하여는 형사소송법 제311조에 의한 증거능력을 인정할 수 있다.

② 증거보전절차에서는 증인신문뿐만 아니라 압수, 수색, 검증 및 감정도 할 수 있으나 증거보전의 방법으로 피의자신문, 피고인신문을 청구할 수는 없다.

③ 검사는 일정한 경우 제1회 공판기일 전이라도 판사에게 증거보전을 청구할 수 있으며, 증거보전의 청구를 기각하는 결정에 대하여는 3일 이내에 항고할 수 있다.

④ 증거보전의 청구를 받은 판사는 그 처분에 관하여 법원 또는 재판장과 동일한 권한이 있다.

15

압수물의 처리에 대한 설명으로 가장 적절하지 <u>않은</u> 것은? (다툼이 있는 경우 판례에 의함)

① 세관이 시계행상이 소지하고 있던 외국산시계를 관세장물의 혐의가 있다고 하여 압수하였던 것을 검사가 그것이 관세포탈품인지를 확인할 수 없어 그 사건을 기소중지처분 하였다면 위 압수물은 국고에 귀속시킬 수 없다.

② '증거에 공할 압수물'에는 증거물로서의 성격을 가진 압수물은 포함되나 몰수할 것으로 사료되는 물건으로서의 성격을 가진 압수물은 포함되지 않는다.

③ 위험발생의 염려가 있는 압수물은 폐기할 수 있다.

④ 피해품인 압수물은 피고인에 대한 범죄의 증명이 없게 된 경우에는 압수물의 존재만으로 그 유죄의 증거가 될 수 없다.

16

압수·수색에 대한 설명 중 가장 적절한 것은? (다툼이 있는 경우 판례에 의함)

① 법관이 압수수색영장을 발부하면서 '압수할 물건'을 특정하기 위하여 기재한 문언의 해석에 있어서 압수수색영장에서 압수할 물건을 '압수장소에 보관중인 물건'이라고 기재하고 있는 것을 '압수장소에 현존하는 물건'으로도 해석할 수 있다.

② 범죄의 피해자인 검사가 그 사건의 수사에 관여하거나, 압수수색영장의 집행에 참여한 검사가 다시 수사에 관여하였다는 이유만으로 바로 그 수사가 위법하다거나 그에 따른 참고인이나 피의자의 진술에 임의성이 없다고 볼 수는 없다.

③ 경찰관이 이른바 전화사기죄 범행의 혐의자를 긴급체포하면서 그가 보관하고 있던 다른 사람의 주민등록증, 운전면허증 등을 압수한 경우 이를 위 혐의자의 점유이탈물횡령죄 범행에 대한 증거로 사용할 수 없다.

④ 압수수색영장을 제시하고 집행에 착수하여 압수·수색을 실시하고 그 집행을 종료한 후, 그 압수수색영장의 유효기간 내에 동일한 장소 또는 목적물에 대하여 다시 압수·수색할 필요가 있는 경우, 종전의 압수수색영장을 제시하고 다시 압수·수색할 수 있다.

17

전자정보의 압수·수색 및 증거능력에 대한 설명 중 가장 적절하지 <u>않은</u> 것은? (다툼이 있는 경우 판례에 의함)

① 전자정보에 대한 압수수색영장을 집행할 때에는 원칙적으로 영장발부의 사유인 혐의사실과 관련된 부분만을 문서 출력물로 수집하거나 수사기관이 휴대한 저장매체에 해당 파일을 복사하는 방법으로 이루어져야 한다.

② 압수수색영장에 저장매체 자체를 직접 또는 하드카피나 이미징 등 형태로 수사기관 사무실 등 외부로 반출하여 해당 파일을 압수·수색할 수 있도록 기재되어 있지 않더라도, 수사기관이 전자 정보의 복사 또는 출력이 불가능하거나 현저히 곤란한 부득이한 사정이 있을 때에는 압수목적물인 저장매체 자체를 수사관서로 반출할 수 있다.

③ 검사가 영장을 집행하면서 영장기재 압수·수색의 장소에서 압수할 전자정보를 용이하게 하드카피·이미징 또는 문서로 출력할 수 있음에도 저장매체 자체를 반출하여 가지고 간 경우, 이에 대하여 불복이 있으면 그 직무집행지의 관할법원 또는 검사의 소속검찰청에 대응한 법원에 그 처분의 취소 또는 변경을 청구할 수 있다.

④ 피고인 또는 피고인 아닌 사람이 컴퓨터용디스크 그 밖에 이와 비슷한 정보저장매체에 입력하여 기억된 문자정보 또는 그 출력물을 증거로 사용하는 경우, 그 내용의 진실성에 관하여는 전문법칙이 적용되고, 원칙적으로 형사소송법 제313조 제1항에 의하여 작성자 또는 진술자의 진술에 의하여 성립의 진정함이 증명된 때에 한하여 이를 증거로 사용할 수 있다.

18

통신제한조치에 대한 설명 중 옳고 그름의 표시(○, ×)가 바르게 된 것은? (다툼이 있는 경우 판례에 의함)

> ㉠ 강간죄(형법 제297조), 협박죄(형법 제283조 제1항), 경매입찰방해죄(형법 제315조)는 통신제한조치가 가능한 범죄이다.
>
> ㉡ 인터넷 통신망을 통하여 흐르는 전기신호 형태의 패킷(packet)을 중간에 확보하여 그 내용을 지득하는 이른바 '패킷 감청'도 통신비밀보호법에서 정한 요건을 갖추는 경우 다른 특별한 사정이 없는 한 허용된다.
>
> ㉢ 통신제한조치허가서에 의하여 허가된 통신제한조치가 '전기통신 감청 및 우편물 검열'뿐이더라도 그 후 연장결정서에 당초 허가 내용에 없던 '대화녹음'이 기재되어 있다면 이는 대화녹음의 적법한 근거가 될 수 있다.
>
> ㉣ 통신기관 등은 통신제한조치허가서 또는 긴급감청서 등에 기재된 통신제한조치 대상자의 전화번호 등이 사실과 일치하지 않을 경우에는 그 집행을 거부할 수 있으며, 어떠한 경우에도 전기통신에 사용되는 비밀번호를 누설할 수 없다.

① ㉠ (○) ㉡ (○) ㉢ (×) ㉣ (×)
② ㉠ (○) ㉡ (○) ㉢ (×) ㉣ (○)
③ ㉠ (×) ㉡ (○) ㉢ (×) ㉣ (○)
④ ㉠ (×) ㉡ (×) ㉢ (○) ㉣ (×)

19

수사의 종결처분에 대한 설명 중 가장 적절하지 <u>않은</u> 것은? (다툼이 있는 경우 판례에 의함)

① 검사는 고소 또는 고발있는 사건에 관하여 공소제기, 불기소, 공소취소 또는 타관송치의 처분을 한 때에는 그 처분한 날로부터 7일 이내에 서면으로 고소인 또는 고발인에게 그 취지를 통지하여야 한다.
② 검사는 고소 또는 고발있는 사건에 관하여 공소를 제기하지 아니하는 처분을 한 경우에 고소인 또는 고발인의 청구가 있는 때에는 7일 이내 고소인 또는 고발인에게 그 이유를 서면으로 설명하여야 한다.
③ 검사는 범죄로 인한 피해자 또는 그 법정대리인의 신청이 있는 때에는 당해 사건의 공소제기여부, 공판의 일시·장소, 재판결과, 피의자·피고인의 구속·석방 등 구금에 관한 사실 등을 신속하게 통지하여야 한다.
④ 검사의 불기소처분이 있는 경우 일사부재리의 원칙이 적용되므로 다시 공소를 제기할 수 없다.

20

공소시효에 대한 다음 설명 중 가장 적절한 것은? (다툼이 있는 경우 판례에 의함)

① 형사소송법 제260조에 따른 재정신청이 있으면 동법 제262조에 따른 재정결정이 확정될 때까지 공소시효의 진행이 정지된다.
② 시효는 공소의 제기로 진행이 중단되고 공소기각 또는 관할위반의 재판이 확정된 때로부터 진행한다.
③ 공범 중 1인에 대해 약식명령이 확정된 후 그에 대한 정식재판 청구권회복결정이 있었다고 하면 그 사이의 기간 동안에는, 특별한 사정이 없는 한, 다른 공범자에 대한 공소시효는 정지된다.
④ 공소시효의 결정기준은 2개 이상의 형을 병과할 범죄에는 중한 형이고, 형법에 의하여 형을 가중한 경우에는 가중한 형이다.

21

재정신청에 대한 설명 중 가장 적절한 것은? (다툼이 있는 경우 판례에 의함)

① 검사의 불기소처분에 대하여 고소인은 재정신청을 할 수 있으나 고발인은 할 수 없다.
② 재정신청사건의 심리는 항고절차에 준하여 진행되며 심리 중에는 증거조사가 허용되지 아니한다.
③ 재정신청은 대리인에 의하여 할 수 있으며 공동신청권자 중 1인의 신청은 그 전원을 위하여 효력을 발생하고, 재정신청의 취소도 다른 공동신청권자에게 효력을 발생한다.
④ 형사소송법 제262조 제4항 후문에서 말하는 '재정신청 기각결정이 확정된 사건'이라 함은 재정신청 사건을 담당하는 법원에서 공소제기의 가능성과 필요성 등에 관한 심리와 판단이 현실적으로 이루어져 재정신청 기각결정의 대상이 된 사건만을 의미한다.

22

공소장일본주의에 대한 설명 중 가장 적절하지 <u>않은</u> 것은? (다툼이 있는 경우 판례에 의함)

① 살인, 방화 등의 경우 범죄의 직접적인 동기 또는 공소범죄사실과 밀접불가분의 관계에 있는 동기를 공소사실에 기재하는 것은 공소장일본주의 위반이 아님이 명백하고, 설사 범죄의 직접적인 동기가 아닌 경우에도 동기의 기재는 공소장의 효력에 영향을 미치지 아니한다.

② 공소장일본주의에 위배된 공소제기라고 인정되는 때에는 그 절차가 법률의 규정에 위반하여 무효인 때에 해당하는 것으로 보아 공소기각의 판결을 선고하는 것이 원칙이다.

③ 공소장일본주의를 위반한 공소제기는 법률의 규정에 위배된 것으로서 치유될 수 없는 것이므로 공소제기 후 공판절차가 진행되어 법관의 심증형성이 이루어진 단계에서도 공소장일본주의 위배를 주장하여 이미 진행된 소송절차의 효력을 다툴 수 있다.

④ 약식명령의 청구와 동시에 증거서류 및 증거물이 법원에 제출되었다 하여 공소장일본주의를 위반하였다 할 수 없고, 그 후 약식명령에 대한 정식재판청구가 제기되었음에도 법원이 증거 서류 및 증거물을 검사에게 반환하지 않고 보관하고 있다고 하여 그 이전에 이미 적법하게 제기된 공소제기의 절차가 위법하게 된다고 할 수도 없다.

23

공소장변경에 대한 다음 설명 중 가장 적절하지 <u>않은</u> 것은? (다툼이 있는 경우 판례에 의함)

① 검사의 공소장변경허가신청이 공소사실의 동일성 범위 안에 있더라도 법원은 재량에 따라 공소장변경을 허가하지 않을 수 있다.

② 단독범으로 기소된 것을 다른 사람과 공모하여 동일한 내용의 범행을 한 것으로 인정하는 경우에는 이 때문에 피고인에게 불의의 타격을 주어 그 방어권의 행사에 실질적 불이익을 줄우려가 있지 아니하는 경우에는 반드시 공소장 변경을 필요로 한다고 할 수 없다.

③ 제1심에서 합의부 관할사건에 관하여 단독판사 관할사건으로 죄명, 적용법조를 변경하는 공소장변경허가신청서가 제출된 경우, 사건을 배당받은 합의부는 공소장변경허가결정을 하였는지에 관계없이 사건의 실체에 들어가 심판하였어야 하고 사건을 단독판사에게 재배당할 수 없다.

④ 공소장변경 절차 없이도 법원이 심리·판단할 수 있는 죄가 한 개가 아니라 여러 개인 경우에는, 법원으로서는 그 중 어느 하나를 임의로 선택할 수 있는 것이 아니라 검사에게 공소사실 및 적용법조에 관한 석명을 구하여 공소장을 보완하게 한 다음 이에 따라 심리·판단하여야 한다.

24

공판정의 심리에 대한 설명 중 가장 적절한 것은? (다툼이 있는 경우 판례에 의함)

① 필요적 변호사건에서 피고인이 재판 거부의 의사를 표시하고 재판장의 허가 없이 퇴정하고 변호인마저 이에 동조하여 퇴정해버린 경우 수소법원은 피고인이나 변호인의 재정 없이는 심리판결할 수 없다.

② 공소기각 또는 면소의 재판을 할 것이 명백한 사건이라고 하더라도 원칙적으로 피고인의 출석을 요한다.

③ 검사의 출석은 공판개정의 요건이므로 검사가 공판기일의 통지를 2회 이상 받고도 출석하지 아니하거나 판결만을 선고하는 때에도 검사의 출석 없이는 개정할 수 없다.

④ 다액 500만 원 이하의 벌금 또는 과료에 해당하는 사건에 관하여는 원칙적으로 피고인의 출석을 요하지 아니한다.

25

간이공판절차에 대한 설명 중 가장 적절하지 <u>않은</u> 것은? (다툼이 있는 경우 판례에 의함)

① 피고인이 법정에서 '공소사실은 모두 사실과 다름없다'고 하면서 술에 만취되어 기억이 없다는 취지로 진술한 경우에, 법원은 간이공판절차에 의하여 심판할 수 있다.

② 간이공판절차의 결정이 취소된 때에는 공판절차를 갱신하여야 한다. 단, 검사, 피고인 또는 변호인이 이의가 없는 때에는 그러하지 아니하다.

③ 피고인이 공판정에서 공소사실에 대하여 자백한 때에는 법원은 그 공소 사실에 한하여 간이공판절차에 의하여 심판할 것을 결정할 수 있다.

④ 법원은 간이공판절차의 결정을 한 사건에 대하여 피고인의 자백이 신빙할 수 없다고 인정되거나 간이공판절차로 심판하는 것이 현저히 부당하다고 인정할 때에는 검사의 의견을 들어 그 결정을 취소하여야 한다.

26

국민참여재판에 대한 설명으로 가장 적절한 것은? (다툼이 있는 경우 판례에 의함)

① 국민참여재판 대상사건의 피고인이 국민참여재판을 신청하였으나 법원이 이에 대한 배제결정을 하지 않은 채 통상의 공판절차로 진행하더라도 위법하다고 할 수 없다.

② 배심원은 만 19세 이상의 대한민국 국민 중에서 선정한다.

③ 배심원 또는 예비배심원은 법원의 증거능력에 관한 심리에 관여할 수 있다.

④ 배심원은 유·무죄에 관하여 전원의 의견이 일치하지 아니하는 때에는 평결을 하기 전에 심리에 관여한 판사의 의견을 들어야 한다. 이 경우 유·무죄의 평결은 다수결의 방법으로 한다.

27

공판절차의 정지에 대한 설명 중 가장 적절하지 <u>않은</u> 것은? (다툼이 있는 경우 판례에 의함)

① 법원은 공소사실의 변경이 피고인의 불이익을 증가할 염려가 있다고 인정한 때에는 직권 또는 피고인이나 변호인의 청구에 의하여 피고인으로 하여금 필요한 방어의 준비를 하게 하기 위하여 결정으로 필요한 기간 공판절차를 정지하여야 한다.

② 피고인이 질병으로 인하여 출정할 수 없는 때에는, 형사소송법 제277조의 규정에 의하여 대리인이 출정할 수 있는 경우가 아닌 한, 법원은 검사와 변호인의 의견을 들어서 결정으로 출정할 수 있을 때까지 공판절차를 정지하여야 한다.

③ 피고인이 사물의 변별 또는 의사의 결정을 할 능력이 없는 상태에 있는 때에는, 형사소송법 제277조의 규정에 의하여 대리인이 출정할 수 있는 경우가 아닌 한, 법원은 검사와 변호인의 의견을 들어서 결정으로 그 상태가 계속하는 기간 공판절차를 정지하여야 한다.

④ 피고인이 질병으로 출정할 수 없더라도 피고사건에 대하여 형의 면제 또는 공소기각의 재판을 할 것으로 명백한 때에는 피고인의 출정 없이 재판할 수 있다.

28

자백배제법칙에 대한 설명 중 가장 적절하지 <u>않은</u> 것은? (다툼이 있는 경우 판례에 의함)

① 피고인이 수사기관에서 가혹행위 등으로 인하여 임의성 없는 자백을 하고 그 후 법정에서도 임의성 없는 심리상태가 계속되어 동일한 내용의 자백을 하였다면 법정에서의 자백도 임의성 없는 자백이라고 보아야 한다.

② 피고인의 자백이 신문에 참여한 검찰주사가 피의사실을 자백하면 피의사실부분은 가볍게 처리하고 보호감호의 청구를 하지 않겠다는 각서를 작성하여 주면서 자백을 유도한 것에 기인한 것이라 하여도 위 자백이 기망에 의하여 임의로 진술한 것이 아니라고 의심할 만한 이유가 있는 때에 해당한다고 볼 수 없다.

③ 일정한 증거가 발견되면 피의자가 자백하겠다고 한 약속이 검사의 강요나 위계에 의하여 이루어졌다든가 또는 불기소나 경한 죄의 소추 등 이익과 교환조건으로 된 것으로 인정되지 않는다면 이러한 약속하에 한 자백이라 하여 곧 임의성 없는 자백이라 단정할 수 없다.

④ 피고인이 검사 이전의 수사기관에서 가혹행위로 인하여 임의성 없는 자백을 하고 그 후 검사 조사단계에서도 임의성 없는 심리 상태가 계속되어 동일한 내용의 자백을 하였다면 검사 조사단계에서 고문 등 자백의 강요행위가 없었더라도 검사 앞에서의 자백은 임의성 없는 자백이라고 보아야 한다.

29

위법수집증거배제법칙에 대한 다음 설명 중 가장 적절하지 **않은** 것은? (다툼이 있는 경우 판례에 의함)

① 수사기관이 법원으로부터 영장 또는 감정처분허가장을 발부받지 아니한 채 피의자의 동의 없이 피의자의 신체로부터 혈액을 채취하고 사후적으로도 지체없이 이에 대한 영장을 발부받지도 아니한 채 강제채혈한 피의자의 혈액 중 알콜농도에 관한 감정이 이루어졌다면, 이러한 감정결과보고서 등은 위법수집증거로서 증거능력이 없다.

② 현장에서 압수·수색을 당하는 사람이 여러 명일 경우에는 그 사람들 모두에게 개별적으로 영장을 제시해야 하는 것이 원칙이고, 수사기관이 압수·수색에 착수하면서 물건을 소지하고 있는 다른 사람으로부터 이를 압수하고자 하는 때에는 그 사람에게 따로 영장을 제시하여야 한다.

③ 음란물 유포의 범죄혐의를 이유로 압수수색영장을 발부받은 사법경찰관이 피고인의 주거지를 수색하는 과정에서 대마를 발견하자, 피고인을 마약류관리에 관한 법률 위반죄의 현행범으로 체포하면서 대마를 압수하였으나 그 다음 날 피고인을 석방하고도 사후 압수수색영장을 발부받지 않은 사안에서, 위 압수물과 압수조서는 형사소송법상 영장주의를 위반하여 수집한 증거로서 증거능력이 부정된다.

④ 형사소송법 제219조가 준용하는 제118조는 '압수수색영장은 처분을 받는 자에게 반드시 제시하여야 한다'고 규정하고 있으므로, 피처분자가 현장에 없거나 현장에서 그를 발견할 수 없는 경우 등 영장 제시가 현실적으로 불가능한 경우에도 영장을 제시하지 아니한 채 압수·수색을 하였다면 이는 위법하다고 보아야 한다.

30

전문법칙에 대한 설명 중 가장 적절하지 **않은** 것은? (다툼이 있는 경우 판례에 의함)

① 검사 또는 사법경찰관이 검증의 결과를 기재한 조서는 적법한 절차와 방식에 따라 작성된 것으로서 공판준비 또는 공판기일에서의 피고인의 진술에 따라 그 성립의 진정함이 증명된 때에는 증거로 할 수 있다.

② 공판준비 또는 공판기일에 피고인이나 피고인 아닌 자의 진술을 기재한 조서와 법원 또는 법관의 검증의 결과를 기재한 조서는 증거로 할 수 있다.

③ 검사 이외의 수사기관이 작성한 피의자신문조서는 적법한 절차와 방식에 따라 작성된 것으로서 공판준비 또는 공판기일에 그 피의자였던 피고인 또는 변호인이 그 내용을 인정할 때에 한하여 증거로 할 수 있다.

④ 피고인 아닌 자의 공판준비 또는 공판기일에서의 진술이 피고인 아닌 타인의 진술을 그 내용으로 하는 것인 때에는 원진술자가 사망, 질병, 외국거주, 소재불명 그 밖에 이에 준하는 사유로 인하여 진술할 수 없고, 그 진술이 특히 신빙할 수 있는 상태하에서 행하여졌음이 증명된 때에 한하여 이를 증거로 할 수 있다.

31

위법수집증거배제법칙에 대한 설명 중 가장 적절하지 않은 것은? (다툼이 있는 경우 판례에 의함)

① 범행 현장에서 지문채취대상물에 대한 지문채취가 먼저 이루어지고 수사기관이 그 이후에 지문채취 대상물을 적법한 절차에 의하지 아니한 채 압수한 경우, 압수 이전에 채취된 지문은 위법하게 압수한 지문채취 대상물로부터 획득한 2차적 증거에 해당하지 아니함이 분명하여 이를 가리켜 위법수집증거라고 할 수 없다.

② 우편물 통관검사절차에서 이루어지는 우편물의 개봉, 시료채취, 성분분석 등의 검사는 수출입물품에 대한 적정한 통관 등을 목적으로 한 행정조사의 성격을 가지는 것으로서 수사기관의 강제처분이라고 할 수 없으므로, 압수·수색영장 없이 우편물의 개봉, 시료채취, 성분분석 등의 검사가 진행되었다고 하더라도 특별한 사정이 없는 한 위법하다고 볼 수 없다.

③ 수사기관이 법관의 영장에 의하지 아니하고 신용카드 매출전표의 거래명의자에 관한 정보를 획득한 경우, 이에 터잡아 수집한 2차적 증거들의 증거능력을 판단할 때, 수사기관이 의도적으로 영장주의의 정신을 회피하는 방법으로 증거를 확보한 것이 아니라고 볼 만한 사정, 체포되었던 피의자가 석방된 후 상당한 시간이 경과하였음에도 다시 동일한 내용의 자백을 하였다거나 그 범행의 피해품을 수사기관에 임의로 제출하였다는 사정 등은 통상 2차적 증거의 증거능력을 인정할 만한 정황에 속한다.

④ 선거관리위원회 위원·직원이 관계인에게 진술이 녹음된다는 사실을 미리 알려주지 아니한 채 진술을 녹음하였다 하더라도, 그와 같은 조사절차에 의하여 수집한 녹음파일 내지 그에 터잡아 작성된 녹취록은 위법수집증거에 해당하지 아니하여 유죄의 증거로 쓸 수 있다.

32

전문법칙에 대한 설명 중 가장 적절하지 않은 것은? (다툼이 있는 경우 판례에 의함)

① 어떤 진술이 기재된 서류가 그 내용의 진실성이 범죄사실에 대한 직접증거로 사용될 때는 전문증거가 된다고 하더라도 그와 같은 진술을 하였다는 것 자체 또는 그 진술의 진실성과 관계없는 간접사실에 대한 정황증거로 사용될 때는 반드시 전문증거가 되는 것은 아니다.

② 정보통신망을 통하여 공포심이나 불안감을 유발하는 글을 반복적으로 상대방에게 도달하게 하는 행위를 하였다는 공소사실에 대하여 휴대전화기에 저장된 문자정보가 그 증거가 되는 경우 그 문자정보는 범행의 직접적인 수단이고 경험자의 진술에 갈음하는 대체물에 해당하지 않으므로 전문법칙이 적용되지 않는다.

③ 디지털녹음기에 녹음된 내용을 전자적 방법으로 테이프에 전사한 사본인 녹음테이프를 대상으로 법원이 검증절차를 진행하여 녹음된 내용이 녹취록의 기재와 일치하고 그 음성이 진술자의 음성임을 확인하였다면, 그것만으로 녹음테이프의 증거능력을 인정할 수 있다.

④ 상업장부나 항해일지, 진료일지 또는 이와 유사한 금전출납부 등과 같이 범죄사실의 인정여부와는 관계없이 자기에게 맡겨진 사무를 처리한 내역을 그때그때 계속적, 기계적으로 기재한 문서는 사무처리 내역을 증명하기 위하여 존재하는 문서로서 당연히 증거능력이 인정된다.

33

자백에 대한 보강증거에 대한 설명으로 가장 적절한 것은? (다툼이 있는 경우 판례에 의함)

① 자백에 대한 보강증거는 범죄사실의 전부 또는 중요부분을 인정할 수 있는 정도가 되지 아니하더라도 피고인의 자백이 가공적인 것이 아닌 진실한 것임을 인정할 수 있는 정도만 되면 족하다.

② 피고인이 범행을 자인하는 것을 들었다는 피고인 아닌 자의 진술내용은 형사소송법 제310조의 피고인의 자백에 포함되지 아니하므로 피고인의 자백의 보강증거가 될 수 있다.

③ 자백보강법칙은 일반형사사건은 물론이고 간이공판절차와 약식 명령절차 및 즉결심판절차에서도 적용된다.

④ 공범인 공동피고인의 진술은 다른 공동피고인에 대한 범죄사실을 인정하는 증거로 할 수 없다.

34

공판조서에 대한 설명 중 가장 적절하지 <u>않은</u> 것은? (다툼이 있는 경우 판례에 의함)

① 피고인의 공판조서에 대한 열람 또는 등사청구에 법원이 불응하여 피고인의 열람 또는 등사청구권이 침해된 경우에는 그 공판조서를 유죄의 증거로 할 수 없으나, 공판조서에 기재된 증인의 진술은 증거로 할 수 있다.

② 공판조서의 기재가 명백한 오기인 경우를 제외하고는 공판기일의 소송절차로서 공판조서에 기재된 것은 조서만으로써 증명하여야 하고, 그 증명력은 공판조서 이외의 자료에 의한 반증이 허용되지 않는 절대적인 것이다.

③ 공판기일의 소송절차에 관하여는 참여한 법원사무관등이 공판조서를 작성하여야 한다.

④ 검사 제출의 증거에 관하여 동의 또는 진정성립 여부 등에 관한 피고인의 의견이 증거목록에 기재된 경우에는 그 증거목록의 기재는 공판조서의 일부로서 명백한 오기가 아닌 이상 절대적인 증명력을 가지게 된다.

35

전문법칙에 대한 설명으로 옳은 것을 모두 고른 것은? (다툼이 있는 경우 판례에 의함)

> ㄱ. 검사가 작성한 피의자신문조서의 진정성립과 관련하여 조사과정에 참여한 통역인의 증언은 '영상녹화물이나 그 밖의 객관적인 방법'에 해당한다고 볼 수 없다.
>
> ㄴ. 전문의 진술을 증거로 함에 있어서는 전문진술자가 원진술자로부터 진술을 들을 당시 원진술자가 증언능력에 준하는 능력을 갖춘 상태에 있어야 하는 것은 아니다.
>
> ㄷ. 수사기관에서 진술한 피해자인 유아가 공판정에서 진술을 하였더라도 증인신문 당시 일정한 사항에 관하여 기억이 나지 않는다는 취지로 진술하여 그 진술의 일부가 재현 불가능하게 된 경우, 형사소송법 제314조, 제316조 제2항에서 말하는 '원진술자가 진술을 할 수 없는 때'에 해당한다.
>
> ㄹ. 증인의 주소지가 아닌 곳으로 소환장을 보내 송달불능이 되자 그 곳을 중심한 소재탐지 끝에 소재불능회보를 받은 경우에는 형사소송법 제314조에서 말하는 원진술자가 공판정에서 진술할 수 없는 때에 해당한다.

① ㄱ, ㄴ   ② ㄱ, ㄷ
③ ㄱ, ㄹ   ④ ㄷ, ㄹ

36

다음 중 면소판결에 대한 사유로 가장 적절한 것은? (다툼이 있는 경우 판례에 의함)

① 고소가 있어야 죄를 논할 사건에 대하여 고소의 취소가 있은 때

② 공소가 제기된 사건에 대하여 다시 공소가 제기되었을 때

③ 공소제기의 절차가 법률의 규정에 위반하여 무효인 때

④ 범죄 후의 법령개폐로 형이 폐지되었을 때

37

기판력에 대한 설명 중 가장 적절하지 <u>않은</u> 것은? (다툼이 있는 경우 판례에 의함)

① 피고인이 동일한 행위에 관하여 외국에서 형사처벌을 과하는 확정판결을 받았다 하더라도 이런 외국판결은 우리나라에서는 기판력이 없다.

② 상상적 경합 관계에 있는 1죄에 대한 확정판결의 기판력은 다른 죄에 미치지 아니한다.

③ 포괄일죄의 관계에 있는 범행의 일부에 대하여 약식명령이 확정된 경우에는 그 약식명령의 발령 시를 기준으로 하여 그 이전에 이루어진 범행에 대하여는 면소의 판결을 선고하여야 한다.

④ 행형법상의 징벌은 수형자의 교도소내의 준수사항 위반에 대하여 과하는 행정상의 질서벌의 일종으로서 사회일반의 형벌법령에 위반한 행위에 대한 형사책임과는 그 목적, 성격을 달리하는 것이므로 징벌을 받은 뒤에 형사처벌을 한다 하여 일사부재리의 원칙에 반하는 것은 아니다.

38

재심에 대한 설명 중 가장 적절한 것은? (다툼이 있는 경우 판례에 의함)

① 항소심에서 파기되어버린 제1심판결에 대해서도 재심을 청구할 수 있다.

② 형사소송법 제420조 제5호에 정한 재심사유인 무죄 등을 인정할 '증거가 새로 발견된 때'란 재심대상이 되는 확정판결의 소송절차에서 발견되지 못하였거나 또는 발견되었다 하더라도 제출할 수 없었던 증거로서 이를 새로 발견하였거나 비로소 제출할 수 있게 된 때를 말한다.

③ 형사소송법 제420조 제5호에 정한 '무죄 등을 인정할 명백한 증거'에 해당하는지 여부를 판단할 때에는 법원으로서는 새로 발견된 증거만을 독립적·고립적으로 고찰하여 그 증거가치만으로 재심의 개시 여부를 판단하여야 한다.

④ 약식명령에 대하여 정식재판 청구가 이루어지고 그 후 진행된 정식재판 절차에서 유죄판결이 선고되어 확정된 경우, 재심사유가 존재한다고 주장하는 피고인은 약식명령을 대상으로 재심을 청구하여야 한다.

39

약식명령에 대한 설명 중 가장 적절하지 <u>않은</u> 것은? (다툼이 있는 경우 판례에 의함)

① 약식명령의 청구가 있는 경우에 그 사건이 약식명령으로 할 수 없거나 약식명령으로 하는 것이 적당하지 아니하다고 인정한 때에는 청구를 기각하여야 한다.

② 검사는 약식명령의 청구와 동시에 약식명령을 하는데 필요한 증거서류 및 증거물을 법원에 제출하여야 하고, 약식명령은 그 청구가 있은 날로부터 14일 내에 이를 하여야 한다.

③ 검사 또는 피고인은 약식명령의 고지를 받은 날로부터 7일 이내에 정식재판의 청구를 할 수 있다. 단, 피고인은 정식재판의 청구를 포기할 수 없다.

④ 정식재판의 청구가 법령상의 방식에 위반하거나 청구권의 소멸 후인 것이 명백한 때에는 결정으로 기각하여야 하고, 그 결정에 대하여는 즉시항고를 할 수 있다.

40

즉결심판절차에 대한 설명 중 가장 적절한 것은? (다툼이 있는 경우 판례에 의함)

① 지방법원 또는 그 지원의 판사는 소속 지방법원장의 명령을 받아 소속법원의 관할사무와 관계없이 즉결심판청구사건을 심판할 수 있다.

② 즉결심판의 판결이 확정된 때에는 즉결심판서 및 관계서류와 증거는 관할 지방검찰청에서 이를 보존한다.

③ 법원이 경찰서장의 즉결심판 청구를 기각하여 경찰서장이 사건을 관할 지방검찰청으로 송치하였으나 검사가 이를 즉결심판에 대한 피고인의 정식재판청구가 있는 사건으로 오인하여 그 사건기록을 법원에 송부한 경우, 검사에 의한 공소장의 제출이 없더라도 기록을 법원에 송부한 사실만으로 공소제기가 성립되었다고 볼 수 있다.

④ 벌금 또는 구류를 선고하는 경우에는 피고인이 출석하지 아니하더라도 심판할 수 있다.

01

다음 중 형사절차와 관련하여 헌법에서 명시적으로 규정한 항목을 모두 고른 것은?

> ㉠ 구속적부심사청구권
> ㉡ 형사보상청구권
> ㉢ 증거재판주의
> ㉣ 불이익변경금지원칙
> ㉤ 위법수집증거배제법칙
> ㉥ 자백보강법칙

① ㉠, ㉡, ㉢   ② ㉠, ㉡, ㉥
③ ㉠, ㉤, ㉥   ④ ㉡, ㉣, ㉤

02

형사소송법의 적용범위에 관한 설명 중 가장 적절하지 않은 것은? (다툼이 있는 경우 판례에 의함)

① 국회의원의 면책특권에 속하는 행위에 대하여 공소를 제기한 경우, 법원은 공소를 기각하여야 한다.
② 주한 미국문화원 내에서 죄를 범한 대한민국 국민에게도 대한민국의 재판권이 미친다.
③ 국회의원은 현행범인인 경우를 제외하고는 회기 중 국회의 동의 없이 체포 또는 구금되지 아니한다.
④ 캐나다 시민권자인 피고인이 캐나다에서 위조사문서를 행사하였다는 내용으로 대한민국 법원에 기소된 경우 대한민국의 재판권이 있다고 보아야 한다.

03

불심검문에 관한 설명 중 가장 적절하지 <u>않은</u> 것은? (다툼이 있는 경우 판례에 의함)

① 경찰관은 어떠한 죄를 범하였거나 범하려 하고 있다고 의심할 만한 상당한 이유가 있는 자를 정지시켜 질문할 수 있고, 질문하기 위하여 가까운 경찰관서에 동행할 것을 요구할 수 있다.
② 경찰관이 불심검문 대상자 해당 여부를 판단할 때에는 객관적·합리적인 기준에 따라야 하며, 불심검문 대상자에게 형사소송법상 체포나 구속에 이를 정도의 혐의가 있을 것을 요하지 않는다.
③ 검문하려는 사람이 경찰관이고, 검문하는 이유가 범죄행위에 관한 것임을 피검문자가 충분히 알고 있었던 경우라도 검문 시 경찰관이 신분증을 제시하지 않았다면 위법한 불심검문에 해당한다.
④ 경찰관은 동행요구를 거절하는 대상자를 동행할 수 없고, 동행요구에 응한 대상자라도 6시간을 초과하여 경찰관서에 머물게 할 수 없다.

04

고소에 관한 설명 중 가장 적절하지 <u>않은</u> 것은? (다툼이 있는 경우 판례에 의함)

① 고소능력은 피해를 입은 사실을 이해하고 고소에 따른 사회생활상의 이해관계를 알아차릴 수 있는 사실상의 의사능력으로 충분하므로, 민법상의 행위능력과 구별된다.

② 반의사불벌죄의 공범 중 1인에 대한 처벌을 희망하지 않는 의사표시는 다른 공범자에 대하여 효력이 없다.

③ 수사기관이 고소권자를 증인 또는 피해자로서 신문한 경우에 그 진술에 범인의 처벌을 요구하는 의사표시가 포함되어 있고 그 의사표시가 조서에 기재된 경우 이는 적법한 고소로 볼 수 있다.

④ 피해자의 법정대리인은 피해자 본인의 고소권이 소멸하면 고소권을 행사할 수 없다.

05

함정수사에 관한 설명 중 가장 적절하지 <u>않은</u> 것은? (다툼이 있는 경우 판례에 의함)

① 유인자가 수사기관과 직접적인 관련을 맺지 아니한 상태에서 피유인자를 상대로 단순히 수차례 반복적으로 범행을 부탁하였을 뿐, 수사기관이 사술이나 계략 등을 사용하였다고 볼 수 없는 경우는 설령 그로 인하여 피유인자의 범의가 유발되었다고 하더라도 위법한 함정수사에 해당하지 않는다.

② 수사기관이 피고인의 범죄사실을 인지하고도 피고인을 바로 체포하지 않고 추가 범행을 지켜보고 있다가 범죄사실이 많이 늘어난 뒤에야 피고인을 체포하였다는 사정만으로 피고인에 대한 수사와 공소제기가 위법하다거나 함정수사에 해당한다고 할 수 없다.

③ 경찰관이 취객을 상대로 한 이른바 부축빼기 절도범 단속을 위하여 공원에 쓰러져 있는 취객 근처에서 감시하고 있다가, 마침 피고인이 나타나 취객을 부축하여 10m 정도를 끌고 가 지갑을 뒤지자 현장에서 체포한 경우 위법한 함정수사에 해당한다.

④ 위법한 함정수사에 의한 공소제기는 그 절차가 법률의 규정에 위반하여 무효인 때에 해당한다.

06

음주측정에 관한 설명 중 가장 적절한 것은? (다툼이 있는 경우 판례에 의함)

① 음주운전과 관련한 도로교통법위반죄의 범죄수사를 위하여 미성년자인 피의자의 혈액채취가 필요한 경우, 피의자에게 의사능력이 없다면 피의자의 법정대리인이 피의자를 대리하여 피의자의 혈액채취에 관한 유효한 동의를 할 수 있다.

② 위법한 강제연행 상태에서 호흡측정방법에 의한 음주측정을 한 다음, 강제연행 상태로부터 시간적·장소적으로 단절되었다고 볼 수 없는 상황에서 피의자가 호흡측정결과를 탄핵하기 위하여 스스로 혈액채취에 의한 측정을 할 것을 요구하여 혈액채취가 이루어진 경우 그러한 혈액채취에 의한 측정결과는 유죄 인정의 증거로 쓸 수 있다.

③ 주취운전의 혐의자에게 영장 없는 음주측정에 응할 의무를 지우고 이에 불응한 사람을 처벌하는 것은 헌법 제12조 제3항에 규정된 영장주의에 위배된다.

④ 음주운전을 목격한 피해자가 있는 상황에서 경찰관이 음주운전 종료 시부터 약 2시간 후 집에 있던 피고인을 임의동행하여 음주측정을 요구하였고, 음주측정 요구 당시에도 피고인이 상당히 취한 것으로 보이는 상황이었다면 그 음주측정 요구는 적법하다.

07

피의자신문에 관한 설명 중 가장 적절하지 <u>않은</u> 것은? (다툼이 있는 경우 판례에 의함)

① 검사 또는 사법경찰관은 피의자 또는 그 변호인·법정대리인·배우자·직계친족·형제자매의 신청에 따라 변호인을 피의자와 접견하게 하거나 정당한 사유가 없는 한 피의자에 대한 신문에 참여하게 하여야 한다.

② 신문에 참여한 변호인은 신문 후 의견을 진술할 수 있다. 다만, 신문 중이라도 부당한 신문방법에 대하여 이의를 제기할 수 있고, 검사 또는 사법경찰관의 승인을 얻어 의견을 진술할 수 있다.

③ 수사기관이 피의자신문에 있어서 피의자에게 미리 진술거부권을 고지하지 않은 때에도 진술의 임의성이 인정되는 경우라면 증거능력이 인정된다.

④ 사법경찰관이 작성한 피의자신문조서는 적법한 절차와 방식에 따라 작성된 것으로서 공판준비 또는 공판기일에 그 피의자였던 피고인 또는 변호인이 그 내용을 인정할 때에 한하여 증거로 할 수 있다.

08

형사절차상 영상녹화에 관한 설명 중 가장 적절하지 않은 것은?

① 피의자의 진술을 영상녹화할 때에는 조사의 개시부터 종료까지 전 과정 및 객관적 정황을 녹화하여야 한다.

② 영상녹화물은 조사가 행해지는 동안 조사실 전체를 확인할 수 있도록 녹화된 것으로 진술자의 얼굴을 식별할 수 있는 것이어야 하고, 재생화면에는 녹화 당시의 날짜와 시간이 실시간으로 표시되어야 한다.

③ 피고인 또는 피고인이 아닌 자의 진술을 내용으로 하는 영상 녹화물은 공판준비 또는 공판기일에서 피고인 또는 피고인이 아닌 자가 진술함에 있어서 기억이 명백하지 아니한 사항에 관하여 기억을 환기시켜야 할 필요가 있다고 인정되는 때에 한하여 피고인 또는 피고인이 아닌 자에게 재생하여 시청하게 할 수 있다.

④ 피고인이 아닌 피의자의 진술에 대한 영상녹화물의 조사를 신청하는 경우 검사는 영상녹화를 시작하고 마친 시각과 조사장소 등을 기재한 서면을 법원에 제출하여야 한다.

09

체포에 관한 설명 중 가장 적절한 것은? (다툼이 있는 경우 판례에 의함)

① 사법경찰관이 피의자를 긴급체포하는 경우에는 즉시 긴급체포서를 작성하여야 할 뿐만 아니라 즉시 검사의 승인을 얻어야 한다.

② 사법경찰관리가 현행범인으로 체포하는 경우에는 반드시 피의 사실의 요지, 체포의 이유와 변호인을 선임할 수 있음을 말하고 변명의 기회를 주어야 하며, 이와 같은 고지는 반드시 체포를 위한 실력행사에 들어가기 전에 미리 행하여야 한다.

③ 체포영장에 의하여 체포된 피의자만이 체포적부심사를 청구할 수 있다.

④ 사법경찰관이 피고인을 수사관서까지 동행한 것이 사실상의 강제연행, 즉 불법체포에 해당하더라도 불법체포로부터 6시간 상당이 경과한 후에 이루어진 긴급체포는 하자가 치유된 것으로 적법하다.

10

구속 전 피의자심문제도에 관한 설명 중 적절한 것을 모두 고른 것은?

> ㉠ 체포영장에 의한 체포·긴급체포 또는 현행범인의 체포에 의하여 체포된 피의자에 대하여 구속영장을 청구받은 판사는 구속의 사유를 판단하기 위하여 필요하다고 인정하는 때에는 피의자를 심문할 수 있다.
> ㉡ 구속 전 피의자심문 시 피의자에게 변호인이 없는 때에는 지방법원판사는 직권으로 변호인을 선정하여야 한다.
> ㉢ 피의자에 대한 심문절차는 원칙적으로 공개한다.
> ㉣ 판사는 피의자가 심문기일에의 출석을 거부하거나 질병 그 밖의 사유로 출석이 현저하게 곤란하고, 피의자를 심문 법정에 인치할 수 없다고 인정되는 때에는 피의자의 출석 없이 심문절차를 진행할 수 있다.
> ㉤ 피의자심문을 하는 경우 법원이 구속영장 청구서·수사관계 서류 및 증거물을 접수한 날부터 구속영장을 발부하여 검찰청에 반환한 날까지의 기간은 사법경찰관이나 검사의 피의자 구속기간에 산입하지 아니한다.

① ㉡, ㉢　　　　　　　② ㉡, ㉣
③ ㉠, ㉣, ㉤　　　　　④ ㉡, ㉣, ㉤

11

구속기간에 관한 설명 중 가장 적절한 것은? (다툼이 있는 경우 판례에 의함)

① 현행범인으로 체포된 피의자의 구속기간은 구속영장이 발부된 때로부터 기산한다.
② 구속기간의 초일은 시간을 계산함이 없이 1일로 산정하고, 구속기간의 말일이 공휴일인 경우 구속기간에 산입하지 아니한다.
③ 구속기간연장허가결정이 있는 경우에 그 연장기간은 구속기간 만료일부터 기산한다.
④ 피의자에 대한 구속기간 연장을 허가하지 않은 지방법원판사의 결정에 대하여 검사는 항고의 방법으로 불복할 수 없다.

12

구속에 관한 설명 중 가장 적절하지 <u>않은</u> 것은? (다툼이 있는 경우 판례에 의함)

① 수사기관이 구속영장에 기재된 장소가 아닌 곳으로 구금장소를 임의적으로 변경하는 것은 위법하다.
② 피고인의 구속기간이 만료될 무렵에 종전 구속영장에 기재된 범죄사실과는 다른 범죄사실로 피고인을 구속하였다는 사정만으로는 그 구속이 위법하다고 할 수 없다.
③ 불구속 상태의 피고인에 대하여 본안재판을 선고한 원심법원은 그 선고 이후에는 피고인을 구속할 권한이 없다.
④ 수사기관이 관할 지방법원 판사가 발부한 구속영장에 의하여 피의자를 구속하는 경우, 구속영장 발부에 의하여 적법하게 구금된 피의자가 피의자신문을 위한 출석요구에 응하지 아니하면서 수사기관 조사실에의 출석을 거부한다면 수사기관은 그 구속영장의 효력에 의하여 피의자를 조사실로 구인할 수 있다.

13

접견교통권에 관한 설명 중 가장 적절한 것은? (다툼이 있는 경우 판례에 의함)

① 접견교통권의 주체는 체포·구속을 당한 피의자이고, 신체 구속상태에 있지 않은 피의자는 포함되지 않는다.
② 미결수용자와 변호인과의 접견에는 교도관이 참여할 수 있다.
③ 국가정보원 사법경찰관이 경찰서 유치장에 구금되어 있던 피의자에 대하여 의사의 진료를 받게 할 것을 신청한 변호인에게 국가정보원이 추천하는 의사의 참여를 요구한 것은 변호인의 수진권을 침해하는 위법한 처분에 해당한다.
④ 신체구속을 당한 피고인 또는 피의자에 대한 변호인의 접견교통권은 수사기관의 처분 등에 의해 이를 제한할 수 없고, 다만 법령에 의하여서만 제한이 가능하다.

14

증거보전절차에 관한 설명 중 가장 적절하지 <u>않은</u> 것은?

① 검사는 제1회 공판기일 전에 한하여 판사에게 증인 신문뿐만 아니라 압수·수색·검증을 내용으로 하는 증거보전을 청구할 수 있다.

② 피고인뿐만 아니라 피의자도 제1회 공판기일 전에 한하여 판사에게 증거보전을 청구할 수 있다.

③ 증거보전의 청구를 기각하는 결정에 대하여는 불복할 수 없다.

④ 증거보전을 청구함에는 서면으로 그 사유를 소명하여야 한다.

15

압수·수색에 관한 설명 중 가장 적절한 것은? (다툼이 있는 경우 판례에 의함)

① 압수·수색영장에 압수할 물건을 압수장소에 보관 중인 물건이라고 기재되어 있는 경우에는 압수장소에 현존하는 물건도 포함되는 것으로 해석된다.

② 압수·수색장소의 관리책임자에게 영장을 제시한 경우에 그 장소에 있는 다른 사람으로부터 물건을 압수하더라도 별도로 영장을 제시할 필요는 없다.

③ 압수·수색영장 집행 당시 피처분자가 현장에 없거나 그를 발견할 수 없는 경우 등 영장제시가 현실적으로 불가능하여 영장을 제시하지 아니한 채 압수·수색을 한 경우 위법하다고 볼 수 있다.

④ 압수·수색을 실시하고 그 집행을 종료한 후, 그 압수·수색 영장이 아직 유효기간 내에 있고 동일한 장소 또는 목적물에 대하여 다시 압수·수색할 필요가 있는 경우라도 그 영장으로 다시 압수·수색할 수 없다.

16

영장에 의하지 않는 압수·수색에 관한 설명 중 가장 적절하지 <u>않은</u> 것은?

① 검사 또는 사법경찰관은 피의자 기타인의 유류한 물건이나 소유자, 소지자 또는 보관자가 임의로 제출한 물건을 영장 없이 압수할 수 있다.

② 검사 또는 사법경찰관은 긴급체포된 자가 소유·소지 또는 보관하는 물건에 대하여 긴급히 압수할 필요가 있는 경우에는 체포한 때부터 24시간 이내에 한하여 영장 없이 압수·수색 또는 검증을 할 수 있다.

③ 검사 또는 사법경찰관은 범행 중 또는 범행직후의 범죄장소에서 긴급을 요하여 법원판사의 영장을 받을 수 없는 때에는 영장없이 압수·수색 또는 검증을 할 수 있고, 이 경우에는 사후에 지체없이 영장을 받아야 한다.

④ 검사 또는 사법경찰관은 긴급체포된 자가 소유하고 있는 물건에 대하여 긴급히 압수할 필요가 있어 영장 없이 압수한 때에 압수한 물건을 계속 압수할 필요가 있는 경우에는 지체없이 압수수색 영장을 청구하여야 하고, 이 경우 압수수색영장의 청구는 체포한 때로부터 24시간 이내에 하여야 한다.

17

압수물의 처리에 관한 설명 중 가장 적절하지 <u>않은</u> 것은?

① 몰수하여야 할 압수물로서 멸실·파손·부패 또는 보관하기 어려운 압수물은 소유자 등 권한 있는 자의 동의를 받아 폐기하여야 한다.

② 운반 또는 보관에 불편한 압수물에 관하여는 간수자를 두거나 소유자 또는 적당한 자의 승낙을 얻어 보관하게 할 수 있다.

③ 압수한 장물은 피해자에게 환부할 이유가 명백한 때에는 피고사건의 종결 전이라도 결정으로 피해자에게 환부할 수 있다.

④ 압수를 계속할 필요가 없다고 인정되는 압수물은 피고사건 종결 전이라도 결정으로 환부하여야 하고 증거에 공할 압수물은 소유자, 소지자, 보관자 또는 제출인의 청구에 의하여 가환부할 수 있다.

18

보석에 관한 설명 중 가장 적절하지 <u>않은</u> 것은? (다툼이 있는 경우 판례에 의함)

① 피고인, 피고인의 변호인·법정대리인·배우자·직계존속·형제자매·가족·동거인 또는 고용주는 법원에 구속된 피고인의 보석을 청구할 수 있다.

② 보증금 몰수사건은 지방법원 단독판사의 관할이지만 소송절차 계속 중에 보석허가 결정이나 그 취소결정을 본안 관할법원인 제1심 합의부가 한 경우 당해 합의부가 사물관할을 갖는다.

③ 법원은 피고인이 정당한 사유 없이 보석조건을 위반한 경우에는 과태료 또는 감치의 제재결정을 내릴 수 있으며, 이 제재결정에 대해서는 즉시항고를 할 수 있다.

④ 구속영장의 효력이 소멸한 때에는 보석조건은 즉시 그 효력을 상실한다.

19

재정신청에 관한 설명 중 적절한 것을 모두 고른 것은? (다툼이 있는 경우 판례에 의함)

> ㉠ 재정신청사건에 대한 법원의 공소제기결정에 따라 검사가 공소를 제기한 때에는 공소취소를 할 수 없다.
>
> ㉡ 법원은 재정신청 기각결정 또는 재정신청 취소가 있는 경우에는 결정으로 재정신청인에게 신청절차에 의하여 생긴 비용의 전부 또는 일부를 부담하게 하여야 한다.
>
> ㉢ 재정신청이 있는 경우에 법원은 검사의 무혐의 불기소처분이 위법하다 하더라도 기록에 나타난 여러 가지 사정을 고려하여 기소유예의 불기소처분을 할 만한 사건이라고 인정되는 경우에는 재정신청을 기각할 수 있다.
>
> ㉣ 재정신청의 관할법원은 불기소처분을 한 검사 소속의 지방검찰청 소재지를 관할하는 지방법원 합의부이다.
>
> ㉤ 법원이 재정신청서에 재정신청을 이유 있게 하는 사유가 기재되어 있지 않음에도 이를 간과한 채 형사소송법 제262조 제2항 제2호 소정의 공소제기결정을 한 관계로 그에 따른 공소가 제기되어 본안사건의 절차가 개시된 후에는 다른 특별한 사정이 없는 한 이제 그 본안사건에서 위와 같은 잘못을 다툴 수 없다.

① ㉠, ㉡, ㉢   ② ㉠, ㉢, ㉣
③ ㉠, ㉢, ㉤   ④ ㉡, ㉣, ㉤

20

공소제기 후 수사에 관한 설명 중 가장 적절하지 <u>않은</u> 것은? (다툼이 있는 경우 판례에 의함)

① 검사 또는 사법경찰관이 피고인에 대한 구속영장을 집행하는 경우에 필요한 때에는 영장 없이 구속 현장에서 압수·수색·검증을 할 수 있다.

② 공판준비 또는 공판기일에서 이미 증언을 마친 증인을 검사가 소환한 후 피고인에게 유리한 증언내용을 추궁하여 이를 일방적으로 번복시키는 방식으로 작성한 진술조서는 피고인이 증거로 할 수 있음에 동의하지 아니하는 한 증거능력이 없다.

③ 검사가 공소제기 후에 피고인을 피의자로 신문하여 작성한 진술조서는 증거능력이 없다.

④ 공소제기 된 피고인의 구속상태를 계속 유지할 것인지 여부에 관한 판단은 전적으로 당해 수소법원의 전권에 속한다.

21

공소장변경에 관한 설명 중 가장 적절하지 <u>않은</u> 것은? (다툼이 있는 경우 판례에 의함)

① 공소장변경신청서 부본을 피고인과 변호인 중 어느 한 쪽에 대해서만 송달하였다고 하여 절차상 잘못이 있다고 할 수 없다.

② 피고인의 방어권 행사에 실질적인 불이익을 초래할 염려가 없는 경우에는 공소사실과 기본적 사실이 동일한 범위 내에서 법원이 공소장변경절차를 거치지 아니하고 다르게 사실을 인정하였더라도 불고불리의 원칙에 위배되지 아니한다.

③ 공소장변경 절차 없이도 법원이 심리·판단할 수 있는 죄가 한 개가 아니라 여러 개인 경우에는 법원으로서는 그 중 어느 하나를 임의로 선택할 수 있다.

④ 검사의 공소장변경신청이 공소사실의 동일성을 해하지 아니하는 한 법원은 이를 허가하여야 한다.

22

공소시효에 관한 설명 중 가장 적절하지 <u>않은</u> 것은?

① 2개 이상의 형을 병과하거나 2개 이상의 형에서 그 1개를 과할 범죄에는 중한 형에 의하여 공소시효의 기간을 적용한다.

② 형법에 의하여 형을 가중 또는 감경한 경우에는 가중 또는 감경한 형에 의하여 공소시효 기간이 적용된다.

③ 벌금에 해당하는 범죄에 대한 공소시효 기간은 5년이다.

④ 공소시효는 범죄행위의 종료한 때로부터 진행한다.

23

법관의 제척·기피에 관한 설명 중 가장 적절하지 <u>않은</u> 것은? (다툼이 있는 경우 판례에 의함)

① 약식명령을 발부한 법관이 정식재판 절차의 제1심 판결에 관여하는 것은 제척사유가 아니다.

② 선거관리위원장으로서 공직선거 및 선거부정방지법 위반의 혐의 사실에 대하여 수사기관에 수사를 의뢰한 법관이 당해 형사 피고사건의 재판에 관여하더라도 제척원인이 되지 않는다.

③ 기피사유는 신청한 날로부터 3일 이내에 서면으로 소명하여야 한다.

④ 수명법관, 수탁판사 또는 단독판사에 대한 기피는 그 법관의 소속법원에 신청하여야 한다.

24

법원의 관할에 관한 설명 중 옳고 그름의 표시(O, X)가 바르게 된 것은? (다툼이 있는 경우 판례에 의함)

> ⊙ 사물관할을 달리하는 수개의 관련사건이 각각 법원 합의부와 단독판사에게 계속된 때에는 합의부는 결정으로 단독판사에게 속한 사건을 병합하여 심리할 수 있다.
> ⓛ 동일사건이 사물관할을 같이하는 수개의 법원에 계속된 때에는 먼저 공소를 받은 법원이 심판한다. 단, 각 법원에 공통되는 직근 상급법원은 검사 또는 피고인의 신청에 의하여 결정으로 뒤에 공소를 받은 법원으로 하여금 심판하게 할 수 있다.
> ⓒ 관할법원이 법률상의 이유 또는 특별한 사정으로 재판권을 행사할 수 없을 때에는 검사 또는 피고인은 직근 상급법원에 관할이전을 신청할 수 있다.
> ⓔ 고유관할사건 계속 중 고유관할 법원에 관련사건이 계속된 이상 그 후 양 사건이 병합되어 심리되지 아니한 채 고유사건에 대한 심리가 먼저 종결되었다면 관련사건에 대한 관할권은 소멸된다.

① ⊙ (O) ⓛ (O) ⓒ (O) ⓔ (O)
② ⊙ (O) ⓛ (O) ⓒ (O) ⓔ (X)
③ ⊙ (O) ⓛ (O) ⓒ (X) ⓔ (X)
④ ⊙ (X) ⓛ (X) ⓒ (O) ⓔ (O)

25

무죄추정의 원칙 등에 관한 설명 중 가장 적절하지 <u>않은</u> 것은? (다툼이 있는 경우 판례에 의함)

① 공소장의 공소사실 첫머리에 피고인이 전에 받은 소년부송치 처분과 직업 없음을 기재하였더라도 피고인을 특정할 수 있는 사항에 속하는 것이어서, 그와 같은 내용의 기재가 있다 하여 공소제기의 절차가 법률의 규정에 위반된 것이라고 할 수 없고 또 헌법상의 피고인에 대한 무죄추정조항이나 평등조항에 위배되는 것도 아니다.

② 교도소에 수용된 때 국민건강보험급여를 정지하도록 한 국민건강보험법 규정은 수용자의 건강권, 인간의 존엄성, 행복추구권, 인간다운 생활을 할 권리를 침해하지 않는다.

③ 파기환송사건에 있어서 구속기간 갱신 및 구속으로 인하여 신체의 자유가 제한되는 것은 무죄추정의 원칙에 위배된다.

④ 수용자가 구치소 및 교도소에 수용되는 과정에서 알몸 상태로 가운만 입고 전자영상장비에 의한 신체검사기에 올라가 다리를 벌리고 용변을 보는 자세로 쪼그려 앉아 항문 부위에 대한 검사를 받은 경우 인격권 내지 신체의 자유를 침해한다고 볼 수 없다.

26

공판준비절차에 관한 설명 중 가장 적절하지 <u>않은</u> 것은?

① 검사, 피고인 또는 변호인은 법원에 대하여 공판준비기일의 지정을 신청할 수 있다. 이 경우 당해 신청에 관한 법원의 결정에 항고할 수 있다.

② 공판준비기일에 신청하지 못한 증거라도 공판기일에 법원은 직권으로 증거조사를 할 수 있다.

③ 법원은 공판준비절차에서 공소사실 또는 적용법조의 추가·철회 또는 변경을 허가하는 행위를 할 수 있다.

④ 법원은 공판준비기일이 지정된 사건에 관하여 변호인이 없는 때에는 직권으로 변호인을 선정하여야 한다.

27

형사보상에 관한 설명 중 가장 적절하지 <u>않은</u> 것은? (다툼이 있는 경우 판례에 의함)

① 피고인의 보상청구는 무죄재판이 확정된 때부터 5년 이내에 하여야 한다.

② 보상의 청구가 이유 있을 때에는 보상결정을 하여야 하고, 그 보상결정에 대하여는 1주일 이내에 즉시항고를 할 수 있다.

③ 보상금 지급을 청구하려는 자는 보상을 결정한 법원에 보상금 지급청구서를 제출하여야 한다.

④ 군용물손괴죄로 구금된 공군 중사가 수사기관에서 범행을 자백하다가 다시 부인하며 다투어 무죄의 확정판결을 받고 형사보상청구를 한 사안에서, 자신이 범인으로 몰리고 있어서 형사처벌을 면하기 어려울 것이라는 생각과 거짓말탐지기 검사 등으로 인한 심리적인 압박 때문에 허위의 자백을 한 것이므로 형사보상청구의 기각 요건인 '수사 또는 심판을 그르칠 목적'에 해당하지 않는다.

28

간이공판절차에 관한 설명 중 적절한 것을 모두 고른 것은? (다툼이 있는 경우 판례에 의함)

> ㉠ 피고인이 공판정에서 공소사실에 대해 자백한 때에는 법원은 그 공소사실에 한하여 간이공판절차에 의하여 심판할 것을 결정하여야 한다.
>
> ㉡ 피고인이 제1심법원에서 공소사실에 대하여 자백하여 제1심 법원이 간이공판절차에 회부하여 상당하다고 인정하는 방법으로 증거조사를 한 이상, 항소심에 이르러 피고인이 범행을 부인하였더라도 제1심법원에서 이미 증거능력이 있었던 증거는 항소심에서도 증거능력이 그대로 유지된다.
>
> ㉢ 법원은 간이공판절차 개시 결정을 한 사건에 대하여 피고인의 자백이 신빙할 수 없다고 인정되거나 간이공판절차로 심판하는 것이 현저히 부당하다고 인정할 때에는 검사의 의견을 들어 그 결정을 취소하여야 한다.
>
> ㉣ 음주상태로 운전 중 교통사고를 내고 사고 후 도주한 범죄사실로 기소된 피고인이 법정에서 "공소사실은 모두 사실과 다름없다."고 하면서 술에 만취되어 기억이 없다는 취지로 진술한 경우 간이공판절차에 의하여 심판할 대상에 해당한다.

① ㉠, ㉡ 　　　　② ㉠, ㉢

③ ㉡, ㉢ 　　　　④ ㉢, ㉣

29

증거개시제도에 관한 설명 중 가장 적절하지 <u>않은</u> 것은?

① 검사가 열람·등사 또는 서면의 교부에 관한 법원의 결정을 지체 없이 이행하지 아니한 때에는 해당 증인 및 서류 등에 대한 증거신청을 할 수 없다.

② 검사는 피고인 또는 변호인의 신청이 있는 경우 서류 등의 목록에 대하여는 열람 또는 등사를 거부할 수 없다.

③ 검사는 열람·등사 또는 서면의 교부를 거부하거나 그 범위를 제한하는 때에는 지체 없이 그 이유를 서면으로 통지하여야 한다.

④ 피고인에게 변호인이 있는 경우 피고인은 검사에게 공소제기된 사건에 관한 서류 또는 물건의 목록과 공소사실의 인정 또는 양형에 영향을 미칠 수 있는 서류 등의 열람·등사 또는 서면의 교부를 신청할 수 있다.

30

증명에 관한 설명 중 가장 적절하지 <u>않은</u> 것은? (다툼이 있는 경우 판례에 의함)

① 공모나 모의는 공모공동정범에 있어서의 '범죄될 사실'이라 할 것이므로 이를 인정하기 위하여서는 엄격한 증명에 의하지 않으면 아니 된다.

② 친고죄에서의 적법한 고소가 있었는지는 자유로운 증명의 대상이 된다.

③ 뇌물죄의 수뢰액은 그 다과에 따라 범죄구성요건이 되므로 엄격한 증명의 대상이 된다.

④ 주취정도의 계산을 위한 위드마크 공식의 경우 그 적용을 위한 자료로는 음주량, 음주시각, 체중, 평소의 음주정도 등이 필요하며 그런 전제사실에 대하여는 자유로운 증명으로 족하다.

31

위법수집증거에 관한 설명 중 가장 적절하지 <u>않은</u> 것은? (다툼이 있는 경우 판례에 의함)

① 검사가 공소제기 후 형사소송법 제215조에 따라 수소법원 이외의 지방법원 판사에게 청구하여 발부받은 영장에 의하여 압수·수색을 하였다면, 그와 같이 수집된 증거는 기본적 인권보장을 위해 마련된 적법한 절차에 따르지 않은 것으로서 원칙적으로 유죄의 증거로 삼을 수 없다.

② 선거관리위원회 위원·직원이 관계인에게 진술이 녹음된다는 사실을 미리 알려주지 아니한 채 진술을 녹음하였더라도, 그와 같은 조사절차에 의하여 수집한 녹음파일 내지 그에 터잡아 작성된 녹취록이 증거능력이 부정된다고 할 수 없다.

③ 형사소송법 제218조는 "사법경찰관은 소유자, 소지자 또는 보관자가 임의로 제출한 물건을 영장없이 압수할 수 있다"고 규정하고 있는바, 위 규정을 위반하여 소유자, 소지자 또는 보관자가 아닌 자로부터 제출받은 물건을 영장없이 압수한 경우 그 '압수물' 및 '압수물을 찍은 사진'은 이를 유죄 인정의 증거로 사용할 수 없는 것이고, 헌법과 형사소송법이 선언한 영장주의의 중요성에 비추어 볼 때 피고인이나 변호인이 이를 증거로 함에 동의하였다고 하더라도 달리 볼 것은 아니다.

④ 경찰관이 이른바 전화사기죄 범행의 혐의자를 긴급체포하면서 그가 보관하고 있던 다른 사람의 주민등록증, 운전면허증 등을 압수한 사안에서, 이는 적법한 압수로서 위 혐의자의 점유이탈물횡령죄 범행에 대한 증거로 사용할 수 있다.

32

전문진술의 증거능력에 관한 설명 중 가장 적절하지 <u>않은</u> 것은? (다툼이 있는 경우 판례에 의함)

① 전문의 진술을 증거로 함에 있어서는 전문진술자가 원진술자로부터 진술을 들을 당시 원진술자가 증언능력에 준하는 능력을 갖춘 상태에 있어야 할 것이다.

② 형사소송법은 재전문진술이나 재전문진술을 기재한 조서에 대하여는 달리 그 증거능력을 인정하는 규정을 두고 있지 아니하고 있으므로 피고인이 증거로 하는데 동의하지 아니하는 이상 이를 증거로 할 수 없다.

③ 형사소송법 제316조의 증거능력과 관련하여 원진술자가 법정에 출석하여 수사기관에서 한 진술을 부인하는 취지로 증언하더라도 원진술자의 진술을 내용으로 하는 조사자의 증언은 증거능력이 있다.

④ '그 진술이 특히 신빙할 수 있는 상태하에서 행하여진 때'라 함은 그 진술내용이나 조서 또는 서류의 작성에 허위개입의 여지가 없고 그 진술내용의 신빙성이나 임의성을 담보할 구체적이고 외부적인 정황이 있는 경우를 말한다.

33

형사소송법 제314조에 규정된 '진술을 요하는 자가 사망, 질병, 외국거주, 소재불명 그 밖에 이에 준하는 사유로 인하여 진술할 수 없는 때'에 해당하지 <u>않은</u> 것은? (다툼이 있는 경우 판례에 의함)

① 증인으로 채택되어 국내의 주소지 등으로 소환하였으나 소환장이 송달불능되었고 미국으로 출국하여 그곳에 거주하고 있음이 밝혀져 다시 미국 내 주소지로 증인소환증을 발송하자, 제1심 법원에 경위서를 제출하면서 장기간 귀국할 수 없음을 통보한 경우

② 피해자가 공판정에서 진술을 한 경우라도 증인신문 당시 일정한 사항에 관하여 기억이 나지 않는다는 취지로 진술하여 그 진술의 일부가 재현 불가능하게 된 경우

③ 증인이 형사소송법에 정한 바에 따라 정당하게 증언거부권을 행사하여 증언을 거부하는 경우

④ 중풍, 언어장애 등 장애등급 3급 5호의 장애로 인하여 법정에 출석할 수 없었던 것이고, 그 후 신병을 치료하기 위하여 속초로 간 후에는 그에 대한 소재탐지가 불가능하게 된 경우

34

증거동의에 관한 설명 중 가장 적절하지 <u>않은</u> 것은? (다툼이 있는 경우 판례에 의함)

① 약식명령에 불복하여 정식재판을 청구한 피고인이 정식재판 절차의 제1심에서 2회 불출정하여 형사소송법 제318조 제2항에 따른 증거동의가 간주된 후 증거조사를 완료한 이상, 피고인이 항소심에 출석하여 간주된 증거동의를 철회 또는 취소한다는 의사표시를 하더라도 그 증거능력이 상실되는 것이 아니다.

② 유죄증거에 대하여 피고인 측이 반대증거로 제출한 서류는 그 진정성립이 증명되거나 상대방의 동의가 있어야 증거판단의 자료로 삼을 수 있다.

③ 긴급체포 시 압수한 물건에 관하여 형사소송법 제217조 제2항, 제3항의 규정에 의한 압수수색영장을 발부받지 않고도 즉시 반환하지 않는 경우 이를 유죄인정의 증거로 사용할 수 없는 것이고, 피고인이나 변호인이 이를 증거로 함에 동의하였다고 하더라도 달리 볼 것은 아니다.

④ 피고인의 출정 없이 증거조사를 할 수 있는 경우에 피고인이 출정하지 아니한 때에는 피고인의 대리인 또는 변호인이 출정한 때를 제외하고 피고인이 증거로 함에 동의한 것으로 간주한다.

35

국민참여재판에 관한 설명 중 가장 적절하지 <u>않은</u> 것은?

① 검사와 변호인은 각자 배심원이 9인인 경우에는 5인, 배심원이 7인인 경우에는 4인, 배심원이 5인인 경우에는 3인의 범위 내에서 배심원후보자에 대하여 이유를 제시하지 아니하는 무이유부기피신청을 할 수 있다.

② 법원은 공소제기 후부터 공판준비기일이 종결된 날까지 국민참여재판을 하지 아니하기로 하는 결정을 할 수 있다.

③ 배심원 또는 예비배심원은 법원의 증거능력에 관한 심리에 관여할 수 없으며, 공판절차가 개시된 후 새로 재판에 참여하는 배심원 또는 예비배심원이 있는 때에는 공판절차를 갱신하여야 한다.

④ 금고 이상의 실형을 선고받고 그 집행이 종료(종료된 것으로 보는 경우를 포함한다)되거나 집행이 면제된 후 5년이 경과하지 아니한 사람은 배심원으로 선정될 수 없다.

36

자백에 대한 보강증거에 관한 설명 중 가장 적절하지 <u>않은</u> 것은? (다툼이 있는 경우 판례에 의함)

① 자백에 대한 보강증거는 범죄사실의 전부 또는 중요부분을 인정할 수 있는 정도가 되지 아니하더라도 피고인의 자백이 가공적인 것이 아닌 진실한 것임을 인정할 수 있는 정도만 되면 족할 뿐만 아니라 직접증거가 아닌 간접증거나 정황증거도 보강증거가 될 수 있다.

② 피고인이 업무추진 과정에서 지출한 자금 내역을 기록한 수첩의 기재 내용은 피고인의 검찰에서의 자백에 대한 독립적인 보강증거가 될 수 있다.

③ 공범인 공동피고인들의 각 진술은 상호간에 서로 보강증거가 될 수 있다.

④ 피고인은 다세대주택의 여러 세대에서 7건의 절도행위를 한 것으로 기소되었는데 그 중 4건은 범행장소인 구체적 호수가 특정되지 않은 사안에서, 위 4건에 관한 피고인의 진술이 매우 사실적·구체적·합리적이고 진술의 신빙성을 의심할 만한 사유도 없어 자백의 진실성이 인정된다 하더라도 피고인의 집에서 해당 피해품을 압수한 압수조서와 압수물 사진은 위 자백에 대한 보강증거가 될 수 없다.

37

유죄판결에 명시될 '이유의 기재'에 관한 설명 중 가장 적절하지 <u>않은</u> 것은? (다툼이 있는 경우 판례에 의함)

① 공정증서원본부실기재죄 및 그 행사죄로 공소제기된 피고인이 당해 등기가 실체적 권리관계에 부합하는 유효한 등기라고 주장하는 경우 그 주장이 받아들여지지 아니한 때에는 유죄의 선고를 하는 것으로 부족하고 그에 대한 판단을 판결이유에 명시하여야 한다.

② 증거의 요지를 적시할 때 어느 증거의 어느 부분에 의하여 범죄사실을 인정하였느냐 하는 이유 설명까지 할 필요는 없지만 적어도 어떤 증거에 의하여 어떤 범죄사실을 인정하였는가를 알아볼 정도로 증거의 중요 부분을 표시하여야 한다.

③ 유죄판결의 판결이유에는 범죄사실, 증거의 요지와 법령의 적용을 명시하여야 하므로, 유죄판결을 선고하면서 판결이유에 이 중 어느 하나를 전부 누락한 경우에는 형사소송법 제383조 제1호에 정한 판결에 영향을 미친 법률위반으로서 파기사유가 된다.

④ 유죄판결의 증거는 범죄될 사실을 증명할 적극적 증거를 거시하면 되므로 범죄사실에 배치되는 증거들에 관하여 배척한다는 취지의 판단이나 이유를 설시하지 아니하여도 잘못이라 할 수 없고 증언의 일부분만을 믿고 다른 부분을 믿지 않는다고 하여 채증법칙에 위배된다고는 할 수 없다.

38

즉시항고가 허용되는 결정을 모두 고른 것은? (다툼이 있는 경우 판례에 의함)

> ㉠ 기피신청기각결정
> ㉡ 구속취소결정
> ㉢ 구속집행정지결정
> ㉣ 약식명령에 대한 정식재판청구 기각결정

① ㉠, ㉣   ② ㉡, ㉢
③ ㉠, ㉡, ㉣   ④ ㉠, ㉡, ㉢, ㉣

39

재심에 관한 설명 중 가장 적절하지 <u>않은</u> 것은? (다툼이 있는 경우 판례에 의함)

① 원판결의 증거된 증언을 한 자가 그 재판 과정에서 자신의 증언과 반대되는 취지의 증언을 한 다른 증인을 위증죄로 고소하였다가 그 고소가 허위임이 밝혀져 무고죄로 유죄의 확정판결을 받은 경우 형사소송법 제420조 제2호에 정한 '원 판결의 증거된 증언이 확정판결에 의하여 허위인 것이 증명된 때'에 포함된다.

② 재심개시절차에서는 재심사유가 있는지 여부만을 판단하여야 하고, 재심사유가 재심대상판결에 영향을 미칠 가능성이 있는가의 실체적 사유는 고려하여서는 아니 된다.

③ 피고인이 재심을 청구한 경우 재심대상이 되는 확정판결의 소송절차 중에 증거를 제출하지 못한 데 과실이 있는 경우에는 그 증거는 재심사유에서의 '증거가 새로 발견된 때'에서 제외된다.

④ 형사소송법상 재심사유인 무죄 등을 인정할 '증거가 새로 발견된 때'란 재심대상이 되는 확정판결의 소송절차에서 발견되지 못하였거나 또는 발견되었다 하더라도 제출할 수 없었던 증거를 새로 발견하였거나 비로소 제출할 수 있게 된 때를 말한다.

40

즉결심판에 관한 설명 중 가장 적절하지 <u>않은</u> 것은?

① 즉결심판절차에서는 유죄의 선고뿐만 아니라 무죄, 면소 또는 공소기각의 선고를 할 수 있다.

② 즉결심판의 판결이 확정된 때에는 즉결심판서 및 관계서류와 증거는 관할 지방검찰청에서 이를 보존한다.

③ 정식재판을 청구하고자 하는 피고인은 즉결심판의 선고·고지를 받은 날부터 7일 이내에 정식재판청구서를 경찰서장에게 제출하여야 한다.

④ 지방법원, 지원 또는 시·군법원의 판사는 즉결심판절차에 의하여 피고인에게 20만 원 이하의 벌금, 구류 또는 과료에 처할 수 있다.

✅ 회독 CHECK ☐1☐ ☐2☐ ☐3☐

01

헌법에서 형사절차와 관련하여 명시적으로 규정하지 않은 것은?

① 신속한 공개재판을 받을 권리
② 피구속자의 가족 등이 구속 사유를 통지받을 권리
③ 불이익변경금지원칙
④ 체포·구속적부심사청구권

02

형사소송법에 관한 설명 중 가장 적절하지 않은 것은?
(다툼이 있으면 판례에 의함) **문제 변형**

① 적법한 절차에 따르지 아니하고 수집한 증거는 증거로 할 수 없다.
② 압수·수색영장에는 피고인의 성명, 죄명, 압수할 물건, 수색할 장소, 신체, 물건, 영장발부연월일, 영장의 유효기간과 그 기간을 경과하면 집행에 착수할 수 없으며 영장을 반환하여야 한다는 취지를 기재하여야 한다.
③ 정보저장매체 등을 압수할 때에는 원칙적으로 기억된 정보의 범위를 정하여 출력하거나 복제하여 제출받아야 한다.
④ 기피신청의 사유로서 법관이 불공평한 재판을 할 염려가 있는 때라 함은 당사자가 불공평한 재판이 될지도 모른다고 추측할 만한 주관적인 사정이 있는 때를 말한다.

03

적정절차의 원칙에 관한 설명 중 가장 적절하지 않은 것은? (다툼이 있으면 판례에 의함)

① 헌법 제12조 제1항 후문에 규정되어 있는 적법절차란 법률이 정한 절차 및 그 실체적 내용이 모두 적정하여야 함을 말하는 것이다.
② 범죄의 피의자로 입건된 사람들로 하여금 수사기관의 신문을 받으면서 자신의 신원을 밝히지 아니하고 지문채취에 불응하는 경우 벌금, 과료, 구류 등의 형사처벌을 받도록 하고 있는 구 경범죄처벌법 조항은 적법절차의 원칙에 위배되지 않는다.
③ 헌법과 형사소송법이 정한 절차에 따르지 아니하고 수집한 증거는 물론 이를 기초로 하여 획득한 2차 증거 역시 원칙적으로 유죄인정의 증거로 삼을 수 없다.
④ 경찰관에게 등을 보인 채 상의를 속옷과 함께 겨드랑이까지 올리고 하의를 속옷과 함께 무릎까지 내린 상태에서 3회에 걸쳐 앉았다 일어서게 하는 방법으로 실시한 정밀신체 수색은 위법하지 아니하다.

04

수사에 관한 설명 중 가장 적절하지 <u>않은</u> 것은? (다툼이 있으면 판례에 의함) **문제 변형**

① 친고죄나 세무공무원 등의 고발이 있어야 논할 수 있는 죄에 있어서 고소 또는 고발은 소추조건에 불과하고 당해 범죄의 성립요건이나 수사의 조건은 아니다.

② 경무관, 총경, 경정, 경감, 경위는 범죄의 혐의가 있다고 사료하는 때에는 범인, 범죄사실과 증거를 수사한다.

③ 경찰관이 취객을 상대로 한 이른바 부축빼기 절도범 단속을 위하여 공원에 쓰러져 있는 취객 근처에서 감시하고 있다가 마침 피고인이 나타나 취객을 부축하여 10m 정도를 끌고 가 지갑을 뒤지자 현장에서 체포하여 기소한 경우 위법한 함정수사라고 볼 수 있다.

④ 수사란 범죄혐의의 유무를 명백히 하여 공소를 제기·유지할 것인가의 여부를 결정하기 위하여 범인을 발견·확보하고 증거를 수집·보전하는 수사기관의 활동이다.

05

형사소송법상 피의자에게 인정되는 권리가 <u>아닌</u> 것은?

① 수사상의 증인신문청구권

② 체포·구속적부심사청구권

③ 진술거부권

④ 증거보전청구권

06

함정수사에 관한 설명 중 가장 적절한 것은? (다툼이 있으면 판례에 의함)

① 경찰관이 노래방 도우미 알선 영업 단속 실적을 올리기 위하여 그에 대한 첩보가 없는데도 손님을 가장하고 잠입해 도우미를 불러낸 경우 피고인의 범의를 유발케 한 것으로 위법하다.

② 위법한 함정수사에 기하여 공소를 제기한 경우 그 수사에 기하여 수집한 증거는 증거능력이 없다고 보아야 하므로 법원은 무죄 판결을 하여야 한다.

③ 유인자가 수사기관과 직접적인 관련을 맺지 않은 상태에서 피유인자를 상대로 단순히 수차례 반복적으로 범행을 부탁하였을 뿐, 수사기관이 사술이나 계략 등을 사용하였다고 볼 수 없는 경우라 할지라도 그로 인하여 피유인자의 범의가 유발되었다면 위법한 함정수사에 해당한다.

④ 뇌물공여자들이 새롭게 당선된 군수인 피고인을 함정에 빠뜨리겠다는 의사로 뇌물을 공여한 것이었다면, 뇌물공여자들의 함정교사라는 사정은 피고인의 책임을 면하게 하는 사유가 될 수 있다.

07

피의자신문에 관한 설명 중 가장 적절하지 <u>않은</u> 것은? (다툼이 있으면 판례에 의함)

① 신문에 참여한 변호인은 신문 후 의견을 진술할 수 있다. 다만, 신문 중이더라도 부당한 신문방법에 대하여 이의를 제기할 수 있고, 검사 또는 사법경찰관의 승인을 얻어 의견을 진술할 수 있다.

② 신문에 참여하고자 하는 변호인이 2인 이상인 때에는 피의자가 신문에 참여할 변호인 1인을 지정한다. 지정이 없는 경우에는 검사 또는 사법경찰관이 이를 지정하여야 한다.

③ 검사 또는 사법경찰관은 변호인의 신문참여 및 그 제한에 관한 사항을 피의자신문조서에 기재하여야 한다.

④ 구속된 피의자가 수사기관의 피의자신문을 위한 출석요구에 불응하면서 조사실에 출석을 거부하는 경우에는 구속영장의 효력에 의하여 피의자를 조사실로 구인할 수 있다.

08

고소에 관한 설명 중 가장 적절하지 <u>않은</u> 것은?

① 피해자의 법정대리인이 피의자이거나 법정대리인의 친족이 피의자인 때에는 피해자의 친족은 독립하여 고소할 수 있다.

② 고소는 제1심 판결 선고 전까지 취소할 수 있다.

③ 고소를 취소한 자는 다시 고소하지 못한다.

④ 친고죄에 대하여 고소할 자가 없는 경우에 이해관계인의 신청이 있으면 검사는 7일 이내에 고소할 수 있는 자를 지정하여야 한다.

09

고소불가분에 관한 설명 중 가장 적절하지 <u>않은</u> 것은? (다툼이 있으면 판례에 의함)

① 상대적 친고죄의 경우 신분관계 있는 자에 대한 피해자의 고소취소는 비신분자에게도 효력이 있다.

② 절대적 친고죄의 공범 중 일부에 대하여만 처벌을 구하고 나머지에 대하여는 처벌을 원하지 않는다는 내용의 고소는 적법한 고소라고 할 수 없다.

③ 친고죄의 공범 중 그 1인 또는 수인에 대한 고소 또는 그 취소는 다른 공범자에 대하여도 효력이 있다.

④ 절대적 친고죄의 경우 공범 중 일부에 대하여 이미 1심 판결이 선고된 때에는 아직 1심판결선고 전의 다른 공범자에 대하여 고소를 취소할 수 없다.

10

수사의 일반원칙에 관한 설명 중 가장 적절하지 <u>않은</u> 것은?

① 수사에 관하여는 공무소 기타 공사단체에 조회하여 필요한 사항의 보고를 요구할 수 있다.

② 수사기관은 변사자의 검시로 범죄의 혐의를 인정하고 긴급을 요할 때에도 영장이 있어야만 검증을 할 수 있다.

③ 수사는 원칙적으로 임의수사에 의하고 강제수사는 법률에 규정된 경우에 한하여 허용된다.

④ 피의자에 대한 수사는 불구속 상태에서 함을 원칙으로 한다.

11

피의자진술의 영상녹화에 관한 설명 중 가장 적절하지 않은 것은?

① 피의자진술의 영상녹화가 완료된 때에는 피의자 또는 변호인 앞에서 지체 없이 그 원본을 봉인하고 피의자로 하여금 기명 날인 또는 서명하게 하여야 한다.

② 영상녹화가 완료된 이후 피의자가 영상녹화물의 내용에 대하여 이의를 진술하는 때에는 그 진술을 따로 영상녹화하여 첨부하여야 한다.

③ 피의자의 진술은 영상녹화할 수 있다. 이 경우 미리 영상녹화 사실을 알려주어야 한다.

④ 피의자의 진술을 영상녹화할 때에는 조사의 개시부터 종료까지의 전 과정 및 객관적 정황을 영상녹화하여야 한다.

12

긴급체포에 관한 설명 중 가장 적절하지 않은 것은? (다툼이 있으면 판례에 의함)

① 사법경찰관이 피의자를 긴급체포 후 구속영장을 신청하지 않고 석방하는 것은 피의자에게 유리하므로 즉시 검사에게 보고하지 않고 석방 후 30일 이내에 보고하면 족하다.

② 긴급체포의 요건을 갖추었는지 여부는 사후에 밝혀진 사정을 기초로 판단하는 것이 아니라 체포 당시의 상황을 기초로 판단하여야 한다.

③ 긴급체포된 피의자에 대하여 구속영장이 발부된 경우에 구속기간은 피의자를 체포한 날부터 기산한다.

④ 긴급체포가 그 요건을 갖추지 못한 경우, 단순히 체포가 위법함에 그치는 것이 아니라 그 체포에 의한 유치 중에 작성된 피의자 신문조서도 특별한 사정이 없는 한 증거능력이 부정된다.

13

체포에 관한 설명 중 가장 적절하지 않은 것은? (다툼이 있으면 판례에 의함)

① 현행범인으로 규정한 '범죄의 실행의 즉후인 자'라고 함은, 범죄의 실행행위를 종료한 직후의 범인이라는 것이 제3자의 입장에서 볼 때 명백한 경우를 일컫는 것이다.

② 체포영장을 발부받아 피의자를 체포하기 위해서는 피의자가 정당한 이유 없이 수사기관의 출석요구에 응하지 아니하거나 응하지 아니할 우려가 있어야 한다.

③ 현행범인 체포의 요건으로서는 행위의 가벌성, 범죄의 현행성 및 시간의 접착성, 범인·범죄의 명백성 외에 체포의 필요성 즉, 도망 또는 증거인멸의 염려가 있을 것을 요한다.

④ 체포영장을 청구함에 있어 동일한 범죄사실에 관하여 그 피의자에 대하여 전에 체포영장을 청구하였거나 발부받은 사실이 있는 때에는 다시 체포영장을 청구하는 취지 및 이유를 기재하여야 한다.

14

현행범인 체포에 관한 설명 중 가장 적절하지 않은 것은? (다툼이 있으면 판례에 의함)

① 사법경찰관이 피의자를 현행범인으로 체포하면서 체포사유 및 변호인선임권을 고지하지 아니하였음에도 불구하고, 고지한 것으로 현행범인체포서를 작성한 경우에는 허위공문서작성죄의 범의가 없다.

② 사법경찰관리가 현행범인의 인도를 받은 때에는 체포자의 성명, 주거, 체포의 사유를 물어야 하고 필요한 때에는 체포자에 대하여 경찰관서에 동행함을 요구할 수 있다.

③ 사법경찰관은 현행범인의 체포를 하는 경우에는 범죄사실의 요지, 체포의 이유와 변호인을 선임할 수 있음을 말하고 변명할 기회를 주어야 한다.

④ 경범죄처벌법을 위반하여 관공서에서 주취소란 행위를 한 자는 주거가 분명한 때에도 현행범인 체포의 대상이 된다.

15

구속 전 피의자 심문제도에 관한 설명 중 가장 적절하지 않은 것은?

① 검사와 변호인은 판사의 심문이 끝난 후에 의견을 진술할 수 있고, 필요한 경우에는 심문 도중에도 판사의 허가를 얻어 의견을 진술할 수 있다.

② 피의자는 판사의 심문 도중에도 변호인에게 조력을 구할 수 있다.

③ 판사는 피의자가 심문기일에의 출석을 거부하거나 질병 그 밖의 사유로 출석이 현저하게 곤란하고, 피의자를 심문 법정에 인치 할 수 없다고 인정되는 때에는 피의자의 출석 없이 심문절차를 진행할 수 있다.

④ 피의자에 대한 심문절차는 원칙적으로 공개하나 국가의 안전보장 또는 안녕질서를 방해하거나 선량한 풍속을 해할 염려가 있을 때에는 법원의 결정으로 공개하지 아니할 수 있다.

16

체포·구속적부심사제도에 관한 설명 중 가장 적절하지 않은 것은?

① 체포·구속적부심사청구에 대한 법원의 결정은 체포 또는 구속된 피의자에 대한 심문이 종료된 때로부터 24시간 이내에 이를 하여야 한다.

② 체포·구속적부심사청구에 대한 법원의 석방결정에 대해서는 항고할 수 있다.

③ 체포 또는 구속의 적부심사의 청구를 받은 법원은 지체 없이 청구인, 변호인, 검사 및 피의자를 구금하고 있는 관서의 장에게 심문기일과 장소를 통지하여야 한다.

④ 공범 또는 공동피의자의 순차청구가 수사방해의 목적이 명백한 때에는 법원은 심문 없이 결정으로 청구를 기각할 수 있다.

17

접견교통권에 관한 설명 중 가장 적절하지 않은 것은? (다툼이 있으면 판례에 의함)

① 변호인과의 접견교통권은 법령에 의한 제한이 없는 한 수사기관의 처분은 물론 법원의 결정으로도 제한할 수 없다.

② 접견교통권의 주체는 체포·구속을 당한 피의자이고, 신체 구속상태에 있지 않은 피의자는 포함되지 않는다.

③ 수사기관이 구금장소를 임의적으로 변경하여 접견교통을 어렵게 한 것은 접견교통권의 행사에 중대한 장애를 초래하는 것이므로 위법하다.

④ 수사기관이나 법원의 접견불허처분이 없더라도, 변호인의 접견 신청일로부터 상당한 기간이 경과하였거나 접견신청일이 경과하도록 접견이 이루어지지 않는 경우에는 실질적으로 접견불허가 처분이 있는 것과 동일시된다.

18

보석에 관한 설명 중 가장 적절하지 않은 것은? (다툼이 있으면 판례에 의함)

① 구속영장의 효력이 소멸한 때에는 보석조건은 즉시 그 효력을 상실한다.

② 피고인이 형의 집행유예기간 중에 있어도 보석이 가능하다.

③ 보석청구권자는 피고인, 피고인의 변호인, 법정대리인, 배우자, 직계친족, 형제자매에 한정된다.

④ 구속 또는 보석을 취소하거나 구속영장의 효력이 소멸된 때에는 몰취하지 아니한 보증금 또는 담보를 청구한 날로부터 7일 이내에 환부하여야 한다.

19

압수·수색에 관한 설명 중 가장 적절하지 <u>않은</u> 것은? (다툼이 있으면 판례에 의함)

① 피의자 기타인의 유류한 물건을 압수하는 경우 영장 없이 압수할 수 없다.

② 검사 또는 사법경찰관은 피의자를 현행범으로 체포하는 경우 체포현장에서 영장 없이 압수·수색할 수 있다.

③ 현장에서 압수·수색처분을 받는 사람이 여러 명일 경우에는 개별적으로 모두에게 영장을 제시해야 하는 것이 원칙이다.

④ 압수물인 디지털저장매체로부터 출력한 문건을 증거로 사용하기 위해서는 정보저장매체원본에 저장된 내용과 출력한 문건의 동일성이 인정되어야 하고, 이를 위해서는 디지털저장매체원본이 압수 시부터 문건 출력 시까지 변경되지 않았음이 담보되어야 한다.

20

압수물의 처리에 관한 설명 중 가장 적절하지 <u>않은</u> 것은?

① 형사소송법상 압수장물의 환부에 관한 규정은 이해관계인이 민사소송 절차에 의하여 그 권리를 주장함에 영향을 미친다.

② 증거에만 공할 목적으로 압수한 물건으로서 그 소유자 또는 소지자가 계속 사용하여야 할 물건은 사진촬영 기타 원형보존의 조치를 취하고 신속히 가환부하여야 한다.

③ 압수한 장물로서 피해자에게 환부할 이유가 명백한 것은 판결로써 피해자에게 환부하는 선고를 하여야 한다.

④ 압수한 서류 또는 물품에 대하여 몰수의 선고가 없는 때에는 압수를 해제한 것으로 간주한다.

21

수사상 감정유치에 관한 설명 중 가장 적절하지 <u>않은</u> 것은?

① 피의자에 대한 감정유치기간은 피의자의 구속기간에 산입한다.

② 검사는 감정을 위촉하는 경우에 피의자의 정신 또는 신체에 관한 감정을 위하여 유치처분이 필요할 때에는 판사에게 이를 청구하여야 한다.

③ 불구속 피고인에 대하여 감정유치장을 발부하여 구속할 때에는 범죄사실의 요지와 변호인을 선임할 수 있음을 알려주어야 한다.

④ 감정유치는 감정을 목적으로 신체의 자유를 구속하는 강제처분이므로 법관이 발부하는 영장, 즉 감정유치장을 요한다.

22

통신제한조치에 관한 설명 중 가장 적절하지 <u>않은</u> 것은? (다툼이 있으면 판례에 의함)

① 범죄수사를 위한 통신제한조치의 기간은 원칙적으로 2월을 초과하지 못하고 그 기간 중 통신제한조치의 목적이 달성되었을 경우에는 즉시 종료하여야 한다.

② 통신비밀보호법상 '통신'이라 함은 우편물 및 전기통신을 말한다.

③ 무전기와 같은 무선전화기를 이용한 통화가 통신비밀보호법 제3조 제1항 소정의 '타인간의 대화'에 포함된다.

④ 전화통화 당사자의 일방이 상대방 모르게 통화내용을 녹음하는 것은 감청에 해당하지 않지만, 제3자가 전화통화 당사자 일방만의 동의를 받고 그 통화내용을 녹음한 경우에는 '통신비밀보호법' 위반에 해당한다.

23

증거보전에 관한 설명 중 가장 적절하지 <u>않은</u> 것은? (다툼이 있으면 판례에 의함)

① 수사상 증거보전절차는 공소제기 전에 한하여 허용된다.

② 증거보전을 청구함에는 서면으로 사유를 소명하여야 하며, 청구기각 결정에 대하여는 3일 이내에 항고할 수 있다.

③ 검사, 피고인, 피의자 또는 변호인은 미리 증거를 보전하지 아니하면 그 증거를 사용하기 곤란한 사정이 있는 때 판사에게 청구할 수 있다.

④ 공동피고인이나 공범자를 증거보전절차에서 증인으로 신문하는 것은 허용된다.

24

증거보전과 증인신문에 관한 설명 중 가장 적절하지 <u>않은</u> 것은? (다툼이 있으면 판례에 의함)

① 증거보전청구를 기각하는 결정에 대하여는 항고할 수 있으나, 증인신문청구를 기각하는 결정에 대하여는 불복할 수 없다.

② 재심청구사건에서도 실체적 진실발견을 위하여 증거보전청구가 예외적으로 허용된다.

③ 증거보전은 물론 증인신문의 청구를 받은 판사도 그 처분에 관하여 법원 또는 재판장과 동일한 권한이 있다.

④ 판사가 증인신문기일을 정한 때에는 피고인·피의자 또는 변호인에게 이를 통지하여 증인신문에 참여할 수 있도록 하여야 한다.

25

수사의 종결에 관한 설명 중 가장 적절하지 <u>않은</u> 것은? (다툼이 있으면 판례에 의함)

① 검사의 불기소처분에는 확정력과 같은 효력이 없어 일단 불기소처분을 한 후에도 공소시효가 완성되기 전이면 공소를 제기할 수 있다.

② 수사 중 피의자가 사망한 경우 검사는 공소권 없음을 이유로 불기소처분을 하여야 한다.

③ 검사의 수사종결 처분에는 공소제기, 불기소처분, 타관송치 등이 있다.

④ 검사는 형사소송법상 불기소처분 또는 타관송치를 한 때에는 피해자에게 즉시 그 취지를 통지하여야 한다.

26

재정신청에 관한 설명 중 가장 적절하지 <u>않은</u> 것은?

① 재정신청은 대리인에 의하여 할 수 있으며 공동신청권자 중 1인의 신청은 그 전원을 위하여 효력을 발생한다.

② 법원은 직권 또는 피의자의 신청에 따라 재정신청인에게 피의자가 재정신청절차에서 부담하였거나 부담할 변호인선임료 등 비용의 전부 또는 일부의 지급을 명할 수 있다.

③ 재정신청을 취소한 자는 다시 재정신청을 할 수 없다.

④ 고소인 또는 고발인은 대상범죄에 제한 없이 모든 범죄에 대하여 재정신청을 할 수 있다.

27

공소제기 후의 수사에 관한 설명 중 가장 적절하지 <u>않은</u> 것은? (다툼이 있으면 판례에 의함)

① 검사가 공소제기 후에 피고인을 피의자로 신문하여 작성한 진술조서는 그 증거능력이 없다.

② 검사 또는 사법경찰관이 피고인에 대한 구속영장을 집행하는 경우에 필요한 때에는 영장 없이 구속현장에서 압수·수색·검증을 할 수 있다.

③ 공판준비기일 또는 공판기일에서 이미 증언을 마친 증인을 검사가 소환한 후 피고인에게 유리한 증언내용을 추궁하여 이를 일방적으로 번복시킨 참고인 진술조서는 그 증거능력이 없다.

④ 압수·수색영장 집행 당시 피처분자가 현장에 없거나 현장에서 그를 발견할 수 없는 경우 등 영장제시가 현실적으로 불가능한 경우에는 영장을 제시하지 아니한 채 압수·수색을 하더라도 위법하다고 볼 수 없다.

28

진술거부권에 관한 설명 중 가장 적절하지 <u>않은</u> 것은? (다툼이 있으면 판례에 의함)

① 수사기관이 피의자가 아닌 참고인으로 조사를 하면서 진술거부권을 고지하지 아니하고 작성한 진술조서는 증거능력이 부정된다.

② 진술거부권은 피고인 또는 피의자의 인권을 보장하고 무기평등의 원칙을 실질적으로 실현하기 위해 인정된 것이다.

③ 진술거부권이 고지되지 않은 상태에서 얻은 피의자의 진술은 그 증거능력이 없다.

④ 피고인인 법인의 대표자도 진술거부권의 주체가 된다.

29

무죄추정의 원칙에 관한 설명 중 가장 적절하지 <u>않은</u> 것은? (다툼이 있으면 판례에 의함)

① 피고인은 유죄의 판결이 확정될 때까지는 무죄로 추정된다.

② 공소장의 공소사실 첫머리에 피고인이 전에 받은 소년부송치 처분을 기재하였다면 이는 무죄추정의 원칙에 반한다.

③ 구 사립학교법이 형사사건으로 기소된 교원에 대하여 필요적으로 직위해제처분을 하도록 규정한 것은 무죄추정의 원칙 등에 반하여 위헌이다.

④ 파기환송을 받은 법원이 피고인 구속을 계속할 사유가 있어 결정으로 구속기간을 갱신하여 피고인을 계속 구속하는 것은 무죄추정의 원칙에 반하지 않는다.

30

국선변호인에 관한 설명 중 가장 적절하지 <u>않은</u> 것은?

① 피고인이 70세 이상인 때에 변호인이 없으면 국선변호인을 선정하여야 한다.

② 피고인이 사형, 무기 또는 장기 3년 이상의 징역이나 금고에 해당하는 사건으로 기소된 때에는 법원은 직권으로 변호인을 선정하여야 한다.

③ 법원은 피고인이 빈곤 그 밖의 사유로 변호인을 선임할 수 없는 경우에 피고인의 청구가 있는 때에는 변호인을 선정하여야 한다.

④ 법원은 공판준비기일이 지정된 사건에 관하여 변호인이 없는 때에는 직권으로 변호인을 선정하여야 한다.

31

엄격한 증명의 대상으로 가장 적절하지 <u>않은</u> 것은? (다툼이 있으면 판례에 의함)

① 교사범에 있어 '교사의 사실' 인정
② 공모공동정범에 있어서 '공모나 모의의 사실' 인정
③ 구 도로법 제54조 제2항에 의한 '적재량 측정 요구'
④ 친고죄에 있어서 '고소의 유무'

32

위법수집증거에 관한 설명 중 가장 적절하지 <u>않은</u> 것은? (다툼이 있으면 판례에 의함)

① 수사기관이 압수영장 또는 감정처분허가장을 발부받지 아니한 채 피의자의 동의 없이 피의자의 신체로부터 혈액을 채취하고 사후에 지체 없이 영장을 발부받지 않았다면, 그 혈액의 알코올 농도에 관한 감정회보는 유죄의 증거로 사용할 수 없다.
② 선거관리위원회 위원·직원이 관계인에게 진술이 녹음된다는 사실을 미리 알려주지 아니한 채 진술을 녹음하였더라도, 그와 같은 조사절차에 의하여 수집한 녹음 파일 내지 그에 터 잡아 작성된 녹취록이 증거능력이 부정된다고 할 수 없다.
③ 검사가 공소제기 후 수소법원 이외의 지방법원 판사에게 청구하여 발부받은 영장에 의하여 압수·수색을 하였다고 하면, 그에 따라 수집된 증거는 원칙적으로 유죄의 증거로 삼을 수 없다.
④ 피고인이 범행 후 피해자에게 전화를 걸어오자 피해자가 증거를 수집하려고 그 전화내용을 녹음한 경우, 그 녹음테이프가 피고인 모르게 녹음된 것이라 하여 이를 위법하게 수집된 증거라고 할 수 없다.

33

위법수집증거에 관한 설명 중 가장 적절하지 <u>않은</u> 것은? (다툼이 있으면 판례에 의함)

① 위법하게 수집된 증거는 피고인이 증거로 함에 동의하더라도 증거능력이 인정되지 않는 것이 원칙이다.
② 경찰관이 이른바 전화사기죄 범행의 혐의자를 긴급체포하면서 그가 보관하고 있던 다른 사람의 주민등록증, 운전면허증 등을 압수한 사안에서, 이는 적법한 압수로서 위 혐의자의 점유이탈물 횡령죄 범행에 대한 증거로 사용할 수 있다.
③ 강도 현행범으로 체포된 피고인이 진술거부권을 고지받지 아니한 채 자백을 하고, 이후 40여 일이 지난 후에 변호인의 충분한 조력을 받으면서 공개된 법정에서 임의로 자백한 경우에 법정에서의 피고인의 자백은 증거로 사용할 수 있다.
④ 수사기관이 압수·수색영장을 제시하고 압수·수색을 실시하여 일단 그 집행을 종료하였더라도 그 영장의 유효기간이 남아있는 한, 유효기간 내 이를 제시하고 다시 압수수색을 하는 것은 위법하다고 할 수 없다.

34

자백의 임의성에 관한 설명 중 가장 적절하지 <u>않은</u> 것은? (다툼이 있으면 판례에 의함)

① 검찰에서의 자백이 잠을 재우지 아니한 상태에서 임의로 진술된 것이 아닌 경우 이를 유죄의 증거로 삼을 수는 없다.

② 임의성 없는 자백은 탄핵증거로도 사용할 수 없다.

③ 자백의 임의성에 다툼이 있을 때에는 그 임의성을 의심할 만한 합리적이고 구체적인 사실을 검사가 아니라 피고인이 입증하여야 한다.

④ 자백의 임의성은 조서의 형식과 내용, 진술자의 신분·학력·지능 등 여러 사정을 종합하여 자유로운 심증으로 판단할 수 있다.

35

피의자신문조서의 증거능력에 관한 설명 중 가장 적절하지 <u>않은</u> 것은? (다툼이 있으면 판례에 의함)

① 피의자신문조서는 검사가 작성한 것이든 검사 이외의 수사기관이 작성한 것이든 적법한 절차와 방식에 따라 작성된 것이라야 증거로 할 수 있다.

② 검사 이외의 수사기관이 작성한 피의자신문조서는 공판준비 또는 공판기일에 그 피의자였던 피고인 또는 변호인이 그 내용을 인정할 때에 한하여 증거로 할 수 있다.

③ 검사가 작성한 피의자신문조서는 피고인의 형식적 진정성립만으로도 증거능력이 인정된다.

④ 피의자가 변호인 참여를 원하는 의사를 표시하였는데도 수사기관이 정당한 사유 없이 변호인을 참여하게 하지 아니한 채 피의자를 신문하여 작성한 피의자신문조서는 증거능력이 없다.

36

형사소송법 제314조에 규정된 '진술을 요하는 자가 사망·질병·외국거주·소재불명 그 밖의 이에 준하는 사유로 진술할 수 없는 때'에 해당하지 <u>않은</u> 것은? (다툼이 있으면 판례에 의함)

① 10세 남짓의 성추행 피해자인 진술자가 만 5세 무렵에 당한 성추행으로 인하여 외상 후 스트레스 증후군을 앓고 있다는 등의 이유로 공판정에 출석하지 아니한 경우

② 증인으로 소환당할 당시부터 노인성 치매로 인한 기억력 장애, 분별력 상실 등으로 인하여 진술할 수 없는 상태하에 있는 경우

③ 증인으로 출석해야 할 자가 외국에 거주하면서 법원의 소환에 계속 불응하고, 구인장 집행도 불가능한 상태에 있는 등 가능하고 상당한 수단을 다하더라도 그 진술을 요할 자를 법정에 출석하게 할 수 없는 경우

④ 진술을 요할 자가 중풍·언어장애 등 3급 5호의 장애로 인하여 법정에 출석할 수 없었고, 그 후 신병을 치료하기 위하여 속초로 간 후에는 그에 대한 소재탐지가 불가능하게 된 경우

37

형사소송법 제315조에 의하여 당연히 증거능력이 인정되는 것으로 가장 적절한 것은? (다툼이 있으면 판례에 의함)

① 육군과학수사연구소 실험분석관이 작성한 감정서
② 검사의 공소장
③ 미국 연방범죄수사관이 범죄현장을 확인하고 작성한 보고서
④ 일본하관 세관서 통괄심리관 작성의 범칙물건감정서등본과 분석의뢰서

38

증거동의에 관한 설명 중 가장 적절하지 <u>않은</u> 것은? (다툼이 있으면 판례에 의함)

① 피고인은 증거로 할 수 있음에 동의하는 의사표시를 하였더라도 증거조사가 완료되기 전까지 그 의사를 철회할 수 있다.
② 긴급체포를 할 당시 물건을 압수하였는데 그 후 압수수색영장을 발부받지 않았음에도 즉시 반환하지 않은 경우 피고인이나 변호인이 이를 증거로 함에 동의하더라도 증거능력은 인정되지 않는다.
③ 검사와 피고인이 증거로 할 수 있음을 동의한 서류 또는 물건은 진정한 것으로 인정한 때에는 증거로 할 수 있다.
④ 소유자, 소지자 또는 보관자가 아닌 자로부터 제출받은 물건을 영장없이 압수한 경우 그 '압수물' 및 '압수물을 찍은 사진'은 이를 유죄 인정의 증거로 사용할 수 없는 것이지만, 피고인이나 변호인이 이를 증거로 함에 동의하였다면 유죄 인정의 증거로 사용할 수 있다.

39

자백의 보강증거에 관한 설명 중 가장 적절하지 <u>않은</u> 것은? (다툼이 있으면 판례에 의함)

① 자백에 대한 보강증거는 직접증거가 아닌 간접증거나 정황증거도 보강증거가 될 수 있다.
② 피고인이 업무추진 과정에서 지출한 자금내역을 기입한 수첩의 기재내용은 피고인의 자백에 대한 보강증거가 될 수 없다.
③ 공범인 공동피고인들의 각 진술은 상호간에 서로 보강증거가 될 수 있다.
④ 실체적 경합범은 실질적으로 수죄이므로 각 범죄사실에 관하여 자백에 대한 보강증거가 있어야 한다.

40

즉결심판절차에 관한 설명 중 가장 적절하지 <u>않은</u> 것은?

① 즉결심판이 확정된 때에는 확정판결과 동일한 효력이 생긴다.
② 즉결심판절차에서 피고인은 정식재판의 청구를 포기할 수 있다.
③ 즉결심판에 있어서는 자백배제법칙은 적용되나 자백보강법칙은 적용되지 아니한다.
④ 즉결심판절차에 의한 심리와 재판의 선고는 비공개된 법정에서 행한다.

2015 기출문제

01

적정절차의 원칙에 관한 설명 중 가장 적절하지 <u>않은</u> 것은? (다툼이 있는 경우 판례에 의함)

① 범죄의 피의자로 입건된 사람들로 하여금 경찰공 무원이나 검사의 신문을 받으면서 자신의 신원을 밝히지 않고 지문채취에 불응하는 경우 벌금, 과 료, 구류의 형사처벌을 받도록 하고 있는 구 경범 죄처벌법 조항은 적법절차의 원칙에 위배되지 않 는다.

② 검사가 법원의 증인으로 채택된 수감자를 그 증언 에 이르기까지 거의 매일 검사실로 하루 종일 소환 하여 피고인측 변호인이 접근하는 것을 차단하고, 검찰에서의 진술을 번복하는 증언을 하지 않도록 회유·압박하고, 때로는 검사실에서 편의를 제공 한 행위는 피고인의 공정한 재판을 받을 권리를 침 해한다.

③ 경찰관에게 등을 보인 채 상의를 속옷과 함께 겨드 랑이까지 올리고 하의를 속옷과 함께 무릎까지 내 린 상태에서 3회에 걸쳐 앉았다 일어서게 하는 방 법으로 실시한 정밀신체수색은 위법하다.

④ 경찰청장이 주민등록발급신청서에 날인되어 있는 지문정보를 보관·전산화하고 이를 범죄수사목적 에 이용하는 행위는 무죄 추정의 원칙과 영장주의 내지 강제수사법정주의에 위배된다.

02

함정수사에 관한 설명 중 가장 적절하지 <u>않은</u> 것은? (다툼이 있는 경우 판례에 의함)

① 본래 범의를 가지지 아니한 자에 대하여 수사기관 이 사술이나 계략 등을 써서 범의를 유발케 하여 범죄인을 검거하는 범의 유발형 함정수사는 위법 하다.

② 함정수사에 의한 공소제기는 그 절차가 법률의 규 정에 위반하여 무효인 때에 해당하므로 형사소송 법 제327조 제2호에 의하여 공소기각 판결을 하여 야 한다.

③ 이미 범의를 가진 자에 대하여 범행의 기회를 주거 나 범행을 용이하게 하여 검거한 경우 함정수사에 해당하여 위법하다.

④ 경찰관이 취객을 상대로 한 이른바 부축빼기 절도 범 단속을 위하여, 공원에 쓰러져 있는 취객 근처 에서 감시하고 있다가 마침 피고인이 나타나 취객 을 부축하여 10m 정도를 끌고 가 지갑을 뒤지자 현장에서 체포하여 기소한 경우 위법한 함정수사 에 해당하지 않는다.

03

다음 설명 중 가장 적절하지 <u>않은</u> 것은? (다툼이 있는 경우 판례에 의함)

① 변사자는 범죄발견의 단서가 될 수 있으며, 변사자의 검시는 검사의 명에 의하여 사법경찰관이 할 수 있다.

② 피고인이 검찰의 소환에 따라 자진 출석하여 검사에게 범죄사실에 관하여 자백함으로써 형법상 자수의 효력이 발생하였다고 하더라도, 그 후 검찰이나 법정에서 범죄사실을 일부 부인하였다면 일단 발생한 자수의 효력은 소멸한다.

③ 진정 · 자수 · 범죄신고는 타인의 체험에 의한 수사의 단서이나, 불심검문은 수사기관 자신의 체험에 의한 수사의 단서이다.

④ 진정에 따른 내사사건의 내사종결처분은 재정신청 또는 헌법소원의 대상이 아니다.

04

불심검문에 관한 설명 중 가장 적절하지 <u>않은</u> 것은?

① 경찰관은 어떠한 죄를 범하였거나 범하려 하고 있다고 의심할 만한 상당한 이유가 있는 자를 정지시켜 질문할 수 있다.

② 경찰관이 불심검문을 위하여 질문하거나 동행을 요구할 경우 자신의 신분을 표시하는 증표를 제시하여야 하며, 동행의 경우에는 동행장소를 밝혀야 할 뿐만 아니라 변호인의 도움을 받을 권리가 있음을 알려야 한다.

③ 경찰관은 동행요구를 거절하는 대상자를 동행할 수 없고, 동행요구에 응한 대상자라도 6시간을 초과하여 경찰관서에 머물게 할 수 없다.

④ 경찰관은 불심검문을 위하여 질문을 할 때에는 흉기의 소지여부를 조사할 수 있고, 동행을 요구할 때에는 수갑 등 경찰장구를 사용하여야 한다.

05

형사소송법상 고소권자가 <u>아닌</u> 자는?

① 피해자 '본인'

② 피해자의 법정대리인이 피의자인 때 '피해자의 친족'

③ 사기죄에 있어 '피해자에게 채권이 있는 자'

④ 살인죄에 있어서 '피살자의 처(妻)'

06

고소 등에 관한 설명 중 가장 적절하지 <u>않은</u> 것은? (다툼이 있는 경우 판례에 의함)

① 단순한 피해사실의 신고는 소추 · 처벌을 구하는 의사표시가 아니므로 고소가 아니다.

② 고소능력은 민법상의 행위능력이 없으면 인정될 수 없다.

③ 고소인이 간통신고를 받고 출동한 경찰관에게 홧김에 고소장을 냈더라도 경찰서에 도착해 최종적으로 고소장을 접수시키지 않기로 결심하고 고소장을 반환받았다면 고소의 효력이 발생됐다고 할 수 없다.

④ 친고죄에서 행위자에 대한 고소가 있으면 양벌규정에 의하여 처벌받는 자에 대하여도 고소의 효력이 미친다.

07

통신제한조치 등에 관한 설명 중 가장 적절하지 <u>않은</u> 것은?

① 통신제한조치의 대상인 전기통신에는 전화뿐 아니라 전자우편도 포함된다.

② 검사 또는 사법경찰관이 통신사실 확인자료 제공을 요청하는 경우에는 관할 지방법원 또는 지원의 허가를 받아야 한다.

③ 형법상 공갈죄는 범죄수사를 위한 통신제한조치의 대상범죄에 해당된다.

④ 사법경찰관은 통신제한조치를 집행한 사건에 관하여 검사로부터 공소를 제기하였다는 통보를 받은 경우에도 그 대상자 또는 전기통신의 가입자에게 통신제한조치를 집행한 사실 등을 통지할 필요가 없다.

08

임의수사에 관한 설명 중 가장 적절하지 <u>않은</u> 것은?

① 수사기관이 피의자의 진술을 영상녹화할 경우 미리 영상녹화 사실을 알려주고 반드시 동의를 받아야 한다.

② 피의자신문조서는 피의자에게 열람하게 하거나 읽어 들려주어야 한다.

③ 피의자 등의 신청이 있는 경우 정당한 사유가 없는 한 변호인을 피의자에 대한 신문에 참여하게 하여야 한다.

④ 피의자의 도착시간, 조사개시 및 종료시간, 그 밖에 조사과정의 진행경과를 확인하기 위하여 필요한 사항을 피의자신문조서에 기록하거나 별도의 서면에 기록한 후 수사기록에 편철하여야 한다.

09

진술의 영상녹화에 관한 설명 중 가장 적절하지 <u>않은</u> 것은?

① 피의자의 진술을 영상녹화할 때에는 조사의 개시부터 종료시까지의 전(全) 과정 및 객관적 정황을 녹화하여야 한다.

② 영상녹화가 완료된 때에는 피의자 또는 변호인 앞에서 지체 없이 그 원본(녹화된 자료)을 봉인하고 피의자로 하여금 기명날인 또는 서명하게 하여야 한다.

③ 피의자 또는 변호인의 요구가 있는 때에는 영상녹화물을 재생하여 시청하게 하여야 한다.

④ 성폭력피해자에 대하여는 피해자 또는 법정대리인이 거부하더라도 반드시 영상녹화를 하여야 한다.

10

현행범인 체포에 관한 설명 중 가장 적절하지 <u>않은</u> 것은? (다툼이 있는 경우 판례에 의함)

① 순찰 중이던 경찰관이 교통사망사고를 낸 차량이 도주하였다는 무전연락을 받고 주변을 수색하다가 범퍼 등의 파손상태로 보아 사고차량으로 인정되는 차량에서 내리는 사람을 발견한 경우는 영장 없이 체포할 수 있다.

② 다액 50만 원 이하의 벌금, 구류 또는 과료에 해당하는 죄의 현행범인에 대하여는 범인의 주거가 분명하지 아니한 때에 한하여 현행범으로 체포할 수 있다.

③ 현행범인으로서의 요건을 갖추고 있었다고 인정되지 않는 상황에서 경찰관들이 동행을 거부하는 자를 체포하거나 강제로 연행하려고 하였다면, 이는 적법한 공무집행이라고 볼 수 없다.

④ 학교 앞길에서 폭행 등 범행을 한 지 10분 후에 112신고를 받고 출동한 경찰관이 그 학교 운동장에서 범인을 체포한 경우에는 적법한 현행범체포에 해당하지 아니한다.

11

긴급체포에 관한 설명 중 가장 적절하지 <u>않은</u> 것은?

① 사법경찰관이 피의자를 긴급체포한 때에는 즉시
검사의 승인을 받아야 한다.
② 긴급체포는 피의자가 사형·무기 또는 장기 3년
이상의 징역이나 금고에 해당하는 죄를 범하였다
고 의심할 만한 상당한 이유가 있어야 한다.
③ 긴급체포된 피의자에 대하여 구속영장을 청구하지
아니하거나 발부받지 못한 때에는 피의자를 즉시
석방하여야 한다.
④ 긴급체포된 피의자에 대하여 구속영장이 발부된
경우에 그 구속기간은 구속영장이 발부된 날부터
기산한다.

12

체포 및 구속의 제한에 관한 설명 중 가장 적절하지
<u>않은</u> 것은? (다툼이 있는 경우 판례에 의함)

① 법원에 의하여 구속되었다가 석방된 피고인은 다
른 중요한 증거를 발견한 경우에도 동일한 범죄사
실에 관하여 다시 구속하지 못한다.
② 다액 50만 원 이하의 벌금, 구류 또는 과료에 해당
하는 경미사건인 때에는 피고인이 일정한 주거가
없는 경우에 한하여 구속할 수 있다.
③ 검사 또는 사법경찰관은 피의자를 체포하는 경우
피의사실의 요지, 체포의 이유와 변호인을 선임할
수 있음을 말하고 변명할 기회를 주어야 한다.
④ 재구속 제한사유에 위배된 재구속이라 하더라도
공소제기가 무효로 되는 것은 아니다.

13

영장실질심사(구속전 피의자심문)에 관한 설명 중 가장
적절한 것은?

① 판사는 지정된 심문기일을 변경할 수 없다.
② 피의자에 대한 심문절차는 원칙적으로 공개하지
않는다.
③ 피의자가 질병 기타 사유로 출석이 현저하게 곤란한
경우 판사는 심문절차를 반드시 연기하여야 한다.
④ 법원이 피의자 심문을 하는 경우 그 기간은 구속기
간에 산입된다.

14

압수·수색에 관한 설명 중 가장 적절하지 <u>않은</u> 것은?
(다툼이 있는 경우 판례에 의함)

① 압수는 증거수집과 범죄수사를 위하여 필요한 때
에 할 수 있다.
② 압수·수색영장의 유효기간은 7일이며, 유효기간
내라면 동일한 영장으로 동일한 장소에서 수회 압
수·수색하는 것은 허용된다.
③ 압수·수색영장의 집행중에는 타인의 출입을 금
지할 수 있고, 이를 위배한 자에게는 퇴거하게 하
거나 집행종료시까지 간수자를 붙일 수 있다.
④ 여자의 신체에 대하여 수색할 때에는 '성년의 여자'
를 참여하게 하여야 한다.

15

압수 · 수색영장의 집행에 관한 설명 중 가장 적절하지 <u>않은</u> 것은? (다툼이 있는 경우 판례에 의함)

① 현장에서 압수 · 수색처분을 받는 사람이 여러 명일 경우에는 개별적으로 모두에게 영장을 제시해야 하는 것이 원칙이다.

② 압수 · 수색 영장은 처분을 받는 자에게 반드시 제시하여야 한다.

③ 압수한 경우에는 목록을 작성하여 소유자, 소지자, 보관자 기타 이에 준할 자에게 교부하여야 한다.

④ 전자정보에 대한 압수 · 수색영장의 집행에 있어서는 원칙적으로 그 저장매체 자체를 직접 또는 하드카피나 이미징 등 형태로 수사기관 사무실 등 외부로 반출하는 것은 허용된다.

16

영장 없이 압수 · 수색할 수 있는 경우에 관한 설명 중 가장 적절하지 <u>않은</u> 것은?

① 경찰관이 강도 현행범 甲을 발견하고 그를 계속 추적하다가 甲이 제3자인 A의 주거에 숨어 들어가자 A의 집에 들어가 甲을 찾기 위해 수색을 하는 경우

② 사람이 호프집에서 살해되었다는 112신고를 받고 현장에 출동하여 호프집에 대하여 압수 · 수색 · 검증을 하는 경우

③ 살인 피의자 甲을 2014.12.1. 13:00경에 긴급체포한 후 2014.12.2. 16:00경에 甲의 집을 수색하여 甲이 범행 당시 사용했던 흉기를 압수하는 경우

④ 경찰관이 피고인에 대한 구속영장을 집행하는 경우 집행현장에서 압수 · 수색하는 경우

17

압수물 처리에 관한 설명 중 가장 적절하지 <u>않은</u> 것은? (다툼이 있는 경우 판례에 의함) `문제 변형`

① 검사 또는 사법경찰관은 피의자, 기타인의 유류한 물건이나 소유자, 소지자 또는 보관자가 임의로 제출한 물건을 영장 없이 압수할 수 있다.

② 임의제출한 물건에 대하여는 지체 없이 영장을 발부받아야 한다.

③ 검사는 사본을 확보한 경우 등 압수를 계속할 필요가 없다고 인정되는 압수물 및 증거에 사용할 압수물에 대하여 공소제기 전이라도 소유자, 소지자, 보관자 또는 제출인의 청구가 있는 때에는 환부 또는 가환부하여야 한다.

④ 사법경찰관은 압수한 장물이 피해자에게 환부할 이유가 명백한 때에는 검사의 지휘를 받아 피해자에게 환부할 수 있다.

18

압수물의 환부 · 가환부에 관한 설명 중 가장 적절하지 <u>않은</u> 것은? (다툼이 있는 경우 판례에 의함)

① 증거에만 공할 목적으로 압수한 물건으로서 그 소유자 또는 소지자가 계속 사용하여야 할 물건은 사진촬영 기타 원형보존의 조치를 취하고 신속히 가환부하여야 한다.

② 가환부를 받은 자는 압수물에 대한 보관의무를 부담하며 이를 임의로 처분하지 못하고, 법원 또는 수사기관의 요구가 있는 때에는 이를 제출하여야 한다.

③ 사법경찰관은 압수물을 피압수자에게 환부하기에 앞서 피해자뿐만 아니라 피의자에게도 통지하여야 한다.

④ 피압수자 등 압수물의 환부를 받을 자가 압수 후 그 소유권을 포기하면 수사기관의 압수물 환부의무는 면제가 되고, 이러한 환부의무에 대응하는 압수물 환부청구권도 소멸하게 된다.

19

수사상 감정유치에 관한 설명 중 가장 적절하지 <u>않은</u> 것은?

① 수사상 감정유치는 피의자의 정신 또는 신체를 감정하기 위하여 일정한 기간 동안 병원 등에 피의자를 유치하는 강제처분을 말한다.
② 감정유치는 감정을 목적으로 신체의 자유를 구속하는 강제처분이므로 법관이 발부하는 영장, 즉 감정유치장을 요한다.
③ 감정유치기간은 미결구금일수 산입에 있어서 이를 구속으로 간주하여 산입한다.
④ 구속 중인 피의자에 대하여는 감정유치를 할 수 없다.

20

증거보전에 관한 설명 중 가장 적절한 것은? (다툼이 있는 경우 판례에 의함)

① 검사가 증거보전을 청구할 때에는 구술로 그 사유를 소명하여야 한다.
② 수사상 증거보전절차는 제1심판결 선고 전까지 청구할 수 있다.
③ 증거보전절차에서 증인신문의 일시와 장소를 피의자 및 변호인에게 미리 통지하지 아니하여 증인신문에 참여할 수 있는 기회를 주지 아니하였고, 변호인이 후에 이에 대하여 이의신청한 경우 그 증인신문조서는 증거능력이 없다.
④ 증거보전을 청구할 수 있는 처분은 피의자신문, 증인신문, 감정, 검증과 압수·수색이다.

21

수사의 종결에 관한 설명 중 가장 적절하지 <u>않은</u> 것은? (다툼이 있는 경우 판례에 의함)

① 검사의 수사종결 처분에는 공소제기, 불기소처분, 타관송치 등이 있다.
② 검사는 불기소처분을 한 때에는 피의자에게 즉시 그 취지를 통지하여야 한다.
③ 검사의 불기소처분이 있는 경우 일사부재리원칙이 적용되므로 다시 수사를 재개할 수 없다.
④ 수사 중 피의자가 사망한 경우 검사는 공소권 부존재를 이유로 불기소처분을 하여야 한다.

22

공소시효에 관한 설명 중 가장 적절하지 <u>않은</u> 것은? (다툼이 있는 경우 판례에 의함)

① 공소시효는 범죄의 실행행위에 착수한 때로부터 진행한다.
② 형법에 의하여 형을 가중 또는 감경한 경우에는 가중 또는 감경하지 아니한 형에 의하여 공소시효기간의 기준을 정한다.
③ 범인이 형사처분을 면할 목적으로 국외에 있는 경우 그 기간동안 공소시효는 정지되는데 판례는 이 경우 '형사처분을 면할 목적'은 국외 체류의 유일한 목적으로 되는 것에 한정되지 않고 범인이 가지는 여러 국외 체류 목적 중에 포함되어 있으면 족하다고 보고 있다.
④ 공소가 제기된 범죄는 판결의 확정이 없이 공소를 제기한 때로부터 25년을 경과하면 공소시효가 완성한 것으로 간주한다.

23

진술거부권에 관한 설명 중 가장 적절하지 <u>않은</u> 것은?
(다툼이 있는 경우 판례에 의함)

① 수사기관이 피의자를 신문함에 있어서 피의자에게 미리 진술거부권을 고지하지 않은 때에는 그 피의자의 진술은 위법하게 수집된 증거로서 진술의 임의성이 인정되는 경우라도 증거능력이 없다.

② 음주측정은 신체의 물리적, 사실적 상태를 그대로 드러내는 행위이므로 주취운전의 혐의자에게 음주측정에 응할 것을 요구하는 것은 진술을 강요하는 것에 해당하지 않는다.

③ 피고인인 법인의 대표자도 진술거부권의 주체가 된다.

④ 피의자 또는 피고인은 개개의 질문에 대해서만 그 진술을 거부할 수 있으며, 일체의 진술을 거부할 수는 없다.

24

무죄추정의 원칙에 관한 설명 중 가장 적절하지 <u>않은</u> 것은? (다툼이 있는 경우 판례에 의함)

① 파기환송사건에 있어서 구속기간 갱신 및 구속으로 인하여 신체의 자유가 제한되는 것은 무죄추정의 원칙에 위배되지 아니한다.

② 형사재판절차에서 유죄의 확정판결을 받기 전에 징계혐의사실을 인정하는 것은 무죄추정의 원칙에 위반된다.

③ 치료감호의 요건은 사법적 판단에 맡기면서 치료감호의 기간은 사회보호위원회가 정하도록 한 경우에는 무죄추정의 원칙에 위배되지 아니한다.

④ 피고인은 유죄의 판결이 확정될 때까지 무죄로 추정된다.

25

국선변호인에 관한 설명 중 가장 적절하지 <u>않은</u> 것은?
(다툼이 있는 경우 판례에 의함)

① 피고인이 별건으로 구속되어 있거나 다른 형사사건에서 유죄로 확정되어 수형 중인 경우는 형사소송법 제33조 제1항 제1호에서 규정하는 '피고인이 구속된 때'에 해당한다.

② 사형, 무기 또는 단기 3년 이상의 징역이나 금고에 해당하는 사건으로 기소된 피고인이 변호인이 없는 때에는 법원은 직권으로 변호인을 선정하여야 한다.

③ 공판절차가 아닌 재심개시결정 전의 절차에서 재심청구인의 국선변호인 선임청구를 기각한 것은 적법하다.

④ 국민참여재판에 관하여 변호인이 없는 때에는 법원은 직권으로 변호인을 선정하여야 한다.

26

접견교통권에 관한 설명 중 가장 적절하지 <u>않은</u> 것은?
(다툼이 있는 경우 판례에 의함)

① 변호인이 피의자 신문에 참여하는 경우 검사 또는 사법경찰관은 변호인의 신문참여 및 그 제한에 관한 사항을 피의자신문조서에 기재하여야 한다.

② 수사기관이 피의자신문시 변호인 참여를 부당하게 제한하거나 중단시킨 경우에는 준항고를 통해 다툴 수 없다.

③ 수사기관이 구금장소를 임의적으로 변경하여 접견교통을 어렵게 한 것은 접견교통권의 행사에 중대한 장애를 초래하는 것이므로 위법하다.

④ 임의동행 형식으로 연행된 피의자 또는 피내사자에게도 접견교통권이 인정된다는 것이 판례의 입장이다.

27

열람·등사에 관한 설명 중 가장 적절하지 <u>않은</u> 것은?

① 구속영장이 청구되거나 구속된 피의자의 변호인은 구속영장 또는 그 청구서를 보관하고 있는 검사, 사법경찰관 또는 법원 사무관 등에게 그 등본의 교부를 청구할 수 있다.

② 소송계속 중인 사건의 피해자도 재판장에게 소송기록의 열람 또는 등사를 신청할 수 있다.

③ 피고인 또는 변호인이 검사에 대하여 열람·등사를 신청할 수 있는 서류 중에 불기소처분기록은 제외된다.

④ 변호인은 영장실질심사(구속전 피의자심문) 또는 구속적부심사를 위하여 제출된 구속영장청구서 및 그에 첨부된 고소·고발장, 피의자의 진술을 기재한 서류와 피의자가 제출한 서류를 열람할 수 있다.

28

피고인의 출석 없이 개정할 수 있는 경우에 관한 설명 중 가장 적절하지 <u>않은</u> 것은?

① 피고인은 상고심의 공판기일에 반드시 출석하여야 한다.

② 약식명령에 대하여 피고인만이 정식재판의 청구를 하여 판결을 선고하는 사건은 피고인의 출석없이 개정할 수 있다.

③ 피고인이 질병으로 인하여 출정할 수 없는 때에 무죄, 면소, 형의 면제 또는 공소기각의 재판을 할 것이 명백한 경우 피고인의 출석 없이 개정할 수 있다.

④ 다액 500만 원 이하의 벌금 또는 과료에 해당하는 사건의 경우 피고인의 출석없이 개정할 수 있다.

29

증인 또는 증인신문에 관한 설명 중 가장 적절하지 <u>않은</u> 것은? (다툼이 있는 경우 판례에 의함)

① 증인이 정당한 이유 없이 선서를 거부한 때에는 선서의무위반에 대한 제재를 받을 수 있다.

② 현행범을 체포한 경찰관의 진술도 범행을 목격한 부분에 관하여는 증거능력이 있다.

③ 특별한 지식에 의하여 알게 된 과거 사실을 신문받는 감정증인에게는 증인에 관한 규정이 적용된다.

④ 증인은 증언능력이 있는 한 유효한 증언을 할 수 있으므로 선서무능력자라도 선서를 하고 거짓증언을 하면 위증죄로 처벌된다.

30

위법수집증거에 관한 설명 중 가장 적절하지 <u>않은</u> 것은? (다툼이 있는 경우 판례에 의함)

① 위법한 체포에 의한 유치 중에 작성된 피의자신문조서는 위법하게 수집된 증거로서 특별한 사정이 없는 한 이를 유죄의 증거로 할 수 없다.

② 제3자가 공갈목적을 숨기고 피고인의 동의하에 나체사진을 찍은 경우, 당해 사진은 피고인에 대한 간통죄에 있어 유죄 인정의 증거가 될 수 있다.

③ 통신비밀보호법에 위반하여 수집된 비밀녹음은 각종 재판에서 증거로 사용할 수 없을 뿐 아니라, 징계절차에서도 증거로 사용하지 못한다.

④ 피고인이 범행 후 피해자에게 전화를 걸어오자 피해자가 증거를 수집하려고 그 전화내용을 녹음한 경우, 그 녹음테이프는 피고인 모르게 녹음된 것이기 때문에 위법하게 수집된 증거라고 할 수 있다.

31

위법수집증거에 관한 설명 중 가장 적절하지 <u>않은</u> 것은? (다툼이 있는 경우 판례에 의함)

① 甲의 공직선거법 위반 범행을 영장사실로 하여 발부받은 압수·수색영장을 집행하는 과정에서 발견한 甲과 무관한 乙과 丙 사이의 공직선거법 위반 혐의사실이 담겨있는 녹음파일은 임의로 제출받거나 별도의 압수·수색영장을 발부받지 않았다면 乙과 丙에 대한 유죄의 증거로 사용할 수 없다.

② 범행 현장에서 지문채취 대상물에 대한 지문채취가 먼저 이루어지고, 수사기관이 그 이후에 지문채취 대상물을 적법한 절차에 의하지 아니한 채 압수하였다면 위와 같이 채취된 지문은 위법하게 압수한 지문채취 대상물로부터 획득한 2차적 증거에 해당하여 위법수집증거이다.

③ 수사기관이 압수영장 또는 감정처분허가장을 발부받지 아니한 채 피의자의 동의 없이 피의자의 신체로부터 혈액을 채취하고 사후에 지체 없이 영장을 발부받지 않았다면, 그 혈액의 알코올농도에 관한 감정회보는 유죄의 증거로 사용할 수 없다.

④ 음란물 유포의 범죄혐의를 이유로 압수·수색영장을 발부받은 사법경찰관(리)이 피고인의 주거지를 수색하는 과정에서 대마를 발견하자, 피고인을 마약류관리에 관한 법률 위반죄의 현행범으로 체포하면서 대마를 압수하였으나 그 다음날 피고인을 석방하고도 사후 압수·수색영장을 발부받지 않았다면 위 압수한 대마는 형사소송법상 영장주의를 위반하여 수집한 증거로서 증거능력이 부정된다.

32

자백의 증거능력에 관한 설명 중 가장 적절하지 <u>않은</u> 것은? (다툼이 있는 경우 판례에 의함)

① 피고인이 직접 고문을 당하지 않았다 할지라도 다른 피고인이 고문당하는 것을 보고 자백한 경우에는 자백의 증거능력이 인정되지 않는다.

② 비변호인과의 접견이 금지된 상태에서 작성된 피의자신문조서는 당연히 임의성이 부정된다.

③ 구속영장에 의함이 없이 경찰에 연행된 이래 강압적인 수사를 받아 15일간의 불법구금상태에서의 자백은 증거능력이 인정되지 않는다.

④ 검찰주사가 피의사실을 자백하면 피의사실 부분은 가볍게 처리하고 보호감호의 청구를 하지 않겠다는 각서를 작성하여 주면서 자백을 유도한 경우에는 자백의 증거능력이 인정되지 않는다.

33

자백의 임의성에 관한 설명 중 가장 적절하지 <u>않은</u> 것은? (다툼이 있는 경우 판례에 의함)

① 임의성 없는 자백은 당사자의 동의가 있는 경우에도 증거능력이 없다.

② 자백의 임의성은 조서의 형식과 내용, 진술자의 신분, 학력, 지능 등 여러 사정을 종합하여 자유로운 심증으로 판단할 수 있다.

③ 임의성이 없는 자백이라고 하더라도 탄핵증거로는 사용할 수 있다.

④ 자백의 임의성에 다툼이 있을 때에는 검사가 그 임의성에 대한 의문점을 해소하는 입증을 하여야 한다.

34

전문증거에 해당하는 것으로 가장 적절하지 <u>않은</u> 것은?

① 검사가 피해자의 진술을 기재한 진술조서
② 범행목격자의 공판정에서의 증언
③ 피고인 스스로 작성한 진술서
④ 경찰관이 범인에게 들은 내용에 대해 법정에서 한 진술

35

검사 외의 수사기관이 작성한 피의자신문조서의 증거능력 관한 설명 중 가장 적절하지 <u>않은</u> 것은? (다툼이 있는 경우 판례에 의함)

① 피의자의 진술을 녹취한 서류가 수사기관에서의 조사과정에서 작성된 것이고 그것이 진술서라는 형식을 취하였더라도 수사기관이 작성한 피의자신문조서로 볼 수 없다.
② 외국의 권한 있는 수사기관이 작성한 수사보고서 및 피고인이 그 과정에서 작성하여 제출한 진술서는 피고인이 그 내용을 부인하면 증거로 사용할 수 없다.
③ 피의자가 변호인 참여를 원하는 의사를 표시하였는데도 수사기관이 정당한 사유 없이 변호인을 참여하게 하지 아니한 채 피의자를 신문하여 작성한 피의자신문조서는 증거능력이 없다.
④ 형사소송법 제312조 제3항은 검사 이외의 수사기관이 작성한 당해 피고인에 대한 피의자신문조서를 유죄의 증거로 하는 경우뿐만 아니라 검사 이외의 수사기관이 작성한 당해 피고인과 공범관계에 있는 다른 피고인이나 피의자에 대한 피의자신문조서를 당해 피고인에 대한 유죄의 증거로 채택할 경우에도 적용된다.

36

진술조서의 증거능력에 관한 설명 중 가장 적절하지 <u>않은</u> 것은? (다툼이 있는 경우 판례에 의함)

① 사법경찰리 작성의 피해자에 대한 진술조서가 피해자의 화상으로 인한 서명불능이라는 이유로 입회하고 있던 피해자의 동생에게 대신 읽어주고 그 동생으로 하여금 서명날인하게 하는 방법으로 작성된 경우, 그 진술조서는 형식적 요건을 결여한 서류로서 증거능력이 없다.
② 검사의 피고인에 대한 진술조서는 기소 후에 작성된 것이라는 이유만으로 증거능력이 없는 것은 아니다.
③ 검사가 작성한 참고인진술조서에 간인, 서명, 날인의 진정이 인정되는 것만으로도 성립의 진정을 인정할 수 있다.
④ 진술자가 법정에서 진술조서의 진술기재내용이 자기가 진술한 것과 다른데도 검사 또는 사법경찰관리가 마음대로 공소사실에 부합되도록 기재한 다음 괜찮으니 서명날인하라고 요구하여서 할 수 없이 진술조서의 끝부분에 서명날인한 것이라고 진술하였다면 진술조서는 증거능력이 없다.

37

형사소송법 제315조에 의하여 당연히 증거능력이 인정되는 것으로 가장 적절하지 <u>않은</u> 것은? (다툼이 있는 경우 판례에 의함)

① 법원의 구속적부심문조서
② 가족관계기록사항에 관한 증명서
③ 공소장
④ 성매매업소에 고용된 여성들이 성매매를 전·후하여 영업상 참고하기 위해 고객정보(상대남성들의 아이디와 전화번호, 성매매 방법 등)를 입력한 메모리 카드의 내용

38

탄핵증거에 관한 설명 중 가장 적절하지 <u>않은</u> 것은? (다툼이 있는 경우 판례에 의함)

① 피고인이 내용을 부인하여 증거능력이 없는 사법경찰리 작성의 피의자신문조서가 당초 증거제출 당시 탄핵증거라는 입증취지를 명시하지 아니하였다면 탄핵증거로서의 증거조사절차가 대부분 이루어졌더라도 피의자신문조서를 피고인의 법정 진술에 대한 탄핵증거로 사용할 수 없다.
② 탄핵의 대상은 진술의 증명력이고 진술에는 구두진술과 진술이 기재된 서면도 포함된다.
③ 탄핵증거는 진술의 증명력을 다투기 위한 경우에만 허용되므로 처음부터 증명력을 지지하거나 보강하기 위하여 탄핵증거를 사용하는 것은 허용되지 않는다.
④ 탄핵증거의 제출에 있어서는 상대방에게 이에 대한 공격방어의 수단을 강구할 기회를 사전에 부여하여야 한다.

39

자백의 보강증거에 관한 설명 중 가장 적절하지 <u>않은</u> 것은? (다툼이 있는 경우 판례에 의함)

① 피고인이 위조한 신분증을 제시하여 행사하였다고 자백하고 있는 때에 그 신분증의 현존은 자백을 보강하는 간접증거가 된다.
② '가정불화로 유아를 살해하였다'는 공소사실에 대하여 낙태를 시키려고 한 정황적 사실은 보강증거가 될 수 없다.
③ 피고인이 업무추진 과정에서 지출한 자금내역을 기입한 수첩의 기재내용은 피고인의 자백에 대한 보강증거가 될 수 있다.
④ 공범인 공동피고인의 자백이 있으면 별도의 보강증거가 없어도 유죄의 증거로 할 수 있다.

40

즉결심판에 관한 설명 중 가장 적절하지 <u>않은</u> 것은? (다툼이 있는 경우 판례에 의함)

① 즉결심판절차에서 피고인은 정식재판의 청구를 포기할 수 없다.
② 즉결심판 피의자를 강제로 경찰서보호실에 유치시키는 것은 불법감금죄에 해당한다.
③ 정식재판의 청구에 의한 판결이 확정된 때에는 즉결심판은 그 효력을 잃는다.
④ 즉결심판청구를 기각하는 결정이 있는 때에는 경찰서장은 지체없이 사건을 관할지방검찰청 또는 지청의 장에게 송치하여야 한다.

2014 기출문제

01

헌법에서 형사절차와 관련하여 명시적으로 규정한 것은 모두 몇 개인가?

> ㉠ 자백배제법칙
> ㉡ 일사부재리원칙
> ㉢ 불이익변경금지원칙
> ㉣ 위법수집증거배제법칙
> ㉤ 형사보상청구권
> ㉥ 증거재판주의
> ㉦ 자백보강법칙
> ㉧ 체포·구속적부심사청구권

① 3개 ② 4개
③ 5개 ④ 6개

02

헌법재판소 결정에 관한 설명 중 가장 적절하지 <u>않은</u> 것은? (다툼이 있는 경우 판례에 의함)

① 형사소송법상의 구속기간 제한규정은 법원의 재판기간 내지 심리기간 자체를 제한하려는 규정이라 할 수 없다.

② 경찰청장이 주민등록발급신청서에 날인되어 있는 지문정보를 보관·전산화하고 이를 범죄수사 목적에 이용하는 행위는 무죄추정의 원칙과 영장주의 내지 강제수사법정주의에 위배된다고 볼 수 없다.

③ 법관이 아닌 사회보호위원회가 치료감호의 종료 여부를 결정하도록 한 구 사회보호법 규정은 재판청구권을 침해하거나 적법절차의 원칙에 위반되지 아니한다.

④ 위헌제청신청을 하였는데도 불구하고 재판부 구성원의 변경, 재판의 전제성과 관련한 본안심리의 필요성, 청구인에 대한 송달불능 등을 이유로 법원이 재판을 하지 않다가 5개월이 지나서야 그 신청을 기각했다면 청구인은 신속한 재판을 받을 권리를 침해당한 것이다.

03

법관의 제척·기피에 관한 설명 중 가장 적절하지 <u>않은</u> 것은? (다툼이 있는 경우 판례에 의함)

① 피고인에 대하여 구속영장을 발부한 법관이 제1심 판결에 관여한 경우는 제척사유에 해당하지 아니한다.

② 약식명령에 관여한 법관이 정식재판의 제1심판결에 관여하는 것은 제척사유에 해당하지 아니한다.

③ 기피신청에 대한 재판은 기피당한 법관의 소속법원합의부에서 결정으로 하여야 한다.

④ 당사자의 증거신청을 채택하지 아니하거나 이미 채택한 증거결정을 취소하였다면 재판의 공평을 기대하기 어려운 객관적인 사정이 있다고 할 수 있어 기피원인이 된다.

04

법원의 관할에 관한 설명 중 가장 적절하지 <u>않은</u> 것은? (다툼이 있는 경우 판례에 의함)

① 형사소송법 제5조에 정한 관련사건의 관할은 이른바 고유관할사건 및 그 관련사건이 반드시 병합 기소되거나 병합되어 심리될 것을 전제요건으로 하는 것은 아니다.

② 고유관할사건 계속 중 고유관할 법원에 관련사건이 계속된 이상 그 후 양 사건이 병합되어 심리되지 아니한 채 고유사건에 대한 심리가 먼저 종결되었다면 관련사건에 대한 관할권은 소멸된다.

③ 동일사건이 사물관할을 같이하는 수개의 법원에 계속된 때에는 먼저 공소를 받은 법원이 심판한다. 단, 각 법원에 공통되는 직근 상급법원은 검사 또는 피고인의 신청에 의하여 결정으로 뒤에 공소를 받은 법원으로 하여금 심판하게 할 수 있다.

④ 항소심에서 공소장변경에 의하여 단독판사 관할사건이 합의부 관할사건으로 된 경우에는 법원은 관할권 있는 고등법원에 이송해야 한다.

05

변호인의 피의자신문 참여에 관한 설명 중 가장 적절하지 않은 것은?

① 검사 또는 사법경찰관은 변호인의 피의자신문 참여와 그 제한에 관한 사항을 피의자신문조서에 기재할 수 있다.

② 피의자신문에 참여한 변호인은 신문 후 의견을 진술할 수 있다. 다만, 신문 중이라도 부당한 신문방법에 대하여 이의를 제기할 수 있고 검사 또는 사법경찰관의 승인을 얻어 의견을 진술할 수 있다.

③ 변호인의 피의자신문 참여 신청권자는 피의자 또는 그 변호인, 법정대리인, 배우자, 직계친족, 형제자매이다.

④ 변호인은 검사 또는 사법경찰관의 변호인의 피의자신문 참여에 관한 처분에 대하여 불복이 있으면 법원에 그 처분의 취소 또는 변경을 청구할 수 있다.

06

수사에 관한 설명 중 가장 적절하지 <u>않은</u> 것은?

① 수사에 관하여는 그 목적을 달성하기 위하여 필요한 조사를 할 수 있다. 다만, 강제처분은 법률에 한하며 필요한 최소한도의 범위 안에서만 하여야 한다.

② 피의자에 대한 수사는 불구속 상태에서 함을 원칙으로 한다.

③ 사법경찰관리와 그 밖에 직무상 수사에 관계있는 자는 피의자의 인권을 존중하고 비밀을 엄수하며 수사와 관련하여 작성한 서류에 대한 목록을 빠짐없이 작성하여야 한다.

④ 변사자의 검시로 범죄의 혐의를 인정하고 긴급을 요할 때에도 영장이 있어야만 검증을 할 수 있다.

07

함정수사에 관한 설명 중 가장 적절하지 <u>않은</u> 것은?
(다툼이 있는 경우 판례에 의함)

① 위법한 함정수사에 기한 공소제기는 그 절차가 법률의 규정에 위반하여 무효인 때에 해당하므로 공소기각판결을 선고하여야 한다.

② 유인자가 수사기관과 직접적인 관련을 맺지 않은 상태에서 피유인자를 상대로 단순히 수차례 반복적으로 범행을 부탁하였을 뿐 수사기관이 사술이나 계략 등을 사용하였다고 볼 수 없는 경우라 하더라도 그로 인하여 피유인자의 범의가 유발되었다면 위법한 함정수사에 해당한다.

③ 경찰관이 취객을 상대로 한 이른바 부축빼기 절도범 단속을 위하여 공원에 쓰러져 있는 취객 근처에서 감시하고 있다가 마침 피고인이 나타나 취객을 부축하여 10m 정도를 끌고 가 지갑을 뒤지자 현장에서 체포하여 기소한 경우 위법한 함정수사라고 보기 어렵다.

④ 수사기관이 피고인의 범죄사실을 인지하고도 바로 체포하지 않고 추가 범행을 지켜보고 있다가 범죄사실이 많이 늘어난 뒤에야 체포하였다는 사정만으로는 피고인에 대한 위법한 함정수사가 있었다고 보기 어렵다.

08

피의자 신문에 관한 설명 중 가장 적절하지 <u>않은</u> 것은?

① 피의자신문을 할 때에는 신문 전 진술거부권을 고지하여야 한다.

② 사법경찰관은 피의자를 신문할 시에 피의자가 정신적 장애로 의사를 전달할 능력이 미약하다면 법정대리인의 신청이 없더라도 피의자와의 신뢰관계 유무를 확인한 후 직권으로 신뢰관계에 있는 자를 동석하게 할 수 있다.

③ 피의자나 피의자 아닌 자가 진술하는 것을 영상녹화하기 위해서는 그 진술자의 동의를 얻어야 한다.

④ 신문에 참여하고자 하는 변호인이 2인 이상인 때에는 피의자가 신문에 참여할 변호인 1인을 지정한다. 지정이 없는 경우에는 검사 또는 사법경찰관이 이를 지정할 수 있다.

09

고소·고발에 관한 설명 중 가장 적절하지 <u>않은</u> 것은?
(다툼이 있는 경우 판례에 의함)

① 고소불가분의 원칙은 친고죄뿐만 아니라 반의사불벌죄의 공범자 사이에도 적용된다.

② 즉시고발의 경우 피고발인 1인에 대한 고발의 효력은 그 피고발인에 대하여만 미칠 뿐이고 다른 공범자에게는 미치지 않는다.

③ 고발의 경우 자기 또는 배우자의 직계존속을 고발하지 못한다.

④ 고발은 대리가 허용되지 않는다.

10

영장주의에 관한 설명 중 가장 적절하지 <u>않은</u> 것은? (다툼이 있는 경우 판례에 의함)

① 마약류 관련 수형자의 마약류반응검사를 위한 소변강제채취는 법관의 영장을 필요로 하는 강제처분이므로 구치소 등 교정시설 내에서의 소변채취가 법관의 영장없이 실시되었다면 헌법 제12조 제3항의 영장주의에 위배된다.

② 체포영장에 의하지 아니하고 체포된 피의자는 관할법원에 체포의 적부심사를 청구할 권리를 가진다.

③ 범죄의 피의자로 입건된 사람들에게 경찰공무원이나 검사의 신문을 받으면서 자신의 신원을 밝히지 않고 지문채취에 불응하는 경우 형사처벌을 통하여 지문채취를 강제하는 구 경범죄처벌법 제1조 제42호는 영장주의의 원칙에 위반되지 않는다.

④ 형사절차에 있어서 영장주의란 체포·구속·압수 등의 강제처분을 함에 있어서는 사법권 독립에 의하여 그 신분이 보장되는 법관이 발부한 영장에 의하지 않으면 안된다는 원칙이다.

11

통신제한조치에 관한 설명 중 가장 적절하지 <u>않은</u> 것은? (다툼이 있는 경우 판례에 의함)

① 무전기와 같은 무선전화기를 이용한 통화가 통신비밀보호법 제3조 제1항 소정의 타인간의 대화에 포함된다.

② 범죄수사를 위한 통신제한조치의 기간은 원칙적으로 2월을 초과하지 못하고 그 기간 중 통신제한조치의 목적이 달성되었을 경우에는 즉시 종료하여야 한다.

③ 형법상 강간죄, 공갈죄, 경매입찰방해죄는 통신제한조치 대상 범죄에 해당한다.

④ 통신제한조치 허가서에 의하여 허가된 통신제한조치가 전기통신감청 및 우편물 검열인 경우 그 후 연장결정서에 당초 허가 내용에 없던 대화녹음이 기재되어 있다 하더라도 이는 대화녹음의 적법한 근거가 될 수 없다.

12

체포에 관한 설명 중 가장 적절하지 <u>않은</u> 것은? (다툼이 있는 경우 판례에 의함)

① 사법경찰관이 피의자를 현행범인으로 체포하면서 체포사유 및 변호인선임권을 고지하지 아니하였음에도 불구하고 고지한 것으로 현행범인체포서를 작성한 경우에는 허위공문서작성죄의 범의가 인정된다.

② 음주운전을 종료한 후 40분 이상이 경과한 시점에서 길가에 앉아 있던 운전자를 술 냄새가 난다는 점만을 근거로 음주운전의 현행범으로 체포한 것은 위법하다.

③ 현행범인은 누구든지 영장없이 체포할 수 있으므로 현행범인의 체포에는 긴급체포의 경우와 달리 도망 또는 증거인멸의 염려와 같은 요건을 필요로 하지 않는다.

④ 체포된 피의자를 구속하고자 할 때에는 체포한 때로부터 48시간 이내에 구속영장을 청구하여야 한다.

13

긴급체포에 관한 설명 중 가장 적절하지 <u>않은</u> 것은? (다툼이 있는 경우 판례에 의함)

① 긴급체포는 피의자가 사형·무기 또는 장기 3년 이상의 징역이나 금고에 해당하는 죄를 범하였다고 의심할 만한 상당한 이유가 있어야 한다.

② 검사 또는 사법경찰관은 긴급체포된 피의자에 대하여 구속영장을 청구하지 아니하거나 발부 받지 못한 때에는 피의자를 즉시 석방하여야 한다.

③ 긴급체포의 요건을 갖추었는지 여부는 체포 당시의 상황을 토대로 판단하는 것이 아니라 사후에 밝혀진 사정을 기초로 법원이 객관적으로 엄격하게 판단하여야 한다.

④ 긴급체포 후 석방된 자 또는 그 변호인·법정대리인·배우자·직계친족·형제자매는 통지서 및 관련 서류를 열람하거나 등사할 수 있다.

14

다음 설명 중 가장 적절하지 <u>않은</u> 것은?

① 법원은 증인이 불출석에 따른 과태료 재판을 받고도 정당한 사유 없이 다시 출석하지 아니한 때에는 결정으로 증인을 10일 이내의 감치에 처한다.

② 체포영장의 청구서에 7일을 넘는 유효기간을 필요로 할 때에는 그 취지 및 사유를 기재하여야 한다.

③ 긴급체포된 자가 소유·소지 또는 보관하는 물건에 대하여 긴급히 압수할 필요가 있는 경우에는 체포한 때부터 24시간 이내에 한하여 영장없이 압수·수색 또는 검증을 할 수 있다.

④ 검사는 고소 또는 고발 있는 사건에 관하여 공소를 제기하거나 제기하지 아니하는 처분을 한 때에는 그 처분한 날로부터 7일 이내에 서면으로 고소인 또는 고발인에게 그 취지를 통지하여야 한다.

15

현행범인 체포에 대한 설명 중 가장 적절하지 <u>않은</u> 것은? (다툼이 있는 경우 판례에 의함)

① 현행범인이란 범죄의 실행 중이거나 실행의 즉후인 자를 말한다.

② 범죄 실행의 즉후인 자란 범죄의 실행행위를 종료한 직후의 범인이라는 것이 제3자의 입장에서 볼 때 명백한 경우를 말한다.

③ 범죄의 실행행위를 종료한 직후란 범죄행위를 실행하여 끝마치는 순간 또는 이에 아주 접착된 시간적 단계를 의미한다.

④ 다액 50만 원 이하의 벌금, 구류 또는 과료에 해당하는 죄의 현행범인에 대하여는 범인의 주거가 분명하지 아니한 때에 한하여 현행범인으로 체포할 수 있다.

16

구속 전 피의자심문제도의 설명 중 가장 적절한 것은?

① 구속영장이 청구된 피의자의 신청이 있어야만 심문할 수 있다.

② 구속 전 피의자심문의 실시 여부는 법원의 재량이다.

③ 체포된 피의자에 대하여 구속영장을 청구 받은 판사는 지체 없이 피의자를 심문하여야 한다. 이 경우 특별한 사정이 없는 한 구속영장이 청구된 날의 다음 날까지 심문하여야 한다.

④ 피의자에 대한 심문 절차는 원칙적으로 공개하나 국가의 안전보장 또는 안녕질서를 방해하거나 선량한 풍속을 해할 염려가 있을 때에는 법원의 결정으로 공개하지 아니할 수 있다.

17

구속에 관한 설명 중 가장 적절하지 <u>않은</u> 것은? (다툼이 있는 경우 판례에 의함)

① 현행범으로 체포된 피의자의 구속기간은 체포한 날로부터 기산한다.

② 수사기관이 구속영장에 기재된 장소가 아닌 곳으로 구금 장소를 임의적으로 변경하는 것은 위법하다.

③ 피고인에게 구속의 사유가 없거나 소멸된 때에는 법원은 직권 또는 검사, 피고인, 변호인 등의 청구에 의하여 결정으로 구속을 취소하여야 한다.

④ 구속기간이 만료될 무렵에 종전 구속영장에 기재된 범죄사실과 다른 범죄사실로 피고인을 구속하였다면 위법하다.

18

접견교통권에 관한 설명 중 가장 적절하지 <u>않은</u> 것은? (다툼이 있는 경우 판례에 의함)

① 신체구속을 당한 사람이 그 변호인을 자신의 범죄행위에 공범으로 가담시키려는 사정만으로 신체구속을 당한 사람과 그 변호인의 접견교통권을 금지하는 것은 정당하다.

② 검사에 의하여 피의자에 대한 변호인접견이 부당하게 제한되어 있는 동안에 작성된 피의자신문조서는 증거능력이 인정되지 않는다.

③ 수사기관에서의 구금의 장소, 변호인의 접견 등 구금에 관한 처분이 위법한 것이라는 사실만으로는 그와 같은 위법이 판결에 영향을 미친 것이 아닌 한 독립한 상소이유가 될 수 없다.

④ 구속된 피의자의 변호인 접견교통권을 침해하는 수사기관의 처분에 대해서는 준항고가 가능하다.

19

체포·구속적부심사에 관한 설명 중 가장 적절하지 <u>않은</u> 것은? (다툼이 있는 경우 판례에 의함)

① 공범 또는 공동피의자의 순차청구가 수사방해의 목적이 명백한 때에는 법원은 심문 없이 결정으로 청구를 기각할 수 있다.

② 체포·구속적부심사청구를 받은 법원은 청구서가 접수된 때부터 48시간 이내에 체포 또는 구속된 피의자를 심문하여야 한다.

③ 법원은 체포·구속적부심사청구가 있는 경우 피의자의 출석을 보증할 만한 보증금의 납입을 조건으로 석방을 명할 수 있다.

④ 체포·구속적부심사 사건 피의자의 변호인은 수사기록 중 고소장과 피의자신문조서를 열람·등사할 권리가 있다.

20

보석에 관한 설명 중 가장 적절하지 <u>않은</u> 것은?

① 피고인, 피고인의 변호인, 법정대리인, 배우자, 직계친족, 형제자매, 가족, 동거인 또는 고용주는 법원에 구속된 피고인의 보석을 청구할 수 있다.

② 구속영장의 효력이 소멸한 때에는 보석조건은 즉시 그 효력을 상실한다.

③ 법원은 보석을 취소하는 때에는 직권 또는 검사의 청구에 따라 결정으로 보증금 또는 담보의 전부 또는 일부를 몰취하여야 한다.

④ 구속 또는 보석을 취소하거나 구속영장의 효력이 소멸된 때에는 몰취하지 아니한 보증금 또는 담보를 청구한 날로부터 7일 이내에 환부하여야 한다.

21

압수·수색에 관한 설명 중 적절하지 <u>않은</u> 것은 모두 몇 개인가? (다툼이 있는 경우 판례에 의함)

> ㉠ 압수·수색영장에서 압수할 물건을 압수장소에 보관 중인 물건이라고 기재한 경우 압수장소에 현존하는 물건으로 해석할 수 있다.
>
> ㉡ 압수·수색영장을 소지하지 아니한 경우에 급속을 요하는 때에는 피고인에 대하여 공소사실의 요지와 영장이 발부되었음을 고지하고 집행할 수 있다.
>
> ㉢ 경찰관이 전화사기 범행의 혐의자를 긴급체포하면서 그가 보관하고 있던 타인의 주민등록증, 운전면허증을 압수한 것은 위법하므로 위 혐의자의 점유이탈물 횡령죄의 증거로 사용할 수 없다.
>
> ㉣ 피압수자 등 환부를 받을 자가 압수 후 그 소유권을 포기하는 등에 의하여 실체법상의 권리를 상실하더라도 그 때문에 압수물을 환부하여야 하는 수사기관의 의무에 어떠한 영향을 미칠 수 없다.

① 1개   ② 2개

③ 3개   ④ 4개

22

압수물의 처리에 관한 설명 중 가장 적절한 것은? (다툼이 있는 경우 판례에 의함)

① 피고인에게 의견을 진술할 기회를 주지 아니한 채한 가환부 결정은 형사소송법 제135조(압수물처분과 당사자에의 통지)에 위배되지만 재판결과에는 영향을 미치지 않았다 할 것이다.

② 약속어음이 범죄행위로 인하여 생긴 위조문서인 경우에는 아무도 이를 소유하는 것이 허용되지 않는 물건이므로 몰수가 될 뿐 환부나 가환부할 수 없다. 다만, 검사는 몰수의 선고가 있은 뒤에 형사소송법 제485조에 의하여 위조표시를 하여 환부할 수 있다.

③ 외국산 물품을 관세장물의 혐의가 있다고 보아 압수하였다가 그것이 언제, 누구에 의하여 관세 포탈된 물건인지 알 수 없어 기소중지 처분을 한 경우라도 그 압수물은 관세장물이라고 볼 수 있으므로 국고에 귀속시킬 수 있을 뿐만 아니라 압수를 계속할 필요성도 인정된다.

④ 형사소송법상의 압수장물의 환부에 관한 규정은 이해관계인이 민사소송절차에 의하여 그 권리를 주장함에 영향을 미친다.

23

음주운전 단속에 관한 판례의 입장으로 가장 적절하지 <u>않은</u> 것은?

① 경찰관의 음주운전 단속 시 운전자의 요구에 따라 곧바로 채혈을 실시하지 않은 채 호흡측정기에 의한 음주측정을 하고 1시간 12분이 경과한 후에야 채혈을 하였다는 사정만으로 위 행위가 법령에 위배된다거나 객관적 정당성을 상실하여 운전자가 음주운전 단속과정에서 받을 수 있는 권익이 현저하게 침해되었다고 단정할 수 있다.

② 음주운전을 목격한 피해자가 있는 상황에서 경찰관이 음주운전 종료 시부터 약 2시간 후 집에 있던 피고인을 임의동행 하여 음주측정을 요구하였고 음주측정 요구 당시에도 피고인은 상당히 술에 취한 것으로 보이는 상황이었다면 그 음주측정 요구는 적법하다.

③ 특별한 이유 없이 호흡측정기에 의한 측정에 불응하는 운전자에게 경찰공무원이 혈액채취에 의한 측정방법이 있음을 고지하고 그 선택여부를 물어야 할 의무가 있다고는 할 수 없다.

④ 호흡측정기에 의한 음주측정 전의 음주감지기 시험에서 음주반응이 나왔다고 할지라도 그것만으로 바로 운전자가 혈중알코올농도 0.05% 이상의 술에 취한 상태에 있다고 인정할 만한 상당한 이유가 있다고 볼 수는 없다.

24

증거보전절차에 관한 설명 중 적절하지 <u>않은</u> 것은 모두 몇 개인가? (다툼이 있는 경우 판례에 의함)

> ⊙ 증거보전절차에 있어서 검사는 증인신문청구는 물론 피의자 신문도 청구할 수 있다.
> ⓒ 재심청구사건에서 증거보전절차는 허용된다.
> ⓒ 증거보전청구를 기각하는 결정에 대하여는 항고할 수 없다.
> ⓔ 증거보전의 청구를 함에는 서면 또는 구술로 그 사유를 소명할 수 있다.

① 1개   ② 2개
③ 3개   ④ 4개

25

공소제기 후 수사에 관한 설명 중 적절하지 <u>않은</u> 것은 모두 몇 개인가? (다툼이 있는 경우 판례에 의함)

> ⊙ 검사는 공소제기 후 피고인을 구속하기 위해 구속영장을 청구할 수 있다.
> ⓒ 형사소송법은 공소제기 후 수사기관의 압수·수색 영장 청구에 관하여 정식의 구체적 절차를 전혀 마련하고 있지 않다.
> ⓒ 검사 또는 사법경찰관이 피고인에 대한 구속영장을 집행하는 경우에 필요한 때에는 영장없이 구속현장에서 압수·수색·검증을 할 수 있다.
> ⓔ 공판준비 또는 공판기일에서 이미 증언을 마친 증인을 검사가 소환한 후 피고인에게 유리한 증언내용을 추궁하여 이를 일방적으로 번복시키는 방식으로 작성한 진술조서는 피고인이 증거로 할 수 있음에 동의하지 아니하는 한 증거능력이 없다.

① 없음   ② 1개
③ 2개   ④ 3개

26

공소권남용에 관한 설명 중 가장 적절한 것은? (다툼이 있는 경우 판례에 의함)

① 검사가 자의적으로 공소권을 행사하여 피고인에게 실질적인 불이익을 줌으로써 소추재량권을 현저히 일탈한 것으로 보이는 경우에는 이를 공소권의 남용으로 판단하여 공소제기의 효력을 부인할 수 있고 여기서 자의적인 공소권의 행사라 함은 단순히 직무상의 과실에 의한 것으로 족하고 미필적으로나마 어떤 의도가 있어야 하는 것은 아니다.

② 검사가 피고인의 여러 범죄행위를 일괄 기소하지 아니하고 수사진행 상황에 따라 여러 번에 걸쳐 나누어 분리기소한 경우 공소권 남용이라 볼 수 있다.

③ 공소장에 공소범죄사실 이외의 사실을 불필요하게 자세하게 기재한 경우 공소권을 남용한 것이라고 할 수 있다.

④ 간통 고소사건에 있어 상간자들의 강간 주장으로 간통에 대한 무혐의 결정 및 강간죄에 대한 공소제기가 있은 후 강간 고소취소와 그로 인한 강간죄에 대한 공소기각 판결이 있게 되자 고소인이 그 무혐의결정에 대하여 항고를 하여 간통에 관한 재수사가 이루어져 상간자들에 대한 간통죄의 공소가 제기된 경우, 공소권의 남용에 해당하지 않는다.

27

재정신청제도에 관한 설명 중 가장 적절하지 <u>않은</u> 것은? (다툼이 있는 경우 판례에 의함) `문제 변형`

① 기소편의주의 하에서 검사의 재량의 한계를 초월하여 기소를 하여야 할 극히 상당한 이유가 있는 사안을 불기소처분한 경우 이는 기소편의주의의 법리에 어긋나는 부당한 조처라 하지 않을 수 없고 이러한 부당한 처분을 시정하기 위한 방법의 하나로 우리 형사소송법은 재정신청제도를 두고 있다.

② 법원은 재정신청서를 송부받은 날부터 3개월 이내에 항고의 절차에 준하여 재정결정을 한다.

③ 고소인 또는 고발인은 대상범죄에 제한 없이 모든 범죄에 대하여 재정신청을 할 수 있다.

④ 검사가 공소시효 만료일 30일 전까지 공소를 제기하지 아니하는 경우에는 검찰항고를 거치지 않고 공소시효 만료일 전날까지 재정신청서를 제출할 수 있다.

28

공소제기 효력범위에 관한 설명 중 가장 적절하지 <u>않은</u> 것은?

① 공범의 1인에 대한 공소제기의 효력은 다른 공범자에게 미치지 않으므로 공범의 1인에 대한 공소시효 정지의 효력도 다른 공범자에게 미치지 않는다.

② 검사는 법원의 허가를 얻어 공소장에 기재한 공소사실 또는 적용법조의 추가, 철회 또는 변경을 할 수 있다. 이 경우에 법원은 공소사실의 동일성을 해하지 아니하는 한도에서 허가하여야 한다.

③ 공소제기에 의하여 공소시효는 진행이 정지되고 정지된 공소시효는 공소기각 또는 관할위반의 재판이 확정된 때로부터 진행한다.

④ 공소는 검사가 피고인으로 지정한 사람 외의 다른 사람에게는 그 효력이 미치지 아니한다.

29

공소시효에 관한 설명 중 가장 적절하지 <u>않은</u> 것은? (다툼이 있는 경우 판례에 의함)

① 공소장 변경이 있는 경우에 공소시효의 완성 여부는 당초의 공소제기가 있었던 시점을 기준으로 판단할 것이고 공소장 변경시를 기준으로 삼을 것은 아니다.

② 공소시효는 범죄의 실행행위에 착수한 때로부터 진행한다.

③ 범인이 형사처분을 면할 목적으로 국외에 있는 경우 그 기간동안 공소시효는 정지되는데 판례는 이 경우 '형사처분을 면할 목적'은 국외 체류의 유일한 목적으로 되는 것에 한정되지 않고 범인이 가지는 여러 국외 체류 목적 중에 포함되어 있으면 족하다고 보고 있다.

④ 공소시효가 완성된 이후에 제기된 공소에 대해서 법원은 면소판결을 하여야 한다.

30

증거신청 및 증거조사에 관한 설명 중 가장 적절하지 <u>않은</u> 것은?

① 검사 또는 변호인은 증거조사 종료 후에 순차로 피고인에게 공소사실 및 정상에 관하여 필요한 사항을 신문할 수 있다.

② 검사·피고인 또는 변호인은 특별한 사정이 없는 한 필요한 증거를 일괄하여 신청하여야 한다.

③ 증거신청은 검사가 먼저 이를 한 후 다음에 피고인 또는 변호인이 이를 한다.

④ 증거조사는 검사, 피고인 또는 변호인의 신청에 의해서만 할 수 있을 뿐 법원이 직권으로 할 수는 없다.

31

증인 및 증인신문에 관한 설명 중 적절하지 <u>않은</u> 것은 모두 몇 개인가?

> ⊙ 주신문은 원칙적으로 유도신문을 할 수 없지만 반대신문에 있어서 필요할 때에는 유도신문이 가능하다.
>
> ⓒ 증인이 선서를 통하여 자신의 증언에 거짓말이 있으면 위증의 벌을 받기로 맹서하므로 증언의 진실성을 담보하기 위하여 증언에 앞서 선서를 하게 하여야 하고 이는 증인이 16세 미만의 자라고 하더라도 선서를 하게 한 후 신문하여야 한다.
>
> ⓒ 증인불출석에 대한 제재인 과태료 부과와 감치처분에 대한 즉시항고는 집행정지의 효력이 인정되지 않는다.
>
> ② 피해자를 증인으로 신문하는 경우 피해자, 법정대리인 또는 검사의 신청이 있으면 비공개심리가 가능하다.
>
> ⓜ 증인에 대한 강제처분으로서 소환, 동행명령, 과태료 부과, 구인 등이 가능하지만 소송비용 부담은 불가능하다.

① 1개 ② 2개
③ 3개 ④ 4개

32

증언거부권에 관한 설명 중 가장 적절하지 <u>않은</u> 것은? (다툼이 있는 경우 판례에 의함)

① 형사소송법 제148조의 증언거부권은 헌법 제12조 제2항에 정한 불이익 진술의 강요금지 원칙을 구체화한 자기부죄 거부특권에 관한 것이다.

② 증언을 거부하는 자는 거부사유를 소명하여야 한다.

③ 자신에 대한 유죄판결이 확정된 증인이 그 확정판결에 대하여 재심을 청구할 예정인 경우에는 공범에 대한 피고 사건에서 형사소송법 제148조에 의한 증언거부권이 인정된다.

④ 피고인이 마약류 관리에 관한 법률 위반(향정)죄로 이미 유죄판결을 받아 확정된 후 별건으로 기소된 공범 甲에 대한 공판절차의 증인으로 출석하여 허위의 진술을 한 사안에서 피고인에게 증언을 거부할 권리가 없으므로 증언에 앞서 증언거부권을 고지받지 못하였더라도 증인신문절차상 잘못이 없다.

33

다음 중 국민참여재판 배심원 면제사유에 해당하는 사람은 모두 몇 명인가?

> ⊙ 금고 이상의 형에 해당하는 죄로 기소되어 사건이 종결되지 아니한 사람
>
> ⓒ 법령에 따라 체포 또는 구금되어 있는 사람
>
> ⓒ 만 70세 이상인 사람
>
> ② 금고 이상의 형의 집행유예를 선고 받고 그 기간이 완료된 날부터 2년을 경과하지 아니한 사람
>
> ⓜ 중병·상해 또는 장애로 인하여 법원에 출석하기 곤란한 사람
>
> ⓑ 과거 5년 이내에 배심원후보자로서 선정기일에 출석한 사람

① 3명 ② 4명
③ 5명 ④ 6명

34

다음 중 판례의 태도로 가장 적절하지 <u>않은</u> 것은?

① 형사재판에서 이와 관련된 다른 형사사건의 확정판결에서 인정된 사실은 특별한 사정이 없는 한 유력한 증거자료가 되는 것이나 당해 형사재판에서 제출된 다른 증거 내용에 비추어 관련 형사사건 확정판결의 사실판단을 그대로 채택하기 어렵다고 인정될 경우에는 이를 배척할 수 있다.

② 부검의(剖檢醫)가 사체에 대한 부검을 실시한 후 어떤 것을 유력한 사망원인으로 지시한다고 하여 그 밖의 다른 사인이 존재할 가능성을 가볍게 배제하여서는 아니되고 특히 형사재판에서 부검의의 소견에 주로 의지하여 유죄의 인정을 하기 위해서는 다른 가능한 사망원인을 모두 배제하기 위한 치밀한 논증의 과정을 거치지 않으면 아니된다.

③ 상해죄의 피해자가 제출하는 상해진단서는 일반적으로 의사가 당해 피해자의 진술을 토대로 상해의 원인을 파악한 후 의학적 전문지식을 동원하여 관찰·판단한 상해의 부위와 정도 등을 기재한 것으로서 거기에 기재된 상해가 곧 피고인의 범죄행위로 인하여 발생한 것이라는 사실을 직접 증명하는 증거가 되기에 충분하다.

④ 형사재판에서 범죄사실의 인정은 법관으로 하여금 합리적인 의심을 할 여지가 없을 정도의 확신을 가지게 하는 증명력을 가진 엄격한 증거에 의하여야 하므로 검사의 증명이 위와 같은 확신을 가지게 하는 정도에 충분히 이르지 못한 경우에는 비록 피고인의 주장이나 변명이 모순되거나 석연치 않은 면이 있는 등 유죄의 의심이 간다고 하더라도 피고인의 이익으로 판단하여야 한다.

35

전문증거에 관한 설명 중 가장 적절하지 <u>않은</u> 것은? (다툼이 있는 경우 판례에 의함) `문제 변형`

① 성매매업소에 고용된 여성들이 성매매를 업으로 하면서 영업에 참고하기 위하여 성매매 상대방의 아이디와 전화번호 및 성매매방법 등을 메모지에 적어두었다가 직접 메모리카드에 입력하거나 업주가 고용한 다른 여직원이 그 내용을 입력한 사안에서 위 메모리카드의 내용은 형사소송법 제315조 제2호의 '영업상 필요로 작성한 통상문서'로서 당연히 증거능력 있는 문서에 해당한다.

② 휴대전화로 협박내용을 반복적으로 보냈다는 공소사실에 대한 증거로 제출된 전송된 문자정보를 휴대전화 화면에 띄워 촬영한 사진에 대해 피고인이 성립 및 내용의 진정을 부인하는 경우 이는 유죄 인정의 증거가 될 수 없다.

③ 타인의 진술을 내용으로 하는 진술이 전문증거인지는 요증사실과 관계에서 정하여지는데, 원진술의 내용인 사실이 요증사실인 경우에는 전문증거이나, 원진술의 존재 자체가 요증사실인 경우에는 본래증거이지 전문증거가 아니다.

④ 재전문진술이나 재전문진술을 기재한 조서는 피고인이 증거로 하는데 동의하지 아니하는 한 전문법칙에 관한 형사소송법 제310조의2의 규정에 의하여 이를 증거로 할 수 없다.

36

전문진술의 증거능력에 관한 설명 중 가장 적절하지 <u>않은</u> 것은? (다툼이 있는 경우 판례에 의함)

① 형사소송법 제316조 제2항에서 말하는 피고인 아닌 타인이라 함은 제3자는 말할 것도 없고 공동피고인이나 공범자를 포함한다.

② 피고인 아닌 자의 공판기일에서의 진술이 피고인의 진술을 그 내용으로 하는 것인 때에는 그 진술이 특히 신빙할 수 있는 상태 하에서 행하여졌음이 증명된 때에 한하여 이를 증거로 할 수 있다.

③ 전문진술의 증거능력 인정기준 중의 하나인 그 진술이 특히 신빙할 수 있는 상태 하에서 행하여진 때라 함은 그 진술 내용이나 조서 또는 서류의 작성에 허위개입의 여지가 없고 그 진술내용의 신빙성이나 임의성을 담보할 구체적이고 외부적인 정황이 있는 경우를 가리킨다.

④ 형사소송법 제316조의 증거능력과 관련하여 원진술자가 법정에 출석하여 수사기관에서 한 진술을 부인하는 취지로 증언더라도 원진술자의 진술을 내용으로 하는 조사자의 증언은 증거능력이 있다.

37

사법경찰관이 작성한 피의자신문조서에 관한 설명 중 가장 적절하지 <u>않은</u> 것은? (다툼이 있는 경우 판례에 의함)

① 당해 피고인과 공범관계에 있는 다른 피고인이나 피의자에 대한 검사 이외의 수사기관이 작성한 피의자신문조서라고 하더라도 사망 등 사유로 인하여 법정에서 진술할 수 없는 때에 예외적으로 증거능력을 인정하는 규정인 형사소송법 제314조가 적용될 수 있다.

② 형사소송법 제312조 제3항은 검사 이외의 수사기관이 작성한 당해 피고인과 공범관계에 있는 다른 피고인이나 피의자에 대한 피의자신문조서를 당해 피고인에 대한 유죄의 증거로 채택할 경우에도 적용된다.

③ 당해 피고인과 공범관계에 있는 공동피고인에 대해 검사 이외의 수사기관이 작성한 피의자신문조서는 그 공동피고인의 법정진술에 의하여 성립의 진정이 인정되더라도 당해 피고인이 공판기일에서 그 조서의 내용을 부인하면 증거능력이 부정된다.

④ 검사 이외의 수사기관이 작성한 피의자신문조서는 공판준비 또는 공판기일에 그 피의자였던 피고인 또는 변호인이 그 내용을 인정할 때에 한하여 증거로 할 수 있다.

38

형사소송법 제315조에 의하여 당연히 증거능력이 인정되는 서류로 가장 적절하지 <u>않은</u> 것은? (다툼이 있는 경우 판례에 의함)

① 구속적부심문조서
② 외국수사기관이 작성한 수사보고서
③ 군의관이 작성한 진단서
④ 가족관계기록사항에 관한 증명서

39

즉결심판절차에 관한 설명 중 가장 적절하지 <u>않은</u> 것은?

① 즉결심판에 있어서도 피고인의 출석은 개정요건이나 벌금 또는 과료를 선고하는 경우에는 피고인이 출석하지 아니하더라도 심판할 수 있다.
② 판사는 개정 없이 피고인의 진술서와 경찰서장이 제출한 서류 또는 증거물에 의하여 심판할 수 있으나 이 경우 벌금 또는 과료는 선고할 수 있지만 구류는 선고할 수 없다.
③ 즉결심판절차에 있어서는 자백배제법칙은 적용되나 자백보강법칙은 적용되지 아니한다.
④ 판사가 사건이 즉결심판을 할 수 없다고 인정하여 즉결심판청구 기각결정을 한 경우 경찰서장은 검사의 승인을 얻어 정식재판을 청구할 수 있다.

40

형사보상에 관한 설명 중 가장 적절하지 <u>않은</u> 것은? (다툼이 있는 경우 판례에 의함)

① 피고인의 보상청구는 무죄재판이 확정된 때부터 3년 이내에 하여야 한다.
② 보상청구권은 양도하거나 압류할 수 없다.
③ 군용물손괴죄로 구금된 공군 중사가 수사기관에서 범행을 자백하다가 다시 부인하며 다투어 무죄의 확정판결을 받고 형사보상청구를 한 사안에서 자신이 범인으로 몰리고 있어서 형사처벌을 면하기 어려울 것이라는 생각과 거짓말탐지기 검사 등으로 인한 심리적인 압박 때문에 허위의 자백을 한 것은 형사보상청구의 기각 요건인 '수사 또는 심판을 그르칠 목적'에 해당하지 않는다.
④ 보상의 청구가 이유 있을 때에는 보상결정을 하여야 하고 그 보상결정에 대하여는 1주일 이내에 즉시항고를 할 수 있다.

모든 일에 있어서, 시간이 부족하지 않을까를 걱정하지 말고,

다만 내가 마음을 바쳐 최선을 다할 수 있을지, 그것을 걱정하라.

- 정조 -

PART

2

정답 및 해설편

2023 정답 및 해설

01	02	03	04	05	06	07	08	09	10	11	12	13	14	15	16	17	18	19	20
④	③	④	②	①	①	①	③	③	④	④	②	③	③	①	③	③	④	④	④
21	22	23	24	25	26	27	28	29	30	31	32	33	34	35	36	37	38	39	40
④	③	①	③	①	①	②	③	③	②	②	③	②	①	②	③	①	③	③	②

01
답 ④

┃정답해설┃

④ 공판심리의 현저한 지연은 공소기각의 사유가 아니다(제 328조 참고).

제328조(공소기각의 결정)

① 다음 경우에는 결정으로 공소를 기각하여야 한다.
  1. 공소가 취소 되었을 때
  2. 피고인이 사망하거나 피고인인 법인이 존속하지 아니하게 되었을 때
  3. 제12조(동일사건과 수개의 소송계속) 또는 제13조 (관할의 경합)의 규정에 의하여 재판할 수 없는 때
  4. 공소장에 기재된 사실이 진실하다 하더라도 범죄 가 될 만한 사실이 포함되지 아니하는 때

┃오답해설┃

① 대법원 1990.6.12. 90도672
② 대법원 1972.5.23. 72도840
③ 헌법재판소 전원재판부 1995.11.30. 92헌마44

02
답 ③

┃정답해설┃

③ 대법원은 법률에 저촉되지 아니하는 범위 안에서 소송에 관한 절차, 법원의 내부규율과 사무처리에 관한 규칙을 제정할 수 있다(헌법 제108조).

┃오답해설┃

① 헌법 제12조 제3항 등
② 실질적 의미의 형사소송법에는 법원조직법, 검찰청법, 경찰관직무집행법, 국민의 형사재판 참여에 관한 법률, 소년법, 치료감호법, 군사법원법, 즉결심판에 관한 절차법, 소송촉진 등에 관한 특례법, 조세범 처벌절차법, 형의 집행 및 수용자의 처우에 관한 법률, 형의 실효에 관한법률, 형사보상 및 명예회복에 관한 법률, 사면법, 국가보안법 등이 있다.
④ 재기수사의 명령이 있는 사건에 관하여 지방검찰청 검사가 다시 불기소처분을 하고자 하는 경우에는 미리 그 명령청의 장의 승인을 얻도록 한 검찰사건사무규칙의 규정은 검찰청 내부의 사무처리지침에 불과한 것일 뿐 법규적 효력을 가진 것이 아니다(헌법재판소 1991.7.8. 91헌마42 전원재판부).

03
답 ④

┃정답해설┃

④ 사법경찰관의 불송치결정에 대하여 형사소송법 제245조의7에 따라 해당 사법경찰관의 소속 관서의 장에게 이의신청을 할 수 있는 주체에는 고발인은 제외된다(제245조의7).

제245조의7(고소인 등의 이의신청)

① 제245조의6의 통지를 받은 사람(고발인을 제외한다)은 해당 사법경찰관의 소속 관서의 장에게 이의를 신청할 수 있다.

① 2022.5.9. 개정법에 신설된 내용이다.

> **제196조(검사의 수사)**
> ① 검사는 범죄의 혐의가 있다고 사료하는 때에는 범인, 범죄사실과 증거를 수사한다.
> ② 검사는 제197조의3 제6항(검사의 시정조치요구가 정당한 이유없이 이행되지 않은 경우), 제198조의2 제2항(검사의 체포·구속장소감찰에 의하여 체포 또는 구속된 자의 사건의 송치를 명받은 경우) 및 제245조의7 제2항(제196조 제2항)에 따라 사법경찰관으로부터 송치받은 사건에 관하여는 해당 사건과 동일성을 해치지 아니하는 범위 내에서 수사할 수 있다.

②·③ 2022.5.9. 개정법에 신설된 내용이다.

> **제198조(준수사항)**
> ④ 수사기관은 수사 중인 사건의 범죄 혐의를 밝히기 위한 목적으로 합리적인 근거 없이 별개의 사건을 부당하게 수사하여서는 아니 되고, 다른 사건의 수사를 통하여 확보된 증거 또는 자료를 내세워 관련 없는 사건에 대한 자백이나 진술을 강요하여서도 아니 된다.

04 답 ②

② 경찰관은 배심원으로 선정될 수 없다(국민의 형사재판 참여에 관한 법률 제18조 제7호).

> **제18조(직업 등에 따른 제외사유)**
> 다음 각 호의 어느 하나에 해당하는 사람을 배심원으로 선정하여서는 아니 된다.
> 1. 대통령
> 2. 국회의원·지방자치단체의 장 및 지방의회의원
> 3. 입법부·사법부·행정부·헌법재판소·중앙선거관리위원회·감사원의 정무직 공무원
> 4. 법관·검사
> 5. 변호사·법무사
> 6. 법원·검찰 공무원
> 7. 경찰·교정·보호관찰 공무원
> 8. 군인·군무원·소방공무원 또는 「예비군법」에 따라 동원되거나 교육훈련의무를 이행 중인 예비군

① 국민의 형사재판 참여에 관한 법률 제5조 제2항
③ 국민의 형사재판 참여에 관한 법률 제46조 제5항
④ 국민의 형사재판 참여에 관한 법률 제46조 제3항

05 답 ①

ⓛ (×) 헌법 제12조는 제1항에서 적법절차의 원칙을 선언하고, 제2항에서 "모든 국민은 고문을 받지 아니하며, 형사상 자기에게 불리한 진술을 강요당하지 아니한다."고 규정하여 진술거부권을 국민의 기본적 권리로 보장하고 있다. 이는 형사책임과 관련하여 비인간적인 자백의 강요와 고문을 근절하고 인간의 존엄성과 가치를 보장하려는 데에 그 취지가 있다. 그러나 진술거부권이 보장되는 절차에서 진술거부권을 고지받을 권리가 헌법 제12조 제2항에 의하여 바로 도출된다고 할 수는 없고, 이를 인정하기 위해서는 입법적 뒷받침이 필요하다(대법원 2014.1.16. 2013도5441).

ⓖ (○) 대법원 2014.4.30. 2012도725
ⓔ (○) 제244조의3
ⓡ (○) 대법원 2013.6.13. 2012도16001

06 답 ①

① 검사는 사법경찰관과 동일한 범죄사실을 수사하게 된 때에는 사법경찰관에게 사건을 송치할 것을 요구할 수 있다(제197조의4 제1항).

② 제245조의5 제1호
③ 제245조의5 제2호, 제245조의8 제1항
④ 제245조의10 제1항, 제2항

07

▌정답해설▌

① 수사기관과 직접 관련이 있는 유인자가 피유인자와의 개인적인 친밀관계를 이용하여 피유인자의 동정심이나 감정에 호소하거나, 금전적·심리적 압박이나 위협 등을 가하거나, 거절하기 힘든 유혹을 하거나, 또는 범행방법을 구체적으로 제시하고 범행에 사용될 금전까지 제공하는 등으로 과도하게 개입함으로써 피유인자로 하여금 범의를 일으키게 하는 것은, 위법한 함정수사에 해당하여 허용되지 않는다. 그렇지만 유인자가 수사기관과 직접적인 관련을 맺지 않은 상태에서 피유인자를 상대로 단순히 수차례 반복적으로 범행을 부탁하였을 뿐, 수사기관이 사술이나 계략 등을 사용하였다고 볼 수 없는 경우에는 설령 그로 인하여 피유인자의 범의가 유발되었다 하더라도 위법한 함정수사에 해당하지 않는다(대법원 2020.1.30. 2019도15987).

▌오답해설▌

② 범의를 가진 자에 대하여 단순히 범행의 기회를 제공하거나 범행을 용이하게 하는 것에 불과한 수사방법이 경우에 따라 허용될 수 있음은 별론으로 하고, 본래 범의를 가지지 아니한 자에 대하여 수사기관이 사술이나 계략 등을 써서 범의를 유발케 하여 범죄인을 검거하는 함정수사는 위법함을 면할 수 없고, 이러한 함정수사에 기한 공소제기는 그 절차가 법률의 규정에 위반하여 무효인 때에 해당한다(대법원 2005.10.28. 2005도1247).

③ 수사기관이 이미 범행을 저지른 범인을 검거하기 위해 정보원을 이용하여 범인을 검거장소로 유인한 경우, 함정수사로 볼 수 없다. 즉, 피고인이 수사기관의 사술이나 계략 등에 의하여 범행을 유발한 것이 아니라, 이미 범행을 저지른 피고인을 검거하기 위하여 수사기관이 정보원을 이용하여 피고인을 검거장소로 유인한 것에 불과하므로, 피고인의 이 사건 범행이 함정수사에 의한 것으로 볼 수도 없다(대법원 2007.7.26. 2007도4532).

④ 아동·청소년의 성보호에 관한 법률 제25조의2

> **제25조의2(아동·청소년대상 디지털 성범죄의 수사 특례)**
> ② 사법경찰관리는 디지털 성범죄를 계획 또는 실행하고 있거나 실행하였다고 의심할 만한 충분한 이유가 있고, 다른 방법으로는 그 범죄의 실행을 저지하거나 범인의 체포 또는 증거의 수집이 어려운 경우에 한하여 수사 목적을 달성하기 위하여 부득이한 때에는 다음 각 호의 행위(이하 "신분위장수사"라 한다)를 할 수 있다.

> 1. 신분을 위장하기 위한 문서, 도화 및 전자기록 등의 작성, 변경 또는 행사
> 2. 위장 신분을 사용한 계약·거래
> 3. 아동·청소년성착취물 또는 「성폭력범죄의 처벌 등에 관한 특례법」 제14조 제2항의 촬영물 또는 복제물(복제물의 복제물을 포함한다)의 소지, 판매 또는 광고
> ③ 제1항에 따른 수사의 방법 등에 필요한 사항은 대통령령으로 정한다.

08

▌정답해설▌

③ 친고죄에서 고소는, 고소권 있는 자가 수사기관에 대하여 범죄사실을 신고하고 범인의 처벌을 구하는 의사표시로서 서면뿐만 아니라 구술로도 할 수 있고, 다만 구술에 의한 고소를 받은 검사 또는 사법경찰관은 조서를 작성하여야 하지만 그 조서가 독립된 조서일 필요는 없으며, 수사기관이 고소권자를 증인 또는 피해자로서 신문한 경우에 그 진술에 범인의 처벌을 요구하는 의사표시가 포함되어 있고 그 의사표시가 조서에 기재되면 고소는 적법하다(대법원2011.6.24. 2011도4451, 2011전도76).

▌오답해설▌

① 형사소송법 제236조의 대리인에 의한 고소의 경우, 대리권이 정당한 고소권자에 의하여 수여되었음이 실질적으로 증명되면 충분하고, 그 방식에 특별한 제한은 없으므로, 고소를 할 때 반드시 위임장을 제출한다거나 '대리'라는 표시를 하여야 하는 것은 아니고, 또 고소기간은 대리고소인이 아니라 정당한 고소권자를 기준으로 고소권자가 범인을 알게 된 날부터 기산한다(대법원 2001.9.4. 2001도3081).

② 출판사 대표인 피고인이 도서의 저작권자인 피해자와 전자도서(e-book)에 대하여 별도의 출판계약 등을 체결하지 않고 전자도서를 제작하여 인터넷서점 등을 통해 판매하였다고 하여 구 저작권법 위반으로 기소된 사안에서, 피해자가 경찰청 인터넷 홈페이지에 '피고인을 철저히 조사해 달라'는 취지의 민원을 접수하는 형태로 피고인에 대한 조사를 촉구하는 의사표시를 한 것은 형사소송법에 따른 적법한 고소로 보기 어렵다는 이유로 공소를 기각한 원심판단을 정당하다(대판 2012.2.23. 2010도9524).

④ [1] 고소를 할 때는 소송행위능력, 즉 고소능력이 있어야
하나, 고소능력은 피해를 입은 사실을 이해하고 고소에
따른 사회생활상의 이해관계를 알아차릴 수 있는 사실상
의 의사능력으로 충분하므로, 민법상 행위능력이 없는
사람이라도 위와 같은 능력을 갖추었다면 고소능력이 인
정된다.

[2] 당시 피해자는 11세 남짓한 초등학교 6학년생으로서
피해입은 사실을 이해하고 고소에 따른 사회생활상의 이
해관계를 알아차릴 수 있는 사실상의 의사능력이 있었던
것으로 보이고, 피고인을 처벌하여 달라는 의사표시를
분명히 하여 그 의사표시가 피해자 진술조서에 기재되었
으므로, 고소능력 있는 피해자 본인이 고소를 하였다고
보아야 한다. 설령 피해자 법정대리인의 고소는 취소되었
다고 하더라도 본인의 고소가 취소되지 아니한 이상 친고
죄의 공소제기 요건은 여전히 충족된다는 이유로 같은
취지에서 피고인에 대한 간음 목적 약취의 공소사실을
유죄로 인정한 원심판단을 정당하다고 한 사례(대판
2011.6.24. 2011도4451, 2011전도76).

09 답 ③

┃정답해설┃

③ 친고죄의 공범 중 그 일부에 대하여 제1심이 된 후에는
제1심 전의 다른 공범자에 대하여는 그 고소를 취소할
수 없고 그 고소의 취소가 있다 하더라도 그 효력을 발생
할 수 없으며, 이러한 법리는 필요적 공범이나 임의적
공범이나를 구별함이 없이 모두 적용된다(대법원
1985.11.12. 85도1940).

┃오답해설┃

① 대법원 2002.3.15. 2002도158
② 제232조 제1항
④ 형사소송법 제239조, 제237조에 의하면, 고소의 취소는
서면 또는 구술로서 검사 또는 사법경찰관에게 하여야
하도록 규정되어 있으므로, 모욕죄의 고소인이 합의서를
피고인에게 작성하여 준 것만으로는 고소가 적법히 취소
된 것으로는 볼 수 없다(대법원 1983.9.27. 83도516).

10 답 ④

┃정답해설┃

④ 사법경찰관은 형사소송법 제197조의2 제1항에 따른 검사
의 보완수사의 요구가 있는 때에는 정당한 이유가 없는
한 지체 없이 이를 이행하고, 그 결과를 검사에게 통보하
여야 한다(제197조의2 제2항).

┃오답해설┃

① 검사와 사법경찰관의 상호협력과 일반적 수사준칙에 관
한 규정 제23조 제1항

제23조(휴식시간 부여)
① 검사 또는 사법경찰관은 조사에 상당한 시간이 소요
되는 경우에는 특별한 사정이 없으면 피의자 또는 사
건관계인에게 조사 도중에 최소한 2시간마다 10분 이
상의 휴식시간을 주어야 한다.

② 제244조의4 제1항
③ 제199조 제1항

11 답 ④

┃정답해설┃

④ 형사소송법 제208조 소정의 '구속되었다가 석방된 자'라
함은 구속영장에 의하여 구속되었다가 석방된 경우를 말
하는 것이지, 긴급체포나 현행범으로 체포되었다가 사후
영장발부 전에 석방된 경우는 포함되지 않는다 할 것이므
로, 피고인이 수사 당시 긴급체포되었다가 수사기관의
조치로 석방된 후 법원이 발부한 구속영장에 의하여 구속
이 이루어진 경우 앞서 본 법조에 위배되는 위법한 구속
이라고 볼 수 없다(대법원 2001.9.28. 2001도4291).

┃오답해설┃

① 대법원 2003.3.27. 자2002모81
② 검사와 사법경찰관의 상호협력과 일반적 수사준칙에 관
한 규정 제27조 제4항
③ 제217조 제2항, 제3항

12

답 ②

┃정답해설┃

② 사법경찰관이 체포영장을 집행함에는 피의자에게 반드시 이를 제시하고 그 사본을 교부하여야 하며 신속히 지정된 법원 기타 장소에 인치하여야 한다(제85조 제1항, 제200조의6).

┃오답해설┃

① 제200조의2 제1항
③ 제87조, 제200조의6
④ 제213조 제2항

13

답 ③

┃정답해설┃

③ [1] 수사기관이 관할 지방법원 판사가 발부한 구속영장에 의하여 피의자를 구속하는 경우, 그 구속영장은 기본적으로 장차 공판정에의 출석이나 형의 집행을 담보하기 위한 것이지만, 이와 함께 법 제202조, 제203조에서 정하는 구속기간의 범위 내에서 수사기관이 법 제200조, 제241조 내지 제244조의5에 규정된 피의자신문의 방식으로 구속된 피의자를 조사하는 등 적정한 방법으로 범죄를 수사하는 것도 예정하고 있다고 할 것이다. 따라서 구속영장 발부에 의하여 적법하게 구금된 피의자가 피의자신문을 위한 출석요구에 응하지 아니하면서 수사기관 조사실에 출석을 거부한다면 수사기관은 그 구속영장의 효력에 의하여 피의자를 조사실로 구인할 수 있다고 보아야 한다.

[2] 다만 이러한 경우에도 그 피의자신문 절차는 어디까지나 법 제199조 제1항 본문, 제200조의 규정에 따른 임의수사의 한 방법으로 진행되어야 하므로, 피의자는 헌법 제12조 제2항과 법 제244조의3에 따라 일체의 진술을 하지 아니하거나 개개의 질문에 대하여 진술을 거부할 수 있고, 수사기관은 피의자를 신문하기 전에 그와 같은 권리를 알려주어야 한다(대법원 2013.7.1. 자 2013모160).

┃오답해설┃

① 대법원 2000.11.10. 자 2000모134
② 제93조, 제209조
④ 제101조, 제209조

14

답 ③

┃정답해설┃

③ 헌법 제12조 제4항 전문은 "누구든지 체포 또는 구속을 당한 때에는 즉시 변호인의 조력을 받을 권리를 가진다."고 규정하고 있고, 형사소송법 제34조는 이와 같은 변호인의 조력을 받을 권리를 실질적으로 보장하여 주기 위하여 변호인 또는 변호인이 되려는 자와 신체구속을 당한 피고인 또는 피의자와의 접견·교통권에 관하여 규정하고 있는바, 이와 같은 변호인의 접견·교통권은 신체구속을 당한 피고인이나 피의자의 인권보장과 방어준비를 위하여 필수불가결한 권리이므로, 법령에 의한 제한이 없는 한 수사기관의 처분은 물론 법원의 결정으로도 이를 제한할 수 없는 것이다(대법원 1990.2.13. 자, 89모37).

┃오답해설┃

① 신체구속을 당한 피의자 또는 피고인이 범한 것으로 의심받고 있는 범죄행위에 해당 변호인이 관련되어 있다는 등의 사유에 기하여 그 변호인의 변호활동을 광범위하게 규제하는 변호인의 제척과 같은 제도를 두고 있지 아니한 우리 법제 아래에서는, 변호인의 접견교통의 상대방인 신체구속을 당한 사람이 그 변호인을 자신의 범죄행위에 공범으로 가담시키려고 하였다는 등의 사정만으로 그 변호인의 신체구속을 당한 사람과의 접견교통을 금지하는 것이 정당화될 수는 없다(대법원 2007.1.31. 자, 2006모657).
② 대법원 2017.3.9. 2013도16162
④ 대법원 2013.3.28. 2010도3359

15

답 ①

┃정답해설┃

① 범행 중 또는 범행직후의 범죄 장소에서 긴급을 요하여 법원판사의 영장을 받을 수 없는 때에는 영장없이 압수, 수색 또는 검증을 할 수 있다. 이 경우에는 사후에 지체없이 영장을 받아야 한다(제216조 제3항).

┃오답해설┃

② 제217조 제1항
③ 수사기관이 갑 주식회사에서 압수·수색영장을 집행하면서 갑 회사에 팩스로 영장사본을 송신하기만 하고 영장 원본을 제시하거나 압수조서와 압수물 목록을 작성하여 피압수·수색 당사자에게 교부하지도 않은 채 피고인의 이메일을 압수한 후 이를 증거로 제출한 사안에서, 위와 같은 방법으로 압수된 이메일은 증거능력이 없다(대법원 2017.9.7. 2015도10648).

④ 영장 발부의 사유로 된 범죄혐의 사실과 무관한 별개의 증거를 압수하였을 경우 이는 원칙적으로 유죄 인정의 증거로 사용할 수 없다. 그러나 압수·수색의 목적이 된 범죄나 이와 관련된 범죄의 경우에는 그 압수·수색의 결과를 유죄의 증거로 사용할 수 있다. 압수·수색영장의 범죄혐의 사실과 관계있는 범죄라는 것은 압수·수색영장에 기재한 혐의사실과 객관적 관련성이 있고 압수·수색영장 대상자와 피의자 사이에 인적 관련성이 있는 범죄를 의미한다. 그중 혐의사실과의 객관적 관련성은 압수·수색영장에 기재된 혐의사실 자체 또는 그와 기본적 사실관계가 동일한 범행과 직접 관련되어 있는 경우는 물론 범행 동기와 경위, 범행 수단과 방법, 범행 시간과 장소 등을 증명하기 위한 간접증거나 정황증거 등으로 사용될 수 있는 경우에도 인정될 수 있다. 이러한 객관적 관련성은 압수·수색영장에 기재된 혐의사실의 내용과 수사의 대상, 수사 경위 등을 종합하여 구체적·개별적 연관관계가 있는 경우에만 인정된다고 보아야 하고, 혐의사실과 단순히 동종 또는 유사 범행이라는 사유만으로 객관적 관련성이 있다고 할 것은 아니다(대법원 2020.2.13. 2019도14341, 2019전도130).

16 답 ③

┃정답해설┃

㉠ (×) 피의자의 이메일 계정에 대한 접근권한에 갈음하여 발부받은 압수·수색 영장에 따라 원격지의 저장매체에 적법하게 접속하여 내려받거나 현출된 전자정보를 대상으로 하여 범죄 혐의사실과 관련된 부분에 대하여 압수·수색하는 것은, 압수·수색영장의 집행을 원활하고 적정하게 행하기 위하여 필요한 최소한도의 범위 내에서 이루어지며 그 수단과 목적에 비추어 사회통념상 타당하다고 인정되는 대물적 강제처분 행위로서 허용되며, 형사소송법 제120조 제1항에서 정한 압수·수색영장의 집행에 필요한 처분에 해당한다. 그리고 이러한 법리는 원격지의 저장매체가 국외에 있는 경우라 하더라도 그 사정만으로 달리 볼 것은 아니다(대법원 2017.11.29. 2017도9747).

㉡ (○) 수사기관은 압수의 목적물이 전자정보가 저장된 저장매체인 경우에는 압수·수색영장 발부의 사유로 된 범죄혐의사실과 관련 있는 정보의 범위를 정하여 출력하거나 복제하여 이를 제출받아야 하고, 이러한 과정에서 혐의사실과 무관한 전자정보의 임의적인 복제 등을 막기 위한 적절한 조치를 취하는 등 영장주의 원칙과 적법절차를 준수하여야 한다. 따라서 저장매체의 소재지에서 압수·수색이 이루어지는 경우는 물론 예외적으로 저장매체에 들어 있는 전자파일 전부를 하드카피나 이미징(imaging) 등의 형태(이하 '복제본'이라 한다)로 수사기관 사무실 등으로 반출한 경우에도 반출한 저장매체 또는 복제본에서 혐의사실 관련성에 대한 구분없이 임의로 저장된 전자정보를 문서로 출력하거나 파일로 복제하는 행위는 원칙적으로 영장주의 원칙에 반하는 위법한 압수가 된다(대법원 2022.1.14. 자, 2021모1586).

㉢ (○) 임의제출된 정보저장매체에서 압수의 대상이 되는 전자정보의 범위를 초과하여 수사기관이 임의로 전자정보를 탐색·복제·출력하는 것은 원칙적으로 위법한 압수·수색에 해당하므로 허용될 수 없다. 만약 전자정보에 대한 압수·수색이 종료되기 전에 범죄혐의사실과 관련된 전자정보를 적법하게 탐색하는 과정에서 별도의 범죄혐의와 관련된 전자정보를 우연히 발견한 경우라면, 수사기관은 더 이상의 추가 탐색을 중단하고 법원으로부터 별도의 범죄혐의에 대한 압수·수색영장을 발부받은 경우에 한하여 그러한 정보에 대하여도 적법하게 압수·수색을 할 수 있다. 따라서 임의제출된 정보저장매체에서 압수의 대상이 되는 전자정보의 범위를 넘어서는 전자정보에 대해 수사기관이 영장 없이 압수·수색하여 취득한 증거는 위법수집증거에 해당하고, 사후에 법원으로부터 영장이 발부되었다거나 피고인이나 변호인이 이를 증거로 함에 동의하였다고 하여 그 위법성이 치유되는 것도 아니다(대법원 2021.11.18. 2016도348, 전원합의체).

㉣ (×) 전자정보에 대한 압수·수색영장의 집행에 있어서는 원칙적으로 영장 발부의 사유로 된 혐의사실과 관련된 부분만을 문서 출력물로 수집하거나 수사기관이 휴대한 저장매체에 해당 파일을 복사하는 방식으로 이루어져야 하고, 집행현장의 사정상 위와 같은 방식에 의한 집행이 불가능하거나 현저히 곤란한 부득이한 사정이 있더라도 그와 같은 경우에 그 저장매체 자체를 직접 또는 하드카피나 이미징 등 형태로 수사기관 사무실 등 외부로 반출하여 해당 파일을 압수·수색할 수 있도록 영장에 기재되어 있고 실제 그와 같은 사정이 발생한 때에 한하여 예외적으로 허용될 수 있을 뿐이다. 나아가 이처럼 저장매체 자체를 수사기관 사무실 등으로 옮긴 후 영장에 기재된 범죄 혐의 관련 전자정보를 탐색하여 해당 전자정보를 문서로 출력하거나 파일을 복사하는 과정 역시 전체적으로 압수·수색영장 집행에 포함된다고 보아야 한다. 따라서 그러한 경우 문서출력 또는 파일복사의 대상 역시 혐의사실과 관련된 부분으로 한정되어야 함은 헌법 제12조 제1항, 제3항, 형사소송법 제114조, 제215조의 적법절차 및 영장주의의 원칙상 당연하다. 그러므로 수사기관 사무실 등으로 옮긴 저장매체에서 범죄혐의와의 관련성에 관한 구분 없이 저장된 전자정보 중 임의로 문서출력 또는 파일복사를 하는 행위는 특별한 사정이 없는 한 영장주의 등 원칙에 반하는 위법한 집행이 된다(대법원 2014.2.27. 2013도12155).

17

▌정답해설▌

③ 수사기관이 피의자 갑의 공직선거법 위반범행을 영장 범죄사실로 하여 발부받은 압수·수색영장의 집행 과정에서 을, 병 사이의 대화가 녹음된 녹음파일(이하 '녹음파일'이라 한다)을 압수하여 을, 병의 공직선거법 위반 혐의사실을 발견한 사안에서, 압수·수색영장에 기재된 '피의자'인 갑이 녹음파일에 의하여 의심되는 혐의사실과 무관한 이상, 수사기관이 별도의 압수·수색영장을 발부받지 아니한 채 압수한 녹음파일은 형사소송법 제219조에 의하여 수사기관의 압수에 준용되는 형사소송법 제106조 제1항이 규정하는 '피고사건' 내지 같은 법 제215조 제1항이 규정하는 '해당 사건'과 '관계가 있다고 인정할 수 있는 것'에 해당하지 않으며, 이와 같은 압수에는 헌법 제12조 제1항 후문, 제3항 본문이 규정하는 영장주의를 위반한 절차적 위법이 있으므로, 녹음파일은 형사소송법 제308조의2에서 정한 '적법한 절차에 따르지 아니하고 수집한 증거'로서 증거로 쓸 수 없고, 그 절차적 위법은 헌법상 영장주의 내지 적법절차의 실질적 내용을 침해하는 중대한 위법에 해당하여 예외적으로 증거능력을 인정할 수도 없다(대법원 2014.1.16. 2013도7101).

▌오답해설▌

① 수사기관이 인터넷서비스이용자인 피의자를 상대로 피의자의 컴퓨터 등 정보처리장치 내에 저장되어 있는 이메일 등 전자정보를 압수·수색하는 것은 전자정보의 소유자 내지 소지자를 상대로 해당 전자정보를 압수·수색하는 대물적 강제처분으로 형사소송법의 해석상 허용된다. 압수·수색할 전자정보가 압수·수색영장에 기재된 수색장소에 있는 컴퓨터 등 정보처리장치 내에 있지 아니하고 그 정보처리장치와 정보통신망으로 연결되어 제3자가 관리하는 원격지의 서버 등 저장매체에 저장되어 있는 경우에도, 수사기관이 피의자의 이메일 계정에 대한 접근 권한에 갈음하여 발부받은 영장에 따라 영장 기재 수색장소에 있는 컴퓨터 등 정보처리장치를 이용하여 적법하게 취득한 피의자의 이메일 계정 아이디와 비밀번호를 입력하는 등 피의자가 접근하는 통상적인 방법에 따라 그 원격지의 저장매체에 접속하고 그곳에 저장되어 있는 피의자의 이메일 관련 전자정보를 수색장소의 정보처리장치로 내려 받거나 그 화면에 현출시키는 것 역시 피의자의 소유에 속하거나 소지하는 전자정보를 대상으로 이루어지는 것이므로 그 전자정보에 대한 압수·수색을 위와 달리 볼 필요가 없다(대법원 2017.11.29. 2017도9747).

피의자가 휴대전화를 임의제출하면서 휴대전화에 저장된 전자정보가 아닌 클라우드 등 제3자가 관리하는 원격지에 저장되어 있는 전자정보를 수사기관에 제출한다는 의사로 수사기관에게 클라우드 등에 접속하기 위한 아이디와 비밀번호를 임의로 제공하였다면 위 클라우드 등에 저장된 전자정보를 임의제출하는 것으로 볼 수 있다(대법원 2021.7.29. 2020도14654).

② 임의제출된 정보저장매체에서 압수의 대상이 되는 전자정보의 범위를 초과하여 수사기관이 임의로 전자정보를 탐색·복제·출력하는 것은 원칙적으로 위법한 압수·수색에 해당하므로 허용될 수 없다. 만약 전자정보에 대한 압수·수색이 종료되기 전에 범죄혐의 사실과 관련된 전자정보를 적법하게 탐색하는 과정에서 별도의 범죄혐의와 관련된 전자정보를 우연히 발견한 경우라면, 수사기관은 더 이상의 추가 탐색을 중단하고 법원으로부터 별도의 범죄혐의에 대한 압수·수색영장을 발부받은 경우에 한하여 그러한 정보에 대하여도 적법하게 압수·수색을 할 수 있다. 따라서 임의제출된 정보저장매체에서 압수의 대상이 되는 전자정보의 범위를 넘어서는 전자정보에 대해 수사기관이 영장 없이 압수·수색하여 취득한 증거는 위법수집증거에 해당하고, 사후에 법원으로부터 영장이 발부되었다거나 피고인이나 변호인이 이를 증거로 함에 동의하였다고 하여 그 위법성이 치유되는 것도 아니다(대법원 2021.11.18. 2016도348, 전원합의체).

④ 형사소송법 제219조, 제121조에 의하면, 수사기관이 압수·수색영장을 집행할 때 피의자 또는 변호인은 그 집행에 참여할 수 있다. 압수의 목적물이 컴퓨터용디스크 그 밖에 이와 비슷한 정보저장매체인 경우에는 영장 발부의 사유로 된 범죄 혐의사실과 관련 있는 정보의 범위를 정하여 출력하거나 복제하여 이를 제출받아야 하고, 피의자나 변호인에게 참여의 기회를 보장하여야 한다. 만약 그러한 조치를 취하지 않았다면 이는 형사소송법에 정한 영장주의 원칙과 적법절차를 준수하지 않은 것이다. 수사기관이 정보저장매체에 기억된 정보 중에서 키워드 또는 확장자 검색 등을 통해 범죄 혐의사실과 관련 있는 정보를 선별한 다음 정보저장매체와 동일하게 비트열 방식으로 복제하여 생성한 파일(이하 '이미지 파일'이라 한다)을 제출받아 압수하였다면 이로써 압수의 목적물에 대한 압수·수색 절차는 종료된 것이므로, 수사기관이 수사기관 사무실에서 위와 같이 압수된 이미지 파일을 탐색·복제·출력하는 과정에서도 피의자 등에게 참여의 기회를 보장하여야 하는 것은 아니다(대법원 2018.2.8. 2017도13263).

18

┃정답해설┃

④ 공동피고인과 피고인이 뇌물을 주고 받은 사이로 필요적 공범관계에 있다고 하더라도 검사는 수사단계에서 피고인에 대한 증거를 미리 보전하기 위하여 필요한 경우에는 판사에게 공동피고인을 증인으로 신문할 것을 청구할 수 있다(대법원 1988.11.8. 86도1646).

┃오답해설┃

① 형사소송법 제184조에 의한 증거보전은 피고인 또는 피의자가 형사입건도 되기 전에는 청구할 수 없고, 또 피의자신문에 해당하는 사항을 증거보전의 방법으로 청구할 수 없다(대법원 1979.6.12. 79도792).

② 제221조의2 제1항

③ 증거보전이란 장차 공판에 있어서 사용하여야 할 증거가 멸실되거나 또는 그 사용하기 곤란한 사정이 있을 경우에 당사자의 청구에 의하여 공판 전에 미리 그 증거를 수집 보전하여 두는 제도로서 제1심 제1회 공판기일 전에 한하여 허용되는 것이므로 재심청구사건에서는 증거보전절차는 허용되지 아니한다(대법원 1984.3.29. 자, 84모15).

19

┃정답해설┃

④ 사법경찰관으로부터 수사중지의 통지를 받은 사람은 해당 수사중지 결정이 법령위반, 인권침해 또는 현저한 수사권 남용이라고 의심되는 경우 검사에게 법 제197조의3 제1항(사법경찰관리가 수사과정에서 법령위반, 인권침해 또는 현저한 수사권 남용이 의심되는 사실있다고)에 따른 신고를 할 수 있다(검사와 사법경찰관의 상호협력과 일반적 수사준칙에 관한 규정 제54조 제3항).

┃오답해설┃

① 사법경찰관은 제51조 제1항 제4호(피의자중지·참고인 중지)에 따른 수사중지 결정을 한 경우 7일 이내에 사건기록을 검사에게 송부해야 한다. 이 경우 검사는 사건기록을 송부받은 날부터 30일 이내에 반환해야 하며, 그 기간 내에 법 제197조의3에 따라 시정조치요구를 할 수 있다(검사와 사법경찰관의 상호협력과 일반적 수사준칙에 관한 규정 제51조 제4항).

② 사법경찰관은 제51조(수사종결)에 따른 결정을 한 경우에는 그 내용을 고소인·고발인·피해자 또는 그 법정대리인(피해자가 사망한 경우에는 그 배우자·직계친족·형제자매를 포함한다. 이하 "고소인등"이라 한다)과 피의자에게 통지해야 한다. 다만, 제51조 제1항 제4호 가목에 따른 피의자 중지 결정을 한 경우에는 고소인 등에게만 통지한다(수사중지 결정을 한 경우에는 피의자가 소재 불명이므로 피의자에게는 통지하지 않는다)(검사와 사법경찰관의 상호협력과 일반적 수사준칙에 관한 규정 제53조 제1항).

③ 제245조의7 제1항

20

┃정답해설┃

④ 검사작성의 피고인에 대한 진술조서가 공소제기 후에 작성된 것이라는 이유만으로 곧 그 증거능력이 없다고 할 수는 없으므로 원심이 이를 증거로 채택하였다고 하여 공판중심주의 내지 재판공개의 원칙에 위배된 것이라고도 할 수 없다(대법원 1984.9.25. 84도1646).

┃오답해설┃

① 헌법상 보장된 적법절차의 원칙과 재판받을 권리, 공판중심주의·당사자주의·직접주의를 지향하는 현행 형사소송법의 소송구조, 관련 법규의 체계, 문언 형식, 내용 등을 종합하여 보면, 일단 공소가 제기된 후에는 피고사건에 관하여 검사로서는 형사소송법 제215조에 의하여 압수·수색을 할 수 없다고 보아야 하며, 그럼에도 검사가 공소제기 후 형사소송법 제215조에 따라 수소법원 이외의 지방법원 판사에게 청구하여 발부받은 영장에 의하여 압수·수색을 하였다면, 그와 같이 수집된 증거는 기본적 인권 보장을 위해 마련된 적법한 절차에 따르지 않은 것으로서 원칙적으로 유죄의 증거로 삼을 수 없다(대법원 2011.4.28. 2009도10412).

② 형사소송법은 제215조에서 검사가 압수·수색 영장을 청구할 수 있는 시기를 공소제기 전으로 명시적으로 한정하고 있지는 아니하다(대법원 2011.4.28. 2009도10412).

③ [1] 제1심에서 피고인에 대하여 무죄 판결이 선고되어 검사가 항소한 후, 수사기관이 항소심 공판기일에 증인으로 신청하여 신문할 수 있는 사람을 특별한 사정 없이 미리 수사기관에 소환하여 작성한 진술조서는 피고인이 증거로 할 수 있음에 동의하지 않는 한 증거능력이 없다. 검사가 공소를 제기한 후 참고인을 소환하여 피고인에게 불리

한 진술을 기재한 진술조서를 작성하여 이를 공판절차에 증거로 제출할 수 있게 한다면, 피고인과 대등한 당사자의 지위에 있는 검사가 수사기관으로서의 권한을 이용하여 일방적으로 법정 밖에서 유리한 증거를 만들 수 있게 하는 것이므로 당사자주의·공판중심주의·직접심리주의에 반하고 피고인의 공정한 재판을 받을 권리를 침해하기 때문이다.

[2] 위 참고인이 나중에 법정에 증인으로 출석하여 위 진술조서의 성립의 진정을 인정하고 피고인 측에 반대신문의 기회가 부여된다 하더라도 위 진술조서의 증거능력을 인정할 수 없음은 마찬가지이다(대법원 2019.11.28. 2013도6825).

21 답 ④

┃정답해설┃

④ 공범의 1인에 대한 전항의 시효정지는 다른 공범자에게 대하여 효력이 미치고 당해 사건의 재판이 확정된 때로부터 진행한다(제253조).

┃오답해설┃

① 공소제기의 효과

소송계속	사건이 법원의 심리와 재판의 대상이 됨
공소시효의 정지	① 공소가 제기되면 공소시효의 진행이 정지됨 ② 공범 1인에 대한 공소시효 정지는 다른 공범자에게도 그 효력이 미침
공소제기의 효력 범위	① 인적 효력범위 : 공소는 검사가 피고인으로 지정한 이외의 다른 사람에게는 그 효력이 미치지 않음. 다만, 공소시효 정지 효력은 다른 공범자에게도 미침 ② 물적 효력범위 : 범죄사실 일부에 대한 공소제기는 그와 동일성이 인정되는 범죄사실의 전부에 미침(공소불가분의 원칙)

② 동일법원에 동일사건이 다시 공소된 때에 뒤에 공소된 사건에 대하여 선고가 있었다고 하더라도 확정되기 전에는 먼저 공소된 사건을 심판하여야 되고 뒤에 공소된 사건은 공소기각을 하여야 한다(대법원 1969.6.24. 68도858).

③ 공소는 검사가 피고인으로 지정한 이외의 다른 사람에게는 그 효력이 미치지 아니한다. 진범에게는 공소제기의 효력이 미치지 않으므로 공소제기 후 진범이 발견되어도 진범에 대한 새로운 공소제기가 필요하다.

22 답 ③

┃정답해설┃

③ 검사는 서류 등의 목록에 대해서는 열람 또는 등사를 거부할 수 없다(제266조의3 제5항).

┃오답해설┃

① 피의자 심문에 참여할 변호인은 지방법원 판사에게 제출된 구속영장청구서 및 그에 첨부된 고소·고발장, 피의자의 진술을 기재한 서류와 피의자가 제출한 서류를 열람할 수 있다(제96조의21 제1항).

② 헌법재판소 2003.2.27. 2000헌마474

④ 제35조 제1항

> **제35조(서류·증거물의 열람·복사)**
> ① 피고인과 변호인은 소송계속 중의 관계 서류 또는 증거물을 열람하거나 복사할 수 있다.

23 답 ①

┃정답해설┃

① 벌금 또는 과료를 선고하는 경우에는 피고인이 출석하지 아니하더라도 심판할 수 있다(즉결심판에 관한 절차법 제8조의2).

┃오답해설┃

② 검사가 공판기일에 출석하지 않으면 원칙적으로 개정하지 못하나 변호인의 출석은 원칙적으로 공판 개정의 요건이 되지 않는다. 다만 필요적 변호사건의 경우에는 변호인의 출석은 공판개정의 요건이 된다.

③ 제277조

> **제277조(경미사건 등과 피고인의 불출석)**
> 다음 각 호의 어느 하나에 해당하는 사건에 관하여는 피고인의 출석을 요하지 아니한다. 이 경우 피고인은 대리인을 출석하게 할 수 있다.
> 1. 다액 500만 원 이하의 벌금 또는 과료에 해당하는 사건
> 2. 공소기각 또는 면소의 재판을 할 것이 명백한 사건
> 3. 장기 3년 이하의 징역 또는 금고, 다액 500만 원을 초과하는 벌금 또는 구류에 해당하는 사건에서 피고인의 불출석허가신청이 있고 법원이 피고인의

불출석이 그의 권리를 보호함에 지장이 없다고 인정하여 이를 허가한 사건. 다만, 제284조에 따른 절차를 진행하거나 판결을 선고하는 공판기일에는 출석하여야 한다.

4. 제453조 제1항에 따라 피고인만이 정식재판의 청구를 하여 판결을 선고하는 사건

④ 소송촉진 등에 관한 특례규칙 제19조

제19조(불출석피고인에 대한 재판)
① 피고인에 대한 송달불능보고서가 접수된 때로부터 6월이 경과하도록 제18조 제2항 및 제3항의 규정에 의한 조치에도 불구하고 피고인의 소재가 확인되지 아니한 때에는 그 후 피고인에 대한 송달은 공시송달의 방법에 의한다.

② 피고인이 제1항의 규정에 의한 공판기일의 소환을 2회 이상 받고도 출석하지 아니한 때에는 법 제23조의 규정에 의하여 피고인의 진술없이 재판할 수 있다.

24

답 ③

┃정답해설┃

③ 형사소송법이 증인의 법정 출석을 강제할 수 있는 권한을 법원에 부여한 취지는, 다른 증거나 증인의 진술에 비추어 굳이 추가 증인신문을 할 필요가 없다는 등 특별한 사정이 없는 한 사건의 실체를 규명하는 데 가장 직접적이고 핵심적인 증인으로 하여금 공개된 법정에 출석하여 선서 후 증언하도록 하고, 법원은 출석한 증인의 진술을 토대로 형성된 유죄·무죄의 심증에 따라 사건의 실체를 규명하도록 하기 위함이다. 따라서 다른 증거나 증인의 진술에 비추어 굳이 추가 증거조사를 할 필요가 없다는 등 특별한 사정이 없고, 소재탐지나 구인장 발부가 불가능한 것이 아님에도 불구하고, 불출석한 핵심 증인에 대하여 소재탐지나 구인장 발부 없이 증인채택을 취소하는 것은 법원의 재량을 벗어나는 것으로서 위법하다(대법원 2020.12.10. 2020도2623).

┃오답해설┃

① 증인은 법원이 직권에 의하여 신문할 수도 있고 증거의 채부는 법원의 직권에 속하는 것이므로 피고인이 철회한 증인을 법원이 직권신문하고 이를 채증하더라도 위법이 아니다(대법원 1983.7.12. 82도3216).

② 원칙적으로 증거의 채부는 법원의 재량에 의하여 판단할 것이지만, 형사사건의 실체를 규명하는 데 가장 직접적이고 핵심적인 증거는 법정에서 증거조사를 하기 곤란하거나 부적절한 경우 또는 다른 증거에 비추어 굳이 추가 증거조사를 할 필요가 없다는 등 특별한 사정이 없는 한 공개된 법정에서 그 증거방법에 가장 적합한 방식으로 증거조사를 하고, 이를 통해 형성된 유죄·무죄의 심증에 따라 사건의 실체를 규명하는 것이 형사사건을 처리하는 법원이 마땅히 취하여야 할 조치이고, 그것이 우리 형사소송법이 채택한 증거재판주의, 공판중심주의 및 그 한 요소인 실질적 직접심리주의의 정신에도 부합한다고 할 것이다(대법원 2011.11.10. 2011도11115).

④ 사실심 변론종결 후 검사나 피해자 등에 의해 피고인에게 불리한 새로운 양형조건에 관한 자료가 법원에 제출되었다면, 사실심법원으로서는 변론을 재개하여 그 양형자료에 대하여 피고인에게 의견진술 기회를 주는 등 필요한 양형심리절차를 거침으로써 피고인의 방어권을 실질적으로 보장해야 한다(대법원 2021.9.30. 2021도5777).

25

답 ①

┃정답해설┃

① 제147조 제1항

제147조(공무상 비밀과 증인자격)
① 공무원 또는 공무원이었던 자가 그 직무에 관하여 알게 된 사실에 관하여 본인 또는 당해 공무소가 직무상 비밀에 속한 사항임을 신고한 때에는 그 소속공무소 또는 감독관공서의 승낙 없이는 증인으로 신문하지 못한다.

┃오답해설┃

② 공동피고인의 자백은 이에 대한 피고인의 반대신문권이 보장되어 있어 증인으로 신문한 경우와 다를 바 없으므로 독립한 증거능력이 있고(대법원 1985.6.25. 85도691, 1992.7.28. 92도917), 이는 피고인들 간에 이해관계가 상반된다고 하여도 마찬가지라 할 것이므로, 이 점에 관한 상고이유의 주장도 받아들일 수 없다(대법원 2006.5.11. 2006도1944).

③ 재판장이 신문 전에 증인에게 증언거부권을 고지하지 않은 경우에도 당해 사건에서 증언 당시 증인이 처한 구체적인 상황, 증언거부사유의 내용, 증인이 증언거부사유 또는 증언거부권의 존재를 이미 알고 있었는지 여부,

증언거부권을 고지 받았더라도 허위 진술을 하였을 것이라고 볼 만한 정황이 있는지 등을 전체적·종합적으로 고려하여 증인이 침묵하지 아니하고 진술한 것이 자신의 진정한 의사에 의한 것인지 여부를 기준으로 위증죄의 성립 여부를 판단하여야 한다(대법원 2010.2.25. 2007도6273).

④ 형사소송법 제297조에 따라 변호인이 없는 피고인을 일시 퇴정하게 하고 증인신문을 한 다음 피고인에게 실질적인 반대신문의 기회를 부여하지 아니한 채 이루어진 증인의 법정진술은 위법한 증거로서 증거능력이 없다고 볼 여지가 있으나, 그 다음 공판기일에서 재판장이 증인신문 결과 등을 공판조서(증인신문조서)에 의하여 고지하였는데 피고인이 '변경할 점과 이의할 점이 없다'고 진술하여 책문권 포기 의사를 명시함으로써 실질적인 반대신문의 기회를 부여받지 못한 하자가 치유되었다고 한 사례(대법원 2010.1.14. 2009도9344).

26 답 ①

▮ 정답해설 ▮

① 피해자 등의 진술로 인하여 공판절차가 현저하게 지연될 우려가 있는 경우는 피해자 등을 증인으로 신문하지 않아도 된다(제294조의2 제1항 제3호).

> **제294조의2(피해자 등의 진술권)**
> ① 법원은 범죄로 인한 피해자 또는 그 법정대리인(피해자가 사망한 경우에는 배우자·직계친족·형제자매를 포함한다. 이하 이 조에서 "피해자 등"이라 한다)의 신청이 있는 때에는 그 피해자 등을 증인으로 신문하여야 한다. 다만, 다음 각 호의 어느 하나에 해당하는 경우에는 그러하지 아니하다.
> 1. 삭제
> 2. 피해자 등 이미 당해 사건에 관하여 공판절차에서 충분히 진술하여 다시 진술할 필요가 없다고 인정되는 경우
> 3. 피해자 등의 진술로 인하여 공판절차가 현저하게 지연될 우려가 있는 경우

▮ 오답해설 ▮

② 법원이 직권으로 신문할 증인이나 범죄로 인한 피해자의 신청에 의하여 신문할 증인의 신문방식은 재판장이 정하는 바에 의한다(제161조의2 제4항).

③ 제294조의2 제3항

④ 제294조의2 제2항

27 답 ②

▮ 정답해설 ▮

② 구성요건에 해당하는 사실은 엄격한 증명에 의하여 이를 인정하여야 하고, 증거능력이 없는 증거는 구성요건 사실을 추인하게 하는 간접사실이나 구성요건사실을 입증하는 직접증거의 증명력을 보강하는 보조사실의 인정자료로도 사용할 수 없다(대법원 2010.5.27. 2008도2344).

▮ 오답해설 ▮

① 범죄구성요건에 해당하는 사실을 증명하기 위한 근거가 되는 과학적인 연구 결과는 적법한 증거조사를 거친 증거능력 있는 증거에 의하여 엄격한 증명으로 증명되어야 한다(대법원 2010.2.11. 2009도2338).

③ 형법 제6조 본문에 의하여 외국인이 대한민국 영역 외에서 대한민국 국민에 대하여 범죄를 저지른 경우 우리 형법이 적용되지만, 같은 조 단서에 의하여 행위지 법률에 의하여 범죄를 구성하지 아니하거나 소추 또는 형의 집행을 면제할 경우에는 우리 형법을 적용하여 처벌할 수 없고, 이 경우 행위지의 법률에 의하여 범죄를 구성하는지 여부에 대해서는 엄격한 증명에 의하여 검사가 이를 증명하여야 한다(대법원 2011.8.25. 2011도6507).

④ 공모관계를 인정하기 위해서는 엄격한 증명이 요구되지만, 피고인이 범죄의 주관적 요소인 공모관계를 부인하는 경우에는 사물의 성질상 이와 상당한 관련성이 있는 간접사실 또는 정황사실을 증명하는 방법으로 이를 증명할 수밖에 없다(대법원 2018.4.19. 2017도14322 전원합의체).

28 답 ③

▮ 정답해설 ▮

③ 형사재판에 있어서 공소가 제기된 범죄사실에 대한 입증책임은 검사에 있고, 유죄의 인정은 법관으로 하여금 합리적인 의심을 할 여지가 없을 정도로 공소사실이 진실한 것이라는 확신을 가지게 하는 증명력을 가진 증거에 의하여야 하므로, 그와 같은 증거가 없다면 설령 피고인에게 유죄의 의심이 간다 하더라도 피고인의 이익으로 판단할 수밖에 없으며, 민사재판이었더라면 입증책임을 지게 되었을 피고인이 그 쟁점이 된 사항에 대하여 자신에게 유리한 입증을 하지 못하고 있다 하여 위와 같은 원칙이 달리 적용되는 것은 아니다(대법원 2003.12.26. 2003도5255).

① 대법원 2012.8.30. 2012도7377
② 검사 또는 사법경찰관은 범죄수사에 필요한 때에는 피의자가 죄를 범하였다고 의심할 만한 정황이 있는 경우에 판사로부터 발부받은 영장에 의하여 압수·수색을 할 수 있으나, 압수·수색은 영장 발부의 사유로 된 범죄 혐의사실과 관련된 증거에 한하여 할 수 있으므로, 영장 발부의 사유로 된 범죄 혐의사실과 무관한 별개의 증거를 압수하였을 경우 이는 원칙적으로 유죄 인정의 증거로 사용할 수 없다. 다만 수사기관이 별개의 증거를 피압수자 등에게 환부하고 후에 임의 제출받아 다시 압수하였다면 증거를 압수한 최초의 절차 위반행위와 최종적인 증거수집 사이의 인과관계가 단절되었다고 평가할 수 있으나, 환부 후 다시 제출하는 과정에서 수사기관의 우월적 지위에 의하여 임의제출 명목으로 실질적으로 강제적인 압수가 행하여질 수 있으므로, 제출에 임의성이 있다는 점에 관하여는 검사가 합리적 의심을 배제할 수 있을 정도로 증명하여야 하고, 임의로 제출된 것이라고 볼 수 없는 경우에는 증거능력을 인정할 수 없다(대법원 2016.3.10. 2013도11233).
④ 방송 등 언론매체가 사실을 적시하여 타인의 명예를 훼손하는 행위를 한 경우 형법 제310조에 의하여 처벌되지 않기 위해서는 적시된 사실이 객관적으로 볼 때 공공의 이익에 관한 것으로서 행위자도 공공의 이익을 위하여 그 사실을 적시한 것이어야 될 뿐만 아니라, 그 적시된 사실이 진실한 것이거나 적어도 행위자가 그 사실을 진실한 것으로 믿었고, 또 그렇게 믿을만한 상당한 이유가 있어야 할 것이며, 한편 그것이 진실한 사실로서 오로지 공공의 이익에 관한 때에 해당된다는 점은 행위자가 증명하여야 한다(대법원 2007.5.10. 2006도8544).

29 답 ③

■정답해설■

③ [1] 통신제한조치허가서에는 통신제한조치의 종류·목적·대상·범위·기간 및 집행장소와 방법을 특정하여 기재하여야 하고(통신비밀보호법 제6조 제6항), 수사기관은 허가서에 기재된 허가의 내용과 범위 및 집행방법 등을 준수하여 통신제한조치를 집행하여야 한다. 이때 수사기관은 통신기관 등에 통신제한조치허가서의 사본을 교부하고 집행을 위탁할 수 있으나(통신비밀보호법 제9조 제1항, 제2항), 그 경우에도 집행의 위탁을 받은 통신기관 등은 수사기관이 직접 집행할 경우와 마찬가지로 허가서에 기재된 집행방법 등을 준수하여야 함은 당연하다. 따라서 허가된 통신제한조치의 종류가 전기통신의 '감청'인 경우, 수사기관 또는 수사기관으로부터 통신제한조치의 집행을 위탁받은 통신기관 등은 통신비밀보호법이 정한 감청의 방식으로 집행하여야 하고 그와 다른 방식으로 집행하여서는 아니 된다.
[2] 한편 수사기관이 통신기관 등에 통신제한조치의 집행을 위탁하는 경우에는 집행에 필요한 설비를 제공하여야 한다(통신비밀보호법 시행령 제21조 제3항). 그러므로 수사기관으로부터 통신제한조치의 집행을 위탁받은 통신기관 등이 집행에 필요한 설비가 없을 때에는 수사기관에 설비의 제공을 요청하여야 하고, 그러한 요청 없이 통신제한조치허가서에 기재된 사항을 준수하지 아니한 채 통신제한조치를 집행하였다면, 그러한 집행으로 취득한 전기통신의 내용 등은 헌법과 통신비밀보호법이 국민의 기본권인 통신의 비밀을 보장하기 위해 마련한 적법한 절차를 따르지 아니하고 수집한 증거에 해당하므로(형사소송법 제308조의2), 이는 유죄 인정의 증거로 할 수 없다(대법원 2016.10.13. 2016도8137).

■오답해설■

① 대판 2010.10.14. 2010도9016
② 대법원 1990.8.24. 90도1285
④ 피고인이 범행 후 피해자에게 전화를 걸어오자 피해자가 증거를 수집하려고 그 전화내용을 녹음한 경우, 그 녹음테이프가 피고인 모르게 녹음된 것이라 하여 이를 위법하게 수집된 증거라고 할 수 없다(대법원 1997.3.28. 97도240).

30 답 ②

■정답해설■

② [1] 헌법과 형사소송법이 정한 절차에 따르지 아니하고 수집한 증거는 기본적 인권 보장을 위해 마련된 적법한 절차에 따르지 않은 것으로서 원칙적으로 유죄 인정의 증거로 삼을 수 없다.
[2] 다만, 형식적으로 보아 정해진 절차에 따르지 아니하고 수집한 증거라는 이유만을 내세워 획일적으로 그 증거의 증거능력을 부정하는 것 역시 헌법과 형사소송법이 형사소송에 관한 절차 조항을 마련한 취지에 맞는다고 볼 수 없다. 따라서 수사기관의 증거 수집 과정에서 이루어진 절차 위반행위와 관련된 모든 사정 즉, 절차 조항의

취지와 그 위반의 내용 및 정도, 구체적인 위반 경위와 회피가능성, 절차 조항이 보호하고자 하는 권리 또는 법익의 성질과 침해 정도 및 피고인과의 관련성, 절차 위반 행위와 증거수집 사이의 인과관계 등 관련성의 정도, 수사기관의 인식과 의도 등을 전체적·종합적으로 살펴 볼 때, 수사기관의 절차 위반행위가 적법절차의 실질적인 내용을 침해하는 경우에 해당하지 아니하고, 오히려 그 증거의 증거능력을 배제하는 것이 헌법과 형사소송법이 형사소송에 관한 절차 조항을 마련하여 적법절차의 원칙과 실체적 진실 규명의 조화를 도모하고 이를 통하여 형사 사법정의를 실현하려 한 취지에 반하는 결과를 초래하는 것으로 평가되는 예외적인 경우라면, 법원은 그 증거를 유죄 인정의 증거로 사용할 수 있다고 보아야 한다(대법원 2007.11.15. 2007도3061, 전원합의체).

┃오답해설┃

① 대법원 2011.6.30. 2009도6717
③ 수사기관이 법원으로부터 영장 또는 감정처분허가장을 발부받지 아니한 채 피의자의 동의 없이 피의자의 신체로부터 혈액을 채취하고 사후에도 지체 없이 영장을 발부받지 아니한 채 혈액 중 알코올농도에 관한 감정을 의뢰하였다면, 이러한 과정을 거쳐 얻은 감정의뢰회보 등은 형사소송법상 영장주의 원칙을 위반하여 수집하거나 그에 기초하여 획득한 증거로서, 원칙적으로 절차위반행위가 적법절차의 실질적인 내용을 침해하여 피고인이나 변호인의 동의가 있더라도 유죄의 증거로 사용할 수 없다(대법원 2012.11.15. 2011도15258).
④ 적법한 절차에 따르지 아니하고 수집한 증거를 기초로 하여 획득한 2차적 증거의 경우에도 마찬가지여서, 절차에 따르지 아니한 증거 수집과 2차적 증거 수집 사이 인과관계의 희석 또는 단절 여부를 중심으로 2차적 증거수집과 관련된 모든 사정을 전체적·종합적으로 고려하여 예외적인 경우에는 유죄 인정의 증거로 사용할 수 있다(대법원 2007.11.15. 2007도3061, 전원합의체).

31 ┃탑┃ ②

┃정답해설┃

② 임의성 없는 진술의 증거능력을 부정하는 취지는, 허위진술을 유발 또는 강요할 위험성이 있는 상태 하에서 행하여진 진술은 그 자체가 실체적 진실에 부합하지 아니하여 오판을 일으킬 소지가 있을 뿐만 아니라 그 진위를 떠나서 진술자의 기본적 인권을 침해하는 위법·부당한 압박이

가하여지는 것을 사전에 막기 위한 것이므로, 그 임의성에 다툼이 있을 때에는 그 임의성을 의심할 만한 합리적이고 구체적인 사실을 피고인이 증명할 것이 아니고 검사가 그 임의성의 의문점을 없애는 증명을 하여야 하며, 검사가 그 임의성의 의문점을 없애는 증명을 하지 못한 경우에는 그 진술증거는 증거능력이 부정된다(대법원 2012.11.29. 2010도3029).

┃오답해설┃

① 대법원 2012.11.29. 2010도3029
③ 대법원 2013.7.11. 2011도14044
④ 임의성의 의심이 있는 자백은 절대적으로 증거능력이 부정되므로 당사자가 증거로 함에 동의를 하여도 증거능력이 부정된다.

32

┃정답해설┃

③ 사법경찰관 작성의 검증조서를 검토하면 위 판시 범행에 부합되는 피고인의 진술이라는 기재부분과 범행을 재연하는 사진이 첨부되어있다. 그러나 기록에 의하여도 그 조서 중의 피고인의 진술 및 범행재연에 관하여는 원진술자이며 행위자인 피고인에 의하여 그 진술 내지 재연의 진정함이 인정되지 아니 하였을 뿐 아니라 피고인은 경찰 수사 과정에서 엄문을 받았던 사실을 엿볼 수 있다는 원설시 취지에 따라 검증현장에서의 피고인의 진술 및 범행재연은 특히 신빙할 수 있는 상태 하에서 이루어진 것이라 볼 수 없다 할 것이니 위 검증조서 중 피고인의 진술 및 범행재연의 사진영상에 관한 부분은 증거 능력이 없다고 할 것이다(대법원 1981.4.14. 81도343).

┃오답해설┃

① [1] 수사기관이 아닌 사인이 피고인 아닌 자와의 전화 대화를 녹음한 녹음테이프에 대하여 법원이 실시한 검증의 내용이 녹음테이프에 녹음된 전화 대화의 내용이 검증조서에 첨부된 녹취서에 기재된 내용과 같다는 것에 불과한 경우에는 증거자료가 되는 것은 여전히 녹음테이프에 녹음된 대화 내용이므로, 그 중 피고인 아닌 자와의 대화의 내용은 실질적으로 형사소송법 제311조, 제312조 규정 이외의 피고인 아닌 자의 진술을 기재한 서류와 다를 바 없어서, 피고인이 그 녹음테이프를 증거로 할 수 있음에 동의하지 않은 이상 그 녹음테이프 검증조서의 기재 중 피고인 아닌 자의 진술내용을 증거로 사용하기 위해서는

형사소송법 제313조 제1항에 따라 공판준비나 공판기일에서 원진술자의 진술에 의하여 그 녹음테이프에 녹음된 진술내용이 자신이 진술한 대로 녹음된 것이라는 점이 인정되어야 하는 것이다.

[2] 이와는 달리 녹음테이프에 대한 검증의 내용이 그 진술 당시 진술자의 상태 등을 확인하기 위한 것인 경우에는, 녹음테이프에 대한 검증조서의 기재 중 진술내용을 증거로 사용하는 경우에 관한 위 법리는 적용되지 아니하고, 따라서 위 검증조서는 법원의 검증의 결과를 기재한 조서로서 형사소송법 제311조에 의하여 당연히 증거로 할 수 있다(대법원 2008.7.10. 2007도10755).

② 수사기관 아닌 사인이 피고인 아닌 사람과의 대화 내용을 녹음한 녹음테이프는 형사소송법 제311조, 제312조 규정 이외의 피고인 아닌 자의 진술을 기재한 서류와 다를 바 없으므로, 위의 요건대로 동일성과 제313조 제1항에 따라 성립의 진정함이 증명되어야 증거로 할 수 있다(대법원 2011.9.8. 2010도7497).

④ 제318조의2 제2항

33

답 ②

▌정답해설▌

② 간이공판절차는 전문법칙을 제외한 모든 증거능력규정이 적용된다.

> **제318조의3(간이공판절차에서의 증거능력에 관한 특례)**
> 제286조의2의 결정이 있는 사건의 증거에 관하여는 제310조의2, 제312조 내지 제314조 및 제316조의 규정에 의한 증거에 대하여 제318조 제1항의 동의가 있는 것으로 간주한다. 단, 검사, 피고인 또는 변호인이 증거로 함에 이의가 있는 때에는 그러하지 아니하다.

▌오답해설▌

① 제311조

> **제311조(법원 또는 법관의 조서)**
> 공판준비 또는 공판기일에 피고인이나 피고인 아닌 자의 진술을 기재한 조서와 법원 또는 법관의 검증의 결과를 기재한 조서는 증거로 할 수 있다. 제184조 및 제221조의2의 규정에 의하여 작성한 조서도 또한 같다.

③ 318조의2 제1항

> **제318조의2(증명력을 다투기 위한 증거)**
> ① 제312조부터 제316조까지의 규정에 따라 증거로 할 수 없는 서류나 진술이라도 공판준비 또는 공판기일에서의 피고인 또는 피고인이 아닌 자(공소제기 전에 피고인을 피의자로 조사하였거나 그 조사에 참여하였던 자를 포함한다. 이하 이 조에서 같다)의 진술의 증명력을 다투기 위하여 증거로 할 수 있다.

④ 체포·구속인접견부는 유치된 피의자가 죄증을 인멸하거나 도주를 기도하는 등 유치장의 안전과 질서를 위태롭게 하는 것을 방지하기 위한 목적으로 작성되는 서류로 보일 뿐이어서 형사소송법 제315조 제2, 3호에 규정된 당연히 증거능력이 있는 서류로 볼 수는 없다(대법원 2012.10.25. 2011도5459).

34

답 ①

▌정답해설▌

① 성매매업소에 고용된 여성들이 성매매를 업으로 하면서 영업에 참고하기 위하여 성매매 상대방의 아이디와 전화번호 및 성매매방법 등을 메모지에 적어두었다가 직접 메모리카드에 입력하거나 업주가 고용한 다른 여직원이 그 내용을 입력한 사안에서, 위 메모리카드의 내용은 형사소송법 제315조 제2호의 '영업상 필요로 작성한 통상문서'로서 당연히 증거능력 있는 문서에 해당한다고 한 사례(대법원 2007.7.26. 2007도3219).

▌오답해설▌

② 검사가 작성한 피의자신문조서는 적법한 절차와 방식에 따라 작성된 것으로서 공판준비, 공판기일에 그 피의자였던 피고인 또는 변호인이 그 내용을 인정할 때에 한정하여 증거로 할 수 있다(제312조 제1항).

③ [1] 형사소송법 제312조 제2항은 검사 이외의 수사기관이 작성한 당해 피고인에 대한 피의자신문조서를 유죄의 증거로 하는 경우뿐만 아니라 검사 이외의 수사기관이 작성한 당해 피고인과 공범관계에 있는 다른 피고인이나 피의자에 대한 피의자신문조서를 당해 피고인에 대한 유죄의 증거로 채택할 경우에도 적용되는바, 당해 피고인과 공범관계가 있는 다른 피의자에 대한 검사 이외의 수사기관 작성의 피의자신문조서는 그 피의자의 법정진술에 의하여 그 성립의 진정이 인정되더라도 당해 피고인이 공판기일에서 그 조서의 내용을 부인하면 증거능력이 부정되므로

그 당연한 결과로 그 피의자신문조서에 대하여는 사망 등 사유로 인하여 법정에서 진술할 수 없는 때에 예외적으로 증거능력을 인정하는 규정인 형사소송법 제314조가 적용되지 아니한다.

[2] 피의자가 경찰수사 단계에서 작성한 진술서에 대하여는 검사 이외의 수사기관 작성의 피의자신문조서와 동일하게 제312조 제3항을 적용하여야 한다(대법원 2004.7.15. 2003도7185, 전원합의체).

④ [1] 다른 사람의 진술을 내용으로 하는 진술이 전문증거인지는 요증사실이 무엇인지에 따라 정해진다. 다른 사람의 진술, 즉 원진술의 내용인 사실이 요증사실인 경우에는 전문증거이지만, 원진술의 존재 자체가 요증사실인 경우에는 본래증거이지 전문증거가 아니다.

[2] 어떤 진술이 기재된 서류가 그 내용의 진실성이 범죄사실에 대한 직접증거로 사용될 때는 전문증거가 되지만, 그와 같은 진술을 하였다는 것 자체 또는 진술의 진실성과 관계없는 간접사실에 대한 정황증거로 사용될 때는 반드시 전문증거가 되는 것이 아니다.

[3] 그러나 어떠한 내용의 진술을 하였다는 사실 자체에 대한 정황증거로 사용될 것이라는 이유로 서류의 증거능력을 인정한 다음 그 사실을 다시 진술 내용이나 그 진실성을 증명하는 간접사실로 사용하는 경우에 그 서류는 전문증거에 해당한다. 서류가 그곳에 기재된 원진술의 내용인 사실을 증명하는 데 사용되어 원진술의 내용인 사실이 요증사실이 되기 때문이다. 이러한 경우 형사소송법 제311조부터 제316조까지 정한 요건을 충족하지 못한다면 증거능력이 없다(대법원 2019.8.29. 2018도14303, 전원합의체).

35

답 ②

정답해설

② 형사소송법 제244조의5는, 검사 또는 사법경찰관은 피의자를 신문하는 경우 피의자가 신체적 또는 정신적 장애로 사물을 변별하거나 의사를・전달할 능력이 미약한 때나 피의자의 연령・성별・국적 등의 사정을 고려하여 그 심리적 안정의 도모와 원활한 의사소통을 위하여 필요한 경우에는, 직권 또는 피의자・법정대리인의 신청에 따라 피의자와 신뢰관계에 있는 자를 동석하게 할 수 있도록 규정하고 있다. 구체적인 사안에서 위와 같은 동석을 허락할 것인지는 원칙적으로 검사 또는 사법경찰관이 피의자의 건강 상태 등 여러 사정을 고려하여 재량에 따라 판단하여야 할 것이나, 이를 허락하는 경우에도 동석한

사람으로 하여금 피의자를 대신하여 진술하도록 하여서는 안 된다. 만약 동석한 사람이 피의자를 대신하여 진술한 부분이 조서에 기재되어 있다면 그 부분은 피의자의 진술을 기재한 것이 아니라 동석한 사람의 진술을 기재한 조서에 해당하므로, 그 사람에 대한 진술조서로서의 증거능력을 취득하기 위한 요건을 충족하지 못하는 한 이를 유죄 인정의 증거로 사용할 수 없다(대법원 2009.6.23. 2009도1322).

오답해설

① 형사소송법 제312조 제5항은 피고인 또는 피고인이 아닌 자가 수사과정에서 작성한 진술서의 증거능력에 관하여 형사소송법 제312조 제1항부터 제4항까지 준용하도록 규정하고 있으므로, 검사 또는 사법경찰관이 피고인이 아닌 자의 진술을 기재한 조서의 증거능력이 인정되려면 '적법한 절차와 방식에 따라 작성된 것'이어야 한다는 법리가 피고인이 아닌 자가 수사과정에서 작성한 진술서의 증거능력에 관하여도 적용된다. 한편 검사 또는 사법경찰관이 피의자가 아닌 자의 출석을 요구하여 조사하는 경우에는 피의자를 조사하는 경우와 마찬가지로 조사장소에 도착한 시각, 조사를 시작하고 마친 시각, 그 밖에 조사과정의 진행경과를 확인하기 위하여 필요한 사항을 조서에 기록하거나 별도의 서면에 기록한 후 수사기록에 편철하도록 하는 등 조사과정을 기록하게 한 형사소송법 제221조 제1항, 제244조의4 제1항, 제3항의 취지는 수사기관이 조사과정에서 피조사자로부터 진술증거를 취득하는 과정을 투명하게 함으로써 그 과정에서의 절차적 적법성을 제도적으로 보장하려는 것이다. 따라서 수사기관이 수사에 필요하여 피의자가 아닌 자로부터 진술서를 작성・제출받는 경우에도 그 절차는 준수되어야 하므로, 피고인이 아닌 자가 수사과정에서 진술서를 작성하였지만 수사기관이 조사과정의 진행경과를 확인하기 위하여 필요한 사항을 그 진술서에 기록하거나 별도의 서면에 기록한 후 수사기록에 편철하는 등 적절한 조치를 취하지 아니하여 형사소송법 제244조의4 제1항, 제3항에서 정한 절차를 위반한 경우에는, 그 진술증거 취득과정의 절차적 적법성의 제도적 보장이 침해되지 않았다고 볼 만한 특별한 사정이 없는 한 '적법한 절차와 방식'에 따라 수사과정에서 진술서가 작성되었다고 할 수 없어 증거능력을 인정할 수 없다. 형사소송법 제312조 제5항의 적용대상인 '수사과정에서 작성한 진술서'란 수사가 시작된 이후에 수사기관의 관여 아래 작성된 것이거나, 개시된 수사와 관련하여 수사과정에 제출할 목적으로 작성한 것으로, 작성 시기와 경위 등 여러 사정에 비추어 그 실질이 이에 해당하는 이상 명칭이나 작성된 장소 여부를 불문한다(대법원 2022.10.27. 2022도9510).

③ [1] 수사기관에서 진술한 참고인이 법정에서 증언을 거부하여 피고인이 반대신문을 하지 못한 경우에는 정당하게 증언거부권을 행사한 것이 아니라도, 피고인이 증인의 증언거부 상황을 초래하였다는 등의 특별한 사정이 없는 한 형사소송법 제314조의 '그 밖에 이에 준하는 사유로 인하여 진술할 수 없는 때'에 해당하지 않는다고 보아야 한다. 따라서 증인이 정당하게 증언거부권을 행사하여 증언을 거부한 경우와 마찬가지로 수사기관에서 그 증인의 진술을 기재한 서류는 증거능력이 없다.

[2] 다만 피고인이 증인의 증언거부 상황을 초래하였다는 등의 특별한 사정이 있는 경우에는 형사소송법 제314조의 적용을 배제할 이유가 없다. 이러한 경우까지 형사소송법 제314조의 '그 밖에 이에 준하는 사유로 인하여 진술할 수 없는 때'에 해당하지 않는다고 보면 사건의 실체에 대한 심증 형성은 법관의 면전에서 본래증거에 대한 반대신문이 보장된 증거조사를 통하여 이루어져야 한다는 실질적 직접심리주의와 전문법칙에 대하여 예외를 정한 형사소송법 제314조의 취지에 반하고 정의의 관념에도 맞지 않기 때문이다(대법원 2019.11.21. 2018도13945, 전원합의체).

④ 대법원 2012.5.24. 2011도7757

36

답 ③

┃정답해설┃

③ 수사기관이 원진술자의 진술을 기재한 조서는 원본 증거인 원진술자의 진술에 비하여 본질적으로 낮은 정도의 증명력을 가질 수밖에 없다는 한계를 지니는 것이고, 특히 원진술자의 법정 출석 및 반대신문이 이루어지지 못한 경우에는 그 진술이 기재된 조서는 법관의 올바른 심증 형성의 기초가 될 만한 진정한 증거가치를 가진 것으로 인정받을 수 없는 것이 원칙이다. 따라서 피고인이 공소사실 및 이를 뒷받침하는 수사기관이 원진술자의 진술을 기재한 조서 내용을 부인하였음에도 불구하고, 원진술자의 법정 출석과 피고인에 의한 반대신문이 이루어지지 못하였다면, 그 조서는 진정한 증거가치를 가진 것으로 인정받을 수 없는 것이어서 이를 주된 증거로 하여 공소사실을 인정하는 것은 원칙적으로 허용될 수 없다. 이는 원진술자의 사망이나 질병 등으로 인하여 원진술자의 법정 출석 및 반대신문이 이루어지지 못한 경우는 물론 수사기관의 조서를 증거로 함에 피고인이 동의한 경우에도 마찬가지이다(대법원 2006.12.8. 2005도9730).

┃오답해설┃

① 형사소송법 제218조는 "사법경찰관은 소유자, 소지자 또는 보관자가 임의로 제출한 물건을 영장없이 압수할 수 있다"고 규정하고 있는바, 위 규정을 위반하여 소유자, 소지자 또는 보관자가 아닌 자로부터 제출받은 물건을 영장없이 압수한 경우 그 '압수물' 및 '압수물을 찍은 사진'은 이를 유죄 인정의 증거로 사용할 수 없는 것이고, 헌법과 형사소송법이 선언한 영장주의의 중요성에 비추어 볼 때 피고인이나 변호인이 이를 증거로 함에 동의하였다고 하더라도 달리 볼 것은 아니다(대법원 2010.1.28. 2009도10092).

② 제318조 제2항

④ 대법원 2000.6.15. 99도1108, 전원합의체

37

답 ①

┃정답해설┃

① 범죄 후 법령개폐로 형이 폐지되었을 때는 판결로써 면소의 선고를 하여야 한다(제326조).

┃오답해설┃

② 공소 취소에 의한 공소기각의 결정이 확정된 때 다시 공소를 제기하는 요건으로서 '다른 중요한 증거를 발견한 경우'라 함은 공소 취소 전의 증거만으로서는 증거 불충분으로 무죄가 선고될 가능성이 있으나 새로 발견된 증거를 추가하면 충분히 유죄의 확신을 가지게 될 정도의 증거가 있는 경우를 말한다(대법원 1977.12.27. 77도1308).

③ 제323조 제2항

> **제323조(유죄에 명시될 이유)**
> ② 법률상 범죄의 성립을 조각하는 이유 또는 형의 가중, 감면의 이유되는 사실의 진술이 있는 때에는 이에 대한 판단을 명시하여야 한다.

④ 판결에 범죄사실에 대한 증거를 설시함에 있어 어느 증거의 어느 부분에 의하여 어느 범죄사실을 인정한다고 구체적으로 설시하지 아니하였다 하더라도 그 적시한 증거들에 의하여 판시 범죄사실을 인정할 수 있다면 위법한 증거설시라고 할 수 없다(대법원 1983.7.12. 83도995).

38

▎정답해설▎

③ 사기죄에 있어서 동일한 피해자에 대하여 수회에 걸쳐 기망행위를 하여 금원을 편취한 경우, 그 범의가 단일하고 범행 방법이 동일하다면 사기죄의 포괄일죄만이 성립한다 할 것이고, 포괄일죄는 그 중간에 별종의 범죄에 대한 확정판결이 끼어 있어도 그 때문에 포괄적 범죄가 둘로 나누는 것은 아니라 할 것이고, 또 이 경우에는 그 확정판결 후의 범죄로서 다루어야 한다(대법원 2002.7.12. 2002도 2029).

▎오답해설▎

① 가정폭력처벌법에 따른 보호처분의 결정이 확정된 경우에는 원칙적으로 가정폭력행위자에 대하여 같은 범죄사실로 다시 공소를 제기할 수 없으나(가정폭력처벌법 제16조), 보호처분은 확정이 아니고 따라서 기판력도 없으므로, 보호처분을 받은 사건과 동일한 사건에 대하여 다시 공소제기가 되었다면 이에 대해서는 면소판결을 할 것이 아니라 공소제기의 절차가 법률의 규정에 위배하여 무효인 때에 해당한 경우이므로 형사소송법 제327조 제2호의 규정에 의하여 공소기각의 판결을 하여야 한다(대법원 2017.8.23. 2016도5423).

② 행정법상의 질서벌인 과태료의 부과처분과 형사처벌은 그 성질이나 목적을 달리하는 별개의 것이므로 행정법상의 질서벌인 과태료를 납부한 후에 형사처벌을 한다고 하여 이를 일사부재리의 원칙에 반하는 것이라고 할 수는 없다(대법원 1996.4.12. 96도158).

④ 판결의 확정력은 사실심리의 가능성이 있는 최후의 시점인 판결선고시를 기준으로 하여 그때까지 행하여진 행위에 대하여만 미치는 것으로서, 제1심에 대하여 항소가 된 경우의 확정력이 미치는 시간적 한계는 현행 형사항소심의 구조와 운용실태에 비추어 볼 때 항소심 판결선고시라고 보는 것이 상당하다(대법원 1993.5.25. 93도836).

39

▎정답해설▎

㉠ (×) 항소를 함에는 항소장을 원심법원에 제출하여야 한다(제359조).

㉢ (×) 형사소송법은 항소법원이 항소인인 피고인에게 소송기록접수통지를 하기 전에 변호인의 선임이 있는 때에는 변호인에게도 소송기록접수통지를 하도록 정하고 있으

므로(제361조의2 제2항), 피고인에게 소송기록접수통지를 한 다음에 변호인이 선임된 경우에는 변호인에게 다시 같은 통지를 할 필요가 없다(대법원 2018.11.22. 자, 2015도10651, 전원합의체).

㉣ (×) 형사소송법 제361조의2 제1항에 따라 항소법원이 피고인에게 소송기록 접수통지를 함에 있어 2회에 걸쳐 그 통지서를 송달하였다고 하더라도, 항소이유서 제출기간의 기산일은 최초 송달의 효력이 발생한 날의 다음날부터라고 보아야 한다(대법원 2010.5.27. 2010도3377).

▎오답해설▎

㉡ (○) 피고인이 교도소 또는 구치소에 있는 경우에는 원심법원에 대응한 검찰청검사는 제1항의 통지를 받은 날부터 14일 이내에 피고인을 항소법원소재지의 교도소 또는 구치소에 이송하여야 한다(제361조의2 제3항).

40

▎정답해설▎

② 약식절차에서는 전문법칙이 적용되지 않는다(기타 증거법칙은 전부 적용된다).

▎오답해설▎

① 제457조

> **제457조(약식명령의 효력)**
> 약식명령은 정식재판의 청구기간이 경과하거나 그 청구의 취하 또는 청구기각의 결정이 확정한 때에는 확정과 동일한 효력이 있다.

③ 제453조 제1항

> **제453조(정식재판의 청구)**
> ① 검사 또는 피고인은 약식명령의 고지를 받은 날로부터 7일 이내에 정식재판의 청구를 할 수 있다. 단, 피고인은 정식재판의 청구를 포기할 수 없다.

④ 약식명령에 대해 정식재판의 청구는 제1심판결선고 전까지 취하할 수 있다(제454조). 정식재판청구를 취하한 자 또는 취하에 동의한 자는 그 사건에 대하여 다시 정식재판청구를 하지 못한다(제458조, 제354조).

2022 정답 및 해설

01	02	03	04	05	06	07	08	09	10	11	12	13	14	15	16	17	18	19	20
①	③	④	②	④	①	③	③	②	②	③	②	④	③	④	④	④	④	④	②
21	22	23	24	25	26	27	28	29	30	31	32	33	34	35	36	37	38	39	40
②	③	③	②	③	①	③	①	④	③	①	①	④	①	②	①	②	②	④	②

01

답 ①

▌정답해설▐

㉠ (○) 헌법 제12조 제1항 후문이 규정하고 있는 적법절차란 법률이 정한 절차 및 그 실체적 내용이 모두 적정하여야 함을 말하는 것으로서 적정하다고 함은 공정하고 합리적이며 상당성이 있어 정의관념에 합치되는 것을 뜻한다(대법원 1988.11.16. 88초60).

㉡ (×) 법원에 의하여 채택된 증인은 검사와 피고인 쌍방이 공평한 기회를 가지고 법관의 면전에서 조사·진술되어야 하는 중요한 증거자료의 하나로서, 비록 검사의 신청에 의하여 채택된 증인이라 하더라도, 그는 검사만을 위하여 증언하는 것이 아니며, 오로지 그가 경험한 사실대로 증언하여야 할 의무가 있는 것이고, 따라서 검사이든 피고인이든 공평하게 증인에 접근할 수 있도록 기회가 보장되지 않으면 안되며, 검사와 피고인 쌍방 중 어느 한편이 증인과의 접촉을 독점하거나 상대방의 접근을 차단하도록 허용한다면 이는 상대방의 공정한 재판을 받을 권리를 침해하는 것이 되고, 구속된 증인에 대한 편의제공 역시 그것이 일방당사자인 검사에게만 허용된다면 그 증인과 검사와의 부당한 인간관계의 형성이나 회유의 수단 등으로 오용될 우려가 있고, 또 거꾸로 그러한 편의의 박탈 가능성이 증인에게 심리적 압박수단으로 작용할 수도 있으므로 접근차단의 경우와 마찬가지로 공정한 재판을 해하는 역할을 할 수 있다(대법원 2002.10.8. 2001도3931).

㉢ (○) 신속한 재판을 받을 권리는 주로 피고인의 이익을 보호하기 위하여 인정된 기본권이지만 동시에 실체적 진실발견, 소송경제, 재판에 대한 국민의 신뢰와 형벌목적의 달성과 같은 공공의 이익에도 근거가 있기 때문에 어느 면에서는 이중적인 성격을 갖고 있다고 할 수 있어, 형사사법체제 자체를 위하여서도 아주 중요한 의미를 갖는 기본권이다(헌법재판소 1995.11.30. 92헌마44, 전원재판부).

㉣ (×) 공판심리의 현저한 지연은 현행법상 명문으로 면소사유뿐만 아니라 공소기각사유로도 규정하고 있지 않다(제326조, 제327조, 제328조 참고).

02

답 ③

▌정답해설▐

③ 심문할 피의자에게 변호인이 없는 때에는 지방법원판사는 직권으로 변호인을 선정하여야 한다. 이 경우 변호인의 선정은 피의자에 대한 구속영장 청구가 기각되어 효력이 소멸한 경우를 제외하고는 제1심까지 효력이 있다(제201조의2 제8항).

▌오답해설▐

① 제33조 제1항 제6호

② 국민의 형사재판 참여에 관한 법률 제7조

④ 형사소송법 제33조 제5호에 의한 국선변호인선임청구를 기각한 결정은 판결전의 소송절차이므로 그 결정에 대하여 즉시항고를 할 수 있는 근거가 없는 이상 그 결정에 대하여는 항고도 할 수 없다(대법원 1986.9.5. 자, 86모40).

03

답 ④

┃정답해설┃

④ 형사소송법 제197조의2 제2항에 따른 '정당한 이유의 유무'에 대하여 이견이 있어 협의를 요청받은 검사는 이에 응해야 한다(검사와 사법경찰관의 상호협력과 일반적 수사준칙에 관한 규정 제8조 제1항 제2호).

┃오답해설┃

① 제197조의2 제1항
② 제197조의2 제2항
③ 검사와 사법경찰관의 상호협력과 일반적 수사준칙에 관한 규정 제8조 제1항

04

답 ②

┃정답해설┃

② 검사 또는 사법경찰관은 조사, 신문, 면담 등 그 명칭을 불문하고 피의자나 사건관계인에 대해 오후 9시부터 오전 6시까지 사이에 조사(이하 "심야조사"라 한다)를 해서는 안 된다. 다만, 이미 작성된 조서의 열람을 위한 절차는 자정 이전까지 진행할 수 있다(검사와 사법경찰관의 상호협력과 일반적 수사준칙에 관한 규정 제21조 제1항).

┃오답해설┃

① 검사와 사법경찰관의 상호협력과 일반적 수사준칙에 관한 규정 제22조 제1항
③ 검사와 사법경찰관의 상호협력과 일반적 수사준칙에 관한 규정 제21조 제2항 제1호
④ 검사와 사법경찰관의 상호협력과 일반적 수사준칙에 관한 규정 제21조 제2항 제4호

05

답 ④

┃정답해설┃

ⓒ (×) 경찰관직무집행법(이하 '법'이라 한다) 제3조 제4항은 경찰관이 불심검문을 하고자 할 때에는 자신의 신분을 표시하는 증표를 제시하여야 한다고 규정하고, 경찰관직무집행법 시행령 제5조는 위 법에서 규정한 신분을 표시하는 증표는 경찰관의 공무원증이라고 규정하고 있는데, 불심검문을 하게 된 경위, 불심검문 당시의 현장상황과 검문을 하는 경찰관들의 복장, 피고인이 공무원증 제시나 신분 확인을 요구하였는지 여부 등을 종합적으로 고려하여, 검문하는 사람이 경찰관이고 검문하는 이유가 범죄행위에 관한 것임을 피고인이 충분히 알고 있었다고 보이는 경우에는 신분증을 제시하지 않았다고 하여 그 불심검문이 위법한 공무집행이라고 할 수 없다(대법원 2014.12.11. 2014도7976).

ⓔ (×) 경찰관직무집행법(이하 '법'이라고 한다)의 목적, 법 제1조 제1항, 제2항, 제3조 제1항, 제2항, 제3항, 제7항의 내용 및 체계 등을 종합하면, 경찰관이 법 제3조 제1항에 규정된 대상자(이하 '불심검문 대상자'라 한다) 해당 여부를 판단할 때에는 불심검문 당시의 구체적 상황은 물론 사전에 얻은 정보나 전문적 지식 등에 기초하여 불심검문 대상자인지를 객관적·합리적인 기준에 따라 판단하여야 하나, 반드시 불심검문 대상자에게 형사소송법상 체포나 구속에 이를 정도의 혐의가 있을 것을 요한다고 할 수는 없다(대법원 2014.2.27. 2011도13999).

┃오답해설┃

ⓐ (○) 경찰관 직무집행법 제3조 제1항 제1호
ⓑ (○) 경찰관 직무집행법 제3조 제6항

06

답 ①

┃정답해설┃

① 형사소송법 제232조 제1항, 제3항의 취지는 국가형벌권의 행사가 피해자의 의사에 의하여 좌우되는 현상을 장기간 방치할 것이 아니라 제1심판결 선고 이전까지로 제한하자는데 그 목적이 있다 할 것이므로 비록 항소심에 이르러 비로소 반의사불벌죄가 아닌 죄에서 반의사불벌죄로 공소장변경이 있었다 하여 항소심인 제2심을 제1심으로 볼 수는 없다(대법원 1988.3.8. 85도2518).

┃오답해설┃

② 형사소송법상 소송능력이라 함은 소송당사자가 유효하게 소송행위를 할 수 있는 능력, 즉 피고인 또는 피의자가 자기의 소송상의 지위와 이해관계를 이해하고 이에 따라 방어행위를 할 수 있는 의사능력을 의미한다. 의사능력이 있으면 소송능력이 있다는 원칙은 피해자 등 제3자가 소송행위를 하는 경우에도 마찬가지라고 보아야 한다. 따라서 반의사불벌죄에 있어서 피해자의 피고인 또는 피의자에 대한 처벌을 희망하지 않는다는 의사표시 또는 처벌을

희망하는 의사표시의 철회는, 위와 같은 형사소송절차에 있어서의 소송능력에 관한 일반원칙에 따라, 의사능력이 있는 피해자가 단독으로 이를 할 수 있고, 거기에 법정대리인의 동의가 있어야 한다거나 법정대리인에 의해 대리되어야만 한다고 볼 것은 아니다. 나아가 청소년의 성보호에 관한 법률이 형사소송법과 다른 특별한 규정을 두고 있지 않는 한, 위와 같은 반의사불벌죄에 관한 해석론은 청소년의 성보호에 관한 법률의 경우에도 그대로 적용되어야 한다. 그러므로 청소년의 성보호에 관한 법률 제16조에 규정된 반의사불벌죄라고 하더라도, 피해자인 청소년에게 의사능력이 있는 이상, 단독으로 피고인 또는 피의자의 처벌을 희망하지 않는다는 의사표시 또는 처벌희망 의사표시의 철회를 할 수 있고, 거기에 법정대리인의 동의가 있어야 하는 것으로 볼 것은 아니다(대법원 2009.11.19. 2009도6058, 전원합의체).

③ 형사소송법이 고소와 고소취소에 관한 규정을 하면서 제232조 제1항, 제2항에서 고소취소의 시한과 재고소의 금지를 규정하고 제3항에서는 반의사불벌죄에 제1항, 제2항의 규정을 준용하는 규정을 두면서도, 제233조에서 고소와 고소취소의 불가분에 관한 규정을 함에 있어서는 반의사불벌죄에 이를 준용하는 규정을 두지 아니한 것은 처벌을 희망하지 아니하는 의사표시나 처벌을 희망하는 의사표시의 철회에 관하여 친고죄와는 달리 공범자간에 불가분의 원칙을 적용하지 아니하고자 함에 있다고 볼 것이지, 입법의 불비로 볼 것은 아니다(대법원 1994.4.26. 93도1689).

④ 반의사불벌죄에 있어서 피해자가 처벌을 희망하지 아니하는 의사표시나 처벌을 희망하는 의사표시의 철회를 하였다고 인정하기 위해서는 피해자의 진실한 의사가 명백하고 믿을 수 있는 방법으로 표현되어야 하는바(대법원 2001.6.15. 2001도1809), 피해자가 나이 어린 미성년자인 경우 그 법정대리인이 피고인 등에 대하여 밝힌 처벌불원의 의사표시에 피해자 본인의 의사가 포함되어 있는지는 대상 사건의 유형 및 내용, 피해자의 나이, 합의의 실질적인 주체 및 내용, 합의 전후의 정황, 법정대리인 및 피해자의 태도 등을 종합적으로 고려하여 판단하여야 할 것이다(대법원 2010.5.13. 2009도5658).

07
답 ③

┃정답해설┃

③ 형사소송법 제225조 제1항이 규정한 법정대리인의 고소권은 무능력자의 보호를 위하여 법정대리인에게 주어진 고유권이므로, 법정대리인은 피해자의 고소권 소멸 여부에 관계없이 고소할 수 있고, 이러한 고소권은 피해자의 명시한 의사에 반하여도 행사할 수 있다(대법원 1999.12.24. 99도3784).

┃오답해설┃

① 고소를 할 때는 소송행위능력, 즉 고소능력이 있어야 하나, 고소능력은 피해를 입은 사실을 이해하고 고소에 따른 사회생활상의 이해관계를 알아차릴 수 있는 사실상의 의사능력으로 충분하므로, 민법상 행위능력이 없는 사람이라도 위와 같은 능력을 갖추었다면 고소능력이 인정된다(대법원 2011.6.24. 2011도4451, 2011전도76).

② 위증죄는 국가의 사법기능을 보호법익으로 하는 죄로서 개인적 법익을 보호법익으로 하는 것이 아니므로 위증사실의 신고는 고소의 형식을 취하였더라도 고발이고, 고발은 피해자 본인 및 고소권자를 제외하고는 누구나 할 수 있는 것이어서 고발의 대리는 허용되지 않고 고발의 의사를 하고 고발행위를 주재한 자가 고발인이라고 할 것이므로 타인명의의 고소장 제출에 의해 위증사실의 신고가 행하여졌더라도 피고인이 고소장을 작성하여 수사기관에 제출하고 수사기관에 대하여 고발인 진술을 하는 등 피고인의 의사로 고발행위를 주도하였다면 그 고발인은 피고인이다(대법원 1989.9.26. 88도1533).

④ 형사소송법 제230조 제1항 본문은 "친고죄에 대하여는 범인을 알게 된 날로부터 6월을 경과하면 고소하지 못한다"고 규정하고 있는바, 여기서 범인을 알게 된다 함은 통상인의 입장에서 보아 고소권자가 고소를 할 수 있을 정도로 범죄사실과 범인을 아는 것을 의미하고, 범죄사실을 안다는 것은 고소권자가 친고죄에 해당하는 범죄의 피해가 있었다는 사실관계에 관하여 확정적인 인식이 있음을 말한다(대법원 2001.10.9. 2001도3106).

08

답 ③

┃정답해설┃

③ 변호인의 피의자신문 참여권을 규정한 형사소송법 제243조의2 제1항에서 '정당한 사유'란 변호인이 피의자신문을 방해하거나 수사기밀을 누설할 염려가 있음이 객관적으로 명백한 경우 등을 말하는 것이므로, 수사기관이 피의자신문을 하면서 위와 같은 정당한 사유가 없는데도 변호인에 대하여 피의자로부터 떨어진 곳으로 옮겨 앉으라고 지시를 한 다음 이러한 지시에 따르지 않았음을 이유로 변호인의 피의자신문 참여권을 제한하는 것은 허용될 수 없다(대법원 2008.9.12. 자, 2008모793).

┃오답해설┃

① 제243조의2 제1항

② 검사와 사법경찰관의 상호협력과 일반적 수사준칙에 관한 규정 제13조 제1항

④ 검사와 사법경찰관의 상호협력과 일반적 수사준칙에 관한 규정 제14조 제1항

09

답 ②

┃정답해설┃

② 제200조의2 제5항

┃오답해설┃

① 사법경찰관은 검사에게 신청하여 검사의 청구로 관할지방법원판사의 체포영장을 발부받아 피의자를 체포할 수 있다(제200조의2 제1항).

③ 체포영장 또는 구속영장의 발부를 받은 후 피의자를 체포 또는 구속하지 아니하거나 체포 또는 구속한 피의자를 석방한 때에는 지체없이 검사는 영장을 발부한 법원에 그 사유를 서면으로 통지하여야 한다(제204조).

④ 경찰관들이 체포영장을 소지하고 메트암페타민(일명 필로폰) 투약 등 혐의로 피고인을 체포하려고 하자, 피고인이 이에 거세게 저항하는 과정에서 경찰관들에게 상해를 가하였다고 하여 공무집행방해 및 상해의 공소사실로 기소된 사안에서, 피고인이 경찰관들과 마주하자마자 도망가려는 태도를 보이거나 먼저 폭력을 행사하며 대항한 바 없는 등 경찰관들이 체포를 위한 실력행사에 나아가기 전에 체포영장을 제시하고 미란다 원칙을 고지할 여유가 있었음에도 애초부터 미란다 원칙을 체포 후에 고지할 생각으로 먼저 체포행위에 나선 행위는 적법한 공무집행

이라고 보기 어렵다는 등의 이유로 공소사실에 대하여 무죄를 선고한 원심판단이 정당하다고 한 사례(대법원 2017.9.21. 2017도10866).

10

답 ②

┃정답해설┃

② 피고인은 경찰관의 불심검문에 응하여 이미 운전면허증을 교부한 상태이고, 경찰관뿐 아니라 인근주민도 욕설을 직접 들었으므로, 피고인이 도망하거나 증거를 인멸할 염려가 있다고 보기는 어렵고, 피고인의 모욕범행은 불심검문에 항의하는 과정에서 저지른 일시적·우발적인 행위로서 사안 자체가 경미할 뿐 아니라, 피해자인 경찰관이 범행현장에서 즉시 범인을 체포할 급박한 사정이 있다고 보기도 어려우므로, 경찰관이 피고인을 체포한 행위는 적법한 공무집행이라고 볼 수 없고, 피고인이 체포를 면하려고 반항하는 과정에서 상해를 가한 것은 불법체포로 인한 신체에 대한 현재의 부당한 침해에서 벗어나기 위한 행위로서 정당방위에 해당한다(대판 2011.5.26. 2011도3682).

┃오답해설┃

④ 모욕죄의 법정형은 1년 이하의 징역·금고 또는 200만원 이하의 벌금에 처할 수 있는 범죄이므로(형법 제311조), 이는 긴급체포의 대상 범죄가 아니다.

11

답 ③

┃정답해설┃

③ 제200조의4 제3항

┃오답해설┃

① 검사 또는 사법경찰관은 피의자를 체포한 경우에는 즉시 긴급체포서를 작성하여야 한다(제200조의3 제3항).

② 긴급체포의 요건을 갖추었는지 여부는 사후에 밝혀진 사정을 기초로 판단하는 것이 아니라 체포 당시의 상황을 기초로 판단하여야 하고, 이에 관한 검사나 사법경찰관 등 수사주체의 판단에는 상당한 재량의 여지가 있다고 할 것이나, 긴급체포 당시의 상황으로 보아서도 그 요건의 충족 여부에 관한 검사나 사법경찰관의 판단이 경험칙에 비추어 현저히 합리성을 잃은 경우에는 그 체포는 위법한 체포라 할 것이다(대법원 2003.3.27. 자, 2002모81).

④ 사법경찰관은 긴급체포한 피의자에 대하여 구속영장을 신청하지 아니하고 석방한 경우에는 즉시 검사에게 보고하여야 한다(제200조의4 제6항).

12

답 ②

▌정답해설▌

㉠ (×) 제200조의2(영장에 의한 체포)·제200조의3(긴급체포) 또는 제212조(현행범인의 체포)에 따라 체포된 피의자에 대하여 구속영장을 청구받은 판사는 지체 없이 피의자를 심문하여야 한다. 이 경우 특별한 사정이 없는 한 구속영장이 청구된 날의 다음날까지 심문하여야 한다(제201조의2 제1항).

㉢ (×) 피의자는 판사의 심문 도중에도 변호인에게 조력을 구할 수 있다(형사소송규칙 제96조의15 제4항).

▌오답해설▌

㉡ (○) 심문할 피의자에게 변호인이 없는 때에는 지방법원 판사는 직권으로 변호인을 선정하여야 한다. 이 경우 변호인의 선정은 피의자에 대한 구속영장 청구가 기각되어 효력이 소멸한 경우를 제외하고는 제1심까지 효력이 있다(제201조의2 제8항).

㉣ (○) 판사는 지정된 심문기일에 피의자를 심문할 수 없는 특별한 사정이 있는 경우에는 그 심문기일을 변경할 수 있다(규칙 제96조의22). 법원은 변호인의 사정이나 그 밖의 사유로 변호인 선정결정이 취소되어 변호인이 없게 된 때에는 직권으로 변호인을 다시 선정할 수 있다(제201조의2 제9항).

㉤ (○) 피의자심문을 하는 경우 법원이 구속영장청구서·수사 관계 서류 및 증거물을 접수한 날부터 구속영장을 발부하여 검찰청에 반환한 날까지의 기간은 제202조(사법경찰관의 구속기간) 및 제203조(검사의 구속기간)의 적용에 있어서 그 구속기간에 산입하지 아니한다(제201조의2 제7항).

13

답 ④

▌정답해설▌

④ 형사소송법 제75조 제1항은, "구속영장에는 피고인의 성명, 주거, 죄명, 공소사실의 요지, 인치구금할 장소, 발부 연월일, 그 유효기간과 그 기간을 경과하면 집행에 착수하지 못하며 영장을 반환하여야 할 취지를 기재하고 재판장 또는 수명법관이 서명날인하여야 한다."고 규정하고 있는바, 구속의 효력은 원칙적으로 위 방식에 따라 작성된 구속영장에 기재된 범죄사실에만 미치는 것이므로, 구속기간이 만료될 무렵에 종전 구속영장에 기재된 범죄사실과 다른 범죄사실로 피고인을 구속하였다는 사정만으로는 피고인에 대한 구속이 위법하다고 할 수 없다(대법원 2000.11.10. 자, 2000모134).

▌오답해설▌

① 제69조, 제71조

② 형사소송법(이하 '법'이라고 한다) 제70조 제1항 제1호, 제2호, 제3호, 제199조 제1항, 제200조, 제200조의2 제1항, 제201조 제항의 취지와 내용에 비추어 보면, 수사기관이 관할 지방법원 판사가 발부한 구속영장에 의하여 피의자를 구속하는 경우, 그 구속영장은 기본적으로 장차 공판정에의 출석이나 형의 집행을 담보하기 위한 것이지만, 이와 함께 법 제202조, 제203조에서 정하는 구속기간의 범위 내에서 수사기관이 법 제200조, 제241조 내지 제244조의5에 규정된 피의자신문의 방식으로 구속된 피의자를 조사하는 등 적정한 방법으로 범죄를 수사하는 것도 예정하고 있다고 할 것이다. 따라서 구속영장 발부에 의하여 적법하게 구금된 피의자가 피의자신문을 위한 출석요구에 응하지 아니하면서 수사기관 조사실에 출석을 거부한다면 수사기관은 그 구속영장의 효력에 의하여 피의자를 조사실로 구인할 수 있다고 보아야 한다. 다만 이러한 경우에도 그 피의자신문 절차는 어디까지나 법 제199조 제1항 본문, 제200조의 규정에 따른 임의수사의 한 방법으로 진행되어야 하므로, 피의자는 헌법 제12조 제2항과 법 제244조의3에 따라 일체의 진술을 하지 아니하거나 개개의 질문에 대하여 진술을 거부할 수 있고, 수사기관은 피의자를 신문하기 전에 그와 같은 권리를 알려주어야 한다(대법원 2013.7.1. 자, 2013모160).

③ 제85조 제3항, 제4항

14

┃ 정답해설 ┃

③ 형사소송법 제402조의 규정에 의하면, 법원의 결정에 대하여 불복이 있으면 항고를 할 수 있으나 다만 같은 법에 특별한 규정이 있는 경우에는 예외로 하도록 되어 있는바, 체포 또는 구속적부심사절차에서의 법원의 결정에 대한 항고의 허용 여부에 관하여 같은 법 제214조의2 제7항은 제2항과 제3항의 기각결정 및 석방결정에 대하여 항고하지 못하는 것으로 규정하고 있을 뿐이고 제4항에 의한 석방결정에 대하여 항고하지 못한다는 규정은 없을 뿐만 아니라, 같은 법 제214조의2 제3항의 석방결정은 체포 또는 구속이 불법이거나 이를 계속할 사유가 없는 등 부적법한 경우에 피의자의 석방을 명하는 것임에 비하여, 같은 법 제214조의2 제4항(보증금납입조건부 석방결정)의 석방결정은 구속의 적법을 전제로 하면서 그 단서에서 정한 제한사유가 없는 경우에 한하여 출석을 담보할 만한 보증금의 납입을 조건으로 하여 피의자의 석방을 명하는 것이어서 같은 법 제214조의2 제3항의 석방결정과 제4항의 석방결정은 원래 그 실질적인 취지와 내용을 달리 하는 것이고, 또한 기소 후 보석결정에 대하여 항고가 인정되는 점에 비추어 그 보석결정과 성질 및 내용이 유사한 기소 전 보증금 납입 조건부 석방결정에 대하여도 항고할 수 있도록 하는 것이 균형에 맞는 측면도 있다 할 것이므로, 같은 법 제214조의2 제4항의 석방결정에 대하여는 피의자나 검사가 그 취소의 실익이 있는 한 같은 법 제402조에 의하여 항고할 수 있다(대법원 1997.8.27. 자, 97모21).

┃ 오답해설 ┃

① 제214조의2 제1항

② 고소로 시작된 형사피의사건의 구속적부심절차에서 피구속자의 변호를 맡은 변호인으로서는 피구속자에 대한 고소장과 경찰의 피의자신문조서를 열람하여 그 내용을 제대로 파악하지 못한다면 피구속자가 무슨 혐의로 고소인의 공격을 받고 있는 것인지 그리고 이와 관련하여 피구속자가 수사기관에서 무엇이라고 진술하였는지 그리고 어느 점에서 수사기관 등이 구속사유가 있다고 보았는지 등을 제대로 파악할 수 없게 되고 그 결과 구속적부심절차에서 피구속자를 충분히 조력할 수 없음이 사리상 명백하므로 위 서류들의 열람은 피구속자를 충분히 조력하기 위하여 변호인에게 반드시 보장되지 않으면 안 되는 핵심적 권리이다. 고소로 시작된 형사피의사건의 구속적부심절차에서 피구속자의 변호를 맡은 변호인으로서는 피구속자가 무슨 혐의로 고소인의 공격을 받고 있는 것인지 그리고 이와 관련하여 피구속자가 수사기관에서 무엇이라고 진술하였는지 그리고 어느 점에서 수사기관 등이 구속사유가 있다고 보았는지 등을 제대로 파악하지 않고서는 피구속자의 방어를 충분히 조력할 수 없다는 것은 사리상 너무도 명백하므로 이 사건에서 변호인은 고소장과 피의자신문조서의 내용을 알 권리가 있다(헌법재판소 2003.3.27. 2000헌마474, 전원재판부).

④ 형사소송법은 수사단계에서의 체포와 구속을 명백히 구별하고 있고 이에 따라 체포와 구속의 적부심사를 규정한 같은 법 제214조의2에서 체포와 구속을 서로 구별되는 개념으로 사용하고 있는바, 같은 조 제4항에 기소 전 보증금 납입을 조건으로 한 석방의 대상자가 '구속된 피의자'라고 명시되어 있고, 같은 법 제214조의3 제2항의 취지를 체포된 피의자에 대하여도 보증금 납입을 조건으로 한 석방이 허용되어야 한다는 근거로 보기는 어렵다 할 것이어서 현행법상 체포된 피의자에 대하여는 보증금 납입을 조건으로 한 석방이 허용되지 않는다(대법원 1997.8.27. 자, 97모21).

15

┃ 정답해설 ┃

④ 형사소송법 제218조는 "사법경찰관은 소유자, 소지자 또는 보관자가 임의로 제출한 물건을 영장없이 압수할 수 있다"고 규정하고 있는바, 위 규정을 위반하여 소유자, 소지자 또는 보관자가 아닌 자로부터 제출받은 물건을 영장없이 압수한 경우 그 '압수물' 및 '압수물을 찍은 사진'은 이를 유죄 인정의 증거로 사용할 수 없는 것이고, 헌법과 형사소송법이 선언한 영장주의의 중요성에 비추어 볼 때 피고인이나 변호인이 이를 증거로 함에 동의하였다고 하더라도 달리 볼 것은 아니다(대법원 2010.1.28. 2009도10092).

┃ 오답해설 ┃

① 검사 또는 사법경찰관은 제200조의3(긴급체포)에 따라 체포된 자가 소유·소지 또는 보관하는 물건에 대하여 긴급히 압수할 필요가 있는 경우에는 체포한 때부터 24시간 이내에 한하여 영장 없이 압수·수색 또는 검증을 할 수 있다(제217조 제1항).

② 범행 중 또는 범행직후의 범죄 장소에서 긴급을 요하여 법원판사의 영장을 받을 수 없는 때에는 영장없이 압수, 수색 또는 검증을 할 수 있다. 이 경우에는 사후에 지체없이 영장을 받아야 한다(제216조 제3항).

③ 이에 따라 휴대전화기에 대한 임의제출절차가 적법하였는지에 영향을 받지 않는 별개의 독립적인 증거에 해당하여, 피고인이 증거로 함에 동의한 이상 유죄를 인정하기 위한 증거로 사용할 수 있을 뿐 아니라 피고인의 자백을 보강하는 증거가 된다고 볼 여지가 많다는 이유로, 이와 달리 피고인의 자백을 뒷받침할 보강증거가 없다고 보아 무죄를 선고한 원심판결에 자백의 보강증거 등에 관한 법리를 오해하거나 필요한 심리를 다하지 아니한 잘못이 있다고 한 사례(대법원 2019.11.14. 2019도13290).

16 답 ④

┃정답해설┃

④ 형사소송법 제219조, 제121조에 의하면, 수사기관이 압수·수색영장을 집행할 때 피의자 또는 변호인은 그 집행에 참여할 수 있다. 압수의 목적물이 컴퓨터용디스크 그 밖에 이와 비슷한 정보저장매체인 경우에는 영장 발부의 사유로 된 범죄 혐의사실과 관련 있는 정보의 범위를 정하여 출력하거나 복제하여 이를 제출받아야 하고, 피의자나 변호인에게 참여의 기회를 보장하여야 한다. 만약 그러한 조치를 취하지 않았다면 이는 형사소송법에 정한 영장주의 원칙과 적법절차를 준수하지 않은 것이다. 수사기관이 정보저장매체에 기억된 정보 중에서 키워드 또는 확장자 검색 등을 통해 범죄 혐의사실과 관련 있는 정보를 선별한 다음 정보저장매체와 동일하게 비트열 방식으로 복제하여 생성한 파일(이하 '이미지 파일'이라 한다)을 제출받아 압수하였다면 이로써 압수의 목적물에 대한 압수·수색 절차는 종료된 것이므로, 수사기관이 수사기관 사무실에서 위와 같이 압수된 이미지 파일을 탐색·복제·출력하는 과정에서도 피의자 등에게 참여의 기회를 보장하여야 하는 것은 아니다(대법원 2018.2.8. 2017도13263).

┃오답해설┃

① 수사기관이 인터넷서비스이용자인 피의자를 상대로 피의자의 컴퓨터 등 정보처리장치 내에 저장되어 있는 이메일 등 전자정보를 압수·수색하는 것은 전자정보의 소유자 내지 소지자를 상대로 해당 전자정보를 압수·수색하는 대물적 강제처분으로 형사소송법의 해석상 허용된다(대법원 2017.11.29. 2017도9747).

② 저장매체 자체 또는 적법하게 획득한 복제본을 탐색하여 혐의사실과 관련된 전자정보를 문서로 출력하거나 파일로 복제하는 일련의 과정 역시 전체적으로 하나의 영장에 기한 압수·수색의 일환에 해당하므로, 그러한 경우의 문서출력 또는 파일복제의 대상 역시 저장매체 소재지에서의 압수·수색과 마찬가지로 혐의사실과 관련된 부분으로 한정되어야 함은 헌법 제12조 제1항, 제3항과 형사소송법 제114조, 제215조의 적법절차 및 영장주의 원칙이나 비례의 원칙에 비추어 당연하다. 따라서 수사기관 사무실 등으로 반출된 저장매체 또는 복제본에서 혐의사실 관련성에 대한 구분 없이 임의로 저장된 전자정보를 문서로 출력하거나 파일로 복제하는 행위는 원칙적으로 영장주의 원칙에 반하는 위법한 압수가 된다(대법원 2015.7.16. 자, 2011모1839, 전원합의체).

③ 수사기관이 피의자 甲의 공직선거법 위반 범행을 영장 범죄사실로 하여 발부받은 압수·수색영장의 집행 과정에서 乙, 丙 사이의 대화가 녹음된 녹음파일(이하 '녹음파일'이라 한다)을 압수하여 乙, 丙의 공직선거법 위반 혐의사실을 발견한 사안에서, 압수·수색영장에 기재된 '피의자'인 甲이 녹음파일에 의하여 의심되는 혐의사실과 무관한 이상, 수사기관이 별도의 압수·수색영장을 발부받지 아니한 채 압수한 녹음파일은 형사소송법 제219조에 의하여 수사기관의 압수에 준용되는 형사소송법 제106조 제1항이 규정하는 '피고사건' 내지 같은 법 제215조 제1항이 규정하는 '해당 사건'과 '관계가 있다고 인정할 수 있는 것'에 해당하지 않으며, 이와 같은 압수에는 헌법 제12조 제1항 후문, 제3항 본문이 규정하는 영장주의를 위반한 절차적 위법이 있으므로, 녹음파일은 형사소송법 제308조의2에서 정한 '적법한 절차에 따르지 아니하고 수집한 증거'로서 증거로 쓸 수 없고, 그 절차적 위법은 헌법상 영장주의 내지 적법절차의 실질적 내용을 침해하는 중대한 위법에 해당하여 예외적으로 증거능력을 인정할 수도 없다고 한 사례(대법원 2014.1.16. 2013도7101).

17 답 ④

┃정답해설┃

㉠ (×) 통신비밀보호법 제1조, 제3조 제1항 본문, 제4조, 제14조 제1항, 제2항의 문언, 내용, 체계와 입법 취지 등에 비추어 보면, 통신비밀보호법에서 보호하는 타인 간의 '대화'는 원칙적으로 현장에 있는 당사자들이 육성으로 말을 주고받는 의사소통행위를 가리킨다. 따라서 사람의 육성이 아닌 사물에서 발생하는 음향은 타인 간의 '대화'에 해당하지 않는다. 또한 사람의 목소리라고 하더라도 상대방에게 의사를 전달하는 말이 아닌 단순한 비명소리나 탄식 등은 타인과 의사소통을 하기 위한 것이 아니라면 특별한 사정이 없는 한 타인 간의 '대화'에 해당한다고 볼 수 없다(대법원 2017.3.15. 2016도19843).

ⓛ (×) 통신비밀보호법에 규정된 '통신제한조치'는 '우편물의 검열 또는 전기통신의 감청'을 말하는 것으로(제3조 제2항), 여기서 '전기통신'은 전화·전자우편·모사전송 등과 같이 유선·무선·광선 및 기타의 전자적 방식에 의하여 모든 종류의 음향·문언·부호 또는 영상을 송신하거나 수신하는 것을 말하고(제2조 제3호), '감청'은 전기통신에 대하여 당사자의 동의 없이 전자장치·기계장치 등을 사용하여 통신의 음향·문언·부호·영상을 청취·공독하여 그 내용을 지득 또는 채록하거나 전기통신의 송·수신을 방해하는 것을 말한다고 규정되어 있다(제2조 제7호). 따라서 '전기통신의 감청'은 '감청'의 개념 규정에 비추어 전기통신이 이루어지고 있는 상황에서 실시간으로 전기통신의 내용을 지득·채록하는 경우와 통신의 송·수신을 직접적으로 방해하는 경우를 의미하는 것이지, 이미 수신이 완료된 전기통신에 관하여 남아 있는 기록이나 내용을 열어보는 등의 행위는 포함하지 않는다(대법원 2016.10.13. 2016도8137).

ⓒ (○) 통신제한조치에 대한 기간연장결정은 원 허가의 내용에 대하여 단지 기간을 연장하는 것일 뿐 원 허가의 대상과 범위를 초과할 수 없다 할 것이므로 통신제한조치 허가서에 의하여 허가된 통신제한조치가 '전기통신 감청 및 우편물 검열'뿐인 경우 그 후 연장결정서에 당초 허가 내용에 없던 '대화녹음'이 기재되어 있다 하더라도 이는 대화녹음의 적법한 근거가 되지 못한다(대법원 1999.9.3. 99도2317).

ⓔ (○) 통신비밀보호법 제13조 제1항

18 답 ④

▎정답해설▎

④ 공동피고인과 피고인이 뇌물을 주고 받은 사이로 필요적 공범관계에 있다고 하더라도 검사는 수사단계에서 피고인에 대한 증거를 미리 보전하기 위하여 필요한 경우에는 판사에게 공동피고인을 증인으로 신문할 것을 청구할 수 있다(대법원 1988.11.8. 86도1646).

▎오답해설▎

① 제184조 제1항
② 규칙 제91조 제1항
③ 증거보전이란 장차 공판에 있어서 사용하여야 할 증거가 멸실되거나 또는 그 사용하기 곤란한 사정이 있을 경우에 당사자의 청구에 의하여 공판전에 미리 그 증거를 수집보전하여 두는 제도로서 제1심 제1회 공판기일전에 한하여 허용되는 것이므로 재심청구사건에서는 증거보전절차는 허용되지 아니한다(대법원 1984.3.29. 자, 84모15).

19 답 ④

▎정답해설▎

④ '30일' 이내에 '해야 하는 것'은 아니고 '이의를 신청할 수' 있다(제245조의7 제1항).

> **제245조의7(고소인 등의 이의신청)**
> ① 제245조의6의 통지를 받은 사람(고발인을 제외한다)은 해당 사법경찰관의 소속 관서의 장에게 이의를 신청할 수 있다.

▎오답해설▎

①·② 제245조의5

> **제245조의5(사법경찰관의 사건송치 등)**
> 사법경찰관은 고소·고발 사건을 포함하여 범죄를 수사한 때에는 다음 각 호의 구분에 따른다.
> 1. 범죄의 혐의가 있다고 인정되는 경우에는 지체 없이 검사에게 사건을 송치하고, 관계 서류와 증거물을 검사에게 송부하여야 한다.
> 2. 그 밖의 경우에는 그 이유를 명시한 서면과 함께 관계 서류와 증거물을 지체 없이 검사에게 송부하여야 한다. 이 경우 검사는 송부받은 날부터 90일 이내에 사법경찰관에게 반환하여야 한다.

③ 제245조의6

> **제245조의6(고소인 등에 대한 송부통지)**
> 사법경찰관은 제245조의5 제2호의 경우에는 그 송부한 날부터 7일 이내에 서면으로 고소인·고발인·피해자 또는 그 법정대리인(피해자가 사망한 경우에는 그 배우자·직계친족·형제자매를 포함한다)에게 사건을 검사에게 송치하지 아니하는 취지와 그 이유를 통지하여야 한다.

20 답 ②

▎정답해설▎

② 재정신청서에 대하여는 형사소송법에 제344조 제1항과 같은 특례규정이 없으므로 재정신청서는 같은 법 제260조 제2항이 정하는 기간 안에 불기소 처분을 한 검사가 소속한 지방검찰청의 검사장 또는 지청장에게 도달하여야 하고, 설령 구금 중인 고소인이 재정신청서를 그 기간 안에 교도소장 또는 그 직무를 대리하는 사람에게 제출하였다 하더라도 재정신청서가 위의 기간 안에 불기소 처분을 한 검사가

소속한 지방검찰청의 검사장 또는 지청장에게 도달하지 아니한 이상 이를 적법한 재정신청서의 제출이라고 할 수 없다(대법원 1998.12.14. 자, 98모127).

┃오답해설┃

① 제262조의3 제1항
③ 제262조의4
④ 형사소송법 제262조 제4항 후문에서 재정신청 기각결정이 확정된 사건에 대하여 다른 중요한 증거를 발견한 경우를 제외하고는 소추할 수 없도록 규정하고 있는 것은, 한편으로 법원의 판단에 의하여 재정신청 기각결정이 확정되었음에도 불구하고 검사의 공소제기를 제한 없이 허용할 경우 피의자를 지나치게 장기간 불안정한 상태에 두게 되고 유죄판결이 선고될 가능성이 낮은 사건에 사법인력과 예산을 낭비하게 되는 결과로 이어질 수 있음을 감안하여 재정신청 기각결정이 확정된 사건에 대한 검사의 공소제기를 제한하면서, 다른 한편으로 재정신청사건에 대한 법원의 결정에는 일사부재리의 효력이 인정되지 않는 만큼 피의사실을 유죄로 인정할 명백한 증거가 발견된 경우에도 재정신청 기각결정이 확정되었다는 이유만으로 검사의 공소제기를 전적으로 금지하는 것은 사법정의에 반하는 결과가 된다는 점을 고려한 것이다(대법원 2015.9.10. 2012도14755).

21 답 ②

┃정답해설┃

② 형사소송법 제253조 제1항은 '시효는 공소의 제기로 진행이 정지되고 공소기각 또는 관할위반의 재판이 확정된 때로부터 진행한다'고 규정하고 있고, 그 제2항은 '공범의 1인에 대한 전항의 시효정지는 다른 공범자에게 대하여 효력이 미치고 당해 사건의 재판이 확정된 때로부터 진행한다'고 규정하고 있다. 위와 같이 형사소송법 제253조 제2항은 공범 중 1인에 대한 공소의 제기로 다른 공범자에 대한 공소시효까지 정지한다고 규정하면서도 다시 공소시효가 진행하는 시점에 관해서는 위 제253조 제1항과 달리 공소가 제기된 당해 사건의 재판이 확정된 때라고만 하고 있을 뿐 그이 공소기각 또는 관할위반의 재판인 경우로 한정하고 있지 않다. 따라서 공범 중 1인에 대한 공소의 제기로 다른 공범자에 대한 공소시효의 진행이 정지되더라도 공소가 제기된 공범 중 1인에 대한 재판이 확정되면, 그 재판의 결과가 형사소송법 제253조 제1항이 규정한 공소기각 또는 관할위반인 경우뿐 아니라 유죄, 무죄, 면소인 경우에도 그 재판이 확정된 때로부터 다시 공소시효가 진행된다고 볼 것이고, 이는 약식명령이 확정된 때에도 마찬가지라고 할 것이다(대법원 2012.3.29. 2011도15137).

┃오답해설┃

① 형사소송법 제248조 제1항, 제253조 제1항, 제2항에서 규정하는 바와 같이, 형사소송법은 공범 사이의 처벌에 형평을 기하기 위하여 공범 중 1인에 대한 공소의 제기로 다른 공범자에 대하여도 공소시효가 정지되도록 규정하고 있는데, 위 공범의 개념이나 유형에 관하여는 아무런 규정을 두고 있지 아니하다. 따라서 형사소송법 제253조 제2항의 공범을 해석할 때에는 공범 사이의 처벌의 형평이라는 위 조항의 입법 취지, 국가형벌권의 적정한 실현이라는 형사소송법의 기본이념, 국가형벌권 행사의 대상을 규정한 형법 등 실체법과의 체계적 조화 등의 관점을 종합적으로 고려하여야 하고, 특히 위 조항이 공소제기 효력의 인적 범위를 확장하는 예외를 마련하여 놓은 것이므로 원칙적으로 엄격하게 해석하여야 하고 피고인에게 불리한 방향으로 확장하여 해석해서는 아니 된다(대법원 2015.2.12. 2012도4842).

③ 형사소송법 제253조 제1항, 제2항에 의하면 공소시효는 공소의 제기로 진행이 정지되고, 공범의 1인에 대한 공소시효의 정지는 다른 공범자에 대하여 효력이 미치고 당해 사건의 재판이 확정된 때로부터 진행한다고 규정하고 있는바, 위 제2항 소정의 공범관계의 존부는 현재 시효가 문제되어 있는 사건을 심판하는 법원이 판단하는 것으로서 법원조직법 제8조의 경우를 제외하고는 다른 법원의 판단에 구속되는 것은 아니라고 할 것이고, 위 형사소송법 제253조 제2항 소정의 재판이라 함은 종국재판이면 그 종류를 묻지 않는다고 할 것이나, 공범의 1인으로 기소된 자가 구성요건에 해당하는 위법행위를 공동으로 하였다고 인정되기는 하나 책임조각을 이유로 무죄로 되는 경우와는 달리 범죄의 증명이 없다는 이유로 공범 중 1인이 무죄의 확정판결을 선고받은 경우에는 그를 공범이라고 할 수 없어 그에 대하여 제기된 공소로써는 진범에 대한 공소시효정지의 효력이 없다(대법원 1999.3.9. 98도4621).

④ 형사소송법 제253조 제2항의 규정에 의하면, 공범의 1인에 대한 시효의 정지는 다른 공범자에 대하여 효력이 미치고 당해 사건의 재판이 확정된 때로부터 다시 진행하도록 되어 있으므로, 피고인과 공범관계에 있는 자가 같은 범죄사실로 공소제기가 된 후 대법원에서 상고기각됨으로써 유죄판결이 확정된 사실이 명백하다면, 공범자인 피고인에 대하여도 적어도 그 공범이 공소제기된 때부터 그 재판이 확정된 때까지의 기간 동안은 공소시효의 진행이 정지되었음이 명백하다(대법원 1995.1.20. 94도2752).

22

답 ③

┃정답해설┃

③ 법원은 증거결정을 함에 있어서 필요하다고 인정할 때에는 그 증거에 대한 검사, 피고인 또는 변호인의 의견을 들을 수 있다(규칙 제134조 제1항).

┃오답해설┃

① 규칙 제133조
② 규칙 제134조 제2항
④ 증거신청의 채택 여부는 법원의 재량으로서 법원이 필요하지 않다고 인정할 때에는 이를 조사하지 않을 수 있는 것이므로(대법원 2011.1.27. 2010도7947), 원심이 검사의 증인신청을 받아들이지 않았다고 하더라도 이를 두고 위법하다고 할 수도 없다(대법원 2016.2.18. 2015도16586).

23

답 ③

┃정답해설┃

③ 형사소송법 제148조에서 '형사소추'는 증인이 이미 저지른 범죄사실에 대한 것을 의미한다고 할 것이므로, 증인의 증언에 의하여 비로소 범죄가 성립하는 경우에는 형사소송법 제160조, 제148조 소정의 증언거부권 고지대상이 된다고 할 수 없다(대법원 2011.12.8. 2010도2816).

┃오답해설┃

① 증언거부권 제도는 증인에게 증언의무의 이행을 거절할 수 있는 권리를 부여한 것이고, 형사소송법상 증언거부권의 고지 제도는 증인에게 그러한 권리의 존재를 확인시켜 침묵할 것인지 아니면 진술할 것인지에 관하여 심사숙고할 기회를 충분히 부여함으로써 침묵할 수 있는 권리를 보장하기 위한 것임을 감안할 때, 재판장이 신문 전에 증인에게 증언거부권을 고지하지 않은 경우에도 당해 사건에서 증언 당시 증인이 처한 구체적인 상황, 증언거부 사유의 내용, 증인이 증언거부사유 또는 증언거부권의 존재를 이미 알고 있었는지 여부, 증언거부권을 고지받았더라도 허위 진술을 하였을 것이라고 볼 만한 정황이 있는지 등을 전체적·종합적으로 고려하여 증인이 침묵하지 아니하고 진술한 것이 자신의 진정한 의사에 의한 것인지 여부를 기준으로 위증죄의 성립 여부를 판단하여야 한다(대법원 2010.2.25. 2009도13257).

② 형사소송법에서 위와 같이 증언거부권의 대상으로 규정한 '공소제기를 당하거나 유죄판결을 받을 사실이 발로될 염려 있는 증언'에는 자신이 범행을 한 사실뿐 아니라 범행을 한 것으로 오인되어 유죄판결을 받을 우려가 있는 사실 등도 포함된다고 할 것이다(대법원 2012.12.13. 2010도10028).

④ 자신에 대한 유죄판결이 확정된 증인이 공범에 대한 피고사건에서 증언할 당시 앞으로 재심을 청구할 예정이라고 하여도, 이를 이유로 증인에게 형사소송법 제148조에 의한 증언거부권이 인정되지는 않는다(대법원 2011.11.24. 2011도11994).

24

답 ②

┃정답해설┃

② 규칙 제68조의4 제2항, 제3항

> **제68조의4(증인에 대한 감치)**
> ② 감치재판절차를 개시한 후 감치결정 전에 그 증인이 증언을 하거나 그 밖에 감치에 처하는 것이 상당하지 아니하다고 인정되는 때에는 법원은 불처벌결정을 하여야 한다.
> ③ 제1항의 감치재판개시결정과 제2항의 불처벌결정에 대하여는 불복할 수 없다.

┃오답해설┃

① 형사소송법 제297조의 규정에 따라 재판장은 증인이 피고인의 면전에서 충분한 진술을 할 수 없다고 인정한 때에는 피고인을 퇴정하게 하고 증인신문을 진행함으로써 피고인의 직접적인 증인 대면을 제한할 수 있지만, 이러한 경우에도 피고인의 반대신문권을 배제하는 것은 허용될 수 없다(대법원 2010.1.14. 2009도9344).

③ 제161조의2 제3항

④ 법원이 공판기일에 증인을 채택하여 다음 공판기일에 증인신문을 하기로 피고인에게 고지하였는데 그 다음 공판기일에 증인은 출석하였으나 피고인이 정당한 사유 없이 출석하지 아니한 경우, 그 사건이 형사소송법 제277조 본문에 규정된 다액 100만 원 이하의 벌금 또는 과료에 해당하거나 공소기각 또는 면소의 재판을 할 것이 명백한 사건이 아니어서 같은 법 제276조의 규정에 의하여 공판기일을 연기할 수밖에 없더라도, 이미 출석하여 있는 증인에 대하여 공판기일 외의 신문으로서 증인신문을 하고 다음 공판기일에 그 증인신문조서에 대한 서증조사를 하는 것은 증거조사절차로서 적법하다(대법원 2000.10.13. 2000도3265).

25　

▌정답해설▌

③ 피고인이 제1심법원에서 공소사실에 대하여 자백하여 제1심법원이 이에 대하여 간이공판절차에 의하여 심판할 것을 결정하고, 이에 따라 제1심법원이 제1심판결 명시의 증거들을 증거로 함에 피고인 또는 변호인의 이의가 없어 형사소송법 제318조의3의 규정에 따라 증거능력이 있다고 보고, 상당하다고 인정하는 방법으로 증거조사를 한 이상, 가사 항소심에 이르러 범행을 부인하였다고 하더라도 제1심법원에서 증거로 할 수 있었던 증거는 항소법원에서도 증거로 할 수 있는 것이므로 제1심법원에서 이미 증거능력이 있었던 증거는 항소심에서도 증거능력이 그대로 유지되어 심판의 기초가 될 수 있고 다시 증거조사를 할 필요가 없다(대법원 1998.2.27. 97도3421).

▌오답해설▌

① 형사소송법 제286조의2가 규정하는 간이공판절차의의 요건인 공소사실의 자백이라 함은 공소장 기재사실을 인정하고 나아가 위법성이나 책임조각사유가 되는 사실을 진술하지 아니하는 것으로 충분하고 명시적으로 유죄를 자인하는 진술이 있어야 하는 것은 아니다(대법원 1987.8.18. 87도1269).

② 피고인이 공소사실에 대하여 검사가 신문을 할 때에는 공소사실을 모두 사실과 다름없다고 진술하였으나 변호인이 신문을 할 때에는 범의나 공소사실을 부인하였다면 그 공소사실은 간이공판절차에 의하여 심판할 대상이 아니고, 따라서 피고인의 법정에서의 진술을 제외한 나머지 증거들은 간이공판절차가 아닌 일반절차에 의한 적법한 증거조사를 거쳐 그에 관한 증거능력이 부여되지 아니하는 한 그 공소사실에 대한 유죄의 증거로 삼을 수 없다(대법원 1998.2.27. 97도3421).

④ 피고인이 공판정에서 공소사실을 자백한 때에 법원이 취하는 심판의 간이공판절차에서의 증거조사는 증거방법을 표시하고 증거조사내용을 "증거조사함"이라고 표시하는 방법으로 하였다면 간이절차에서의 증거조사에서 법원이 인정채택한 상당한 증거방법이라고 인정할 수 있다(대법원 1980.4.22. 80도333).

26　

▌정답해설▌

① 구성요건에 해당하는 사실은 엄격한 증명에 의하여 이를 인정하여야 하고, 증거능력이 없는 증거는 구성요건 사실을 추인하게 하는 간접사실이나 구성요건 사실을 입증하는 직접증거의 증명력을 보강하는 보조사실의 인정자료로서도 허용되지 아니한다(대법원 2005.1.27. 2004도5493).

▌오답해설▌

② 법원은 범죄의 구성요건이나 법률상 규정된 형의 가중·감면의 사유가 되는 경우를 제외하고는, 법률이 규정한 증거로서의 자격이나 증거조사방식에 구애됨이 없이 상당한 방법으로 조사하여 양형의 조건이 되는 사항을 인정할 수 있다(대법원 2010.4.29. 2010도750).

③ 공연히 사실을 적시하여 사람의 명예를 훼손한 행위가 형법 제310조의 규정에 따라서 위법성이 조각되어 처벌 대상이 되지 않기 위하여는 그것이 진실한 사실로서 오로지 공공의 이익에 관한 때에 해당된다는 점을 행위자가 증명하여야 하는 것이나, 그 증명은 유죄의 인정에 있어 요구되는 것과 같이 법관으로 하여금 의심할 여지가 없는 정도의 확신을 가지게 하는 증명력을 가진 엄격한 증거에 의하여야 하는 것은 아니므로, 이 때에는 전문증거에 대한 증거능력의 제한을 규정한 형사소송법 제310조의2는 적용될 여지가 없다(대법원 1996.10.25. 95도1473).

④ 탄핵증거는 범죄사실을 인정하는 증거가 아니므로 엄격한 증거조사를 거쳐야 할 필요가 없음은 형사소송법 제318조의2의 규정에 따라 명백하다고 할 것이나, 법정에서 이에 대한 탄핵증거로서의 증거조사는 필요하다(대법원 1998.2.27. 97도1770).

27

답 ③

▌정답해설▌

③ 검찰관이 피고인을 뇌물수수 혐의로 기소한 후, 형사사법 공조절차를 거치지 아니한 채 과테말라공화국에 현지출장하여 그곳 호텔에서 뇌물공여자 甲을 상대로 참고인 진술조서를 작성한 사안에서, 검찰관의 甲에 대한 참고 인조사가 증거수집을 위한 수사행위에 해당하고 그 조사 장소가 우리나라가 아닌 과테말라공화국의 영역에 속하기는 하나, 조사의 상대방이 우리나라 국민이고 그가 조사에 스스로 응함으로써 조사의 방식이나 절차에 강제력이나 위력은 물론 어떠한 비자발적 요소도 개입될 여지가 없었음이 기록상 분명한 이상, 이는 서로 상대방 국민의 여행과 거주를 허용하는 우호국 사이에서 당연히 용인되는 우호국 국가기관과 그 국민 사이의 자유로운 의사연락의 한 형태에 지나지 않으므로 어떠한 영토주권 침해의 문제가 생겨날 수 없고, 더욱이 이는 우리나라와 과테말라공화국 사이의 국제법적 문제로서 피고인은 그 일방인 과테말라공화국과 국제법상 관할의 원인이 될 만한 아무런 연관성도 갖지 아니하므로, 피고인에 대한 국내 형사소송절차에서 위와 같은 사유로 인하여 위법수집증거배제법칙이 적용된다고 볼 수 없다고 한 사례(대법원 2011.7.14. 2011도3809).

▌오답해설▌

① 헌법 제12조 제1항, 제4항 본문, 형사소송법 제243조의2 제1항 및 그 입법 목적 등에 비추어 보면, 피의자가 변호인의 참여를 원한다는 의사를 명백하게 표시하였음에도 수사기관이 정당한 사유 없이 변호인을 참여하게 하지 아니한 채 피의자를 신문하여 작성한 피의자신문조서는 형사소송법 제312조에 정한 '적법한 절차와 방식'에 위반된 증거일 뿐만 아니라, 형사소송법 제308조의2에서 정한 '적법한 절차에 따르지 아니하고 수집한 증거'에 해당하므로 이를 증거로 할 수 없다(대법원 2013.3.28. 2010도3359).

② 강도 현행범으로 체포된 피고인에게 진술거부권을 고지하지 아니한 채 강도범행에 대한 자백을 받고, 이를 기초로 여죄에 대한 진술과 증거물을 확보한 후 진술거부권을 고지하여 피고인의 임의자백 및 피해자의 피해사실에 대한 진술을 수집한 사안에서, 제1심 법정에서의 피고인의 자백은 진술거부권을 고지받지 않은 상태에서 이루어진 최초 자백 이후 40여 일이 지난 후에 변호인의 충분한 조력을 받으면서 공개된 법정에서 임의로 이루어진 것이고, 피해자의 진술은 법원의 적법한 소환에 따라 자발적

으로 출석하여 위증의 벌을 경고받고 선서한 후 공개된 법정에서 임의로 이루어진 것이어서, 예외적으로 유죄 인정의 증거로 사용할 수 있는 2차적 증거에 해당한다고 한 사례(대법원 2009.3.12. 2008도11437).

④ 검사 또는 사법경찰관은 범죄수사에 필요한 때에는 피의자가 죄를 범하였다고 의심할 만한 정황이 있는 경우에 판사로부터 발부받은 영장에 의하여 압수·수색을 할 수 있으나, 압수·수색은 영장 발부의 사유로 된 범죄 혐의사실과 관련된 증거에 한하여 할 수 있으므로, 영장 발부의 사유로 된 범죄 혐의사실과 무관한 별개의 증거를 압수하였을 경우 이는 원칙적으로 유죄 인정의 증거로 사용할 수 없다. 다만 수사기관이 별개의 증거를 피압수자 등에게 환부하고 후에 임의제출받아 다시 압수하였다면 증거를 압수한 최초의 절차 위반행위와 최종적인 증거수집 사이의 인과관계가 단절되었다고 평가할 수 있으나, 환부 후 다시 제출하는 과정에서 수사기관의 우월적 지위에 의하여 임의제출 명목으로 실질적으로 강제적인 압수가 행하여질 수 있으므로, 제출에 임의성이 있다는 점에 관하여는 검사가 합리적 의심을 배제할 수 있을 정도로 증명하여야 하고, 임의로 제출된 것이라고 볼 수 없는 경우에는 증거능력을 인정할 수 없다(대법원 2016.3.10. 2013도11233).

28

답 ①

▌정답해설▌

① 임의성 없는 진술의 증거능력을 부정하는 취지는, 허위진술을 유발 또는 강요할 위험성이 있는 상태하에서 행하여진 진술은 그 자체가 실체적 진실에 부합하지 아니하여 오판을 일으킬 소지가 있을 뿐만 아니라 그 진위를 떠나서 진술자의 기본적 인권을 침해하는 위법·부당한 압박이 가하여지는 것을 사전에 막기 위한 것이므로, 그 임의성에 다툼이 있을 때에는 그 임의성을 의심할 만한 합리적이고 구체적인 사실을 피고인이 증명할 것이 아니고 검사가 그 임의성의 의문점을 없애는 증명을 하여야 하고, 검사가 그 임의성의 의문점을 없애는 증명을 하지 못한 경우에는 그 진술증거는 증거능력이 부정된다. 나아가 피고인이 경찰에서 가혹행위 등으로 인하여 임의성 없는 자백을 하고 그 후 검찰이나 법정에서도 임의성 없는 심리상태가 계속되어 동일한 내용의 자백을 하였다면 각 자백도 임의성 없는 자백이라고 보아야 한다(대법원 2014.12.11. 2012도15405).

┃오답해설┃

② 설사 경찰에서 부당한 신체구속을 당하였다 하더라도 검사앞에서의 피고인의 진술에 임의성이 인정된다면 그와 같은 부당한 신체구속이 있었다는 사유만으로 검사가 작성한 피의자 신문조서의 증거능력이 상실된다고 할 수 없다(대법원 1986.11.25. 83도1718).

③ 피의자이던 피고인이 공판정에서 그 진정성립을 인정한 검사작성의 피고인에 대한 피의자신문조서는 그 조서에 기재된 피고인의 진술이 임의로 되지 아니한 것이라거나 특히 신빙할 수 없는 상태에서 된 것이라고 의심할 만한 사유가 없으면 증거능력이 있다고 할 것인바, 본건 제1회 피의자신문조서가 사건의 송치를 받은 당일에 작성된 것이었다 하여 그와 같은 조서의 작성시기만으로 그 조서에 기재된 피고인의 자백진술이 임의성이 없거나 특히 신빙할 수 없는 상태에서 된 것이라 의심하여 증거능력을 부정할 수 없다(대법원 1984.5.29. 84도378).

④ 일정한 증거가 발견되면 피의자가 자백하겠다고 한 약속이 검사의 강요나 위계에 의하여 이루어졌다던가 또는 불기소나 경한 죄의 소추등 이익과 교환조건으로 된 것으로 인정되지 않는다면 위와 같은 자백의 약속하에 된 자백이라 하여 곧 임의성 없는 자백이라고 단정할 수는 없다(대법원 1983.9.13. 83도712).

29 ④

┃정답해설┃

④ 사법경찰리 작성의 피해자에 대한 진술조서가 피해자의 화상으로 인한 서명불능을 이유로 입회하고 있던 피해자의 동생에게 대신 읽어 주고 그 동생으로 하여금 서명날인하게 하는 방법으로 작성된 경우, 이는 형사소송법 제313조 제1항 소정의 형식적 요건을 결여한 서류로서 증거로 사용할 수 없다(대법원 1997.4.11. 96도2865).

┃오답해설┃

① 형사소송법 제244조의5는, 검사 또는 사법경찰관은 피의자를 신문하는 경우 피의자가 신체적 또는 정신적 장애로 사물을 변별하거나 의사를·전달할 능력이 미약한 때나 피의자의 연령·성별·국적 등의 사정을 고려하여 그 심리적 안정의 도모와 원활한 의사소통을 위하여 필요한 경우에는, 직권 또는 피의자·법정대리인의 신청에 따라 피의자와 신뢰관계에 있는 자를 동석하게 할 수 있도록 규정하고 있다. 구체적인 사안에서 위와 같은 동석을 허락할 것인지는 원칙적으로 검사 또는 사법경찰관이 피의자의 건강 상태 등 여러 사정을 고려하여 재량에 따라 판단하여야 할 것이나, 이를 허락하는 경우에도 동석한 사람으로 하여금 피의자를 대신하여 진술하도록 하여서는 안 된다. 만약 동석한 사람이 피의자를 대신하여 진술한 부분이 조서에 기재되어 있다면 그 부분은 피의자의 진술을 기재한 것이 아니라 동석한 사람의 진술을 기재한 조서에 해당하므로, 그 사람에 대한 진술조서로서의 증거능력을 취득하기 위한 요건을 충족하지 못하는 한 이를 유죄 인정의 증거로 사용할 수 없다(대법원 2009.6.23. 2009도1322).

② 검사가 피의자 아닌 자의 진술을 기재한 조서는 원진술자의 공판준비 또는 공판기일에서의 진술에 의하여 그 성립의 진정함이 인정되면 증거로 할 수 있고, 여기에서 성립의 진정이라 함은 간인, 서명, 날인 등 조서의 형식적인 진정과 그 조서의 내용이 진술자의 진술내용대로 기재되었다는 실질적인 진정을 뜻하는 것이므로, 검사가 피의자 아닌 자의 진술을 기재한 조서에 대하여 그 원진술자가 공판기일에서 그 성립의 진정을 인정하면 그 조서는 증거능력이 있는 것이고, 원진술자가 공판기일에서 그 조서의 내용과 다른 진술을 하거나 변호인 또는 피고인의 반대신문에 대하여 아무런 답변을 하지 아니하였다 하여 곧 증거능력 자체를 부정할 사유가 되지는 아니한다(대법원 2001.9.14. 2001도1550).

③ 피고인이 사법경찰리 작성의 공소외인에 대한 피의자신문조서, 진술조서 및 검사 작성의 피고인에 대한 피의자신문조서 중 위 공소외인의 진술기재 부분을 증거로 함에 부동의하였고, 원진술자인 위 공소외인이 제1심 및 항소심에서 증인으로 나와 그 진술기재의 내용을 열람하거나 고지받지 못한 채 단지 검사나 재판장의 신문에 대하여 수사기관에서 사실대로 진술하였다는 취지의 증언만을 하고 있을 뿐이라면, 그 피의자신문조서와 진술조서는 증거능력이 없어 이를 유죄의 증거로 삼을 수 없다(대법원 1994.11.11. 94도343).

▌정답해설▐

③ 공판준비 또는 공판기일에서 이미 증언을 마친 증인을 검사가 소환한 후 피고인에게 유리한 증언 내용을 추궁하여 이를 일방적으로 번복시키는 방식으로 작성한 진술조서를 유죄의 증거로 삼는 것은 당사자주의·공판중심주의·직접주의를 지향하는 현행 형사소송법의 소송구조에 어긋나는 것일 뿐만 아니라, 헌법 제27조가 보장하는 기본권, 즉 법관의 면전에서 모든 증거자료가 조사·진술되고 이에 대하여 피고인이 공격·방어할 수 있는 기회가 실질적으로 부여되는 재판을 받을 권리를 침해하는 것이므로, 이러한 진술조서는 피고인이 증거로 할 수 있음에 동의하지 아니하는 한 증거능력이 없고, 그 후 원진술자인 종전 증인이 다시 법정에 출석하여 증언을 하면서 그 진술조서의 성립의 진정함을 인정하고 피고인 측에 반대신문의 기회가 부여되었다고 하더라도 그 증언 자체를 유죄의 증거로 할 수 있음은 별론으로 하고 위와 같은 진술조서의 증거능력이 없다는 결론은 달리할 것이 아니다(대법원 2013.8.14. 2012도13665).

▌오답해설▐

① 검사작성의 피고인에 대한 진술조서가 공소제기 후에 작성된 것이라는 이유만으로는 곧 그 증거능력이 없다고 할 수 없다(대법원 1984.9.25. 84도1646).

② 제1심에서 피고인에 대하여 무죄판결이 선고되어 검사가 항소한 후, 수사기관이 항소심 공판기일에 증인으로 신청하여 신문할 수 있는 사람을 특별한 사정 없이 미리 수사기관에 소환하여 작성한 진술조서는 피고인이 증거로 할 수 있음에 동의하지 않는 한 증거능력이 없다. 검사가 공소를 제기한 후 참고인을 소환하여 피고인에게 불리한 진술을 기재한 진술조서를 작성하여 이를 공판절차에 증거로 제출할 수 있게 한다면, 피고인과 대등한 당사자의 지위에 있는 검사가 수사기관으로서의 권한을 이용하여 일방적으로 법정 밖에서 유리한 증거를 만들 수 있게 하는 것이므로 당사자주의·공판중심주의·직접심리주의에 반하고 피고인의 공정한 재판을 받을 권리를 침해하기 때문이다(대법원 2019.11.28. 2013도6825).

④ 검사 또는 사법경찰관은 범행 중 또는 범행직후의 범죄장소에서 긴급을 요하여 법원판사의 영장을 받을 수 없는 때에는 영장없이 압수, 수색 또는 검증을 할 수 있다. 이 경우에는 사후에 지체없이 영장을 받아야 한다(제216조 제3항).

▌정답해설▐

① 수사기관이 아닌 사인(私人)이 피고인 아닌 자와의 전화대화를 녹음한 녹음테이프에 대하여 법원이 실시한 검증의 내용이 녹음테이프에 녹음된 전화대화의 내용이 검증조서에 첨부된 녹취서에 기재된 내용과 같다는 것에 불과한 경우에는 증거자료가 되는 것은 여전히 녹음테이프에 녹음된 대화 내용이므로, 그 중 피고인 아닌 자의 대화의 내용은 실질적으로 형사소송법 제311조, 제312조 규정 이외의 피고인 아닌 자의 진술을 기재한 서류와 다를 바 없어서, 피고인이 그 녹음테이프를 증거로 할 수 있음에 동의하지 않은 이상 그 녹음테이프 검증조서의 기재 중 피고인 아닌 자의 진술내용을 증거로 사용하기 위해서는 형사소송법 제313조 제1항에 따라 공판준비나 공판기일에서 원진술자의 진술에 의하여 그 녹음테이프에 녹음된 진술내용이 자신이 진술한 대로 녹음된 것이라는 점이 인정되어야 하는 것이지만(대법원 1996.10.15. 96도1669, 대법원 1997.3.28. 96도2417), 이와는 달리 녹음테이프에 대한 검증의 내용이 그 진술 당시 진술자의 상태 등을 확인하기 위한 것인 경우에는, 녹음테이프에 대한 검증조서의 기재 중 진술내용을 증거로 사용하는 경우에 관한 위 법리는 적용되지 아니하고, 따라서 위 검증조서는 법원의 검증의 결과를 기재한 조서로서 형사소송법 제311조에 의하여 당연히 증거로 할 수 있다(대법원 2008.7.10. 2007도10755).

※ 갑이 술에 취해 횡설수설하는 것을 확인하기 위해 제출된 녹음테이프는 진술증거로 사용되는 경우가 아니므로 전문증거가 아니다.

▌오답해설▐

② 사무처리 내역을 계속적, 기계적으로 기재한 문서가 아니라 범죄사실의 인정 여부와 관련 있는 어떠한 의견을 제시하는 내용을 담고 있는 문서는 형사소송법 제315조 제3호에서 규정하는 당연히 증거능력이 있는 서류에 해당한다고 볼 수 없으므로, 이른바 보험사기 사건에서 건강보험심사평가원이 수사기관의 의뢰에 따라 그 보내온 자료를 토대로 입원진료의 적정성에 대한 의견을 제시하는 내용의 '건강보험심사평가원의 입원진료 적정성 여부 등 검토의뢰에 대한 회신'은 형사소송법 제315조 제3호의 '기타 특히 신용할 만한 정황에 의하여 작성된 문서'에 해당하지 않는다(대법원 2017.12.5. 2017도12671).

③ 형사소송법 제310조의2는 사실을 직접 경험한 사람의 진술이 법정에 직접 제출되어야 하고 이에 갈음하는 대체물인 진술 또는 서류가 제출되어서는 안 된다는 이른바 전문법칙을 선언한 것이다. 그런데 정보통신망을 통하여 공포심이나 불안감을 유발하는 글을 반복적으로 상대방에게 도달하게 하는 행위를 하였다는 공소사실에 대하여 휴대전화기에 저장된 문자정보가 그 증거가 되는 경우, 그 문자정보는 범행의 직접적인 수단이고 경험자의 진술에 갈음하는 대체물에 해당하지 않으므로, 형사소송법 제310조의2에서 정한 전문법칙이 적용되지 않는다(대법원 2008.11.13. 2006도2556).

④ 형사소송법은 전문진술에 대하여 제316조에서 실질상 단순한 전문의 형태를 취하는 경우에 한하여 예외적으로 그 증거능력을 인정하는 규정을 두고 있을 뿐, 재전문진술이나 재전문진술을 기재한 조서에 대하여는 달리 그 증거능력을 인정하는 규정을 두고 있지 아니하고 있으므로, 피고인이 증거로 하는 데 동의하지 아니하는 한 형사소송법 제310조의2의 규정에 의하여 이를 증거로 할 수 없다(대법원 2000.3.10. 2000도159).

32　　답 ①

▌정답해설▐

① 형사소송법 제318조에 규정된 증거동의의 주체는 소송주체인 검사와 피고인이고, 변호인은 피고인을 대리하여 증거동의에 관한 의견을 낼 수 있을 뿐이므로 피고인의 명시한 의사에 반하여 증거로 함에 동의할 수는 없다. 따라서 피고인이 출석한 공판기일에서 증거로 함에 부동의한다는 의견이 진술된 경우에는 그 후 피고인이 출석하지 아니한 공판기일에 변호인만이 출석하여 종전 의견을 번복하여 증거로 함에 동의하였다 하더라도 이는 특별한 사정이 없는 한 효력이 없다고 보아야 한다(대법원 2013.3.28. 2013도3).

▌오답해설▐

② 수사기관이 甲으로부터 피고인의 마약류관리에 관한 법률 위반(향정) 범행에 대한 진술을 듣고 추가적인 증거를 확보할 목적으로, 구속수감되어 있던 甲에게 그의 압수된 휴대전화를 제공하여 피고인과 통화하고 위 범행에 관한 통화 내용을 녹음하게 한 행위는 불법감청에 해당하므로, 그 녹음 자체는 물론 이를 근거로 작성된 녹취록 첨부 수사보고는 피고인의 증거동의에 상관없이 그 증거능력이 없다고 한 사례(대법원 2010.10.14. 2010도9016).

③ 필요적 변호사건이라 하여도 피고인이 재판거부의 의사를 표시하고 재판장의 허가 없이 퇴정하고 변호인마저 이에 동조하여 퇴정해 버린 것은 모두 피고인측의 방어권의 남용 내지 변호권의 포기로 볼 수밖에 없는 것이므로 수소법원으로서는 형사소송법 제330조에 의하여 피고인이나 변호인의 재정 없이도 심리판결 할 수 있다(대법원 1991.6.28. 91도865).

④ 피고인들이 제1심 법정에서 경찰의 검증조서 가운데 범행부분만 부동의하고 현장상황 부분에 대해서는 모두 증거로 함에 동의하였다면, 위 검증조서 중 범행상황 부분만을 증거로 채용한 제1심판결에 잘못이 없다(대법원 1990.7.24. 90도1303).

33　　답 ④

▌정답해설▐

④ 수사기관에서 진술한 참고인이 법정에서 증언을 거부하여 피고인이 반대신문을 하지 못한 경우에는 정당하게 증언거부권을 행사한 것이 아니라도, 피고인이 증인의 증언거부 상황을 초래하였다는 등의 특별한 사정이 없는 한 형사소송법 제314조의 '그 밖에 이에 준하는 사유로 인하여 진술할 수 없는 때'에 해당하지 않는다고 보아야 한다. 따라서 증인이 정당하게 증언거부권을 행사하여 증언을 거부한 경우와 마찬가지로 수사기관에서 그 증인의 진술을 기재한 서류는 증거능력이 없다. 다만 피고인이 증인의 증언거부 상황을 초래하였다는 등의 특별한 사정이 있는 경우에는 형사소송법 제314조의 적용을 배제할 이유가 없다. 이러한 경우까지 형사소송법 제314조의 '그 밖에 이에 준하는 사유로 인하여 진술할 수 없는 때'에 해당하지 않는다고 보면 사건의 실체에 대한 심증 형성은 법관의 면전에서 본래증거에 대한 반대신문이 보장된 증거조사를 통하여 이루어져야 한다는 실질적 직접심리주의와 전문법칙에 대하여 예외를 정한 형사소송법 제314조의 취지에 반하고 정의의 관념에도 맞지 않기 때문이다(대법원 2019.11.21. 2018도13945, 전원합의체).

▌오답해설▐

① 대법원 2016.2.18. 2015도17115

② 진술을 요할 자가 사망, 질병, 또는 일정한 주거를 가지고 있더라도 법원의 소환에 계속 불응하고 구인하여도 구인장이 집행되지 아니하는 등 법정에서의 신문이 불가능한 상태의 경우도 형사소송법 제314조 소정의 "공판정에 출정하여 진술을 할 수 없는 경우"라는 요건이 충족되었다고 보아야 한다(대법원 1995.6.13. 95도523).

③ 대법원 2006.12.22. 2006도7479

34

답 ①

┃정답해설┃

① 진술조서의 기재 중 일부분을 믿고 다른 부분을 믿지 아니한다고 하여도 그것이 곧 부당하다고 할 수 없다(대법원 1980.3.11. 80도145).

┃오답해설┃

② 검찰에서의 피고인의 자백이 법정진술과 다르다거나 피고인에게 지나치게 불리한 내용이라는 사유만으로는 그 자백의 신빙성이 의심스럽다고 할 수는 없는 것이고, 자백의 신빙성 유무를 판단할 때에는 자백의 진술 내용 자체가 객관적으로 합리성을 띠고 있는지, 자백의 동기나 이유가 무엇이며, 자백에 이르게 된 경위는 어떠한지 그리고 자백 이외의 정황증거 중 자백과 저촉되거나 모순되는 것이 없는지 하는 점 등을 고려하여 피고인의 자백에 형사소송법 제309조에 정한 사유 또는 자백의 동기나 과정에 합리적인 의심을 갖게 할 상황이 있었는지를 판단하여야 한다(대법원 2010.7.22. 2009도1151).

③ 대법원 2009.3.12. 2008도8486

④ 원래 민사재판에 있어서는 형사재판의 사실인정에 구속을 받는 것이 아니라고 하더라도 동일한 사실관계에 관하여 이미 확정된 형사판결이 유죄로 인정한 사실은 유력한 증거자료가 되므로 민사재판에서 제출된 다른 증거들에 비추어 형사재판의 사실판단을 채용하기 어렵다고 인정되는 특별한 사정이 없는 한 이와 반대되는 사실을 인정할 수 없다(대법원 1995.1.12. 94다39215).

35

답 ②

┃정답해설┃

② 피고인의 습벽을 범죄구성요건으로 하며 포괄1죄인 상습범에 있어서도 이를 구성하는 각 행위에 관하여 개별적으로 보강증거를 요구하고 있는 점에 비추어 보면 투약습성에 관한 정황증거만으로 향정신성의약품관리법위반죄의 객관적 구성요건인 각 투약행위가 있었다는 점에 관한 보강증거로 삼을 수는 없다고 본 사례(대법원 1996.2.13. 95도1794).

┃오답해설┃

① 형사소송법 제310조의 피고인의 자백에는 공범인 공동피고인의 진술이 포함되지 아니하므로 공범인 공동피고인의 진술은 다른 공동피고인에 대한 범죄사실을 인정하

는데 있어서 증거로 쓸 수 있다(대법원 1986.10.28. 86도1773).

③ 피고인이 범행을 자인하는 것을 들었다는 피고인 아닌 자의 진술내용은 형사소송법 제310조의 피고인의 자백에는 포함되지 아니하나 이는 피고인의 자백의 보강증거로 될 수 없다(대법원 1981.7.7. 81도1314).

④ 직접증거가 아닌 간접증거나 정황증거도 보강증거가 될 수 있고, 또한 자백과 보강증거가 서로 어울려서 전체로서 범죄사실을 인정할 수 있으면 유죄의 증거로 충분하다(대법원 2017.12.28. 2017도17628).

36

답 ①

┃정답해설┃

① 경찰서장이 범칙행위에 대하여 통고처분을 한 이상, 범칙자의 위와 같은 절차적 지위를 보장하기 위하여 통고처분에서 정한 범칙금 납부기간까지는 원칙적으로 경찰서장은 즉결심판을 청구할 수 없고, 검사도 동일한 범칙행위에 대하여 공소를 제기할 수 없다. 또한 범칙자가 범칙금 납부기간이 지나도록 범칙금을 납부하지 아니하였다면 경찰서장이 즉결심판을 청구하여야 하고, 검사는 동일한 범칙행위에 대하여 공소를 제기할 수 없다(대법원 2020.4.29. 2017도13409, 대법원 2020.7.29. 2020도4738).

┃오답해설┃

② 소년법 제30조의 보호처분을 받은 사건과 동일한 사건에 대하여 다시 공소제기가 되었다면 동조의 보호처분은 확정판결이 아니고 따라서 기판력도 없으므로 이에 대하여 면소판결을 할 것이 아니라 공소제기절차가 동법 제47조의 규정에 위배하여 무효인 때에 해당한 경우이므로 공소기각의 판결을 하여야 한다(대법원 1985.5.28. 85도21).

③ 형법 제7조는 "죄를 지어 외국에서 형의 전부 또는 일부가 집행된 사람에 대해서는 그 집행된 형의 전부 또는 일부를 선고하는 형에 산입한다."라고 규정하고 있다. 이 규정의 취지는, 형사판결은 국가주권의 일부분인 형벌권 행사에 기초한 것이어서 피고인이 외국에서 형사처벌을 과하는 확정판결을 받았더라도 그 외국은 우리나라 법원을 기속할 수 없고 우리나라에서는 기판력도 없어 일사부재리의 원칙이 적용되지 않으므로, 피고인이 동일한 행위에 관하여 우리나라 형벌법규에 따라 다시 처벌받는 경우에 생길 수 있는 실질적인 불이익을 완화하려는 것이다(대법원 2017.8.24. 2017도5977, 전원합의체).

④ 회사의 대표이사가 업무상 보관하던 회사 자금을 빼돌려 횡령한 다음 그 중 일부를 더 많은 장비 납품 등의 계약을 체결할 수 있도록 해달라는 취지의 묵시적 청탁과 함께 배임증재에 공여한 사안에서, 위 횡령의 범행과 배임증재의 범행은 서로 범의 및 행위의 태양과 보호법익을 달리하는 별개의 행위라고 보아, 위 횡령의 점에 대하여 약식명령이 확정되었다고 하더라도 그 기판력이 배임증재의 점에는 미치지 아니한다고 본 원심판결을 수긍한 사례(대법원 2010.5.13. 2009도13463).

37 답 ②

▌정답해설▌

② 피고인만이 항소한 사건에서 제1심이 인정한 범죄사실의 일부가 제2심에서 무죄로 되었음에도 제2심이 제1심과 동일한 형을 선고하였다 하여 그것이 형사소송법 제368조의 불이익변경금지 원칙에 위배된다고 볼 수 없다(대법원 1995.9.29. 95도1577).

▌오답해설▌

① 불이익변경금지의 원칙은, 피고인의 상소권을 보장하기 위하여 피고인이 상소한 사건과 피고인을 위하여 상소한 사건에 있어서는 원심판결의 형보다 중한 형을 선고하지 못한다는 것이므로, 피고인과 검사 쌍방이 상소한 결과 검사의 상소가 받아들여져 원심판결 전부가 파기됨으로써 피고인에 대한 형량 전체를 다시 정해야 하는 경우에는 적용되지 아니하는 것이며, 사건이 경합범에 해당한다고 하여 개개 범죄별로 불이익변경의 여부를 판단할 것은 아니다(대법원 2007.6.28. 2005도7473).
③ 항소심이 제1심에서 별개의 사건으로 따로 두 개의 형을 선고받고 항소한 피고인에 대하여 사건을 병합 심리한 후 경합범으로 처단하면서 제1심의 각 형량보다 중한 형을 선고한 것은 불이익변경금지의 원칙에 어긋나지 아니한다(대법원 2001.9.18. 2001도3448).
④ 피고인만의 상고에 의하여 상고심에서 원심판결을 파기하고 사건을 항소심에 환송한 경우에는 환송전 원심판결과의 관계에서도 불이익변경금지의 원칙이 적용되어 그 파기된 항소심판결보다 중한 형을 선고할 수 없다(대법원 1992.12.8. 92도2020).

38 답 ②

▌정답해설▌

② 형사소송법은 항소법원이 항소인인 피고인에게 소송기록접수통지를 하기 전에 변호인의 선임이 있는 때에는 변호인에게도 소송기록접수통지를 하도록 정하고 있으므로(제361조의2 제2항), 피고인에게 소송기록접수통지를 한 다음에 변호인이 선임된 경우에는 변호인에게 다시 같은 통지를 할 필요가 없다. 이는 필요적 변호사건에서 항소법원이 국선변호인을 선정하고 피고인과 그 변호인에게 소송기록접수통지를 한 다음 피고인이 사선변호인을 선임함에 따라 항소법원이 국선변호인의 선정을 취소한 경우에도 마찬가지이다. 이러한 경우 항소이유서 제출기간은 국선변호인 또는 피고인이 소송기록접수통지를 받은 날부터 계산하여야 한다(대법원 2018.11.22. 자, 2015도10651, 전원합의체).

▌오답해설▌

① 대법원 1996.9.6. 96도166
③ 형사소송법 제361조의4 제1항은 항소인 또는 변호인이 그 법 제361조의3 제1항의 기간 내에 항소이유서를 제출하지 아니한 때에는 직권조사사유가 있거나 항소장에 항소이유의 기재가 있는 경우를 제외하고 결정으로 항소를 기각하여야 한다고 규정하고 있으므로 항소인 또는 변호인이 항소이유서에 추상적으로 제1심판결이 부당하다고만 기재함으로써 항소이유를 특정하여 구체적으로 명시하지 아니하였다고 하더라도 항소이유서가 법정의 기간 내에 적법하게 제출된 경우에는 이를 항소이유서가 법정의 기간 내에 제출되지 아니한 것과 같이 보아 형사소송법 제361조의4 제1항에 의하여 결정으로 항소를 기각할 수는 없다(대법원 2002.12.3. 자, 2002모265).
④ 형사소송법 제361조의3, 제364조의 각 규정에 의하면 항소심의 구조는 피고인 또는 변호인이 법정기간 내에 제출한 항소이유서에 의하여 심판하는 것이고, 이미 항소이유서를 제출하였더라도 항소이유를 추가 · 변경 · 철회할 수 있으므로, 항소이유서 제출기간의 경과를 기다리지 않고는 항소사건을 심판할 수 없다(대법원 2018.4.12. 2017도13748).

39

▌정답해설▐

④ 즉결심판은 정식재판의 청구기간의 경과, 정식재판청구권의 포기 또는 그 청구의 취하에 의하여 확정판결과 동일한 효력이 생긴다. 정식재판청구를 기각하는 재판이 확정된 때에도 같다(즉결심판에 관한 절차법 제16조).

▌오답해설▐

① 즉결심판에 관한 절차법 제3조 제3항
② 즉결심판에 관한 절차법 제8조의2 제1항
③ 즉결심판에 관한 절차법 제14조 제3항

40

▌정답해설▐

② 피고인이 이 사건 범죄사실을 모두 자인하는 것을 들었다는 진술로서 전문증거이기는 하나 간이공판절차에 의하여 심판할 것을 결정한 이 사건에 있어서는 같은 법 제318조의3의 규정에 의하여 피고인의 동의가 있는 것으로 간주되어 증거능력이 인정되고 또한 이러한 진술조서는 자백자 본인의 진술 자체를 기재한 것은 아니므로 같은 법 제310조의 자백에는 포함되지 않는다 할 것이다. 그러나 피고인의 자백을 내용으로 하고 있는 이와 같은 진술기재 내용을 피고인의 자백의 보강증거로 삼는다면 결국 피고인의 자백을 피고인의 자백으로서 보강하는 결과가 되어 아무런 보강도 하는 바 없는 것이니 보강증거가 되지 못하고 오히려 보강증거를 필요로 하는 피고인의 자백과 동일하게 보아야 할 성질의 것이라고 할 것이다(대법원 1981.7.7. 81도1314).

▌오답해설▐

① 공범인 공동피고인은 당해 소송절차에서는 피고인의 지위에 있으므로 다른 공동피고인에 대한 공소사실에 관하여 증인이 될 수 없으나, 소송절차가 분리되어 피고인의 지위에서 벗어나게 되면 다른 공동피고인에 대한 공소사실에 관하여 증인이 될 수 있다(대판 2008.6.26. 2008도3300).

③ 형사소송법 제310조 소정의 "피고인의 자백"에 공범인 공동피고인의 진술은 포함되지 아니하므로 공범인 공동피고인의 진술은 다른 공동피고인에 대한 범죄사실을 인정하는 증거로 할 수 있는 것일 뿐만 아니라 공범인 공동피고인들의 각 진술은 상호간에 서로 보강증거가 될 수 있다(대판 1990.10.30. 90도1939).

④ 변론분리 후 甲이 증언하는 과정에서 "뇌물을 제공받은 乙이 저에게 '귀하에게 받은 돈은 나라와 민족을 위해 필요한 곳에 쓰겠습니다'라고 말했습니다."라고 진술한 경우, 이는 피고인 乙의 진술을 내용으로 하는 전문진술이므로 제316조 제1항에 의해 그 진술이 특히 신빙할 수 있는 상태하에서 행하여졌음이 증명된 때에 한하여 이를 증거로 할 수 있다.

01	02	03	04	05	06	07	08	09	10	11	12	13	14	15	16	17	18	19	20
③	④	④	④	②	④	④	③	③	③	④	③	②	②	①	④	③	②	④	④
21	22	23	24	25	26	27	28	29	30	31	32	33	34	35	36	37	38	39	40
④	④	②	③	③	①	③	①	③	②	②	②	②	④	③	②	④	①	③	③

01 답 ③

┃정답해설┃

③ 형사소송법상의 공소장변경요구, 증인신문, 피고인신문 등은 직권주의적 요소이고 교호신문제도, 공소장일본주의, 공소장변경제도 등은 당사자주의적 요소이다.

┃오답해설┃

① 형법은 도덕적·윤리적 성격이 강한 데 반하여, 형사소송법은 절차법으로 기술적 성격이 강하다.

② 적극적 실체적 진술주의는 "열 사람의 진범을 처벌하기 위해서는 한 사람의 무고한 자가 처벌되어도 좋다."고 표현하는데 반해 소극적 실체적 진실주의는 "열 사람의 범인을 놓치는 한이 있더라도 한 사람의 죄 없는 사람을 벌하여서는 안 된다."고 표현한다.

④ 형사소송법은 실체법인 형법을 적용·실현시키는 절차법으로 공판절차는 법적 안정성이 강조되나 수사절차·형집행절차에서는 합목적성이 강조된다.

02 답 ④

┃정답해설┃

④ 형사소송법상 공소장 제출 기한에 관한 규정은 없다.

┃오답해설┃

① 제267조의2 제2항, 제4항

> **제267조의2(집중심리)**
> ② 심리에 2일 이상이 필요한 경우에는 부득이한 사정이 없는 한 매일 계속 개정하여야 한다.
> ④ 재판장은 부득이한 사정으로 매일 계속 개정하지 못하는 경우에도 특별한 사정이 없는 한 전회의 공판기일부터 14일 이내로 다음 공판기일을 지정하여야 한다.

② 헌법 제27조 제3항

③ 구속사건에 대해서는 법원이 구속기간 내에 재판을 하면 되는 것이고 구속만기 25일을 앞두고 제1회 공판이 있었다 하여 헌법에 정한 신속한 재판을 받을 권리를 침해하였다 할 수 없다(대법원 1990.6.12. 90도672).

03

답 ④

┃정답해설┃

④ 헌법 제12조 제1항, 제5항, 형사소송법 제200조의5, 제213조의2, 제308조의2를 종합하면, 적법한 절차에 따르지 아니한 위법행위를 기초로 하여 증거가 수집된 경우에는 당해 증거뿐 아니라 그에 터 잡아 획득한 2차적 증거에 대해서도 증거능력은 부정되어야 한다. 다만 위와 같은 위법수집증거 배제의 원칙은 수사과정의 위법행위를 억지함으로써 국민의 기본적 인권을 보장하기 위한 것이므로 적법절차에 위배되는 행위의 영향이 차단되거나 소멸되었다고 볼 수 있는 상태에서 수집한 증거는 그 증거능력을 인정하더라도 적법절차의 실질적 내용에 대한 침해가 일어나지는 않는다 할 것이니 그 증거능력을 부정할 이유는 없다(대법원 2013.3.14. 2010도2094).

┃오답해설┃

① 헌재 2005.2.3. 2003헌바1
② 헌재 2001.6.28. 99헌가14
③ 헌재 2001.11.29. 2001헌바41

04

답 ④

┃정답해설┃

㉠ (○) 공소장 부본을 송달받을 권리(제266조)

> **제266조(공소장부본의 송달)**
> 법원은 공소의 제기가 있는 때에는 지체없이 공소장의 부본을 피고인 또는 변호인에게 송달하여야 한다. 단, 제1회 공판기일 전 5일까지 송달하여야 한다.

㉢ (○) 진술거부권(제283조의2 제2항)

> **제283조의2(피고인의 진술거부권)**
> ② 재판장은 피고인에게 제1항과 같이 진술을 거부할 수 있음을 고지하여야 한다.

㉣ (○) 공판조서열람 등사권(제55조 제1항)

> **제55조(피고인의 공판조서열람권등)**
> ① 피고인은 공판조서의 열람 또는 등사를 청구할 수 있다.

㉤ (○) 증거신청권(제294조)

> **제294조(당사자의 증거신청)**
> ① 검사, 피고인 또는 변호인은 서류나 물건을 증거로 제출할 수 있고, 증인·감정인·통역인 또는 번역인의 신문을 신청할 수 있다.

┃오답해설┃

㉡ (×) 재정신청권자는 불기소처분을 받은 고소인, 고발인이다(제260조 제1항).

> **제260조(재정신청)**
> ① 고소권자로서 고소를 한 자(형법 제123조부터 제126조까지의 죄에 대하여는 고발을 한 자를 포함한다. 이하 이 조에서 같다)는 검사로부터 공소를 제기하지 아니한다는 통지를 받은 때에는 그 검사 소속의 지방검찰청 소재지를 관할하는 고등법원(이하 "관할 고등법원"이라 한다)에 그 당부에 관한 재정을 신청할 수 있다.

㉥ (×) 감정유치청구권은 검사에게 있다(제221조의3 제1항).

> **제221조의3(감정의 위촉과 감정유치의 청구)**
> ① 검사는 제221조의 규정에 의하여 감정을 위촉하는 경우에 제172조 제3항의 유치처분이 필요할 때에는 판사에게 이를 청구하여야 한다.

05

답 ②

┃정답해설┃

② 일체의 진술을 거부할 수 있다(제244조의3 제1항 제1호).

> **제244조의3(진술거부권 등의 고지)**
> ① 검사 또는 사법경찰관은 피의자를 신문하기 전에 다음 각 호의 사항을 알려주어야 한다.
> 1. 일체의 진술을 하지 아니하거나 개개의 질문에 대하여 진술을 하지 아니할 수 있다는 것

┃오답해설┃

① 대법원 2009.8.20. 2008도8213
③ 규칙 제144조 제1항 제1호

> **제144조(공판절차의 갱신절차)**
> ① 법 제301조, 법 제301조의2 또는 제143조에 따른 공판절차의 갱신은 다음 각 호의 규정에 의한다.
> 1. 재판장은 제127조의 규정에 따라 피고인에게 진술거부권 등을 고지한 후 법 제284조에 따른 인정신문을 하여 피고인임에 틀림없음을 확인하여야 한다.

④ 헌법 제12조 제2항은 모든 국민에게 진술거부권을 보장하고 있으므로 진술거부권의 주체에는 제한이 없다. 의사무능력자의 대리인(제26조) 법인의 대표자도 진술거부권을 가지며 외국인에게도 인정된다.

06 답 ④

정답해설

④ 공소장의 공소사실 첫머리에 피고인이 전에 받은 소년부 송치처분과 직업 없음을 기재하였다 하더라도 이는 형사소송법 제254조 제3항 제1호에서 말하는 피고인을 특정할 수 있는 사항에 속하는 것이어서 그와 같은 내용의 기재가 있다 하여 공소제기의 절차가 법률의 규정에 위반된 것이라고 할 수 없고 또 헌법상의 형사피고인에 대한 무죄추정조항이나 평등조항에 위배되는 것도 아니다(대법원 1990.10.16. 90도1813).

오답해설

① 헌재 1990.11.19. 90헌가48
② 대법원 2001.11.30. 2001도5225
③ 징계혐의 사실의 인정은 형사재판의 유죄확정 여부와는 무관한 것이므로 형사재판 절차에서 유죄의 확정판결을 받기 전이라도 징계혐의 사실은 인정될 수 있는 것이며 그와 같은 징계혐의 사실인정은 무죄추정에 관한 헌법 제26조 제4항 또는 형사소송법 제275조의2 규정에 저촉된다고 볼 수 없다(대법원 1986.6.10. 85누407).

07 답 ④

정답해설

④ 접견교통권, 피의자신문참여권, 피고인신문권은 변호인만이 가지고 있는 고유권이나 서류·증거물의 열람·복사권은 피고인과 변호인 모두가 갖는 권리이다(제35조 제1항).

> **제35조(서류·증거물의 열람·복사)**
> ① 피고인과 변호인은 소송계속 중의 관계 서류 또는 증거물을 열람하거나 복사할 수 있다.

오답해설

① 제31조 단서

> **제31조(변호인의 자격과 특별변호인)**
> 변호인은 변호사 중에서 선임하여야 한다. 단, 대법원 이외의 법원은 특별한 사정이 있으면 변호사 아닌 자를 변호인으로 선임함을 허가할 수 있다.

② 대법원 2015.2.26. 2014도12737

③ 제282조 단서

> **제282조(필요적 변호)**
> 제33조 제1항 각 호의 어느 하나에 해당하는 사건 및 같은 조 제2항·제3항의 규정에 따라 변호인이 선정된 사건에 관하여는 변호인 없이 개정하지 못한다. 단, 판결만을 선고할 경우에는 예외로 한다.

08 답 ③

정답해설

③ 형사소송법상 피의자의 권리와 피고인의 권리는 반드시 동일하지는 않다.

오답해설

① 피의자는 수사의 개시부터 공소제기 전까지의 개념으로서 진범인가의 여부를 불문한다.
② 대법원 2015.10.29. 2014도5939
④ 형사소송법은 피의자의 지위를 강화하기 위해 진술거부권 제244조의3 제1항 변호인의 조력을 받을 권리(제90조·제209조) 구속적부심사청구권(제214조의2 제1항) 압수·수색·검증에의 참여권(제121조, 제219조) 등을 보장하고 있다.

09 답 ③

정답해설

③ 공판 전(前) 절차인 수사절차는 대상이나 사건이 다양하고 유동적이므로 공판절차와는 달리 획일적인 절차에 따라 진행할 수 없고 수사활동의 탄력성, 기동성, 임기응변성, 광역성 등이 요청되는 등 합목적적인 활동이 필요하게 된다. 반면 공판절차에서는 이미 공소제기를 통하여 피고인과 피고사건이 한정되고 그 절차도 법률에 따라 정형적으로 진행된다.

오답해설

① 대법원 1999.12.7. 98도3329
② 제196조, 제197조 제1항

> **제196조(검사의 수사)**
> ① 검사는 범죄의 혐의가 있다고 사료하는 때에는 범인, 범죄사실과 증거를 수사한다.

> **제197조(사법경찰관리)**
> ① 경무관, 총경, 경정, 경감, 경위는 사법경찰관으로서 범죄의 혐의가 있다고 사료하는 때에는 범인, 범죄사실과 증거를 수사한다.

④ 수사절차는 수사기관이 피의자에 대한 주관적 혐의를 객관화·구체화시키는 과정이라고 할 수 있다.

10

답 ③

┃정답해설┃

③ 형사소송법 및 기타 법령상 교도관이 그 직무상 위탁을 받아 소지 또는 보관하는 물건으로서 재소자가 작성한 비망록을 수사기관이 수사 목적으로 압수하는 절차에 관하여 특별한 절차적 제한을 두고 있지 않으므로, 교도관이 재소자가 맡긴 비망록을 수사기관에 임의로 제출하였다면 그 비망록의 증거사용에 대하여도 재소자의 사생활의 비밀 기타 인격적 법익이 침해되는 등의 특별한 사정이 없는 한 반드시 그 재소자의 동의를 받아야 하는 것은 아니다. 따라서 검사가 교도관으로부터 그가 보관하고 있던 피고인의 비망록을 뇌물수수 등의 증거자료로 임의로 제출받아 이를 압수한 경우, 그 압수절차가 피고인의 승낙 및 영장 없이 행하여졌다고 하더라도 이에 적법절차를 위반한 위법이 있다고 할 수 없다(대법원 2008.5.15. 2008도1097).

┃오답해설┃

① 대법원 2013.7.1. 2013모160
② 대법원 1995.2.24. 94도252
④ 대법원 2011.3.10. 2008도7724

11

답 ④

┃정답해설┃

④ 본래 범의를 가지지 아니한 자에 대하여 수사기관이 사술이나 계략 등을 써서 범의를 유발케 하여 범죄인을 검거하는 함정수사는 위법함을 면할 수 없고, 이러한 함정수사에 기한 공소제기는 그 절차가 법률의 규정에 위반하여 무효인 때에 해당한다 할 것이지만, 범의를 가진 자에 대하여 단순히 범행의 기회를 제공하는 것에 불과한 경우에는 위법한 함정수사라고 단정할 수 없다(대법원 2007.5.31. 2007도1903).

┃오답해설┃

① 대법원 2007.7.26. 2007도4532
② 대법원 2007.6.29. 2007도3164
③ 대법원 2007.7.12. 2006도2339

12

답 ③

┃정답해설┃

③ 법원은 피고인의 질병 등으로 공판절차가 장기간 정지되거나 피고인에 대한 구속기간의 만료, 성폭력범죄 피해자의 보호, 그 밖에 심리의 제반 사정에 비추어 국민참여재판을 계속 진행하는 것이 부적절하다고 인정하는 경우에는 직권 또는 검사·피고인·변호인이나 성폭력범죄 피해자 또는 법정대리인의 신청에 따라 결정으로 사건을 지방법원 본원 합의부가 국민참여재판에 의하지 아니하고 심판하게 할 수 있으며 이 결정에 대해서는 불복할 수 없다(국민의 형사재판 참여에 관한 법률 제11조).

┃오답해설┃

① 국민의 형사재판 참여에 관한 법률 제7조
② 국민의 형사재판 참여에 관한 법률 제9조 제2항
④ 국민의 형사재판 참여에 관한 법률 제46조 제3항

13

답 ②

┃정답해설┃

② 구속 전 피의자심문제도(제201조의2)를 두고 있을 뿐 체포 전 피의자심문제도는 두고 있지 않다.

┃오답해설┃

① 제200조의2 제1항 단서
③ 제200조의2 제5항
④ 제200조의6, 제85조 제3항·제4항

14 답 ②

정답해설

ⓛ (×) 검사의 불기소처분에는 확정재판에 있어서의 확정력과 같은 효력이 없어 일단 불기소처분을 한 후에도 공소시효가 완성되기 전이면 언제라도 공소를 제기할 수 있으므로, 세무공무원 등의 고발이 있어야 공소를 제기할 수 있는 조세범처벌법 위반죄에 관하여 일단 불기소처분이 있었더라도 세무공무원 등이 종전에 한 고발은 여전히 유효하다. 따라서 나중에 공소를 제기함에 있어 세무공무원 등의 새로운 고발이 있어야 하는 것은 아니다(대법원 2009.10.29. 2009도6614).

ⓔ (×) 형사소송법이 고소와 고소취소에 관한 규정을 하면서 제232조 제1항, 제2항에서 고소취소의 시한과 재고소의 금지를 규정하고 제3항에서는 반의사불벌죄에 제1항, 제2항의 규정을 준용하는 규정을 두면서도, 제233조에서 고소와 고소취소의 불가분에 관한 규정을 함에 있어서는 반의사불벌죄에 이를 준용하는 규정을 두지 아니한 것은 처벌을 희망하지 아니하는 의사표시나 처벌을 희망하는 의사표시의 철회에 관하여 친고죄와는 달리 공범자간에 불가분의 원칙을 적용하지 아니하고자 함에 있다고 볼 것이지, 입법의 불비로 볼 것은 아니다(대법원 1994.4.26. 93도1689).

오답해설

⊙ (○) 성폭력범죄의 처벌 등에 관한 특례법 제27조 제5항

> **제27조(성폭력범죄 피해자에 대한 변호사 선임의 특례)**
> ⑤ 제1항에 따른 변호사는 형사절차에서 피해자등의 대리가 허용될 수 있는 모든 소송행위에 대한 포괄적인 대리권을 가진다.

ⓒ (○) 고발은 범죄사실에 대한 소추를 요구하는 의사표시로서 그 효력은 고발장에 기재된 범죄사실과 동일성이 인정되는 사실 모두에 미치므로, 조세범 처벌절차법에 따라 범칙사건에 대한 고발이 있는 경우 고발의 효력은 범칙사건에 관련된 범칙사실의 전부에 미치고 한 개의 범칙사실의 일부에 대한 고발은 전부에 대하여 효력이 생긴다. 그러나 수 개의 범칙사실 중 일부만을 범칙사건으로 하는 고발이 있는 경우 고발장에 기재된 범칙사실과 동일성이 인정되지 않는 다른 범칙사실에 대해서까지 고발의 효력이 미칠 수는 없다(대법원 2014.10.15. 2013도5650).

15 답 ①

정답해설

ⓛ (×) 임의동행은 경찰관 직무집행법 제3조 제2항에 따른 행정경찰 목적의 경찰활동으로 행하여지는 것 외에도 형사소송법 제99조 제1항에 따라 범죄 수사를 위하여 오로지 피의자의 자발적인 의사에 의하여 이루어진 경우에도 가능하다(대법원 2020.5.14. 2020도398). 전자인 경찰관 직무집행법 제3조에 따른 임의동행은 행정경찰상의 처분이고 후자인 범죄수사목적의 임의동행은 임의수사라는 견해와 경찰관 직무집행법 제3조의 동행요구에는 보안경찰작용으로서의 동행요구와 범죄수사작용으로서의 동행요구로 나누어진다고 보는 견해가 대립한다.

ⓜ (×) 경찰관은 불심검문에서 질문을 하거나 동행을 요구할 경우 자신의 신분을 표시하는 증표를 제시하면서 소속과 성명을 밝히고 질문이나 동행의 목적과 이유를 설명하여야 하며 동행을 요구하는 경우에는 동행, 장소를 밝혀야 한다(경찰관직무집행법 제3조 제4항).

오답해설

⊙ (○) 대법원 2014.2.27. 2011도13999

ⓒ (○) 대법원 2014.12.11. 2014도7976

ⓔ (○) 대법원 2012.9.13. 2010도6203

16 답 ④

정답해설

④ 구 컴퓨터프로그램 보호법(2009.4.22. 법률 제9625호 저작권법 부칙 제2조로 폐지, 이하 같다) 제48조는 '프로그램저작권자 또는 프로그램 배타적 발행권자' 등의 고소가 있어야 공소를 제기할 수 있다고 규정하고 있는데, 프로그램저작권이 명의신탁된 경우 대외적인 관계에서는 명의수탁자만이 프로그램저작권자이므로 제3자의 침해행위에 대한 구 컴퓨터프로그램 보호법 제48조에서 정한 고소 역시 명의수탁자만이 할 수 있다(대법원 2013.3.28. 2010도8467).

오답해설

① 대법원 1999.2.9. 98도2074

② 대법원 2018.6.28. 2014도13504

③ 대법원 2005.1.14. 2002도5411

17

┃정답해설┃

③ 피해자가 피고인을 고소한 사건에서 법원으로부터 증인으로 출석하라는 소환장을 받은 피해자가 자신에 대한 증인소환을 연기해 달라고 하거나 기일변경신청을 하고 출석을 하지 않는 것만으로는 피해자의 처벌불원의 의사표시로 볼 수 없다(대법원 2001.6.15. 2001도1809).

┃오답해설┃

① 제237조

② 피해자가 제1심 법정에서 피고인들에 대한 처벌희망 의사표시를 철회할 당시 비록 14세 10개월의 어린 나이였다고는 하나, 피해자의 의사표시가 당해 사건 범행의 의미, 본인이 피해를 당한 정황, 자신이 하는 처벌희망 의사표시 철회의 의미 및 효과 등을 충분히 이해하고 분별할 수 있는 등 의사능력이 있는 상태에서 행해졌다면 법정대리인의 동의가 없었더라도 그 철회의 의사표시는 유효하다는 이유로, 피고인들에 대한 공소사실 중 청소년의 성보호에 관한 법률 위반의 점의 공소를 기각한 원심의 판단을 수긍한 사례(대법원 2009.11.19. 2009도6058 전원합의체).

④ 대법원 2001.12.14. 2001도4283

18

┃정답해설┃

② 피의자신문조서는 피의자에게 열람하게 하거나 읽어 들려주어야 하며, 진술한 대로 기재되지 아니하였거나 사실과 다른 부분의 유무를 물어 피의자가 증감 또는 변경의 청구 등 이의를 제기하거나 의견을 진술한 때에는 이를 조서에 추가로 기재하여야 한다. 이 경우 피의자가 이의를 제기하였던 부분은 읽을 수 있도록 남겨두어야 한다(제244조 제2항).

┃오답해설┃

① 불구속 피의자나 피고인의 경우 형사소송법상 특별한 명문의 규정이 없더라도 스스로 선임한 변호인의 조력을 받기 위하여 변호인을 옆에 두고 조언과 상담을 구하는 것은 수사절차의 개시에서부터 재판절차의 종료에 이르기까지 언제나 가능하다. 따라서 불구속 피의자가 피의자신문시 변호인을 대동하여 신문과정에서 조언과 상담을 구하는 것은 신문과정에서 필요할 때마다 퇴거하여 변호인으로부터 조언과 상담을 구하는 번거로움을 피하기 위한 것으로서 불구속 피의자가 피의자신문장소를 이탈하여 변호인의 조언과 상담을 구하는 것과 본질적으로 아무런 차이가 없다. 형사소송법 제243조는 피의자신문시 의무적으로 참여하여야 하는 자를 규정하고 있을 뿐 적극적으로 위 조항에서 규정한 자 이외의 자의 참여나 입회를 배제하고 있는 것은 아니다. 따라서 불구속 피의자가 피의자신문시 변호인의 조언과 상담을 원한다면, 위법한 조력의 우려가 있어 이를 제한하는 다른 규정이 있고 그가 이에 해당한다고 하지 않는 한 수사기관은 피의자의 위 요구를 거절할 수 없다(헌재 2004.9.23. 2000헌마138).

③ 제243조의2 제5항

④ 제244조의4 제1항

19

┃정답해설┃

④ 동석한 자는 법원·소송관계인의 신문 또는 증인의 진술을 방해하거나 그 진술의 내용에 부당한 영향을 미칠 수 있는 행위를 하여서는 아니 된다(제163조의2 제3항). 재판장은 법 제163조의2 제1항 또는 제2항에 따라 동석한 자가 부당하게 재판의 진행을 방해하는 때에는 동석을 중지시킬 수 있다(규칙 제84조의3 제3항).

법 제163조의2(신뢰관계에 있는 자의 동석)
① 법원은 범죄로 인한 피해자를 증인으로 신문하는 경우 증인의 연령, 심신의 상태, 그 밖의 사정을 고려하여 증인이 현저하게 불안 또는 긴장을 느낄 우려가 있다고 인정하는 때에는 직권 또는 피해자·법정대리인·검사의 신청에 따라 피해자와 신뢰관계에 있는 자를 동석하게 할 수 있다.
② 법원은 범죄로 인한 피해자가 13세 미만이거나 신체적 또는 정신적 장애로 사물을 변별하거나 의사를 결정할 능력이 미약한 경우에 재판에 지장을 초래할 우려가 있는 등 부득이한 경우가 아닌 한 피해자와 신뢰관계에 있는 자를 동석하게 하여야 한다.
③ 제1항 또는 제2항에 따라 동석한 자는 법원·소송관계인의 신문 또는 증인의 진술을 방해하거나 그 진술의 내용에 부당한 영향을 미칠 수 있는 행위를 하여서는 아니 된다.
④ 제1항 또는 제2항에 따라 동석할 수 있는 신뢰관계에 있는 자의 범위, 동석의 절차 및 방법 등에 관하여 필요한 사항은 대법원규칙으로 정한다.

규칙 제84조의3(신뢰관계에 있는 사람의 동석)

① 법 제163조의2에 따라 피해자와 동석할 수 있는 신뢰관계에 있는 사람은 피해자의 배우자, 직계친족, 형제자매, 가족, 동거인, 고용주, 변호사, 그 밖에 피해자의 심리적 안정과 원활한 의사소통에 도움을 줄 수 있는 사람을 말한다.

② 법 제163조의2 제항에 따른 동석 신청에는 동석하고자 하는 자와 피해자 사이의 관계, 동석이 필요한 사유 등을 명시하여야 한다.

③ 재판장은 법 제163조의2 제1항 또는 제2항에 따라 동석한 자가 부당하게 재판의 진행을 방해하는 때에는 동석을 중지시킬 수 있다.

▋오답해설▋

① 제163조의2 제1항
② 제163조의2 제2항
③ 규칙 제84조의3 제1항

20

답 ④

▋정답해설▋

④ 아동·청소년대상 성범죄 피해자 진술을 영상녹화하는 경우 영상물 녹화는 피해자 또는 법정대리인이 이를 원하지 아니하는 의사를 표시한 때에는 촬영을 하여서는 아니 된다. 다만, 가해자가 친권자 중 일방인 경우는 그러하지 아니하다(아동·청소년의 성보호에 관한 법률 제26조 제2항).

▋오답해설▋

① 제244조의2 제1항
② 제244조의2 제2항
③ 규칙 제134조의3 제2항

21

답 ④

▋정답해설▋

④ 경찰관직무집행법상 정신착란자, 주취자, 자살기도자 등 응급의 구호를 요하는 자를 24시간을 초과하지 아니하는 범위내에서 경찰관서에 보호조치할 수 있는 시설로 제한적으로 운영되는 경우를 제외하고는 구속영장을 발부받음이 없이 피의자를 보호실에 유치함은 영장주의에 위배되는 위법한 구금으로서 적법한 공무수행이라고 볼 수 없다(대법원 1994.3.11. 93도958).

▋오답해설▋

① 제308조의2

제308조의2(위법수집증거의 배제)
적법한 절차에 따르지 아니하고 수집한 증거는 증거로 할 수 없다.

② 제199조 제1항

제199조(수사와 필요한 조사)
① 수사에 관하여는 그 목적을 달성하기 위하여 필요한 조사를 할 수 있다. 다만, 강제처분은 이 법률에 특별한 규정이 있는 경우에 한하며, 필요한 최소한도의 범위 안에서만 하여야 한다.

③ 거짓말탐지기의 검사는 그 기구의 성능, 조작기술 등에 있어 신뢰도가 극히 높다고 인정되고 그 검사자가 적격자이며, 검사를 받는 사람이 검사를 받음에 동의하였으며 검사서가 검사자 자신이 실시한 검사의 방법, 경과 및 그 결과를 충실하게 기재하였다는 등의 전제조건이 증거에 의하여 확인되었을 경우에만 형사소송법 제313조 제2항에 의하여 이를 증거로 할 수 있는 것이고 위와 같은 조건이 모두 충족되어 증거능력이 있는 경우에도 그 검사결과는 검사를 받는 사람의 진술의 신빙성을 가늠하는 정황증거로서의 기능을 하는데 그치는 것이다(대법원 1987.7.21. 87도968).

22

답 ④

┃정답해설┃

④ 통신비밀보호법상 패킷감청으로 취득한 자료의 관리에 관한 절차 통신비밀보호법 제12조의2 위반에 대해서는 벌칙 조항이 따로 없다.

┃오답해설┃

① "인터넷회선감청 패킷감청을 가능하게 하는 통신비밀보호법 제5조 제2항 중 인터넷회선을 통하여 송·수신하는 전기통신에 관한 부분은 이에 대한 법적 통제수단이 미비하여 개인의 통신 및 사생활 비밀의 자유를 침해하므로 헌법에 합치되지 아니한다(헌법재판소 2018.8.30. 2016헌마263, 전원재판부)"는 헌법재판소의 헌법불합치 결정이 나왔으며 그 후 통신비밀보호법 제12조의2가 신설되어 위헌성이 해소되었고 따라서 현재 패킷감청에 의한 통신제한 조치는 허용된다.

② 사법경찰관은 인터넷 회선을 통하여 송신·수신하는 전기통신을 대상으로 제6조 또는 제8조(제5조 제1항의 요건에 해당하는 사람에 대한 긴급통신제한조치에 한정한다)에 따른 통신제한조치를 집행한 경우 그 전기통신의 보관 등을 하고자 하는 때에는 집행종료일부터 14일 이내에 보관 등이 필요한 전기통신을 선별하여 검사에게 보관 등의 승인을 신청하고, 검사는 신청일부터 7일 이내에 통신제한조치를 허가한 법원에 그 승인을 청구할 수 있다(통신비밀보호법 제12조의2 제2항).

③ 검사 또는 사법경찰관은 제5항에 따라 통신제한조치로 취득한 전기통신을 폐기한 때에는 폐기의 이유와 범위 및 일시 등을 기재한 폐기결과보고서를 작성하여 피의자의 수사기록 또는 피내사자의 내사사건기록에 첨부하고, 폐기일부터 7일 이내에 통신제한조치를 허가한 법원에 송부하여야 한다(통신비밀보호법 제12조의2 제6항).

23

답 ②

┃정답해설┃

② 통신비밀보호법 제8조 제3항

제8조(긴급통신제한조치)
③ 사법경찰관이 긴급통신제한조치를 할 경우에는 미리 검사의 지휘를 받아야 한다. 다만, 특히 급속을 요하여 미리 지휘를 받을 수 없는 사유가 있는 경우에는 긴급통신제한조치의 집행착수 후 지체없이 검사의 승인을 얻어야 한다.

┃오답해설┃

① '전기통신의 감청'은 '감청'의 개념 규정에 비추어 전기통신이 이루어지고 있는 상황에서 실시간으로 전기통신의 내용을 지득·채록하는 경우와 통신의 송·수신을 직접적으로 방해하는 경우를 의미하는 것이지, 이미 수신이 완료된 전기통신에 관하여 남아 있는 기록이나 내용을 열어보는 등의 행위는 포함하지 않는다(대법원 2016.10.13. 2016도8137).

③ 형법상 절도죄, 강도죄, 공갈죄는 통신비밀보호법상 범죄수사를 위한 통신제한조치가 가능한 범죄이나, 사기죄는 가능한 범죄가 아니다(통신비밀보호법 제5조 제1항).

④ 제3자의 경우는 설령 전화통화 당사자 일방의 동의를 받고 그 통화 내용을 녹음하였다 하더라도 그 상대방의 동의가 없었던 이상, 이는 여기의 감청에 해당하여 법 제3조 제1항 위반이 되고, 이와 같이 법 제3조 제1항에 위반한 불법감청에 의하여 녹음된 전화통화의 내용은 법 제4조에 의하여 증거능력이 없다. 그리고 사생활 및 통신의 불가침을 국민의 기본권의 하나로 선언하고 있는 헌법규정과 통신비밀의 보호와 통신의 자유 신장을 목적으로 제정된 통신비밀보호법의 취지에 비추어 볼 때 피고인이나 변호인이 이를 증거로 함에 동의하였다고 하더라도 달리 볼 것은 아니다(대법원 2010.10.14. 2010도9016).

24

답 ③

┃정답해설┃

③ 현행범을 체포한 경찰관의 진술이라 하더라도 범행을 목격한 부분에 관하여는 여느 목격자의 진술과 다름없이 증거능력이 있다(대법원 1995.5.9. 95도535).

┃오답해설┃

① 현행범인은 누구든지 영장 없이 체포할 수 있는데(제212조), 현행범인으로 체포하기 위하여는 행위의 가벌성, 범죄의 현행성·시간적 접착성, 범인·범죄의 명백성 이외에 체포의 필요성 즉, 도망 또는 증거인멸의 염려가 있어야 하고, 이러한 요건을 갖추지 못한 현행범인 체포는 법적 근거에 의하지 아니한 영장 없는 체포로서 위법한 체포에 해당한다(대법원 2011.5.26. 2011도3682).

② 음주운전을 종료한 후 40분 이상이 경과한 시점에서 길가에 앉아 있던 운전자를 술냄새가 난다는 점만을 근거로 음주운전의 현행범으로 체포한 것은 적법한 공무집행으로 볼 수 없다(대법원 2007.4.13. 2007도1249).

④ 검사 등이 아닌 이에 의하여 현행범인이 체포된 후 불필요한 지체 없이 검사 등에게 인도된 경우 구속영장의 청구기간인 48시간의 기산점은 체포시가 아니라 검사 등이 현행범인을 인도받은 때라고 할 것이다(대법원 2011.12.22. 2011도12927).

25 답 ③

┃정답해설┃

③ 긴급체포의 요건을 갖추었는지 여부는 사후에 밝혀진 사정을 기초로 판단하는 것이 아니라 체포 당시의 상황을 기초로 판단하여야 하고, 이에 관한 검사나 사법경찰관 등 수사주체의 판단에는 상당한 재량의 여지가 있다(대법원 2002.6.11. 2000도5701).

┃오답해설┃

① 제200조의4 제3항
② 제200조의3 제2항, 제3항
④ 제203조의21

26 답 ①

┃정답해설┃

① 형사소송법 제101조 제4항에 따라 구속영장의 집행이 정지된 국회의원의 경우 그 집행정지는 그 회기 중 취소하지 못한다(제102조 제2항 등).

제101조(구속의 집행정지)
④ 헌법 제44조에 의하여 구속된 국회의원에 대한 석방요구가 있으면 당연히 구속영장의 집행이 정지된다.

제102조(보석조건의 변경과 취소 등)
② 법원은 피고인이 다음 각 호의 어느 하나에 해당하는 경우에는 직권 또는 검사의 청구에 따라 결정으로 보석 또는 구속의 집행정지를 취소할 수 있다. 다만, 제101조 제4항에 따른 구속영장의 집행정지는 그 회기 중 취소하지 못한다.
1. 도망한 때
2. 도망하거나 죄증을 인멸할 염려가 있다고 믿을 만한 충분한 이유가 있는 때
3. 소환을 받고 정당한 사유 없이 출석하지 아니한 때
4. 피해자, 당해 사건의 재판에 필요한 사실을 알고 있다고 인정되는 자 또는 그 친족의 생명·신체·재산에 해를 가하거나 가할 염려가 있다고 믿을 만한 충분한 이유가 있는 때
5. 법원이 정한 조건을 위반한 때

┃오답해설┃

② 제204조
③ 제93조
④ 제101조 제1항, 제2항

27 답 ③

┃정답해설┃

③ 범죄를 실행 중이거나 실행 직후의 현행범인은 누구든지 영장 없이 체포할 수 있고(형사소송법 제212조), 검사 또는 사법경찰관은 피의자 등이 유류한 물건이나 소유자·소지자 또는 보관자가 임의로 제출한 물건은 영장 없이 압수할 수 있으므로(제218조), 현행범 체포현장이나 범죄 현장에서도 소지자 등이 임의로 제출하는 물건은 형사소송법 제218조에 의하여 영장 없이 압수하는 것이 허용되고, 이 경우 검사나 사법경찰관은 별도로 사후에 영장을 받을 필요가 없다(대법원 2019.11.14. 2019도13290).

┃오답해설┃

① 형사소송법 및 기타 법령상 의료인이 진료 목적으로 채혈한 혈액을 수사기관이 수사 목적으로 압수하는 절차에 관하여 특별한 절차적 제한을 두고 있지 않으므로, 의료인이 진료 목적으로 채혈한 환자의 혈액을 수사기관에 임의로 제출하였다면 그 혈액의 증거사용에 대하여도 환자의 사생활의 비밀 기타 인격적 법익이 침해되는 등의 특별한 사정이 없는 한 반드시 그 환자의 동의를 받아야 하는 것이 아니고, 따라서 경찰관이 간호사로부터 진료 목적으로 이미 채혈되어 있던 피고인의 혈액 중 일부를 주취운전 여부에 대한 감정을 목적으로 임의로 제출 받아 이를 압수한 경우, 당시 간호사가 위 혈액의 소지자 겸 보관자인 병원 또는 담당의사를 대리하여 혈액을 경찰관에게 임의로 제출할 수 있는 권한이 없었다고 볼 특별한 사정이 없는 이상, 그 압수절차가 피고인 또는 피고인의 가족의 동의 및 영장 없이 행하여졌다고 하더라도 이에 적법절차를 위반한 위법이 있다고 할 수 없다(대법원 1999.9.3. 98도968).

② 이와 같이 범행 현장에서 지문채취 대상물에 대한 지문채취가 먼저 이루어진 이상, 수사기관이 그 이후에 지문채취 대상물을 적법한 절차에 의하지 아니한 채 압수하였다고 하더라도 위와 같이 채취된 지문은 위법하게 압수한 지문채취 대상물로부터 획득한 2차적 증거에 해당하지 아니함이 분명하여, 이를 가리켜 위법수집증거라고 할 수 없다(대법원 2008.10.23. 2008도7471).

④ 형사소송법 제218조는 "사법경찰관은 소유자, 소지자 또는 보관자가 임의로 제출한 물건을 영장없이 압수할 수 있다"고 규정하고 있는바, 위 규정을 위반하여 소유자, 소지자 또는 보관자가 아닌 자로부터 제출받은 물건을 영장없이 압수한 경우 그 '압수물' 및 '압수물을 찍은 사진'은 이를 유죄 인정의 증거로 사용할 수 없는 것이고, 헌법과 형사소송법이 선언한 영장주의의 중요성에 비추어 볼 때 피고인이나 변호인이 이를 증거로 함에 동의하였다고 하더라도 달리 볼 것은 아니다(대법원 2010.1.28. 2009도10092).

④ 제125조, 제126조

제125조(야간집행의 제한)
일출 전, 일몰 후에는 압수·수색영장에 야간집행을 할 수 있는 기재가 없으면 그 영장을 집행하기 위하여 타인의 주거, 간수자 있는 가옥, 건조물, 항공기 또는 선차 내에 들어가지 못한다.

제126조(야간집행제한의 예외)
다음 장소에서 압수·수색영장을 집행함에는 전조의 제한을 받지 아니한다.
1. 도박 기타 풍속을 해하는 행위에 상용된다고 인정하는 장소
2. 여관, 음식점 기타 야간에 공중이 출입할 수 있는 장소. 단, 공개한 시간 내에 한한다.

28 답 ①

▎정답해설▎

① 형사소송법 제215조에 의한 압수·수색영장은 수사기관의 압수·수색에 대한 허가장으로서 거기에 기재되는 유효기간은 집행에 착수할 수 있는 종기(終期)를 의미하는 것일 뿐이므로, 수사기관이 압수·수색영장을 제시하고 집행에 착수하여 압수·수색을 실시하고 그 집행을 종료하였다면 이미 그 영장은 목적을 달성하여 효력이 상실되는 것이고, 동일한 장소 또는 목적물에 대하여 다시 압수·수색할 필요가 있는 경우라면 그 필요성을 소명하여 법원으로부터 새로운 압수·수색영장을 발부 받아야 하는 것이지, 앞서 발부 받은 압수·수색영장의 유효기간이 남아있다고 하여 이를 제시하고 다시 압수·수색을 할 수는 없다(대법원 1999.12.1. 99모161).

▎오답해설▎

② 제119조 제1항, 제2항

③ 형사소송법 제219조가 준용하는 제118조는 "압수·수색영장은 처분을 받는 자에게 반드시 제시하여야 한다."고 규정하고 있으나, 이는 영장제시가 현실적으로 가능한 상황을 전제로 한 규정으로 보아야 하고, 피처분자가 현장에 없거나 현장에서 그를 발견할 수 없는 경우 등 영장제시가 현실적으로 불가능한 경우에는 영장을 제시하지 아니한 채 압수·수색을 하더라도 위법하다고 볼 수 없다(대법원 2015.1.22. 2014도10978, 전원합의체).

29 답 ③

▎정답해설▎

③ 전자정보에 대한 압수·수색영장을 집행할 때에는 원칙적으로 영장 발부의 사유인 혐의사실과 관련된 부분만을 문서 출력물로 수집하거나 수사기관이 휴대한 저장매체에 해당 파일을 복사하는 방식으로 이루어져야 한다(대법원 2011.5.26. 2009모1190).

▎오답해설▎

① 전자정보에 대한 압수·수색에 있어 저장매체 자체를 외부로 반출하거나 하드카피·이미징 등의 형태로 복제본을 만들어 외부에서 저장매체나 복제본에 대하여 압수·수색이 허용되는 예외적인 경우에도 혐의사실과 관련된 전자정보 이외에 이와 무관한 전자정보를 탐색·복제·출력하는 것은 원칙적으로 위법한 압수·수색에 해당하므로 허용될 수 없다. 그러나 전자정보에 대한 압수·수색이 종료되기 전에 혐의사실과 관련된 전자정보를 적법하게 탐색하는 과정에서 별도의 범죄혐의와 관련된 전자정보를 우연히 발견한 경우라면, 수사기관은 더 이상의 추가 탐색을 중단하고 법원에서 별도의 범죄혐의에 대한 압수·수색영장을 발부받은 경우에 한하여 그러한 정보에 대하여도 적법하게 압수·수색을 할 수 있다(대법원 2015.7.16. 2011모1839, 전원합의체).

② 저장매체에 대한 압수·수색 과정에서 범위를 정하여 출력 또는 복제하는 방법이 불가능하거나 압수의 목적을 달성하기에 현저히 곤란한 예외적인 사정이 인정되어 전자정보가 담긴 저장매체 또는 하드카피나 이미징 등 형태

(이하 '복제본'이라 한다)를 수사기관 사무실 등으로 옮겨 복제·탐색·출력하는 경우에도, 그와 같은 일련의 과정에서 형사소송법 제219조, 제121조에서 규정하는 피압수·수색 당사자(이하 '피압수자'라 한다)나 변호인에게 참여의 기회를 보장하고 혐의사실과 무관한 전자정보의 임의적인 복제 등을 막기 위한 적절한 조치를 취하는 등 영장주의 원칙과 적법절차를 준수하여야 한다(대법원 2015.7.16. 2011모1839, 전원합의체).

④ 전자정보에 대한 압수·수색영장을 집행할 때에는 원칙적으로 영장 발부의 사유인 혐의사실과 관련된 부분만을 문서 출력물로 수집하거나 수사기관이 휴대한 저장매체에 해당 파일을 복사하는 방식으로 이루어져야 하고, 집행현장 사정상 위와 같은 방식에 의한 집행이 불가능하거나 현저히 곤란한 부득이한 사정이 존재하더라도 저장매체 자체를 직접 혹은 하드카피나 이미징 등 형태로 수사기관 사무실 등 외부로 반출하여 해당 파일을 압수·수색할 수 있도록 영장에 기재되어 있고 실제 그와 같은 사정이 발생한 때에 한하여 위 방법이 예외적으로 허용될 수 있을 뿐이다(대법원 2011.5.26. 2009모1190).

30 답 ②

┃정답해설┃

② 검사작성의 피고인에 대한 진술조서가 공소제기 후에 작성된 것이라는 이유만으로는 곧 그 증거능력이 없다고 할 수 없다(대법원 1984.9.25. 84도1646).

┃오답해설┃

① 법원에 공소가 제기된 이후 피고인의 구속에 관한 권한은 오직 법관에게 있을 뿐 검사에게는 피의자를 구속하기 위한 검사의 구속영장청구권과 유사한 권한마저도 없으며, 법원의 재판절차에 흡수되어 구속불구속심리의 구체적인 사법적 심사를 받게 되므로, 검사의 불구속 공소제기는 헌법소원심사의 대상이 될 수 없다(헌법재판소 1996. 11.28. 96헌마256, 전원재판부).

③ 제216조 제2항

④ 대법원 2011.4.28. 2009도10412

31 답 ②

┃정답해설┃

② 피고인이 범행 후 피해자에게 전화를 걸어오자 피해자가 증거를 수집하려고 그 전화내용을 녹음한 경우, 그 녹음테이프가 피고인 모르게 녹음된 것이라 하여 이를 위법하게 수집된 증거라고 할 수 없다(대법원 1997.3.28. 97도240).

┃오답해설┃

① 국민의 인간으로서의 존엄과 가치를 보장하는 것은 국가기관의 기본적인 의무에 속하는 것이고 이는 형사절차에서도 당연히 구현되어야 하는 것이지만, 국민의 사생활 영역에 관계된 모든 증거의 제출이 곧바로 금지되는 것으로 볼 수는 없으므로, 법원으로서는 효과적인 형사소추 및 형사소송에서의 진실발견이라는 공익과 개인의 인격적 이익 등의 보호이익을 비교형량하여 그 허용 여부를 결정하여야 한다(대법원 2010.9.9. 2008도3990). 위 판례에서 보듯이 판례는 위법수집증거의 적용에 대해 수사기관의 위법수집증거보다 다소 완화된 입장을 보이나 사인에 의한 권리침해에 대해서도 침해되는 이익과 보호되는 이익의 비교형량을 통해서 그 적용여부를 판단해야 할 것으로 보인다.

③ 사문서위조·위조사문서행사 및 소송사기로 이어지는 일련의 범행에 대하여 피고인을 형사소추하기 위해서는 이 사건 업무일지가 반드시 필요한 증거로 보이므로, 설령 그것이 제3자에 의하여 절취된 것으로서 위 소송사기 등의 피해자측이 이를 수사기관에 증거자료로 제출하기 위하여 대가를 지급하였다 하더라도, 공익의 실현을 위하여는 이 사건 업무일지를 범죄의 증거로 제출하는 것이 허용되어야 하고, 이로 말미암아 피고인의 사생활 영역을 침해하는 결과가 초래된다 하더라도 이는 피고인이 수인하여야 할 기본권의 제한에 해당된다. 따라서 원심이 이 사건 업무일지가 증거능력이 있는 것이라는 전제에서 이를 사실인정의 자료로 삼은 조치는 옳다(대법원 2008.6.26. 2008도1584).

④ 제3자의 경우는 설령 전화통화 당사자 일방의 동의를 받고 그 통화 내용을 녹음하였다 하더라도 그 상대방의 동의가 없었던 이상, 이는 여기의 감청에 해당하여 통신비밀보호법 제3조 제1항 위반이 되고, 이와 같이 제3조 제1항을 위반한 불법감청에 의하여 녹음된 전화통화의 내용은 제4조에 의하여 증거능력이 없다. 그리고 사생활 및 통신의 불가침을 국민의 기본권의 하나로 선언하고 있는 헌법규정과 통신비밀의 보호와 통신의 자유 신장을 목적으로 제정된 통신비밀보호법의 취지에 비추어 볼 때 피고인이나 변호인이 이를 증거로 함에 동의하였다고 하더라도 달리 볼 것은 아니다(대법원 2019.3.14. 2015도1900).

32 답②

정답해설

② 살인죄 등과 같이 법정형이 무거운 범죄의 경우에도 직접증거 없이 간접증거만에 의하여 유죄를 인정할 수 있고 피해자의 시체가 발견되지 아니하였더라도 간접증거를 상호 관련하에서 종합적으로 고찰하여 살인죄의 공소사실을 인정할 수 있다 할 것이다(대법원 2008.3.13. 2007도10754).

오답해설

① 범죄사실의 증명은 반드시 직접증거만으로 이루어져야 하는 것은 아니고 논리와 경험칙에 합치되는 한 간접증거로도 할 수 있으며, 간접증거가 개별적으로는 범죄사실에 대한 완전한 증명력을 가지지 못하더라도 전체 증거를 상호 관련하에 종합적으로 고찰할 경우 그 단독으로는 가지지 못하는 종합적 증명력이 있는 것으로 판단되면 그에 의하여도 범죄사실을 인정할 수가 있다(대법원 1998.11.13. 96도1783).

③ 상해죄의 피해자가 제출하는 상해진단서는 일반적으로 의사가 당해 피해자의 진술을 토대로 상해의 원인을 파악한 후 의학적 전문지식을 동원하여 관찰·판단한 상해의 부위와 정도 등을 기재한 것으로서 거기에 기재된 상해가 곧 피고인의 범죄행위로 인하여 발생한 것이라는 사실을 직접 증명하는 증거가 되기에 부족하다(대법원 2011.1.27. 2010도12728).

④ 증거능력은 증거가 엄격한 증명의 자료로 사용될 수 있는 법률상의 자격을 말하고, 이는 법률에 의해 형식적·객관적으로 결정되어 있다. 이에 반해 증명력은 요증사실을 증명하는 증거의 힘, 증거의 실질적 가치를 말하며, 이는 법관의 자유심증에 의해 결정된다.

33 답②

정답해설

② 피고인이 운전 중 교통사고를 내고 의식을 잃은 채 병원 응급실로 호송되자, 출동한 경찰관이 영장 없이 의사로 하여금 채혈을 하도록 한 사안에서, 위 혈액을 이용한 혈중알콜농도에 관한 감정서 등의 증거능력을 부정하여 피고인에 대한 구 도로교통법 위반(음주운전)의 공소사실을 무죄로 판단한 원심판결을 수긍한 사례(대법원 2011.4.28. 2009도2109).

오답해설

① 제308조의2

> **제308조의2(위법수집증거의 배제)**
> 적법한 절차에 따르지 아니하고 수집한 증거는 증거로 할 수 없다.

③ 형사소송법 제216조 제1항 제2호, 제217조 제2항, 제3항은 사법경찰관은 형사소송법 제200조의3(긴급체포)의 규정에 의하여 피의자를 체포하는 경우에 필요한 때에는 영장 없이 체포현장에서 압수·수색을 할 수 있고, 압수한 물건을 계속 압수할 필요가 있는 경우에는 지체 없이 압수수색영장을 청구하여야 하며, 청구한 압수수색영장을 발부받지 못한 때에는 압수한 물건을 즉시 반환하여야 한다고 규정하고 있는바, 형사소송법 제217조 제2항, 제3항에 위반하여 압수수색영장을 청구하여 이를 발부받지 아니하고도 즉시 반환하지 아니한 압수물은 이를 유죄 인정의 증거로 사용할 수 없는 것이고, 헌법과 형사소송법이 선언한 영장주의의 중요성에 비추어 볼 때 피고인이나 변호인이 이를 증거로 함에 동의하였다고 하더라도 달리 볼 것은 아니다(대법원 2009.12.24. 2009도11401).

④ 헌법과 형사소송법이 정한 절차에 따르지 아니하고 수집된 증거는 기본적 인권 보장을 위해 마련된 적법한 절차에 따르지 않은 것으로서 원칙적으로 유죄 인정의 증거로 삼을 수 없다 할 것이다. 이와 달리, 압수물은 그 압수절차가 위법이라 하더라도 물건 자체의 성질, 형상에 변경을 가져오는 것은 아니므로 그 형상 등에 관한 증거가치에는 변함이 없다 할 것이므로 증거능력이 있다는 취지로 판시한 대법원 68도932 판결 등은 이 판결의 견해에 배치되는 범위 안에서 이를 변경하기로 한다(대법원 2007.11.15. 2007도3061, 전원합의체).

34

┃정답해설┃

④ 피고인 또는 피고인 아닌 사람이 컴퓨터용디스크 그 밖에 이와 비슷한 정보저장매체에 입력하여 기억된 문자정보 또는 그 출력물을 증거로 사용하는 경우, 이는 실질에 있어서 피고인 또는 피고인 아닌 사람이 작성한 진술서나 그 진술을 기재한 서류와 크게 다를 바 없고, 압수 후의 보관 및 출력과정에 조작의 가능성이 있으며, 기본적으로 반대신문의 기회가 보장되지 않는 점 등에 비추어 그 내용의 진실성에 관하여는 전문법칙이 적용되고, 따라서 원칙적으로 형사소송법 제313조 제1항에 의하여 작성자 또는 진술자의 진술에 의하여 성립의 진정함이 증명된 때에 한하여 이를 증거로 사용할 수 있다. 다만 정보저장매체에 기억된 문자정보의 내용의 진실성이 아닌 그와 같은 내용의 문자정보의 존재 자체가 직접 증거로 되는 경우에는 전문법칙이 적용되지 아니한다(대법원 2013.2.15. 2010도3504).

┃오답해설┃

① 대법원 2007.12.13. 2007도7257
② 제312조 제6항
③ 대법원 2015.1.22. 2014도10978, 전원합의체

35

┃정답해설┃

③ 검사가 유죄의 자료로 제출한 사법경찰리 작성의 피고인에 대한 피의자신문조서는 피고인이 그 내용을 부인하는 이상 증거능력이 없으나, 그것이 임의로 작성된 것이 아니라고 의심할 만한 사정이 없는 한 피고인의 법정에서의 진술을 탄핵하기 위한 반대증거로 사용할 수 있으며, 또한 탄핵증거는 범죄사실을 인정하는 증거가 아니므로 엄격한 증거조사를 거쳐야 할 필요가 없음은 형사소송법 제318조의2의 규정에 따라 명백하나 법정에서 이에 대한 탄핵증거로서의 증거조사는 필요한 것이고, 한편 증거신청의 방식에 관하여 규정한 형사소송규칙 제132조 제1항의 취지에 비추어 보면 탄핵증거의 제출에 있어서도 상대방에게 이에 대한 공격방어의 수단을 강구할 기회를 사전에 부여하여야 한다는 점에서 그 증거와 증명하고자 하는 사실과의 관계 및 입증취지 등을 미리 구체적으로 명시하여야 할 것이므로, 증명력을 다투고자 하는 증거의 어느 부분에 의하여 진술의 어느 부분을 다투려고 한다는 것을 사전에 상대방에게 알려야 한다(대법원 2005.8.19. 2005도2617).

┃오답해설┃

① 대법원 2005.8.19. 2005도2617
② 대법원 1985.5.14. 85도441
④ 대법원 2012.10.25. 2011도5459

36

┃정답해설┃

② 공판준비 또는 공판기일에서 이미 증언을 마친 증인을 검사가 소환한 후 피고인에게 유리한 그 증언 내용을 추궁하여 이를 일방적으로 번복시키는 방식으로 작성한 진술조서를 유죄의 증거로 삼는 것은 당사자주의·공판중심주의·직접주의를 지향하는 현행 형사소송법의 소송구조에 어긋나는 것일 뿐만 아니라, 헌법 제27조가 보장하는 기본권, 즉 법관의 면전에서 모든 증거자료가 조사·진술되고 이에 대하여 피고인이 공격·방어할 수 있는 기회가 실질적으로 부여되는 재판을 받을 권리를 침해하는 것이므로, 이러한 진술조서는 피고인이 증거로 할 수 있음에 동의하지 아니하는 한 그 증거능력이 없다고 하여야 할 것이다(대법원 2000.6.15. 99도1108, 전원합의체).

┃오답해설┃

①·② 제318조 제1항, 제2항

> **제318조(당사자의 동의와 증거능력)**
> ① 검사와 피고인이 증거로 할 수 있음을 동의한 서류 또는 물건은 진정한 것으로 인정한 때에는 증거로 할 수 있다.
> ② 피고인의 출정 없이 증거조사를 할 수 있는 경우에 피고인이 출정하지 아니한 때에는 전항의 동의가 있는 것으로 간주한다. 단, 대리인 또는 변호인이 출정한 때에는 예외로 한다.

④ 피고인들이 제1심 법정에서 경찰의 검증조서 가운데 범행부분만 부동의하고 현장상황 부분에 대해서는 모두 증거로 함에 동의하였다면, 위 검증조서 중 범행상황 부분만을 증거로 채용한 제1심판결에 잘못이 없다(대법원 1990.7.24. 90도1303).

37

답 ④

┃정답해설┃

④ 검찰에서의 피고인의 자백이 임의성이 있어 그 증거능력이 부여된다 하여 자백의 진실성과 신빙성까지도 당연히 인정되어야 하는 것은 아니므로 그 자백이 증명력이 있다고 하기 위해서는 그 자백의 진술내용 자체가 객관적인 합리성을 띠고 있는가, 그 자백의 동기나 이유 및 자백에 이르게 된 경위가 어떠한가, 자백 외의 정황증거 중 자백과 저촉되거나 모순되는 것이 없는가 하는 점을 합리적으로 따져 보아야 한다(대법원 2007.9.6. 2007도4959).

┃오답해설┃

① 일정한 증거가 발견되면 피의자가 자백하겠다고 한 약속이 검사의 강요나 위계에 의하여 이루어졌다던가 또는 불기소나 경한 죄의 소추 등 이익과 교환조건으로 된 것으로 인정되지 않는다면 위와 같은 자백의 약속하에 된 자백이라 하여 곧 임의성 없는 자백이라고 단정할 수는 없다(대법원 1983.9.13. 83도712).

② · ③ 대법원 2012.11.29. 2010도3029

38

답 ①

┃정답해설┃

① 공직선거법 제268조 제1항 본문은 "이 법에 규정한 죄의 공소시효는 당해 선거일 후 6개월(선거일 후에 행하여진 범죄는 그 행위가 있는 날부터 6개월)을 경과함으로써 완성한다."라고 규정하고 있다. 여기서 말하는 '당해 선거일'이란 그 선거범죄와 직접 관련된 공직선거의 투표일을 의미한다. 이는 선거범죄가 당내경선운동에 관한 공직선거법 위반죄인 경우에도 마찬가지이므로, 그 선거범죄에 대한 공소시효의 기산일은 당내경선의 투표일이 아니라 그 선거범죄와 직접 관련된 공직선거의 투표일이다(대법원 2019.10.31. 2019도8815).

┃오답해설┃

② 대법원 2001.8.24. 2001도2902
③ 대법원 2015.6.24. 2015도5916
④ 대법원 2012.2.23. 2011도7282

39

답 ③

┃정답해설┃

③ 정식재판의 청구는 제1심판결선고 전까지 취하할 수 있다(제454조).

┃오답해설┃

① 지방법원은 그 관할에 속한 사건에 대하여 검사의 청구가 있는 때에는 공판절차없이 약식명령으로 피고인을 벌금, 과료 또는 몰수에 처할 수 있다(제448조 제1항).
② 약식명령의 청구는 공소의 제기와 동시에 서면으로 하여야 한다(제449조).
④ 형사소송법 제452조에서 약식명령의 고지는 검사와 피고인에 대한 재판서의 송달에 의하도록 규정하고 있으므로, 약식명령은 그 재판서를 피고인에게 송달함으로써 효력이 발생하고, 변호인이 있는 경우라도 반드시 변호인에게 약식명령 등본을 송달해야 하는 것은 아니다. 따라서 정식재판 청구기간은 피고인에 대한 약식명령 고지일을 기준으로 하여 기산하여야 한다(대법원 2017.7.27. 2017모1557).

40

답 ③

┃정답해설┃

③ 즉결심판의 판결이 확정된 때에는 즉결심판서 및 관계서류와 증거는 관할경찰서 또는 지방해양경찰관서가 이를 보존한다(제13조).

┃오답해설┃

① 즉결심판에 관한 절차법 제3조 제1항
② 즉결심판에 관한 절차법 제3조 제2항
④ 즉결심판절차에 있어서는 형사소송법 제310조(불이익한 자백의 증거능력), 제312조(검사 또는 사법경찰관의 조서 등) 제3항 및 제313조(진술서 등)의 규정은 적용하지 아니한다(즉결심판에 관한 절차법 제10조).

2020 정답 및 해설

01	02	03	04	05	06	07	08	09	10	11	12	13	14	15	16	17	18	19	20
②	④	④	③	②	①	③	②	①	②	④	③	③	④	①	②	④	③	①	③
21	22	23	24	25	26	27	28	29	30	31	32	33	34	35	36	37	38	39	40
②	②	④	④	③	②	④	①	③	③	③	②	①	②	③	④	①	②	③	②

01

답 ②

┃정답해설┃

② 기소편의주의는 검사에게 형사소추와 관련하여 기소·불기소의 재량을 인정하는 제도로서 실체적 진실주의를 구현하기 위한 제도로 보기 어렵다.

┃오답해설┃

① 실체진실주의는 적정절차의 원칙이나, 신속한 재판의 원칙과 같은 다른 형사소송법의 이념에 의해 제한을 받고 사실상의 제약과 초소송법적 이익에 의해서도 제약을 받는다.

③ 형사소송에 관한 절차법에서 소극적 진실주의의 요구를 외면한 채 범인필벌의 요구만을 앞세워 합리성과 정당성을 갖추지 못한 방법이나 절차에 의한 증거수집과 증거조사를 허용하는 것은 적법절차의 원칙 및 공정한 재판을 받을 권리에 위배되는 것으로서 헌법상 용인될 수 없다(헌법재판소 1996.12.26. 94헌바1, 전원재판부).

④ 헌법 제12조 제1항 후문이 규정하고 있는 적법절차란 법률이 정한 절차 및 그 실체적 내용이 모두 적정하여야 함을 말하는 것으로서 적정하다고 함은 공정하고 합리적이며 상당성이 있어 정의관념에 합치되는 것을 뜻한다(대법원 1988.11.16. 88초60).

02

답 ④

┃정답해설┃

④ 형사소송법 제246조는 검사의 공소제기를 명문으로 규정함으로써 국가소추주의에 의한 탄핵주의 소송구조를 채택하고 있다.

┃오답해설┃

① 규문주의란 소추기관과 재판기관이 분리되어 있지 않고 규문판사 스스로 수사를 개시하여 심리·재판을 하는 형사절차를 말하며 규문주의에서는 별도의 소추기관이 없고 형사절차는 '소송'의 구조를 취하지도 않으며 피고인은 소송주체가 아닌 단순한 심리의 객체에 불과하다.

② · ③ 증인에 대한 교호신문제도와 공소장일본주의는 당사자주의적 요소이고 법원의 공소장변경요구제도, 피고인신문제도는 직권주의적 요소이다.

03

답 ④

┃정답해설┃

④ 제201조의2 제1항

> **제201조의2(구속영장 청구와 피의자 심문)**
> ① 제200조의2·제200조의3 또는 제212조에 따라 체포된 피의자에 대하여 구속영장을 청구받은 판사는 지체 없이 피의자를 심문하여야 한다. 이 경우 특별한 사정이 없는 한 구속영장이 청구된 날의 다음날까지 심문하여야 한다.

① 형사소송법에 피의자의 권리를 피내사자에게 준용하는 규정은 존재하지 않는다.

② 변호인의 조력을 받을 권리를 실질적으로 보장하기 위하여는 변호인과의 접견교통권의 인정이 당연한 전제가 되므로, 임의동행의 형식으로 수사기관에 연행된 피의자에게도 변호인 또는 변호인이 되려는 자와의 접견교통권은 당연히 인정된다고 보아야 하고, 임의동행의 형식으로 연행된 피내사자의 경우에도 이는 마찬가지이다(대법원 1996.6.3. 자, 96모18).

③ 인지절차(범죄인지서 작성 등)를 밟기 전에 수사를 하였다고 하더라도 그 수사가 장차 인지의 가능성이 전혀 없는 상태하에서 행해졌다는 등의 특별한 사정이 없는 한 인지절차가 이루어지기 전에 수사를 하였다는 이유만으로 그 수사가 위법하다고 볼 수는 없고 따라서 그 수사과정에서 작성된 피의자신문조서나 진술조서 등의 증거능력도 이를 부인할 수 없다(대법원 2001.10.26. 2000도2968).

② 변사자검시로 범죄의 혐의를 인정하고 긴급을 요할 때에는 영장없이 검증할 수 있다(제222조 제2항).

④ 경직법 제3조 제4항은 '경찰관이 불심검문을 하고자 할 때에는 자신의 신분을 표시하는 증표를 제시하여야 한다'고 규정하고, 법시행령 제5조는 소정의 신분을 표시하는 증표는 경찰관의 공무원증이라고 규정하고 있는바, 불심검문을 하게 된 경우, 불심검문 당시의 현장상황과 검문을 하는 경찰관들의 복장, 피고인이 공무원증 제시나 신분확인을 요구하였는지 여부 등을 종합적으로 고려하여, 검문하는 사람이 경찰관이고 검문하는 이유가 범죄행위에 관한 것임을 피고인이 충분히 알고 있었다고 보이는 경우에는 신분증을 제시하지 않았다고 하여 그 불심검문이 위법한 공무집행이라고 할 수 없다(대법원 2014.12.11. 2014도7976).

04

답 ③

③ 경찰관이 법 제3조 제1항에 규정된 대상자 해당 여부를 판단함에 있어 불심검문 당시의 구체적 상황은 물론 사전에 얻은 정보나 전문적 지식 등에 기초하여 불심검문 대상자인지 여부를 객관적·합리적인 기준에 따라 판단하여야 할 것이나, 반드시 불심검문 대상자에게 형사소송법상 체포나 구속에 이를 정도의 혐의가 있을 것을 요한다고 할 수는 없고, 경찰관은 불심검문 대상자에게 질문하기 위하여 범행의 경중, 범행과의 관련성, 상황의 긴박성, 혐의의 정도, 질문의 필요성 등에 비추어 그 목적 달성에 필요한 최소한의 범위에서 사회통념상 용인될 수 있는 상당한 방법으로 그 대상자를 정지시킬 수 있다고 할 것이다(대법원 2014.12.11. 2014도7976).

① 고발이란 범죄사실을 수사기관에 신고하여 그 소추를 촉구하는 것으로서 범인을 지적할 필요가 없는 것이고 또한 고발에서 지정한 범인이 진범인이 아니더라도 고발의 효력에는 영향이 없는 것이므로 고발인이 농지전용행위를 한 사람을 乙로 잘못 알고 乙을 피고발인으로 하여 고발하였다고 하더라도 甲이 농지전용행위를 한 이상 甲에 대하여도 고발의 효력이 미친다(대법원 1994.5.13. 94도458).

05

답 ②

② 법원은 검사가 공소를 제기한 범죄사실을 심판하는 것이지 고소권자가 고소한 내용을 심판하는 것이 아니므로, 고소권자가 비친고죄로 고소한 사건이더라도 검사가 사건을 친고죄로 구성하여 공소를 제기하였다면 공소장 변경절차를 거쳐 공소사실이 비친고죄로 변경되지 아니하는 한, 법원으로서는 친고죄에서 소송조건이 되는 고소가 유효하게 존재하는지를 직권으로 조사·심리하여야 한다. 그리고 이 경우 친고죄에서 고소와 고소취소의 불가분 원칙을 규정한 형사소송법 제233조는 당연히 적용되므로, 만일 공소사실에 대하여 피고인과 공범관계에 있는 사람에 대한 적법한 고소취소가 있다면 고소취소의 효력은 피고인에 대하여 미친다(대법원 2015.11.17. 2013도7987).

① 고소라 함은 수사기관에 단순히 피해사실을 신고하거나 수사 및 조사를 촉구하는 것에 그치지 않고 범죄사실을 신고하여 범인의 소추·처벌을 요구하는 의사표시이므로, 저작권법위반죄의 피해자가 경찰청 인터넷 홈페이지에 '피고인을 철저히 조사해 달라'는 취지의 민원을 접수하는 형태로 피고인에 대한 조사를 촉구하는 의사표시를 한 것은 형사소송법에 따른 적법한 고소로 보기 어렵다(대법원 2012.2.23. 2010도9524).

③ 친고죄의 공범 중 그 1인 또는 수인에 대한 고소 또는 그 취소는 다른 공범자에 대하여도 효력이 있다(제233조).

④ 친고죄에서 고소는 처벌조건이 아니라 소송조건이며(제 327조 제2호·제5호 등) 친고죄에서 적법한 고소가 있었는지는 자유로운 증명의 대상이 된다(대법원 2011.6.24. 2011도4451).

06 답 ①

┃정답해설┃

① 법원이 직권으로 발부하는 영장과 수사기관의 청구에 의하여 발부하는 구속영장의 법적 성격은 같지 않다. 즉, 전자는 명령장으로서의 성질을 갖지만 후자는 허가장으로서의 성질을 갖는 것으로 이해되고 있다(헌법재판소 1997.3.27. 96헌바28).

┃오답해설┃

② 헌법 제12조 제3항의 영장주의는 법관이 발부한 영장에 의하지 아니하고는 수사에 필요한 강제처분을 하지 못한다는 원칙으로 소변을 받아 제출하도록 한 것은 교도소의 안전과 질서유지를 위한 것으로 수사에 필요한 처분이 아닐 뿐만 아니라 검사대상자들의 협력이 필수적이어서 강제처분이라고 할 수도 없어 영장주의의 원칙이 적용되지 않는다(헌법재판소 2006.7.27. 2005헌마277).

③ 법원이 피고인의 구속 또는 그 유지 여부의 필요성에 관하여 한 재판의 효력이 검사나 다른 기관의 이견이나 불복이 있다 하여 좌우되거나 제한받는다면 이는 영장주의에 위반된다고 할 것인바, 구속집행정지결정에 대한 검사의 즉시항고를 인정하는 이 사건 법률조항은 검사의 불복을 그 피고인에 대한 구속집행을 정지할 필요가 있다는 법원의 판단보다 우선시킬 뿐만 아니라, 사실상 법원의 구속집행정지결정을 무의미하게 할 수 있는 권한을 검사에게 부여한 것이라는 점에서 헌법 제12조 제3항의 영장주의원칙에 위배된다(헌법재판소 2012.6.27. 2011헌가36).

④ 수사기관이 범죄 수사를 목적으로 금융실명거래 및 비밀보장에 관한 법률(이하 '금융실명법'이라 한다) 제4조 제1항에 정한 '거래정보 등'을 획득하기 위해서는 법관의 영장이 필요하고, 신용카드에 의하여 물품을 거래할 때 '금융회사 등'이 발행하는 매출전표의 거래명의자에 관한 정보 또한 금융실명법에서 정하는 '거래정보 등'에 해당하므로, 수사기관이 금융회사 등에 그와 같은 정보를 요구하는 경우에도 법관이 발부한 영장에 의하여야 한다. 그럼에도 수사기관이 영장에 의하지 아니하고 매출전표의 거래명의자에 관한 정보를 획득하였다면, 그와 같이 수집된 증거는 원칙적으로 형사소송법 제308조의2에서 정하는 '적법한 절차에 따르지 아니하고 수집한 증거'에 해당하여 유죄의 증거로 삼을 수 없다(대법원 2013.3.28. 2012도13607).

07 답 ③

┃정답해설┃

③ 제318조의2 제2항

> **제318조의2(증명력을 다투기 위한 증거)**
> ② 제1항에도 불구하고 피고인 또는 피고인이 아닌 자의 진술을 내용으로 하는 영상녹화물은 공판준비 또는 공판기일에 피고인 또는 피고인이 아닌 자가 진술함에 있어서 기억이 명백하지 아니한 사항에 관하여 기억을 환기시켜야 할 필요가 있다고 인정되는 때에 한하여 피고인 또는 피고인이 아닌 자에게 재생하여 시청하게 할 수 있다.

┃오답해설┃

① 피의자의 진술은 영상녹화할 수 있다. 이 경우 미리 영상녹화사실을 알려주어야 하며, 조사의 개시부터 종료까지의 전 과정 및 객관적 정황을 영상녹화하여야 하며(제244조의2 제1항) 반드시 서면으로 사전동의를 받을 필요는 없다.

② 피의자 또는 변호인의 요구가 있는 때에는 영상녹화물을 재생하여 시청하게 하여야 한다. 이 경우 그 내용에 대하여 이의를 진술하는 때에는 그 취지를 기재한 서면을 첨부하여야 한다(제244조의2 제3항).

④ 수사기관이 참고인을 조사하는 과정에서 형사소송법 제221조 제1항에 따라 작성한 영상녹화물은 다른 법률에서 달리 규정하고 있는 등의 특별한 사정이 없는 한 공소사실을 직접 증명할 수 있는 독립적인 증거로 사용될 수는 없다(대법원 2014.7.10. 2012도5041).

08

┃ 정답해설 ┃

② 검사 또는 사법경찰관은 피의자가 신체적 또는 정신적 장애로 사물을 변별하거나 의사를 결정·전달할 능력이 미약한 때에는 직권 또는 피의자, 법정대리인의 신청에 따라 피의자와 신뢰관계에 있는 자를 동석하게 할 수 있다(제244조의5 제1호).

┃ 오답해설 ┃

① 대법원 2012.11.29. 2010도3029
③ 제243조의2 제2항
④ 제244조의4 제1항

09

┃ 정답해설 ┃

① 구속 전 피의자심문제도(제201조의2)는 사전적 구제제도이다.

더 알아보기	구제제도
사전적 구제 (체포·구속 전)	**사후적 구제 (체포·구속 후)**
강제처분법정주의, 무죄추정의 원칙, 진술거부권, 영장주의, 구속전피의자심문제도, 변호인제도, 재체포·재구속의 제한 등	체포·구속적부심사제도, 구속의 취소, 구속의 집행정지, 피고인보석, 강제처분에 대한 준항고, 국가배상, 형사보상 등

10

┃ 정답해설 ┃

② 체포한 피의자를 구속하고자 할 때에는 체포한 때부터 48시간 이내에 구속영장을 청구하여야 하고 그 기간 내에 구속영장을 청구하지 아니하거나 또는 (그 기간 내에 구속영장을 청구하였으나 사후에) 발부받지 못한 때에는 피의자를 즉시 석방하여야 한다(제200조의2 제5항, 제200조의4 제2항, 규칙 제100조 제2항).

┃ 오답해설 ┃

① 대법원 2017.11.29. 2017도9747
③ 경찰관들이 체포영장을 소지하고 메트암페타민(일명 필로폰) 투약 등 혐의로 피고인을 체포하려고 하자, 피고인이 이에 거세게 저항하는 과정에서 경찰관들에게 상해를 가하였다고 하여 공무집행방해 및 상해의 공소사실로 기소된 사안에서, 경찰관들이 체포를 위한 실력행사에 나아가기 전에 체포영장을 제시하고 미란다 원칙을 고지할 여유가 있었음에도 애초부터 미란다 원칙을 체포 후에 고지할 생각으로 먼저 체포행위에 나선 행위는 적법한 공무집행이라고 보기 어렵다는 등의 이유로 무죄를 한 원심판단이 정당하다(대법원 2017.9.21. 2017도10866).
④ 형사소송법 제93조

11

┃ 정답해설 ┃

④ 긴급체포는 영장주의원칙에 대한 예외인 만큼 형사소송법 제200조의3 제1항의 요건을 모두 갖춘 경우에 한하여 예외적으로 허용되어야 하고, 요건을 갖추지 못한 긴급체포는 법적 근거에 의하지 아니한 영장 없는 체포로서 위법한 체포에 해당하는 것이고, 여기서 긴급체포의 요건을 갖추었는지 여부는 사후에 밝혀진 사정을 기초로 판단하는 것이 아니라 체포 당시의 상황을 기초로 판단하여야 하고, 이에 관한 검사나 사법경찰관 등 수사주체의 판단에는 상당한 재량의 여지가 있다고 할 것이나, 긴급체포 당시의 상황으로 보아서도 그 요건의 충족 여부에 관한 검사나 사법경찰관의 판단이 경험칙에 비추어 현저히 합리성을 잃은 경우에는 그 체포는 위법한 체포라 할 것이고, 이러한 위법은 영장주의에 위배되는 중대한 것이니 그 체포에 의한 유치 중에 작성된 피의자신문조서는 위법하게 수집된 증거로서 특별한 사정이 없는 한 이를 유죄의 증거로 할 수 없다(대법원 2002.6.11. 2000도5701).

① 형사소송법 제217조 제1항은 수사기관이 피의자를 긴급체포한 상황에서 피의자가 체포되었다는 사실이 공범이나 관련자들에게 알려짐으로써 관련자들이 증거를 파괴하거나 은닉하는 것을 방지하고, 범죄사실과 관련된 증거물을 신속히 확보할 수 있도록 하기 위한 것이다. 이 규정에 따른 압수·수색 또는 검증은 체포현장에서의 압수·수색 또는 검증을 규정하고 있는 형사소송법 제216조 제1항 제2호와 달리, 체포현장이 아닌 장소에서도 긴급체포된 자가 소유·소지 또는 보관하는 물건을 대상으로 할 수 있다(대법원 2017.9.12. 2017도10309).

② 대법원 2008.7.24. 2008도2794

③ 제200조의4 제3항

12

답 ③

③ 검사 등이 아닌 이에 의하여 현행범인이 체포된 후 불필요한 지체 없이 검사 등에게 인도된 경우 위 48시간의 기산점은 체포시가 아니라 검사 등이 현행범인을 인도받은 때라고 할 것이다(대법원 2011.12.22. 2011도12927).

① 형사소송법 제211조가 현행범인으로 규정한 '범죄의 실행의 즉후인 자'라고 함은 범죄의 실행행위를 종료한 직후의 범인이라는 것이 체포하는 자의 입장에서 볼 때 명백한 경우를 일컫는 것으로서 '범죄의 실행행위를 종료한 직후'라고 함은 범죄행위를 실행하여 끝마친 순간 또는 이에 아주 접착된 시간적 단계를 의미하는 것으로 해석되므로 시간적으로나 장소적으로 보아 체포를 당하는 자가 방금 범죄를 실행한 범인이라는 점에 관한 죄증이 명백히 존재하는 것으로 인정되는 경우에만 현행범인으로 볼 수 있다(대법원 2007.4.13. 2007도1249).

② 다액 50만 원 이하의 벌금, 구류 또는 과료에 해당하는 죄의 현행범인에 대하여는 범인의 주거가 분명하지 아니한 때에 한하여 현행범인으로 체포할 수 있다(제214조).

④ 검사 또는 사법경찰관은 현행범인을 체포하는 경우에 필요한 때에는 영장없이 타인의 주거 등에서 피의자를 수색하거나, 체포현장에서 압수, 수색, 검증을 할 수 있다(법 제216조 제1항). 그러나 사인은 현행범인을 체포하기 위하여 타인의 주거에 들어갈 수 없으며 체포현장에서 압수, 수색, 검증을 할 수도 없다.

13

답 ③

③ 기간의 말일이 공휴일 또는 토요일에 해당하는 날은 기간에 산입하지 아니한다. 단, 시효와 구속의 기간에 관하여서는 예외로 한다(제66조 제3항).

①·② 제92조 제3항

> **제92조(구속기간과 갱신)**
> ③ 제22조, 제298조 제4항, 제306조 제1항 및 제2항의 규정에 의하여 공판절차가 정지된 기간 및 공소제기 전의 체포·구인·구금 기간은 제1항 및 제2항의 기간에 산입하지 아니한다.

④ 제201조의2 제7항

> **제201조의2(구속영장 청구와 피의자 심문)**
> ⑦ 피의자심문을 하는 경우 법원이 구속영장청구서·수사 관계 서류 및 증거물을 접수한 날부터 구속영장을 발부하여 검찰청에 반환한 날까지의 기간은 제202조 및 제203조의 적용에 있어서 그 구속기간에 산입하지 아니한다.

14

답 ④

④ 교도관이 미결수용자와 변호인 간에 주고받는 서류를 확인하고 소송관계서류처리부에 그 제목을 기재하여 등재한 행위는 형집행법 제43조 제3항과 제8항에 근거를 두고 이루어진 것으로, 변호인 접견이 종료된 뒤 이루어지고 교도관은 변호인과 미결수용자가 지켜보는 가운데 서류를 확인하여 그 제목 등을 소송관계처리부에 기재하여 등재할 뿐 내용에 대한 검열이 이루어지는 것이 아니므로 변호인의 조력을 받을 권리나 개인정보자기결정권을 침해하지 않는다(헌법재판소 2016.4.28. 2015헌마243).

① 헌법재판소 2004.9.23. 2000헌마138

② 대법원 2017.3.9. 2013도16162

③ 변호인접견실에 설치된 CCTV는 교도관이 CCTV를 통해 미결수용자와 변호인 간의 접견을 관찰하더라도 접견내용의 비밀이 침해되거나 접견교통에 방해가 되지 않도록 조치를 취하고 있는 점, 금지물품의 수수를 적발하거나

교정사고를 효과적으로 방지하고 교정사고가 발생하였을 때 신속하게 대응하기 위하여는 CCTV를 통해 관찰하는 방법 외에 더 효과적인 다른 방법을 찾기 어려운 점 등에 비추어 보면, 이 사건 CCTV 관찰행위는 그 목적을 달성하기 위하여 필요한 범위 내의 제한으로 침해의 최소성을 갖추었다(헌법재판소 2016.4.28. 2015헌마243).

15 답 ①

▎정답해설▎

① 구속적부심은 구속된 피의자 또는 그 변호인 등의 청구로 수사기관과는 별개 독립의 기관인 법원에 의하여 행하여지는 것으로서 구속된 피의자에 대하여 피의사실과 구속사유 등을 알려 그에 대한 자유로운 변명의 기회를 주어 구속의 적부를 심사함으로써 피의자의 권리보호에 이바지하는 제도인바, 법원 또는 합의부원, 검사, 변호인, 청구인이 구속된 피의자를 심문하고 그에 대한 피의자의 진술 등을 기재한 구속적부심문조서는 형사소송법 제311조가 규정한 문서에는 해당하지 않는다 할 것이나, 특히 신용할 만한 정황에 의하여 작성된 문서라고 할 것이므로 특별한 사정이 없는 한, 피고인이 증거로 함에 부동의하더라도 형사소송법 제315조 제3호에 의하여 당연히 그 증거능력이 인정된다(대법원 2004.1.16. 2003도5693).

▎오답해설▎

② 체포되거나 구속된 피의자에게 변호인이 없는 때에는 형사소송법 제33조의 규정을 준용한다(제214조의2 제10항). 따라서 체포된 피의자가 심신장애의 의심이 있는 경우에도 법원은 직권으로 국선변호인을 선정하여야 한다.

③ 체포·구속적부심사결정에 의하여 석방된 피의자가 도망하거나 죄증을 인멸하는 경우를 제외하고는 동일한 범죄사실에 관하여 재차 체포 또는 구속하지 못한다(제214조의3 제1항).

④ 형사소송법은 수사단계에서의 체포와 구속을 명백히 구별하고 있고 이에 따라 체포와 구속의 적부심사를 규정한 같은 법 제214조의2에서 체포와 구속을 서로 구별되는 개념으로 사용하고 있는바, 같은 조 제4항에 기소 전 보증금 납입을 조건으로 한 석방의 대상자가 '구속된 피의자'라고 명시되어 있고, 같은 법 제214조의3 제2항의 취지를 체포된 피의자에 대하여도 보증금 납입을 조건으로 한 석방이 허용되어야 한다는 근거로 보기는 어렵다 할 것이어서 현행법상 체포된 피의자에 대하여는 보증금 납입을 조건으로 한 석방이 허용되지 않는다(대법원 1997.8.27. 자 97모21).

16 답 ②

▎정답해설▎

② 피고인 또는 그 변호인은 구속집행정지를 청구할 권리가 없다. 피고인에 대한 구속의 집행정지는 법원이 직권으로 행한다(제101조 제1항).

> **제101조(구속의 집행정지)**
> ① 법원은 상당한 이유가 있는 때에는 결정으로 구속된 피고인을 친족·보호단체 기타 적당한 자에게 부탁하거나 피고인의 주거를 제한하여 구속의 집행을 정지할 수 있다.

▎오답해설▎

① 제101조 제4항
③ 제331조
④ 제93조

17 답 ④

▎정답해설▎

④ 전자문서를 수록한 파일 등의 경우에는, 성질상 작성자의 서명 혹은 날인이 없을 뿐만 아니라 작성자·관리자의 의도나 특정한 기술에 의하여 내용이 편집·조작될 위험성이 있음을 고려하여, 원본임이 증명되거나 혹은 원본으로부터 복사한 사본일 경우에는 복사 과정에서 편집되는 등 인위적 개작 없이 원본의 내용 그대로 복사된 사본임이 증명되어야만 하고, 그러한 증명이 없는 경우에는 쉽게 증거능력을 인정할 수 없다. 그리고 증거로 제출된 전자문서 파일의 사본이나 출력물이 복사·출력 과정에서 편집되는 등 인위적 개작 없이 원본 내용을 그대로 복사·출력한 것이라는 사실은 전자문서 파일의 사본이나 출력물의 생성과 전달 및 보관 등의 절차에 관여한 사람의 증언이나 진술, 원본이나 사본 파일 생성 직후의 해시(Hash)값 비교, 전자문서 파일에 대한 검증·감정 결과 등 제반 사정을 종합하여 판단할 수 있다. 이러한 원본 동일성은 증거능력의 요건에 해당하므로 검사가 그 존재에 대하여 구체적으로 주장·증명해야 한다(대법원 2018.2.8. 2017도13263).

① 수사기관이 정보저장매체에 기억된 정보 중에서 키워드 또는 확장자 검색 등을 통해 범죄 혐의 사실과 관련있는 정보를 선별한 다음 정보저장매체와 동일하게 비트열 방식으로 복제 하여 생성한 파일(이하 '이미지 파일'이라 한다)을 제출받아 압수하였다면 이로써 압수의 목적물에 대한 압수·수색 절차는 종료된 것이므로, 수사기관이 수사기관 사무실에서 위와 같이 압수된 이미지 파일을 탐색·복제·출력하는 과정에서도 피의자 등에게 참여의 기회를 보장하여야 하는 것은 아니다(대법원 2018.2.8. 2017도13263).

② 전자정보에 대한 압수·수색영장의 집행에 있어서는 원칙적으로 영장 발부의 사유로 된 혐의사실과 관련된 부분만을 문서 출력물로 수집하거나 수사기관이 휴대한 저장매체에 해당 파일을 복사하는 방식으로 이루어져야 하고, 집행현장의 사정상 위와 같은 방식에 의한 집행이 불가능하거나 현저히 곤란한 부득이한 사정이 존재하더라도 그와 같은 경우에 그 저장매체 자체를 직접 혹은 하드카피나 이미징 등 형태로 수사기관 사무실 등 외부로 반출하여 해당 파일을 압수·수색할 수 있도록 영장에 기재되어 있고 실제 그와 같은 사정이 발생한 때에 한하여 예외적으로 허용될 수 있을 뿐이다(대법원 2014.2.27. 2013도12155).

③ 압수된 정보의 상세목록에는 정보의 파일 명세가 특정되어 있어야 하고, 수사기관은 이를 출력한 서면을 교부하거나 전자파일 형태로 복사해 주거나 이메일을 전송하는 등의 방식으로도 할 수 있다(대법원 2018.2.8. 2017도13263).

18   답 ③

┃정답해설┃

③ 영장은 법관의 서명날인란에 서명만 있고 날인이 없으므로 형사소송법이 정한 요건을 갖추지 못하여 적법하게 발부되었다고 볼 수 없어, 원심이 영장이 법관의 진정한 의사에 따라 발부되었다는 등의 이유만으로 영장이 유효라고 판단한 것은 잘못이다(대법원 2019.7.11. 2018도20504).

┃오답해설┃

① 형사소송법은 제215조에서 검사가 압수·수색 영장을 청구할 수 있는 시기를 공소제기 전으로 명시적으로 한정하고 있지는 아니하나, 헌법상 보장된 적법절차의 원칙과

재판받을 권리, 공판중심주의·당사자주의·직접주의를 지향하는 현행 형사소송법의 소송구조, 관련 법규의 체계, 문언 형식, 내용 등을 종합하여 보면, 일단 공소가 제기된 후에는 피고사건에 관하여 검사로서는 형사소송법 제215조에 의하여 압수·수색을 할 수 없다고 보아야 하며, 그럼에도 검사가 공소제기 후 형사소송법 제215조에 따라 수소법원 이외의 지방법원 판사에게 청구하여 발부받은 영장에 의하여 압수·수색을 하였다면, 그와 같이 수집된 증거는 기본적 인권 보장을 위해 마련된 적법한 절차에 따르지 않은 것으로서 원칙적으로 유죄의 증거로 삼을 수 없다(대법원 2011.4.28. 2009도10412).

② 압수·수색영장은 현장에서 피압수자가 여러 명일 경우에는 그들 모두에게 개별적으로 영장을 제시해야 하는 것이 원칙이다. 수사기관이 압수·수색에 착수하면서 그 장소의 관리책임자에게 영장을 제시하였더라도, 물건을 소지하고 있는 다른 사람으로부터 이를 압수하고자 하는 때에는 그 사람에게 따로 영장을 제시하여야 한다(대법원 2017.9.21. 2015도12400).

④ 제218조

19   답 ①

┃정답해설┃

① 통신비밀보호법에서는 그 규율의 대상을 통신과 대화로 분류하고 그 중 통신을 다시 우편물과 전기통신으로 나눈 다음, 그 제2조 제3호로 "전기통신"이라 함은 유선·무선·광선 및 기타의 전자적 방식에 의하여 모든 종류의 음향·문언·부호 또는 영상을 송신하거나 수신하는 것을 말한다고 규정하고 있는바, 무전기와 같은 무선전화기를 이용한 통화가 위 법에서 규정하고 있는 전기통신에 해당함은 전화통화의 성질 및 위 규정 내용에 비추어 명백하므로 이를 같은 법 제3조 제1항 소정의 '타인간의 대화'에 포함된다고 할 수 없다(대법원 2003.11.13. 2001도6213).

┃오답해설┃

② '전기통신의 감청'은 '감청'의 개념 규정에 비추어 전기통신이 이루어지고 있는 상황에서 실시간으로 전기통신의 내용을 지득·채록하는 경우와 통신의 송·수신을 직접적으로 방해하는 경우를 의미하는 것이지, 이미 수신이 완료된 전기통신에 관하여 남아 있는 기록이나 내용을 열어보는 등의 행위는 포함하지 않는다(대법원 2016.10.13. 2016도8137).

③ 대법원 1997.3.28. 97도240

④ 수사기관이 甲으로부터 피고인의 마약류관리에 관한 법률 위반(향정) 범행에 대한 진술을 듣고 추가적인 증거를 확보할 목적으로, 구속수감되어 있던 甲에게 그의 압수된 휴대전화를 제공하여 피고인과 통화하고 위 범행에 관한 통화 내용을 녹음하게 한 행위는 불법감청에 해당하므로, 그 녹음 자체는 물론 이를 근거로 작성된 녹취록 첨부 수사보고는 피고인의 증거동의에 상관없이 그 증거능력이 없다고 한 사례(대법원 2010.10.14. 2010도9016).

20 답 ③

┃정답해설┃

③ 판사는 검사의 증인신문청구에 의한 증인신문을 한 때에는 지체없이 이에 관한 서류를 검사에게 송부하여야 한다(제221조의2 제6항).

┃오답해설┃

① 제184조 제1항·제2항
② 제221조의2 제1항
④ 제184조 제3항, 제221조의2 제3항

> **제184조(증거보전의 청구와 그 절차)**
> ① 검사, 피고인, 피의자 또는 변호인은 미리 증거를 보전하지 아니하면 그 증거를 사용하기 곤란한 사정이 있는 때에는 제1회 공판기일 전이라도 판사에게 압수, 수색, 검증, 증인신문 또는 감정을 청구할 수 있다.
> ② 전항의 청구를 받은 판사는 그 처분에 관하여 법원 또는 재판장과 동일한 권한이 있다.
> ③ 제1항의 청구를 함에는 서면으로 그 사유를 소명하여야 한다.
> ④ 제1항의 청구를 기각하는 결정에 대하여는 3일 이내에 항고할 수 있다.
>
> **제221조의2(증인신문의 청구)**
> ① 범죄의 수사에 없어서는 아니 될 사실을 안다고 명백히 인정되는 자가 전조의 규정에 의한 출석 또는 진술을 거부한 경우에는 검사는 제1회 공판기일 전에 한하여 판사에게 그에 대한 증인신문을 청구할 수 있다.
> ② 삭제
> ③ 제1항의 청구를 함에는 서면으로 그 사유를 소명하여야 한다.
> ④ 제1항의 청구를 받은 판사는 증인신문에 관하여 법원 또는 재판장과 동일한 권한이 있다.

⑤ 판사는 제1항의 청구에 따라 증인신문기일을 정한 때에는 피고인·피의자 또는 변호인에게 이를 통지하여 증인신문에 참여할 수 있도록 하여야 한다.
⑥ 판사는 제1항의 청구에 의한 증인신문을 한 때에는 지체없이 이에 관한 서류를 검사에게 송부하여야 한다.

21 답 ②

┃정답해설┃

② 세무공무원 등의 고발이 있어야 공소를 제기할 수 있는 조세범처벌법위반죄에 관하여 일단 불기소처분이 있었더라도 세무공무원 등이 종전에 한 고발은 여전히 유효하므로, 나중에 공소를 제기함에 있어 세무공무원 등의 새로운 고발이 있어야 하는 것은 아니다(대법원 2009.10.29. 2009도6614).

┃오답해설┃

① 제257조
③ 검찰사건사무규칙 제115조 제3항 제5호
④ 검찰사건사무규칙 제115조 제3항 제5호

> **검찰사건사무규칙 제115조(불기소결정)**
> ③ 불기소결정의 주문은 다음과 같이 한다.
> 1. 기소유예 : 피의사실이 인정되나 형법 제51조 각 호의 사항을 참작하여 소추할 필요가 없는 경우
> 2. 혐의없음
>   가. 혐의없음(범죄인정 안 됨) : 피의사실이 범죄를 구성하지 않거나 피의사실이 인정되지 않는 경우
>   나. 혐의없음(증거불충분) : 피의사실을 인정할 만한 충분한 증거가 없는 경우
> 3. 죄가 안 됨 : 피의사실이 범죄구성요건에는 해당하지만 법률상 범죄의 성립을 조각하는 사유가 있어 범죄를 구성하지 않는 경우
> 4. 공소권 없음 : 다음 각 목의 어느 해당에 해당하는 경우
>   가. 확정판결이 있는 경우
>   나. 통고처분이 이행된 경우
>   다. 소년법·가정폭력 처벌법·성매매처벌법 또는 아동학대처벌법에 따른 보호처분이 확정된 경우(보호처분이 취소되어 검찰에 송치된 경우는 제외한다)

라. 사면이 있는 경우

마. 공소의 시효가 완성된 경우

바. 범죄 후 법령의 개정이나 폐지로 형이 폐지된 경우

사. 법률에 따라 형이 면제된 경우

아. 피의자에 관하여 재판권이 없는 경우

자. 같은 사건에 관하여 이미 공소가 제기된 경우(공소를 취소한 경우를 포함한다. 다만, 공소를 취소한 후에 다른 중요한 증거를 발견한 경우는 포함되지 않는다)

차. 친고죄 및 공무원의 고발이 있어야 논할 수 있는 죄의 경우에 고소 또는 고발이 없거나 그 고소 또는 고발이 무효 또는 취소된 경우

카. 반의사불벌죄의 경우 처벌을 희망하지 않는 의사표시가 있거나 처벌을 희망하는 의사표시가 철회된 경우

타. 피의자가 사망하거나 피의자인 법인이 존속하지 않게 된 경우

5. 각하

가. 고소 또는 고발이 있는 사건에 관하여 고소인 또는 고발인의 진술이나 고소장 또는 고발장에 의하여 제2호부터 제4호까지의 규정에 따른 사유에 해당함이 명백한 경우

나. 법 제224조, 제232조 제2항 또는 제235조에 위반한 고소·고발의 경우

다. 같은 사건에 관하여 검사의 불기소결정이 있는 경우(새로이 중요한 증거가 발견되어 고소인, 고발인 또는 피해자가 그 사유를 소명한 경우는 제외한다)

라. 법 제223조, 제225조부터 제228조까지의 규정에 따른 고소권자가 아닌 자가 고소한 경우

마. 고소인 또는 고발인이 고소·고발장을 제출한 후 출석요구나 자료제출 등 혐의 확인을 위한 수사기관의 요청에 불응하거나 소재불명이 되는 등 고소·고발사실에 대한 수사를 개시·진행할 자료가 없는 경우

바. 고발이 진위 여부가 불분명한 언론 보도나 인터넷 등 정보통신망의 게시물, 익명의 제보, 고발 내용과 직접적인 관련이 없는 제3자로부터의 전문(傳聞)이나 풍문 또는 고발인의 추측만을 근거로 한 경우 등으로서 수사를 개시할만한 구체적인 사유나 정황이 충분하지 않은 경우

사. 고소·고발 사건(진정 또는 신고를 단서로 수사개시된 사건을 포함한다)의 사안의 경중 및 경위, 피해회복 및 처벌의사 여부, 고소인·고발인·피해자와 피고소인·피고발인·피의자와의 관계, 분쟁의 종국적 해결 여부 등을 고려할 때 수사 또는 소추에 관한 공공의 이익이 없거나 극히 적은 경우로서 수사를 개시·진행할 필요성이 인정되지 않는 경우

22 　답 ②

정답해설

② 원칙적으로는 고소인은 검찰청법 제10조에 따른 항고를 거친 후에 재정신청을 해야 하나, 1. 항고 이후 재기수사가 이루어진 다음에 다시 공소를 제기하지 아니한다는 통지를 받은 경우, 2. 항고 신청 후 항고에 대한 처분이 행하여지지 아니하고 3개월이 경과한 경우, 3. 검사가 공소시효 만료일 30일 전까지 공소를 제기하지 아니하는 경우는 항고를 거치지 않고도 재정신청을 할 수 있다(제260조 제2항).

오답해설

① 검찰청법 제10조 제1항

③ 제264조 제2항

④ 대통령에게 제출한 청원서를 대통령비서실로부터 이관받은 검사가 진정사건으로 내사 후 내사종결처리한 경우, 위 내사종결처리는 고소 또는 고발사건에 대한 불기소처분이라고 볼 수 없어 재정신청의 대상이 되지 아니한다(대법원 1991.11.5. 91모68).

23

┃정답해설┃

④ 1개의 행위가 여러 개의 죄에 해당하는 경우 형법 제40조는 이를 과형상 일죄로 처벌한다는 것에 지나지 아니하고 공소시효를 적용함에 있어서는 각 죄마다 따로 따져야 할 것인바, 변호사법 위반죄의 공소시효가 완성되었다고 하여 그 죄와 상상적 경합관계에 있는 사기죄의 공소시효까지 완성되는 것은 아니다(대법원 2006.12.8. 2006도6356).

┃오답해설┃

① 제252조 제1항·제2항
② 뇌물공여죄와 뇌물수수죄 사이와 같은 이른바 대향범 관계에 있는 자는 강학상으로는 필요적 공범이라고 불리고 있으나, 서로 대향된 행위의 존재를 필요로 할 뿐 각자 자신의 구성요건을 실현하고 별도의 형벌규정에 따라 처벌되는 것이어서, 2인 이상이 가공하여 공동의 구성요건을 실현하는 공범관계에 있는 자와는 본질적으로 다르며, 대향범 관계에 있는 자 사이에서는 각자 상대방의 범행에 대하여 형법 총칙의 공범규정이 적용되지 아니한다(대법원 2015.2.12. 2012도4842).
③ 형사소송법 제253조 제1항, 제2항에 의하면 공소시효는 공소의 제기로 진행이 정지되고, 공범의 1인에 대한 공소시효의 정지는 다른 공범자에 대하여 효력이 미치고 당해 사건의 재판이 확정된 때로부터 진행한다고 규정하고 있는바, 위 제2항 소정의 공범관계의 존부는 현재 시효가 문제되어 있는 사건을 심판하는 법원이 판단하는 것으로서 법원조직법 제8조의 경우를 제외하고는 다른 법원의 판단에 구속되는 것은 아니라고 할 것이고, 위 형사소송법 제253조 제2항 소정의 재판이라 함은 종국재판이면 그 종류를 묻지 않는다고 할 것이나, 공범의 1인으로 기소된 자가 구성요건에 해당하는 위법행위를 공동으로 하였다고 인정되기는 하나 책임조각을 이유로 무죄로 되는 경우와는 달리 범죄의 증명이 없다는 이유로 공범 중 1인이 무죄의 확정판결을 받은 경우에는 그를 공범이라고 할 수 없어 그에 대하여 제기된 공소로써는 진범에 대한 공소시효정지의 효력이 없다(대법원 1999.3.9. 98도4621).

24

┃정답해설┃

④ 필요적 변호사건에서 변호인 없이 개정하여 심리를 진행하고 한 것은 소송절차의 법령위반에 해당하지만, 피고인의 이익을 위하여 만들어진 필요적 변호의 규정 때문에 피고인에게 불리한 결과를 가져오게 할 수는 없으므로 그와 같은 법령위반은 무죄에 영향을 미친 것으로는 되지 아니한다(대법원 2003.3.25. 2002도5748).

┃오답해설┃

① 제30조 제1항·제2항
② 공소사실 기재 자체로 보아 어느 피고인에 대한 유리한 변론이 다른 피고인에게는 불리한 결과를 초래하는 경우 공동피고인들 사이에 이해가 상반된다. 이해가 상반된 피고인들 중 어느 피고인이 법무법인을 변호인으로 선임하고, 법무법인이 담당변호사를 지정하였을 때, 법원이 담당변호사 중 1인 또는 수인을 다른 피고인을 위한 국선변호인으로 선정한다면, 국선변호인으로 선정된 변호사는 이해가 상반된 피고인들 모두에게 유리한 변론을 하기 어렵다. 결국 이로 인하여 다른 피고인은 국선변호인의 실질적 조력을 받을 수 없게 되고, 따라서 국선변호인 선정은 국선변호인의 조력을 받을 피고인의 권리를 침해하는 것이다(대법원 2015.12.23. 2015도9951).
③ 제243조의2 제3항

25

┃정답해설┃

③ 검사 또는 변호인은 증거조사 종료 후에 순차로 피고인에게 공소사실 및 정상에 관하여 필요한 사항을 신문할 수 있다. 재판장은 필요하다고 인정하는 때에는 피고인을 신문할 수 있다(제296조의2 제1항·제2항).

┃오답해설┃

① 제276조
② 제283조의2 제2항
④ 제291조의2 제1항·제2항

26

 ②

┃ 정답해설 ┃

② 공범인 공동피고인은 당해 소송절차에서는 피고인의 지위에 있어 다른 공동피고인에 대한 공소사실에 관하여 증인이 될 수 없으나, 소송절차가 분리되어 피고인의 지위에서 벗어나게 되면 다른 공동피고인에 대한 공소사실에 관하여 증인이 될 수 있다(대법원 2012.12.13. 2010도10028).

┃ 오답해설 ┃

① 수사기관으로서의 검사와 소추기관으로서의 검사는 그 법률상의 지위가 다르므로 공판에 관여하는 소송당사자로서의 검사와 사법경찰관리를 지휘, 감독하는 수사 주재자로서의 검사를 동일하게 볼 수 없고, 실체 판단의 자료가 되는 경찰 공무원의 증언내용은 공소사실과 관련된 주관적 '의견'이 아닌 경험에 의한 객관적 '사실'에 그치는 것이며, 또한 형사소송구조상 경찰 공무원은 당사자가 아닌 제3자의 지위에 있을 뿐만 아니라, 나아가 경찰 공무원의 증언에 대하여 피고인 또는 변호인은 반대신문권을 보장받고 있다는 점에서, 이 사건 법률조항에 의하여 경찰 공무원의 증인적격을 인정한다 하더라도 적법절차의 원칙에 반한다거나 그 근거조항인 위 법 조항이 합리적이고 정당한 법률이 아니라고 말할 수는 없다(헌법재판소 2001.11.29. 2001헌바41 전원재판부).

③ 제151조 제1항

④ 대법원 2011.11.24. 2011도11994

27

답 ④

┃ 정답해설 ┃

④ 살인죄 등과 같이 법정형이 무거운 범죄의 경우에도 직접증거 없이 간접증거만에 의하여 유죄를 인정할 수 있고, 살해의 방법이나 피해자의 사망경위에 관한 중요한 단서인 피해자의 사체가 멸실된 경우라 하더라도 간접증거를 상호 관련하에서 종합적으로 고찰하여 살인죄의 공소사실을 인정할 수 있다(대법원 2012.9.27. 2012도2658).

┃ 오답해설 ┃

① 제307조 제1항·제2항

② 불법영득의사를 실현하는 행위로서의 횡령행위가 있었다는 점은, 합리적인 의심의 여지가 없을 정도로 확신을 가지게 하는 증명력이 있는 엄격한 증거에 의하여 증명하여야 하고, 그만한 증거가 없다면 설령 유죄의 의심이 간다고 하더라도 피고인들의 이익으로 판단하여야 한다(대법원 2017.5.30. 2016도9027).

③ 공모공동정범에서 공모나 모의는 범죄사실을 구성하는 것으로서 이를 인정하기 위해서는 엄격한 증명이 요구되지만, 피고인이 그 실행행위에 직접 관여한 사실을 인정하면서도 공모의 점과 함께 범의를 부인하는 경우에는, 이러한 주관적 요소로 되는 사실은 사물의 성질상 범의와 상당한 관련성이 있는 간접사실 또는 정황사실을 증명하는 방법에 의하여 증명할 수밖에 없다(대법원 2017.12.22. 2017도12649).

28

 답 ①

┃ 정답해설 ┃

㉠ (×) [1] 형사소송법 제312조 제3항은 검사 이외의 수사기관이 작성한 당해 피고인에 대한 피의자신문조서를 유죄의 증거로 하는 경우뿐만 아니라 검사 이외의 수사기관이 작성한 당해 피고인과 공범관계에 있는 다른 피고인이나 피의자에 대한 피의자신문조서를 당해 피고인에 대한 유죄의 증거로 채택할 경우에도 적용된다.

[2] 따라서 당해 피고인과 공범관계가 있는 다른 피의자에 대하여 검사 이외의 수사기관이 작성한 피의자신문조서는 그 피의자의 법정진술에 의하여 그 성립의 진정이 인정되는 등 형사소송법 제312조 제4항의 요건을 갖춘 경우라고 하더라도 당해 피고인이 공판기일에서 그 조서의 내용을 부인한 이상 이를 유죄 인정의 증거로 사용할 수 없다(대법원 2014.4.10. 2014도1779).

㉡ (×) 피고인이 그 진술을 기재한 검사 작성의 피의자신문조서 중 일부에 관하여만 실질적 진정성립을 인정하는 경우에는 법원은 당해 조서 중 어느 부분이 그 진술대로 기재되어 있고 어느 부분이 달리 기재되어 있는지 여부를 구체적으로 심리한 다음 진술한 대로 기재되어 있다고 하는 부분에 한하여 증거능력을 인정하여야 하고, 그 밖에 실질적 진정성립이 인정되지 않는 부분에 대해서는 증거능력을 부정하여야 한다.

ⓒ (○) 형사소송법 제312조 제3항은 검사 이외의 수사기관이 작성한 당해 피고인에 대한 피의자신문조서를 유죄의 증거로 하는 경우뿐만 아니라 검사 이외의 수사기관이 작성한 당해 피고인과 공범관계에 있는 다른 피고인이나 피의자에 대한 피의자신문조서 또는 공동피의자에 대한 피의자신문조서를 당해 피고인에 대한 유죄의 증거로 채택할 경우에도 적용되는바, 당해 피고인과 공범관계가 있는 다른 피의자에 대한 검사 이외의 수사기관 작성의 피의자신문조서는 그 피의자의 법정진술에 의하여 그 성립의 진정이 인정되더라도 당해 피고인이 공판기일에서 그 조서의 내용을 부인하면 증거능력이 부정되므로, 그 당연한 결과로 그 피의자신문조서에 대하여는 사망 등 사유로 인하여 법정에서 진술할 수 없는 때에 예외적으로 증거능력을 인정하는 규정인 형사소송법 제314조가 적용되지 않는다(대법원 2002.6.14. 2002도2157, 대법원 2004.7.15. 2003도7185 전원합의체).

ⓔ (×) 형사소송법 제312조 제3항의 '그 내용을 인정할 때'라 함은 피의자신문조서의 기재 내용이 진술내용대로 기재되어 있다는 의미가 아니고 그와 같이 진술한 내용이 실제 사실과 부합한다는 것을 의미한다(대법원 2013.3.28. 2010도3359).

29

답 ③

┃정답해설┃

③ "정보통신망을 통하여 공포심이나 불안감을 유발하는 글을 반복적으로 상대방에게 도달하게 하는 행위를 하였다."는 공소사실에 대하여 휴대전화기에 저장된 문자정보가 그 증거가 되는 경우와 같이 그 문자정보가 범행의 직접적인 수단이 될 뿐 경험자의 진술에 갈음하는 대체물에 해당하지 않는 경우에는 형사소송법 제310조의2에서 정한 전문법칙이 적용될 여지가 없다(대법원 2008.11.13. 2006도2556).

┃오답해설┃

① 대법원 1999.4.13. 99도237
② 대법원 1997.4.11. 96도2865
④ 대법원 2012.5.24. 2010도5948

30

답 ③

┃정답해설┃

③ 헌법 제12조 제2항, 형사소송법 제244조의3 제1항, 제2항, 제312조 제3항에 비추어 보면, 비록 사법경찰관이 피의자에게 진술거부권을 행사할 수 있음을 알려 주고 그 행사 여부를 질문하였다 하더라도, 형사소송법 제244조의3 제2항에 규정한 방식에 위반하여 진술거부권 행사 여부에 대한 피의자의 답변이 자필로 기재되어 있지 아니하거나 그 답변 부분에 피의자의 기명날인 또는 서명이 되어 있지 아니한 사법경찰관 작성의 피의자신문조서는 특별한 사정이 없는 한 형사소송법 제312조 제3항에서 정한 '적법한 절차와 방식'에 따라 작성된 조서라 할 수 없으므로 그 증거능력을 인정할 수 없다(대법원 2014.4.10. 2014도1779).

┃오답해설┃

① 제1심 법정에서의 피고인의 자백은 진술거부권을 고지받지 않은 상태에서 이루어진 최초 자백 이후 40여 일이 지난 후에 변호인의 충분한 조력을 받으면서 공개된 법정에서 임의로 이루어진 것이고, 피해자의 진술은 법원의 적법한 소환에 따라 자발적으로 출석하여 위증의 벌을 경고받고 선서한 후 공개된 법정에서 임의로 이루어진 것이어서 예외적으로 유죄 인정의 증거로 사용할 수 있는 2차적 증거에 해당한다(대법원 2009.3.12. 2008도11437).

② 검사가 구속 기소한 후 다시 피의자를 소환하여 공범들과의 조직구성 및 활동 등에 관한 신문을 하면서 피의자신문조서가 아닌 일반적인 진술조서의 형식으로 조서를 작성한 경우, 미리 피의자에게 진술거부권을 고지하지 않았다면 위법수집증거에 해당하므로 유죄인정의 증거로 사용할 수 없다(대법원 2009.8.20. 2008도8213).

31

답 ③

┃정답해설┃

③ 피고인이나 그 변호인이 검사 작성의 당해 피고인에 대한 피의자신문조서의 성립의 진정함을 인정하는 진술을 하였다 하더라도, 그 피의자신문조서에 대하여 구 형사소송법(2007.6.1. 법률 제8496호로 개정되기 전의 것) 제292조에서 정한 증거조사가 완료되기 전에는 최초의 진술을 번복함으로써 그 피의자신문조서를 유죄 인정의 자료로 사용할 수 없도록 할 수 있으나, 그 피의자신문조서에

대하여 위의 증거조사가 완료된 뒤에는 그와 같은 번복의 의사표시에 의하여 이미 인정된 조서의 증거능력이 당연히 상실되는 것은 아니다. 다만, 적법절차 보장의 정신에 비추어 성립의 진정함을 인정한 최초의 진술에 그 효력을 그대로 유지하기 어려운 중대한 하자가 있고 그에 관하여 진술인에게 귀책사유가 없는 경우에 한하여 예외적으로 증거조사 절차가 완료된 뒤에도 그 진술을 취소할 수 있고, 그 취소 주장이 이유 있는 것으로 받아들여지게 되면 법원은 구 형사소송규칙(2007.10.29. 대법원규칙 제2106호로 개정되기 전의 것) 제139조 제4항의 증거배제 결정을 통하여 그 조서를 유죄 인정의 자료에서 제외하여야 한다(대법원 2008.7.10. 2007도7760).

┃오답해설┃

① 형사소송법 제217조 제2항, 제3항에 위반하여 압수·수색영장을 청구하여 이를 발부받지 아니하고도 즉시 반환하지 아니한 압수물은 이를 유죄 인정의 증거로 사용할 수 없는 것이고, 피고인이나 변호인이 이를 증거로 함에 동의하였다고 하더라도 달리 볼 것은 아니다(대법원 2009.12.24. 2009도11401).

② 공판준비 또는 공판기일에서 이미 증언을 마친 증인을 검사가 소환한 후 피고인에게 유리한 그 증언 내용을 추궁하여 이를 일방적으로 번복시키는 방식으로 작성한 진술조서는 피고인이 증거로 할 수 있음에 동의하지 아니하는 한 그 증거능력이 없다(대법원 2008.9.25. 2008도6985).

④ 약식명령에 불복하여 정식재판을 청구한 피고인이 정식재판절차에서 2회 불출정하여 법원이 피고인의 출정 없이 증거조사를 하는 경우에 형사소송법 제318조 제2항에 따른 피고인의 증거동의가 간주된다(대법원 2010.7.15. 2007도5776).

32　　답 ②

┃정답해설┃

② 형사소송법 제316조 제2항은 피고인 아닌 자(甲)가 공판준비 또는 공판기일에서 한 진술이 피고인 아닌 타인(乙)의 진술을 그 내용으로 하는 것인 때에는 원진술자가 사망, 질병 기타 사유로 인하여 진술할 수 없고 그 진술이 특히 신빙할 수 있는 상태하에서 행하여진 때에 한하여 이를 증거로 할 수 있다고 규정하고 있는데, 여기서 말하는 '피고인 아닌 자(乙)'에는 공동피고인이나 공범자도 포함된다(대법원 2018.5.15. 2017도19499).

┃오답해설┃

① 제316조 제1항

③ 형사소송법 제316조 제2항은 "피고인 아닌 자의 공판준비 또는 공판기일에서의 진술이 피고인 아닌 타인의 진술을 그 내용으로 하는 것인 때에는 원진술자가 사망, 질병, 외국거주, 소재불명, 그 밖에 이에 준하는 사유로 인하여 진술할 수 없고, 그 진술이 특히 신빙할 수 있는 상태하에서 행하여졌음이 증명된 때에 한하여 이를 증거로 할 수 있다."고 규정하고 있고, 같은 조 제1항에 따르면 위 '피고인 아닌 자'에는 공소제기 전에 피고인 아닌 타인을 조사하였거나 그 조사에 참여하였던 자(이하 '조사자'라고 한다)도 포함된다. 따라서 조사자의 증언에 증거능력이 인정되기 위해서는 원진술자가 사망, 질병, 외국거주, 소재불명, 그 밖에 이에 준하는 사유로 인하여 진술할 수 없어야 하는 것이라서, 원진술자가 법정에 출석하여 수사기관에서 한 진술을 부인하는 취지로 증언한 이상 원진술자의 진술을 내용으로 하는 조사자의 증언은 증거능력이 없다(대법원 2008.9.25. 2008도6985).

④ 대법원 2006.4.14. 2005도9561

33　　답 ①

┃정답해설┃

① 공동피고인의 자백은 이에 대한 피고인의 반대신문권이 보장되어 있어 증인으로 신문한 경우와 다를 바 없으므로 독립한 증거능력이 있고, 이는 피고인들간에 이해관계가 상반된다고 하여도 마찬가지라 할 것이다(대법원 2006.5.11. 2006도1944).

┃오답해설┃

② 대법원 1995.6.30. 94도993

③ 대법원 2008.2.14. 2007도10937

④ 대법원 1979.8.21. 79도1528

34

답 ②

▎정답해설▎

② 증거신청에 대한 법원의 결정(제295조)에 대해서는 증거 결정이 법령의 위반이 있음을 이유로 하여서만 이의신청을 할 수 있다(제295조, 규칙 제135조의2 단서).

> **규칙 제135조의2(증거조사에 관한 이의신청의 사유)**
> 법 제296조 제1항의 규정에 의한 이의신청은 법령의 위반이 있거나 상당하지 아니함을 이유로 하여 이를 할 수 있다. 다만, 법 제295조의 규정에 의한 결정에 대한 이의신청은 법령의 위반이 있음을 이유로 하여서만 이를 할 수 있다.

▎오답해설▎

① 대법원 2014.2.27. 2013도12155
③ 제292조 제1항·제3항
④ 제292조의2 제1항

35

답 ③

▎정답해설▎

③ 피고인이 백화점 내 점포에 입점시켜 주겠다고 속여 피해자로부터 입점비 명목으로 돈을 편취하였다며 사기로 기소된 경우, 피고인의 딸과 피해자의 아들이 혼인하여 피고인과 피해자가 사돈지간이라고 하더라도 민법상 친족으로 볼 수 없는데도, 위 범죄를 친족상도례가 적용되는 친고죄라고 판단한 후 피해자의 고소가 고소기간을 경과하여 부적법하다고 보아 공소를 기각한 원심 및 제1심은 위법하다(대법원 2011.4.28. 2011도2170).

▎오답해설▎

① 소년법 제32조의 보호처분을 받은 사건과 동일(상습죄 등 포괄일죄 포함)한 사건에 관하여 다시 공소제기가 되었다면, 이는 공소제기 절차가 법률의 규정에 위배하여 무효인 때에 해당한 경우이므로 형사소송법 제327조 제2호의 규정에 의하여 공소기각의 판결을 하여야 한다(대법원 1996.2.23. 96도47).
② 제327조 제6호
④ 제327조 제3호

더 알아보기

면소의 판결(제326조)
1. 확정판결이 있은 때
2. 사면이 있은 때
3. 공소의 시효가 완성되었을 때
4. 범죄 후의 법령개폐로 형이 폐지되었을 때

공소기각의 판결(제327조)
1. 피고인에 대하여 재판권이 없을 때
2. 공소제기의 절차가 법률의 규정을 위반하여 무효일 때
3. 공소가 제기된 사건에 대하여 다시 공소가 제기되었을 때
4. 제329조를 위반하여 공소가 제기되었을 때
5. 고소가 있어야 공소를 제기할 수 있는 사건에서 고소가 취소되었을 때
6. 피해자의 명시한 의사에 반하여 공소를 제기할 수 없는 사건에서 처벌을 원하지 아니하는 의사표시를 하거나 처벌을 원하는 의사표시를 철회하였을 때

공소기각의 결정(제328조)
1. 공소가 취소되었을 때
2. 피고인이 사망하거나 피고인인 법인이 존속하지 아니하게 되었을 때
3. 제12조 또는 제13조의 규정에 의하여 재판할 수 없는 때
4. 공소장에 기재된 사실이 진실하다 하더라도 범죄가 될 만한 사실이 포함되지 아니하는 때

36

답 ④

▎정답해설▎

④ 상습범으로서 포괄적 일죄의 관계에 있는 여러 개의 범죄사실 중 일부에 대하여 유죄판결이 확정된 경우에, 그 확정판결의 사실심판결 선고 전에 저질러진 나머지 범죄에 대하여 새로이 공소가 제기되었다면 그 새로운 공소는 확정판결이 있었던 사건과 동일한 사건에 대하여 다시 제기된 데 해당하므로 이에 대하여는 판결로써 면소의 선고를 하여야 하는 것인바(형사소송법 제326조 제1호), 다만 이러한 법리가 적용되기 위해서는 전의 확정판결에서 당해 피고인이 상습범으로 기소되어 처단되었을 것을 필요로 하는 것이고, 상습범 아닌 기본 구성요건의 범죄로 처단되는 데 그친 경우에는, 가사 뒤에 기소된 사건에서 비로소 드러났거나 새로 저질러진 범죄사실과 전의 판결에서 이미 유죄로 확정된 범죄사실 등을 종합하여

비로소 그 모두가 상습범으로서의 포괄적 일죄에 해당하는 것으로 판단된다 하더라도 뒤늦게 앞서의 확정판결을 상습범의 일부에 대한 확정판결이라고 보아 그 기판력이 그 사실심판결 선고 전의 나머지 범죄에 미친다고 보아서는 아니 된다(대법원 2004.9.16. 2001도3206, 전원합의체).

┃오답해설┃

① 대법원 2019.6.20. 2018도20698
② 대법원 2002.7.12. 2002도202
③ 대법원 1993.5.25. 93도836

37

답 ①

┃정답해설┃

① 형사소송법 제343조 제2항에서는, "상소의 제기기간은 재판을 선고 또는 고지한 날로부터 진행한다."고 규정하고 있으므로, 형사소송에 있어서는 판결등본이 당사자에게 송달되는 여부에 관계없이 공판정에서 판결이 선고된 날로부터 상소기간이 기산되며, 이는 피고인이 불출석한 상태에서 재판을 하는 경우에도 마찬가지이다(대법원 2002.9.27. 2002모6).

┃오답해설┃

② 제344조 제1항
③ 제66조 제1항・제3항
④ 제341조 제1항・제2항

38

답 ②

┃정답해설┃

② 검사만이 항소한 경우 항소심이 제1심의 양형보다 피고인에게 유리한 형량을 정할 수 없다는 제한이 있는 것도 아니다. 따라서 항소법원은 제1심의 형량이 너무 가벼워서 부당하다는 검사의 항소이유에 대한 판단에 앞서 직권으로 제1심판결에 양형이 부당하다고 인정할 사유가 있는지 여부를 심판할 수 있고, 그러한 사유가 있는 때에는 제1심판결을 파기하고 제1심의 양형보다 가벼운 형을 정하여 선고할 수 있다(대법원 2010.12.9. 2008도1092).

┃오답해설┃

① 대법원 2007.7.13. 2007도3448
③ 피고인이 정식재판을 청구한 사건에 대하여는 약식명령의 형보다 중한 종류의 형을 선고하지 못한다. 중한 형은 선고할 수 있다(제457조의2 참고).

> **제457조의2(형종 상향의 금지 등)**
> ① 피고인이 정식재판을 청구한 사건에 대하여는 약식명령의 형보다 중한 종류의 형을 선고하지 못한다.
> ② 피고인이 정식재판을 청구한 사건에 대하여 약식명령의 형보다 중한 형을 선고하는 경우에는 판결서에 양형의 이유를 적어야 한다.

④ 제439조

> **제439조(불이익변경의 금지)**
> 재심에는 원판결의 형보다 무거운 형을 선고할 수 없다.

39

답 ③

┃정답해설┃

③ 경합범 관계에 있는 수개의 범죄사실을 유죄로 인정하여 한 개의 형을 선고한 불가분의 확정판결에서 그중 일부의 범죄사실에 대하여만 재심청구의 이유가 있는 것으로 인정된 경우에는 형식적으로는 1개의 형이 선고된 판결에 대한 것이어서 그 판결 전부에 대하여 재심개시의 결정을 할 수밖에 없지만, 비상구제수단인 재심제도의 본질상 재심사유가 없는 범죄사실에 대하여는 재심개시결정의 효력이 그 부분을 형식적으로 심판의 대상에 포함시키는 데 그치므로 재심법원은 그 부분에 대하여는 이를 다시 심리하여 유죄인정을 파기할 수 없고 다만 그 부분에 관하여 새로이 양형을 하여야 하므로 양형을 위하여 필요한 범위에 한하여만 심리를 할 수 있을 뿐이다(대법원 2016.3.24. 2016도1131).

┃오답해설┃

① 대법원 2019.6.20. 2018도20698
② 제420조 제5호

> **제420조(재심이유)**
> 재심은 다음 각 호의 어느 하나에 해당하는 이유가 있는 경우에 유죄의 확정판결에 대하여 그 선고를 받은 자의 이익을 위하여 청구할 수 있다.

1. 원판결의 증거가 된 서류 또는 증거물이 확정판결에 의하여 위조되거나 변조된 것임이 증명된 때
2. 원판결의 증거가 된 증언, 감정, 통역 또는 번역이 확정판결에 의하여 허위임이 증명된 때
3. 무고(誣告)로 인하여 유죄를 선고받은 경우에 그 무고의 죄가 확정판결에 의하여 증명된 때
4. 원판결의 증거가 된 재판이 확정재판에 의하여 변경된 때
5. 유죄를 선고받은 자에 대하여 무죄 또는 면소를, 형의 선고를 받은 자에 대하여 형의 면제 또는 원판결이 인정한 죄보다 가벼운 죄를 인정할 명백한 증거가 새로 발견된 때
6. 저작권, 특허권, 실용신안권, 디자인권 또는 상표권을 침해한 죄로 유죄의 선고를 받은 사건에 관하여 그 권리에 대한 무효의 심결 또는 무효의 판결이 확정된 때
7. 원판결, 전심판결 또는 그 판결의 기초가 된 조사에 관여한 법관, 공소의 제기 또는 그 공소의 기초가 된 수사에 관여한 검사나 사법경찰관이 그 직무에 관한 죄를 지은 것이 확정판결에 의하여 증명된 때. 다만, 원판결의 선고 전에 법관, 검사 또는 사법경찰관에 대하여 공소가 제기되었을 경우에는 원판결의 법원이 그 사유를 알지 못한 때로 한정한다.

④ 대법원 2009.7.16. 2005모472

40 답 ②

▌정답해설▐

② 약식명령의 청구는 공소장일본주의의 예외에 해당한다. 검사는 약식명령의 청구와 동시에 약식명령을 하는데 필요한 증거서류 및 증거물을 법원에 제출하여야 한다(규칙 제170조).

▌오답해설▐

① 제448조 제1항

제448조(약식명령을 할 수 있는 사건)
①지방법원은 그 관할에 속한 사건에 대하여 검사의 청구가 있는 때에는 공판절차없이 약식명령으로 피고인을 벌금, 과료 또는 몰수에 처할 수 있다.

③ 제450조

제450조(보통의 심판)
약식명령의 청구가 있는 경우에 그 사건이 약식명령으로 할 수 없거나 약식명령으로 하는 것이 적당하지 아니하다고 인정한 때에는 공판절차에 의하여 심판하여야 한다.

④ 제457조

제457조(약식명령의 효력)
약식명령은 정식재판의 청구기간이 경과하거나 그 청구의 취하 또는 청구기각의 결정이 확정한 때에는 확정판결과 동일한 효력이 있다.

01	02	03	04	05	06	07	08	09	10	11	12	13	14	15	16	17	18	19	20
④	④	②	③	④	④	③	④	①	④	③	④	②	③	③	③	③	②	④	①
21	22	23	24	25	26	27	28	29	30	31	32	33	34	35	36	37	38	39	40
③	④	④	①	①	①	③	③	①	④	③	④	④	③	②	④	②	②	④	③

01 답 ④

┃정답해설┃

④ 이 사건 법률조항은 피의자의 신원확인을 원활하게 하고 수사활동에 지장이 없도록 하기 위한 것으로, 수사상 피의자의 신원확인은 피의자를 특정하고 범죄경력을 조회함으로써 타인의 인적 사항 도용과 범죄 및 전과사실의 은폐 등을 차단하고 형사사법제도를 적정하게 운영하기 위해 필수적이라는 점에서 그 목적은 정당하고, 지문채취는 신원확인을 위한 경제적이고 간편하면서도 확실성이 높은 적절한 방법이다. 또한 이 사건 법률조항은 형벌에 의한 불이익을 부과함으로써 심리적·간접적으로 지문채취를 강제하고 그것도 보충적으로만 적용하도록 하고 있어 피의자에 대한 피해를 최소화하기 위한 고려를 하고 있으며, 지문채취 그 자체가 피의자에게 주는 피해는 그리 크지 않은 반면 일단 채취된 지문은 피의자의 신원을 확인하는 효과적인 수단이 될 뿐 아니라 수사절차에서 범인을 검거하는 데에 중요한 역할을 한다. 한편, 이 사건 법률조항에 규정되어 있는 법정형은 형법상의 제재로서는 최소한에 해당되므로 지나치게 가혹하여 범죄에 대한 형벌 본래의 목적과 기능을 달성함에 필요한 정도를 일탈하였다고 볼 수도 없다(헌법재판소 2004.9.23. 2002헌가17·18(병합) 전원재판부).

┃오답해설┃

① 헌재결 2004.9.23. 2002헌가17
② 대법원 2002.10.8. 2001도39311
③ 대법원 1988.11.16. 88초60

02 답 ④

┃정답해설┃

④ 폭행죄는 피해자의 명시한 의사에 반하여 공소를 제기할 수 없는 반의사불벌죄로서 처벌불원의 의사표시는 의사능력이 있는 피해자가 단독으로 할 수 있는 것이고, 피해자가 사망한 후 그 상속인이 피해자를 대신하여 처벌불원의 의사표시를 할 수 없다(대법원 2010.5.27. 2010도2680).

┃오답해설┃

① 형사소송법상 소송능력이라 함은 소송당사자가 유효하게 소송행위를 할 수 있는 능력, 즉 피고인 또는 피의자가 자기의 소송상의 지위와 이해관계를 이해하고 이에 따라 방어행위를 할 수 있는 의사능력을 의미한다. 의사능력이 있으면 소송능력이 있다는 원칙은 피해자 등 제3자가 소송행위를 하는 경우에도 마찬가지라고 보아야 한다. 따라서 반의사불벌죄에 있어서 피해자의 피고인 또는 피의자에 대한 처벌을 희망하지 않는다는 의사표시 또는 처벌을 희망하는 의사표시의 철회는, 위와 같은 형사소송절차에 있어서의 소송능력에 관한 일반원칙에 따라, 의사능력이 있는 피해자가 단독으로 이를 할 수 있고, 거기에 법정대리인의 동의가 있어야 한다거나 법정대리인에 의해 대리되어야만 한다고 볼 것은 아니다. 나아가 청소년의 성보호에 관한 법률이 형사소송법과 다른 특별한 규정을 두고 있지 않는 한, 위와 같은 반의사불벌죄에 관한 해석론은 청소년의 성보호에 관한 법률의 경우에도 그대로 적용되어야 한다. 그러므로 청소년의 성보호에 관한 법률 제16조에 규정된 반의사불벌죄라고 하더라도, 피해자인 청소년

에게 의사능력이 있는 이상, 단독으로 피고인 또는 피의자의 처벌을 희망하지 않는다는 의사표시 또는 처벌희망 의사표시의 철회를 할 수 있고, 거기에 법정대리인의 동의가 있어야 하는 것으로 볼 것은 아니다(대법원 2009.11.19. 2009도6058 전원합의체).

② 대법원 2009.12.10. 2009도9939
③ 대법원 1994.4.26. 93도1689

03   답 ②

┃ 정답해설 ┃

② 원래 고소의 대상이 된 피고소인의 행위가 친고죄에 해당할 경우 소송요건인 그 친고죄의 고소를 취소할 수 있는 시기를 언제까지로 한정하는가는 형사소송절차운영에 관한 입법정책상의 문제이기에 형사소송법의 그 규정은 국가형벌권의 행사가 피해자의 의사에 의하여 좌우되는 현상을 장기간 방치하지 않으려는 목적에서 고소취소의 시한을 획일적으로 제1심판결시까지로 한정한 것이고, 따라서 그 규정을 현실적 심판의 대상이 된 공소사실이 친고죄로 된 당해 심급의시까지 고소인이 고소를 취소할 수 있다는 의미로 볼 수는 없다 할 것이어서, 항소심에서 공소장의 변경에 의하여 또는 공소장변경절차를 거치지 아니하고 법원 직권에 의하여 친고죄가 아닌 범죄를 친고죄로 인정하였더라도 항소심을 제1심이라 할 수는 없는 것이므로, 항소심에 이르러 비로소 고소인이 고소를 취소하였다면 이는 친고죄에 대한 고소취소로서의 효력은 없다(대법원 1999.4.15. 96도1922 전원합의체).

┃ 오답해설 ┃

① 종전의 제1심판결은 이미 파기되어 효력을 상실하였으므로 환송 후의 제1심판결 전에는 고소취소의 제한사유가 되는 제1심판결 선고가 없는 경우에 해당한다. 따라서 파기환송 후 다시 진행된 제1심판결 전에 고소가 취소되면 판결로써 공소를 기각하여야 한다(대법원 2011.8.25. 2009도9112).
③ 고소 또는 그 취소는 대리인으로 하여금하게 할 수 있다(제236조).
④ 검사가 작성한 피해자에 대한 진술조서기재 중 '피의자들의 처벌을 원하는가요?'라는 물음에 대하여 '법대로 처벌하여 주기 바랍니다'로 되어 있고 이어서 '더 할 말이 있는가요?'라는 물음에 대하여 '젊은 사람들이니 한번 기회를 주시면 감사하겠습니다'로 기재되어 있다면 피해자의 진술취지는 법대로 처벌하되 관대한 처분을 바란다는 취지로 보아야 하고 처벌의사를 철회한 것으로 볼 것이 아니다(대법원 1981.1.13. 80도2210).

04   답 ③

┃ 정답해설 ┃

③ 검사 또는 사법경찰관은 피의자를 신문하는 경우 피의자가 신체적 또는 정신적 장애로 사물을 변별하거나 의사를 결정·전달할 능력이 미약한 때에는 직권 또는 피의자·법정대리인의 신청에 따라 피의자와 신뢰관계에 있는 자를 동석하게 할 수 있다(제244조의5 제1호).

┃ 오답해설 ┃

① 제244조의2 제1항
② 제417조
④ 검찰사건사무규칙 제2조 내지 제4조에 의하면, 검사가 범죄를 인지하는 경우에는 범죄인지서를 작성하여 사건을 수리하는 절차를 거치도록 되어 있으므로, 특별한 사정이 없는 한 수사기관이 그와 같은 절차를 거친 때에 범죄인지가 된 것으로 볼 것이나, 범죄의 인지는 실질적인 개념이고, 이 규칙의 규정은 검찰행정의 편의를 위한 사무처리절차 규정이므로, 검사가 그와 같은 절차를 거치기 전에 범죄의 혐의가 있다고 보아 수사를 개시하는 행위를 한 때에는 이 때에 범죄를 인지한 것으로 보아야 하고, 그 뒤 범죄인지서를 작성하여 사건수리 절차를 밟은 때에 비로소 범죄를 인지하였다고 볼 것이 아니며, 이러한 인지절차를 밟기 전에 수사를 하였다고 하더라도, 그 수사가 장차 인지의 가능성이 전혀 없는 상태하에서 행해졌다는 등의 특별한 사정이 없는 한, 인지절차가 이루어지기 전에 수사를 하였다는 이유만으로 그 수사가 위법하다고 볼 수는 없고, 따라서 그 수사과정에서 작성된 피의자신문조서나 진술조서 등의 증거능력도 이를 부인할 수 없다(대법원 2001.10.26. 2000도2968).

┃정답해설┃

㉠ (×) 음주운전을 종료한 후 40분 이상이 경과한 시점에서 길가에 앉아 있던 운전자를 술냄새가 난다는 점만을 근거로 음주운전의 현행범으로 체포한 것은 적법한 공무집행으로 볼 수 없다(대법원 2007.4.13. 2007도1249).

㉡ (×) 피고인은 경찰관의 불심검문에 응하여 이미 운전면허증을 교부한 상태이고, 경찰관뿐 아니라 인근 주민도 욕설을 직접 들었으므로, 피고인이 도망하거나 증거를 인멸할 염려가 있다고 보기는 어렵고, 피고인의 모욕 범행은 불심검문에 항의하는 과정에서 저지른 일시적·우발적인 행위로서 사안 자체가 경미할 뿐 아니라, 피해자인 경찰관이 범행현장에서 즉시 범인을 체포할 급박한 사정이 있다고 보기도 어려우므로, 경찰관이 피고인을 체포한 행위는 적법한 공무집행이라고 볼 수 없고, 피고인이 체포를 면하려고 반항하는 과정에서 상해를 가한 것은 불법체포로 인한 신체에 대한 현재의 부당한 침해에서 벗어나기 위한 행위로서 정당방위에 해당한다(대법원 2011.5.26. 2011도3682).

㉢ (×) 교장실에 들어가 약 5분 동안 식칼을 휘두르며 소란을 피우다 부모의 만류로 그만둔 후 40분 정도 지나서 교장실이 아닌 서무실에서 체포하는 것은 현행범체포에 해당하지 아니한다(대법원 1991.9.24. 91도1314).

㉣ (○) 순찰 중이던 경찰관이 교통사고를 낸 차량이 도주하였다는 무전연락을 받고 주변을 수색하다가 범퍼 등의 파손상태로 보아 사고차량으로 인정되는 차량에서 내리는 사람을 발견한 경우, 형사소송법 제211조 제2항 제2호 소정의 '장물이나 범죄에 사용되었다고 인정함에 충분한 흉기 기타의 물건을 소지하고 있는 때'에 해당하므로 준현행범으로서 영장 없이 체포할 수 있다(대법원 2000.7.4. 99도4341).

┃정답해설┃

② 피의자에 대한 심문절차는 공개하지 아니한다. 다만, 판사는 상당하다고 인정하는 경우에는 피의자의 친족, 피해자 등 이해관계인의 방청을 허가할 수 있다(규칙 제96조의14).

┃오답해설┃

① 규칙 제96조의16 제4항, 규칙 제96조의20 제1항

③ 규칙 제96조의16 제3항

④ 제201조의2 제5항, 제6항

┃정답해설┃

③ 신체구속을 당한 피의자가 범하였다고 의심받는 범죄행위에 변호인을 자신의 범죄행위에 공범으로 가담시키려고 하였다는 등의 사정만으로 그 변호인의 신체구속을 당한 사람과의 접견교통을 금지하는 것이 정당화될 수는 없다(대법원 2007.1.31. 2006모656).

┃오답해설┃

① 대법원 1996.6.3. 96모18

② 대법원 1996.5.15. 95모94

④ 구치소에 구속되어 검사로부터 수사를 받고 있던 피의자들의 변호인으로 선임되었거나 선임되려는 변호사들이 피의자들을 접견하려고 1989.7.31. 구치소장에게 접견신청을 하였으나 같은 해 8.9. 까지도 접견이 허용되지 아니하고 있었다면, 수사기관의 구금 등에 관한 처분에 대하여 불복이 있는 경우 행정소송절차와는 다른 특별절차로서 준항고 절차를 마련하고 있는 형사소송법의 취지에 비추어, 위와 같이 피의자들에 대한 접견이 접견신청일로부터 상당한 기간이 경과하도록 허용되지 않고 있는 것은 접견불허처분이 있는 것과 동일시된다고 봄이 상당하다(대법원 1990.2.13. 89모37).

답 ④

┃정답해설┃

④ 공소제기 전의 체포·구인·구금 기간은 법원의 구속기간에 산입하지 아니한다(제92조 제3항).

> **제92조(구속기간과 갱신)**
> ③ 제22조(기피신청과 소송의 정지), 제298조(공소장의 변경) 제4항, 제306조(공판절차의 정지) 제1항 및 제2항의 규정에 의하여 공판절차가 정지된 기간 및 공소제기전의 체포·구인·구금 기간은 제1항 및 제2항의 기간에 산입하지 아니한다.

┃오답해설┃

① 제331조

> **제331조(무죄등와 구속영장의 효력)**
> 무죄, 면소, 형의 면제, 형의 선고유예, 형의 집행유예, 공소기각 또는 벌금이나 과료를 과하는 판결이 선고된 때에는 구속영장은 효력을 잃는다.

② 규칙 제96조의2

> **제96조의2(체포의 필요)**
> 체포영장의 청구를 받은 판사는 체포의 사유가 있다고 인정 되는 경우에도 피의자의 연령과 경력, 가족관계나 교우관계, 범죄의 경중 및 태양 기타 제반 사정에 비추어 피의자가 도망할 염려가 없고 증거를 인멸할 염려가 없는 등 명백히 체포의 필요가 없다고 인정되는 때에는 체포영장의 청구를 기각하여야 한다.

③ 제72조

09

답 ①

┃정답해설┃

① 구속적부심은 구속된 피의자 또는 그 변호인 등의 청구로 수사기관과는 별개 독립의 기관인 법원에 의하여 행하여지는 것으로서 구속된 피의자에 대하여 피의사실과 구속사유 등을 알려 그에 대한 자유로운 변명의 기회를 주어 구속의 적부를 심사함으로써 피의자의 권리보호에 이바지하는 제도인바, 법원 또는 합의부원, 검사, 변호인, 청구인이 구속된 피의자를 심문하고 그에 대한 피의자의

진술 등을 기재한 구속적부심문조서는 형사소송법 제311조가 규정한 문서에는 해당하지 않는다 할 것이나, 특히 신용할 만한 정황에 의하여 작성된 문서라고 할 것이므로 특별한 사정이 없는 한, 피고인이 증거로 함에 부동의하더라도 형사소송법 제315조 제3호에 의하여 당연히 그 증거능력이 인정된다(대법원 2004.1.6. 2003도5693).

┃오답해설┃

② 검사의 체포영장 또는 구속영장 청구에 대한 지방법원판사의 재판은 형사소송법 제402조의 규정에 의하여 항고의 대상이 되는 '법원의 결정'에 해당하지 아니하고, 제416조 제1항의 규정에 의하여 준항고의 대상이 되는 '재판장 또는 수명법관의 구금 등에 관한 재판'에도 해당하지 아니한다(대법원 2006.12.18. 자, 2006모646).

③ 제208조

④ 제201조의2 제1항

답 ④

┃정답해설┃

④ 형사소송법 제215조에 의한 압수·수색영장은 수사기관의 압수·수색에 대한 허가장으로서 거기에 기재되는 유효기간은 집행에 착수할 수 있는 종기(終期)를 의미하는 것일 뿐이므로, 수사기관이 압수·수색영장을 제시하고 집행에 착수하여 압수·수색을 실시하고 그 집행을 종료하였다면 이미 그 영장은 목적을 달성하여 효력이 상실되는 것이고, 동일한 장소 또는 목적물에 대하여 다시 압수·수색할 필요가 있는 경우라면 그 필요성을 소명하여 법원으로부터 새로운 압수·수색영장을 발부 받아야 하는 것이지, 앞서 발부 받은 압수·수색영장의 유효기간이 남아있다고 하여 이를 제시하고 다시 압수·수색을 할수는 없다(대법원 1999.12.1. 99모161).

┃오답해설┃

① 제119조, 제219조

② 대법원 2009.3.12. 2008도763

③ 수출입물품 통관검사절차에서 이루어지는 물품의 개봉, 시료채취, 성분분석 등의 검사는 수출입물품에 대한 적정한 통관 등을 목적으로 조사를 하는 것으로서 이를 수사기관의 강제처분이라고 할 수 없으므로, 세관공무원은 압수·수색영장 없이 이러한 검사를 진행할 수 있다(대법원 2017.7.18. 2014도8719).

11

┃정답해설┃

③ 음란물 유포의 범죄혐의를 이유로 압수수색영장을 발부받은 사법경찰관이 피고인의 주거지를 수색하는 과정에서 대마를 발견하자, 피고인을 마약류관리에 관한 법률 위반죄의 현행범으로 체포하면서 대마를 압수하였으나 그 다음날 피고인을 석방하고도 사후 압수수색영장을 발부받지 않은 사안에서, 위 압수물과 압수조서는 형사소송법상 영장주의를 위반하여 수집한 증거로서 증거능력이 부정된다고 한 사례(대법원 2009.5.14. 2008도10914)

┃오답해설┃

① 주취운전이라는 범죄행위로 당해 음주운전자를 구속·체포하지 아니한 경우에도 필요하다면 그 차량열쇠는 범행 중 또는 범행 직후의 범죄장소에서의 압수로서 형사소송법 제216조 제3항에 의하여 영장 없이 이를 압수할 수 있다(대법원 1998.5.8. 97다54482).

② 형사소송법 제215조 제2항은 "사법경찰관이 범죄수사에 필요한 때에는 검사에게 신청하여 검사의 청구로 지방법원 판사가 발부한 영장에 의하여 압수, 수색 또는 검증을 할 수 있다."고 규정하고 있는바, 사법경찰관이 위 규정을 위반하여 영장없이 물건을 압수한 경우 그 압수물은 물론 이를 기초로 하여 획득한 2차적 증거 역시 유죄 인정의 증거로 사용할 수 없는 것이고, 이와 같은 법리는 헌법과 형사소송법이 선언한 영장주의의 중요성에 비추어 볼 때 위법한 압수가 있은 직후에 피고인으로부터 작성받은 그 압수물에 대한 임의제출동의서도 특별한 사정이 없는 한 마찬가지라고 할 것이다(대법원 2010.7.22. 2009도14376).

④ 제217조 제1항

12

┃정답해설┃

④ 검사는 사본을 확보한 경우 등 압수를 계속할 필요가 없다고 인정되는 압수물 및 증거에 사용할 압수물에 대하여 공소제기 전이라도 소유자, 소지자, 보관자 또는 제출인의 청구가 있는 때에는 환부 또는 가환부하여야 한다(제218조의2 제1항).

┃오답해설┃

① 제333조 제3항

② 제133조 제2항

③ 수사기관의 압수물의 환부에 관한 처분의 취소를 구하는 준항고는 일종의 항고소송이므로, 통상의 항고소송에서와 마찬가지로 그 이익이 있어야 하고, 소송 계속 중 준항고로써 달성하고자 하는 목적이 이미 이루어졌거나 시일의 경과 또는 그 밖의 사정으로 인하여 그 이익이 상실된 경우에는 준항고는 그 이익이 없어 부적법하게 된다(대법원 2015.10.15. 2013모1970).

13

┃정답해설┃

② 증거보전의 청구를 함에는 서면으로 그 사유를 소명하여야 한다(제184조 제3항).

┃오답해설┃

① 검사, 피고인, 피의자 또는 변호인은 미리 증거를 보전하지 아니하면 그 증거를 사용하기 곤란한 사정이 있는 때에는 제1회 공판기일 전이라도 판사에게 압수, 수색, 검증, 증인신문 또는 감정을 청구할 수 있다(제184조 제1항).

③ 공동피고인과 피고인이 뇌물을 주고 받은 사이로 필요적 공범관계에 있다고 하더라도 검사는 수사단계에서 피고인에 대한 증거를 미리 보전하기 위하여 필요한 경우에는 판사에게 공동피고인을 증인으로 신문할 것을 청구할 수 있다(대법원 1988.11.8. 86도1646).

④ 형사소송법 제184조에 의한 증거보전은 피고인 또는 피의자가 형사입건도 되기 전에는 청구할 수 없고, 또 피의자신문에 해당하는 사항을 증거보전의 방법으로 청구할 수 없다(대법원 1979.6.12. 79도792).

14

▌정답해설▐

③ 법원이 재정신청서에 재정신청을 이유 있게 하는 사유가 기재되어 있지 않음에도 이를 간과한 채 형사소송법 제262조 제2항 제2호 소정의 공소제기결정을 한 관계로 그에 따른 공소가 제기되어 본안사건의 절차가 개시된 후에는, 다른 특별한 사정이 없는 한 이제 그 본안사건에서 위와 같은 잘못을 다툴 수 없다. 그렇지 아니하고 위와 같은 잘못을 본안사건에서 다툴 수 있다고 한다면 이는 재정신청에 대한 결정에 대하여 그것이 기각결정이든 인용결정이든 불복할 수 없도록 한 같은 법 제262조 제4항의 규정취지에 위배하여 형사소송절차의 안정성을 해칠 우려가 있기 때문이다. 또한 위와 같은 잘못은 본안사건에서 공소사실 자체에 대하여 무죄, 면소, 공소기각 등을 할 사유에 해당하는지를 살펴 무죄 등의 판결을 함으로써 그 잘못을 바로잡을 수 있다. 뿐만 아니라 본안사건에서 심리한 결과 범죄사실이 유죄로 인정되는 때에는 이를 처벌하는 것이 오히려 형사소송의 이념인 실체적 정의를 구현하는 데 보다 충실하다는 점도 고려하여야 한다(대법원 2010.11.11. 2009도224).

▌오답해설▐

① 법원은 재정신청 기각결정 또는 재정신청 취소가 있는 경우에는 결정으로 재정신청인에게 신청절차에 의하여 생긴 비용의 전부 또는 일부를 부담하게 할 수 있다(제262조의3 제1항).

② 검사가 공소시효 만료일 30일 전까지 공소를 제기하지 아니하는 경우에는 검찰항고를 거치지 않고 공소시효 만료일 전날까지 재정신청서를 제출할 수 있다(제260조 제3항).

④ 재정신청사건의 관할법원은 불기소처분을 한 검사 소속의 지방검찰청 소재지를 관할하는 고등법원이다(제260조 제1항).

15

답 ④

▌정답해설▐

④ 검사, 사법경찰관은 피의자 기타인의 유류한 물건이나 소유자, 소지자 또는 보관자가 임의로 제출한 물건을 영장 없이 압수할 수 있으므로(제218조) 소유자인 제3자가 임의로 제출하는 피고사건에 대한 그 증거물을 수사기관이 압수하는 것은 위법하지 않다.

▌오답해설▐

① 대법원 1984.9.25. 84도1646

② 공소제기된 피고인의 구속상태를 계속 유지할 것인지 여부에 관한 판단은 전적으로 당해 수소법원의 전권에 속하는 것이다. 법원이 보석에 관한 결정을 함에 있어 검사의 의견을 듣도록 한 형사소송법 제97조 제1항의 규정은 검사에게 구속 계속의 필요성에 관한 이유와 자료를 법원에 제출할 수 있는 기회를 부여하고 법원으로 하여금 그 제출된 자료 등을 참고하게 하여 결정의 적정을 기하려는 것을 목적으로 하는 것일 뿐만 아니라 위 규정에 따른 검사의 의견 또한 법원에 대하여 구속력을 가지는 것이 아니라고 할 것이다(대법원 1997.11.27. 97모88).

③ 제216조 제2항

16

답 ③

▌정답해설▐

③ 공소는 제1심판결 전까지 취소할 수 있다(제255조 제1항).

▌오답해설▐

① 제255조 제2항

② 제329조

④ 제328조 제1항 제1호

더 알아보기

제327조(공소기각의 판결)

1. 피고인에 대하여 재판권이 없을 때
2. 공소제기의 절차가 법률의 규정을 위반하여 무효일 때
3. 공소가 제기된 사건에 대하여 다시 공소가 제기되었을 때
4. 제329조를 위반하여 공소가 제기되었을 때
5. 고소가 있어야 공소를 제기할 수 있는 사건에서 고소가 취소되었을 때
6. 피해자의 명시한 의사에 반하여 공소를 제기할 수 없는 사건에서 처벌을 원하지 아니하는 의사표시를 하거나 처벌을 원하는 의사표시를 철회하였을 때

제328조(공소기각의 결정)

1. 공소가 취소되었을 때
2. 피고인이 사망하거나 피고인인 법인이 존속하지 아니하게 되었을 때
3. 제12조 또는 제13조의 규정에 의하여 재판할 수 없는 때
4. 공소장에 기재된 사실이 진실하다 하더라도 범죄가 될 만한 사실이 포함되지 아니하는 때

17

┃정답해설┃

㉠ (○) 뇌물공여죄와 뇌물수수죄 사이와 같은 이른바 대향 범 관계에 있는 자는 강학상으로는 필요적 공범이라고 불리고 있으나, 서로 대향된 행위의 존재를 필요로 할 뿐 각자 자신의 구성요건을 실현하고 별도의 형벌규정에 따라 처벌되는 것이어서, 2인 이상이 가공하여 공동의 구성요건을 실현하는 공범관계에 있는 자와는 본질적으로 다르며, 대향범 관계에 있는 자 사이에서는 각자 상대방의 범행에 대하여 형법 총칙의 공범규정이 적용되지 아니한다. 이러한 점들에 비추어 보면, 형사소송법 제253조 제2항에서 말하는 '공범'에는 뇌물공여죄와 뇌물수수죄 사이와 같은 대향범 관계에 있는 자는 포함되지 않는다(대법원 2015.2.12. 2012도4842).

㉡ (○) 대법원 2012.2.23. 2011도7282

㉢ (×) 공소장 변경이 있는 경우에 공소시효의 완성여부는 당초의 공소제기가 있었던 시점을 기준으로 판단할 것이고 공소장변경시를 기준으로 삼을 것이 아니다(대법원 1982.5.25. 82도535).

㉣ (×) 형사소송법 제253조 제3항의 '범인이 형사처분을 면할 목적으로 국외에 있는 경우'는 범인이 국내에서 범죄를 저지르고 형사처분을 면할 목적으로 국외로 도피한 경우에 한정되지 아니하고, 범인이 국외에서 범죄를 저지르고 형사처분을 면할 목적으로 국외에서 체류를 계속하는 경우는 포함된다(대법원 2015.6.24. 2015도5916).

18

┃정답해설┃

② 진술거부권은 현재 피의자나 피고인으로서 수사 또는 공판절차에 계속중인 자뿐만 아니라 장차 피의자나 피고인이 될 자에게도 보장되며, 형사절차뿐 아니라 행정절차나 국회에서의 조사절차 등에서도 보장된다(헌법재판소 1997.3.27. 96헌가11).

┃오답해설┃

① 피의자의 진술을 기재한 서류 또는 문서가 수사기관에서의 조사 과정에서 작성된 것이라면, 그것이 '진술조서, 진술서, 자술서'라는 형식을 취하였다고 하더라도 피의자신문조서와 달리 볼 수 없고, 수사기관에 의한 진술거부권 고지의 대상이 되는 피의자의 지위는 수사기관이 범죄인지서를 작성하는 등의 형식적인 사건수리 절차를 거치기

전이라도 조사대상자에 대하여 범죄의 혐의가 있다고 보아 실질적으로 수사를 개시하는 행위를 한 때에 인정된다. 특히 조사대상자의 진술 내용이 단순히 제3자의 범죄에 관한 경우가 아니라 자신과 제3자에게 공동으로 관련된 범죄에 관한 것이거나 제3자의 피의사실뿐만 아니라 자신의 피의사실에 관한 것이기도 하여 실질이 피의자신문조서의 성격을 가지는 경우에 수사기관은 진술을 듣기 전에 미리 진술거부권을 고지하여야 한다(대법원 2015.10.29. 2014도5939).

③ 대법원 2015.5.28. 2015도3136

④ 대법원 2001.3.9. 2001도192

19

┃정답해설┃

④ 법원으로서는 피고인의 연령·지능·교육 정도를 비롯한 시각장애의 정도 등을 확인한 다음 권리보호를 위하여 필요하다고 인정하는 때에는 그 피고인의 명시적 의사에 반하지 아니하는 범위 안에서 국선변호인을 선정하여 방어권을 보장해 줄 필요가 있다(대법원 2014.8.28. 2014도4496).

┃오답해설┃

① 형사소송법 제33조 제1항 제1호의 '피고인이 구속된 때'라고 함은, 원래 구속제도가 형사소송의 진행과 형벌의 집행을 확보하기 위하여 법이 정한 요건과 절차 아래 피고인의 신병을 확보하는 제도라는 점 등에 비추어 볼 때 피고인이 당해 형사사건에서 구속되어 재판을 받고 있는 경우를 의미하고, 피고인이 별건으로 구속되어 있거나 다른 형사사건에서 유죄로 확정되어 수형중인 경우는 이에 해당하지 아니한다(대법원 2009.5.28. 2009도579).

② 국선변호인선임청구를 기각한 결정은 전의 소송절차이므로, 그 결정에 대하여 즉시항고를 할 수 있는 근거가 없는 이상 그 결정에 대하여는 재항고도 할 수 없다(대법원 1993.12.3. 92모49).

③ 제33조 제1항 제3호

20

답 ①

┃정답해설┃

① 세무공무원의 고발 없이 조세범칙사건의 공소가 제기된 후에 세무공무원이 고발한 경우에는 그 공소절차의 무효가 치유된다고 할 수 없다(대법원 1970.7.28. 70도942).

┃오답해설┃

② 기피신청을 받은 법관이 형사소송법 제22조에 위반하여 본안의 소송절차를 정지하지 않은 채 그대로 소송을 진행하여서 한 소송행위는 그 효력이 없고, 이는 그 후 그 기피신청에 대한 기각결정이 확정되었다고 하더라도 마찬가지이다(대법원 2012.10.11. 2012도8544).

③ 변호인선임신고서를 제출하지 아니한 변호인이 변호인 명의로 정식재판청구서만 제출하고, 형사소송법 제453조 제1항이 정하는 정식재판청구기간 경과 후에 비로소 변호인선임신고서를 제출한 경우, 변호인 명의로 제출한 위 정식재판청구서는 적법·유효한 정식재판청구로서의 효력이 없다(대법원 2005.1.20. 2003모429).

④ 대법원 1982.9.14. 82도1504

21

답 ③

┃정답해설┃

③ 검사가 구술로 공소장변경허가신청을 하면서 변경하려는 공소사실의 일부만 진술하고 나머지는 전자적 형태의 문서로 저장한 저장매체를 제출한 경우 그 신청의 효력은 전자적 형태의 문서부분까지 미치지 아니한다(대법원 2016.12.15. 2015도3682).

┃오답해설┃

① 제298조 제1항

② 규칙 제142조 제1항, 제5항

④ 검사는 법원의 허가를 받아 공소장에 기재된 공소사실 또는 적용법조의 추가, 철회 또는 변경을 할 수 있고, 이 경우에 법원은 공소사실의 동일성을 해하지 아니하는 한도에서 이를 허가하도록 되어 있다(형사소송법 제298조). 따라서 일죄의 관계에 있는 여러 범죄사실 중 일부에 대한 기판력은 현실적으로 심판대상이 되지 아니한 다른 부분에도 미치므로, 그 일부의 범죄사실에 대하여 공소가 제기된 뒤에 항소심에서 나머지 부분을 추가하였다고 하여 공소사실의 동일성을 해하는 것이라고 볼 수 없으므로 법원은 이를 허가하여야 한다(대법원 2016.1.14. 2013도8118).

22

답 ④

┃정답해설┃

④ 법원은 쟁점 및 증거의 정리를 위하여 필요한 경우에는 제1회 공판기일 후에도 사건을 공판준비절차에 부칠 수 있다. 이 경우 기일전 공판준비절차에 관한 규정을 준용한다((제266조의15).

┃오답해설┃

① 제266조의13 제2항

> **제266조의13(공판준비기일 종결의 효과)**
> ① 공판준비기일에서 신청하지 못한 증거는 다음 각 호의 어느 하나에 해당하는 경우에 한하여 공판기일에 신청할 수 있다.
> 1. 그 신청으로 인하여 소송을 현저히 지연시키지 아니하는 때
> 2. 중대한 과실 없이 공판준비기일에 제출하지 못하는 등 부득이한 사유를 소명한 때
> ② 제1항에도 불구하고 법원은 직권으로 증거를 조사할 수 있다.

② 제266조의8 제4항

③ 제266조의9 제1항 제1호

> **제266조의9(공판준비에 관한 사항)**
> ① 법원은 공판준비절차에서 다음 행위를 할 수 있다.
> 1. 공소사실 또는 적용법조를 명확하게 하는 행위

23

답 ④

┃정답해설┃

④ 신청인이 출석통지를 받고도 정당한 이유 없이 출석하지 아니한 때에는 그 신청을 철회한 것으로 본다(제294조의2 제4항).

┃오답해설┃

① 헌법 제27조 제5항, 형사소송법 제294조의2 제1항

② 제294조의2 제3항

③ 제294조의3 제1항

24

답 ①

▌정답해설▌

① 피고인이 공판정에서 공소사실에 대하여 자백한 때에는 법원은 그 공소사실에 한하여 간이공판절차에 의하여 심판할 것을 결정할 수 있다(제286조의2).

▌오답해설▌

② 피고인이 법정에서 "공소사실은 모두 사실과 다름없다."고 하면서 술에 만취되어 기억이 없다는 취지로 진술한 경우에, 피고인이 음주상태로 운전하다가 교통사고를 내었고, 또한, 사고 후에 도주까지 하였다고 하더라도 피고인이 술에 만취되어 사고 사실을 몰랐다고 범의를 부인함과 동시에 그 범행 당시 심신상실 또는 심신미약의 상태에 있었다는 주장으로서 형사소송법 제323조 제2항에 정하여진 법률상 범죄의 성립을 조각하거나 형의 감면의 이유가 되는 사실의 진술에 해당하므로 피고인은 적어도 공소사실을 부인하거나 심신상실의 책임조각사유를 주장하고 있는 것으로 볼 여지가 충분하므로 간이공판절차에 의하여 심판할 대상에 해당하지 아니한다고 한 사례(대법원 2004.7.9. 2004도2116).

③ 형사소송법 제286조의2가 규정하는 간이공판절차의 결정의 요건인 공소사실의 자백이라 함은 공소장 기재사실을 인정하고 나아가 위법성이나 책임조각사유가 되는 사실을 진술하지 아니하는 것으로 충분하고 명시적으로 유죄를 자인하는 진술이 있어야 하는 것은 아니다(대법원 1987.8.18. 87도1269).

④ 제301조의2

25

답 ①

▌정답해설▌

① 헌법과 법률이 정한 법관에 의한 재판을 받을 권리는 직업법관에 의한 재판을 주된 내용으로 하는 것이므로, 국민참여재판을 받을 권리가 헌법 제27조 제1항에서 규정한 재판을 받을 권리의 보호범위에 속한다고 볼 수 없다(헌재결 2015.7.30. 2014헌바447).

▌오답해설▌

②·③ [1] 국민의 형사재판 참여에 관한 법률에 의하면 제1심 법원이 국민참여재판 대상사건을 피고인의 의사에 따라 국민참여재판으로 진행함에 있어 별도의 국민참여재판 개시결정을 할 필요는 없고, 그에 관한 이의가 있어

제1심 법원이 국민참여재판으로 진행하기로 하는 결정에 이른 경우 이는 전의 소송절차에 관한 결정에 해당하며, 그에 대하여 특별히 즉시항고를 허용하는 규정이 없으므로 위 결정에 대하여는 항고할 수 없다. 따라서 국민참여재판으로 진행하기로 하는 제1심 법원의 결정에 대한 항고는 항고의 제기가 법률상의 방식을 위반한 때에 해당하여 위 결정을 한 법원이 항고를 기각하여야 하고, 위 결정을 한 법원이 항고기각의 결정을 하지 아니한 때에는 항고법원은 결정으로 항고를 기각하여야 한다.
[2] 국민의 형사재판 참여에 관한 법률 제8조는 피고인이 공소장 부본을 송달받은 날부터 7일 이내에 국민참여재판을 원하는지 여부에 관한 의사가 기재된 서면(이하 '의사확인서')을 제출하도록 하고, 피고인이 그 기간 내에 의사확인서를 제출하지 아니한 때에는 국민참여재판을 원하지 아니하는 것으로 보며, 공판준비기일이 종결되거나 제1회 공판기일이 열린 이후 등에는 종전의 의사를 바꿀 수 없도록 규정하고 있다. 위 규정의 취지를 위 기한이 지나면 피고인이 국민참여재판 신청을 할 수 없도록 하려는 것으로는 보기 어려운 점 등에 비추어 볼 때, 공소장 부본을 송달받은 날부터 7일 이내에 의사확인서를 제출하지 아니한 피고인도 제1회 공판기일이 열리기 전까지는 국민참여재판 신청을 할 수 있고, 법원은 그 의사를 확인하여 국민참여재판으로 진행할 수 있다고 봄이 상당하다(대법원 2009.10.23. 자, 2009모1032).

④ 대법원 2014.11.13. 2014도8377

26

답 ①

▌정답해설▌

① 형사소송법 제219조가 준용하는 제118조는 '압수·수색 영장은 처분을 받는 자에게 반드시 제시하여야 한다.'고 규정하고 있으므로, 피처분자가 현장에 없거나 현장에서 그를 발견할 수 없는 경우 등 영장제시가 현실적으로 불가능한 경우에는 영장을 제시하지 아니한 채 압수·수색을 하였더라도 위법하다고 볼 수 없다(대법원 2015.1.22. 2014도10978).

▌오답해설▌

② 대법원 2013.9.12. 2011도12918

③ 수사기관으로부터 통신제한조치의 집행을 위탁받은 통신기관 등이 집행에 필요한 설비가 없을 때에는 수사기관에 설비의 제공을 요청하여야 하고, 그러한 요청 없이 통신제한조치허가서에 기재된 사항을 준수하지 아니한 채 통신

제한조치를 집행하였다면, 그러한 집행으로 취득한 전기통신의 내용 등은 헌법과 통신비밀보호법이 국민의 기본권인 통신의 비밀을 보장하기 위해 마련한 적법한 절차를 따르지 아니하고 수집한 증거에 해당하므로(형사소송법 제308조의2), 이는 유죄 인정의 증거로 할 수 없다(대법원 2016.10.13. 2016도8137).

④ 검찰관이 피고인을 뇌물수수 혐의로 기소한 후, 형사사법공조절차를 거치지 아니한 채 과테말라공화국에 현지출장하여 그곳 호텔에서 뇌물공여자 甲을 상대로 참고인진술조서를 작성한 사안에서, 검찰관의 甲에 대한 참고인조사가 증거수집을 위한 수사행위에 해당하고 그 조사장소가 우리나라가 아닌 과테말라공화국의 영역에 속하기는 하나, 조사의 상대방이 우리나라 국민이고 그가 조사에 스스로 응함으로써 조사의 방식이나 절차에 강제력이나 위력은 물론 어떠한 비자발적 요소도 개입될 여지가 없었음이 기록상 분명한 이상, 이는 서로 상대방 국민의 여행과 거주를 허용하는 우호국 사이에서 당연히 용인되는 우호국 국가기관과 그 국민 사이의 자유로운 의사연락의 한 형태에 지나지 않으므로 어떠한 영토주권 침해의 문제가 생겨날 수 없고, 더욱이 이는 우리나라와 과테말라공화국 사이의 국제법적 문제로서 피고인은 그 일방인 과테말라공화국과 국제법상 관할의 원인이 될 만한 아무런 연관성도 갖지 아니하므로, 피고인에 대한 국내 형사소송절차에서 위와 같은 사유로 인하여 위법수집증거배제법칙이 적용된다고 볼 수 없다고 한 사례(대법원 2011.7.14. 2011도3809).

27

답 ③

▌정답해설▌

㉠ (×) 디지털 녹음기에 녹음된 내용을 전자적 방법으로 테이프에 전사한 사본인 녹음테이프를 대상으로 법원이 검증절차를 진행하여, 녹음된 내용이 녹취록의 기재와 일치하고 그 음성이 진술자의 음성임을 확인하는데 그치고, 위 녹음 테이프가 인위적 개작없이 원본의 내용 그대로 복사된 것인지 여부에 대하여 별도로 확인하거나 달리 증거조사를 실시하지 아니하였으므로 녹음테이프의 증거능력을 인정할 수 없다(대법원 2008.12.24. 2008도9414).

㉡ (○) 대법원 2012.5.17. 2009도6788

㉢ (×) 수사기관이 피의자를 신문함에 있어서 피의자에게 미리 진술거부권을 고지하지 않은 때에는 그 피의자의 진술은 위법하게 수집된 증거로서, 진술의 임의성이 인정되는 경우라도 증거능력이 부정된다(대법원 2011.11.10. 2010도8294).

㉣ (×) 검사 작성의 피의자신문조서에 대한 실질적 진정성립을 증명할 수 있는 수단으로서 형사소송법 제312조 제2항에 규정된 '영상녹화물이나 그 밖의 객관적인 방법'이란 형사소송법 및 형사소송규칙에 규정된 방식과 절차에 따라 제작된 영상녹화물 또는 그러한 영상녹화물에 준할 정도로 피고인의 진술을 과학적·기계적·객관적으로 재현해 낼 수 있는 방법만을 의미하고, 그 외에 조사관 또는 조사 과정에 참여한 통역인 등의 증언은 이에 해당한다고 볼 수 없다(대법원 2016.2.18. 2015도16586).

28

답 ③

▌정답해설▌

③ 미국 범죄수사대(CID), 연방수사국(FBI)의 수사관들이 작성한 수사보고서 및 피고인이 위 수사관들에 의한 조사를 받는 과정에서 작성하여 제출한 진술서는 피고인이 그 내용을 부인하는 이상 증거로 쓸 수 없다(대법원 2006.1.13. 2003도6548).

▌오답해설▌

① 제312조 제3항

② 피고인이 제1심 제4회 공판기일부터 공소사실을 일관되게 부인하여 경찰 작성 피의자신문조서의 진술 내용을 인정하지 않는 경우, 제1심 제4회 공판기일에 피고인이 위 서증의 내용을 인정한 것으로 공판조서에 기재된 것은 착오 기재 등으로 보아 위 피의자신문조서의 증거능력을 부정하여야 하고, 이와 반대되는 원심판단에 법리오해의 위법이 있다고 한 사례(대법원 2010.6.24. 2010도5040).

④ 대법원 2013.3.28. 2010도3359

29

답 ①

▌정답해설▌

① 보험사기 사건에서 건강보험심사평가원이 수사기관의 의뢰에 따라 수사기관이 보내온 자료를 토대로 입원진료의 적정성에 대한 의견을 제시하는 내용의 건강보험심사평가원의 입원진료 적정성 여부 등 검토의뢰에 대한 회신은 형사소송법 제315조 제3호의 '기타 특히 신용할만한 정황에 의하여 작성된 문서'에 해당하지 않는다(대법원 2017.12.5. 2017도12671).

② 대법원 1984.2.28. 83도3145

③ 대법원 2005.4.28. 2004도4428

④ 성매매업소에 고용된 여성들이 성매매를 업으로 하면서 영업에 참고하기 위하여 성매매 상대방의 아이디와 전화번호 및 성매매방법 등을 메모지에 적어두었다가 직접 메모리카드에 입력하거나 업주가 고용한 다른 여직원이 그 내용을 입력한 사안에서, 위 메모리카드의 내용은 형사소송법 제315조 제2호의 '영업상 필요로 작성한 통상문서'로서 당연히 증거능력 있는 문서에 해당한다고 한 사례(대법원 2007.7.26. 2007도3219).

30 답 ④

┃정답해설┃

④ 탄핵증거의 제출에 있어서도 상대방에게 이에 대한 공격 방어의 수단을 강구할 기회를 사전에 부여하여야 한다는 점에서 그 증거와 증명하고자 하는 사실관계 및 입증취지 등을 미리 구체적으로 명시하여야 할 것이므로, 증명력을 다투고자 하는 증거의 어느 부분에 의하여 진술의 어느 부분을 다투려고 한다는 것인지를 사전에 상대방에게 알려야 한다(대법원 2005.8.19. 2005도2617).

┃오답해설┃

① · ② 대법원 2012.10.25. 2011도5459

③ 피고인이 내용을 부인하여 증거능력이 없는 사법경찰리 작성의 피의자신문조서에 대하여 비록 당초 증거제출 당시 탄핵증거라는 입증취지를 명시하지 아니하였지만 피고인의 법정 진술에 대한 탄핵증거로서의 증거조사절차가 대부분 이루어졌다고 볼 수 있는 점 등의 사정에 비추어 위 피의자신문조서를 피고인의 법정 진술에 대한 탄핵증거로 사용할 수 있다(대법원 2005.8.19. 2005도2617).

31 답 ③

┃정답해설┃

③ '피고인이 필로폰을 매수하면서 그 대금을 은행계좌로 송금한 사실'에 대한 압수 · 수색 · 검증영장집행보고는 필로폰 매수행위에 대한 보강증거는 될 수 있어도 그와 실체적 경합범 관계에 있는 필로폰투약행위에 대해서는 보강증거가 될 수 없다(대법원 2008.2.14. 2007도10937).

┃오답해설┃

① 대법원 2002.1.8. 2001도1897

② 대법원 1981.7.7. 81도1314

④ 대법원 2011.9.29. 2011도8015

32 답 ④

┃정답해설┃

④ 국가는 무죄판결이 확정된 경우에는 당해 사건의 피고인이었던 자에 대하여 그 재판에 소요된 비용을 보상하여야 한다(제194조의2 제1항).

┃오답해설┃

① 제325조

② 위헌결정으로 인하여 형벌에 관한 법률 또는 법률조항이 소급하여 그 효력을 상실한 경우에는 당해 조항을 적용하여 공소가 제기된 피고사건은 범죄로 되지 아니한 때에 해당한다고 할 것이어서 법원은 그 피고사건에 대하여 형사소송법 제325조 전단에 따라 무죄를 선고하여야 한다(대법원 2011.9.29. 2009도12515).

③ 제331조

33 답 ④

┃정답해설┃

④ 상상적 경합은 1개의 행위가 수개의 죄에 해당하는 경우를 말한다(형법 제40조). 여기에서 1개의 행위란 법적 평가를 떠나 사회관념상 행위가 사물자연의 상태로서 1개로 평가되는 것을 의미한다. 그리고 상상적 경합 관계의 경우에는 그중 1죄에 대한 확정판결의 기판력은 다른 죄에 대하여도 미친다(대법원 2017.9.21. 2017도11687).

┃오답해설┃

① 피고인이 경범죄처벌법상 '음주소란' 범칙행위로 범칙금 통고처분을 받아 이를 납부하였는데, 이와 근접한 일시 · 장소에서 위험한 물건인 과도(果刀)를 들고 피해자를 쫓아가며 "죽여 버린다."고 소리쳐 협박하였다는 내용의 폭력행위 등 처벌에 관한 법률 위반으로 기소된 사안에서, 범칙행위인 '음주소란'과 공소사실인 '흉기휴대협박행위'는 기본적 사실관계가 동일하다고 볼 수 없다는 이유로, 범칙금 납부의 효력이 공소사실에 미치지 않는다고 한 사례(대법원 2012.9.13. 2012도6612).

② 대법원 2009.10.29. 2009도6614

③ 여러 개의 업무상 횡령행위라 하더라도 피해법익이 단일하고, 범죄의 태양이 동일하며, 단일 범의의 발현에 기인하는 일련의 행위라고 인정될 때에는, 포괄하여 1개의 범죄라고 봄이 타당하고(대법원 2007.1.12. 2004도8071), 포괄일죄의 관계에 있는 범행의 일부에 대하여 약식명령이 확정된 경우에는 그 약식명령의 발령 시를 기준으로 하여 그 이전에 이루어진 범행에 대하여는 면소의 판결을 선고하여야 한다(대법원 2013.6.13. 2013도4737).

34　답 ③

┃정답해설┃

㉠ (○) 상소를 포기한 자는 형사소송법 제354조에 의하여 그 사건에 대하여 다시 상소를 할 수 없으며 피고인의 상소권이 소멸된 후에는 변호인은 상소를 제기할 수 없다(대법원 1986.7.12. 86모24).

㉡ (○) 제350조

㉢ (×) 변호인의 상소취하에 대한 피고인의 동의도 공판정에서 구술로써 할 수 있지만, 상소취하에 대한 피고인의 구술 동의는 명시적으로 이루어져야 한다(대법원 2015.9.10. 2015도7821).

㉣ (×) 피고인은 사형 또는 무기징역이나 무기금고가 선고된 판결에 대하여는 상소의 포기를 할 수 없다(제349조).

㉤ (×) 검사는 공익의 대표자로서 법령의 정당한 적용을 청구할 임무를 가지므로 이의신청을 기각하는 등 반대당사자에게 불이익한 재판에 대하여도 그것이 위법일 때에는 위법을 시정하기 위하여 상소로써 불복할 수 있으나, 재판의 이유만을 다투기 위하여 상소하는 것은 허용되지 아니한다(대법원 19993.3.4. 92모21).

35　답 ②

┃정답해설┃

② 법원이 유죄판결을 선고하면서 신상정보 제출의무 등의 고지를 누락한 경우, 상급심 법원에서 신상정보 제출의무 등을 새로 고지하는 것은 형을 피고인에게 불리하게 변경하는 경우에 해당되지 아니한다(대법원 2014.12.24. 2014도13529).

┃오답해설┃

① 대법원 2006.11.9. 2006도4888

③ 대법원 2014.8.20. 2014도6472

④ 피고인과 검사 쌍방이 항소하였으나 검사가 부착명령 청구사건에 대한 항소이유서를 제출하지 아니하여 부착명령 청구사건에 대한 검사의 항소를 기각하여야 하는 경우에는 실질적으로 부착명령 청구사건에 대해서는 피고인만이 항소한 경우와 같게 되므로 항소심은 불이익변경금지의 원칙에 따라 부착명령 청구사건에 관하여 제1심판결의 형보다 중한 형을 선고하지는 못한다고 할 것이다(대법원 1998.9.25. 98도2111, 대법원 2013.2.28. 2012도15260, 2012전도259(병합)). 그런데도 원심이 검사가 항소이유서를 제출하지 아니한 부착명령 청구사건에 대하여 법령적용의 잘못을 들어 이 부분 제1심판결을 직권으로 파기하고, 다른 형은 동일하게 선고하면서 부착명령 기간만을 제1심판결보다 장기의 기간으로 부과한 것은 부착명령 청구사건에 관하여 제심판결의 형을 피고인에게 불이익하게 변경한 것이라고 할 것이다(대법원 2014.3.27. 2013도9666).

36　답 ④

┃정답해설┃

④ 형사소송법이나 형사소송규칙에는 재심청구인이 재심의 청구를 한 후 청구에 대한 결정이 확정되기 전에 사망한 경우에 재심청구인의 배우자나 친족 등에 의한 재심청구인 지위의 승계를 인정하거나 형사소송법 제438조와 같이 재심청구인이 사망한 경우에도 절차를 속행할 수 있는 규정이 없으므로, 재심청구절차는 재심청구인의 사망으로 당연히 종료하게 된다(대법원 2014.5.30. 자, 2014모739).

┃오답해설┃

①·② 형사재판에서 재심은 형사소송법 제420조, 제421조 제1항의 규정에 의하여 유죄 확정판결 및 유죄판결에 대한 항소 또는 상고를 기각한 확정판결에 대하여만 허용된다. 면소판결은 유죄 확정판결이라 할 수 없으므로 면소판결을 대상으로 한 재심청구는 부적법하다(대법원 2018.5.2. 2015모3243).

③ 제1심 확정판결에 대한 재심청구사건의 판결이 있은 후에는 항소기각 판결에 대하여 다시 재심을 청구하지 못한다(제421조 제2항).

37

탭 ②

┃정답해설┃

② 즉결심판절차에 의한 심리와 재판의는 공개된 법정에서 행하되, 그 법정은 경찰관서(해양경찰관서를 포함한다) 외의 장소에 설치되어야 한다(즉결심판에 관한 절차법 제7조 제1항).

┃오답해설┃

① 즉결심판에 관한 절차법 제5조 제1항
③ 즉결심판에 관한 절차법 제11조 제5항
④ 즉결심판에 관한 절차법 제11조 제1항

38

탭 ②

┃정답해설┃

② 피고인 또는 변호인은 검사에게 공소제기된 사건에 관한 서류 또는 물건(이하 "서류 등"이라 한다)의 목록과 공소사실의 인정 또는 양형에 영향을 미칠 수 있는 다음 서류 등의 열람·등사 또는 서면의 교부를 신청할 수 있다. 다만, 피고인에게 변호인이 있는 경우에는 피고인은 열람만을 신청할 수 있다(제266조의3 제1항).

┃오답해설┃

① 제200조의4 제5항
③ 제59조의2 제1항
④ 제185조

39

탭 ④

┃정답해설┃

④ 공판준비 또는 공판기일에서 이미 증언을 마친 증인을 검사가 소환한 후 피고인에게 유리한 증언 내용을 추궁하여 이를 일방적으로 번복시키는 방식으로 작성한 진술조서를 유죄의 증거로 삼는 것은 당사자주의·공판중심주의·직접주의를 지향하는 현행 형사소송법의 소송구조에 어긋나는 것일 뿐만 아니라, 헌법 제27조가 보장하는 기본권, 즉 법관의 면전에서 모든 증거자료가 조사·진술되고 이에 대하여 피고인이 공격·방어할 수 있는 기회가 실질적으로 부여되는 재판을 받을 권리를 침해하는 것이므로, 이러한 진술조서는 피고인이 증거로 할 수 있음에 동의하지 아니하는 한 증거능력이 없고, 그 후 원진술자인 종전 증인이 다시 법정에 출석하여 증언을 하면서 그 진술조서의 성립의 진정함을 인정하고 피고인 측에 반대신문의 기회가 부여되었다고 하더라도 그 증언 자체를 유죄의 증거로 할 수 있음은 별론으로 하고 위와 같은 진술조서의 증거능력이 없다는 결론은 달리할 것이 아니다. 이는 검사가 공판준비 또는 공판기일에서 이미 증언을 마친 증인에게 수사기관에 출석할 것을 요구하여 그 증인을 상대로 위증의 혐의를 조사한 내용을 담은 피의자신문조서의 경우도 마찬가지이다(대법원 2013.8.14. 2012도13665).

┃오답해설┃

① 이러한 과정을 거쳐 얻은 감정의뢰회보 등은 원칙적으로 절차위반행위가 적법절차의 실질적인 내용을 침해하여 피고인이나 변호인의 동의가 있더라도 유죄의 증거로 사용할 수 없다(대법원 2012.11.15. 2011도15258).
② 소유자, 소지자 또는 보관자가 아닌 자로부터 제출받은 물건을 영장 없이 압수한 경우 그 '압수물' 및 압수물을 찍은 사진'은 이를 유죄 인정의 증거로 사용할 수 없는 것이고, 피고인이나 변호인이 이를 증거로 함에 동의하였다고 하더라도 증거로 사용할 수 없다(대법원 2010.1.28. 2009도10092).
③ 진술증거의 임의성에 관하여 의심할 만한 사정이 나타나 있는 경우에는 법원은 직권으로 그 임의성 여부에 관하여 조사를 하여야 하고, 임의성이 인정되지 아니하여 증거능력이 없는 진술증거는 피고인이 증거로 함에 동의하더라도 증거로 삼을 수 없다(대법원 2006.11.23. 2004도7900).

40

답 ③

▌정답해설▐

③ 피고인이 사형, 무기 또는 단기 3년 이상의 징역이나 금고에 해당하는 사건으로 기소된 때 변호인이 없는 때에는 법원은 직권으로 변호인을 선정하여야 한다(제33조 제1항 제6호).

▌오답해설▐

① 제200조의3 제1항
② 제249조 제1항 제3호
④ 제95조 제1호

제95조(필요적 보석)

보석의 청구가 있는 때에는 다음 이외의 경우에는 보석을 허가하여야 한다.

1. 피고인이 사형, 무기 또는 장기 10년이 넘는 징역이나 금고에 해당하는 죄를 범한 때
2. 피고인이 누범에 해당하거나 상습범인 죄를 범한 때
3. 피고인이 죄증을 인멸하거나 인멸할 염려가 있다고 믿을 만한 충분한 이유가 있는 때
4. 피고인이 도망하거나 도망할 염려가 있다고 믿을 만한 충분한 이유가 있는 때
5. 피고인의 주거가 분명하지 아니한 때
6. 피고인이 피해자, 당해 사건의 재판에 필요한 사실을 알고 있다고 인정되는 자 또는 그 친족의 생명·신체나 재산에 해를 가하거나 가할 염려가 있다고 믿을만한 충분한 이유가 있는 때

제249조(공소시효의 기간)

① 공소시효는 다음 기간의 경과로 완성한다.

1. 사형에 해당하는 범죄에는 25년
2. 무기징역 또는 무기금고에 해당하는 범죄에는 15년
3. 장기 10년 이상의 징역 또는 금고에 해당하는 범죄에는 10년
4. 장기 10년 미만의 징역 또는 금고에 해당하는 범죄에는 7년
5. 장기 5년 미만의 징역 또는 금고, 장기 10년 이상의 자격정지 또는 벌금에 해당하는 범죄에는 5년
6. 장기 5년 이상의 자격정지에 해당하는 범죄에는 3년
7. 장기 5년 미만의 자격정지, 구류, 과료 또는 몰수에 해당하는 범죄에는 1년

2018 정답 및 해설

01	02	03	04	05	06	07	08	09	10	11	12	13	14	15	16	17	18	19	20
①	④	③	③	④	②	③	①	④	④	④	④	③	①	②	②	②	②	④	①
21	22	23	24	25	26	27	28	29	30	31	32	33	34	35	36	37	38	39	40
④	③	①	④	①	④	①	②	④	①	④	③	①	①	②	④	②	②	①	①

01

답 ①

┃정답해설┃

① 법원의 관할이 명확하지 아니한 때 검사는 관계있는 제1 심법원에 공통되는 직근 상급법원에 관할지정을 신청하여야 한다(제14조).

┃오답해설┃

② 제10조

③ 제7조

④ 항소심에서 공소장변경에 의하여 단독판사의 관할사건이 합의부 관할사건으로 된 경우에도 법원은 사건을 관할권이 있는 법원에 이송하여야 하고, 항소심에서 변경된 위 합의부 관할사건에 대한 관할권이 있는 법원은 고등법원이라고 봄이 상당하다(대법원 1997.12.12. 97도2463).

02

답 ④

┃정답해설┃

④ 공판절차 갱신의 경우 재판장은 규칙 제127조의 규정에 따라 피고인에게 진술거부권 등을 고지한 후 법 제284조에 따른 인정신문을 하여 피고인임에 틀림없음을 확인하여야 한다(규칙 제144조 제1항 제1호).

┃오답해설┃

① 피의자에 대한 진술거부권 고지는 피의자의 진술거부권을 실효적으로 보장하여 진술이 강요되는 것을 막기 위해 인정되는 것인데, 이러한 진술거부권 고지에 관한 형사소송법 규정내용 및 진술거부권 고지가 갖는 실질적인 의미를 고려하면 수사기관에 의한 진술거부권 고지 대상이 되는 피의자 지위는 수사기관이 조사대상자에 대한 범죄혐의를 인정하여 수사를 개시하는 행위를 한 때 인정되는 것으로 보아야 한다. 따라서 이러한 피의자 지위에 있지 아니한 자에 대하여는 진술거부권이 고지되지 아니하였더라도 진술의 증거능력을 부정할 것은 아니다(대법원 2011.11.10. 2011도8125).

② 변호사인 변호인에게는 변호사법이 정하는 바에 따라서 이른바 진실의무가 인정되는 것이지만, 변호인이 신체구속을 당한 사람에게 법률적 조언을 하는 것은 그 권리이자 의무이므로 변호인이 적극적으로 피고인 또는 피의자로 하여금 허위진술을 하도록 하는 것이 아니라 단순히 헌법상 권리인 진술거부권이 있음을 알려 주고 그 행사를 권고하는 것을 가리켜 변호사로서의 진실의무에 위배되는 것이라고는 할 수 없다(대법원 2007.1.31. 자, 2006모656).

③ 수사기관이 피의자를 신문함에 있어서 피의자에게 미리 진술거부권을 고지하지 않은 때에는 그 피의자의 진술은 위법하게 수집된 증거로서 진술의 임의성이 인정되는 경우라도 증거능력이 부인되어야 한다(대법원 2014.4.10. 2014도1779).

03

답 ③

┃정답해설┃

③ 법원은 피고인이 빈곤이나 그 밖의 사유로 변호인을 선임할 수 없는 경우에 피고인이 청구하면 변호인을 선정하여야 한다(제33조 제2항).

┃오답해설┃

① 제201조의2 제8항
② 제266조의7 제4항
④ 제33조 제3항

04

답 ③

┃정답해설┃

③ 가정보원 사법경찰관이 경찰서 유치장에 구금되어 있던 피의자에 대하여 의사의 진료를 받게 할 것을 신청한 변호인에게 국가정보원이 추천하는 의사의 참여를 요구한 것은 행형법시행령 제176조의 규정에 근거한 것으로서 적법하고, 이를 가리켜 변호인의 수진권을 침해하는 위법한 처분이라고 할 수는 없다(대법원 2002.5.6.자, 2000모112).

┃오답해설┃

① 규칙 제15조 제2항
② 이른바 필요적 변호사건에 있어서 피고인에게 변호인이 없는 경우에는 기록을 송부받은 항소법원은 지체없이 변호인을 선정한 후 그 변호인에게 소송기록접수통지를 함으로써 그 변호인이 통지를 받은 날로부터 기산한 소정의 기간 내에 피고인을 위하여 항소이유서를 작성·제출할 수 있도록 하여 변호인의 조력을 받을 피고인의 권리를 보호하여야 한다고 할 것인바(형사소송규칙 제156조의2), 변호인의 조력을 받을 위와 같은 피고인의 권리는 필요적 변호사건에서 법원이 정당한 이유 없이 국선변호인을 선정하지 않고 있는 사이에 피고인 스스로 변호인을 선임하였으나 그 때는 이미 피고인에 대한 항소이유서 제출기간이 도과해버린 후이어서 그 변호인이 피고인을 위하여 항소이유서를 작성·제출할 시간적 여유가 없는 경우에도 마찬가지로 보호되어야 한다고 할 것이므로, 그 경우에는 법원은 사선변호인에게도 형사소송규칙 제156조의2를 유추적용하여 소송기록접수통지를 함으로써 그 변호인이 통지를 받은 날로부터 기산하여 소정의 기간 내에 피고인을 위하여 항소이유서를 작성·제출할 수 있는 기회를 주어야 한다(대법원 2000.12.22. 2000도4694).
④ 제243조의2 제3항

05

답 ④

┃정답해설┃

④ 경찰관직무집행법(이하 '법'이라 한다) 제3조 제4항은 경찰관이 불심검문을 하고자 할 때에는 자신의 신분을 표시하는 증표를 제시하여야 한다고 규정하고, 경찰관직무집행법 시행령 제5조는 위 법에서 규정한 신분을 표시하는 증표는 경찰관의 공무원증이라고 규정하고 있는데, 불심검문을 하게 된 경우, 불심검문 당시의 현장상황과 검문을 하는 경찰관들의 복장, 피고인이 공무원증 제시나 신분 확인을 요구하였는지 여부 등을 종합적으로 고려하여, 검문하는 사람이 경찰관이고 검문하는 이유가 범죄행위에 관한 것임을 피고인이 충분히 알고 있었다고 보이는 경우에는 신분증을 제시하지 않았다고 하여 그 불심검문이 위법한 공무집행이라고 할 수 없다(대법원 2014.12.11. 2014도7976).

┃오답해설┃

① 경찰관 직무집행법 제3조 제1항 제1호
② 경찰관 직무집행법 제3조 제4항
③ 경찰관 직무집행법 제3조 제5항

06

답 ②

┃정답해설┃

② 위법한 강제연행 상태에서 호흡측정 방법에 의한 음주측정을 한 다음 강제연행 상태로부터 시간적·장소적으로 단절되었다고 볼 수도 없고 피의자의 심적 상태 또한 강제연행 상태로부터 완전히 벗어났다고 볼 수 없는 상황에서 피의자가 호흡측정 결과에 대한 탄핵을 하기 위하여 스스로 혈액채취 방법에 의한 측정을 할 것을 요구하여 혈액채취가 이루어졌다고 하더라도 그 사이에 위법한 체포 상태에 의한 영향이 완전하게 배제되고 피의자의 의사결정의 자유가 확실하게 보장되었다고 볼 만한 다른 사정이 개입되지 않은 이상 불법체포와 증거수집 사이의 인과관계가 단절된 것으로 볼 수는 없다. 따라서 그러한 혈액채취에 의한 측정 결과 역시 유죄 인정의 증거로 쓸 수 없다고 보아야 한다. 그리고 이는 수사기관이 위법한 체포 상태를 이용하여 증거를 수집하는 등의 행위를 효과적으로 억지하기 위한 것이므로, 피고인이나 변호인이 이를 증거로 함에 동의하였다고 하여도 달리 볼 것은 아니다(대법원 2013.3.14. 2010도2094).

① 경찰관직무집행법 제4조 제1항 제1호(이하 '이 사건 조항'이라 한다)의 보호조치 요건이 갖추어지지 않았음에도, 경찰관이 실제로는 범죄수사를 목적으로 피의자에 해당하는 사람을 이 사건 조항의 피구호자로 삼아 그의 의사에 반하여 경찰관서에 데려간 행위는, 달리 현행범체포나 임의동행 등의 적법 요건을 갖추었다고 볼 사정이 없다면, 위법한 체포에 해당한다고 보아야 한다(대법원 2012.12.13. 2012도11162).

③·④ 사법경찰관이 피고인을 수사관서까지 동행한 것이 사실상의 강제연행, 즉 불법 체포에 해당하고, 불법 체포로부터 6시간 상당이 경과한 후에 이루어진 긴급체포 또한 위법하므로 피고인이 불법체포된 자로서 형법 제145조 제1항에 정한 '법률에 의하여 체포 또는 구금된 자'가 아니어서 도주죄의 주체가 될 수 없다고 한 사례(대법원 2006.7.6. 2005도6810).

07 답 ③

ㄱ. (○) 친고죄에서 고소는, 고소권 있는 자가 수사기관에 대하여 범죄사실을 신고하고 범인의 처벌을 구하는 의사표시로서 서면뿐만 아니라 구술로도 할 수 있고, 다만 구술에 의한 고소를 받은 검사 또는 사법경찰관은 조서를 작성하여야 하지만 그 조서가 독립된 조서일 필요는 없으며, 수사기관이 고소권자를 증인 또는 피해자로서 신문한 경우에 그 진술에 범인의 처벌을 요구하는 의사표시가 포함되어 있고 그 의사표시가 조서에 기재되면 고소는 적법하다(대법원 2011.6.24. 2011도4451, 2011전도76).

ㄹ. (○) 친고죄에서 적법한 고소가 있었는지는 자유로운 증명의 대상이 되고, 일죄의 관계에 있는 범죄사실 일부에 대한 고소의 효력은 일죄 전부에 대하여 미친다(대법원 2011.6.24. 2011도4451, 2011전도76).

ㄴ. (×) 형사소송법 제232조 제1항, 제3항의 취지는 국가형벌권의 행사가 피해자의 의사에 의하여 좌우되는 현상을 장기간 방치할 것이 아니라 제1심판결선고 이전까지로 제한하자는데 그 목적이 있다 할 것이므로 비록 항소심에 이르러 비로소 반의사불벌죄가 아닌 죄에서 반의사불벌죄로 공소장변경이 있었다 하여 항소심인 제2심을 제1심으로 볼 수는 없다(대법원 1988.3.8. 85도2518).

ㄷ. (×) 친고죄에 대하여 고소할 자가 없는 경우에 이해관계인의 신청이 있으면 검사는 10일 이내에 고소할 수 있는 자를 지정하여야 한다(제228조).

08 답 ①

① 신문에 참여하고자 하는 변호인이 2인 이상인 때에는 피의자가 신문에 참여할 변호인 1인을 지정한다. 지정이 없는 경우에는 검사 또는 사법경찰관이 이를 지정할 수 있다(제243조의2 제2항).

② 형사소송법 제244조의5는, 검사 또는 사법경찰관은 피의자를 신문하는 경우 피의자가 신체적 또는 정신적 장애로 사물을 변별하거나 의사를·전달할 능력이 미약한 때나 피의자의 연령·성별·국적 등의 사정을 고려하여 그 심리적 안정의 도모와 원활한 의사소통을 위하여 필요한 경우에는, 직권 또는 피의자·법정대리인의 신청에 따라 피의자와 신뢰관계에 있는 자를 동석하게 할 수 있도록 규정하고 있다. 구체적인 사안에서 위와 같은 동석을 허락할 것인지는 원칙적으로 검사 또는 사법경찰관이 피의자의 건강 상태 등 여러 사정을 고려하여 재량에 따라 판단하여야 할 것이나, 이를 허락하는 경우에도 동석한 사람으로 하여금 피의자를 대신하여 진술하도록 하여서는 안 된다. 만약 동석한 사람이 피의자를 대신하여 진술한 부분이 조서에 기재되어 있다면 그 부분은 피의자의 진술을 기재한 것이 아니라 동석한 사람의 진술을 기재한 조서에 해당하므로, 그 사람에 대한 진술조서로서의 증거능력을 취득하기 위한 요건을 충족하지 못하는 한 이를 유죄 인정의 증거로 사용할 수 없다(대법원 2009.6.23. 2009도1322).

③ 제244조의2 제1항

④ 제417조

09

답 ④

┃ 정답해설 ┃

④ 압수수색영장의 청구는 체포한 때부터 48시간 이내에 하여야 한다(제217조 제2항).

> **제217조(영장에 의하지 아니하는 강제처분)**
> ② 검사 또는 사법경찰관은 제1항 또는 제216조 제1항 제2호에 따라 압수한 물건을 계속 압수할 필요가 있는 경우에는 지체없이 압수수색영장을 청구하여야 한다. 이 경우 압수수색영장의 청구는 체포한 때부터 48시간 이내에 하여야 한다.

┃ 오답해설 ┃

① 대법원 2008.3.27. 2007도11400
② 제216조 제1항 제1호
③ 제200조의4 제6항

10

답 ④

┃ 정답해설 ┃

④ 검사 등이 아닌 이에 의하여 현행범인이 체포된 후 불필요한 지체 없이 검사 등에게 인도된 경우 위 48시간의 기산점은 체포시가 아니라 검사 등이 현행범인을 인도받은 때라고 할 것이다(대법원 2011.12.22. 2011도12927).

┃ 오답해설 ┃

① 대법원 1999.1.26. 98도3029
② 피고인이 경찰관의 불심검문을 받아 운전면허증을 교부한 후 경찰관에게 큰 소리로 욕설을 하였는데, 경찰관이 모욕죄의 현행범으로 체포하겠다고 고지한 후 피고인의 오른쪽 어깨를 붙잡자 반항하면서 경찰관에게 상해를 가한 사안에서, 피고인은 경찰관의 불심검문에 응하여 이미 운전면허증을 교부한 상태이고, 경찰관뿐 아니라 인근 주민도 욕설을 직접 들었으므로, 피고인이 도망하거나 증거를 인멸할 염려가 있다고 보기는 어렵고, 피고인의 모욕 범행은 불심검문에 항의하는 과정에서 저지른 일시적, 우발적인 행위로서 사안 자체가 경미할 뿐 아니라, 피해자인 경찰관이 범행현장에서 즉시 범인을 체포할 급박한 사정이 있다고 보기도 어려우므로, 경찰관이 피고인을 체포한 행위는 적법한 공무집행이라고 볼 수 없고,

피고인이 체포를 면하려고 반항하는 과정에서 상해를 가한 것은 불법체포로 인한 신체에 대한 현재의 부당한 침해에서 벗어나기 위한 행위로서 정당방위에 해당한다는 이유로, 피고인에 대한 상해 및 공무집행방해의 공소사실을 무죄로 인정한 원심판단을 수긍한 사례(대법원 2011.5.26. 2011도3682).
③ 대법원 2011.12.22. 2011도12927

11

답 ④

┃ 정답해설 ┃

④ 1개의 목적을 위하여 동시 또는 수단결과의 관계에서 행하여진 행위는 동일한 범죄사실로 간주한다(제208조 제1항).

> **제208조(재구속의 제한)**
> ① 검사 또는 사법경찰관에 의하여 구속되었다가 석방된 자는 다른 중요한 증거를 발견한 경우를 제외하고는 동일한 범죄사실에 관하여 재차 구속하지 못한다.
> ② 전항의 경우에는 1개의 목적을 위하여 동시 또는 수단결과의 관계에서 행하여진 행위는 동일한 범죄사실로 간주한다.

┃ 오답해설 ┃

① 제69조, 제71조
② 제92조 제1항, 제2항
③ 형사소송법 제402조, 제403조에서 말하는 법원은 형사소송법상의 수소법원만을 가리키므로, 같은 법 제205조 제1항 소정의 구속기간의 연장을 허가하지 아니하는 지방법원 판사의 결정에 대하여는 같은 법 제402조, 제403조가 정하는 항고의 방법으로는 불복할 수 없고, 나아가 그 지방법원 판사는 수소법원으로서의 재판장 또는 수명법관도 아니므로 그가 한 재판은 같은 법 제416조가 정하는 준항고의 대상이 되지도 않는다(대법원 1997.6.16.자, 97모1).

12

답 ④

┃정답해설┃

④ 판사는 구속 여부의 판단을 위하여 필요하다고 인정하는 때에는 심문장소에 출석한 피해자 그 밖의 제3자를 심문할 수 있다(규칙 제96조의16 제5항).

┃오답해설┃

① 규칙 제96조의12 제2항
② 규칙 제96조의12 제3항
③ 규칙 제96조의20, 규칙 제96조의16 제4항

13

답 ③

┃정답해설┃

③ 제93조

> **제93조(구속의 취소)**
> 구속의 사유가 없거나 소멸된 때에는 법원은 직권 또는 검사, 피고인, 변호인과 제30조 제2항에 규정한 자의 청구에 의하여 결정으로 구속을 취소하여야 한다.

┃오답해설┃

① 형사소송법 제88조는 "피고인을 구속한 때에는 즉시 공소사실의 요지와 변호인을 선임할 수 있음을 알려야 한다."고 규정하고 있는바, 이는 사후 청문절차에 관한 규정으로서 이를 위반하였다 하여 구속영장의 효력에 어떠한 영향을 미치는 것은 아니다(대법원 2000.11.10. 자, 2000모134).
② 구속기간연장허가결정이 있은 경우에 그 연장기간은 법 제203조의 규정에 의한 구속기간만료 다음날로부터 기산한다(규칙 제98조).
④ 구속 중인 피고인에 대하여 감정유치장이 집행되었을 때에는 피고인이 유치되어 있는 기간 구속은 그 집행이 정지된 것으로 간주한다(제172조의2 제1항).

14

답 ①

┃정답해설┃

① 증인신문조서가 증거보전절차에서 피고인이 증인으로서 증언한 내용을 기재한 것이 아니라 증인(갑)의 증언내용을 기재한 것이고 다만 피의자였던 피고인이 당사자로 참여하여 자신의 범행사실을 시인하는 전제하에 위 증인에게 반대신문한 내용이 기재되어 있을 뿐이라면, 위 조서는 공판준비 또는 공판기일에 피고인 등의 진술을 기재한 조서도 아니고, 반대신문과정에서 피의자가 한 진술에 관한 한 형사소송법 제184조에 의한 증인신문조서도 아니므로 위 조서중 피의자의 진술기재부분에 대하여는 형사소송법 제311조에 의한 증거능력을 인정할 수 없다(대법원 1984.5.15. 84도508).

┃오답해설┃

② 형사소송법 제184조에 의한 증거보전은 피고인 또는 피의자가 형사입건도 되기 전에는 청구할 수 없고, 또 피의자신문에 해당하는 사항을 증거보전의 방법으로 청구할 수 없다(대법원 1979.6.12. 79도792).
③ 제184조 제4항
④ 제184조 제2항

15

답 ②

┃정답해설┃

② 형사소송법 제133조 제1항 후단이, 제2항의 '증거에만 공할' 목적으로 압수할 물건과는 따로이, '증거에 공할' 압수물에 대하여 법원의 재량에 의하여 가환부할 수 있도록 규정한 것을 보면, '증거에 공할 압수물'에는 증거물로서의 성격과 몰수할 것으로 사료되는 물건으로서의 성격을 가진 압수물이 포함되어 있다고 해석함이 상당하다(대법원 1998.4.16. 자, 97모25).

┃오답해설┃

① 세관이 시계행상이 소지하고 있던 외국산시계를 관세장물의 혐의가 있다고 하여 압수하였던 것을 검사가 그것이 관세포탈품인지를 확인할 수 없어 그 사건을 기소중지처분하였다면 위 압수물은 관세장물이라고 단정할 수 없으므로 국고에 귀속시킬 수 없음은 물론 압수를 더 이상 단속할 필요도 없다(대법원 1988.12.14. 자, 88모55).

③ 제130조 제2항
④ [1] 승객인 피고인이 운전사가 가스를 주입하기 위해 운전석을 잠시 비운 틈에 운전석 옆 돈주머니에 있던 돈 7,000원 중 3,000원만을 꺼내 훔치고, 훔친 돈을 운전사가 돌아올 때까지 손에 들고 있었다는 증언내용은 경험칙에 비추어 수긍하기 어렵다.

[2] 압수물(피해품)은 피고인에 대한 범죄의 증명이 없게 된 경우에는 압수물의 존재만으로 그 유죄의 증거가 될 수 없다(대법원 1984.3.27. 83도3067, 83감도513).

16 답 ②

▌정답해설▌

② 범죄의 피해자인 검사가 그 사건의 수사에 관여하거나, 압수·수색영장의 집행에 참여한 검사가 다시 수사에 관여하였다는 이유만으로 바로 그 수사가 위법하다거나 그에 따른 참고인이나 피의자의 진술에 임의성이 없다고 볼 수는 없다(대법원 2013.9.12. 2011도12918).

▌오답해설▌

① 헌법과 형사소송법이 구현하고자 하는 적법절차와 영장주의의 정신에 비추어 볼 때, 법관이 압수·수색영장을 발부하면서 '압수할 물건'을 특정하기 위하여 기재한 문언은 엄격하게 해석하여야 하고, 함부로 피압수자 등에게 불리한 내용으로 확장 또는 유추 해석하여서는 안 된다. 따라서 압수·수색영장에서 압수할 물건을 '압수장소에 보관중인 물건'이라고 기재하고 있는 것을 '압수장소에 현존하는 물건'으로 해석할 수는 없다(대법원 2009.3.12. 2008도763).
③ 경찰관이 이른바 전화사기죄 범행의 혐의자를 긴급체포하면서 그가 보관하고 있던 다른 사람의 주민등록증, 운전면허증 등을 압수한 사안에서, 이는 구 형사소송법 제217조 제1항에서 규정한 해당 범죄사실의 수사에 필요한 범위 내의 압수로서 적법하므로, 이를 위 혐의자의 점유이탈물횡령죄 범행에 대한 증거로 인정한 사례(대법원 2008.7.10. 2008도2245)
④ 형사소송법 제215조에 의한 압수·수색영장은 수사기관의 압수·수색에 대한 허가장으로서 거기에 기재되는 유효기간은 집행에 착수할 수 있는 종기(終期)를 의미하는 것일 뿐이므로, 수사기관이 압수·수색영장을 제시하고 집행에 착수하여 압수·수색을 실시하고 그 집행을 종료

하였다면 이미 그 영장은 목적을 달성하여 효력이 상실되는 것이고, 동일한 장소 또는 목적물에 대하여 다시 압수·수색할 필요가 있는 경우라면 그 필요성을 소명하여 법원으로부터 새로운 압수·수색영장을 발부 받아야 하는 것이지, 앞서 발부 받은 압수·수색영장의 유효기간이 남아있다고 하여 이를 제시하고 다시 압수·수색을 할 수는 없다(대법원 1999.12.1. 자, 99모161).

17 답 ②

▌정답해설▌

② 전자정보에 대한 압수·수색영장을 집행할 때에는 원칙적으로 영장 발부의 사유인 혐의사실과 관련된 부분만을 문서 출력물로 수집하거나 수사기관이 휴대한 저장매체에 해당 파일을 복사하는 방식으로 이루어져야 하고, 집행현장 사정상 위와 같은 방식에 의한 집행이 불가능하거나 현저히 곤란한 부득이한 사정이 존재하더라도 저장매체 자체를 직접 혹은 하드카피나 이미징 등 형태로 수사기관 사무실 등 외부로 반출하여 해당 파일을 압수·수색할 수 있도록 영장에 기재되어 있고 실제 그와 같은 사정이 발생한 때에 한하여 위 방법이 예외적으로 허용될 수 있을 뿐이다(대법원 2011.5.26. 자, 2009모1190).

▌오답해설▌

① 대법원 2011.5.26. 자, 2009모1190
③ 제417조
④ 피고인 또는 피고인 아닌 사람이 컴퓨터용디스크 그 밖에 이와 비슷한 정보저장매체에 입력하여 기억된 문자정보 또는 그 출력물을 증거로 사용하는 경우, 이는 실질에 있어서 피고인 또는 피고인 아닌 사람이 작성한 진술서나 그 진술을 기재한 서류와 크게 다를 바 없고, 압수 후의 보관 및 출력과정에 조작의 가능성이 있으며, 기본적으로 반대신문의 기회가 보장되지 않는 점 등에 비추어 그 내용의 진실성에 관하여는 전문법칙이 적용되고, 따라서 원칙적으로 형사소송법 제313조 제1항에 의하여 작성자 또는 진술자의 진술에 의하여 성립의 진정함이 증명된 때에 한하여 이를 증거로 사용할 수 있다. 다만 정보저장매체에 기억된 문자정보의 내용의 진실성이 아닌 그와 같은 내용의 문자정보의 존재 자체가 직접 증거로 되는 경우에는 전문법칙이 적용되지 아니한다(대법원 2013.2.15. 2010도3504).

18 답 ②

정답해설

㉠ (○) 통신비밀보호법 제5조 제1항

㉡ (○) 인터넷 통신망을 통한 송·수신은 통신비밀보호법 제2조 제3호에서 정한 '전기통신'에 해당하므로 인터넷 통신망을 통하여 흐르는 전기신호 형태의 패킷(packet)을 중간에 확보하여 그 내용을 지득하는 이른바 '패킷 감청'도 같은 법 제5조 제1항에서 정한 요건을 갖추는 경우 다른 특별한 사정이 없는 한 허용된다고 할 것이고, 이는 패킷 감청의 특성상 수사목적과 무관한 통신내용이나 제3자의 통신내용도 감청될 우려가 있다는 것만으로 달리 볼 것이 아니다(대법원 2012.10.11. 2012도7455).

㉢ (×) 통신제한조치에 대한 기간연장결정은 원 허가의 내용에 대하여 단지 기간을 연장하는 것일 뿐 원 허가의 대상과 범위를 초과할 수 없다 할 것이므로 통신제한조치허가서에 의하여 허가된 통신제한조치가 '전기통신 감청 및 우편물 검열'뿐인 경우 그 후 연장결정서에 당초 허가 내용에 없던 '대화녹음'이 기재되어 있다 하더라도 이는 대화녹음의 적법한 근거가 되지 못한다(대법원 1999.9.3. 99도2317).

㉣ (○) 통신비밀보호법 제9조 제4항

19 답 ④

정답해설

④ 검사의 불기소처분에는 확정재판에 있어서의 확정력과 같은 효력이 없어 일단 불기소처분을 한 후에도 공소시효가 완성되기 전이면 언제라도 공소를 제기할 수 있으므로, 세무공무원 등의 고발이 있어야 공소를 제기할 수 있는 조세범처벌법 위반죄에 관하여 일단 불기소처분이 있었더라도 세무공무원 등이 종전에 한 고발은 여전히 유효하다. 따라서 나중에 공소를 제기함에 있어 세무공무원 등의 새로운 고발이 있어야 하는 것은 아니다(대법원 2009.10.29. 2009도6614).

오답해설

① 제258조 제1항

② 제259조

③ 제259조의2

20 답 ①

정답해설

① 제262조의4 제1항

> **제262조의4(공소시효의 정지 등)**
> ① 제260조에 따른 재정신청이 있으면 제262조에 따른 재정결정이 확정될 때까지 공소시효의 진행이 정지된다.

오답해설

② 시효는 공소의 제기로 진행이 정지되고 공소기각 또는 관할위반의 재판이 확정된 때로부터 진행한다(제253조 제1항).

③ 공범 중 1인에 대해 약식명령이 확정된 후 그에 대한 정식 재판 청구권회복결정이 있었다고 하더라도 그 사이의 기간 동안에는, 특별한 사정이 없는 한, 다른 공범자에 대한 공소시효는 정지함이 없이 계속 진행한다고 보아야 할 것이다(대법원 2012.3.29. 2011도15137).

④ 형법에 의하여 형을 가중 또는 감경한 경우에는 가중 또는 감경하지 아니한 형에 의하여 제249조(공소시효의 기간)의 규정을 적용한다.

21 답 ④

정답해설

④ 형사소송법 제262조 제2항, 제4항과 형사소송법 제262조 제4항 후문의 입법 취지 등에 비추어 보면, 형사소송법 제262조 제4항 후문에서 말하는 '제2항 제1호의 결정이 확정된 사건'은 재정신청사건을 담당하는 법원에서 공소 제기의 가능성과 필요성 등에 관한 심리와 판단이 현실적으로 이루어져 재정신청 기각결정의 대상이 된 사건만을 의미한다(대법원 2015.9.10. 2012도14755).

오답해설

① 형법 제123조부터 제126조까지의 죄에 대하여는 고발을 한 자도 재정신청을 할 수 있다(제260조 제1항).

② 재정결정을 위해 필요한 때에는 증거조사를 할 수 있다(제262조 제2항).

③ 재정신청의 취소는 다른 공동신청권자에게 효력을 미치지 않는다(제264조 제3항).

22

답 ③

▌정답해설▐

③ 이러한 기준에 비추어 공소장일본주의에 위배된 공소제기라고 인정되는 때에는 그 절차가 법률의 규정을 위반하여 무효인 때에 해당하는 것으로 보아 공소기각의 판결을 선고하는 것이 원칙이다. 그러나 공소장 기재의 방식에 관하여 피고인측으로부터 아무런 이의가 제기되지 아니하였고 법원 역시 범죄사실의 실체를 파악하는 데 지장이 없다고 판단하여 그대로 공판절차를 진행한 결과 증거조사절차가 마무리되어 법관의 심증형성이 이루어진 단계에서는 소송절차의 동적 안정성 및 소송경제의 이념 등에 비추어 볼 때 이제는 더 이상 공소장일본주의 위배를 주장하여 이미 진행된 소송절차의 효력을 다툴 수는 없다고 보아야 한다(대법원 2009.10.22. 2009도7436, 전원합의체).

▌오답해설▐

① 공소장 첫머리에 범행동기와 경위가 다소 길고 장황하게 기재되었다 하여 공소제기의 방식이 공소장일본주의 내지 예단금지의 원칙에 위배되는 것은 아니라고 한 사례(대법원 2007.5.11. 2007도748)

② 대법원 2007.5.11. 2007도748

④ 대법원 2007.7.26. 2007도3906

23

답 ①

▌정답해설▐

① 형사소송법 제298조 제1항은 '검사는 법원의 허가를 얻어 공소장에 기재한 공소사실 또는 적용법조의 추가·철회 또는 변경을 할 수 있다. 이 경우에 법원은 공소사실의 동일성을 해하지 아니하는 한도에서 허가하여야 한다'고 규정하고 있으므로, 검사의 공소장변경허가신청이 공소사실의 동일성의 범위 안에 있는 것이면 법원은 이를 허가하여야 한다(대법원 2013.9.12. 2012도14097).

▌오답해설▐

② 대법원 1999.7.23. 99도1911

③ 제1심에서 합의부 관할사건에 관하여 단독판사 관할사건으로 죄명, 적용법조를 변경하는 공소장변경허가신청서가 제출되자, 합의부가 사건을 단독판사에게 재배당한 사안에서, 사건을 배당받은 합의부는 사건의 실체에 들어가 심판하였어야 하고 사건을 단독판사에게 재배당할 수

없다는 이유로, 원심판결 및 제1심판결을 모두 파기하고 사건을 관할권이 있는 법원 제1심 합의부에 이송한 사례(대법원 2013.4.25. 2013도1658).

④ 대법원 2005.7.8. 2005도279

24

답 ④

▌정답해설▐

④ 다액 500만 원 이하의 벌금 또는 과료에 해당하는 사건에 관하여는 피고인의 출석을 요하지 아니한다. 이 경우 피고인은 대리인을 출석하게 할 수 있다(제277조).

▌오답해설▐

① 필요적 변호사건이라 하여도 피고인이 재판거부의 의사를 표시하고 재판장의 허가 없이 퇴정하고 변호인마저 이에 동조하여 퇴정해 버린 것은 모두 피고인측의 방어권의 남용 내지 변호권의 포기로 볼 수밖에 없는 것이므로 수소법원으로서는 형사소송법 제330조에 의하여 피고인이나 변호인의 재정 없이도 심리판결 할 수 있다(대법원 1991.6.28. 91도865).

② 공소기각 또는 면소의 재판을 할 것이 명백한 사건에 해당하는 사건에 관하여는 피고인의 출석을 요하지 아니한다. 이 경우 피고인은 대리인을 출석하게 할 수 있다(제277조 제2호).

③ 검사가 공판기일의 통지를 2회 이상 받고 출석하지 아니하거나 판결만을 선고하는 때에는 검사의 출석 없이 개정할 수 있다(제278조).

25

답 ①

▌정답해설▐

① 피고인이 법정에서 "공소사실은 모두 사실과 다름없다."고 하면서 술에 만취되어 기억이 없다는 취지로 진술한 경우에, 피고인이 음주상태로 운전하다가 교통사고를 내었고, 또한, 사고 후에 도주까지 하였다고 하더라도 피고인이 술에 만취되어 사고 사실을 몰랐다고 범의를 부인함과 동시에 그 범행 당시 심신상실 또는 심신미약의 상태에 있었다는 주장으로서 형사소송법 제323조 제2항에 정하여진 법률상 범죄의 성립을 조각하거나 형의 감면의 이유가 되는 사실의 진술에 해당하므로 피고인은 적어도 공소사실을 부인하거나 심신상실의 책임조각사유를 주장하고

있는 것으로 볼 여지가 충분하므로 간이공판절차에 의하여 심판할 대상에 해당하지 아니한다고 한 사례(대법원 2004.7.9. 2004도2116).

┃오답해설┃

② 제301조의2
③ 제286조의2
④ 제286조의3

26 답 ④

┃정답해설┃

④ 배심원은 유·무죄에 관하여 전원의 의견이 일치하지 아니하는 때에는 평결을 하기 전에 심리에 관여한 판사의 의견을 들어야 한다. 이 경우 유·무죄의 평결은 다수결의 방법으로 한다(국민의 형사재판 참여에 관한 법률 제46도 제3항).

┃오답해설┃

① 국민참여재판을 시행하는 이유나 '국민의 형사재판 참여에 관한 법률'의 여러 규정에 비추어 볼 때, 위 법에서 정하는 대상 사건에 해당하는 한 피고인은 원칙적으로 국민참여재판으로 재판을 받을 권리를 가지는 것이므로, 피고인이 법원에 국민참여재판을 신청하였는데도 법원이 이에 대한 배제결정도 하지 않은 채 통상의 공판절차로 재판을 진행하는 것은 피고인의 국민참여재판을 받을 권리 및 법원의 배제결정에 대한 항고권 등 중대한 절차적 권리를 침해한 것으로서 위법하고, 국민참여재판제도의 도입 취지나 위 법에서 배제결정에 대한 즉시항고권을 보장한 취지 등에 비추어 이와 같이 위법한 공판절차에서 이루어진 소송행위는 무효라고 보아야 한다(대법원 2011.9.8. 2011도7106).
② 배심원은 만 20세 이상의 대한민국 국민 중에서 이 법으로 정하는 바에 따라 선정된다(국민의 형사재판 참여에 관한 법률 제16조).
③ 배심원 또는 예비배심원은 법원의 증거능력에 관한 심리에 관여할 수 없다(국민의 형사재판 참여에 관한 법률 제44조).

27 답 ①

┃정답해설┃

① 법원은 공소사실 또는 적용법조의 추가, 철회 또는 변경이 피고인의 불이익을 증가할 염려가 있다고 인정한 때에는 직권 또는 피고인이나 변호인의 청구에 의하여 피고인으로 하여금 필요한 방어의 준비를 하게 하기 위하여 결정으로 필요한 기간 공판절차를 정지할 수 있다(제298조 제4항).

┃오답해설┃

② 제306조 제2항
③ 제306조 제1항
④ 제306조 제4항

28 답 ②

┃정답해설┃

② 피고인의 자백이 심문에 참여한 검찰주사가 피의사실을 자백하면 피의사실부분은 가볍게 처리하고 보호감호의 청구를 하지 않겠다는 각서를 작성하여 주면서 자백을 유도한 것에 기인한 것이라면 위 자백은 기망에 의하여 임의로 진술한 것이 아니라고 의심할 만한 이유가 있는 때에 해당하여 형사소송법 제309조 및 제312조 제1항의 규정에 따라 증거로 할 수 없다(대법원 1985.12.10. 85도2182).

┃오답해설┃

① 대법원 2012.11.29. 2010도3029
③ 대법원 1983.9.13. 83도712
④ 대법원 2013.7.11. 2011도14044

29 답 ④

┃정답해설┃

④ 형사소송법 제219조가 준용하는 제118조는 "압수·수색 영장은 처분을 받는 자에게 반드시 제시하여야 한다."고 규정하고 있으나, 이는 영장제시가 현실적으로 가능한 상황을 전제로 한 규정으로 보아야 하고, 피처분자가 현장에 없거나 현장에서 그를 발견할 수 없는 경우 등 영장

제시가 현실적으로 불가능한 경우에는 영장을 제시하지 아니한 채 압수·수색을 하더라도 위법하다고 볼 수 없다(대법원 2015.1.22. 2014도10978 전원합의체).

┃오답해설┃

① 대법원 2012.11.15. 2011도15258
② 대법원 2009.3.12. 2008도763
③ 음란물 유포의 범죄혐의를 이유로 압수수색영장을 발부받은 사법경찰관이 피고인의 주거지를 수색하는 과정에서 대마를 발견하자, 피고인을 마약류관리에 관한 법률위반죄의 현행범으로 체포하면서 대마를 압수하였으나 그 다음날 피고인을 석방하고도 사후 압수수색영장을 발부받지 않은 사안에서, 위 압수물과 압수조서는 형사소송법상 영장주의를 위반하여 수집한 증거로서 증거능력이 부정된다고 한 사례(대법원 2009.5.14. 2008도10914)

30 ┃답┃ ①

┃정답해설┃

① 검사 또는 사법경찰관이 검증의 결과를 기재한 조서는 적법한 절차와 방식에 따라 작성된 것으로서 공판준비 또는 공판기일에서의 작성자의 진술에 따라 그 성립의 진정함이 증명된 때에는 증거로 할 수 있다(제312조 제6항).

┃오답해설┃

② 제311조
③ 제312조 제3항
④ 제316조 제2항

31 ┃답┃ ④

┃정답해설┃

④ 선거관리위원회 위원·직원이 관계인에게 진술이 녹음된다는 사실을 미리 알려 주지 아니한 채 진술을 녹음하였다면, 그와 같은 조사절차에 의하여 수집한 녹음파일 내지 그에 터 잡아 작성된 녹취록은 형사소송법 제308조의2에서 정하는 '적법한 절차에 따르지 아니하고 수집한 증거'에 해당하여 원칙적으로 유죄의 증거로 쓸 수 없다(대법원 2014.10.15. 2011도3509).

┃오답해설┃

① 대법원 2008.10.23. 2008도7471
② 대법원 2013.9.26. 2013도7718
③ 수사기관이 법관의 영장에 의하지 아니하고 매출전표의 거래명의자에 관한 정보를 획득한 경우, 이에 터 잡아 수집한 2차적 증거들, 예컨대 피의자의 자백이나 범죄 피해에 대한 제3자의 진술 등이 유죄 인정의 증거로 사용될 수 있는지를 판단할 때, 수사기관이 의도적으로 영장주의의 정신을 회피하는 방법으로 증거를 확보한 것이 아니라고 볼 만한 사정, 위와 같은 정보에 기초하여 범인으로 특정되어 체포되었던 피의자가 석방된 후 상당한 시간이 경과하였음에도 다시 동일한 내용의 자백을 하였다거나 그 범행의 피해품을 수사기관에 임의로 제출하였다는 사정, 2차적 증거 수집이 체포 상태에서 이루어진 자백 등으로부터 독립된 제3자의 진술에 의하여 이루어진 사정 등은 통상 2차적 증거의 증거능력을 인정할 만한 정황에 속한다고 볼 수 있다(대법원 2013.3.28. 2012도13607).

32 ┃답┃ ③

┃정답해설┃

③ 녹음테이프는 그 성질상 작성자나 진술자의 서명 혹은 날인이 없을 뿐만 아니라, 녹음자의 의도나 특정한 기술에 의하여 그 내용이 편집, 조작될 위험성이 있음을 고려하여, 그 대화내용을 녹음한 원본이거나 혹은 원본으로부터 복사한 사본일 경우에는 복사과정에서 편집되는 등의 인위적 개작 없이 원본의 내용 그대로 복사된 사본임이 증명되어야만 하고, 그러한 증명이 없는 경우에는 쉽게 그 증거능력을 인정할 수 없다고 할 것이며(대법원 2002.6.28. 2001도6355, 대법원 2005.2.18. 2004도6323), 녹음테이프에 수록된 대화내용이 이를 풀어쓴 녹취록의 기재와 일치한다거나 녹음테이프의 대화 내용이 중단되었다고 볼 만한 사정이 없다는 녹음테이프에 대한 법원의 검증 결과만으로는 위와 같은 증명이 있다고는 할 수 없을 것이다(대법원 2008.12.24. 2008도9414).

┃오답해설┃

① 대법원 2013.6.13. 2012도16001
② 형사소송법 제310조의2는 사실을 직접 경험한 사람의 진술이 법정에 직접 제출되어야 하고 이에 갈음하는 대체물인 진술 또는 서류가 제출되어서는 안 된다는 이른바 전문법칙을 선언한 것이다. 그런데 정보통신망을 통하여

공포심이나 불안감을 유발하는 글을 반복적으로 상대방에게 도달하게 하는 행위를 하였다는 공소사실에 대하여 휴대전화기에 저장된 문자정보가 그 증거가 되는 경우, 그 문자정보는 범행의 직접적인 수단이고 경험자의 진술에 갈음하는 대체물에 해당하지 않으므로, 형사소송법 제310조의2에서 정한 전문법칙이 적용되지 않는다(대법원 2008.11.13. 2006도2556).

④ 대법원 2017.12.5. 2017도12671

33 답 ①

▌정답해설▐

① 자백에 대한 보강증거는 범죄사실의 전부 또는 중요 부분을 인정할 수 있는 정도가 되지 아니하더라도 피고인의 자백이 가공적인 것이 아닌 진실한 것임을 인정할 수 있는 정도만 되면 족한 것으로서, 자백과 서로 어울려서 전체로서 범죄사실을 인정할 수 있으면 유죄의 증거로 충분하다(대법원 2011.9.29. 2011도8015).

▌오답해설▐

② 피고인이 범행을 자인하는 것을 들었다는 피고인 아닌 자의 진술내용은 형사소송법 제310조의 피고인의 자백에는 포함되지 아니하나 이는 피고인의 자백의 보강증거로 될 수 없다(대법원 2008.2.14. 2007도10937).

③ 즉결심판절차에 있어서는 자백보강법칙이 적용되지 않는다(즉결심판에 관한 절차법 제10조, 형사소송법 제310조).

④ 형사소송법 제310조 소정의 "피고인의 자백"에 공범인 공동피고인의 진술은 포함되지 아니하므로 공범인 공동피고인의 진술은 다른 공동피고인에 대한 범죄사실을 인정하는 증거로 할 수 있는 것일 뿐만 아니라 공범인 공동피고인들의 각 진술은 상호 간에 서로 보강증거가 될 수 있다(대법원 1990.10.30. 90도1939).

34 답 ①

▌정답해설▐

① 형사소송법 제55조 제1항이 피고인에게 공판조서의 열람 또는 등사청구권을 부여한 이유는 공판조서의 열람 또는 등사를 통하여 피고인으로 하여금 진술자의 진술내용과 그 기재된 조서의 기재내용의 일치 여부를 확인할 수 있도록 기회를 줌으로써 그 조서의 정확성을 담보함과 아울러 피고인의 방어권을 충실하게 보장하려는 데 있으므로 피고인의 공판조서에 대한 열람 또는 등사청구에 법원이 불응하여 피고인의 열람 또는 등사청구권이 침해된 경우에는 그 공판조서를 유죄의 증거로 할 수 없을 뿐만 아니라, 공판조서에 기재된 당해 피고인이나 증인의 진술도 증거로 할 수 없다(대법원 2003.10.10. 2003도3282).

▌오답해설▐

② 형사소송법 제56조는 "공판기일의 소송절차로서 공판조서에 기재된 것은 그 조서만으로써 증명한다"고 규정하고 있으므로 소송절차에 관한 사실은 공판조서에 기재된 대로 공판절차가 진행된 것으로 증명되고 다른 자료에 의한 반증은 허용되지 아니하나, 공판조서의 기재가 소송기록상 명백한 오기인 경우에는 공판조서는 그 올바른 내용에 따라 증명력을 가진다(대법원 1995.4.14. 95도110).

③ 제51조 제1항

④ 대법원 2015.8.27. 2015도3467

35 답 ②

▌정답해설▐

ㄱ. (○) 검사 작성의 피의자신문조서에 대한 실질적 진정성립을 증명할 수 있는 수단으로서 형사소송법 제312조 제2항에 규정된 '영상녹화물이나 그 밖의 객관적인 방법'이란 형사소송법 및 형사소송규칙에 규정된 방식과 절차에 따라 제작된 영상녹화물 또는 그러한 영상녹화물에 준할 정도로 피고인의 진술을 과학적·기계적·객관적으로 재현해 낼 수 있는 방법만을 의미하고, 그 외에 조사관 또는 조사 과정에 참여한 통역인 등의 증언은 이에 해당한다고 볼 수 없다(대법원 2016.2.18. 2015도16586).

ㄷ. (○) 대법원 2006.4.14. 2005도9561

▌오답해설▐

ㄴ. (✕) 전문의 진술을 증거로 함에 있어서는 전문진술자가 원진술자로부터 진술을 들을 당시 원진술자가 증언능력에 준하는 능력을 갖춘 상태에 있어야 할 것인데, 증인의 증언능력은 증인 자신이 과거에 경험한 사실을 그 기억에 따라 공술할 수 있는 정신적인 능력이라 할 것이므로, 유아의 증언능력에 관해서도 그 유무는 단지 공술자의

연령만에 의할 것이 아니라 그의 지적수준에 따라 개별적이고 구체적으로 결정되어야 함은 물론 공술의 태도 및 내용 등을 구체적으로 검토하고, 경험한 과거의 사실이 공술자의 이해력, 판단력 등에 의하여 변식될 수 있는 범위 내에 속하는가의 여부도 충분히 고려하여 판단하여야 한다(대법원 2006.4.14. 2005도9561).

ㄹ. (×) 증인의 주소지가 아닌 곳으로 소환장을 보내 송달불능이 되자 그 곳을 중심한 소재탐지 끝에 소재불능회보를 받은 경우에는 형사소송법 제314조에서 말하는 원진술자가 공판정에서 진술할 수 없는 때라고 할 수 없다(대법원 1979.12.11. 79도1002).

36

답 ④

▮정답해설▮

④ 제326조 제4호

> **제326조(면소의 판결)**
> 다음 경우에는 판결로써 면소의 선고를 하여야 한다.
> 1. 확정판결이 있은 때
> 2. 사면이 있은 때
> 3. 공소의 시효가 완성되었을 때
> 4. 범죄 후의 법령개폐로 형이 폐지되었을 때

▮오답해설▮

① 제327조 제5호
② 제327조 제3호
③ 제327조 제2호

> **제327조(공소기각의 판결)**
> 다음 각 호의 경우에는 판결로써 공소기각의 선고를 하여야 한다.
> 1. 피고인에 대하여 재판권이 없을 때
> 2. 공소제기의 절차가 법률의 규정을 위반하여 무효일 때
> 3. 공소가 제기된 사건에 대하여 다시 공소가 제기되었을 때
> 4. 제329조를 위반하여 공소가 제기되었을 때
> 5. 고소가 있어야 공소를 제기할 수 있는 사건에서 고소가 취소되었을 때
> 6. 피해자의 명시한 의사에 반하여 공소를 제기할 수 없는 사건에서 처벌을 원하지 아니하는 의사표시를 하거나 처벌을 원하는 의사표시를 철회하였을 때

37

답 ②

▮정답해설▮

② 피해자 별로 강도죄를 구성하되 상상적 경합범관계에 있는 피고인의 행위를 원심이 포괄하여 1개의 강도죄만을 구성하는 것으로 잘못 판단하여 피고인이 한 피해자에 대한 특수강도죄에 관하여 받은 유죄의 확정 판결의 효력이 다른 피해자에 대한 강도상해행위에 대하여도 미친다고 보아 그 공소사실에 대하여 면소의 선고를 하였더라도, 위 유죄의 확정 판결의 효력은 그 죄와 상상적경합의 관계에 있는 다른 피해자에 대한 강도상해죄에 대하여도 어차피 미치게 되므로, 원심의 위와 같은 잘못은 판결에 영향을 미칠 것이 못된다(대법원 1991.6.25. 91도643).

▮오답해설▮

① 피고인이 동일한 행위에 관하여 외국에서 형사처벌을 과하는 확정판결을 받았다 하더라도 이런 외국판결은 우리나라에서는 기판력이 없으므로 여기에 일사부재리의 원칙이 적용될 수 없다(대법원 1983.10.25. 83도2366).
③ 대법원 2013.6.13. 2013도4737
④ 피고인이 행형법에 의한 징벌을 받아 그 집행을 종료하였다고 하더라도 행형법상의 징벌은 수형자의 교도소 내의 준수사항위반에 대하여 과하는 행정상의 질서벌의 일종으로서 형법 법령에 위반한 행위에 대한 형사책임과는 그 목적, 성격을 달리하는 것이므로 징벌을 받은 뒤에 형사처벌을 한다고 하여 일사부재리의 원칙에 반하는 것은 아니다(대법원 2000.10.27. 2000도3874).

38

답 ②

▮정답해설▮

② 형사소송법 제420조 제5호에 정한 무죄 등을 인정할 '증거가 새로 발견된 때'란 재심대상이 되는 확정판결의 소송절차에서 발견되지 못하였거나 또는 발견되었다 하더라도 제출할 수 없었던 증거를 새로 발견하였거나 비로소 제출할 수 있게 된 때를 말한다. 증거의 신규성을 누구를 기준으로 판단할 것인지에 대하여 위 조항이 그 범위를 제한하고 있지 않으므로 그 대상을 법원으로 한정할 것은 아니다. 그러나 재심은 당해 심급에서 또는 상소를 통한 신중한 사실심리를 거쳐 확정된 사실관계를 재심사하는 예외적인 비상구제절차이므로, 피고인이 판결확정 전 소송절차에서 제출할 수 있었던 증거까지 거기에 포함된다고 보게 되면, 판결의 확정력이 피고인이 선택한

증거제출시기에 따라 손쉽게 부인될 수 있게 되어 형사재판의 법적 안정성을 해치고, 헌법이 대법원을 최종심으로 규정한 취지에 반하여 제4심으로서의 재심을 허용하는 결과를 초래할 수 있다. 따라서 피고인이 재심을 청구한 경우 재심대상이 되는 확정판결의 소송절차 중에 그러한 증거를 제출하지 못한 데 과실이 있는 경우에는 그 증거는 위 조항에서의 '증거가 새로 발견된 때'에서 제외된다고 해석함이 상당하다(대법원 2009.7.16. 자, 2005모472 전원합의체).

┃오답해설┃

① 형사소송법 제420조, 제421조가 유죄의 확정판결 또는 유죄 판결에 대한 항소 또는 상고의 기각판결에 대하여만 재심을 청구할 수 있도록 규정하고 있는 이상, 항소심에서 파기되어버린 제1심판결에 대해서는 재심을 청구할 수 없는 것이므로, 위 제1심판결을 대상으로 하는 재심청구는 법률상의 방식에 위반하는 것으로 보지 않을 수 없다.

③ 형사소송법 제420조 제5호에 정한 '무죄 등을 인정할 명백한 증거'에 해당하는지 여부를 판단할 때에는 법원으로서는 새로 발견된 증거만을 독립적·고립적으로 고찰하여 그 증거가치만으로 재심의 개시 여부를 판단할 것이 아니라, 재심대상이 되는 확정판결을 선고한 법원이 사실인정의 기초로 삼은 증거들 가운데 새로 발견된 증거와 유기적으로 밀접하게 관련되고 모순되는 것들은 함께 고려하여 평가하여야 하고, 그 결과 단순히 재심대상이 되는 유죄의 확정판결에 대하여 그 정당성이 의심되는 수준을 넘어 그 판결을 그대로 유지할 수 없을 정도로 고도의 개연성이 인정되는 경우라면 그 새로운 증거는 위 조항의 '명백한 증거'에 해당한다. 만일 법원이 새로 발견된 증거만을 독립적·고립적으로 고찰하여 명백성 여부를 평가·판단하여야 한다면, 그 자체만으로 무죄 등을 인정할 수 있는 명백한 증거가치를 가지는 경우에만 재심 개시가 허용되어 재심사유가 지나치게 제한되는데, 이는 새로운 증거에 의하여 이전과 달라진 증거관계 아래에서 다시 살펴 실체적 진실을 모색하도록 하기 위해 '무죄 등을 인정할 명백한 증거가 새로 발견된 때'를 재심사유의 하나로 정한 재심제도의 취지에 반하기 때문이다(대법원 2009.7.16. 자, 2005모472 전원합의체).

④ 형사소송법 제420조 본문은 재심은 유죄의 확정판결에 대하여 그를 받은 자의 이익을 위하여 청구할 수 있도록 하고, 같은 법 제456조는 약식명령은 정식재판의 청구에 의한 판결이 있는 때에는 그 효력을 잃도록 규정하고 있다. 위 각 규정에 의하면, 약식명령에 대하여 정식재판 청구가 이루어지고 그 후 진행된 정식재판 절차에서 유죄판결이 선고되어 확정된 경우, 재심사유가 존재한다고 주장하는 피고인 등은 효력을 잃은 약식명령이 아니라 유죄의 확정판결을 대상으로 재심을 청구하여야 한다(대법원 2013.4.11. 2011도10626).

39 답 ①

┃정답해설┃

① 약식명령의 청구가 있는 경우에 그 사건이 약식명령으로 할 수 없거나 약식명령으로 하는 것이 적당하지 아니하다고 인정한 때에는 공판절차에 의하여 심판하여야 한다(제450조).

┃오답해설┃

② 규칙 제170조, 제171조
③ 제453조 제1항, 제3항 단서
④ 제455조 제1항, 제2항

40 답 ①

┃정답해설┃

① 지방법원 또는 그 지원의 판사는 소속 지방법원장의 명령을 받아 소속 법원의 관할사무와 관계없이 즉결심판청구사건을 심판할 수 있다(즉결심판에 관한 절차법 제3조의2).

┃오답해설┃

② 즉결심판의 판결이 확정된 때에는 즉결심판서 및 관계서류와 증거는 관할경찰서 또는 지방해양경찰관서가 이를 보존한다(즉결심판에 관한 절차법 제13조).

③ 법원이 경찰서장의 즉결심판 청구를 기각하여 경찰서장이 사건을 관할 지방검찰청으로 송치하였으나 검사가 이를 즉결심판에 대한 피고인의 정식재판청구가 있은 사건으로 오인하여 그 사건기록을 법원에 송부한 경우, 공소제기의 본질적 요소라고 할 수 있는 검사에 의한 공소장의 제출이 없는 이상 기록을 법원에 송부한 사실만으로 공소제기가 성립되었다고 볼 수 없다고 한 사례(대법원 2003.11.14. 2003도2735).

④ 벌금 또는 과료를 하는 경우에는 피고인이 출석하지 아니하더라도 심판할 수 있다(즉결심판에 관한 절차법 제8조의2 제1항).

01	02	03	04	05	06	07	08	09	10	11	12	13	14	15	16	17	18	19	20
②	④	③	④	③	④	③	④	①	④	③	④	③	④	③	④	①	②	③	③
21	22	23	24	25	26	27	28	29	30	31	32	33	34	35	36	37	38	39	40
③	②	④	③	③	①	③	③	④	④	②	③	③	②	②	④	①	③	①	②

01   답 ②

┃정답해설┃

㉠ 구속적부심사청구권(헌법 제12조 제6항)

㉢ 형사보상청구권(헌법 제28조)

㉥ 자백보강법칙(헌법 제12조 제7항)

┃오답해설┃

㉢ 증거재판주의(형사소송법 제307조)

㉣ 불이익변경금지원칙(형사소송법 제368조)

㉤ 위법수집증거배제법칙(형사소송법 제308조의2)

더 알아보기 헌법에 규정된 형사소송법의 법원

헌법
• 형사절차법정주의와 적법절차원칙
• 고문금지와 진술거부권
• 영장주의와 영장주의의 예외
• 변호인의 조력을 받을 권리와 국선변호인 제도
• 체포·구속의 이유와 변호인선임권을 고지받을 권리 등
• 체포·구속적부심사청구권
• 자백배제법칙과 자백의 보강법칙
• 일사부재리의 원칙
• 재판을 받을 권리와 신속한 공개재판을 받을 권리
• 무죄추정의 원칙
• 범죄피해자의 재판절차진술권과 범죄피해자 구조제도
• 형사보상청구권
• 국회의원의 불체포특권·면책특권 및 대통령의 불소추특권
• 법원의 조직과 권한에 관한 규정
• 헌법재판소의 조직과 권한(헌법소원 등)에 관한 규정 등

헌법에 규정되지 않은 사항

기피신청권, 영장실질심사, 보석청구권, '증거 또는 공판'이라는 단어가 들어가는 제도, 국민참여재판, 상소와 관련된 제도 등

02   답 ④

┃정답해설┃

④ 캐나다 시민권자인 피고인이 캐나다에서 위조사문서를 행사하였다는 내용으로 기소된 사안에서, 형법 제234조의 위조사문서행사죄는 형법 제5조 제1호 내지 제7호에 열거된 죄에 해당하지 않고, 위조사문서행사를 형법 제6조의 대한민국 또는 대한민국 국민의 법익을 직접적으로 침해하는 행위라고 볼 수도 없으므로 피고인의 행위에 대하여는 우리나라에 재판권이 없는데, 위 행위가 외국인의 국외범으로서 우리나라에 재판권이 있다고 보아 유죄를 인정한 원심판결에 재판권 인정에 관한 법리오해의 위법이 있다고 한 사례(대법원 2011.8.25. 2011도6507).

┃오답해설┃

① 국회의원의 면책특권에 속하는 행위에 대하여는 공소를 제기할 수 없으며 이에 반하여 공소가 제기된 것은 결국 공소권이 없음에도 공소가 제기된 것이 되어 형사소송법 제327조 제2호의 "공소제기의 절차가 법률의 규정에 위반하여 무효인 때"에 해당되므로 공소를 기각하여야 한다(대법원 1992.9.22. 91도3317).

② 국제협정이나 관행에 의하여 대한민국 내에 있는 미국문화원이 치외법권지역이고 그 곳을 미국영토의 연장으로 본다 하더라도 그 곳에서 죄를 범한 대한민국 국민에 대하여 우리 법원에 먼저 공소가 제기되고 미국이 자국의 재판권을 주장하지 않고 있는 이상 속인주의를 함께 채택하고 있는 우리나라의 재판권은 동인들에게도 당연히 미친다 할 것이며 미국문화원측이 동인들에 대한 처벌을 바라지 않았다고 하여 그 재판권이 배제되는 것도 아니다 (대법원 1986.6.24. 86도403).
③ 헌법 제44조 제1항

03　　　답 ③

▌정답해설▌

③ 경찰관직무집행법(이하 '법'이라 한다) 제3조 제4항은 경찰관이 불심검문을 하고자 할 때에는 자신의 신분을 표시하는 증표를 제시하여야 한다고 규정하고, 경찰관직무집행법 시행령 제5조는 위 법에서 규정한 신분을 표시하는 증표는 경찰관의 공무원증이라고 규정하고 있는데, 불심검문을 하게 된 경우, 불심검문 당시의 현장상황과 검문을 하는 경찰관들의 복장, 피고인이 공무원증 제시나 신분 확인을 요구하였는지 여부 등을 종합적으로 고려하여, 검문하는 사람이 경찰관이고 검문하는 이유가 범죄행위에 관한 것임을 피고인이 충분히 알고 있었다고 보이는 경우에는 신분증을 제시하지 않았다고 하여 그 불심검문이 위법한 공무집행이라고 할 수 없다(대법원 2014.12.11. 2014도7976).

▌오답해설▌

① 경찰관직무집행법 제3조 제1항, 제2항
② 경찰관직무집행법(이하 '법'이라고 한다)의 목적, 법 제1조 제1항, 제2항, 제3조 제1항, 제2항, 제3항, 제7항의 내용 및 체계 등을 종합하면, 경찰관이 법 제3조 제1항에 규정된 대상자(이하 '불심검문 대상자'라 한다) 해당 여부를 판단할 때에는 불심검문 당시의 구체적 상황은 물론 사전에 얻은 정보나 전문적 지식 등에 기초하여 불심검문 대상자인지를 객관적·합리적인 기준에 따라 판단하여야 하나, 반드시 불심검문 대상자에게 형사소송법상 체포나 구속에 이를 정도의 혐의가 있을 것을 요한다고 할 수는 없다(대법원 2014.2.27. 2011도13999).
④ 경찰관직무집행법 제3조 제2항, 제6항

04　　　답 ④

▌정답해설▌

④ 형사소송법 제225조 제1항이 규정한 법정대리인의 고소권은 무능력자의 보호를 위하여 법정대리인에게 주어진 고유권이므로, 법정대리인은 피해자의 고소권 소멸 여부에 관계없이 고소할 수 있고, 이러한 고소권은 피해자의 명시한 의사에 반하여도 행사할 수 있다(대법원 1999.12.24. 99도3784).

▌오답해설▌

① 고소를 할 때는 소송행위능력, 즉 고소능력이 있어야 하나, 고소능력은 피해를 입은 사실을 이해하고 고소에 따른 사회생활상의 이해관계를 알아차릴 수 있는 사실상의 의사능력으로 충분하므로, 민법상 행위능력이 없는 사람이라도 위와 같은 능력을 갖추었다면 고소능력이 인정된다(대법원 2011.6.24. 2011도4451, 2011전도76).
② 형사소송법이 고소와 고소취소에 관한 규정을 하면서 제232조 제1항, 제2항에서 고소취소의 시한과 재고소의 금지를 규정하고 제3항에서는 반의사불벌죄에 제1항, 제2항의 규정을 준용하는 규정을 두면서도, 제233조에서 고소와 고소취소의 불가분에 관한 규정을 함에 있어서는 반의사불벌죄에 이를 준용하는 규정을 두지 아니한 것은 처벌을 희망하지 아니하는 의사표시나 처벌을 희망하는 의사표시의 철회에 관하여 친고죄와는 달리 공범자간에 불가분의 원칙을 적용하지 아니하고자 함에 있다고 볼 것이지, 입법의 불비로 볼 것은 아니다(대법원 1994.4.26. 93도1689).
③ 친고죄에 있어서의 고소는 고소권있는 자가 수사기관에 대하여 범죄사실을 신고하고 범인의 처벌을 구하는 의사표시로서 서면뿐만 아니라 구술로도 할 수 있는 것이고, 다만 구술에 의한 고소를 받은 검사 또는 사법경찰관은 조서를 작성하여야 하지만 그 조서가 독립된 조서일 필요는 없으며 수사기관이 고소권자를 증인 또는 피해자로서 신문한 경우에 그 진술에 범인의 처벌을 요구하는 의사표시가 포함되어 있고 그 의사표시가 조서에 기재되면 고소는 적법하게 이루어진 것이다(대법원 1985.3.12. 85도190).

05

답 ③

▌정답해설▌

③ 그러나 위와 같은 사유들은 어디까지나 피해자에 대한 관계에서 문제될 뿐으로서, 위 경찰관들의 행위는 단지 피해자 근처에 숨어서 지켜보고 있었던 것에 불과하고, 피고인은 피해자를 발견하고 스스로 범의를 일으켜 이 사건 범행에 나아간 것이어서, 앞서 본 법리에 의할 때 잘못된 수사방법에 관여한 경찰관에 대한 책임은 별론으로 하고, 스스로 범행을 결심하고 실행행위에 나아간 피고인에 대한 이 사건 기소 자체가 위법하다고 볼 것은 아니라 할 것이다(대법원 2007.5.31. 2007도1903).

▌오답해설▌

① 수사기관과 직접 관련이 있는 유인자가 피유인자와의 개인적인 친밀관계를 이용하여 피유인자의 동정심이나 감정에 호소하거나, 금전적·심리적 압박이나 위협 등을 가하거나, 거절하기 힘든 유혹을 하거나, 또는 범행방법을 구체적으로 제시하고 범행에 사용될 금전까지 제공하는 등으로 과도하게 개입함으로써 피유인자로 하여금 범의를 일으키게 하는 것은 위법한 함정수사에 해당하여 허용되지 않지만, 유인자가 수사기관과 직접적인 관련을 맺지 아니한 상태에서 피유인자를 상대로 단순히 수차례 반복적으로 범행을 부탁하였을 뿐 수사기관이 사술이나 계략 등을 사용하였다고 볼 수 없는 경우는, 설령 그로 인하여 피유인자의 범의가 유발되었다 하더라도 위법한 함정수사에 해당하지 아니한다(대법원 2007.7.12. 2006도2339, 대법원 2007.11.29. 2007도7680).

② 수사기관에서 공범이나 장물범의 체포 등을 위하여 범인의 체포시기를 조절하는 등 여러 가지 수사기법을 사용한다는 점을 고려하면, 수사기관이 피고인의 범죄사실을 인지하고도 피고인을 바로 체포하지 않고 추가 범행을 지켜보고 있다가 범죄사실이 많이 늘어난 뒤에야 피고인을 체포하였다는 사정만으로는 피고인에 대한 수사와 공소제기가 위법하다거나 함정수사에 해당한다고 할 수 없고, 이 사건에서 수사관들이 특진이나 수상 등 개인적인 이익을 위하여 고의적으로 체포를 지연시켰다고 볼 만한 자료가 없다(대법원 2007.6.29. 2007도3164).

④ 범의를 가진 자에 대하여 단순히 범행의 기회를 제공하거나 범행을 용이하게 하는 것에 불과한 수사방법이 경우에 따라 허용될 수 있음은 별론으로 하고, 본래 범의를 가지지 아니한 자에 대하여 수사기관이 사술이나 계략 등을 써서 범의를 유발케 하여 범죄인을 검거하는 함정수사는 위법함을 면할 수 없고, 이러한 함정수사에 기한 공소제기는 그 절차가 법률의 규정에 위반하여 무효인 때에 해당한다고 볼 것이다(대법원 2005.10.28. 2005도1247).

06

답 ④

▌정답해설▌

④ 피고인의 음주와 음주운전을 목격한 참고인이 있는 상황에서 경찰관이 음주 및 음주운전 종료로부터 약 5시간 후 집에서 자고 있는 피고인을 연행하여 음주측정을 요구한 데에 대하여 피고인이 불응한 경우, 도로교통법상의 음주측정불응죄가 성립한다고 본 사례(대법원 2001.8.24. 2000도6026).

▌오답해설▌

① 형사소송법상 소송능력이란 소송당사자가 유효하게 소송행위를 할 수 있는 능력, 즉 피고인 또는 피의자가 자기의 소송상의 지위와 이해관계를 이해하고 이에 따라 방어행위를 할 수 있는 의사능력을 의미하는데, 피의자에게 의사능력이 있으면 직접 소송행위를 하는 것이 원칙이고, 피의자에게 의사능력이 없는 경우에는 형법 제9조 내지 제11조의 규정의 적용을 받지 아니하는 범죄사건에 한하여 예외적으로 법정대리인이 소송행위를 대리할 수 있다(형사소송법 제26조). 따라서 음주운전과 관련한 도로교통법 위반죄의 범죄수사를 위하여 미성년자인 피의자의 혈액채취가 필요한 경우에도 피의자에게 의사능력이 있다면 피의자 본인만이 혈액채취에 관한 유효한 동의를 할 수 있고, 피의자에게 의사능력이 없는 경우에도 명문의 규정이 없는 이상 법정대리인이 피의자를 대리하여 동의할 수는 없다(대법원 2014.11.13. 2013도1228).

② 위법한 강제연행 상태에서 호흡측정 방법에 의한 음주측정을 한 다음 강제연행 상태로부터 시간적·장소적으로 단절되었다고 볼 수도 없고 피의자의 심적 상태 또한 강제연행 상태로부터 완전히 벗어났다고 볼 수 없는 상황에서 피의자가 호흡측정 결과에 대한 탄핵을 하기 위하여 스스로 혈액채취 방법에 의한 측정을 할 것을 요구하여 혈액채취가 이루어졌다고 하더라도 그 사이에 위법한 체포 상태에 의한 영향이 완전하게 배제되고 피의자의 의사결정의 자유가 확실하게 보장되었다고 볼 만한 다른 사정이 개입되지 않은 이상 불법체포와 증거수집 사이의 인과관계가 단절된 것으로 볼 수는 없다. 따라서 그러한 혈액채취에 의한 측정 결과 역시 유죄 인정의 증거로 쓸 수 없다고 보아야 한다. 그리고 이는 수사기관이 위법한 체포 상태를 이용하여 증거를 수집하는 등의 행위를 효과적으로 억지하기 위한 것이므로, 피고인이나 변호인이 이를 증거로 함에 동의하였다고 하여도 달리 볼 것은 아니다(대법원 2013.3.14. 2010도2094).

③ 도로교통법 제41조 제2항에 규정된 음주측정은 성질상 강제될 수 있는 것이 아니며 궁극적으로 당사자의 자발적 협조가 필수적인 것이므로 이를 두고 법관의 영장을 필요로 하는 강제처분이라 할 수 없다. 따라서 이 사건 법률조항이 주취운전의 혐의자에게 영장없는 음주측정에 응할 의무를 지우고 이에 불응한 사람을 처벌한다고 하더라도 헌법 제12조 제3항에 규정된 영장주의에 위배되지 아니한다(헌법재판소 전원재판부 1997.3.27. 96헌가11).

07 답 ③

▮정답해설▮

③ 형사소송법 제200조 제2항은 검사 또는 사법경찰관이 출석한 피의자의 진술을 들을 때에는 미리 피의자에 대하여 진술을 거부할 수 있음을 알려야 한다고 규정하고 있는바, 이러한 피의자의 진술거부권은 헌법이 보장하는 형사상 자기에 불리한 진술을 강요당하지 않는 자기부죄 거부의 권리에 터잡은 것이므로 수사기관이 피의자를 신문함에 있어서 피의자에게 미리 진술거부권을 고지하지 않은 때에는 그 피의자의 진술은 위법하게 수집된 증거로서 진술의 임의성이 인정되는 경우라도 증거능력이 부인되어야 한다(대법원 1992.6.23. 92도682).

▮오답해설▮

① 제243조의2 제1항
② 제243조의2 제3항
④ 제312조 제3항

08 답 ④

▮정답해설▮

④ 피고인이 아닌 피의자의 진술에 대한 영상녹화물의 조사를 신청하는 경우 검사는 서면을 법원에 제출하지 않아도 된다. 2020.12.28. 개정된 형사소송규칙은 종전 제134조의2 제2항을 삭제하였다.

제134조의2(영상녹화물의 조사 신청)

① 검사는 피고인이 아닌 피의자의 진술을 영상녹화한 사건에서 피고인이 아닌 피의자가 그 조서에 기재된 내용이 자신이 진술한 내용과 동일하게 기재되어 있음을 인정하지 아니하는 경우 그 부분의 성립의 진정을 증명하기 위하여 영상녹화물의 조사를 신청할 수 있다. 〈개정 2020.12.28.〉

② 삭제 〈2020.12.28.〉

> ※ 삭제 전 조항(대법원규칙 제2106호, 2007.10.29. 일부개정)
> ② 검사는 제1항에 따른 신청을 함에 있어 다음 각 호의 사항을 기재한 서면을 제출하여야 한다.
> 1. 영상녹화를 시작하고 마친 시각과 조사 장소
> 2. 피고인 또는 변호인이 진술과 조서 기재내용의 동일성을 다투는 부분의 영상을 구체적으로 특정할 수 있는 시각

③ 제1항의 영상녹화물은 조사가 개시된 시점부터 조사가 종료되어 피의자가 조서에 기명날인 또는 서명을 마치는 시점까지 전과정이 영상녹화된 것으로, 다음 각 호의 내용을 포함하는 것이어야 한다.
1. 피의자의 신문이 영상녹화되고 있다는 취지의 고지
2. 영상녹화를 시작하고 마친 시각 및 장소의 고지
3. 신문하는 검사와 참여한 자의 성명과 직급의 고지
4. 진술거부권·변호인의 참여를 요청할 수 있다는 점 등의 고지
5. 조사를 중단·재개하는 경우 중단 이유와 중단 시각, 중단 후 재개하는 시각
6. 조사를 종료하는 시각

④ 제1항의 영상녹화물은 조사가 행해지는 동안 조사실 전체를 확인할 수 있도록 녹화된 것으로 진술자의 얼굴을 식별할 수 있는 것이어야 한다.

⑤ 제1항의 영상녹화물의 재생 화면에는 녹화 당시의 날짜와 시간이 실시간으로 표시되어야 한다.

⑥ 삭제 〈2020.12.28.〉

> ※ 삭제 전 조항(대법원규칙 제2106호, 2007.10.29. 일부개정)
> ⑥ 제1항, 제3항부터 제5항은 검사가 피고인이 아닌 피의자 진술에 대한 영상녹화물의 조사를 신청하는 경우에 준용한다.

▌정답해설▐

① 제200조의3 제1항 제2항

제200조의3(긴급체포)
① 검사 또는 사법경찰관은 피의자가 사형·무기 또는 장기 3년 이상의 징역이나 금고에 해당하는 죄를 범하였다고 의심할 만한 상당한 이유가 있고, 다음 각 호의 어느 하나에 해당하는 사유가 있는 경우에 긴급을 요하여 지방법원판사의 체포영장을 받을 수 없는 때에는 그 사유를 알리고 영장없이 피의자를 체포할 수 있다. 이 경우 긴급을 요한다 함은 피의자를 우연히 발견한 경우 등과 같이 체포영장을 받을 시간적 여유가 없는 때를 말한다.
　1. 피의자가 증거를 인멸할 염려가 있는 때
　2. 피의자가 도망하거나 도망할 우려가 있는 때
② 사법경찰관이 제1항의 규정에 의하여 피의자를 체포한 경우에는 즉시 검사의 승인을 얻어야 한다.
③ 검사 또는 사법경찰관은 제1항의 규정에 의하여 피의자를 체포한 경우에는 즉시 긴급체포서를 작성하여야 한다.
④ 제3항의 규정에 의한 긴급체포서에는 범죄사실의 요지, 긴급체포의 사유 등을 기재하여야 한다.

▌오답해설▐

② 헌법 제12조 제5항 전문은 '누구든지 체포 또는 구속의 이유와 변호인의 조력을 받을 권리가 있음을 고지받지 아니하고는 체포 또는 구속을 당하지 아니한다.'는 원칙을 천명하고 있고, 형사소송법 제72조는 '피고인에 대하여 범죄사실의 요지, 구속의 이유와 변호인을 선임할 수 있음을 말하고 변명할 기회를 준 후가 아니면 구속할 수 없다.'고 규정하는 한편, 이 규정은 같은 법 제213조의2에 의하여 검사 또는 사법경찰관리가 현행범인을 체포하거나 일반인이 체포한 현행범인을 인도받는 경우에 준용되므로, 사법경찰리가 현행범인으로 체포하는 경우에는 반드시 범죄사실의 요지, 구속의 이유와 변호인을 선임할 수 있음을 말하고 변명할 기회를 주어야 할 것임은 명백하며, 이러한 법리는 비단 현행범인을 체포하는 경우뿐만 아니라 긴급체포의 경우에도 마찬가지로 적용되는 것이고, 이와 같은 고지는 체포를 위한 실력행사에 들어가기 이전에 미리 하여야 하는 것이 원칙이나, 달아나는 피의자를 쫓아가 붙들거나 폭력으로 대항하는 피의자를 실력으로 제압하는 경우에는 붙들거나 제압하는 과정에서 하거나, 그것이 여의치 않은 경우라도 일단 붙들거나 제압한 후에는 지체 없이 행하여야 한다(대법원 2000.7.4. 99도4341).

③ 헌법 제12조 제6항은 누구든지 체포 또는 구속을 당한 때에는 적부의 심사를 법원에 청구할 권리를 가진다고 규정하고 있고, 형사소송법 제214조의2 제1항은 체포영장 또는 구속영장에 의하여 체포 또는 구속된 피의자 등이 체포 또는 구속의 적부심사를 청구할 수 있다고 규정하고 있는바, 형사소송법의 위 규정이 체포영장에 의하지 아니하고 체포된 피의자의 적부심사청구권을 제한한 취지라고 볼 것은 아니므로 긴급체포 등 체포영장에 의하지 아니하고 체포된 피의자의 경우에도 헌법과 형사소송법의 위 규정에 따라 그 적부심사를 청구할 권리를 가진다(대법원 1997.8.27. 자, 97모21).

④ 사법경찰관이 피고인을 수사관서까지 동행한 것이 사실상의 강제연행, 즉 불법 체포에 해당하고, 불법 체포로부터 6시간 상당이 경과한 후에 이루어진 긴급체포 또한 위법하므로 피고인이 불법체포된 자로서 형법 제145조 제1항에 정한 '법률에 의하여 체포 또는 구금된 자'가 아니어서 도주죄의 주체가 될 수 없다고 한 사례(대법원 2006.7.6. 2005도6810)

▌정답해설▐

ⓛ (○) 제201조의2 제8항

제201조의2(구속영장 청구와 피의자 심문)
⑧ 심문할 피의자에게 변호인이 없는 때에는 지방법원판사는 직권으로 변호인을 선정하여야 한다. 이 경우 변호인의 선정은 피의자에 대한 구속영장 청구가 기각되어 효력이 소멸한 경우를 제외하고는 제1심까지 효력이 있다.

ⓔ (○) 규칙 제96조의13 제1항

제96조의13(피의자의 심문절차)
① 판사는 피의자가 심문기일에의 출석을 거부하거나 질병 그 밖의 사유로 출석이 현저하게 곤란하고, 피의자를 심문 법정에 인치할 수 없다고 인정되는 때에는 피의자의 출석 없이 심문절차를 진행할 수 있다.

ⓜ (○) 201조의2 제7항

> **제201조의2(구속영장 청구와 피의자 심문)**
> ⑦ 피의자심문을 하는 경우 법원이 구속영장청구서·수사 관계 서류 및 증거물을 접수한 날부터 구속영장을 발부하여 검찰청에 반환한 날까지의 기간은 제202조 및 제203조의 적용에 있어서 그 구속기간에 산입하지 아니한다.

┃오답해설┃

㉠ (×) 체포영장에 의한 체포·긴급체포 또는 현행범인의 체포에 의하여 체포된 피의자에 대하여 구속영장을 청구받은 판사는 지체 없이 피의자를 심문하여야 한다(제201조의2 제1항).

> **제201조의2(구속영장 청구와 피의자 심문)**
> ① 제200조의2(영장에 의한 체포)·제200조의3(긴급체포) 또는 제212조(현행범인의 체포)에 따라 체포된 피의자에 대하여 구속영장을 청구받은 판사는 지체 없이 피의자를 심문하여야 한다. 이 경우 특별한 사정이 없는 한 구속영장이 청구된 날의 다음날까지 심문하여야 한다.

㉢ (×) 피의자에 대한 심문절차는 공개하지 아니한다(규칙 제96조의14).

> **제96조의14(심문의 비공개)**
> 피의자에 대한 심문절차는 공개하지 아니한다. 다만, 판사는 상당하다고 인정하는 경우에는 피의자의 친족, 피해자 등 이해관계인의 방청을 허가할 수 있다.

11 답 ④

┃정답해설┃

④ 형사소송법 제402조, 제403조에서 말하는 법원은 형사소송법상의 수소법원만을 가리키므로, 같은 법 제205조 제1항 소정의 구속기간의 연장을 허가하지 아니하는 지방법원 판사의 결정에 대하여는 같은 법 제402조, 제403조가 정하는 항고의 방법으로는 불복할 수 없고, 나아가 그 지방법원 판사는 수소법원으로서의 재판장 또는 수명법관도 아니므로 그가 한 재판은 같은 법 제416조가 정하는 준항고의 대상이 되지도 않는다(대법원 1997.6.16. 자, 97모1).

┃오답해설┃

① 구속기간은 피의자를 체포 또는 구인한 날부터 기산한다(제203조의2).
② 기간의 말일이 공휴일이거나 토요일이면 그날은 기간에 산입하지 아니한다. 다만, 시효와 구속기간에 관하여는 예외로 한다(제66조 제3항).
③ 구속기간연장허가결정이 있는 경우에 그 연장기간은 법 제203조(검사의 구속기간)의 규정에 의한 구속기간만료 다음날로부터 기산한다(규칙 제98조).

12 답 ③

┃정답해설┃

③ 상소제기 후 소송기록이 상소법원에 도달하지 않고 있는 사이에는 피고인을 구속할 필요가 있는 경우에도 기록이 없는 상소법원에서 구속의 요건이나 필요성 여부에 대한 판단을 하여 피고인을 구속하는 것이 실질적으로 불가능하다는 점 등을 고려하면, 상소기간 중 또는 상소 중의 사건에 관한 피고인의 구속을 소송기록이 상소법원에 도달하기까지는 원심법원이 하도록 규정한 형사소송규칙 제57조 제1항의 규정이 형사소송법 제105조의 규정에 저촉된다고 보기는 어렵다(대법원 2007.7.10. 자, 2007모460).

┃오답해설┃

① 구속영장에는 청구인을 구금할 수 있는 장소로 특정 경찰서 유치장으로 기재되어 있었는데, 청구인에 대하여 위 구속영장에 의하여 1995.11.30. 07:50경 위 경찰서 유치장에 구속이 집행되었다가 같은 날 08:00에 그 신병이 조사차 국가안전기획부 직원에게 인도된 후 위 경찰서 유치장에 인도된 바 없이 계속하여 국가안전기획부 청사에 사실상 구금되어 있다면, 청구인에 대한 이러한 사실상의 구금장소의 임의적 변경은 청구인의 방어권이나 접견교통권의 행사에 중대한 장애를 초래하는 것이므로 위법하다(대법원 1996.5.15. 자, 95모94).
② 형사소송법 제75조 제1항은, "구속영장에는 피고인의 성명, 주거, 죄명, 공소사실의 요지, 인치구금할 장소, 발부연월일, 그 유효기간과 그 기간을 경과하면 집행에 착수하지 못하며 영장을 반환하여야 할 취지를 기재하고 재판장 또는 수명법관이 서명날인하여야 한다."고 규정하고 있는바, 구속의 효력은 원칙적으로 위 방식에 따라 작성된 구속영장에 기재된 범죄사실에만 미치는 것이므로,

구속기간이 만료될 무렵에 종전 구속영장에 기재된 범죄사실과 다른 범죄사실로 피고인을 구속하였다는 사정만으로는 피고인에 대한 구속이 위법하다고 할 수 없다(대법원 2000.11.10. 자, 2000모134).

④ 수사기관이 관할 지방법원 판사가 발부한 구속영장에 의하여 피의자를 구속하는 경우, 그 구속영장은 기본적으로 장차 공판정에의 출석이나 형의 집행을 담보하기 위한 것이지만, 이와 함께 법 제202조, 제203조에서 정하는 구속기간의 범위 내에서 수사기관이 법 제200조, 제241조 내지 제244조의5에 규정된 피의자신문의 방식으로 구속된 피의자를 조사하는 등 적정한 방법으로 범죄를 수사하는 것도 예정하고 있다고 할 것이다. 따라서 구속영장 발부에 의하여 적법하게 구금된 피의자가 피의자신문을 위한 출석요구에 응하지 아니하면서 수사기관 조사실에 출석을 거부한다면 수사기관은 그 구속영장의 효력에 의하여 피의자를 조사실로 구인할 수 있다고 보아야 한다(대법원 2013.7.1. 자, 2013모160).

13 답 ④

▮정답해설▮

④ 변호인의 구속된 피고인 또는 피의자와의 접견교통권은 피고인 또는 피의자 자신이 가지는 변호인과의 접견교통권과는 성질을 달리하는 것으로서 헌법상 보장된 권리라고는 할 수 없고, 형사소송법 제34조에 의하여 비로소 보장되는 권리이지만, 신체구속을 당한 피고인 또는 피의자의 인권보장과 방어준비를 위하여 필수불가결한 권리이므로, 수사기관의 처분 등에 의하여 이를 제한할 수 없고, 다만 법령에 의하여서만 제한이 가능하다(대법원 2002.5.6. 자, 2000모112).

▮오답해설▮

① 비록 법에는 접견교통권 등 변호인의 조력을 받을 권리의 주체를 체포 또한 구속을 당한 피의자·피고인이라고 규정하고 있으나(헌법 제12조 제4항, 형사소송법 제34조 등), 신체구속 상태에 있지 않은 피의자도 당연히 접견교통권의 주체가 될 수 있다(헌법재판소 2004.9.23. 2000헌마138).

② 미결수용자와 변호인과의 접견에는 교도관이 참여하지 못하며 그 내용을 청취 또는 녹취하지 못한다(형의 집행 및 수용자의 처우에 관한 법률 제84조 제1항).

③ 국가정보원 사법경찰관이 경찰서 유치장에 구금되어 있던 피의자에 대하여 의사의 진료를 받게 할 것을 신청한 변호인에게 국가정보원이 추천하는 의사의 참여를 요구한 것은 행형법시행령 제176조의 규정에 근거한 것으로서 적법하고, 이를 가리켜 변호인의 수진권을 침해하는 위법한 처분이라고 할 수는 없다(대법원 2002.5.6. 자, 2000모112).

14 답 ③

▮정답해설▮

③ 증거보전 청구를 기각하는 결정에 대하여는 3일 이내에 항고할 수 있다(제184조 제4항).

▮오답해설▮

① · ② 제184조 제1항
④ 제184조 제3항

15 답 ④

▮정답해설▮

④ 형사소송법 제215조에 의한 압수·수색영장은 수사기관의 압수·수색에 대한 허가장으로서 거기에 기재되는 유효기간은 집행에 착수할 수 있는 종기(終期)를 의미하는 것일 뿐이므로, 수사기관이 압수·수색영장을 제시하고 집행에 착수하여 압수·수색을 실시하고 그 집행을 종료하였다면 이미 그 영장은 목적을 달성하여 효력이 상실되는 것이고, 동일한 장소 또는 목적물에 대하여 다시 압수·수색할 필요가 있는 경우라면 그 필요성을 소명하여 법원으로부터 새로운 압수·수색영장을 발부 받아야 하는 것이지, 앞서 발부 받은 압수·수색영장의 유효기간이 남아있다고 하여 이를 제시하고 다시 압수·수색을 할 수는 없다(대법원 1999.12.1. 자, 99모161).

▮오답해설▮

① 헌법과 형사소송법이 구현하고자 하는 적법절차와 영장주의의 정신에 비추어 볼 때, 법관이 압수·수색영장을 발부하면서 '압수할 물건'을 특정하기 위하여 기재한 문언은 엄격하게 해석하여야 하고, 함부로 피압수자 등에게 불리한 내용으로 확장 또는 유추 해석하여서는 안 된다.

따라서 압수·수색영장에서 압수할 물건을 '압수장소에 보관중인 물건'이라고 기재하고 있는 것을 '압수장소에 현존하는 물건'으로 해석할 수는 없다(대법원 2009.3.12. 2008도763).

② 압수·수색영장은 처분을 받는 자에게 반드시 제시하여야 하는바, 현장에서 압수·수색을 당하는 사람이 여러 명일 경우에는 그 사람들 모두에게 개별적으로 영장을 제시해야 하는 것이 원칙이다. 수사기관이 압수·수색에 착수하면서 그 장소의 관리책임자에게 영장을 제시하였다고 하더라도, 물건을 소지하고 있는 다른 사람으로부터 이를 압수하고자 하는 때에는 그 사람에게 따로 영장을 제시하여야 한다(대법원 2009.3.12. 2008도763).

③ 형사소송법 제219조가 준용하는 제118조는 "압수·수색영장은 처분을 받는 자에게 반드시 제시하여야 한다."고 규정하고 있으나, 이는 영장제시가 현실적으로 가능한 상황을 전제로 한 규정으로 보아야 하고, 피처분자가 현장에 없거나 현장에서 그를 발견할 수 없는 경우 등 영장제시가 현실적으로 불가능한 경우에는 영장을 제시하지 아니한 채 압수·수색을 하더라도 위법하다고 볼 수 없다(대법원 2015.1.22. 2014도10978, 전원합의체).

16

답 ④

┃정답해설┃

④ 검사 또는 사법경찰관은 제1항 또는 제216조 제1항 제2호에 따라 압수한 물건을 계속 압수할 필요가 있는 경우에는 지체 없이 압수수색영장을 청구하여야 한다. 이 경우 압수수색영장의 청구는 체포한 때부터 48시간 이내에 하여야 한다(제217조 제2항).

┃오답해설┃

① 제218조
② 제217조 제1항
③ 제216조 제3항

17

답 ①

┃정답해설┃

① 몰수하여야 할 압수물로서 멸실·파손·부패 또는 현저한 가치 감소의 염려가 있거나 보관하기 어려운 압수물은 매각하여 대가를 보관할 수 있다(제132조 제1항).

┃오답해설┃

② 제130조 제1항
③ 제134조
④ 제133조 제2항

18

답 ②

┃정답해설┃

② 형사소송법 제103조는 "보석된 자가 형의 선고를 받고 그 판결이 확정된 후 집행하기 위한 소환을 받고 정당한 이유 없이 출석하지 아니하거나 도망한 때에는 직권 또는 검사의 청구에 의하여 결정으로 보증금의 전부 또는 일부를 몰수하여야 한다."고 규정하고 있는바, 이 규정에 의한 보증금몰수사건은 그 성질상 당해 형사본안 사건의 기록이 존재하는 법원 또는 그 기록을 보관하는 검찰청에 대응하는 법원의 토지관할에 속하고, 그 법원이 지방법원인 경우에 있어서 사물관할은 법원조직법 제7조 제4항의 규정에 따라 지방법원 단독판사에게 속하는 것이지 소송절차 계속중에 보석허가결정 또는 그 취소결정 등을 본안 관할법원인 제1심 합의부 또는 항소심인 합의부에서 한 바 있었다고 하여 그러한 법원이 사물관할을 갖게 되는 것은 아니다(대법원 2002.5.17. 자, 2001모53).

┃오답해설┃

① 제94조
③ 제102조 제3항, 제4항
④ 제104조의2 제1항

▎정답해설 ▎

㉠ (○) 제264조의2

㉢ (○) 검사의 공소를 제기하지 아니하는 처분의 당부에 관한 재정신청에 당하는 법원은 검사의 무혐의 불기소처분이 위법하다 하더라도 기록에 나타난 여러 가지 사정을 고려하여 기소유예의 불기소처분을 할 만한 사건이라고 인정되는 경우에는 재정신청을 기각할 수 있다(대법원 1996.7.16. 자, 96모53).

㉤ (○) 법원이 재정신청서에 재정신청을 이유 있게 하는 사유가 기재되어 있지 않음에도 이를 간과한 채 형사소송법 제262조 제2항 제2호 소정의 공소제기결정을 한 관계로 그에 따른 공소가 제기되어 본안사건의 절차가 개시된 후에는, 다른 특별한 사정이 없는 한 이제 그 본안사건에서 위와 같은 잘못을 다툴 수 없다. 그렇지 아니하고 위와 같은 잘못을 본안사건에서 다툴 수 있다고 한다면 이는 재정신청에 대한 결정에 대하여 그것이 기각결정이든 인용결정이든 불복할 수 없도록 한 같은 법 제262조 제4항의 규정취지에 위배하여 형사소송절차의 안정성을 해칠 우려가 있기 때문이다(대법원 2010.11.11. 2009도224).

▎오답해설 ▎

㉡ (×) 재정신청인에게 신청절차에 의하여 생긴 비용의 전부 또는 일부를 부담하게 할 수 있다(제262조의3 제1항).

㉣ (×) 재정신청의 관할법원은 불기소처분을 한 검사 소속의 지방검찰청 소재지를 관할하는 고등법원이다(제260조 제1항).

▎정답해설 ▎

③ 검사작성의 피고인에 대한 진술조서가 공소제기 후에 작성된 것이라는 이유만으로는 곧 그 증거능력이 없다고 할 수 없다(대법원 1984.9.25. 84도1646).

▎오답해설 ▎

① 제216조 제2항

② 공판준비 또는 공판기일에서 이미 증언을 마친 증인을 검사가 소환한 후 피고인에게 유리한 증언 내용을 추궁하여 이를 일방적으로 번복시키는 방식으로 작성한 진술조서를 유죄의 증거로 삼는 것은 당사자주의 · 공판중심주의 · 직접주의를 지향하는 현행 형사소송법의 소송구조에 어긋나는 것일 뿐만 아니라, 헌법 제27조가 보장하는 기본권, 즉 법관의 면전에서 모든 증거자료가 조사 · 진술되고 이에 대하여 피고인이 공격 · 방어할 수 있는 기회가 실질적으로 부여되는 재판을 받을 권리를 침해하는 것이므로, 이러한 진술조서는 피고인이 증거로 할 수 있음에 동의하지 아니하는 한 증거능력이 없고, 그 후 원진술자인 종전 증인이 다시 법정에 출석하여 증언을 하면서 그 진술조서의 성립의 진정함을 인정하고 피고인 측에 반대신문의 기회가 부여되었다고 하더라도 그 증언 자체를 유죄의 증거로 할 수 있음은 별론으로 하고 위와 같은 진술조서의 증거능력이 없다는 결론은 달리할 것이 아니다. 이는 검사가 공판준비 또는 공판기일에서 이미 증언을 마친 증인에게 수사기관에 출석할 것을 요구하여 그 증인을 상대로 위증의 혐의를 조사한 내용을 담은 피의자신문조서의 경우도 마찬가지이다(대법원 2013.8.14. 2012도13665).

④ 공소제기된 피고인의 구속상태를 계속 유지할 것인지 여부에 관한 판단은 전적으로 당해 수소법원의 전권에 속하는 것이다. 법원이 보석에 관한 결정을 함에 있어 검사의 의견을 듣도록 한 형사소송법 제97조 제1항의 규정은 검사에게 구속 계속의 필요성에 관한 이유와 자료를 법원에 제출할 수 있는 기회를 부여하고 법원으로 하여금 그 제출된 자료 등을 참고하게 하여 결정의 적정을 기하려는 것을 목적으로 하는 것일 뿐만 아니라 위 규정에 따른 검사의 의견 또한 법원에 대하여 구속력을 가지는 것이 아니라고 할 것이다. 따라서 검사의 의견청취의 절차는 보석에 관한 결정의 본질적 부분이 되는 것은 아니므로, 설사 법원이 검사의 의견을 듣지 아니한 채 보석에 관한 결정을 하였다고 하더라도 그 결정이 적정한 이상, 소론과 같은 절차상의 하자만을 들어 그 결정을 취소할 수는 없는 것이다. 같은 취지의 원심결정은 정당하고 거기에 소론과 같은 위법이 있다고 할 수 없다(대법원 1997.11.27. 자, 97모88).

21
 답 ③

┃정답해설┃

③ 공소장변경 절차 없이도 법원이 심리·판단할 수 있는 죄가 한 개가 아니라 여러 개인 경우에는, 법원으로서는 그 중 어느 하나를 임의로 선택할 수 있는 것이 아니라 검사에게 공소사실 및 적용법조에 관한 석명을 구하여 공소장을 보완하게 한 다음 이에 따라 심리·판단하여야 할 것이다(대법원 2005.7.8. 2005도279).

┃오답해설┃

① 형사소송규칙 제142조 제3항은 공소장변경허가신청서가 제출된 경우 법원은 그 부본을 피고인 또는 변호인에게 즉시 송달하여야 한다고 규정하고 있는데, 피고인과 변호인 모두에게 부본을 송달하여야 하는 취지가 아님은 문언상 명백하므로, 공소장변경신청서 부본을 피고인과 변호인 중 어느 한 쪽에 대해서만 송달하였다고 하여 절차상 잘못이 있다고 할 수 없다(대법원 2013.7.12. 2013도5165).

② 피고인의 방어권행사에 실질적인 불이익을 초래할 염려가 없는 경우에는 공소장변경절차를 거치지 아니하고 공소사실과 기본적 사실의 동일성 범위 내에서 다르게 인정하였다 할지라도 불고불리의 원칙에 위반되지 아니한다(대법원 1990.3.13. 90도94).

④ 형사소송법 제298조 제1항은 "검사는 법원의 허가를 얻어 공소장에 기재한 공소사실 또는 적용법조의 추가, 철회 또는 변경을 할 수 있다. 이 경우에 법원은 공소사실의 동일성을 해하지 아니하는 한도에서 허가하여야 한다."고 규정하고 있으므로, 검사의 공소장변경신청이 공소사실의 동일성을 해하지 아니하는 한 법원은 이를 허가하여야 한다(대법원 1999.4.13. 99도375).

22
 답 ②

┃정답해설┃

② 형법에 의하여 형을 가중 또는 감경한 경우에는 가중 또는 감경하지 아니한 형에 의하여 제249조(공소시효)의 규정을 적용한다(제251조).

┃오답해설┃

① 제250조
③ 제249조 제1항 제5호
④ 제252조 제1항

23
 답 ④

┃정답해설┃

④ 합의법원의 법관에 대한 기피는 그 법관의 소속법원에 신청하고 수명법관, 수탁판사 또는 단독판사에 대한 기피는 당해 법관에게 신청하여야 한다(제19조 제1항).

┃오답해설┃

① 약식절차와 피고인 또는 검사의 정식재판청구에 의하여 개시된 제1심 공판절차는 동일한 심급 내에서 서로 절차만 달리할 뿐이므로, 약식명령이 제1심 공판절차의 전심재판에 해당하는 것은 아니고, 따라서 약식명령을 발부한 법관이 정식재판절차의 제1심판결에 관여하였다고 하여 형사소송법 제17조 제7호에 정한 '법관이 사건에 관하여 전심재판 또는 그 기초되는 조사, 심리에 관여한 때'에 해당하여 제척의 원인이 된다고 볼 수는 없다(대법원 2002.4.12. 2002도944).

② 선거관리위원장은 형사소송법 제197조나 사법경찰관리의 직무를 행할 자와 그 직무범위에 관한 법률에 사법경찰관의 직무를 행할 자로 규정되어 있지 아니하고 그 밖에 달리 사법경찰관에 해당한다고 볼 근거가 없으므로 선거관리위원장으로서 공직선거 및 선거부정방지법 위반 혐의사실에 대하여 수사기관에 수사의뢰를 한 법관이 당해 형사피고사건의 재판을 하는 경우 그것이 적절하다고는 볼 수 없으나 형사소송법 제17조 제6호의 제척원인인 '법관이 사건에 관하여 사법경찰관의 직무를 행한 때'에 해당한다고 할 수 없다(대법원 1999.4.13. 99도155).

③ 제19조 제3항

24

▮ 정답해설 ▮

㉠ (○) 제10조

> **제10조(사물관할의 병합심리)**
> 사물관할을 달리하는 수개의 관련사건이 각각 법원합의부와 단독판사에 계속된 때에는 합의부는 결정으로 단독판사에 속한 사건을 병합하여 심리할 수 있다.

㉡ (○) 제13조

> **제13조(관할의 경합)**
> 같은 사건이 사물관할이 같은 여러 개의 법원에 계속된 때에는 먼저 공소를 받은 법원이 심판한다. 다만, 각 법원에 공통되는 바로 위의 상급법원은 검사나 피고인의 신청에 의하여 결정으로 뒤에 공소를 받은 법원으로 하여금 심판하게 할 수 있다.

㉢ (×) 검사는 신청하여야 한다(제15조).

> **제15조(관할이전의 신청)**
> 검사는 다음 경우에는 직근 상급법원에 관할이전을 신청하여야 한다. 피고인도 이 신청을 할 수 있다.
> 1. 관할법원이 법률상의 이유 또는 특별한 사정으로 재판권을 행할 수 없는 때
> 2. 범죄의 성질, 지방의 민심, 소송의 상황 기타 사정으로 재판의 공평을 유지하기 어려운 염려가 있는 때

㉣ (×) 형사소송법 제5조에 정한 관련 사건의 관할은, 이른바 고유관할사건 및 그 관련 사건이 반드시 병합기소되거나 병합되어 심리될 것을 전제요건으로 하는 것은 아니고, 고유관할사건 계속 중 고유관할 법원에 관련 사건이 계속된 이상 그 후 양 사건이 병합되어 심리되지 아니한 채 고유사건에 대한 심리가 먼저 종결되었다 하더라도 관련 사건에 대한 관할권은 여전히 유지된다(대법원 2008.6.12. 2006도8568).

25

▮ 정답해설 ▮

③ 법원의 파기환송 판결에 의하여 사건을 환송받은 법원은 형사소송법 제92조 제1항에 따라 2월의 구속기간이 만료되면 특히 계속할 필요가 있는 경우에는 2차(대법원이 형사소송규칙 제57조 제2항에 의하여 구속기간을 갱신한 경우에는 1차)에 한하여 결정으로 구속기간을 갱신할 수 있는 것이고, 한편 무죄추정을 받는 피고인이라고 하더라도 그에게 구속의 사유가 있어 구속영장이 발부, 집행된 이상 신체의 자유가 제한되는 것은 당연한 것이므로, 이러한 조치가 무죄추정의 원칙에 위배되는 것이라고 할 수는 없다(대법원 2001.11.30. 2001도5225).

▮ 오답해설 ▮

① 공소장의 공소사실 첫머리에 피고인이 전에 받은 소년부송치처분과 직업 없음을 기재하였다 하더라도 이는 형사소송법 제254조 제3항 제1호에서 말하는 피고인을 특정할 수 있는 사항에 속하는 것이어서 그와 같은 내용의 기재가 있다 하여 공소제기의 절차가 법률의 규정에 위반된 것이라고 할 수 없고 또 헌법상의 형사피고인에 대한 무죄추정조항이나 평등조항에 위배되는 것도 아니다(대법원 1990.10.16. 90도1813).

② 교도소에 수용된 때에는 국민건강보험급여를 정지하도록 한 국민건강보험법 제49조 제4호는 수용자에게 불이익을 주기 위한 것이 아니라, 국가의 보호, 감독을 받는 수용자의 질병치료를 국가가 부담하는 것을 전제로 수용자에 대한 의료보장제도를 합리적으로 운영하기 위한 것이므로 입법목적의 정당성을 갖고 있다. 가사 국가의 예산상의 이유로 수용자들이 적절한 의료보장을 받지 못하는 것이 현실이라고 하더라도 이는 수용자에 대한 국가의 보건의무불이행에 기인하는 것이지 위 조항에 기인하는 것으로 볼 수 없다. 위 조항은 수용자의 의료보장수급권을 직접 제약하는 규정이 아니며, 입법재량을 벗어나 수용자의 건강권을 침해하거나 국가의 보건의무를 저버린 것으로 볼 수 없으므로 수용자의 건강권, 인간의 존엄성, 행복추구권, 인간다운 생활을 할 권리를 침해하는 것이라 할 수 없다(헌법재판소 2005.2.24. 2003헌마31, 전원재판부).

④ 이 사건 신체검사는 필요한 최소한도를 벗어나 과잉금지원칙에 위배되어 청구인의 인격권 내지 신체의 자유를 침해한다고 볼 수 없다(헌법재판소 2011.5.26. 2010헌마775, 전원재판부).

26

답 ①

▌정답해설▌

① 검사, 피고인 또는 변호인은 법원에 대하여 공판준비기일의 지정을 신청할 수 있다. 이 경우 당해 신청에 관한 법원의 결정에 대하여는 불복할 수 없다(제266조의7 제2항).

▌오답해설▌

② 제266조의13 제2항
③ 제266조의9 제1항 제2호
④ 제266조의8 제4항

27

답 ③

▌정답해설▌

③ 보상금 지급을 청구하려는 자는 보상을 결정한 법원에 대응하는 검찰청에 보상금 지급청구서를 제출하여야 한다(형사보상 및 명예회복에 관한 법률 제21조 제1항).

▌오답해설▌

① 형사보상 및 명예회복에 관한 법률 제8조
② 형사보상 및 명예회복에 관한 법률 제20조
④ 군용물손괴죄로 구금된 공군 중사가 수사기관에서 범행을 자백하다가 다시 부인하며 다투어 무죄의 확정판결을 받고 형사보상청구를 한 사안에서, 자신이 범인으로 몰리고 있어서 형사처벌을 면하기 어려울 것이라는 생각과 거짓말탐지기 검사 등으로 인한 심리적인 압박 때문에 허위의 자백을 한 것이므로, 형사보상청구의 기각 요건인 '수사 또는 심판을 그르칠 목적'에 해당하지 않는다고 한 사례(대법원 2008.10.28. 자, 2008모577).

28

답 ③

▌정답해설▌

ⓒ (○) 피고인이 제1심법원에서 공소사실에 대하여 자백하여 제1심법원이 이에 대하여 간이공판절차에 의하여 심판할 것을 결정하고, 이에 따라 제1심법원이 제1심판결 명시의 증거들을 증거로 함에 피고인 또는 변호인의 이의가 없어 형사소송법 제318조의3의 규정에 따라 증거능력이 있다고 보고, 상당하다고 인정하는 방법으로 증거조사를 한 이상, 가사 항소심에 이르러 범행을 부인하였다고 하더라도 제1심법원에서 증거로 할 수 있었던 증거는 항소법원에서도 증거로 할 수 있는 것이므로 제1심법원에서 이미 증거능력이 있었던 증거는 항소심에서도 증거능력이 그대로 유지되어 심판의 기초가 될 수 있고 다시 증거조사를 할 필요가 없다(대법원 1998.2.27. 97도3421).

ⓔ (○) 제286조의3

> **제286조의3(결정의 취소)**
> 법원은 전조의 결정(간이공판절차의 결정)을 한 사건에 대하여 피고인의 자백이 신빙할 수 없다고 인정되거나 간이공판절차로 심판하는 것이 현저히 부당하다고 인정할 때에는 검사의 의견을 들어 그 결정을 취소하여야 한다.

▌오답해설▌

ⓐ (×) 결정할 수 있다(제286조의2).

> **제286조의2(간이공판절차의 결정)**
> 피고인이 공판정에서 공소사실에 대하여 자백한 때에는 법원은 그 공소사실에 한하여 간이공판절차에 의하여 심판할 것을 결정할 수 있다.

ⓓ (×) 피고인이 법정에서 "공소사실은 모두 사실과 다름없다."고 하면서 술에 만취되어 기억이 없다는 취지로 진술한 경우에, 피고인이 음주상태로 운전하다가 교통사고를 내었고, 또한, 사고 후에 도주까지 하였다고 하더라도 피고인이 술에 만취되어 사고 사실을 몰랐다고 범의를 부인함과 동시에 그 범행 당시 심신상실 또는 심신미약의 상태에 있었다는 주장으로서 형사소송법 제323조 제2항에 정하여진 법률상 범죄의 성립을 조각하거나 형의 감면의 이유가 되는 사실의 진술에 해당하므로 피고인은 적어도 공소사실을 부인하거나 심신상실의 책임조각사유를 주장하고 있는 것으로 볼 여지가 충분하므로 간이공판절차에 의하여 심판할 대상에 해당하지 아니한다(대법원 2004.7.9. 2004도2116).

29

답 ④

┃정답해설┃

④ 피고인에게 변호인이 있는 경우에는 피고인은 열람만을 신청할 수 있다(제266조의3 제1항).

┃오답해설┃

① 제266조의4 제5항
② 제266조의3 제5항
③ 제266조의3 제3항

30

답 ④

┃정답해설┃

④ 음주운전에 있어서 운전 직후에 운전자의 혈액이나 호흡 등 표본을 검사하여 혈중알코올농도를 측정할 수 있는 경우가 아니라면 소위 위드마크 공식을 사용하여 수학적 방법에 따른 계산결과로 운전 당시의 혈중알코올농도를 추정할 수 있으나, 범죄구성요건사실의 존부를 알아내기 위해 과학공식 등의 경험칙을 이용하는 경우에는 그 법칙 적용의 전제가 되는 개별적이고 구체적인 사실에 대하여는 엄격한 증명을 요한다 할 것이고, 위드마크 공식의 경우 그 적용을 위한 자료로는 섭취한 알코올의 양, 음주 시각, 체중 등이 필요하므로 그런 전제사실을 인정하기 위해서는 엄격한 증명이 필요하다 할 것이다(대법원 2000.11.10. 99도5541).

┃오답해설┃

① 공모나 모의는 공모공동정범에 있어서의 "범죄될 사실" 이라 할 것이므로 이를 인정하기 위하여는 엄격한 증명에 의하지 않으면 아니 된다(대법원 1988.9.13. 88도1114).
② 친고죄에서 적법한 고소가 있었는지는 자유로운 증명의 대상이 되고, 일죄의 관계에 있는 범죄사실 일부에 대한 고소의 효력은 일죄 전부에 대하여 미친다(대법원 2011.6.24. 2011도4451, 2011전도76).
③ 뇌물죄에서 수뢰액은 다과에 따라 범죄구성요건이 되므로 엄격한 증명의 대상이 된다(대법원 2011.5.26. 2009도2453).

31

답 ②

┃정답해설┃

② 선거관리위원회 위원·직원이 관계인에게 진술이 녹음된다는 사실을 미리 알려 주지 아니한 채 진술을 녹음하였다면, 그와 같은 조사절차에 의하여 수집한 녹음파일 내지 그에 터 잡아 작성된 녹취록은 형사소송법 제308조의2에서 정하는 '적법한 절차에 따르지 아니하고 수집한 증거'에 해당하여 원칙적으로 유죄의 증거로 쓸 수 없다(대법원 2014.10.15. 2011도3509).

┃오답해설┃

① 형사소송법은 제215조에서 검사가 압수·수색 영장을 청구할 수 있는 시기를 공소제기 전으로 명시적으로 한정하고 있지는 아니하나, 헌법상 보장된 적법절차의 원칙과 재판받을 권리, 공판중심주의·당사자주의·직접주의를 지향하는 현행 형사소송법의 소송구조, 관련 법규의 체계, 문언 형식, 내용 등을 종합하여 보면, 일단 공소가 제기된 후에는 피고사건에 관하여 검사로서는 형사소송법 제215조에 의하여 압수·수색을 할 수 없다고 보아야 하며, 그럼에도 검사가 공소제기 후 형사소송법 제215조에 따라 수소법원 이외의 지방법원 판사에게 청구하여 발부받은 영장에 의하여 압수·수색을 하였다면, 그와 같이 수집된 증거는 기본적 인권 보장을 위해 마련된 적법한 절차에 따르지 않은 것으로서 원칙적으로 유죄의 증거로 삼을 수 없다(대법원 2011.4.28. 2009도10412).
③ 형사소송법 제218조는 "사법경찰관은 소유자, 소지자 또는 보관자가 임의로 제출한 물건을 영장없이 압수할 수 있다"고 규정하고 있는바, 위 규정을 위반하여 소유자, 소지자 또는 보관자가 아닌 자로부터 제출받은 물건을 영장없이 압수한 경우 그 '압수물' 및 '압수물을 찍은 사진'은 이를 유죄 인정의 증거로 사용할 수 없는 것이고, 헌법과 형사소송법이 선언한 영장주의의 중요성에 비추어 볼 때 피고인이나 변호인이 이를 증거로 함에 동의하였다고 하더라도 달리 볼 것은 아니다(대법원 2010.1.28. 2009도10092).
④ 경찰관이 이른바 전화사기죄 범행의 혐의자를 긴급체포하면서 그가 보관하고 있던 다른 사람의 주민등록증, 운전면허증 등을 압수한 사안에서, 이는 구 형사소송법 제217조 제1항에서 규정한 해당 범죄사실의 수사에 필요한 범위 내의 압수로서 적법하므로, 이를 위 혐의자의 점유이탈물횡령죄 범행에 대한 증거로 인정한 사례(대법원 2008.7.10. 2008도2245)

32

답 ③

┃ 정답해설 ┃

③ 조사자의 증언에 증거능력이 인정되기 위해서는 원진술자가 사망, 질병, 외국거주, 소재불명, 그 밖에 이에 준하는 사유로 인하여 진술할 수 없어야 하는 것이라서, 원진술자가 법정에 출석하여 수사기관에서 한 진술을 부인하는 취지로 증언한 이상 원진술자의 진술을 내용으로 하는 조사자의 증언은 증거능력이 없다(대법원 2008.9.25. 2008도6985).

┃ 오답해설 ┃

① 전문의 진술을 증거로 함에 있어서는 전문진술자가 원진술자로부터 진술을 들을 당시 원진술자가 증언능력에 준하는 능력을 갖춘 상태에 있어야 할 것이다(대법원 2006.4.14. 2005도9561).

② 형사소송법은 전문진술에 대하여 제316조에서 실질상 단순한 전문의 형태를 취하는 경우에 한하여 예외적으로 그 증거능력을 인정하는 규정을 두고 있을 뿐, 재전문진술이나 재전문진술을 기재한 조서에 대하여는 달리 그 증거능력을 인정하는 규정을 두고 있지 아니하고 있으므로, 피고인이 증거로 하는 데 동의하지 아니하는 한 형사소송법 제310조의2의 규정에 의하여 이를 증거로 할 수 없다(대법원 2004.3.11. 2003도171).

④ 형사소송법 제314조 소정의 "특히 신빙할 수 있는 상태하에서 행하여진 때"라 함은 그 진술내용이나 조서 또는 서류의 작성에 허위개입의 여지가 거의 없고, 그 진술내용의 신빙성이나 임의성을 담보할 구체적이고 외부적인 정황이 있는 경우를 가리킨다(대법원 1995.6.13. 95도523).

33

답 ③

┃ 정답해설 ┃

③ 위와 같은 현행 형사소송법 제314조의 문언과 개정 취지, 증언거부권 관련 규정의 내용 등에 비추어 보면, 법정에 출석한 증인이 형사소송법 제148조, 제149조 등에서 정한 바에 따라 정당하게 증언거부권을 행사하여 증언을 거부한 경우는 형사소송법 제314조의 '그 밖에 이에 준하는 사유로 인하여 진술할 수 없는 때'에 해당하지 아니한다(대법원 2012.5.17. 2009도6788 전원합의체).

┃ 오답해설 ┃

① 대법원 2007.6.14. 2004도5561
② 대법원 2006.4.14. 2005도9561
④ 대법원 1999.5.14. 99도202

34

답 ②

┃ 정답해설 ┃

② 유죄의 자료가 되는 것으로 제출된 증거의 반대증거 서류에 대하여는 그것이 유죄사실을 인정하는 증거가 되는 것이 아닌 이상 반드시 그 진정성립이 증명되지 아니하거나 이를 증거로 함에 있어서의 상대방의 동의가 없다고 하더라도 증거판단의 자료로 할 수 있다(대법원 1981.12.22. 80도1547).

┃ 오답해설 ┃

① 약식명령에 불복하여 정식재판을 청구한 피고인이 정식재판절차의 제1심에서 2회 불출정하여 형사소송법 제318조 제2항에 따른 증거동의가 간주된 후 증거조사를 완료한 이상, 간주의 대상인 증거동의는 증거조사가 완료되기 전까지 철회 또는 취소할 수 있으나 일단 증거조사를 완료한 뒤에는 취소 또는 철회가 인정되지 아니하는 점, 증거동의 간주가 피고인의 진의와는 관계없이 이루어지는 점 등에 비추어, 비록 피고인이 항소심에 출석하여 공소사실을 부인하면서 간주된 증거동의를 철회 또는 취소한다는 의사표시를 하더라도 그로 인하여 적법하게 부여된 증거능력이 상실되는 것이 아니다(대법원 2010.7.15. 2007도5776).

③ 형사소송법 제216조 제1항 제2호, 제217조 제2항, 제3항은 사법경찰관은 형사소송법 제200조의3(긴급체포)의 규정에 의하여 피의자를 체포하는 경우에 필요한 때에는 영장 없이 체포현장에서 압수·수색을 할 수 있고, 압수한 물건을 계속 압수할 필요가 있는 경우에는 지체 없이 압수수색영장을 청구하여야 하며, 청구한 압수수색영장을 발부받지 못한 때에는 압수한 물건을 즉시 반환하여야 한다고 규정하고 있는바, 형사소송법 제217조 제2항, 제3항에 위반하여 압수수색영장을 청구하여 이를 발부받지 아니하고도 즉시 반환하지 아니한 압수물은 이를 유죄 인정의 증거로 사용할 수 없는 것이고, 헌법과 형사소송법이 선언한 영장주의의 중요성에 비추어 볼 때 피고인이나 변호인이 이를 증거로 함에 동의하였다고 하더라도 달리 볼 것은 아니다(대법원 2009.12.24. 2009도11401).

④ 제318조 제2항

35

답 ②

┃정답해설┃

② 법원은 공소제기 후부터 공판준비기일이 종결된 다음날까지 국민참여재판을 하지 아니하기로 하는 결정을 할 수 있다(국민의 형사재판 참여에 관한 법률 제9조 제1항).

┃오답해설┃

① 국민의 형사재판 참여에 관한 법률 제30조 제1항
③ 국민의 형사재판 참여에 관한 법률 제44조, 제45조
④ 국민의 형사재판 참여에 관한 법률 제17조 제3호

36

답 ④

┃정답해설┃

④ 피고인이 자신이 거주하던 다세대주택의 여러 세대에서 7건의 절도행위를 한 것으로 기소되었는데 그 중 4건은 범행장소인 구체적 호수가 특정되지 않은 사안에서, 위 4건에 관한 피고인의 범행 관련 진술이 매우 사실적·구체적·합리적이고 진술의 신빙성을 의심할 만한 사유도 없어 자백의 진실성이 인정되므로, 피고인의 집에서 해당 피해품을 압수한 압수조서와 압수물 사진은 위 자백에 대한 보강증거가 된다고 한 사례(대법원 2008.5.29. 2008도2343).

┃오답해설┃

① 자백에 대한 보강증거는 범죄사실의 전부 또는 중요부분을 인정할 수 있는 정도가 되지 아니하더라도 피고인의 자백이 가공적인 것이 아닌 진실한 것임을 인정할 수 있는 정도만 되면 족할 뿐만 아니라, 직접증거가 아닌 간접증거나 정황증거도 보강증거가 될 수 있다(대법원 1995.10.12. 95도1957).

② 피고인이 뇌물공여 혐의를 받기 전에 이와는 관계없이 준설공사에 필요한 각종 인·허가 등의 업무를 위임받아 이를 추진하는 과정에서 그 업무수행에 필요한 자금을 지출하면서, 스스로 그 지출한 자금내역을 자료로 남겨두기 위하여 뇌물자금과 기타 자금을 구별하지 아니하고 그 지출 일시, 금액, 상대방 등 내역을 그때그때 계속적, 기계적으로 기입한 수첩의 기재 내용은, 피고인이 자신의 범죄사실을 시인하는 자백이라고 볼 수 없으므로, 증거능력이 있는 한 피고인의 금전출납을 증명할 수 있는 별개의 증거라고 할 것인즉, 피고인의 검찰에서의 자백에 대한 보강증거가 될 수 있다(대법원 1996.10.17. 94도2865, 전원합의체).

③ 형사소송법 제310조 소정의 "피고인의 자백"에 공범인 공동피고인의 진술은 포함되지 아니하므로 공범인 공동피고인의 진술은 다른 공동피고인에 대한 범죄사실을 인정하는 증거로 할 수 있는 것일 뿐만 아니라 공범인 공동피고인들의 각 진술은 상호간에 서로 보강증거가 될 수 있다(대법원 1990.10.30. 90도1939).

37

답 ①

┃정답해설┃

① 피고인이 경료한 소유권이전등기가 절차상 하자가 있거나 등기원인이 실제와 다르다 하더라도 그 등기가 실체적 권리관계에 부합하는 유효한 등기인 경우에는 공정증서원본불실기재, 동행사죄의 구성요건 해당성이 없게 되는 것이므로, 공정증서원본불실기재 및 동행사죄로 공소가 제기된 경우 피고인이 시효취득으로 당해 등기가 실체적 권리관계에 부합하는 유효한 등기라고 주장하는 것은 공소사실에 대한 적극부인에 해당할 뿐, 법률상 범죄의 성립을 조각하는 사유에 관한 주장이라고는 볼 수 없으므로 그 주장이 받아들여져 무죄가 선고되는 경우와는 달리 그 주장이 받아들여지지 아니하는 경우에는 그대로 유죄의 선고를 함으로써 족하고 반드시 그에 대한 판단을 판결이유 중에 명시하여야만 하는 것은 아니다(대법원 1990.9.28. 90도427).

┃오답해설┃

② 형사소송법 제323조 제1항은 형의를 하는 때에는 판결이유에 범죄될 사실, 증거의 요지와 법령의 적용을 명시하여야 한다고 규정하고 있는바, 여기에서 '증거의 요지'는 어느 증거의 어느 부분에 의하여 범죄사실을 인정하였느냐 하는 이유 설명까지 할 필요는 없지만 적어도 어떤 증거에 의하여 어떤 범죄사실을 인정하였는가를 알아볼 정도로 증거의 중요부분을 표시하여야 하고, 피고인의 자백이 그 피고인에게 불이익한 유일의 증거인 때에는 이를 유죄의 증거로 하지 못하는 것이므로, "피고인의 법정 진술과 적법하게 채택되어 조사된 증거들"로만 기재된 제1심판결의 증거의 요지를 그대로 인용한 항소심판결은 증거 없이 그 범죄사실을 인정하였거나 형사소송법 제323조 제1항을 위반한 위법을 저지른 것이라고 아니할 수 없다(대법원 2000.3.10. 99도5312).

③ 대법원 2010.10.14. 2010도9151
④ 유죄판결의 증거는 범죄될 사실을 증명할 적극적 증거를 거시하면 되므로 범죄사실에 배치되는 증거들에 관하여 배척한다는 취지의 판단이나 이유를 설시하지 아니하여도 잘못이라 할 수 없고 증언의 일부분만을 믿고 다른 부분을 믿지 않는다고 하여 채증법칙에 위배된다고 할 수 없다(대법원 1986.10.14. 86도1606).

38   답 ③

┃정답해설┃

- ㉠ 기피신청기각결정(제23조)
- ㉡ 구속취소결정(제97조 제3항)
- ㉣ 약식명령에 대한 정식재판청구 기각결정(제455조, 즉결심판에 관한 절차법 제14조 제4항)

┃오답해설┃

- ㉢ 구속집행정지결정(헌법재판소 2012.6.27. 2011헌가36)

39   답 ①

┃정답해설┃

① 형사소송법 제420조 제2호 소정의 '원판결의 증거된 증언'이라 함은 원판결의 증거로 채택되어 범죄사실을 인정하는 데 사용된 증언을 뜻하는 것이고 단순히 증거 조사의 대상이 되었을 뿐 범죄사실을 인정하는 증거로 사용되지 않은 증언은 위 '증거된 증언'에 포함되지 않는 것이며, '원판결의 증거된 증언이 확정판결에 의하여 허위인 것이 증명된 때'라 함은 그 증인이 위증을 하여 그 죄에 의하여 처벌되어 그 판결이 확정된 경우를 말하는 것이고, 원판결의 증거된 증언을 한 자가 그 재판 과정에서 자신의 증언과 반대되는 취지의 증언을 한 다른 증인을 위증죄로 고소하였다가 그 고소가 허위임이 밝혀져 무고죄로 유죄의 확정판결을 받은 경우는 위 재심사유에 포함되지 아니한다(대법원 2005.4.14. 2003도1080).

┃오답해설┃

② 형사소송법상 재심절차는 재심 개시 여부를 심리하는 절차와 재심개시결정이 확정된 후 재심대상사건에 대한 심판절차로 구별된다. 재심개시절차에서는 형사소송법 등에서 규정하고 있는 재심사유가 있는지 여부만을 판단하고, 나아가 재심사유가 재심대상판결에 영향을 미칠 가능성이 있는가의 실체적 사유는 이를 고려하여서는 아니 된다(대법원 2008.4.24. 자, 2008모77).

③·④ 형사소송법 제420조 제5호에 정한 무죄 등을 인정할 '증거가 새로 발견된 때'란 재심대상이 되는 확정판결의 소송절차에서 발견되지 못하였거나 또는 발견되었다 하더라도 제출할 수 없었던 증거를 새로 발견하였거나 비로소 제출할 수 있게 된 때를 말한다. 증거의 신규성을 누구를 기준으로 판단할 것인지에 대하여 위 조항이 그 범위를 제한하고 있지 않으므로 그 대상을 법원으로 한정할 것은 아니다. 그러나 재심은 당해 심급에서 또는 상소를 통한 신중한 사실심리를 거쳐 확정된 사실관계를 재심사하는 예외적인 비상구제절차이므로, 피고인이 판결확정 전 소송절차에서 제출할 수 있었던 증거까지 거기에 포함된다고 보게 되면, 판결의 확정력이 피고인이 선택한 증거제출시기에 따라 손쉽게 부인될 수 있게 되어 형사재판의 법적 안정성을 해치고, 헌법이 대법원을 최종심으로 규정한 취지에 반하여 제4심으로서의 재심을 허용하는 결과를 초래할 수 있다. 따라서 피고인이 재심을 청구한 경우 재심대상이 되는 확정판결의 소송절차 중에 그러한 증거를 제출하지 못한 데 과실이 있는 경우에는 그 증거는 위 조항에서의 '증거가 새로 발견된 때'에서 제외된다고 해석함이 상당하다(대법원 2009.7.16. 자, 2005모472, 전원합의체).

40   답 ②

┃정답해설┃

② 즉결심판의 판결이 확정된 때에는 즉결심판서 및 관계서류와 증거는 관할경찰서 또는 지방해양경찰관서가 이를 보존한다(즉결심판에 관한 절차법 제13조).

┃오답해설┃

① 즉결심판에 관한 절차법 제11조 제5항
③ 즉결심판에 관한 절차법 제14조 제1항
④ 즉결심판에 관한 절차법 제2조

2016 정답 및 해설

01	02	03	04	05	06	07	08	09	10	11	12	13	14	15	16	17	18	19	20
③	④	④	③	①	①	②	④	①	②	②	①	①	①	④	②	②	③	①	①
21	22	23	24	25	26	27	28	29	30	31	32	33	34	35	36	37	38	39	40
①	③	①	①	④	④	①	①	②	②	④	②	④	③	③	①	④	④	②	④

01
답 ③

┃정답해설┃

③ 불이익변경금지원칙은 형사소송법 제368조, 제396조 제2항에 규정되어 있다.

> **제368조(불이익변경의 금지)**
> 피고인이 항소한 사건과 피고인을 위하여 항소한 사건에 대해서는 원심판결의 형보다 무거운 형을 선고할 수 없다.
>
> **제396조(파기자판)**
> ① 상고법원은 원심판결을 파기한 경우에 그 소송기록과 원심법원과 제1심법원이 조사한 증거에 의하여 판결하기 충분하다고 인정한 때에는 피고사건에 대하여 직접판결을 할 수 있다.
> ② 제368조의 규정은 전항의 판결에 준용한다.

┃오답해설┃

① 신속한 공개재판을 받을 권리(헌법 제27조 제3항)
② 피구속자의 가족 등이 구속 사유를 통지받을 권리(헌법 제12조 제5항)
④ 체포·구속적부심사청구권(헌법 제12조 제6항)

02
답 ④

┃정답해설┃

④ 형사소송법 제18조 제1항 제2호 소정의 '불공평한 재판을 할 염려가 있는 때'라 함은 당사자가 불공평한 재판이 될지도 모른다고 추측할 만한 주관적인 사정이 있는 때를 말하는 것이 아니라, 통상인의 판단으로서 법관과 사건과의 관계상 불공평한 재판을 할 것이라는 의혹을 갖는 것이 합리적이라고 인정할 만한 객관적인 사정이 있는 때를 말한다(대법원 2001.3.21. 2001모2).

┃오답해설┃

① 제308조의2
② 제114조 제1항
③ 제106조 제3항

03
답 ④

┃정답해설┃

④ 피의자들이 유치장에 재수용되는 과정에서 흉기 등 위험물이나 반입금지물품을 소지·은닉할 가능성이 극히 낮았음에도 불구하고 피의자들을 옷을 전부 벗긴 상태에서 앉았다 일어서기를 반복하게 하는 신체수색은 헌법 제10조의 인간의 존엄과 가치로부터 유래하는 인격권 및 제12조의 신체의 자유가 침해된 것으로 판단된다(헌법재판소 2002.7.18. 2000헌마327).

① 헌법 제12조 제1항 후문이 규정하고 있는 적법절차란 법률이 정한 절차 및 그 실체적 내용이 모두 적정하여야 함을 말하는 것으로서 적정하다고 함은 공정하고 합리적이며 상당성이 있어 정의관념에 합치되는 것을 뜻한다(대법원 1988.11.16. 88초60).

② 이 사건 법률조항은 수사기관이 직접 물리적 강제력을 행사하여 피의자에게 강제로 지문을 찍도록 하는 것을 허용하는 규정이 아니며 형벌에 의한 불이익을 부과함으로써 심리적·간접적으로 지문채취를 강요하고 있으므로 피의자가 본인의 판단에 따라 수용여부를 결정한다는 점에서 궁극적으로 당사자의 자발적 협조가 필수적임을 전제로 하므로 물리력을 동원하여 강제로 이루어지는 경우와는 질적으로 차이가 있다. 따라서 이 사건 법률조항에 의한 지문채취의 강요는 영장주의에 의하여야 할 강제처분이라 할 수 없다. 또한 수사상 필요에 의하여 수사기관이 직접강제에 의하여 지문을 채취하려 하는 경우에는 반드시 법관이 발부한 영장에 의하여야 하므로 영장주의 원칙은 여전히 유지되고 있다고 할 수 있다(헌법재판소 2004.9.23. 2002헌가17).

③ 형사소송법 제308조의2는 "적법한 절차에 따르지 아니하고 수집한 증거는 증거로 할 수 없다"고 정하고 있다. 그에 따라 수사기관이 헌법과 형사소송법이 정한 절차에 따르지 아니하고 수집한 증거는 물론, 이를 기초로 하여 획득한 2차적 증거 역시 유죄 인정의 증거로 삼을 수 없는 것이 원칙이다(대법원 2014.2.27. 2013도12155).

04 답 ③

┃정답해설┃

③ 경찰관이 취객을 상대로 한 이른바 부축빼기 절도범을 단속하기 위하여, 공원 인도에 쓰러져 있는 취객 근처에서 감시하고 있다가, 마침 피고인이 나타나 취객을 부축하여 10m 정도를 끌고 가 지갑을 뒤지자 현장에서 체포하여 기소한 경우 위법한 함정수사에 기한 공소제기라고 할 수 없다(대법원 2007.5.31. 2007도1903).

┃오답해설┃

① 법률에 의하여 고소나 고발이 있어야 논할 수 있는 죄에 있어서 고소 또는 고발은 이른바 소추조건에 불과하고 당해 범죄의 성립요건이나 수사의 조건은 아니므로, 위와 같은 범죄에 관하여 고소나 고발이 있기 전에 수사를 하였더라도, 그 수사가 장차 고소나 고발의 가능성이 없는 상태하에서 행해졌다는 등의 특단의 사정이 없는 한, 고소나

고발이 있기 전에 수사를 하였다는 이유만으로 그 수사가 위법하게 되는 것은 아니다. 그렇다면 일반사법경찰관리가 출입국사범에 대한 출입국관리사무소장 등의 고발이 있기 전에 수사를 하였더라도, 달리 위에서 본 특단의 사정이 없는 한 그 사유만으로 수사가 소급하여 위법하게 되는 것은 아니다(대법원 2011.3.10. 2008도7724).

② 제197조 제1항

④ 수사, 즉 범죄혐의의 유무를 명백히 하여 공소를 제기·유지할 것인가의 여부를 결정하기 위하여 범인을 발견·확보하고 증거를 수집·보전하는 수사기관의 활동은 수사 목적을 달성함에 필요한 경우에 한하여 사회통념상 상당하다고 인정되는 방법 등에 의하여 수행되어야 한다(대법원 1999.12.7. 98도3329).

05 답 ①

┃정답해설┃

① 수사상 증인신문청구권은 검사에게만 인정되는 권리이다(제221조의2 제1항).

┃오답해설┃

② 체포·구속적부심사청구권(제214조의2 제1항)
③ 진술거부권(제244조의3 제1항)
④ 증거보전청구권(제184조 제1항)

06 답 ①

┃정답해설┃

① 경찰관이 노래방의 도우미 알선 영업 단속 실적을 올리기 위하여 그에 대한 제보나 첩보가 없는데도 손님을 가장하고 들어가 도우미를 불러낸 사안에서, 위법한 함정수사로서 공소제기가 무효라고 한 사례(대법원 2008.10.23. 2008도7362).

┃오답해설┃

② 본래 범의를 가지지 아니한 자에 대하여 수사기관이 사술이나 계략 등을 써서 범의를 유발케 하여 범죄인을 검거하는 함정수사는 위법함을 면할 수 없고 이러한 함정수사에 기한 공소제기는 그 절차가 법률의 규정에 위반하여 무효인 때에 해당한다(대법원 2008.10.23. 2008도7362). 따라서 법원은 공소기각판결을 선고하여야 한다(제327조 제2호).

③ 유인자가 수사기관과 직접적인 관련을 맺지 않은 상태에서 피유인자를 상대로 단순히 수차례 반복적으로 범행을 부탁하였을 뿐 수사기관이 사술이나 계략 등을 사용하였다고 볼 수 없는 경우는 설령 그로 인하여 피유인자의 범의가 유발되었다 하더라도 위법한 함정수사에 해당하지 않는다(대법원 2013.3.28. 2013도1473).

④ 피고인의 뇌물수수가 공여자들의 함정교사에 의한 것이기는 하나, 뇌물공여자들에게 피고인을 함정에 빠뜨릴 의사만 있었고 뇌물공여의 의사가 전혀 없었다고 보기 어려울 뿐 아니라, 뇌물공여자들의 함정교사라는 사정은 피고인의 책임을 면하게 하는 사유가 될 수 없다(대법원 2008.3.13. 2007도10804).

07 답 ②

┃정답해설┃

② 신문에 참여하고자 하는 변호인이 2인 이상인 때에는 피의자가 신문에 참여할 변호인 1인을 지정한다. 지정이 없는 경우에는 검사 또는 사법경찰관이 이를 지정할 수 있다(제243조의2 제2항).

┃오답해설┃

① 제243조의2 제3항
③ 제243조의2 제5항
④ 구속영장 발부에 의하여 적법하게 구금된 피의자가 피의자신문을 위한 출석요구에 응하지 아니하면서 수사기관 조사실에 출석을 거부한다면 수사기관은 그 구속영장의 효력에 의하여 피의자를 조사실로 구인할 수 있다고 보아야 한다(대법원 2013.7.1. 2013모160).

08 답 ④

┃정답해설┃

④ 친고죄에 대하여 고소할 자가 없는 경우에 이해관계인의 신청이 있으면 검사는 10일 이내에 고소할 수 있는 자를 지정하여야 한다(제228조).

┃오답해설┃

① 제226조
② 제232조 제1항
③ 제232조 제2항

09 답 ①

┃정답해설┃

① 상대적 친고죄에 있어서의 피해자의 고소취소는 친족관계 없는 공범자에게는 그 효력이 미치지 아니한다(대법원 1964.12.15. 64도481).

┃오답해설┃

② 고소불가분의 원칙상 공범 중 일부에 대하여만 처벌을 구하고 나머지에 대하여는 처벌을 원하지 않는 내용의 고소는 적법한 고소라고 할 수 없고, 공범 중 1인에 대한 고소취소는 고소인의 의사와 상관없이 다른 공범에 대하여도 효력이 있다(대법원 1994.4.26. 93도1689).
③ 제233조
④ 친고죄의 공범 중 그 일부에 대하여 제1심판결이 선고된 후에는 제1심판결선고 전의 다른 공범자에 대하여는 그 고소를 취소할 수 없고 그 고소의 취소가 있다 하더라도 그 효력을 발생할 수 없으며, 이러한 법리는 필요적 공범이나 임의적 공범이나를 구별함이 없이 모두 적용된다(대법원 1985.11.12. 85도1940).

10 답 ②

┃정답해설┃

② 검사로 범죄의 혐의를 인정하고 긴급을 요할 때에는 영장 없이 검증할 수 있다(제222조 제2항).

┃오답해설┃

① 제199조 제2항
③ 제199조 제1항
④ 제198조 제1항

11 답 ②

┃정답해설┃

② 피의자 또는 변호인이 영상녹화물의 내용에 대하여 이의를 진술하는 때에는 그 취지를 기재한 서면을 첨부하여야 한다(제244조의2 제3항).

┃오답해설┃

① 제244조의2 제2항
③·④ 제244조의2 제1항

12 답 ①

┃정답해설┃

① 사법경찰관은 긴급체포한 피의자에 대하여 구속영장을 신청하지 아니하고 석방한 경우에는 즉시 검사에게 보고하여야 한다(제200조의4 제6항).

┃오답해설┃

②·④ 긴급체포는 영장주의원칙에 대한 예외인 만큼 형사소송법 제200조의3 제1항의 요건을 모두 갖춘 경우에 한하여 예외적으로 허용되어야 하고, 요건을 갖추지 못한 긴급체포는 법적 근거에 의하지 아니한 영장 없는 체포로서 위법한 체포에 해당하는 것이고, 여기서 긴급체포의 요건을 갖추었는지 여부는 사후에 밝혀진 사정을 기초로 판단하는 것이 아니라 체포 당시의 상황을 기초로 판단하여야 하고, 이에 관한 검사나 사법경찰관 등 수사주체의 판단에는 상당한 재량의 여지가 있다고 할 것이나, 긴급체포 당시의 상황으로 보아서도 그 요건의 충족 여부에 관한 검사나 사법경찰관의 판단이 경험칙에 비추어 현저히 합리성을 잃은 경우에는 그 체포는 위법한 체포라 할 것이고, 이러한 위법은 영장주의에 위배되는 중대한 것이니 그 체포에 의한 유치 중에 작성된 피의자신문조서는 위법하게 수집된 증거로서 특별한 사정이 없는 한 이를 유죄의 증거로 할 수 없다(대법원 2008.3.27. 2007도11400).

③ 제203조의2

13 답 ①

┃정답해설┃

① 형사소송법 제211조가 현행범인으로 규정한 '범죄의 실행의 즉후인 자'라고 함은 범죄의 실행행위를 종료한 직후의 범인이라는 것이 체포하는 자의 입장에서 볼 때 명백한 경우를 일컫는다(대법원 2007.4.13. 2007도1249).

┃오답해설┃

② 제200조의2 제1항

③ 현행범인은 누구든지 영장 없이 체포할 수 있는데(형사소송법 제212조), 현행범인으로 체포하기 위하여는 행위의 가벌성, 범죄의 현행성·시간적 접착성, 범인·범죄의 명백성 이외에 체포의 필요성 즉, 도망 또는 증거인멸의 염려가 있어야 하고, 이러한 요건을 갖추지 못한 현행범인

체포는 법적 근거에 의하지 아니한 영장 없는 체포로서 위법한 체포에 해당한다(대법원 2011.5.26. 2011도3682).

④ 제200조의2 제4항

14 답 ①

┃정답해설┃

① 피고인들을 비롯한 경찰관들이 피의자 4명을 현행범으로 체포하거나 현행범인체포서를 작성할 때 체포사유 및 변호인선임권을 고지하지 아니하였음에도 불구하고, '체포의 사유 및 변호인 선임권 등을 고지 후 현행범인 체포한 것임'이라는 내용의 허위의 현행범인 체포서 4장과 '현행범인으로 체포하면서 범죄사실의 요지, 구속의 이유와 변호인을 선임할 수 있음을 고지하고 변명의 기회를 주었다.'는 내용의 허위의 확인서 4장을 각 작성한 경우, 당시 피고인들에게 허위공문서작성에 대한 범의도 있었다고 보아야 한다(대법원 2010.6.24. 2008도11226).

┃오답해설┃

② 제213조 제2항

③ 제200조의5, 제213조의2

④ 술에 취한 채로 관공서에서 몹시 거친 말과 행동으로 주정하거나 시끄럽게 한 사람은 60만 원 이하의 벌금, 구류 또는 과료의 형으로 처벌하므로(경범죄처벌법 제3조 제3항 제1항), 경미사건의 현행범체포 제한에 관한 형사소송법 제214조가 적용되지 않아 주거가 분명한 때에도 현행범으로 체포할 수 있다(제212조).

15 답 ④

┃정답해설┃

④ 피의자에 대한 심문절차는 공개하지 아니한다. 다만, 판사는 상당하다고 인정하는 경우에는 피의자의 친족, 피해자 등 이해관계인의 방청을 허가할 수 있다(규칙 제96조의14).

┃오답해설┃

① 규칙 제96조의16 제3항

② 규칙 제96조의16 제4항

③ 규칙 제96조의13 제1항

16

답 ②

┃정답해설┃

② 체포·구속적부심사청구에 대한 법원의 석방결정에 대하여 항고하지 못한다(제214조의2 제8항).

┃오답해설┃

① 규칙 제106조
③ 규칙 제104조 제1항
④ 제214조의2 제3항

17

답 ②

┃정답해설┃

② 헌법(제12조 제4항)과 형사소송법(제34조)에는 접견교통권 등 변호인의 조력을 받을 권리의 주체를 체포 또한 구속을 당한 피의자·피고인이라고 규정하고 있으나, 신체구속 상태에 있지 않은 피의자도 당연히 접견교통권의 주체가 될 수 있다(헌법재판소 2004.9.23. 2000헌마138).

┃오답해설┃

① 변호인의 조력을 받을 권리를 규정하고 있는 헌법 제12조 제4항 전문, 절차상 또는 시기상의 아무런 제약 없이 변호인의 피고인 또는 피의자와의 접견교통권을 보장하고 있는 형사소송법 제34조, 구속 피고인 또는 피의자에 대한 변호인의 접견교통권을 규정한 같은 법 제89조, 제90조, 제91조 등의 규정에 의하면 변호인의 접견교통권은 신체구속을 당한 피고인이나 피의자의 인권보장과 방어준비를 위하여 필수불가결한 권리로서 법령에 의한 제한이 없는 한 수사기관의 처분은 물론 법원의 결정으로도 이를 제한할 수 없다(대법원 1991.3.28. 91모24).
③ 구금장소의 임의적 변경은 청구인의 방어권이나 접견교통권의 행사에 중대한 장애를 초래하는 것이므로 위법하다(대법원 1996.5.15. 95모94).
④ 구치소에 구속되어 검사로부터 수사를 받고 있던 피의자들의 변호인으로 선임되었거나 선임되려는 변호사들이 피의자들을 접견하려고 1989.7.31. 구치소장에게 접견신청을 하였으나 같은 해 8.9. 까지도 접견이 허용되지 아니하고 있었다면, 수사기관의 구금 등에 관한 처분에 대하여 불복이 있는 경우 행정소송절차와는 다른 특별절차로서 준항고 절차를 마련하고 있는 형사소송법의 취지에 비추어, 위와 같이 피의자들에 대한 접견이 접견신청일로

부터 상당한 기간이 경과하도록 허용되지 않고 있는 것은 접견불허처분이 있는 것과 동일시된다고 봄이 상당하다(대법원 1990.2.13. 89모37).

18

답 ③

┃정답해설┃

③ 피고인, 피고인의 변호인·법정대리인·배우자·직계친족·형제자매·가족·동거인 또는 고용주는 법원에 구속된 피고인의 보석을 청구할 수 있다(제94조).

┃오답해설┃

① 제104조의2 제1항
② 피고인이 집행유예의 기간 중에 있어 집행유예의 결격자라고 하여 보석을 허가할 수 없는 것은 아니고 형사소송법 제95조는 그 제1호 내지 제5호 이외의 경우에는 필요적으로 보석을 허가하여야 한다는 것이지 여기에 해당하는 경우에는 보석을 허가하지 아니할 것을 규정한 것이 아니므로 집행유예기간 중에 있는 피고인의 보석을 허가한 것이 누범과 상습범에 대하여는 보석을 허가하지 아니할 수 있다는 형사소송법 제95조 제2호의 취지에 위배되어 위법이라고 할 수 없다(대법원 1990.4.18. 90모22).
④ 제104조

19

답 ①

┃정답해설┃

① 검사, 사법경찰관은 피의자 기타인의 유류한 물건이나 소유자, 소지자 또는 보관자가 임의로 제출한 물건을 영장없이 압수할 수 있다(제218조).

┃오답해설┃

② 제216조 제1항 제2호
③ 압수·수색영장은 처분을 받는 자에게 반드시 제시하여야 하는바, 현장에서 압수·수색을 당하는 사람이 여러 명일 경우에는 그 사람들 모두에게 개별적으로 영장을 제시해야 하는 것이 원칙이다. 수사기관이 압수·수색에 착수하면서 그 장소의 관리책임자에게 영장을 제시하였다고 하더라도, 물건을 소지하고 있는 다른 사람으로부터 이를 압수하고자 하는 때에는 그 사람에게 따로 영장을 제시하여야 한다(대법원 2009.3.12. 2008도763).

④ 압수물인 컴퓨터용 디스크 그 밖에 이와 비슷한 정보저장 매체(이하 '정보저장매체'라고만 한다)에 입력하여 기억된 문자정보 또는 그 출력물(이하 '출력 문건'이라 한다)을 증거로 사용하기 위해서는 정보저장매체 원본에 저장된 내용과 출력 문건의 동일성이 인정되어야 하고, 이를 위해서는 정보저장매체 원본이 압수 시부터 문건 출력 시까지 변경되지 않았다는 사정, 즉 무결성이 담보되어야 한다(대법원 2013.7.26. 2013도2511).

20 답 ①

┃정답해설┃

① 형사소송법상 압수장물의 환부에 관한 규정은 이해관계인이 민사소송절차에 의하여 그 권리를 주장함에 영향을 미치지 아니한다(제333조 제4항).

┃오답해설┃

② 제133조 제2항
③ 제333조 제1항
④ 제332조

21 답 ①

┃정답해설┃

① 구속 중인 피의자에 대하여 감정유치장이 집행되었을 때에는 피의자가 유치되어 있는 기간 구속은 그 집행이 정지된 것으로 간주한다(제172조의2 제1항, 제221조의3 제2항). 따라서 감정유치기간은 피의자의 구속기간에 산입하지 아니한다.

┃오답해설┃

②・④ 제172조, 제221조의3
③ 제172조 제7항, 제72조

22 답 ③

┃정답해설┃

③ 무전기와 같은 무선전화기를 이용한 통화가 통비법에서 규정하고 있는 전기통신에 해당함은 전화통화의 성질 및 법 규정 내용에 비추어 명백하므로 이를 같은 법 제3조 제1항 소정의 '타인간의 대화'에 포함된다고 할 수 없다(대법원 2003.11.13. 2001도6213).

┃오답해설┃

① 통신비밀보호법 제6조 제7항
② 통신비밀보호법 제2조 제1호
④ 제3자의 경우는 설령 전화통화 당사자 일방의 동의를 받고 그 통화내용을 녹음하였다 하더라도 그 상대방의 동의가 없었던 이상, 사생활 및 통신의 불가침을 국민의 기본권의 하나로 선언하고 있는 헌법규정과 통신비밀의 보호와 통신의 자유신장을 목적으로 제정된 통신비밀보호법의 취지에 비추어 이는 동법 제3조 제1항 위반이 된다고 해석하여야 할 것이다(대법원 2002.10.8. 2002도123).

23 답 ①

┃정답해설┃

① 증거보전의 청구는 제1회 공판기일 전까지 할 수 있다(제184조 제1항).

┃오답해설┃

② 제184조 제3항・제4항
③ 제184조 제1항
④ 원심공동피고인과 피고인이 뇌물을 주고받은 사이로 필요적 공범관계에 있다고 하더라도, 검사는 수사단계에서 피고인에 대한 증거를 미리 보전하기 위하여 필요한 경우에는 판사에게 원심공동피고인을 증인으로 신문할 것을 청구할 수 있다(대법원 1988.11.8. 86도1646).

24

답 ①

┃정답해설┃

① 증거보전청구를 기각하는 결정에 대하여는 3일 이내에 항고할 수 있으나(제184조 제4항), 증인신문청구를 기각하는 결정에 대하여는 불복할 수 없다.

┃오답해설┃

② 증거보전이란 장차 공판에 있어서 사용하여야 할 증거가 멸실되거나 또는 그 사용하기 곤란한 사정이 있을 경우에 당사자의 청구에 의하여 공판전에 미리 그 증거를 수집보전하여 두는 제도로서 제1심 제1회 공판기일전에 한하여 허용되는 것이므로 재심청구사건에서는 증거보전절차는 허용되지 아니한다(대법원 1984.3.29. 84모15).

③ 제184조 제2항, 제221조의2 제4항

④ 제221조의2 제5항

25

답 ④

┃정답해설┃

④ 검사는 불기소 또는 타관송치의 처분을 한 때에는 피의자에게 즉시 그 취지를 통지하여야 한다(제258조 제2항).

┃오답해설┃

① 검사의 불기소처분에는 확정재판에 있어서의 확정력과 같은 효력이 없어 일단 불기소처분을 한 후에도 공소시효가 완성되기 전이면 언제라도 공소를 제기할 수 있으므로, 세무공무원 등의 고발이 있어야 공소를 제기할 수 있는 조세범처벌법 위반죄에 관하여 일단 불기소처분이 있었더라도 세무공무원 등이 종전에 한 고발은 여전히 유효하다. 따라서 나중에 공소를 제기함에 있어 세무공무원 등의 새로운 고발이 있어야 하는 것은 아니다(대법원 2009.10.29. 2009도6614).

② 검찰사건사무규칙 제115조 제3항 제4호

③ 제246조, 제247조, 제256조 등

26

답 ④

┃정답해설┃

④ 고소인은 고소권자로서 고소한 범죄에 대하여, 고발인은 형법 제123조부터 제126조까지의 범죄(공직선거법에 규정된 일정한 범죄 등도 포함)에 대하여 재정신청을 할 수 있다(제260조 제1항).

┃오답해설┃

① 제264조 제1항

② 제262조의3 제2항

③ 제264조 제2항

27

답 ①

┃정답해설┃

① 검사 작성의 피고인에 대한 진술조서가 공소제기 후에 작성된 것이라는 이유만으로는 곧 그 증거능력이 없다고 할 수 없다(대법원 1984.9.25. 84도1646).

┃오답해설┃

② 제216조 제2항

③ 공판준비 또는 공판기일에서 이미 증언을 마친 증인을 검사가 소환한 후 피고인에게 유리한 증언 내용을 추궁하여 이를 일방적으로 번복시키는 방식으로 작성한 진술조서를 유죄의 증거로 삼는 것은 당사자주의·공판중심주의·직접주의를 지향하는 현행 형사소송법의 소송구조에 어긋나는 것일 뿐만 아니라, 헌법 제27조가 보장하는 기본권, 즉 법관의 면전에서 모든 증거자료가 조사·진술되고 이에 대하여 피고인이 공격·방어할 수 있는 기회가 실질적으로 부여되는 재판을 받을 권리를 침해하는 것이므로, 이러한 진술조서는 피고인이 증거로 할 수 있음에 동의하지 아니하는 한 증거능력이 없고, 그 후 원진술자인 종전 증인이 다시 법정에 출석하여 증언을 하면서 그 진술조서의 성립의 진정함을 인정하고 피고인 측에 반대신문의 기회가 부여되었다고 하더라도 그 증언 자체를 유죄의 증거로 할 수 있음은 별론으로 하고 위와 같은 진술조서의 증거능력이 없다는 결론은 달리할 것이 아니다. 이는 검사가 공판준비 또는 공판기일에서 이미 증언을 마친 증인에게 수사기관에 출석할 것을 요구하여 그 증인을 상대로 위증의 혐의를 조사한 내용을 담은 피의자신문조서의 경우도 마찬가지이다(대법원 2013.8.14. 2012도13665).

④ 형사소송법 제219조가 준용하는 제118조는 "압수·수색 영장은 처분을 받는 자에게 반드시 제시하여야 한다."고 규정하고 있으나, 이는 영장제시가 현실적으로 가능한 상황을 전제로 한 규정으로 보아야 하고, 피처분자가 현장에 없거나 현장에서 그를 발견할 수 없는 경우 등 영장제시가 현실적으로 불가능한 경우에는 영장을 제시하지 아니한 채 압수·수색을 하더라도 위법하다고 볼 수 없다(대법원 2015.1.22. 2014도10978).

28 　　　　　　답 ①

▌정답해설▌

① 피의자 지위에 있지 아니한 자에 대하여는 진술거부권이 고지되지 아니하였더라도 진술의 증거능력을 부정할 것은 아니다(대법원 2014.4.30. 2012도725).

▌오답해설▌

② 헌법재판소 1997.3.27. 96헌가11
③ 형사소송법 제200조 제2항은 검사 또는 사법경찰관이 출석한 피의자의 진술을 들을 때에는 미리 피의자에 대하여 진술을 거부할 수 있음을 알려야 한다고 규정하고 있는바, 이러한 피의자의 진술거부권은 헌법이 보장하는 형사상 자기에 불리한 진술을 강요당하지 않는 자기부죄거부의 권리에 터잡은 것이므로 수사기관이 피의자를 신문함에 있어서 피의자에게 미리 진술거부권을 고지하지 않은 때에는 그 피의자의 진술은 위법하게 수집된 증거로서 진술의 임의성이 인정되는 경우라도 증거능력이 부인되어야 한다(대법원 1992.6.23. 92도682).
④ 법인의 대표자에도 진술거부권이 인정되는가에 대해 긍정설이 통설이다. 긍정설은 법인은 재산권의 주체로서 인위적으로 창설된 것이고 법인의 대표자인 자연인이 소송행위에 있어 법인을 대표하므로 자연인의 진술이 곧 법인의 진술로 되고 법인에 대한 증거가 되는데, 만일 법인 대표자에게 진술거부권을 인정하지 않으면 결국 자연인에게 진술을 강요하는 결과가 된다고 한다.

29 　　　　　　답 ②

▌정답해설▌

② 공소장의 공소사실 첫머리에 피고인이 전에 받은 소년부 송치처분과 직업 없음을 기재하였다 하더라도 이는 피고인을 특정할 수 있는 사항에 속하는 것이어서 그와 같은 내용의 기재가 있다 하여 공소제기의 절차가 법률의 규정에 위반된 것이라고 할 수 없고 또 헌법상의 무죄추정조항이나 평등조항에 위배되는 것도 아니다(대법원 1990.10.16. 90도1813).

▌오답해설▌

① 헌법 제27조 제4항
③ 헌법재판소 1994.7.29. 93헌가3
④ 대법원의 파기환송 판결에 의하여 사건을 환송받은 법원은 형사소송법 제92조 제1항에 따라 2월의 구속기간이 만료되면 특히 계속할 필요가 있는 경우에는 2차(대법원이 형사소송규칙 제57조 제2항에 의하여 구속기간을 갱신한 경우에는 1차)에 한하여 결정으로 구속기간을 갱신할 수 있는 것이고, 한편 무죄추정을 받는 피고인이라고 하더라도 그에게 구속의 사유가 있어 구속영장이 발부, 집행된 이상 신체의 자유가 제한되는 것은 당연한 것이므로, 이러한 조치가 무죄추정의 원칙에 위배되는 것이라고 할 수는 없다(대법원 2001.11.30. 2001도5225).

30 　　　　　　답 ②

▌정답해설▌

② 피고인이 사형, 무기 또는 단기 3년 이상의 징역이나 금고에 해당하는 사건으로 기소된 때에는 법원은 직권으로 변호인을 선정하여야 한다(제33조 제1항 제6호).

▌오답해설▌

① 제33조 제1항 제3호
③ 제33조 제2항
④ 제266조의8 제4항

31
답 ④

┃정답해설┃

④ 친고죄에서 적법한 고소가 있었는지는 자유로운 증명의 대상이 된다(대법원 2011.6.24. 2011도4451).

┃오답해설┃

① 교사자의 교사행위는 정범에게 범죄의 결의를 가지게 하는 것을 말하는 것으로서, 그 범죄를 결의하게 할 수 있는 것이면 그 수단에는 아무런 제한이 없고, 반드시 명시적·직접적 방법에 의할 것을 요하지도 않으며, 이와 같은 교사범에 있어서의 교사사실은 범죄사실을 구성하는 것으로서 이를 인정하기 위하여는 엄격한 증명이 요구된다(대법원 2000.2.25. 99도1252).

② 공모공동정범에 있어서 공모 또는 모의는 '범죄될 사실'의 주요부분에 해당하는 이상, 가능한 한 이를 구체적이고 상세하게 특정하여야 할 뿐 아니라 엄격한 증명의 대상에 해당한다(대법원 2007.4.27. 2007도236).

③ 측정요구가 있었다는 점은 범죄사실을 구성하는 중요부분으로서 이를 인정하기 위하여는 엄격한 증명이 요구된다(대법원 2005.6.24. 2004도7212).

32
답 ②

┃정답해설┃

② 선거관리위원회 위원·직원이 관계인에게 진술이 녹음된다는 사실을 미리 알려주지 아니한 채 진술을 녹음하였다면, 그와 같은 조사절차에 의하여 수집한 녹음 파일 내지 그에 터잡아 작성된 녹취록은 형사소송법 제308조의2에서 정하는 '적법한 절차에 따르지 아니하고 수집한 증거'에 해당하여 원칙적으로 유죄의 증거로 쓸 수 없다(대법원 2014.10.15. 2001도3509).

┃오답해설┃

① 수사기관이 법원으로부터 영장 또는 감정처분허가장을 발부받지 아니한 채 피의자의 동의 없이 피의자의 신체로부터 혈액을 채취하고 사후에도 지체 없이 영장을 발부받지 아니한 채 혈액 중 알코올농도에 관한 감정을 의뢰하였다면, 이러한 과정을 거쳐 얻은 감정의뢰회보 등은 형사소송법상 영장주의 원칙을 위반하여 수집하거나 그에 기초하여 획득한 증거로서, 원칙적으로 절차위반행위가 적법절차의 실질적인 내용을 침해하여 피고인이나 변호인의 동의가 있더라도 유죄의 증거로 사용할 수 없다(대법원 2012.11.15. 2011도15258).

③ 형사소송법은 제215조에서 검사가 압수·수색 영장을 청구할 수 있는 시기를 공소제기 전으로 명시적으로 한정하고 있지는 아니하나, 헌법상 보장된 적법절차의 원칙과 재판받을 권리, 공판중심주의·당사자주의·직접주의를 지향하는 현행 형사소송법의 소송구조, 관련 법규의 체계, 문언 형식, 내용 등을 종합하여 보면, 일단 공소가 제기된 후에는 피고사건에 관하여 검사로서는 형사소송법 제215조에 의하여 압수·수색을 할 수 없다고 보아야 하며, 그럼에도 검사가 공소제기 후 형사소송법 제215조에 따라 수소법원 이외의 지방법원 판사에게 청구하여 발부받은 영장에 의하여 압수·수색을 하였다면, 그와 같이 수집된 증거는 기본적 인권 보장을 위해 마련된 적법한 절차에 따르지 않은 것으로서 원칙적으로 유죄의 증거로 삼을 수 없다(대법원 2011.4.28. 2009도10412).

④ 피고인이 범행 후 피해자에게 전화를 걸어오자 피해자가 증거를 수집하려고 그 전화내용을 녹음한 경우, 그 녹음테이프가 피고인 모르게 녹음된 것이라 하여 이를 위법하게 수집된 증거라고 할 수 없다(대법원 1997.3.28. 97도240).

33
답 ④

┃정답해설┃

④ 수사기관이 압수·수색영장을 제시하고 집행에 착수하여 압수·수색을 실시하고 그 집행을 종료하였다면 이미 그 영장은 목적을 달성하여 효력이 상실되는 것이고, 동일한 장소 또는 목적물에 대하여 다시 압수·수색할 필요가 있는 경우라면 그 필요성을 소명하여 법원으로부터 새로운 압수·수색영장을 발부 받아야 하는 것이지, 앞서 발부받은 압수·수색영장의 유효기간이 남아있다고 하여 이를 제시하고 다시 압수·수색을 할 수는 없다(대법원 1999.12.1. 99모161).

┃오답해설┃

① 대법원 2012.11.15. 2011도15258

② 경찰관이 이른바 전화사기죄 범행의 혐의자를 긴급체포하면서 그가 보관하고 있던 다른 사람의 주민등록증, 운전면허증 등을 압수한 사안에서, 이는 구 형사소송법 제217조 제1항에서 규정한 해당 범죄사실의 수사에 필요한 범위 내의 압수로서 적법하므로, 이를 위 혐의자의 점유이탈물횡령죄 범행에 대한 증거로 인정한 사례(대법원 2008.7.10. 2008도2245).

③ 진술거부권을 고지하지 않은 상태에서 임의로 행해진 피고인의 자백을 기초로 한 2차적 증거 중 피고인 및 피해자의 법정진술은 공개된 법정에서 임의로 이루어진 것이라는 점에서 유죄 인정의 증거로 사용할 수 있다고 한 사례(대법원 2009.3.12. 2008도11437).

34 달 ③

▌정답해설▌

③ 진술의 임의성에 다툼이 있을 때에는 그 임의성을 의심할 만한 합리적이고 구체적인 사실을 피고인이 증명할 것이 아니고 검사가 그 임의성의 의문점을 없애는 증명을 하여야 할 것이고, 검사가 그 임의성의 의문점을 없애는 증명을 하지 못한 경우에는 그 진술증거는 증거능력이 부정된다(대법원 2013.7.11. 2011도14044).

▌오답해설▌

① 대법원 1999.1.29. 98도3584
② 임의성 없는 자백이나 진술은 피고인의 부인 진술의 증명력을 감쇄시키기 위한 탄핵증거로는 허용되지 아니한다.
④ 진술의 임의성에 관하여는 당해 조서의 형식, 내용(진술거부권을 고지하고 진술을 녹취하고 작성 완료 후 그 내용을 읽어 주어 진술자가 오기나 증감 변경할 것이 없다는 확인을 한 다음 서명날인하는 등), 진술자의 신분, 사회적 지위, 학력, 지능 정도 그 밖의 여러 가지 사정을 참작하여 법원이 자유롭게 판정하면 된다(대법원 2013.7.25. 2011도6380).

35 달 ③

▌정답해설▌

③ 검사가 작성한 피의자신문조서는 적법한 절차와 방식에 따라 작성된 것으로서 공판준비, 공판기일에 그 피의자였던 피고인 또는 변호인이 그 내용을 인정할 때에 한정하여 증거로 할 수 있다(제312조 제1항).

▌오답해설▌

①·② 제312조 제1항·제3항
④ 헌법 제12조 제1항, 제4항 본문, 형사소송법 제243조의2 제1항 및 그 입법 목적 등에 비추어 보면, 피의자가 변호인의 참여를 원한다는 의사를 명백하게 표시하였음에도

수사기관이 정당한 사유 없이 변호인을 참여하게 하지 아니한 채 피의자를 신문하여 작성한 피의자신문조서는 형사소송법 제312조에 정한 '적법한 절차와 방식'에 위반된 증거일 뿐만 아니라, 형사소송법 제308조의2에서 정한 '적법한 절차에 따르지 아니하고 수집한 증거'에 해당하므로 이를 증거로 할 수 없다(대법원 2013.3.28. 2010도3359).

36 달 ①

▌정답해설▌

① 만 5세 무렵에 당한 성추행으로 인하여 외상 후 스트레스 증후군을 앓고 있다는 등의 이유로 공판정에 출석하지 아니한 약 10세 남짓의 성추행 피해자에 대한 진술조서가 형사소송법 제314조에 정한 필요성의 요건과 신용성 정황적 보장의 요건을 모두 갖추지 못하여 증거능력이 없다고 본 원심의 판단을 수긍한 사례(대법원 2006.5.25. 2004도3619).

▌오답해설▌

② 대법원 1992.3.13. 91도2281
③ 대법원 2013.7.26. 2013도2511
④ 대법원 1999.5.14. 99도202

37 달 ④

▌정답해설▌

④ 외국공무원이 직무상 증명할 수 있는 사항에 관하여 작성한 문서는 이를 증거로 할 수 있으므로(형사소송법 제315조 제1호), 원심이 이 사건 일본하관 세관서 통괄심리관 작성의 범칙물건감정서등본과 분석의뢰서 및 분석 회답서 등본 등을 증거로 하였음은 적법하다(대법원 1984.2.28. 83도3145).

▌오답해설▌

① 대법원 1976.10.12. 76도2960
② 대법원 1978.5.23. 78도575
③ 대법원 2006.1.13. 2003도6548

38 답 ④

┃정답해설┃

④ 형사소송법 제217조 규정에 위반하여 소유자, 소지자 또는 보관자가 아닌 자로부터 제출받은 물건을 영장없이 압수한 경우 그 압수물 및 압수물을 찍은 사진은 이를 유죄 인정의 증거로 사용할 수 없는 것이고, 헌법과 형사소송법이 선언한 영장주의의 중요성에 비추어 볼 때 피고인이나 변호인이 이를 증거로 함에 동의하였다고 하더라도 달리 볼 것은 아니다(대법원 2010.1.28. 2009도10092).

┃오답해설┃

① 형사소송법 제318조에 규정된 증거동의의 의사표시는 증거조사가 완료되기 전까지 취소 또는 철회할 수 있으나, 일단 증거조사가 완료된 뒤에는 취소 또는 철회가 인정되지 아니하므로 제1심에서 한 증거동의를 제2심에서 취소할 수 없고, 일단 증거조사가 종료된 후에 증거동의의 의사표시를 취소 또는 철회하더라도 취소 또는 철회 이전에 이미 취득한 증거능력이 상실되지 않는다(대법원 1999.8.20. 99도2029).

② 형사소송법 제216조 제1항 제2호, 제217조 제2항, 제3항은 사법경찰관은 형사소송법 제200조의3(긴급체포)의 규정에 의하여 피의자를 체포하는 경우에 필요한 때에는 영장 없이 체포현장에서 압수·수색을 할 수 있고, 압수한 물건을 계속 압수할 필요가 있는 경우에는 지체 없이 압수수색영장을 청구하여야 하며, 청구한 압수수색영장을 발부받지 못한 때에는 압수한 물건을 즉시 반환하여야 한다고 규정하고 있는바, 형사소송법 제217조 제2항, 제3항에 위반하여 압수수색영장을 청구하여 이를 발부받지 아니하고도 즉시 반환하지 아니한 압수물은 이를 유죄 인정의 증거로 사용할 수 없는 것이고, 헌법과 형사소송법이 선언한 영장주의의 중요성에 비추어 볼 때 피고인이나 변호인이 이를 증거로 함에 동의하였다고 하더라도 달리 볼 것은 아니다(대법원 2009.12.24. 2009도11401).

③ 제318조 제1항

39 답 ②

┃정답해설┃

② 피고인이 업무수행에 필요한 자금을 지출하면서 스스로 그 지출한 자금내역을 자료로 남겨두기 위하여 뇌물자금과 기타 자금을 구별하지 아니하고 그 지출 일시, 금액, 상대방 등 내역을 그때그때 계속적, 기계적으로 기입한 수첩의 기재 내용은 자백에 대한 보강증거가 될 수 있다(대법원 1996.10.17. 94도2865 전원합의체).

┃오답해설┃

① 자백에 대한 보강증거는 범죄사실의 전부 또는 중요 부분을 인정할 수 있는 정도가 되지 않더라도 피고인의 자백이 가공적인 것이 아닌 진실한 것임을 인정할 수 있는 정도만 되면 충분하다. 직접증거가 아닌 간접증거나 정황증거도 보강증거가 될 수 있고, 또한 자백과 보강증거가 서로 어울려서 전체로서 범죄사실을 인정할 수 있으면 유죄의 증거로 충분하다(대법원 2017.12.28. 2017도17628).

③ 형사소송법 제310조 소정의 "피고인의 자백"에 공범인 공동피고인의 진술은 포함되지 아니하므로 공범인 공동피고인의 진술은 다른 공동피고인에 대한 범죄사실을 인정하는 증거로 할 수 있는 것일 뿐만 아니라 공범인 공동피고인들의 각 진술은 상호간에 서로 보강증거가 될 수 있다(대법원 1990.10.30. 90도1939).

④ 실체적 경합범은 실질적으로 수죄이므로 각 범죄사실에 관하여 자백에 대한 보강증거가 있어야 한다(대법원 2008.2.14. 2007도10937).

40 답 ④

┃정답해설┃

④ 즉결심판절차에 의한 심리와 재판의 선고는 공개된 법정에서 행하되, 그 법정은 경찰관서(해양경찰관서를 포함한다)외의 장소에 설치되어야 한다(즉결심판에 관한 절차법 제7조 제1항).

┃오답해설┃

① 즉결심판에 관한 절차법 제16조
② 즉결심판에 관한 절차법 제12조 제2항
③ 즉결심판에 관한 절차법 제10조

2015 정답 및 해설

01	02	03	04	05	06	07	08	09	10	11	12	13	14	15	16	17	18	19	20
④	③	②	④	③	②	④	①	④	④	④	①	②	②	④	③	②	④	④	③
21	22	23	24	25	26	27	28	29	30	31	32	33	34	35	36	37	38	39	40
③	①	④	②	①	②	③	①	④	④	②	②	③	②	①	③	③	①	②	①

01 답 ④

┃정답해설┃

④ 이미 수집되어 있는 지문정보를 보관·전산화하여 범죄수사목적에 이용하는 것만으로 신체의 안정성을 저해한다거나 신체활동의 자유를 제약하는 것으로 볼 수 없으므로 신체의 자유를 침해하거나 영장주의 내지 강제수사법정주의에 위배된다고 볼 여지가 없고, 경찰청장의 보관 등 행위가 범죄현장에서 지문이 채취된 자 또는 지문정보가 보관되어 있는 모든 국민의 유죄추정을 전제로 하는 것이라고 할 수도 없다(헌법재판소 2005.5.26. 99헌마513, 2004헌마190(병합) 전원재판부).

┃오답해설┃

① 헌법재판소 2004.9.23. 2002헌가17
② 검사와 피고인 쌍방 중 어느 한편이 증인과의 접촉을 독점하거나 상대방의 접근을 차단하도록 허용한다면 이는 상대방의 공정한 재판을 받을 권리를 침해하는 것이 되고, 구속된 증인에 대한 편의제공 역시 그것이 일방당사자인 검사에게만 허용된다면 그 증인과 검사와의 부당한 인간관계의 형성이나 회유의 수단 등으로 오용될 우려가 있고, 또 거꾸로 그러한 편의의 박탈 가능성이 증인에게 심리적 압박수단으로 작용할 수도 있으므로 접근차단의 경우와 마찬가지로 공정한 재판을 해하는 역할을 할 수 있다(대법원 2002.10.8. 2001도3931).
③ 헌법재판소 2002.7.18. 2000헌마327

02 답 ③

┃정답해설┃

③ 범의를 가진 자에 대하여 범행의 기회를 주거나 단순히 사술이나 계략 등을 써서 범죄인을 검거하는 데 불과한 경우에는 이를 함정수사라고 할 수 없다(대법원 2007.7.26. 2007도4532).

┃오답해설┃

①·② 범의를 가진 자에 대하여 단순히 범행의 기회를 제공하거나 범행을 용이하게 하는 것에 불과한 수사방법이 경우에 따라 허용될 수 있음은 별론으로 하고, 본래 범의를 가지지 아니한 자에 대하여 수사기관이 사술이나 계략 등을 써서 범의를 유발케 하여 범죄인을 검거하는 함정수사는 위법함을 면할 수 없고, 이러한 함정수사에 기한 공소제기는 그 절차가 법률의 규정에 위반하여 무효인 때에 해당한다고 볼 것이다(대법원 2005.10.28. 2005도1247).
④ 경찰관이 취객을 상대로 한 이른바 부축빼기 절도범을 단속하기 위하여, 공원 인도에 쓰러져 있는 취객 근처에서 감시하고 있다가, 마침 피고인이 나타나 취객을 부축하여 10m 정도를 끌고 가 지갑을 뒤지자 현장에서 체포하여 기소한 경우, 위법한 함정수사에 기한 공소제기가 아니라고 한 사례(대법원 2007.5.31. 2007도1903).

03
탑 ②

┃ 정답해설 ┃

② 피고인이 검찰의 소환에 따라 자진 출석하여 검사에게 범죄사실에 관하여 자백함으로써 형법상 자수의 효력이 발생하였다면, 그 후에 검찰이나 법정에서 범죄사실을 일부 부인하였다고 하더라도 일단 발생한 자수의 효력이 소멸하는 것은 아니다(대법원 2002.8.23. 2002도46).

┃ 오답해설 ┃

① 제222조
③ 타인 체험 청취에 의한 수사의 단서에는 고소, 고발, 자수, 진정, 피해신고, 투서 등이 있고 수사기관 자신의 체험에 의한 수사의 단서에는 현행범체포(발견), 변사자검시, 불심검문, 기사, 풍설, 세평, 다른 사건 수사 중 범인의 발견 등이 있다.
④ 대법원 1991.11.5. 91모68, 헌법재판소 2006.7.4. 2006헌마696

04
탑 ④

┃ 정답해설 ┃

④ 경찰관이 동행 요구 시에는 경찰장구를 사용할 수 없다(경찰관직무집행법 제10조의2 참고).

제10조의2(경찰장구의 사용)
① 경찰관은 다음 각 호의 직무를 수행하기 위하여 필요하다고 인정되는 상당한 이유가 있을 때에는 그 사태를 합리적으로 판단하여 필요한 한도에서 경찰장구를 사용할 수 있다.
   1. 현행범이나 사형·무기 또는 장기 3년 이상의 징역이나 금고에 해당하는 죄를 범한 범인의 체포 또는 도주 방지
   2. 자신이나 다른 사람의 생명·신체의 방어 및 보호
   3. 공무집행에 대한 항거(抗拒) 제지

┃ 오답해설 ┃

① 경찰관직무집행법 제3조 제1항
② 경찰관직무집행법 제3조 제4항, 제5항
③ 경찰관직무집행법 제3조 제2항, 제6항

05
탑 ③

┃ 정답해설 ┃

③ 범죄로 인한 피해자는 고소할 수 있다. 이 때 피해자는 직접피해자에 한하고 간접피해자는 제외된다. 사기죄에 있어 '피해자에게 채권이 있는 자'는 간접피해자에 불과하여 고소권자가 될 수 없다.

┃ 오답해설 ┃

① 제223조

제223조(고소권자)
범죄로 인한 피해자는 고소할 수 있다.

② 제226조

제226조(동전)
피해자의 법정대리인이 피의자이거나 법정대리인의 친족이 피의자인 때에는 피해자의 친족은 독립하여 고소할 수 있다.

④ 제225조 제2항

제225조(비피해자인 고소권자)
② 피해자가 사망한 때에는 그 배우자, 직계친족 또는 형제자매는 고소할 수 있다. 단, 피해자의 명시한 의사에 반하지 못한다.

06
탑 ②

┃ 정답해설 ┃

② 고소능력은 피해를 받은 사실을 이해하고 고소에 따른 사회생활상의 이해관계를 알아차릴 수 있는 사실상의 의사능력으로 충분하므로 민법상의 행위능력이 없는 자라도 위와 같은 능력을 갖춘 자에게는 고소능력이 인정된다(대법원 2011.6.24. 2011도4451).

┃ 오답해설 ┃

①·③ 고소는 범죄의 피해자 기타 고소권자가 수사기관에 대하여 범죄사실을 신고하여 범인의 소추를 구하는 의사표시를 말하는 것으로서, 단순한 피해사실의 신고는 소추·처벌을 구하는 의사표시가 아니므로 고소가 아니다. 또한, 피해자가 고소장을 제출하여 처벌을 희망하는 의사를 분명히 표시한 후 고소를 취소한 바 없다면 비록 고소 전에

피해자가 처벌을 원치 않았다 하더라도 그 후에 한 피해자의 고소는 유효하다(대법원 2008.11.27. 2007도4977).

④ 대법원 1996.3.12. 94도2423

07 답 ④

┃정답해설┃

④ 사법경찰관은 검사로부터 공소를 제기하였다는 통보를 받은 때에는 그 날부터 30일 이내에 우편물 검열의 경우에는 그 대상자에게, 감청의 경우에는 그 대상이 된 전기통신의 가입자에게 통신제한조치를 집행한 사실과 집행기관 및 그 기간 등을 서면으로 통지하여야 한다(통신비밀보호법 제9조의2 제2항).

┃오답해설┃

① 통신비밀보호법 제3조 제2항, 제2조 제3호
② 통신비밀보호법 제13조 제1항, 제2항
③ 통신비밀보호법 제5조 제1항

08 답 ①

┃정답해설┃

① 피의자에게 미리 알려주고 영상녹화할 수 있다(제244조의2 제1항).

> **제244조의2(피의자진술의 영상녹화)**
> ① 피의자의 진술은 영상녹화할 수 있다. 이 경우 미리 영상녹화사실을 알려주어야 하며, 조사의 개시부터 종료까지의 전 과정 및 객관적 정황을 영상녹화하여야 한다.

┃오답해설┃

② 제244조 제2항

> **제244조(피의자신문조서의 작성)**
> ② 제1항의 조서는 피의자에게 열람하게 하거나 읽어 들려주어야 하며, 진술한 대로 기재되지 아니하였거나 사실과 다른 부분의 유무를 물어 피의자가 증감 또는 변경의 청구 등 이의를 제기하거나 의견을 진술한 때에는 이를 조서에 추가로 기재하여야 한다. 이 경우 피의자가 이의를 제기하였던 부분은 읽을 수 있도록 남겨두어야 한다.

③ 제243조의2 제1항

> **제243조의2(변호인의 참여 등)**
> ① 검사 또는 사법경찰관은 피의자 또는 그 변호인·법정대리인·배우자·직계친족·형제자매의 신청에 따라 변호인을 피의자와 접견하게 하거나 정당한 사유가 없는 한 피의자에 대한 신문에 참여하게 하여야 한다.

④ 제244조의4 제1항

> **제244조의4(수사과정의 기록)**
> ① 검사 또는 사법경찰관은 피의자가 조사장소에 도착한 시각, 조사를 시작하고 마친 시각, 그 밖에 조사과정의 진행경과를 확인하기 위하여 필요한 사항을 피의자신문조서에 기록하거나 별도의 서면에 기록한 후 수사기록에 편철하여야 한다.

09 답 ④

┃정답해설┃

④ 성폭력범죄의 피해자에 대한 영상물 녹화는 피해자 또는 법정대리인이 이를 원하지 아니하는 의사를 표시한 경우에는 촬영을 하여서는 아니 된다. 다만, 가해자가 친권자 중 일방인 경우는 그러하지 아니하다(성폭력범죄의 처벌 등에 관한 특례법 제30조 제2항).

┃오답해설┃

①·②·③ 제244조의2

> **제244조의2(피의자진술의 영상녹화)**
> ① 피의자의 진술은 영상녹화할 수 있다. 이 경우 미리 영상녹화사실을 알려주어야 하며, 조사의 개시부터 종료까지의 전 과정 및 객관적 정황을 영상녹화하여야 한다.
> ② 제1항에 따른 영상녹화가 완료된 때에는 피의자 또는 변호인 앞에서 지체 없이 그 원본을 봉인하고 피의자로 하여금 기명날인 또는 서명하게 하여야 한다.
> ③ 제2항의 경우에 피의자 또는 변호인의 요구가 있는 때에는 영상녹화물을 재생하여 시청하게 하여야 한다. 이 경우 그 내용에 대하여 이의를 진술하는 때에는 그 취지를 기재한 서면을 첨부하여야 한다.

10

▌정답해설▌

④ 경찰관이 112 신고를 받고 출동하여 피고인을 체포하려고 할 때는, 피고인이 무학여고 앞길에서 피해자의 자동차를 발로 걷어차고 그와 싸우는 범행을 한 지 겨우 10분 후에 지나지 않고, 그 장소도 범행 현장에 인접한 학교의 운동장이며, 피해자의 친구가 112 신고를 하고 나서 피고인이 도주하는지 여부를 계속 감시하고 있던 상황이라면 경찰관의 현행범인 체포행위는 적법한 공무집행이다(대법원 1993.8.13. 93도926).

▌오답해설▌

① 순찰 중이던 경찰관이 교통사고를 낸 차량이 도주하였다는 무전연락을 받고 주변을 수색하다가 범퍼 등의 파손상태로 보아 사고차량으로 인정되는 차량에서 내리는 사람을 발견한 경우, 형사소송법 제211조 제2항 제2호 소정의 '장물이나 범죄에 사용되었다고 인정함에 충분한 흉기 기타의 물건을 소지하고 있는 때'에 해당하므로 준현행범으로서 영장 없이 체포할 수 있다(대법원 2000.7.4. 99도4341).

② 제214조

> **제214조(경미사건과 현행범인의 체포)**
> 다액 50만 원 이하의 벌금, 구류 또는 과료에 해당하는 죄의 현행범인에 대하여는 범인의 주거가 분명하지 아니한 때에 한하여 제212조 내지 제213조의 규정을 적용한다.

③ 현행범인으로서의 요건을 갖추고 있었다고 인정되지 않는 상황에서 경찰관들이 동행을 거부하는 자를 체포하거나 강제로 연행하려고 하였다면, 이는 적법한 공무집행이라고 볼 수 없고, 그 체포를 면하려고 반항하는 과정에서 경찰관에게 상해를 가한 것은 불법 체포로 인한 신체에 대한 현재의 부당한 침해에서 벗어나기 위한 행위로서 정당방위에 해당하여 위법성이 조각된다(대법원 2002.5.10. 2001도300).

11

▌정답해설▌

④ 긴급체포에 의해 체포된 경우 구속기간은 피의자를 체포한 날부터 기산한다(제203조의2).

> **제203조의2(구속기간에의 산입)**
> 피의자가 제200조의2(영장에 의한 체포)·제200조의3(긴급체포)·제201조의2(구속영장 청구와 피의자 심문) 제2항 또는 제212조(현행범인의 체포)의 규정에 의하여 체포 또는 구인된 경우에는 제202조 또는 제203조의 구속기간은 피의자를 체포 또는 구인한 날부터 기산한다.

▌오답해설▌

① 제200조의3 제2항
② 제200조의3 제1항

> **제200조의3(긴급체포)**
> ① 검사 또는 사법경찰관은 피의자가 사형·무기 또는 장기 3년이상의 징역이나 금고에 해당하는 죄를 범하였다고 의심할 만한 상당한 이유가 있고, 다음 각 호의 어느 하나에 해당하는 사유가 있는 경우에 긴급을 요하여 지방법원판사의 체포영장을 받을 수 없는 때에는 그 사유를 알리고 영장없이 피의자를 체포할 수 있다. 이 경우 긴급을 요한다 함은 피의자를 우연히 발견한 경우 등과 같이 체포영장을 받을 시간적 여유가 없는 때를 말한다.
> 1. 피의자가 증거를 인멸할 염려가 있는 때
> 2. 피의자가 도망하거나 도망할 우려가 있는 때
> ② 사법경찰관이 제1항의 규정에 의하여 피의자를 체포한 경우에는 즉시 검사의 승인을 얻어야 한다.

③ 제200조의4 제2항

> **제200조의4(긴급체포와 영장청구기간)**
> ② 제1항의 규정에 의하여 구속영장을 청구하지 아니하거나 발부받지 못한 때에는 피의자를 즉시 석방하여야 한다.

12
탭 ①

┃정답해설┃

① 형사소송법 제208조의 규정(다른 중요한 증거의 발견)은 검사 또는 사법경찰관이 피의자를 구속함을 규율하는 것일 뿐 법원이 피고인을 구속하는 것까지 제한하는 것이라 할 수 없다(대법원 1969.5.27. 69도509).

┃오답해설┃

② 제70조 제3항

> **제70조(구속의 사유)**
> ① 법원은 피고인이 죄를 범하였다고 의심할 만한 상당한 이유가 있고 다음 각 호의 1에 해당하는 사유가 있는 경우에는 피고인을 구속할 수 있다.
>   1. 피고인이 일정한 주거가 없는 때
>   2. 피고인이 증거를 인멸할 염려가 있는 때
>   3. 피고인이 도망하거나 도망할 염려가 있는 때
> ③ 다액 50만 원 이하의 벌금, 구류 또는 과료에 해당하는 사건에 관하여는 제1항 제1호의 경우를 제한 외에는 구속할 수 없다.

③ 제200조의5, 제209조, 제213조의2

④ 재구속의 제한은 구속자체의 효력에 관한 문제이고 공소제기의 효력에는 영향을 미치지 않으므로, 재구속 제한에 위반하더라도 공소제기 자체가 무효로 되는 것은 아니다.

13
탭 ②

┃정답해설┃

② 규칙 제96조의14

> **제96조의14(심문의 비공개)**
> 피의자에 대한 심문절차는 공개하지 아니한다. 다만, 판사는 상당하다고 인정하는 경우에는 피의자의 친족, 피해자 등 이해관계인의 방청을 허가할 수 있다.

┃오답해설┃

① 판사는 지정된 심문기일에 피의자를 심문할 수 없는 특별한 사정이 있는 경우에는 심문기일을 변경할 수 있다(규칙 제96조의22).

③ 판사는 피의자가 심문기일에의 출석을 거부하거나 질병 그 밖의 사유로 출석이 현저하게 곤란하고, 피의자를 심문 법정에 인치할 수 없다고 인정되는 때에는 피의자의 출석 없이 심문절차를 진행할 수 있다(규칙 제96조의13 제1항).

④ 피의자심문을 하는 경우 법원이 구속영장청구서·수사관계 서류 및 증거물을 접수한 날부터 구속영장을 발부하여 검찰청에 반환한 날까지의 기간은 구속기간에 이를 산입하지 아니한다(제201조의2 제7항).

14
탭 ②

┃정답해설┃

② 수사기관이 압수·수색영장을 제시하고 집행에 착수하여 압수·수색을 실시하고 그 집행을 종료하였다면 이미 그 영장은 목적을 달성하여 효력이 상실되는 것이고, 앞서 발부 받은 압수·수색영장의 유효기간이 남아있다고 하여 이를 제시하고 다시 압수·수색을 할 수는 없다(대법원 1999.12.1. 99모161).

┃오답해설┃

① 제106조 제1항, 제215조

③ 제119조, 제219조

④ 제124조, 제219조

15
탭 ④

┃정답해설┃

④ 전자정보에 대한 압수·수색영장의 집행에 있어서는 원칙적으로 영장 발부의 사유로 된 혐의사실과 관련된 부분만을 문서 출력물로 수집하거나 수사기관이 휴대한 저장매체에 해당 파일을 복사하는 방식으로 이루어져야 하고, 집행현장의 사정상 위와 같은 방식에 의한 집행이 불가능하거나 현저히 곤란한 부득이한 사정이 존재하더라도 그와 같은 경우에 그 저장매체 자체를 직접 혹은 하드카피나 이미징 등 형태로 수사기관 사무실 등 외부로 반출하여 해당 파일을 압수·수색할 수 있도록 영장에 기재되어 있고 실제 그와 같은 사정이 발생한 때에 한하여 예외적으로 허용될 수 있을 뿐이다(대법원 2011.5.26. 2009모1190).

┃오답해설┃

①·② 대법원 2009.3.12. 2008도763

③ 제129조, 제219조

16

답 ③

▌정답해설▐

③ 사법경찰관은 긴급체포된 자가 소유·소지 또는 보관하는 물건에 대하여 체포한 때부터 24시간 이내에 한하여 영장 없이 압수·수색 또는 검증을 할 수 있다(제217조 제1항). 2014.12.1. 13:00경에 甲을 긴급체포했으므로 24시간이 지난 후인 2014.12.2. 16:00경에 한 압수는 위법하다.

▌오답해설▐

① 사법경찰관은 피의자를 체포하는 경우에 필요한 때에는 영장 없이 타인의 주거 등에서 피의자를 수사(수색)할 수 있으므로(제216조 제1항 제1호). 사안에서 경찰관은 강도현행범을 추적 중이었으므로 영장 없이 A의 집에 들어가 수색을 할 수 있다.

② 범행 중 또는 범행직후의 범죄장소에서 긴급을 요하여 법원판사의 영장을 받을 수 없는 때에는 영장 없이 압수, 수색 또는 검증을 할 수 있다(제216조 제3항). 따라서 살인사건 현장에 출동한 경찰관은 영장 없이 호프집에서 압수·수색·검증을 할 수 있다.

④ 사법경찰관은 피고인을 구속하는 경우에 필요한 때에는 영장 없이 구속현장에서 압수·수색·검증을 할 수 있다(제216조 제2항). 따라서 경찰관은 영장 없이 구속현장에서 압수·수색을 할 수 있다.

17

답 ②

▌정답해설▐

② 범죄를 실행 중이거나 실행 직후의 현행범인은 누구든지 영장 없이 체포할 수 있고(형사소송법 제212조), 검사 또는 사법경찰관은 피의자 등이 유류한 물건이나 소유자·소지자 또는 보관자가 임의로 제출한 물건은 영장 없이 압수할 수 있으므로(제218조), 현행범 체포현장이나 범죄 현장에서도 소지자 등이 임의로 제출하는 물건은 형사소송법 제218조에 의하여 영장 없이 압수하는 것이 허용되고, 이 경우 검사나 사법경찰관은 별도로 사후에 영장을 받을 필요가 없다(대법원 2019.11.14. 2019도13290).

▌오답해설▐

① 제218조

> **제218조(영장에 의하지 아니한 압수)**
> 검사, 사법경찰관은 피의자 기타인의 유류한 물건이나 소유자, 소지자 또는 보관자가 임의로 제출한 물건을 영장 없이 압수할 수 있다.

③ 제218조의2 제1항

> **제218조의2(압수물의 환부, 가환부)**
> ① 검사는 사본을 확보한 경우 등 압수를 계속할 필요가 없다고 인정되는 압수물 및 증거에 사용할 압수물에 대하여 공소제기 전이라도 소유자, 소지자, 보관자 또는 제출인의 청구가 있는 때에는 환부 또는 가환부하여야 한다.

④ 제134조, 제219조

> **제134조(압수장물의 피해자환부)**
> 압수한 장물은 피해자에게 환부할 이유가 명백한 때에는 피고사건의 종결 전이라도 결정으로 피해자에게 환부할 수 있다.

18

답 ④

▌정답해설▐

④ 피압수자 등 환부를 받을 자가 압수 후 그 소유권을 포기하는 등에 의하여 실체법상의 권리를 상실하더라도 그 때문에 압수물을 환부하여야 하는 수사기관의 의무에 어떠한 영향을 미칠 수 없고 또한 수사기관에 대하여 형사소송법상의 환부청구권을 포기한다는 의사표시를 하더라도 그 효력이 없어 그에 의하여 수사기관의 필요적 환부의무가 면제된다고 볼 수는 없으므로 압수물의 소유권이나 그 환부청구권을 포기하는 의사표시로 인하여 위 환부의무에 대응하는 압수물에 대한 환부청구권이 소멸하는 것은 아니다(대법원 1996.8.16. 94모51 전원합의체).

▌오답해설▐

① 제133조 제2항

> **제133조(압수물의 환부, 가환부)**
> ② 증거에만 공할 목적으로 압수한 물건으로서 그 소유자 또는 소지자가 계속 사용하여야 할 물건은 사진촬영 기타 원형보존의 조치를 취하고 신속히 가환부하여야 한다.

② 가환부의 결정이 있는 경우에도 압수의 효력은 지속되므로 가환부를 받은 자는 법원의 요구가 있으면 즉시 압수물을 제출할 의무가 있고 그 압수물에 대하여 보관의무를 부담하며 소유자라 하더라도 그 압수물을 처분할 수는 없다(대법원 1994.8.18. 자, 94모42).

③ 제135조, 제219조

19 답 ④

▮정답해설▮

④ 구속 중인 피의자에 대하여도 감정유치를 할 수 있다. 이 경우 피의자가 유치되어 있는 기간 구속은 그 집행이 정지된 것으로 간주한다(제172조의2, 제221조의3).

> **제172조의2(감정유치와 구속)**
> ① 구속 중인 피고인에 대하여 감정유치장이 집행되었을 때에는 피고인이 유치되어 있는 기간 구속은 그 집행이 정지된 것으로 간주한다.
> ② 전항의 경우에 전조 제3항의 유치처분이 취소되거나 유치기간이 만료된 때에는 구속의 집행정지가 취소된 것으로 간주한다.
>
> **제221조의3(감정의 위촉과 감정유치의 청구)**
> ① 검사는 제221조의 규정에 의하여 감정을 위촉하는 경우에 제172조 제3항의 유치처분이 필요할 때에는 판사에게 이를 청구하여야 한다.
> ② 판사는 제1항의 청구가 상당하다고 인정할 때에는 유치처분을 하여야 한다. 제172조 및 제172조의2의 규정은 이 경우에 준용한다.

▮오답해설▮

①·②·③ 제172조, 제172조의2, 제221조의3

> **제172조(법원 외의 감정)**
> ③ 피고인의 정신 또는 신체에 관한 감정에 필요한 때에는 법원은 기간을 정하여 병원 기타 적당한 장소에 피고인을 유치하게 할 수 있고 감정이 완료되면 즉시 유치를 해제하여야 한다.
>
> **제221조의3(감정의 위촉과 감정유치의 청구)**
> ① 검사는 제221조의 규정에 의하여 감정을 위촉하는 경우에 제172조 제3항의 유치처분이 필요할 때에는 판사에게 이를 청구하여야 한다.

20 답 ③

▮정답해설▮

③ 제1회 공판기일 전에 형사소송법 제184조에 의한 증거보전절차에서 증인신문을 하면서, 위 증인신문의 일시와 장소를 피의자 및 변호인에게 미리 통지하지 아니하여 증인신문에 참여할 수 있는 기회를 주지 아니하였고, 또 변호인이 제1심 공판기일에 위 증인신문조서의 증거조사에 관하여 이의신청을 하였다면, 위 증인신문조서는 증거능력이 없다 할 것이고, 그 증인이 후에 법정에서 그 조서의 진정성립을 인정한다 하여 다시 그 증거능력을 취득한다고 볼 수도 없다(대법원 1992.2.28. 91도2337).

▮오답해설▮

① 증거보전의 청구를 함에는 서면으로 그 사유를 소명하여야 한다(제184조 제3항).

②·④ 검사, 피고인, 피의자 또는 변호인은 미리 증거를 보전하지 아니하면 그 증거를 사용하기 곤란한 사정이 있는 때에는 제1회 공판기일 전이라도 판사에게 압수, 수색, 검증, 증인신문 또는 감정을 청구할 수 있다(제184조 제1항).

21 답 ③

▮정답해설▮

③ 검사의 불기소처분에는 확정재판에 있어서의 확정력과 같은 효력이 없어 일단 불기소처분을 한 후에도 공소시효가 완성되기 전이면 언제라도 공소를 제기할 수 있다(대법원 2009.10.29. 2009도6614).

▮오답해설▮

① 제246조, 제247조, 제256조 등

② 제258조 제2항

④ 검찰사건사무규칙 제115조 제3항 제4호

> **검찰사건사무규칙 제115조(불기소결정)**
> ③ 불기소결정의 주문은 다음과 같이 한다.
> 1. 기소유예 : 피의사실이 인정되나 형법 제51조 각 호의 사항을 참작하여 소추할 필요가 없는 경우
> 2. 혐의없음
>   가. 혐의없음(범죄인정 안 됨) : 피의사실이 범죄를 구성하지 않거나 피의사실이 인정되지 않는 경우

나. 혐의없음(증거불충분) : 피의사실을 인정할 만한 충분한 증거가 없는 경우

3. 죄가 안 됨 : 피의사실이 범죄구성요건에는 해당하지만 법률상 범죄의 성립을 조각하는 사유가 있어 범죄를 구성하지 않는 경우

4. 공소권 없음 : 다음 각 목의 어느 해당에 해당하는 경우

가. 확정판결이 있는 경우

나. 통고처분이 이행된 경우

다. 소년법・가정폭력 처벌법・성매매처벌법 또는 아동학대처벌법에 따른 보호처분이 확정된 경우(보호처분이 취소되어 검찰에 송치된 경우는 제외한다)

라. 사면이 있는 경우

마. 공소의 시효가 완성된 경우

바. 범죄 후 법령의 개정이나 폐지로 형이 폐지된 경우

사. 법률에 따라 형이 면제된 경우

아. 피의자에 관하여 재판권이 없는 경우

자. 같은 사건에 관하여 이미 공소가 제기된 경우(공소를 취소한 경우를 포함한다. 다만, 공소를 취소한 후에 다른 중요한 증거를 발견한 경우는 포함되지 않는다)

차. 친고죄 및 공무원의 고발이 있어야 논할 수 있는 죄의 경우에 고소 또는 고발이 없거나 그 고소 또는 고발이 무효 또는 취소된 경우

카. 반의사불벌죄의 경우 처벌을 희망하지 않는 의사표시가 있거나 처벌을 희망하는 의사표시가 철회된 경우

타. 피의자가 사망하거나 피의자인 법인이 존속하지 않게 된 경우

5. 각하

가. 고소 또는 고발이 있는 사건에 관하여 고소인 또는 고발인의 진술이나 고소장 또는 고발장에 의하여 제2호부터 제4호까지의 규정에 따른 사유에 해당함이 명백한 경우

나. 법 제224조, 제232조 제2항 또는 제235조에 위반한 고소・고발의 경우

다. 같은 사건에 관하여 검사의 불기소결정이 있는 경우(새로이 중요한 증거가 발견되어 고소인, 고발인 또는 피해자가 그 사유를 소명한 경우는 제외한다)

라. 법 제223조, 제225조부터 제228조까지의 규정에 따른 고소권자가 아닌 자가 고소한 경우

마. 고소인 또는 고발인이 고소・고발장을 제출한 후 출석요구나 자료제출 등 혐의 확인을 위한 수사기관의 요청에 불응하거나 소재불명이 되는 등 고소・고발사실에 대한 수사를 개시・진행할 자료가 없는 경우

바. 고발이 진위 여부가 불분명한 언론 보도나 인터넷 등 정보통신망의 게시물, 익명의 제보, 고발 내용과 직접적인 관련이 없는 제3자로부터의 전문(傳聞)이나 풍문 또는 고발인의 추측만을 근거로 한 경우 등으로서 수사를 개시할만한 구체적인 사유나 정황이 충분하지 않은 경우

사. 고소・고발 사건(진정 또는 신고를 단서로 수사개시된 사건을 포함한다)의 사안의 경중 및 경위, 피해회복 및 처벌의사 여부, 고소인・고발인・피해자와 피고소인・피고발인・피의자와의 관계, 분쟁의 종국적 해결 여부 등을 고려할 때 수사 또는 소추에 관한 공공의 이익이 없거나 극히 적은 경우로서 수사를 개시・진행할 필요성이 인정되지 않는 경우

22

┃ 정답해설 ┃

① 시효는 범죄행위의 종료한 때로부터 진행한다(제252조 제1항).

제252조(시효의 기산점)

① 시효는 범죄행위의 종료한 때로부터 진행한다.

② 공범에는 최종행위의 종료한 때로부터 전공범에 대한 시효기간을 기산한다.

┃ 오답해설 ┃

② 제251조

③ 형사소송법 제253조 제3항에 의하면 범인이 형사처분을 면할 목적으로 국외에 있는 경우에 그 기간 동안 공소시효가 정지된다. 공소시효의 정지를 위해서는 '형사처분을 면할 목적'이 인정되어야 하며, 여기에서 '형사처분을 면할 목적'은 국외 체류의 유일한 목적으로 되는 것에 한정되지 않고 범인이 가지는 여러 국외 체류 목적 중에 포함되어 있으면 충분하다. 범인이 국외에 있는 것이 형사처분을 면하기 위한 방편이었다면 '형사처분을 면할 목적'이

있었다고 볼 수 있고, '형사처분을 면할 목적'과 양립할 수 없는 범인의 주관적 의사가 명백히 드러나는 객관적 사정이 존재하지 않는 한 국외 체류기간 동안 '형사처분을 면할 목적은 계속 유지된다고 볼 것이다(대법원 2013.6.27. 2013도2510).
④ 제249조 제2항

23 답 ④

┃정답해설┃

④ 피의자, 피고인은 일체의 진술을 거부할 수도 있다(제244조의3 제1항 제1호, 제283조의2 제1항).

> **제244조의3(진술거부권 등의 고지)**
> ① 검사 또는 사법경찰관은 피의자를 신문하기 전에 다음 각 호의 사항을 알려주어야 한다.
>   1. 일체의 진술을 하지 아니하거나 개개의 질문에 대하여 진술을 하지 아니할 수 있다는 것
>
> **제283조의2(피고인의 진술거부권)**
> ① 피고인은 진술하지 아니하거나 개개의 질문에 대하여 진술을 거부할 수 있다.

┃오답해설┃

① 대법원 2014.4.10. 2014도1779
② 대법원 2009.9.24. 2009도7924
③ 진술거부권의 주체에는 제한이 없다(헌법 제12조 제1항), 진술거부권은 피고인이나 피의자에 한정되지 않으므로 피고인인 법인의 대표자, 외국인도 진술거부권의 주체가 될 수 있다.

24 답 ②

┃정답해설┃

② 징계혐의 사실의 인정은 형사재판의 유죄확정 여부와는 무관한 것이므로 형사재판절차에서 유죄의 확정판결을 받기 전이라도 징계혐의 사실은 인정될 수 있는 것이며 그와 같은 징계혐의 사실인정은 무죄추정에 관한 규정에 저촉된다고 볼 수 없다(대법원 1986.6.10. 85누407).

┃오답해설┃

① 대법원 2001.11.30. 2001도5225
③ 사회보호법에 의한 치료감호처분은 치료가 필요한 자에 대하여 사회복귀를 촉진하고 사회를 보호함에 목적으로 과하는 감호 또는 감찰처분으로서 형벌과 같이 볼 수 없으므로 치료감호의 요건을 사법적 판단에 맡기면서 사회보호위원회로 하여금 감호기간을 정하도록 하였다 하여 죄형법정주의나 무죄추정의 원칙에 반한다고 할 수 없다(대법원 1987.5.12. 87감도50).
④ 헌법 제27조 제4항, 형사소송법 제275조의2

25 답 ①

┃정답해설┃

① 형사소송법 제33조 제1항 제1호의 '피고인이 구속된 때'라고 함은, 피고인이 당해 형사사건에서 구속되어 재판을 받고 있는 경우를 의미하고, 피고인이 별건으로 구속되어 있거나 다른 형사사건에서 유죄로 확정되어 수형 중인 경우는 이에 해당하지 아니한다(대법원 2009.5.28. 2009도579).

┃오답해설┃

② 제33조 제1항
③ 국선변호인제도는 구속적부심의 경우를 제외하고는 공판절차에서 피고인의 지위에 있는 자에게만 인정되는 것으로서, 공판절차가 아닌 재심개시결정전의 절차에서 재심청구인이 국선변호인선임청구를 할 수는 없으므로, 원심이 같은 취지에서 재심청구인의 이 사건 국선변호인선임청구를 기각한 것은 옳고, 거기에 소론과 같은 위법이 없다(대법원 1993.12.3. 92모49).
④ 국민의 형사재판 참여에 관한 법률 제7조

> **제7조(필요적 국선변호)**
> 이 법에 따른 국민참여재판에 관하여 변호인이 없는 때에는 법원은 직권으로 변호인을 선정하여야 한다.

26 답 ②

정답해설

② 피의자신문시 변호인 참여를 부당하게 제한하거나 중단시킨 경우 준항고에 의하여 불복할 수 있다(제417조 참고). 형사소송법 제417조는 검사 또는 사법경찰관의 구금에 관한 처분에 불복이 있으면 법원에 그 처분의 취소 또는 변경을 청구할 수 있다고 규정하고 있는바, 이는 피의자의 구금 또는 구금 중에 행하여지는 검사 또는 사법경찰관의 처분에 대한 유일한 불복방법인 점에 비추어 볼 때, 영장에 의하지 아니한 구금이나 변호인 또는 변호인이 되려는 자와의 접견교통권을 제한하는 처분뿐만 아니라 구금된 피의자에 대한 신문에 변호인의 참여(입회)를 불허하는 처분 역시 구금에 관한 처분에 해당하는 것으로 보아야 한다(대법원 2003.11.11. 자, 2003모402).

오답해설

① 제243조의2 제5항
③ 대법원 1996.5.15. 95모94
④ 대법원 1996.6.3. 96모18

27 답 ③

정답해설

③ 불기소처분기록에 대해서도 검사에게 열람·등사 또는 서면의 교부를 신청할 수 있다(제266조의3 제1항).

제266조의3(공소제기 후 검사가 보관하고 있는 서류 등의 열람·등사)
① 피고인 또는 변호인은 검사에게 공소제기된 사건에 관한 서류 또는 물건(이하 "서류 등"이라 한다)의 목록과 공소사실의 인정 또는 양형에 영향을 미칠 수 있는 다음 서류 등의 열람·등사 또는 서면의 교부를 신청할 수 있다. 다만, 피고인에게 변호인이 있는 경우에는 피고인은 열람만을 신청할 수 있다.
1. 검사가 증거로 신청할 서류 등
2. 검사가 증인으로 신청할 사람의 성명·사건과의 관계 등을 기재한 서면 또는 그 사람이 공판기일 전에 행한 진술을 기재한 서류 등
3. 제호 또는 제2호의 서면 또는 서류 등의 증명력과 관련된 서류 등
4. 피고인 또는 변호인이 행한 법률상·사실상 주장과 관련된 서류 등(관련 형사재판확정기록, 불기소처분기록 등을 포함한다)

오답해설

① 규칙 제101조
② 제294조의4 제1항
④ 규칙 제96조의21 제1항

28 답 ①

정답해설

① 피고인은 상고심의 공판기일에 출석할 필요가 없다(제389조의2).

제389조의2(피고인의 소환 여부)
상고심의 공판기일에는 피고인의 소환을 요하지 아니한다.

오답해설

②·④ 제277조

제277조(경미사건 등과 피고인의 불출석)
다음 각 호의 어느 하나에 해당하는 사건에 관하여는 피고인의 출석을 요하지 아니한다. 이 경우 피고인은 대리인을 출석하게 할 수 있다.
1. 다액 500만 원 이하의 벌금 또는 과료에 해당하는 사건
2. 공소기각 또는 면소의 재판을 할 것이 명백한 사건
3. 장기 3년 이하의 징역 또는 금고, 다액 500만 원을 초과하는 벌금 또는 구류에 해당하는 사건에서 피고인의 불출석허가신청이 있고 법원이 피고인의 불출석이 그의 권리를 보호함에 지장이 없다고 인정하여 이를 허가한 사건. 다만, 제284조에 따른 절차를 진행하거나 판결을 선고하는 공판기일에는 출석하여야 한다.
4. 제453조 제1항에 따라 피고인만이 정식재판의 청구를 하여 판결을 선고하는 사건

③ 제306조 제4항

제306조(공판절차의 정지)
④ 피고사건에 대하여 무죄, 면소, 형의 면제 또는 공소기각의 재판을 할 것으로 명백한 때에는 제항, 제2항의 사유있는 경우에도 피고인의 출정없이 재판할 수 있다.

29

답 ④

┃정답해설┃

④ 형법 제155조 제1항에서 타인의 형사사건에 관하여 증거를 위조한다 함은 증거 자체를 위조함을 말하는 것으로서, 선서무능력자로서 범죄 현장을 목격하지도 못한 사람으로 하여금 형사법정에서 범죄 현장을 목격한 양 허위의 증언을 하도록 하는 것은 위 조항이 규정하는 증거위조죄를 구성하지 아니한다(대법원 1998.2.10. 97도2961).

┃오답해설┃

① 제161조 제1항

> **제161조(선서, 증언의 거부와 과태료)**
> ① 증인이 정당한 이유없이 선서나 증언을 거부한 때에는 결정으로 50만 원 이하의 과태료에 처할 수 있다.

② 대법원 1995.5.9. 95도535
③ 제179조

> **제179조(감정증인)**
> 특별한 지식에 의하여 알게 된 과거의 사실을 신문하는 경우에는 본장(제13장 감정)의 규정에 의하지 아니하고 전장(제12장 증인신문)의 규정에 의한다.

30

답 ④

┃정답해설┃

④ 피고인이 범행 후 피해자에게 전화를 걸어오자 피해자가 증거를 수집하려고 그 전화내용을 녹음한 경우, 그 녹음테이프가 피고인 모르게 녹음된 것이라 하여 이를 위법하게 수집된 증거라고 할 수 없다(대법원 1997.3.28. 97도240).

┃오답해설┃

① 대법원 2008.3.27. 2007도11400
② 모든 국민의 인간으로서의 존엄과 가치를 보장하는 것은 국가기관의 기본적인 의무에 속하는 것이고, 이는 형사절차에서도 당연히 구현되어야 하는 것이기는 하나 그렇다고 하여 국민의 사생활 영역에 관계된 모든 증거의 제출이 곧바로 금지되는 것으로 볼 수는 없고, 법원으로서는 효과적인 형사소추 및 형사소송에서의 진실발견이라는

공익과 개인의 사생활의 보호이익을 비교형량하여 그 허용 여부를 결정하고, 적절한 증거조사의 방법을 선택함으로써 국민의 인간으로서의 존엄성에 대한 침해를 피할 수 있다고 보아야 할 것이므로, 피고인의 동의하에 촬영된 나체사진의 존재만으로 피고인의 인격권과 초상권을 침해하는 것으로 볼 수 없고, 가사 사진을 촬영한 제3자가 그 사진을 이용하여 피고인을 공갈할 의도였다고 하더라도 사진의 촬영이 임의성이 배제된 상태에서 이루어진 것이라고 할 수는 없으며, 그 사진은 범죄현장의 사진으로서 피고인에 대한 형사소추를 위하여 반드시 필요한 증거로 보이므로, 공익의 실현을 위하여는 그 사진을 범죄의 증거로 제출하는 것이 허용되어야 하고, 이로 말미암아 피고인의 사생활의 비밀을 침해하는 결과를 초래한다 하더라도 이는 피고인이 수인하여야 할 기본권의 제한에 해당된다(대법원 1997.9.30. 97도1230).

③ 통신비밀보호법 제4조

> **제4조(불법검열에 의한 우편물의 내용과 불법감청에 의한 전기통신내용의 증거사용 금지)**
> 제3조의 규정에 위반하여, 불법검열에 의하여 취득한 우편물이나 그 내용 및 불법감청에 의하여 지득 또는 채록된 전기통신의 내용은 재판 또는 징계절차에서 증거로 사용할 수 없다.

31

답 ②

┃정답해설┃

② 범행 현장에서 지문채취 대상물에 대한 지문채취가 먼저 이루어진 이상, 수사기관이 그 이후에 지문채취 대상물을 적법한 절차에 의하지 아니한 채 압수하였다고 하더라도 위와 같이 채취된 지문은 위법하게 압수한 지문채취 대상물로부터 획득한 2차적 증거에 해당하지 아니함이 분명하여 이를 가리켜 위법수집증거라고 할 수 없다(대법원 2008.10.23. 2008도7471).

┃오답해설┃

① 수사기관이 피의자 甲의 공직선거법 위반 범행을 영장 범죄사실로 하여 발부받은 압수·수색영장의 집행 과정에서 乙, 丙 사이의 대화가 녹음된 녹음파일(이하 '녹음파일'이라 한다)을 압수하여 乙, 丙의 공직선거법 위반 혐의사실을 발견한 사안에서, 압수·수색영장에 기재된 '피의자'인 甲이 녹음파일에 의하여 의심되는 혐의사실과 무관한 이상, 수사기관이 별도의 압수·수색영장을

발부받지 아니한 채 압수한 녹음파일은 형사소송법 제219조에 의하여 수사기관의 압수에 준용되는 형사소송법 제106조 제1항이 규정하는 '피고사건' 내지 같은 법 제215조 제1항이 규정하는 '해당 사건'과 '관계가 있다고 인정할 수 있는 것'에 해당하지 않으며, 이와 같은 압수에는 헌법 제12조 제1항 후문, 제3항 본문이 규정하는 영장주의를 위반한 절차적 위법이 있으므로, 녹음파일은 형사소송법 제308조의2에서 정한 '적법한 절차에 따르지 아니하고 수집한 증거'로서 증거로 쓸 수 없고, 그 절차적 위법은 헌법상 영장주의 내지 적법절차의 실질적 내용을 침해하는 중대한 위법에 해당하여 예외적으로 증거능력을 인정할 수도 없다고 한 사례(대법원 2014.1.16. 2013도7101).
③ 대법원 2012.11.15. 2011도15258
④ 대법원 2009.5.14. 2008도10914

32
답 ②

┃정답해설┃
② 검사의 접견금지결정으로 피고인들의(비변호인 간의) 접견이 제한된 상황 하에서 피의자신문조서가 작성되었다는 사실만으로 바로 그 조서가 임의성이 없는 것이라고 볼 수 없다(대법원 1984.7.10. 84도846).

┃오답해설┃
① 피고인이 직접 고문을 당하지 않았다 할지라도 다른 피고인이 고문당하는 것을 보고 자백한 경우도 고문에 포함된다(대판 1978.1.31. 77도463).
③ 대법원 1985.2.26. 82도2413
④ 대법원 1985.12.10. 85도2182

33
답 ③

┃정답해설┃
③ 임의성에 의심이 있는 자백은 탄핵증거로도 사용할 수 없고 정식의 공판절차에서는 물론 약식절차나 즉결심판절차에서도 증거로 사용할 수 없다.

┃오답해설┃
①·④ 임의성이 인정되지 아니하여 증거능력이 없는 진술증거는 피고인이 증거로 함에 동의하더라도 증거로 삼을 수 없다(대법원 2013.7.11. 2011도14044).

② 기록상 진술증거의 임의성에 관하여 의심할 만한 사정이 나타나 있는 경우에는 법원은 직권으로 그 임의성 여부에 관하여 조사를 하여야 하고, 검사가 그 임의성의 의문점을 없애는 증명을 하지 못한 경우에는 그 진술증거는 증거능력이 부정된다(대법원 2013.7.25. 2011도6380).

34
답 ②

┃정답해설┃
② 범행목격자의 공판정에서의 증언은 요증사실을 경험한 자가 공판정에서 직접 진술하는 것으로 원본증거에 해당한다.

┃오답해설┃
①·③·④는 요증사실을 경험한 자가 직접 공판정에서 진술하지 않고 다른 매체를 통하여 간접적으로 법원에 보고하는 것으로 전문증거다.

35
답 ①

┃정답해설┃
① 피의자의 진술을 녹취 내지 기재한 서류 또는 문서가 수사기관에서의 조사과정에서 작성된 것이라면 그것이 '진술조서, 진술서, 자술서'라는 형식을 취하였다고 하더라도 피의자신문조서와 달리 볼 수 없다(대법원 2014.4.10. 2014도1779).

┃오답해설┃
② 대법원 2006.1.13. 2003도6548
③ 대법원 2013.3.28. 2010도3359
④ 대법원 2014.4.10. 2014도1779

36
답 ③

┃정답해설┃
③ 조서에 간인, 서명, 날인의 진정이 인정되는 것만으로는 성립의 진정을 인정할 수 없고, 원진술자의 진술이나 영상녹화물 또는 그 밖의 객관적인 방법에 의하여 '검사 또는 사법경찰관 앞에서 진술한 내용과 동일하게 기재되어 있음'이 증명되어야 성립의 진정을 인정할 수 있다(제312조 제4항).

제312조(검사 또는 사법경찰관의 조서 등)

④ 검사 또는 사법경찰관이 피고인이 아닌 자의 진술을 기재한 조서는 적법한 절차와 방식에 따라 작성된 것으로서 그 조서가 검사 또는 사법경찰관 앞에서 진술한 내용과 동일하게 기재되어 있음이 원진술자의 공판준비 또는 공판기일에서의 진술이나 영상녹화물 또는 그 밖의 객관적인 방법에 의하여 증명되고, 피고인 또는 변호인이 공판준비 또는 공판기일에 그 기재 내용에 관하여 원진술자를 신문할 수 있었던 때에는 증거로 할 수 있다. 다만, 그 조서에 기재된 진술이 특히 신빙할 수 있는 상태하에서 행하여졌음이 증명된 때에 한한다.

┃오답해설┃

① 대법원 1997.4.11. 96도2865
② 대법원 1984.9.25. 84도1646
④ 대법원 1990.10.16. 90도1474

37
답 ③

┃정답해설┃

③ 검사의 공소장은 법원에 대하여 형사재판을 청구하는 서류로서 그 기재내용이 실체적 사실인정의 증거자료가 될 수는 없다(대법원 1978.5.23. 78도575).

┃오답해설┃

① 대법원 2004.1.16. 2003도5693
② 제315조 제1호

제315조(당연히 증거능력이 있는 서류)

다음에 게기한 서류는 증거로 할 수 있다.
1. 가족관계기록사항에 관한 증명서, 공정증서등본 기타 공무원 또는 외국공무원의 직무상 증명할 수 있는 사항에 관하여 작성한 문서
2. 상업장부, 항해일지 기타 업무상 필요로 작성한 통상문서
3. 기타 특히 신용할 만한 정황에 의하여 작성된 문서

④ 대법원 2007.7.26. 2007도3219

38
답 ①

┃정답해설┃

① 피고인이 내용을 부인하여 증거능력이 없는 사법경찰리 작성의 피의자신문조서에 대하여 비록 당초 증거제출 당시 탄핵증거라는 입증취지를 명시하지 아니하였지만 피고인의 법정 진술에 대한 탄핵증거로서의 증거조사절차가 대부분 이루어졌다고 볼 수 있는 점 등의 사정에 비추어 피의자신문조서를 피고인의 법정 진술에 대한 탄핵증거로 사용할 수 있다(대법원 2005.8.19. 2005도2617).

┃오답해설┃

② · ③ 탄핵의 대상은 진술의 증명력이며 탄핵증거로 할 수 있는 증거는 진술자의 자기모순의 진술, 즉 공판정 진술과 상이한 공판정 외의 진술이나 진술을 기재한 서류에 한정된다.
④ 한편 증거신청의 방식에 관하여 규정한 형사소송규칙 제132조 제1항의 취지에 비추어 보면 탄핵증거의 제출에 있어서도 상대방에게 이에 대한 공격방어의 수단을 강구할 기회를 사전에 부여하여야 한다는 점에서 그 증거와 증명하고자 하는 사실과의 관계 및 입증취지 등을 미리 구체적으로 명시하여야 할 것이므로, 증명력을 다투고자 하는 증거의 어느 부분에 의하여 진술의 어느 부분을 다투려고 한다는 것을 사전에 상대방에게 알려야 한다(대법원 2005.8.19. 2005도2617).

39
답 ②

┃정답해설┃

② "가정불화로 유아를 살해하였다."는 자백에 대한 '낙태를 시키려 한 정황적 사실'과 '피해자의 사체'의 존재는 보강증거가 될 수 있다(대법원 1960.3.18. 59도880).

┃오답해설┃

① 자백에 대한 보강증거는 피고인의 임의적인 자백사실이 가공적인 것이 아니고 진실하다고 인정될 정도의 증거이면 직접증거이거나 간접증거이거나 보강증거능력이 있다 할 것이고, 반드시 그 증거만으로 객관적 구성요건에 해당하는 사실을 인정할 수 있는 정도의 것임을 요하는 것이 아니라 할 것이므로, 피고인이 위조신분증을 제시행사한 사실을 자백하고 있고, 위 제시행사한 신분증이 현존한다면 그 자백이 임의성이 없는 것이 아닌 한 위 신분증은 피고인의 위 자백사실의 진실성을 인정할 간접증거가 된다고 보아야 한다(대법원 1983.2.22. 82도3107).

③ 피고인이 뇌물공여 혐의를 받기 전에 이와는 관계없이 준설공사에 필요한 각종 인·허가 등의 업무를 위임받아 이를 추진하는 과정에서 그 업무수행에 필요한 자금을 지출하면서, 스스로 그 지출한 자금내역을 자료로 남겨두기 위하여 뇌물자금과 기타 자금을 구별하지 아니하고 그 지출 일시, 금액, 상대방 등 내역을 그때그때 계속적, 기계적으로 기입한 수첩의 기재 내용은, 피고인이 자신의 범죄사실을 시인하는 자백이라고 볼 수 없으므로, 증거능력이 있는 한 피고인의 금전출납을 증명할 수 있는 별개의 증거라고 할 것인즉, 피고인의 검찰에서의 자백에 대한 보강증거가 될 수 있다(대법원 1996.10.17. 94도2865).

④ 형사소송법 제310조의 피고인의 자백에는 공범인 공동피고인의 진술이 포함되지 아니하므로 공범인 공동피고인의 진술은 다른 공동피고인에 대한 범죄사실을 인정하는데 있어서 증거로 쓸 수 있고 그에 대한 보강증거의 여부는 법관의 자유심증에 맡긴다(대법원 1985.3.9. 85도951).

보호실에 밀어 넣으려는 과정에서 상해를 입게 하였다면 특정범죄가중처벌 등에 관한 법률 제4조의2 제1항 위반죄에 해당한다(대법원 1997.6.13. 97도877).

③ 즉결심판에 관한 절차법 제15조

제15조(즉결심판의 실효)
즉결심판은 정식재판의 청구에 의한 판결이 있는 때에는 그 효력을 잃는다.

④ 즉결심판에 관한 절차법 제5조

제5조(청구의 기각 등)
① 판사는 사건이 즉결심판을 할 수 없거나 즉결심판절차에 의하여 심판함이 적당하지 아니하다고 인정할 때에는 결정으로 즉결심판의 청구를 기각하여야 한다.
② 제1항의 결정이 있는 때에는 경찰서장은 지체 없이 사건을 관할지방검찰청 또는 지청의 장에게 송치하여야 한다.

40 답 ①

┃ 정답해설 ┃
① 즉결심판절차에서 피고인은 정식재판의 청구를 포기할 수 있다(즉결심판에 관한 절차법 제12조 제2항 참고).

제12조(즉결심판서)
② 피고인이 범죄사실을 자백하고 정식재판의 청구를 포기한 경우에는 제11조의 기록작성을 생략하고 즉결심판서에 선고한 주문과 적용법조를 명시하고 판사가 기명·날인한다.

┃ 오답해설 ┃
② 형사소송법이나 경찰관직무집행법 등의 법률에 정하여진 구금 또는 보호유치 요건에 의하지 아니하고는 즉결심판 피의자라는 사유만으로 피의자를 구금, 유치할 수 있는 아무런 법률상 근거가 없고, 경찰 업무상 그러한 관행이나 지침이 있었다 하더라도 이로써 원칙적으로 금지되어 있는 인신구속을 행할 수 있는 근거로 할 수 없으므로, 즉결심판 피의자의 정당한 귀가요청을 거절한 채 다음날 즉결심판법정이 열릴 때까지 피의자를 경찰서 보호실에 강제유치시키려고 함으로써 피의자를 경찰서 내 즉결피의자 대기실에 10~20분 동안 있게 한 행위는 형법 제124조 제1항의 불법감금죄에 해당하고, 이로 인하여 피의자를

01	02	03	04	05	06	07	08	09	10	11	12	13	14	15	16	17	18	19	20
③	④	④	②	①	④	②	③	①	①	①	③	③	①	②	③	④	①	③	③
21	22	23	24	25	26	27	28	29	30	31	32	33	34	35	36	37	38	39	40
③	②	①	④	②	④	③	①	②	④	②	③	③	③	②	④	①	②	④	①

01 　답 ③

정답해설

㉠ 자백배제법칙(헌법 제12조 제7항)

㉡ 일사부재리원칙(헌법 제13조 제1항)

㉢ 형사보상청구권(헌법 제28조)

㉥ 자백보강법칙(헌법 제12조 제7항)

㉦ 체포·구속적부심사청구권(헌법 제12조 제6항)

오답해설

㉣ 불이익변경금지원칙(제368조, 제396조 제2항)

㉤ 위법수집증거배제법칙(제308조의2)

㉧ 증거재판주의(제307조 제1항)

02 　답 ④

정답해설

④ 형사재심사건과 관련하여 형사소송법 제56조에 대한 위헌제청신청을 하였는데 법원이 5개월 가까이 되도록 그 가부에 대한 재판을 하지 않음으로써 청구인의 헌법상 기본권인 신속한 재판을 받을 권리 등이 침해되었다는 이유로 헌법소원을 제기하였으나 곧이어 법원이 그 위헌제청신청을 기각한 경우에 있어서 그와 같이 재판이 지연된 것이 재판부 구성원의 변경, 재판의 전제성과 관련한 본안심리의 필요성, 청구인에 대한 송달불능 등으로 인한 것이어서 법원이 재판을 특별히 지연시켰다고 볼 수 없을

뿐만 아니라 청구인이 헌법소원을 통하여 구제받고자 하는 기본권침해는 피청구인이 위헌제청신청을 기각하는 결정을 함으로써 소멸되어 권리보호의 목적이 이미 이루어졌고 달리 불분명한 헌법문제의 해명이나 침해반복의 위험을 이유로 한 심판의 이익이 있다 할 특별한 사정도 없다고 한 사례(헌법재판소 1993.11.25. 92헌마169 전원재판부).

오답해설

① 헌법재판소 2001.6.28. 99헌가14

② 헌법재판소 2005.5.26. 99헌마513, 2004헌마190

③ 헌법재판소 2005.2.3. 2003헌바1

03 　답 ④

정답해설

④ 재판부가 당사자의 증거신청을 채택하지 아니하거나 이미 한 증거결정을 취소하였다 하더라도 그러한 사유만으로는 재판의 공평을 기대하기 어려운 객관적인 사정이 있다고 할 수 없고, 또 형사소송법 제299조 규정상 재판장이 피고인의 증인신문권의 본질적인 부분을 침해하였다고 볼 만한 아무런 소명자료가 없다면, 재판장이 피고인의 증인에 대한 신문을 제지한 사실이 있다는 것만으로는 법관과 사건과의 관계상 불공평한 재판을 할 것이라는 의혹을 갖는 것이 합리적이라고 인정할 만한 객관적인 사정이 있는 경우에 해당한다고 볼 수 없다(대법원 1995.4.3. 95모10).

① 법관이 수사단계에서 피고인에 대하여 구속영장을 발부한 경우는 형사소송법 제17조 제7호 소정의 "법관이 사건에 관하여 전심재판 또는 그 기초되는 조사, 심리에 관여한 때"에 해당한다고 볼 수 없다(대법원 1989.9.12. 89도612).

② 약식절차와 피고인 또는 검사의 정식재판청구에 의하여 개시된 제1심공판절차는 동일한 심급 내에서 서로 절차만 달리할 뿐이므로, 약식명령이 제1심공판절차의 전심재판에 해당하는 것은 아니고, 따라서 약식명령을 발부한 법관이 정식재판절차의 제1심판결에 관여하였다고 하여 형사소송법 제17조 제7호에 정한 '법관이 사건에 관하여 전심재판 또는 그 기초되는 조사, 심리에 관여한 때'에 해당하여 제척의 원인이 된다고 볼 수는 없다(대법원 2002.4.12. 2002도944).

③ 재판부가 당사자의 증거신청을 채택하지 아니하거나 이미 한 증거결정을 취소하였다 하더라도 그러한 사유만으로는 재판의 공평을 기대하기 어려운 객관적인 사정이 있다고 할 수 없고, 또 형사소송법 제299조 규정상 재판장이 피고인의 증인신문권의 본질적인 부분을 침해하였다고 볼 만한 아무런 소명자료가 없다면, 재판장이 피고인의 증인에 대한 신문을 제지한 사실이 있다는 것만으로는 법관과 사건과의 관계상 불공평한 재판을 할 것이라는 의혹을 갖는 것이 합리적이라고 인정할 만한 객관적인 사정이 있는 경우에 해당한다고 볼 수 없다(대법원 1995.4.3. 자, 95모10).

04　　　　　　　　　답 ②

┃정답해설┃

② 형사소송법 제5조에 정한 관련 사건의 관할은, 이른바 고유관할사건 및 그 관련 사건이 반드시 병합기소되거나 병합되어 심리될 것을 전제요건으로 하는 것은 아니고, 고유관할사건 계속 중 고유관할 법원에 관련 사건이 계속된 이상 그 후 양 사건이 병합되어 심리되지 아니한 채 고유사건에 대한 심리가 먼저 종결되었다 하더라도 관련 사건에 대한 관할권은 여전히 유지된다(대법원 2008.6.12. 2006도8568).

① 대법원 2008.6.12. 2006도8568

③ 제13조

> **제13조(관할의 경합)**
> 같은 사건이 사물관할이 같은 여러 개의 법원에 계속된 때에는 먼저 공소를 받은 법원이 심판한다. 다만, 각 법원에 공통되는 바로 위의 상급법원은 검사나 피고인의 신청에 의하여 결정으로 뒤에 공소를 받은 법원으로 하여금 심판하게 할 수 있다.

④ 대법원 1997.12.12. 97도2463

05　　　　　　　　　답 ①

┃정답해설┃

① 검사 또는 사법경찰관은 변호인의 신문참여 및 그 제한에 관한 사항을 피의자신문조서에 기재하여야 한다(제243조의2 제5항).

┃오답해설┃

② · ③ 제243조의2

> **제243조의2(변호인의 참여 등)**
> ① 검사 또는 사법경찰관은 피의자 또는 그 변호인·법정대리인·배우자·직계친족·형제자매의 신청에 따라 변호인을 피의자와 접견하게 하거나 정당한 사유가 없는 한 피의자에 대한 신문에 참여하게 하여야 한다.
> ② 신문에 참여하고자 하는 변호인이 2인 이상인 때에는 피의자가 신문에 참여할 변호인 1인을 지정한다. 지정이 없는 경우에는 검사 또는 사법경찰관이 이를 지정할 수 있다.
> ③ 신문에 참여한 변호인은 신문 후 의견을 진술할 수 있다. 다만, 신문 중이라도 부당한 신문방법에 대하여 이의를 제기할 수 있고, 검사 또는 사법경찰관의 승인을 얻어 의견을 진술할 수 있다.
> ④ 제3항에 따른 변호인의 의견이 기재된 피의자신문조서는 변호인에게 열람하게 한 후 변호인으로 하여금 그 조서에 기명날인 또는 서명하게 하여야 한다.
> ⑤ 검사 또는 사법경찰관은 변호인의 신문참여 및 그 제한에 관한 사항을 피의자신문조서에 기재하여야 한다.

④ 제417조

06

답 ④

정답해설

④ 수사기관은 변사자의 검시로 범죄의 혐의를 인정하고 긴급을 요할 때에는 영장 없이 검증할 수 있다(제222조 제2항).

오답해설

① 제199조 제1항
② 제198조 제1항
③ 제198조 제3항

07

답 ②

정답해설

② 유인자가 수사기관과 직접적인 관련을 맺지 않은 상태에서 피유인자를 상대로 단순히 수차례 반복적으로 범행을 부탁하였을 뿐 수사기관이 사술이나 계략 등을 사용하였다고 볼 수 없는 경우는 설령 그로 인하여 피유인자의 범의가 유발되었다 하더라도 위법한 함정수사에 해당하지 않는다(대법원 2013.3.28. 2013도1473).

오답해설

① 대법원 2008.10.23. 2008도7362
③ 대법원 2007.5.31. 2007도1903
④ 수사기관에서 공범이나 장물범의 체포 등을 위하여 범인의 체포시기를 조절하는 등 여러 가지 수사기법을 사용한다는 점을 고려하면, 수사기관이 피고인의 범죄사실을 인지하고도 피고인을 바로 체포하지 않고 추가 범행을 지켜보고 있다가 범죄사실이 많이 늘어난 뒤에야 피고인을 체포하였다는 사정만으로는 피고인에 대한 수사와 공소제기가 위법하다거나 함정수사에 해당한다고 할 수 없고, 이 사건에서 수사관들이 특진이나 수상 등 개인적인 이익을 위하여 고의적으로 체포를 지연시켰다고 볼 만한 자료가 없다(대법원 2007.6.29. 2007도3164).

08

답 ③

정답해설

③ 피의자의 진술을 영상녹화하는 경우 동의는 필요 없고 미리 알리고 영상녹화할 수 있다(제244조의2 제1항).

오답해설

① 제244조의3 제1항

2. 진술을 하지 아니하더라도 불이익을 받지 아니한
      다는 것
   3. 진술을 거부할 권리를 포기하고 행한 진술은 법정
      에서 유죄의 증거로 사용될 수 있다는 것
   4. 신문을 받을 때에는 변호인을 참여하게 하는 등
      변호인의 조력을 받을 수 있다는 것

② 제244조의5

**제244조의5(장애인 등 특별히 보호를 요하는 자에 대한
특칙)**
검사 또는 사법경찰관은 피의자를 신문하는 경우 다음
각 호의 어느 하나에 해당하는 때에는 직권 또는 피의자
·법정대리인의 신청에 따라 피의자와 신뢰관계에 있는
자를 동석하게 할 수 있다.
   1. 피의자가 신체적 또는 정신적 장애로 사물을 변별
      하거나 의사를 결정·전달할 능력이 미약한 때
   2. 피의자의 연령·성별·국적 등의 사정을 고려하
      여 그 심리적 안정의 도모와 원활한 의사소통을
      위하여 필요한 경우

④ 제243조의2 제2항

제243조의2(변호인의 참여 등)
① 검사 또는 사법경찰관은 피의자 또는 그 변호인·법
   정대리인·배우자·직계친족·형제자매의 신청에
   따라 변호인을 피의자와 접견하게 하거나 정당한 사
   유가 없는 한 피의자에 대한 신문에 참여하게 하여야
   한다.
② 신문에 참여하고자 하는 변호인이 2인 이상인 때에는
   피의자가 신문에 참여할 변호인 1인을 지정한다. 지정
   이 없는 경우에는 검사 또는 사법경찰관이 이를 지정
   할 수 있다.
③ 신문에 참여한 변호인은 신문 후 의견을 진술할 수
   있다. 다만, 신문 중이라도 부당한 신문방법에 대하여
   이의를 제기할 수 있고, 검사 또는 사법경찰관의 승인
   을 얻어 의견을 진술할 수 있다.
④ 제3항에 따른 변호인의 의견이 기재된 피의자신문조
   서는 변호인에게 열람하게 한 후 변호인으로 하여금
   그 조서에 기명날인 또는 서명하게 하여야 한다.
⑤ 검사 또는 사법경찰관은 변호인의 신문참여 및 그 제
   한에 관한 사항을 피의자신문조서에 기재하여야 한다.

09 답 ①

▌정답해설▐

① 형사소송법이 고소와 고소취소에 관한 규정을 하면서 제
   232조 제1항, 제2항에서 고소취소의 시한과 재고소의 금
   지를 규정하고 제3항에서는 반의사불벌죄에 제1항, 제2
   항의 규정을 준용하는 규정을 두면서도, 제233조에서 고
   소와 고소취소의 불가분에 관한 규정을 함에 있어서는
   반의사불벌죄에 이를 준용하는 규정을 두지 아니한 것은
   처벌을 희망하지 아니하는 의사표시나 처벌을 희망하는
   의사표시의 철회에 관하여 친고죄와는 달리 공범자간에
   불가분의 원칙을 적용하지 아니하고자 함에 있다고 볼
   것이지, 입법의 불비로 볼 것은 아니다(대법원 1994.4.26.
   93도1689).

▌오답해설▐

② 대법원 2011.7.28. 2008도5757
③ 제235조
④ 고발은 피해자 본인 및 고소권자를 제외하고는 누구나
   할 수 있는 것이어서 고발의 대리는 허용되지 않는다(대
   법원 1989.9.26. 88도1533).

10 답 ①

▌정답해설▐

① 소변을 받아 제출하도록 한 것은 교도소의 안전과 질서유
   지를 위한 것으로 수사에 필요한 처분이 아닐 뿐만 아니
   라 검사대상자들의 협력이 필수적이어서 강제처분이라
   고 할 수도 없어 영장주의의 원칙이 적용되지 않는다(헌
   법재판소 2006.7.27. 2005헌마277).

▌오답해설▐

② 헌법 제12조 제6항, 형사소송법 제214조의2 제1항
③ 헌법재판소 2004.9.23. 2002헌가17
④ 헌법재판소 1997.3.27. 96헌바28

11

┃정답해설┃

① 통신비밀보호법에서는 그 규율의 대상을 통신과 대화로 분류하고 그 중 통신을 다시 우편물과 전기통신으로 나눈 다음, 그 제2조 제3호로 "전기통신"이라 함은 유선·무선·광선 및 기타의 전자적 방식에 의하여 모든 종류의 음향·문언·부호 또는 영상을 송신하거나 수신하는 것을 말한다고 규정하고 있는바, 무전기와 같은 무선전화기를 이용한 통화가 위 법에서 규정하고 있는 전기통신에 해당함은 전화통화의 성질 및 위 규정 내용에 비추어 명백하므로 이를 같은 법 제3조 제1항 소정의 '타인간의 대화'에 포함된다고 할 수 없다(대법원 2003.11.13. 2001도6213).

┃오답해설┃

② 통신비밀보호법 제6조 제7항
③ 통신비밀보호법 제5조 제1항
④ 통신제한조치에 대한 기간연장결정은 원 허가의 내용에 대하여 단지 기간을 연장하는 것일 뿐 원 허가의 대상과 범위를 초과할 수 없다 할 것이므로 통신제한조치허가서에 의하여 허가된 통신제한조치가 '전기통신 감청 및 우편물 검열'뿐인 경우 그 후 연장결정서에 당초 허가 내용에 없던 '대화녹음'이 기재되어 있다 하더라도 이는 대화녹음의 적법한 근거가 되지 못한다(대법원 1999.9.3. 99도2317).

12

┃정답해설┃

③ 현행범인으로 체포하기 위하여는 행위의 가벌성, 범죄의 현행성·시간적 접착성, 범인·범죄의 명백성 이외에 체포의 필요성 즉, 도망 또는 증거인멸의 염려가 있어야 한다(대법원 2011.5.26. 2011도3682).

┃오답해설┃

① 대법원 2010.6.24. 2008도11226
② 대법원 2007.4.13. 2007도1249
④ 제213조의2, 제200조의2 제5항

13

┃정답해설┃

③ 긴급체포는 영장주의원칙에 대한 예외인 만큼 형사소송법 제200조의3 제1항의 요건을 모두 갖춘 경우에 한하여 예외적으로 허용되어야 하고, 요건을 갖추지 못한 긴급체포는 법적 근거에 의하지 아니한 영장 없는 체포로서 위법한 체포에 해당하는 것이고, 여기서 긴급체포의 요건을 갖추었는지 여부는 사후에 밝혀진 사정을 기초로 판단하는 것이 아니라 체포 당시의 상황을 기초로 판단하여야 하고, 이에 관한 검사나 사법경찰관 등 수사주체의 판단에는 상당한 재량의 여지가 있다고 할 것이나, 긴급체포 당시의 상황으로 보아서도 그 요건의 충족 여부에 관한 검사나 사법경찰관의 판단이 경험칙에 비추어 현저히 합리성을 잃은 경우에는 그 체포는 위법한 체포라 할 것이고, 이러한 위법은 영장주의에 위배되는 중대한 것이니 그 체포에 의한 유치 중에 작성된 피의자신문조서는 위법하게 수집된 증거로서 특별한 사정이 없는 한 이를 유죄의 증거로 할 수 없다(대법원 2008.3.27. 2007도11400).

┃오답해설┃

① 제200조의3 제1항
② 제200조의4 제2항
④ 제200조의4 제5항

14

┃정답해설┃

① 법원은 증인이 과태료 재판을 받고도 정당한 사유 없이 다시 출석하지 아니한 때에는 결정으로 증인을 7일 이내의 감치에 처한다(제151조 제2항).

┃오답해설┃

② 규칙 제95조

> **제95조(체포영장청구서의 기재사항)**
> 체포영장의 청구서에는 다음 각 호의 사항을 기재하여야 한다.
> 1. 피의자의 성명(분명하지 아니한 때에는 인상, 체격, 그 밖에 피의자를 특정할 수 있는 사항), 주민등록번호 등, 직업, 주거
> 2. 피의자에게 변호인이 있는 때에는 그 성명
> 3. 죄명 및 범죄사실의 요지

4. 7일을 넘는 유효기간을 필요로 하는 때에는 그 취지 및 사유
   5. 여러 통의 영장을 청구하는 때에는 그 취지 및 사유
   6. 인치구금할 장소
   7. 법 제200조의2 제1항에 규정한 체포의 사유
   8. 동일한 범죄사실에 관하여 그 피의자에 대하여 전에 체포영장을 청구하였거나 발부받은 사실이 있는 때에는 다시 체포영장을 청구하는 취지 및 이유
   9. 현재 수사 중인 다른 범죄사실에 관하여 그 피의자에 대하여 발부된 유효한 체포영장이 있는 경우에는 그 취지 및 그 범죄사실

③ 제217조 제1항
④ 제258조 제1항

15
답 ②

▌정답해설▌

② 형사소송법 제211조가 현행범인으로 규정한 "범죄의 실행(實行)의 즉후(卽後)인 자"라고 함은, 범죄의 실행행위를 종료한 직후의 범인이라는 것이 체포하는 자의 입장에서 볼 때 명백한 경우를 일컫는 것으로서, 위 법조가 제1항에서 본래의 의미의 현행범인에 관하여 규정하면서 "범죄의 실행의 즉후인 자"를 "범죄의 실행 중인 자"와 마찬가지로 현행범인으로 보고 있고, 제2항에서는 현행범인으로 간주되는 준현행범인에 관하여 별도로 규정하고 있는 점 등으로 미루어 볼 때, "범죄의 실행행위를 종료한 직후"라고 함은, 범죄행위를 실행하여 끝마친 순간 또는 이에 아주 접착된 시간적 단계를 의미하는 것으로 해석되므로, 시간적으로나 장소적으로 보아 체포를 당하는 자가 방금 범죄를 실행한 범인이라는 점에 관한 죄증이 명백히 존재하는 것으로 인정되는 경우에만 현행범인으로 볼 수 있는 것이다(대법원 2007.4.13. 2007도1249).

▌오답해설▌

① 제211조 제1항
③ 대법원 2007.4.13. 2007도1249
④ 제214조

16
답 ③

▌정답해설▌

③ 제201조의2 제1항

> **제201조의2(구속영장 청구와 피의자 심문)**
> ① 제200조의2·제200조의3 또는 제212조에 따라 체포된 피의자에 대하여 구속영장을 청구받은 판사는 지체 없이 피의자를 심문하여야 한다. 이 경우 특별한 사정이 없는 한 구속영장이 청구된 날의 다음날까지 심문하여야 한다.

▌오답해설▌

①·② 구속전피의자심문은 법원(정확히는 '지방법원판사')이 피의자의 신청 유무를 불문하고 직권으로 그리고 필요적으로 실시해야 하는 절차이다(제201조의2 제1항·제2항).
④ 피의자에 대한 심문절차는 공개하지 아니한다. 다만, 판사는 상당하다고 인정하는 경우에는 피의자의 친족, 피해자 등 이해관계인의 방청을 허가할 수 있다(규칙 제96조의14).

17
답 ④

▌정답해설▌

④ 구속의 효력은 원칙적으로 구속영장에 기재된 범죄사실에만 미치는 것이므로 구속기간이 만료될 무렵에 종전 구속영장에 기재된 범죄사실과 다른 범죄사실로 피고인을 구속하였다는 사정만으로는 피고인에 대한 구속이 위법하다고 할 수 없다(대법원 1996.8.12. 96모46).

▌오답해설▌

① 제203조의2
② 구속영장에는 청구인을 구금할 수 있는 장소로 특정 경찰서 유치장으로 기재되어 있었는데, 청구인에 대하여 위 구속영장에 의하여 1995.11.30. 07:50경 위 경찰서 유치장에 구속이 집행되었다가 같은 날 08:00에 그 신병이 조사차 국가안전기획부 직원에게 인도된 후 위 경찰서 유치장에 인도된 바 없이 계속하여 국가안전기획부 청사에 사실상 구금되어 있다면, 청구인에 대한 이러한 사실상의 구금장소의 임의적 변경은 청구인의 방어권이나 접견교통권의 행사에 중대한 장애를 초래하는 것이므로 위법하다(대법원 1996.5.15. 95모94).
③ 제93조

18 답 ①

┃정답해설┃

① 신체구속을 당한 피의자 또는 피고인이 범한 것으로 의심받고 있는 범죄행위에 해당 변호인이 관련되어 있다는 등의 사유에 기하여 그 변호인의 변호활동을 광범위하게 규제하는 변호인의 제척과 같은 제도를 두고 있지 아니한 우리 법제 아래에서는, 변호인의 접견교통의 상대방인 신체구속을 당한 사람이 그 변호인을 자신의 범죄행위에 공범으로 가담시키려고 하였다는 등의 사정만으로 그 변호인의 신체구속을 당한 사람과의 접견교통을 금지하는 것이 정당화될 수는 없다(대법원 2007.1.31. 2006모656).

┃오답해설┃

② 대법원 1990.8.24. 90도1285
③ 검사 또는 사법경찰관의 구금에 관한 처분에 대하여 불복이 있는 경우 형사소송법 제417조에 따라 법원에 그 처분의 취소 또는 변경을 청구하는 것은 별론으로 하고 수사기관에서의 구금의 장소, 변호인의 접견 등 구금에 관한 처분이 위법한 것이라는 사실만으로는 그와 같은 위법이 판결에 영향을 미친것이 아닌 한 독립한 상소이유가 될 수 없다(대법원 1990.6.8. 90도646).
④ 구치소에 구속되어 검사로부터 수사를 받고 있던 피의자들의 변호인으로 선임되었거나 선임되려는 변호사들이 피의자들을 접견하려고 1989.7.31. 구치소장에게 접견신청을 하였으나 같은 해 8.9.까지도 접견이 허용되지 아니하고 있었다면, 수사기관의 구금 등에 관한 처분에 대하여 불복이 있는 경우 행정소송절차와는 다른 특별절차로서 준항고 절차를 마련하고 있는 형사소송법의 취지에 비추어, 위와 같이 피의자들에 대한 접견이 접견신청일로부터 상당한 기간이 경과하도록 허용되지 않고 있는 것은 접견불허처분이 있는 것과 동일시된다고 봄이 상당하다(대법원 1990.6.8. 90도646).

19 답 ③

┃정답해설┃

③ 형사소송법은 수사단계에서의 체포와 구속을 명백히 구별하고 있고 이에 따라 체포와 구속의 적부심사를 규정한 같은 법 제214조의2에서 체포와 구속을 서로 구별되는 개념으로 사용하고 있는바, 같은 조 제4항에 기소 전

보증금 납입을 조건으로 한 석방의 대상자가 '구속된 피의자'라고 명시되어 있고, 같은 법 제214조의3 제2항의 취지를 체포된 피의자에 대하여도 보증금 납입을 조건으로 한 석방이 허용되어야 한다는 근거로 보기는 어렵다 할 것이어서 현행법상 체포된 피의자에 대하여는 보증금 납입을 조건으로 한 석방이 허용되지 않는다(제214조의2 제5항, 대법원 1997.8.27. 97모21).

┃오답해설┃

① 제214조의2 제3항
② 제214조의2 제4항
④ 헌법재판소 2003.3.27. 2000헌마474

20 답 ③

┃정답해설┃

③ 법원은 보석을 취소하는 때에는 직권 또는 검사의 청구에 따라 결정으로 보증금 또는 담보의 전부 또는 일부를 몰취할 수 있다(제103조 제1항).

┃오답해설┃

① 제94조
② 제104조의2 제1항
④ 제104조

21 답 ③

┃정답해설┃

㉠ (×) 압수·수색영장에서 압수할 물건을 '압수장소에 보관 중인 물건'이라고 기재하고 있는 것을 '압수장소에 현존하는 물건'으로 해석할 수 없다(대법원 2009.3.12. 2008도763).
㉡ (×) 압수·수색영장은 처분을 받는 자에게 반드시 제시하여야 한다(제118조).
㉢ (×) 경찰관이 이른바 전화사기죄 범행의 혐의자를 긴급체포하면서 그가 보관하고 있던 다른 사람의 주민등록증, 운전면허증 등을 압수한 경우, 이는 구 형사소송법 제217조 제1항에서 규정한 해당 범죄사실의 수사에 필요한 범위 내의 압수로서 적법하므로 이를 점유이탈물횡령죄 범행에 대한 증거로 사용할 수 있다(대법원 2008.7.10. 2008도2245).

▌오답해설 ▌

㉣ (○) 피압수자 등 환부를 받을 자가 압수 후 그 소유권을 포기하는 등에 의하여 실체법상의 권리를 상실하더라도 그 때문에 압수물을 환부하여야 하는 수사기관의 의무에 어떠한 영향을 미칠 수 없고, 또한 수사기관에 대하여 형사소송법상의 환부청구권을 포기한다는 의사표시를 하더라도 그 효력이 없어 그에 의하여 수사기관의 필요적 환부의무가 면제된다고 볼 수는 없으므로, 압수물의 소유권이나 그 환부청구권을 포기하는 의사표시로 인하여 위 환부의무에 대응하는 압수물에 대한 환부청구권이 소멸하는 것은 아니다(대법원 1996.8.16. 94모51).

22 ▌ 답 ②

▌정답해설 ▌

② 형사소송법 제133조의 규정에 의하면, 압수를 계속할 필요가 없다고 인정되는 압수물 또는 증거에 공할 압수물은 환부 또는 가환부할 수 있도록 되어 있는바, 본건 약속어음은 범죄행위로 인하여 생긴 위조문서로서 아무도 이를 소유하는 것이 허용되지 않는 물건이므로 몰수가 될 뿐 환부나 가환부할 수 없고 다만 검사는 몰수의가 있은 뒤에 형사소송법 제485조에 의하여 위조의 표시를 하여 환부할 수 있다(대법원 1984.7.24. 84모43).

▌오답해설 ▌

① 피고인에게 의견을 진술할 기회를 주지 아니한 채 한 가환부 결정은 형사소송법 제135조에 위배하여 위법하고 이 위법은 재판의 결과에 영향을 미쳤다 할 것이다(대법원 1980.2.5. 80모3).

③ 외국산 물품(다이아몬드)을 관세장물의 혐의가 있다고 보아 압수하였다 하더라도 그것이 언제, 누구에 의하여 관세포탈된 물건인지 알 수 없어 기소중지 처분을 한 경우에는 그 압수물은 관세장물이라고 단정할 수 없어 이를 국고에 귀속시킬 수 없을 뿐만 아니라 압수를 더 이상 계속할 필요도 없는 것이다(필요적으로 제출인에게 환부해 주어야 한다)(대법원 1996.8.16. 94모51).

④ 제333조

제333조(압수장물의 환부)

① 압수한 장물로서 피해자에게 환부할 이유가 명백한 것은 판결로써 피해자에게 환부하는 선고를 하여야 한다.

② 전항의 경우에 장물을 처분하였을 때에는 판결로써 그 대가로 취득한 것을 피해자에게 교부하는 선고를 하여야 한다.

③ 가환부한 장물에 대하여 별단의 선고가 없는 때에는 환부의 선고가 있는 것으로 간주한다.

④ 전3항의 규정은 이해관계인이 민사소송절차에 의하여 그 권리를 주장함에 영향을 미치지 아니한다.

23 ▌ 답 ①

▌정답해설 ▌

① 경찰관이 음주운전 단속시 운전자의 요구에 따라 곧바로 채혈을 실시하지 않은 채 호흡측정기에 의한 음주측정을 하고 1시간 12분이 경과한 후에야 채혈을 하였다는 사정만으로는 위 행위가 법령에 위배된다거나 객관적 정당성을 상실하여 운전자가 음주운전 단속과정에서 받을 수 있는 권익이 현저하게 침해되었다고 단정하기 어렵다고 본 사례(대법원 2008.4.24. 2006다32132).

▌오답해설 ▌

② 대법원 1997.6.13. 96도3069

③ 대법원 2002.10.25. 2002도4220

④ 대법원 2003.1.24. 2002도6632

24 ▌ 답 ④

▌정답해설 ▌

㉠ (×) 형사소송법 제184조에 의한 증거보전은 피고인 또는 피의자가 형사입건도 되기 전에는 청구할 수 없고, 또 피의자신문에 해당하는 사항을 증거보전의 방법으로 청구할 수 없다(대법원 1979.6.12. 79도792).

㉡ (×) 증거보전이란 장차 공판에 있어서 사용하여야 할 증거가 멸실되거나 또는 그 사용하기 곤란한 사정이 있을 경우에 당사자의 청구에 의하여 공판전에 미리 그 증거를 수집보전하여 두는 제도로서 제1심 제1회 공판기일전에 한하여 허용되는 것이므로 재심청구사건에서는 증거보전절차는 허용되지 아니한다(대법원 1984.3.29. 84모15).

㉢ (×) 증거보전의 청구를 기각하는 결정에 대하여는 3일 이내에 항고할 수 있다(제184조 제4항).

㉣ (×) 증거보전의 청구를 함에는 서면으로 그 사유를 소명하여야 한다(제184조 제3항).

25

┃정답해설┃

㉠ (×) 헌법상 영장제도의 취지에 비추어 볼 때, 헌법 제12조 제3항은 헌법 제12조 제1항과 함께 이른바 적법절차의 원칙을 규정한 것으로서 범죄수사를 위하여 구속 등의 강제처분을 함에 있어서는 법관이 발부한 영장이 필요하다는 것과 수사기관 중 검사만 법관에게 영장을 신청할 수 있다는 데에 그 의의가 있고, 형사재판을 주재하는 법원이 피고인에 대하여 구속영장을 발부하는 경우에도 검사의 신청이 있어야 한다는 것이 그 규정의 취지라고 볼 수는 없다(대법원 1996.8.12. 96모46).

┃오답해설┃

㉡ (○) 공소제기 후 압수·수색은 법원의 권한에 속하므로, 형사소송법에는 공소제기 후 수사기관의 압수·수색 영장청구에 관한 규정이 없다.

㉢ (○) 제216조 제1항·제2항

> **제216조(영장에 의하지 아니한 강제처분)**
> ① 검사 또는 사법경찰관은 제200조의2·제200조의3·제201조 또는 제212조의 규정에 의하여 피의자를 체포 또는 구속하는 경우에 필요한 때에는 영장없이 다음 처분을 할 수 있다.
> 1. 타인의 주거나 타인이 간수하는 가옥, 건조물, 항공기, 선차 내에서의 피의자 수색. 다만, 제200조의2 또는 제201조에 따라 피의자를 체포 또는 구속하는 경우의 피의자 수색은 미리 수색영장을 발부받기 어려운 긴급한 사정이 있는 때에 한정한다.
> 2. 체포현장에서의 압수, 수색, 검증
> ② 전항 제2호의 규정은 검사 또는 사법경찰관이 피고인에 대한 구속영장의 집행의 경우에 준용한다.

㉣ (○) 대법원 2000.6.15. 99도1108 전원합의체

26

┃정답해설┃

④ 간통 고소사건에 있어 상간자들의 강간 주장으로 간통에 대한 무혐의결정 및 강간죄에 대한 공소제기가 있은 후 강간 고소취소와 그로 인한 강간죄에 대한 공소기각이 있게 되자 고소인이 그 무혐의결정에 대하여 항고를 하여 간통에 관한 재수사가 이루어져 상간자들에 대한 간통죄의 공소가 제기된 경우, 공소권의 남용에 해당하지 않는다고 한 사례(대법원 2001.10.9. 2001도3106).

┃오답해설┃

① 자의적인 공소권의 행사로 인정되려면 단순히 직무상의 과실에 의한 것만으로는 부족하고 적어도 그에 관한 미필적이나마 어떤 의도가 있음이 인정되어야 한다(대법원 2012.7.12. 2010도9349).

② 검사가 피고인의 여러 범죄행위를 일괄하여 기소하지 아니하고 수사진행 상황에 따라 여러 번에 걸쳐 나누어 분리 기소하였다고 하여 검사의 공소제기가 소추재량권을 현저히 일탈한 것으로 보이지는 아니한다(대법원 2007.12.27. 2007도5313).

③ 공소장에 공소범죄사실(간첩사실) 이외의 사실(간첩의 전단계 사실)을 불필요하게 자세하게 기재하였다고 하여도 공소권을 남용한 것이라고 할 수는 없다(대법원 1988.11.8. 88도1630).

27

┃정답해설┃

③ 고소인은 고소권자로서 고소한 범죄에 대하여, 고발인은 형법 제123조부터 제126조까지의 범죄(공직선거법에 규정된 일정한 범죄 등도 포함)에 대하여 재정신청을 할 수 있다(제260조 제1항).

> **제260조(재정신청)**
> ① 고소권자로서 고소를 한 자(형법 제123조부터 제126조까지의 죄에 대하여는 고발을 한 자를 포함한다. 이하 이 조에서 같다)는 검사로부터 공소를 제기하지 아니한다는 통지를 받은 때에는 그 검사 소속의 지방검찰청 소재지를 관할하는 고등법원(이하 "관할 고등법원"이라 한다)에 그 당부에 관한 재정을 신청할 수 있다. 다만, 형법 제126조의 죄에 대하여는 피공표자의 명시한 의사에 반하여 재정을 신청할 수 없다.

오답해설

① 기소편의주의를 채택하고 있는 우리 법제하에서, 검사는 범죄의 혐의가 충분하고 소송조건이 구비되어 있는 경우에도 개개의 구체적 사안에 따라 형법 제51조에 정한 사항을 참작하여 불기소처분(기소유예)을 할 수 있는 재량을 갖고 있기는 하나 그 재량에도 스스로 합리적 한계가 있는 것으로서 이 한계를 초월하여 기소를 하여야 할 극히 상당한 이유가 있는 사안을 불기소처분한 경우 이는 기소편의주의의 법리에 어긋나는 부당한 조처라 하지 않을 수 없고 이러한 부당한 처분을 시정하기 위한 방법의 하나로 우리 형사소송법은 재정신청제도를 두고 있다(대법원 1988.1.29. 86모58).

② 제262조 제2항

> **제262조(심리와 결정)**
> ② 법원은 재정신청서를 송부받은 날부터 3개월 이내에 항고의 절차에 준하여 다음 각 호의 구분에 따라 결정한다. 이 경우 필요한 때에는 증거를 조사할 수 있다.
> 1. 신청이 법률상의 방식에 위배되거나 이유 없는 때에는 신청을 기각한다.
> 2. 신청이 이유 있는 때에는 사건에 대한 공소제기를 결정한다.

④ 제260조 제2항

> **제260조(재정신청)**
> ② 제1항에 따른 재정신청을 하려면 검찰청법 제10조에 따른 항고를 거쳐야 한다. 다만, 다음 각 호의 어느 하나에 해당하는 경우에는 그러하지 아니하다.
> 1. 항고 이후 재기수사가 이루어진 다음에 다시 공소를 제기하지 아니한다는 통지를 받은 경우
> 2. 항고 신청 후 항고에 대한 처분이 행하여지지 아니하고 3개월이 경과한 경우
> 3. 검사가 공소시효 만료일 30일 전까지 공소를 제기하지 아니하는 경우

28 답 ①

정답해설

① 시효는 공소의 제기로 진행이 정지되며, 공범의 1인에 대한 이와 같은 시효정지는 다른 공범자에 대하여 효력이 미친다(제253조).

> **제253조(시효의 정지와 효력)**
> ① 시효는 공소의 제기로 진행이 정지되고 공소기각 또는 관할위반의 재판이 확정된 때로부터 진행한다.
> ② 공범의 1인에 대한 전항의 시효정지는 다른 공범자에게 대하여 효력이 미치고 당해 사건의 재판이 확정된 때로부터 진행한다.

오답해설

② 제298조 제1항

> **제298조(공소장의 변경)**
> ① 검사는 법원의 허가를 얻어 공소장에 기재한 공소사실 또는 적용법조의 추가, 철회 또는 변경을 할 수 있다. 이 경우에 법원은 공소사실의 동일성을 해하지 아니하는 한도에서 허가하여야 한다.

③ 제253조 제1항

> **제253조(시효의 정지와 효력)**
> ① 시효는 공소의 제기로 진행이 정지되고 공소기각 또는 관할위반의 재판이 확정된 때로부터 진행한다.

④ 제248조 제1항

> **제248조(공소의 효력 범위)**
> ① 공소의 효력은 검사가 피고인으로 지정한 자에게만 미친다.

29 답 ②

정답해설

② 공소시효는 범죄행위가 종료한 때로부터 진행한다(제252조 제1항).

오답해설

① 공소장변경이 있는 경우 공소시효의 완성 여부는 당초의 공소제기가 있었던 시점을 기준으로 판단할 것이고 공소장변경시를 기준으로 삼을 것이 아니다(대법원 2004.7.22. 2003도8153).

③ 형사소송법 제253조 제3항은 범인이 형사처분을 면할 목적으로 국외에 있는 경우 그 기간 동안 공소시효는 정지된다고 규정하고 있는데, 이 때 범인의 국외체류의 목적은 오로지 형사처분을 면할 목적만으로 국외체류하는 것에 한정되는 것은 아니고 범인이 가지는 여러 국외체류의 목적 중 형사처분을 면할 목적이 포함되어 있으면 족하다(대법원 2009.5.28. 2009도1446).

④ 제326조 제3호

제326조(면소의 판결)
다음 경우에는 판결로써 면소의 선고를 하여야 한다.
1. 확정판결이 있은 때
2. 사면이 있은 때
3. 공소의 시효가 완성되었을 때
4. 범죄 후의 법령개폐로 형이 폐지되었을 때

30

답 ④

정답해설

④ 증거조사는 검사, 피고인 또는 변호인의 신청에 의해서는 물론 법원의 직권으로도 할 수 있다(제295조).

제295조(증거신청에 대한 결정)
법원은 제294조 및 제294조의2의 증거신청에 대하여 결정을 하여야 하며 직권으로 증거조사를 할 수 있다.

오답해설

① 제296조의2 제1항

제296조의2(피고인신문)
① 검사 또는 변호인은 증거조사 종료 후에 순차로 피고인에게 공소사실 및 정상에 관하여 필요한 사항을 신문할 수 있다. 다만, 재판장은 필요하다고 인정하는 때에는 증거조사가 완료되기 전이라도 이를 허가할 수 있다.

② 규칙 제132조

제132조(증거의 신청)
검사·피고인 또는 변호인은 특별한 사정이 없는 한 필요한 증거를 일괄하여 신청하여야 한다.

③ 규칙 제133조

제133조(증거신청의 순서)
증거신청은 검사가 먼저 이를 한 후 다음에 피고인 또는 변호인이 이를 한다.

31

답 ②

정답해설

ⓒ (×) 증인이 16세 미만의 자인 경우 선서하게 하지 않고 신문하여야 한다(제159조).

제159조(선서 무능력)
증인이 다음 각 호의 1에 해당한 때에는 선서하게 하지 아니하고 신문하여야 한다.
1. 16세 미만의 자
2. 선서의 취지를 이해하지 못하는 자

ⓜ (×) 법원은 소환장을 송달받은 증인이 정당한 사유 없이 출석하지 아니한 때에는 결정으로 당해 불출석으로 인한 소송비용을 증인이 부담하도록 명할 수 있다(제151조 제1항).

제151조(증인이 출석하지 아니한 경우의 과태료 등)
① 법원은 소환장을 송달받은 증인이 정당한 사유 없이 출석하지 아니한 때에는 결정으로 당해 불출석으로 인한 소송비용을 증인이 부담하도록 명하고, 500만 원 이하의 과태료를 부과할 수 있다. 제153조에 따라 준용되는 제76조 제2항·제5항에 따라 소환장의 송달과 동일한 효력이 있는 경우에도 또한 같다.

오답해설

ⓐ (○) 규칙 제75조, 제76조
ⓒ (○) 제151조 제8항
ⓔ (○) 제294조의3 제1항

32

답 ③

정답해설

③ 자신에 대한 유죄판결이 확정된 증인이 공범에 대한 피고사건에서 증언할 당시 앞으로 재심을 청구할 예정이라고 하여도 이를 이유로 증인에게 증언거부권이 인정되지는 않는다(대법원 2011.11.24. 2011도11994).

오답해설

① 대법원 2010.1.21. 2008도942
② 제150조

제150조(증언거부사유의 소명)
증언을 거부하는 자는 거부사유를 소명하여야 한다.

④ 대법원 2011.11.24. 2011도11994

33

▮정답해설▮

③ ㉠, ㉡, ㉢, ㉣, ㉤은 배심원 면제사유이고 ㉢은 배심원
결격사유이다(국민의 형사재판 참여에 관한 법률 제17조,
제20조).

제20조(면제사유)

법원은 직권 또는 신청에 따라 다음 각 호의 어느 하나에
해당하는 사람에 대하여 배심원 직무의 수행을 면제할
수 있다.

1. 만 70세 이상인 사람
2. 과거 5년 이내에 배심원후보자로서 선정기일에 출석한 사람
3. 금고 이상의 형에 해당하는 죄로 기소되어 사건이 종결되지 아니한 사람
4. 법령에 따라 체포 또는 구금되어 있는 사람
5. 배심원 직무의 수행이 자신이나 제3자에게 위해를 초래하거나 직업상 회복할 수 없는 손해를 입게 될 우려가 있는 사람
6. 중병·상해 또는 장애로 인하여 법원에 출석하기 곤란한 사람
7. 그 밖의 부득이한 사유로 배심원 직무를 수행하기 어려운 사람

제17조(결격사유)

다음 각 호의 어느 하나에 해당하는 사람은 배심원으로
선정될 수 없다.

1. 피성년후견인 또는 피한정후견인
2. 파산선고를 받고 복권되지 아니한 사람
3. 금고 이상의 실형을 선고받고 그 집행이 종료(종료된 것으로 보는 경우를 포함한다)되거나 집행이 면제된 후 5년을 경과하지 아니한 사람
4. 금고 이상의 형의 집행유예를 선고받고 그 기간이 완료된 날부터 2년을 경과하지 아니한 사람
5. 금고 이상의 형의 선고유예를 받고 그 선고유예기간 중에 있는 사람
6. 법원의 판결에 의하여 자격이 상실 또는 정지된 사람

34

▮정답해설▮

③ 상해사건 발생 직후 피해자를 진찰한 바 있는 의사의 진술 및 상해진단서를 발행한 의사의 진술이나 진단서는 가해자의 상해사실 자체에 대한 직접적인 증거가 되는 것은 아니고, 다른 증거에 의하여 상해의 가해행위가 인정되는 경우에 그에 대한 상해의 부위나 정도의 점에 대한 증거가 된다(대법원 1995.9.29. 95도852).

▮오답해설▮

① 대법원 2012.6.14. 2011도15653
② 대법원 2012.6.28. 2012도231
④ 대법원 2013.3.28. 2012도16086

35

▮정답해설▮

② 형사소송법 제310조의2는 "제311조 내지 제316조에 규정한 것 이외에는 공판준비 또는 공판기일에서의 진술에 대신하여 진술을 기재한 서류나 공판준비 또는 공판기일 외에서의 타인의 진술을 내용으로 하는 진술은 이를 증거로 할 수 없다."고 규정하고 있는바, 이는 사실을 직접 경험한 사람의 진술이 법정에 직접 제출되어야 하고 이에 갈음하는 대체물인 진술 또는 서류가 제출되어서는 안 된다는 이른바 전문법칙을 선언한 것이다. 따라서 정보통신망을 통하여 공포심이나 불안감을 유발하는 글을 반복적으로 상대방에게 도달하게 하는 행위를 하였다는 공소사실에 대하여 휴대전화기에 저장된 문자정보가 그 증거가 되는 경우와 같이, 그 문자정보가 범행의 직접적인 수단이 될 뿐 경험자의 진술에 갈음하는 대체물에 해당하지 않는 경우에는 형사소송법 제310조의2에서 정한 전문법칙이 적용될 여지가 없다(대법원 2008.11.13. 2006도2556).

▮오답해설▮

① 대법원 2007.7.26. 2007도3219
③ 대법원 2014.2.27. 2013도12155
④ 대법원 2012.5.24. 2010도5948

36

답 ④

┃정답해설┃

④ 형사소송법 제316조 제2항에 따라 조사자의 증언에 증거능력이 인정되기 위해서는 원진술자가 사망, 질병, 외국거주, 소재불명 그 밖에 이에 준하는 사유로 인하여 진술할 수 없어야만 하는 것이라서 원진술자가 법정에 출석하여 수사기관에서의 진술을 부인하는 취지로 증언을 한 이상 원진술자의 진술을 내용으로 하는 조사자의 증언은 증거능력이 없다(대법원 2008.9.25. 2008도6985).

┃오답해설┃

① 형사소송법 제316조 제2항에 의하면, 피고인 아닌 자의 공판준비 또는 공판기일에서의 진술이 피고인 아닌 타인의 진술을 그 내용으로 하는 것인 때에는 원진술자가 사망, 질병, 외국거주, 소재불명 그 밖에 이에 준하는 사유로 인하여 진술할 수 없고 그 진술이 특히 신빙할 수 있는 상태하에서 행하여졌음이 증명된 때에 한하여 이를 증거로 할 수 있다고 규정하고 있고, 여기서 말하는 '피고인 아닌 자'라고 함은 제3자는 말할 것도 없고 공동피고인이나 공범자를 모두 포함한다고 해석된다(대법원 2011.11.24. 2011도7173).

② 제316조 제1항

③ 대법원 2012.5.24. 2010도5948

37

답 ①

┃정답해설┃

① 형사소송법 제312조 제3항은 검사 이외의 수사기관이 작성한 당해 피고인에 대한 피의자신문조서를 유죄의 증거로 하는 경우뿐만 아니라 검사 이외의 수사기관이 작성한 당해 피고인과 공범관계에 있는 다른 피고인이나 피의자에 대한 피의자신문조서 또는 공동피의자에 대한 피의자신문조서를 당해 피고인에 대한 유죄의 증거로 채택할 경우에도 적용되는바, 당해 피고인과 공범관계가 있는 다른 피의자에 대한 검사 이외의 수사기관 작성의 피의자신문조서는 그 피의자의 법정진술에 의하여 그 성립의 진정이 인정되더라도 당해 피고인이 공판기일에서 그 조서의 내용을 부인하면 증거능력이 부정되므로, 그 당연한 결과로 그 피의자신문조서에 대하여는 사망 등 사유로 인하여 법정에서 진술할 수 없는 때에 예외적으로 증거능력을 인정하는 규정인 형사소송법 제314조가 적용되지 않는다(대법원 2009.11.26. 2009도6602).

┃오답해설┃

②·③ 대법원 2012.7.26. 2012도2937

④ 제312조 제3항

38

답 ②

┃정답해설┃

② 외국수사기관이 수사결과 얻은 정보를 회답하여 온 문서들(미육군 범죄수사대 한국지구대 대구파견대장 甲, 乙이 작성한 수사협조의뢰에 대한 회신이나 미군 한국교역처 남부영업소 안전보안관 丙, 丁이 작성한 특별주문상품처리회신 등)은 당연히 증거능력이 인정되는 서류로 보기는 어렵다(대법원 1979.9.25. 79도1852).

┃오답해설┃

① 대법원 2004.1.16. 2003도5693

③ 대법원 1972.6.13. 72도922

④ 제315조 제1호

> **제315조(당연히 증거능력이 있는 서류)**
> 다음에 게기한 서류는 증거로 할 수 있다.
> 1. 가족관계기록사항에 관한 증명서, 공정증서등본 기타 공무원 또는 외국공무원의 직무상 증명할 수 있는 사항에 관하여 작성한 문서
> 2. 상업장부, 항해일지 기타 업무상 필요로 작성한 통상문서
> 3. 기타 특히 신용할 만한 정황에 의하여 작성된 문서

39

답 ④

┃정답해설┃

④ 판사가 즉결심판청구 기각결정을 한 때에는 경찰서장은 지체없이 사건을 관할지방검찰청 또는 지청의 장에게 송치하여야 한다(즉결심판에 관한 절차법 제5조 제2항).

┃오답해설┃

① 즉결심판에 관한 절차법 제8조의2 제1항

② 즉결심판에 관한 절차법 제7조 제3항

③ 즉결심판에 관한 절차법 제10조

40   답 ①

▌정답해설▐

① 피고인 보상청구는 무죄재판이 확정된 사실을 안 날부터 3년, 무죄재판이 확정된 때부터 5년 이내에 하여야 한다 (형사보상 및 명예회복에 관한 법률 제8조).

▌오답해설▐

② 형사보상 및 명예회복에 관한 법률 제23조

③ 형사보상법 제3조 제2호에 의하여 법원이 보상청구의 전부 또는 일부를 기각하기 위해서는 본인이 단순히 허위의 자백을 하거나 또는 다른 유죄의 증거를 만드는 것만으로는 부족하고 본인에게 '수사 또는 심판을 그르칠 목적'이 있어야 한다. 여기서 '수사 또는 심판을 그르칠 목적'은 헌법 제28조가 보장하는 형사보상청구권을 제한하는 예외적인 사유임을 감안할 때 신중하게 인정하여야 하고, 형사보상청구권을 제한하고자 하는 측에서 입증하여야 한다. 수사기관의 추궁과 수사 상황 등에 비추어 볼 때 본인이 범행을 부인하여도 형사처벌을 면하기 어려울 것이라는 생각으로 부득이 자백에 이르게 된 것이라면 '수사 또는 심판을 그르칠 목적'이 있었다고 섣불리 단정할 수 없다(대법원 2008.10.28. 2008모577).

④ 형사보상 및 명예회복에 관한 법률 제20조 제1항

할 수 있다고 믿는 사람은 그렇게 되고,

할 수 없다고 믿는 사람도 역시 그렇게 된다.

- 샤를 드골 -

정답 한눈에 보기!

2023년 기출문제

01	02	03	04	05	06	07	08	09	10	11	12	13	14	15	16	17	18	19	20
④	③	④	②	④	①	③	③	④	④	④	②	③	①	②	②	④	④	③	④

21	22	23	24	25	26	27	28	29	30	31	32	33	34	35	36	37	38	39	40
④	③	②	②	③	①	③	①	②	④	①	②	③	①	②	③	①	③	③	②

2022년 기출문제

01	02	03	04	05	06	07	08	09	10	11	12	13	14	15	16	17	18	19	20
①	②	④	②	④	②	④	③	③	②	④	②	②	③	④	④	③	④	④	②

21	22	23	24	25	26	27	28	29	30	31	32	33	34	35	36	37	38	39	40
②	③	④	②	③	①	③	③	④	③	③	②	④	①	②	③	①	③	③	②

2021년 기출문제

01	02	03	04	05	06	07	08	09	10	11	12	13	14	15	16	17	18	19	20
③	②	④	②	④	②	④	③	③	②	④	②	②	③	④	④	③	④	④	②

21	22	23	24	25	26	27	28	29	30	31	32	33	34	35	36	37	38	39	40
④	③	②	③	③	②	③	①	③	③	①	①	④	①	②	①	②	③	②	②

2020년 기출문제

01	02	03	04	05	06	07	08	09	10	11	12	13	14	15	16	17	18	19	20
②	②	②	④	④	①	④	②	①	④	④	④	②	①	①	④	④	②	①	④

21	22	23	24	25	26	27	28	29	30	31	32	33	34	35	36	37	38	39	40
④	②	④	④	①	②	③	①	①	③	③	②	①	②	③	④	①	③	③	②

2019년 기출문제

01	02	03	04	05	06	07	08	09	10	11	12	13	14	15	16	17	18	19	20
④	④	②	④	④	②	③	④	①	④	③	④	②	③	④	③	③	②	④	①

21	22	23	24	25	26	27	28	29	30	31	32	33	34	35	36	37	38	39	40
③	②	①	①	①	①	③	①	①	③	③	②	④	②	②	④	②	②	③	③

2018년 기출문제

01	02	03	04	05	06	07	08	09	10	11	12	13	14	15	16	17	18	19	20
①	④	③	④	③	③	③	②	④	④	④	③	③	①	②	②	②	②	④	①

21	22	23	24	25	26	27	28	29	30	31	32	33	34	35	36	37	38	39	40
④	②	②	③	④	④	②	②	②	②	①	②	③	④	③	④	④	②	③	①

2017년 기출문제

01	02	03	04	05	06	07	08	09	10	11	12	13	14	15	16	17	18	19	20
②	④	②	③	①	②	②	③	④	④	②	②	②	②	④	④	①	③	①	③

21	22	23	24	25	26	27	28	29	30	31	32	33	34	35	36	37	38	39	40
③	②	④	③	④	①	①	③	④	④	③	②	④	②	③	④	①	③	①	②

2016년 기출문제

01	02	03	04	05	06	07	08	09	10	11	12	13	14	15	16	17	18	19	20
③	④	④	③	④	①	②	①	④	④	②	②	①	①	④	③	②	③	①	④

21	22	23	24	25	26	27	28	29	30	31	32	33	34	35	36	37	38	39	40
①	②	①	③	②	①	③	①	④	④	④	④	④	②	③	④	④	④	②	④

2015년 기출문제

01	02	03	04	05	06	07	08	09	10	11	12	13	14	15	16	17	18	19	20
③	①	②	④	③	③	②	②	①	④	②	③	①	①	④	③	④	②	①	①

21	22	23	24	25	26	27	28	29	30	31	32	33	34	35	36	37	38	39	40
①	②	①	②	②	③	①	①	②	④	②	①	④	①	③	④	④	①	②	①

2014년 기출문제

01	02	03	04	05	06	07	08	09	10	11	12	13	14	15	16	17	18	19	20
④	③	④	③	②	②	③	①	②	④	①	③	③	①	②	③	④	①	④	③

21	22	23	24	25	26	27	28	29	30	31	32	33	34	35	36	37	38	39	40
③	②	①	②	②	①	③	②	②	②	②	③	④	②	②	④	①	②	④	①

경찰공무원 정기 승진시험 필기시험 답안지

[필적감정용 기재]
*아래 예시문을 옮겨 적으시오.
본인은 ○○○(응시자성명)임을 확인함

기 재 란

성 명	본인 성명 기재
자필성명	본인 성명 기재
응시직렬	
응시지역	
시험장소	

응시번호

생년월일

※시험감독 서명
(성명을 정자로 기재할 것)

적색 볼펜만 사용

최종모의고사 제 ___ 회

	①	②	③	④			①	②	③	④
1	①	②	③	④	21	①	②	③	④
2	①	②	③	④	22	①	②	③	④
3	①	②	③	④	23	①	②	③	④
4	①	②	③	④	24	①	②	③	④
5	①	②	③	④	25	①	②	③	④
6	①	②	③	④	26	①	②	③	④
7	①	②	③	④	27	①	②	③	④
8	①	②	③	④	28	①	②	③	④
9	①	②	③	④	29	①	②	③	④
10	①	②	③	④	30	①	②	③	④
11	①	②	③	④	31	①	②	③	④
12	①	②	③	④	32	①	②	③	④
13	①	②	③	④	33	①	②	③	④
14	①	②	③	④	34	①	②	③	④
15	①	②	③	④	35	①	②	③	④
16	①	②	③	④	36	①	②	③	④
17	①	②	③	④	37	①	②	③	④
18	①	②	③	④	38	①	②	③	④
19	①	②	③	④	39	①	②	③	④
20	①	②	③	④	40	①	②	③	④

최종모의고사 제 ___ 회

	①	②	③	④			①	②	③	④
1	①	②	③	④	21	①	②	③	④
2	①	②	③	④	22	①	②	③	④
3	①	②	③	④	23	①	②	③	④
4	①	②	③	④	24	①	②	③	④
5	①	②	③	④	25	①	②	③	④
6	①	②	③	④	26	①	②	③	④
7	①	②	③	④	27	①	②	③	④
8	①	②	③	④	28	①	②	③	④
9	①	②	③	④	29	①	②	③	④
10	①	②	③	④	30	①	②	③	④
11	①	②	③	④	31	①	②	③	④
12	①	②	③	④	32	①	②	③	④
13	①	②	③	④	33	①	②	③	④
14	①	②	③	④	34	①	②	③	④
15	①	②	③	④	35	①	②	③	④
16	①	②	③	④	36	①	②	③	④
17	①	②	③	④	37	①	②	③	④
18	①	②	③	④	38	①	②	③	④
19	①	②	③	④	39	①	②	③	④
20	①	②	③	④	40	①	②	③	④

최종모의고사 제 ___ 회

	①	②	③	④			①	②	③	④
1	①	②	③	④	21	①	②	③	④
2	①	②	③	④	22	①	②	③	④
3	①	②	③	④	23	①	②	③	④
4	①	②	③	④	24	①	②	③	④
5	①	②	③	④	25	①	②	③	④
6	①	②	③	④	26	①	②	③	④
7	①	②	③	④	27	①	②	③	④
8	①	②	③	④	28	①	②	③	④
9	①	②	③	④	29	①	②	③	④
10	①	②	③	④	30	①	②	③	④
11	①	②	③	④	31	①	②	③	④
12	①	②	③	④	32	①	②	③	④
13	①	②	③	④	33	①	②	③	④
14	①	②	③	④	34	①	②	③	④
15	①	②	③	④	35	①	②	③	④
16	①	②	③	④	36	①	②	③	④
17	①	②	③	④	37	①	②	③	④
18	①	②	③	④	38	①	②	③	④
19	①	②	③	④	39	①	②	③	④
20	①	②	③	④	40	①	②	③	④

절취선

※ 본 답안지는 마킹연습용 모의 답안지입니다.

경찰공무원 정기 승진시험 필기시험 답안지

학교 통판매용 사용

※시험문제 지구형 (응시직렬 기재란 등)

성명 날인 기재란

성명		
성명	명	
자필성명	본인 성명 기재	
응시직렬		
응시지역		
시험장소		

생 년 월 일

응 시 번 호

컴퓨터용 흑색 사인펜만 사용

[필적감정용 기재]

*아래 예시문을 옮겨 적으시오.

본인은 ○○○(응시자성명)임을 확인함

기 재 란

책	형

최종모의고사 제 ___ 회

1	① ② ③ ④	21	① ② ③ ④
2	① ② ③ ④	22	① ② ③ ④
3	① ② ③ ④	23	① ② ③ ④
4	① ② ③ ④	24	① ② ③ ④
5	① ② ③ ④	25	① ② ③ ④
6	① ② ③ ④	26	① ② ③ ④
7	① ② ③ ④	27	① ② ③ ④
8	① ② ③ ④	28	① ② ③ ④
9	① ② ③ ④	29	① ② ③ ④
10	① ② ③ ④	30	① ② ③ ④
11	① ② ③ ④	31	① ② ③ ④
12	① ② ③ ④	32	① ② ③ ④
13	① ② ③ ④	33	① ② ③ ④
14	① ② ③ ④	34	① ② ③ ④
15	① ② ③ ④	35	① ② ③ ④
16	① ② ③ ④	36	① ② ③ ④
17	① ② ③ ④	37	① ② ③ ④
18	① ② ③ ④	38	① ② ③ ④
19	① ② ③ ④	39	① ② ③ ④
20	① ② ③ ④	40	① ② ③ ④

최종모의고사 제 ___ 회

1	① ② ③ ④	21	① ② ③ ④
2	① ② ③ ④	22	① ② ③ ④
3	① ② ③ ④	23	① ② ③ ④
4	① ② ③ ④	24	① ② ③ ④
5	① ② ③ ④	25	① ② ③ ④
6	① ② ③ ④	26	① ② ③ ④
7	① ② ③ ④	27	① ② ③ ④
8	① ② ③ ④	28	① ② ③ ④
9	① ② ③ ④	29	① ② ③ ④
10	① ② ③ ④	30	① ② ③ ④
11	① ② ③ ④	31	① ② ③ ④
12	① ② ③ ④	32	① ② ③ ④
13	① ② ③ ④	33	① ② ③ ④
14	① ② ③ ④	34	① ② ③ ④
15	① ② ③ ④	35	① ② ③ ④
16	① ② ③ ④	36	① ② ③ ④
17	① ② ③ ④	37	① ② ③ ④
18	① ② ③ ④	38	① ② ③ ④
19	① ② ③ ④	39	① ② ③ ④
20	① ② ③ ④	40	① ② ③ ④

최종모의고사 제 ___ 회

1	① ② ③ ④	21	① ② ③ ④
2	① ② ③ ④	22	① ② ③ ④
3	① ② ③ ④	23	① ② ③ ④
4	① ② ③ ④	24	① ② ③ ④
5	① ② ③ ④	25	① ② ③ ④
6	① ② ③ ④	26	① ② ③ ④
7	① ② ③ ④	27	① ② ③ ④
8	① ② ③ ④	28	① ② ③ ④
9	① ② ③ ④	29	① ② ③ ④
10	① ② ③ ④	30	① ② ③ ④
11	① ② ③ ④	31	① ② ③ ④
12	① ② ③ ④	32	① ② ③ ④
13	① ② ③ ④	33	① ② ③ ④
14	① ② ③ ④	34	① ② ③ ④
15	① ② ③ ④	35	① ② ③ ④
16	① ② ③ ④	36	① ② ③ ④
17	① ② ③ ④	37	① ② ③ ④
18	① ② ③ ④	38	① ② ③ ④
19	① ② ③ ④	39	① ② ③ ④
20	① ② ③ ④	40	① ② ③ ④

※ 본 답안지는 마킹연습용 모의 답안지입니다.

절취선

경찰공무원 정기 승진시험 필기시험 답안지

성 명	
책 형	
자필성명	본인 성명 기재
응시직렬	
응시지역	
시험장소	

이 시 번 호

	⓪ ① ② ③ ④ ⑤ ⑥ ⑦ ⑧ ⑨
	⓪ ① ② ③ ④ ⑤ ⑥ ⑦ ⑧ ⑨
	⓪ ① ② ③ ④ ⑤ ⑥ ⑦ ⑧ ⑨
	⓪ ① ② ③ ④ ⑤ ⑥ ⑦ ⑧ ⑨

생 년 월 일

	⓪ ① ② ③ ④ ⑤ ⑥ ⑦ ⑧ ⑨
	⓪ ① ② ③ ④ ⑤ ⑥ ⑦ ⑧ ⑨
	⓪ ① ② ③ ④ ⑤ ⑥ ⑦ ⑧ ⑨
	⓪ ① ② ③ ④ ⑤ ⑥ ⑦ ⑧ ⑨

※시험감독 서명
(성명을 정자로 기재할 것)

적색 볼펜만 사용

최종모의고사 제 ___ 회

1	① ② ③ ④	21	① ② ③ ④
2	① ② ③ ④	22	① ② ③ ④
3	① ② ③ ④	23	① ② ③ ④
4	① ② ③ ④	24	① ② ③ ④
5	① ② ③ ④	25	① ② ③ ④
6	① ② ③ ④	26	① ② ③ ④
7	① ② ③ ④	27	① ② ③ ④
8	① ② ③ ④	28	① ② ③ ④
9	① ② ③ ④	29	① ② ③ ④
10	① ② ③ ④	30	① ② ③ ④
11	① ② ③ ④	31	① ② ③ ④
12	① ② ③ ④	32	① ② ③ ④
13	① ② ③ ④	33	① ② ③ ④
14	① ② ③ ④	34	① ② ③ ④
15	① ② ③ ④	35	① ② ③ ④
16	① ② ③ ④	36	① ② ③ ④
17	① ② ③ ④	37	① ② ③ ④
18	① ② ③ ④	38	① ② ③ ④
19	① ② ③ ④	39	① ② ③ ④
20	① ② ③ ④	40	① ② ③ ④

최종모의고사 제 ___ 회

1	① ② ③ ④	21	① ② ③ ④
2	① ② ③ ④	22	① ② ③ ④
3	① ② ③ ④	23	① ② ③ ④
4	① ② ③ ④	24	① ② ③ ④
5	① ② ③ ④	25	① ② ③ ④
6	① ② ③ ④	26	① ② ③ ④
7	① ② ③ ④	27	① ② ③ ④
8	① ② ③ ④	28	① ② ③ ④
9	① ② ③ ④	29	① ② ③ ④
10	① ② ③ ④	30	① ② ③ ④
11	① ② ③ ④	31	① ② ③ ④
12	① ② ③ ④	32	① ② ③ ④
13	① ② ③ ④	33	① ② ③ ④
14	① ② ③ ④	34	① ② ③ ④
15	① ② ③ ④	35	① ② ③ ④
16	① ② ③ ④	36	① ② ③ ④
17	① ② ③ ④	37	① ② ③ ④
18	① ② ③ ④	38	① ② ③ ④
19	① ② ③ ④	39	① ② ③ ④
20	① ② ③ ④	40	① ② ③ ④

최종모의고사 제 ___ 회

1	① ② ③ ④	21	① ② ③ ④
2	① ② ③ ④	22	① ② ③ ④
3	① ② ③ ④	23	① ② ③ ④
4	① ② ③ ④	24	① ② ③ ④
5	① ② ③ ④	25	① ② ③ ④
6	① ② ③ ④	26	① ② ③ ④
7	① ② ③ ④	27	① ② ③ ④
8	① ② ③ ④	28	① ② ③ ④
9	① ② ③ ④	29	① ② ③ ④
10	① ② ③ ④	30	① ② ③ ④
11	① ② ③ ④	31	① ② ③ ④
12	① ② ③ ④	32	① ② ③ ④
13	① ② ③ ④	33	① ② ③ ④
14	① ② ③ ④	34	① ② ③ ④
15	① ② ③ ④	35	① ② ③ ④
16	① ② ③ ④	36	① ② ③ ④
17	① ② ③ ④	37	① ② ③ ④
18	① ② ③ ④	38	① ② ③ ④
19	① ② ③ ④	39	① ② ③ ④
20	① ② ③ ④	40	① ② ③ ④

절취선

※ 본 답안지는 마킹연습용 모의 답안지입니다.

경찰공무원 정기 승진시험 필기시험 답안지

컴퓨터용 흑색 사인펜만 사용

[필적감정용 기재]
*아래 예시문을 옮겨 적으시오.
본인은 ○○○(응시자성명)임을 확인함

기 재 란

책	형

성	명
자필성명	본인 성명 기재
응시직렬	
응시지역	
시험장소	

※시험감독관 서명
(성명을 정자로 기재할 것)

감독관 확인사용

응시번호

생년월일

최종모의고사 제____회

최종모의고사 제____회

최종모의고사 제____회

최종모의고사 제____회

※ 본 답안지는 마킹연습용 모의 답안지입니다.

2024 경찰승진 형사소송법 10개년 기출문제집

초 판 발 행	2023년 04월 10일(인쇄 2023년 03월 31일)
발 행 인	박영일
책 임 편 집	이해욱
편 저	SD 경찰승진시험연구소
편 집 진 행	박종현
표 지 디 자 인	박종우
편 집 디 자 인	표미영 · 박서희
발 행 처	(주)시대고시기획
출 판 등 록	제10-1521호
주 소	서울시 마포구 큰우물로 75 [도화동 538 성지 B/D] 9F
전 화	1600-3600
팩 스	02-701-8823
홈 페 이 지	www.sdedu.co.kr
I S B N	979-11-383-4624-5
정 가	21,000원

비관론자는 모든 기회 속에서 어려움을 찾아내고,

낙관론자는 모든 어려움 속에서 기회를 찾아낸다.

– 윈스턴 처칠 –

이태우 경찰승진

10회 최종모의고사 시리즈

이태우 경찰승진 10회 최종모의고사(400제) 형법

이태우 경찰승진 10회 최종모의고사(400제) 형사소송법

경찰승진시험 최적대비서

[실제 시험과 유사한 구성]

기출문제를 철저히 분석하여 유사한 문제구성

+

[정확하고 상세한 해설]

정답과 오답해설을 구분한 저자의 상세한 해설수록

+

[최근 개정법령 및 최신판례 반영]

최근 개정법령 및 최신판례를 반영하여 다가오는 시험 대비

독자와 함께하는 SD 에듀

2023 기출이 답이다 경찰공무원(순경)
형법 6개년 기출문제집

- 2022년 1차~2017년 1차 총 6개년(12회분) 기출문제와
  해설 수록
- 2022년~2017년 경찰간부후보생 총 6개년 기출문제와 해설 수록
- 최신 법령 반영

2023 기출이 답이다 경찰공무원(순경)
헌법 기출문제집

- 2022년 새로 도입된 경찰 헌법 완벽 대비
- 국가직 · 지방직 · 경찰승진 헌법 기출문제로 13회분 수록
  (회당 20문항)
- 2022년 경찰공무원(순경) 채용시험 헌법 기출문제 2회분 수록

2023 기출이 답이다 경찰공무원(순경)
경찰학 6개년 기출문제집

- 2022년 1차~2017년 1차 총 6개년(12회분) 기출문제와
  해설 수록
- 2022년~2017년 경찰간부후보생 총 6개년 기출문제와 해설 수록
- 최신 법령 반영

※ 도서의 이미지 및 세부사항은 변경될 수 있습니다.

2023 기출이 답이다 경찰공무원(순경)
형사소송법(수사 · 증거) 기출문제집

- 2022년 경찰(순경) 시험 개편에 따른 형사소송법 수사 · 증거
  파트 완벽 대비
- 경찰(순경) · 경찰승진 · 검찰직 · 법원직 기출문제로 21회분
  수록(회당 12문항)
- 2022년 경찰공무원(순경) 채용시험 형사소송법 수사 · 증거
  파트 기출문제 2회분 수록

경찰공무원(순경) 시리즈!

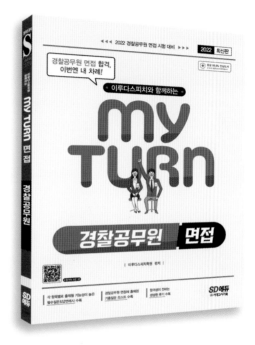

2023 알파(α)경찰공무원(순경) 일반분야
필수과목 모의고사(헌법 · 형사법 · 경찰학)

- 2022년 제2차 경찰공무원(순경) 기출문제 수록
- 2022년 경찰(순경) 시험 개편에 따른 경찰 순경 일반분야 필수
  과목(헌법 · 형사법 · 경찰학) 완벽 대비
- 공개된 경찰공무원 필기시험 출제 기준에 맞는 과목별 모의고사
  3회분 수록
- 국가직, 지방직, 경찰(순경), 경찰간부, 경찰승진, 검찰직, 법원직
  기출문제 중 순경시험에 출제될 가능성이 높은 문제들로 선별한
  기출심화 모의고사 수록

2022 이루다스피치와 함께하는
마이턴(my turn) 경찰공무원 면접

- 경찰공무원 채용과 관련된 정보와 면접 합격 전략을 한 권에 수록
- 각 항목별로 출제될 가능성이 높은 필수질문과 답변예시 수록
- 경찰공무원 면접에 출제된 기출질문 리스트를 수록
- 경찰공무원 면접 합격생이 전하는 후기를 부록으로 수록

SD에듀 G-TELP

지텔프 최강 라인업

1주일 만에 끝내는 지텔프 문법

10회 만에 끝내는 지텔프 문법 모의고사

우선순위 지텔프 보카

스피드 지텔프 레벨2

지텔프 Level2 실전 모의고사 6회분

※ 도서의 이미지 및 세부사항은 변경될 수 있습니다.